Descarbonário

ALFREDO SIRKIS

Descarbonário

ALFREDO SIRKIS

© 2020, Alfredo Hélio Sirkis

Todos os direitos reservados. Nenhuma parte deste livro pode ser utilizada ou reproduzida sob quaisquer meios existentes sem autorização por escrito dos editores.

COPIDESQUE	Carolina Dubeux
REVISÃO	William Bastos e M. Leite
PROJETO GRÁFICO E DIAGRAMAÇÃO	Bruno Santos / Claudio Albuquerque
CAPA	Ana Borelli
IMAGEM DA CAPA	Arquivo CBC

Dados Internacionais de Catalogação na Publicação (CIP)
(Câmara Brasileira do Livro, SP, Brasil)

Sirkis, Alfredo
  Descarbonário / Alfredo Sirkis. -- Rio de Janeiro : Ubook Editora, 2020.

  ISBN 978-65-86032-46-8

  1. Meio ambiente - Aspectos econômicos 2. Meio ambiente - Aspectos sociais 3. Mudanças climáticas 4. Política ambiental I. Título.

20-36613 CDD-304.2

Ubook Editora S.A
Av. das Américas, 500, Bloco 12, Salas 303/304,
Barra da Tijuca, Rio de Janeiro/RJ.
Cep.: 22.640-100
Tel.: (21) 3570-8150

A Anninha, Gui e Noah.

AGRADECIMENTOS:
Ana Borelli, Carolina Dubeux,
Isadora Soares, Beatriz Oliveira de Araújo,
Mariana Albuquerque, André Esteves,
Carlos Nobre, Emilio La Rovere,
Márcia Bandeira, Ricardo Farias Jr.

Sumário

PREFÁCIO	**15**
ESTUFA	**23**
Aquela esquimó	**25**
Joseph Fourrier, 1824	30
Uarzazate, Game of Thrones...	34
O espectro punk	36
Rio-92	40
Paradigma de Quioto	44
Negacionismo e inércia	48
Al Gore	52
Brasil, good news, no news	54
Kuta	56
Deslocalização	58
Bella Center	65
Quixote 98	67
PV or not PV	71
Marina	77
No "aparelho" do Greenpeace	82
Orelhas de abano	83
Para quem não virá	86
Adaptando para o purgatório	88
Do Rio a Seul	93
Reflorestando	95
Aquarelas do Rio	99

IDENTIDADES   103

Glifosato   105

Nos 25 melhores   107
Reforma política   108
Patinho feio parlamentarista   111
Venezuelitos e múmias   114
Yoani e os brutos   117
Malecón   119
Revolução happy end   127
Políticas de identidade   130
Gay   134
Mais racista que os Estados Unidos?   140
Yossi e Yasser   147
Na presidência da CMMC   153

ANTÍPODA - 148   157

No portal solar   159

Dalian   161
Clodoaldo e Maurice   164
Tensão no BASIC   166
Durban   169
Jo'burg   172
Um mundo vertical   176
China na virada   179
Artéria circunflexa   181

RAÍZES   187

Pinsk   189

Varsóvia   195
Anistia e verdade   197
Pelos seus defeitos   201
A ficha do papai   207

2013	**213**
Catraca	**215**
Pai das ciclovias cariocas	221
A volta de 68?	225
Fim da linha no PV	228
Uma decisão	231
O dinheiro da política	238
Demolição	241
Zonas cinzentas	247

ACORDO DE PARIS	**251**
New York, New York	**253**
Lima	257
Uma frase em Bonn	261
As portas do purgatório	264
Novas geometrias de negociação	270

DIREITA VOLVER	**275**
O falso pico	**277**
Dany e Macron	283
Cacofonias	289
Em honra do crocs	293
Sigma	295
O indignismo no volante	297
O abacaxi	302
De volta à terra do carvão	310
Precificação e mercados de carbono	314
Nowy Swiat	317
Polin e Berlim	320
A trombada do caminhão	324
Mangue vivo	330
NDC em risco	336

À QUEIMA ROUPA	**341**
Silicone XXI	**343**
Outsiders	352
A hora e a vez do Jair	355
Bala perdida	360
Perpétuo de Freitas	365
Guerra contemporânea	370
Legalize	376
As "polícias de bico"	382
Quem mandou matar Marielle?	388
PAU BRASIL	**391**
Minha terra tem palmeiras	**393**
Por que importa?	403
O pulo do gato	410
A virada da ampulheta	416
CADERNO DE FOTOS	**421**
ANEXOS	**455**
Mudança do clima - Riscos e oportunidades para o Brasil	457
Fórum Brasileiro de Mudança do Clima (FBMC)	460
ÍNDICE REMISSIVO	**497**

"A sabedoria e a ignorância se transmitem como doenças; daí a necessidade de saber escolher as companhias."
William Shakespeare

"Temos que fazer o melhor que podemos. Esta é a nossa sagrada responsabilidade humana."
Albert Einstein

Prefácio

O título deste livro é um trocadilho infame. Em 1979, no último ano de exílio em Portugal, às vésperas da anistia, terminei de escrever *Os carbonários,* meu livro de memórias da época do movimento estudantil de 1968 e dos posteriores anos de chumbo. Ele foi publicado em 1980, depois de meu regresso ao Brasil. Virou best-seller e ganhou o Prêmio Jabuti no ano seguinte.

Quatro longas décadas depois, de maneira alguma pretendo voltar aos temas daqueles anos, uma longínqua experiência de vida da qual, conforme defini no prefácio da 14ª edição, em 1998, "não me orgulho nem me envergonho". Aconteceu, pronto. Desde então me tornei ainda mais crítico de qualquer forma de violência política, mas isso não vem ao caso aqui, até porque não há, para além do jogo de palavras, relação entre este livro novo e aquela obra, de lá se vão quarenta anos, cujo título metafórico comparava nós, protagonistas dos anos de chumbo, aos não menos patéticos jovens *carbonari,* do século XIX, revolucionários derrotados da futura Itália inspirados pela Revolução Francesa.

Aqui a metáfora é outra. Digo que sou um *descarbonário* porque me dedico, hoje, a um tipo de ação política destinada a reduzir a emissão de dióxido de carbono (CO_2) e outros gases causadores do efeito estufa na atmosfera terrestre – ou seja, descarbonizá-la para tentar conter a progressão das mudanças climáticas aquém de patamares apocalípticos. No início dos anos 70, tal propósito como ideal de militância política seria certamente considerado algo digno do manicômio, a ser interpelado com a famosa pergunta-título do contemporâneo livro do meu amigo Fernando Gabeira: *O que é isso, companheiro?* Ele "pirou", comentar-se-ia nos tempos de então. Ser *descarbonário* não é, portanto, o oposto de ter sido *carbonário* há cinquenta anos. Simplesmente pertence a uma outra galáxia, outro universo, não sei muito bem se paralelo ou perpendicular. Trata-se de outro animal.

O dióxido de carbono (CO_2) é o principal gás de efeito estufa. Os demais, para efeito de cálculo, podem ser convertidos em CO_2-equivalente. *Descarbonizar* a economia do planeta é o nome do jogo planetário praticado pelos que se empenham em não perder completamente essa batalha, já muito malparada, e também implica se adaptar às consequências inevitáveis da mudança climática. Mais da metade do carbono lançado na atmosfera pela queima de combustíveis fósseis ocorreu nos últimos trinta anos, quando já havia bastante informação sobre seus efeitos. Nesse aspecto, as más línguas sussurrariam que, afinal, existe, sim, certa semelhança entre ter sido carbonário, nos anos setenta do século passado, e ter me tornado descarbonário: um certo viés quixotesco.

Confesso que aprecio o personagem do *caballero de la triste figura* de Miguel de Cervantes. Ganhei, há uns anos, uma estatueta do Dom Quixote, que conservo carinhosamente no meu escritório. Houve uma época até em que me acompanhava um Sancho Panza, o Saulo, meu motorista da Secretaria de Meio Ambiente da Prefeitura do Rio. Eu, alto e magro; ele, baixo e barrigudo. Parecíamos aquela dupla.

Mas, ao contrário do distinto fidalgo de Cervantes, não faço guerra aos moinhos de vento. Na verdade, luto com afinco a favor deles na sua versão moderna, eólica, que integram o esforço descarbonizador e substituem com sucesso as usinas a carvão na China e em outros países.

Quando comecei a escrever este livro, chegava ao fim o ano mais quente da história, 2016, suplantando, assim, os outros dois mais, anteriores, 2015 e 2014. Terminei-o no segundo ano mais quente, 2019. Sete dos dez mais cálidos ocorreram na recém finda década de 2010. O que está acontecendo com o planeta não escaparia nem a Rocinante, a não muito sagaz montaria *del caballero*. Talvez ainda eluda o Pato Donald...

Eu havia começado a escrever este livro como uma espécie de "tudo que você precisa saber sobre mudanças climáticas". Seu título provisório era "O clima que rola", outro trocadilho infame, este pavoroso. Não é nada fácil escrever sobre esse assunto. Desisti do simples ensaio porque os textos – os meus, inclusive – perigam ser herméticos, até chatos, a não ser para um grupo reduzido de leitores muito interessados. Tenho centenas de artigos sobre o tema publicados em jornais, revistas, sites e blogs, e seu universo de leitores ainda é restrito.

Minha história pessoal, minhas memórias dos anos oitenta para cá, os episódios que vivi na política, minhas opiniões sobre variados campos da atualidade, brasileira e mundial, umas tantas histórias, algumas divertidas, começaram a atazanar minha prosa climática. Percebi que o *Descarbonário*, afinal, tinha que ter também esse lado de narrativa de causos e de avaliação crítica, passada e prospectiva. Que eu trazia um folclore político a ser relatado. No início de 2017, quando muita coisa ainda era incerta, senti aquela vontade irresistível de voltar a ser um contador de histórias. Foi só começar que elas vieram.

Decidi me afastar da política eleitoral partidária em 2014, e não quis mais me recandidatar a deputado federal. Passei a acreditar que minha melhor contribuição poderia ser na formação de jovens líderes. Nas minhas palestras para esses "multiplicadores" sobre temas como clima, ecologia urbana, gestão ambiental e urbanística local, costumo sugerir: "Ao expor suas ideias, procure sempre o caminho da narrativa, de uma pequena historinha que ilustre e exemplifique o que você quer transmitir. Apenas o conceito, por mais animadamente explicado que esteja, não consegue chegar afiado nas pessoas nesses tempos tão dispersivos em que o leque de atenção, balizado pelo WhatsApp ou pelo Instagram, é cada dia mais curto."

Decidi contar histórias entremeadas de análises e adotar um estilo de narrativa descontínuo, mais parecido com o de dois outros livros meus, *Roleta chilena* e *Corredor polonês*, o que é sempre um desafio e um considerável risco literário. Muitas coisas estavam acontecendo no Brasil e no mundo. E essas coisas mereciam ser analisadas sob um olhar independente de ideologias, que acredito hoje ser o meu. É um olhar de escritor, não de político. É mais livre. Não me sinto aprisionado por conveniências, obrigado a recorrer àqueles simplismos. Em política não há muita margem para a sinceridade, a sutileza, as matizes. Tudo tem que ser preto no branco, maniqueísta, nós versus eles. Só que a vida e a própria política, vistas fora de uma perspectiva instrumental, não são bem assim. O fio da meada aqui será a experiência de vida, não a ideologia.

São muitos causos, alguns cômicos. Reconheci que nunca mais teria histórias com tanto suspense, tão trágicas e divertidas quanto em *Os carbonários*, mas ainda restam umas tantas para compartilhar. O texto climático, conceitual, didático, do "tudo o que você precisa saber" sobre o clima, é entrelaçado com vivências do meu próprio aprendizado descarbonário e uma análise dos descaminhos da política internacional e da brasileira, que agora parecem um avião em espiral descendente.

A narrativa se encerra na última semana de 2018, quando deixei nas mãos do então presidente Temer, em fim de mandato, o documento "Mudanças climáticas: riscos e oportunidades para o Brasil". Eu o fiz na posição (não remunerada) de secretário executivo do Fórum Brasileiro de Mudança do Clima. Destinava-se ao seu sucessor, Jair Bolsonaro, meu ex-colega da Câmara dos Vereadores do Rio de Janeiro e, depois, da Câmara dos Deputados.

Narro alguns episódios de nossa relação, pessoalmente meio bizarra com choques que eu mantinha no terreno político, sem histerias. Apesar de minha crítica contundente e profunda ao Partido dos Trabalhadores, acabei, depois de considerar fortemente o voto nulo, votando em Fernando Haddad no segundo turno, depois de outro voto "útil", a contragosto, em Ciro Gomes no primeiro. Bolsonaro, cuja vitória eu antevia há mais de ano, representava para mim a expressão brasileira de um fenômeno mundial de direita populista que evoca – não sei ainda se como nova tragédia ou farsa – os anos trinta do século passado. Consumada a eleição, considerei que, democraticamente, deveríamos todos aceitar o resultado das urnas, que fora inequívoco. Cheguei a acreditar que, uma vez sentado na cadeira presidencial, baixariam sobre Jair os eflúvios da responsabilidade e que, não obstante sua visão fascista e paranoide e das suas idiossincrasias, ele deveria se comportar como presidente de todos os brasileiros.

Isso certamente não aconteceu. Passado um ano, sabemos que não acontecerá. O poder nitidamente piorou a pessoa. Temos um governante intolerante, desumano, desprovido de decoro, profundamente desinformado que toma conhecimento das questões "de orelhada", cercado de gente que, como ele, acalenta sonhos golpistas para os quais não dispõe, por enquanto, de massa crítica e tem como grandes obstáculos o Congresso (com todos os seus enormes defeitos) e o Supremo Tribunal Federal. Também não é mais capaz de mobilizar multidões e aqueles que as têm – os chefes pentecostais – a princípio não se interessariam em vê--lo com todo-poderoso. Sabem que, numa ditadura, mais cedo ou mais tarde, sobraria para eles também.

Não obstante, são preocupantes as frequentes alusões do núcleo do poder familiar a eventuais rupturas do regime democrático; as agressões que, no início, sofreram expoentes da alta hierarquia militar – aparente loucura, mas com método; seu esforço em estabelecer vínculos diretos com a oficialidade média e as polícias militares; uma relação no mínimo preocupante com o mundo das chamadas milícias; e seu afã de armar certos segmentos da população. Seu pior desvario se relaciona à pandemia da COVID 19, à atitude negacionista, à reação à previsão de dezenas de milhares ou mais de vítimas com um cínico "e daí?". A demissão por pura ciumeira de um ministro da saúde que tentava fazer seu trabalho.

Quando escrevo este prefácio ele ainda ostenta o apoio de 30% população, mas perde. Outro tanto se identifica mais ou menos com a esquerda hegemonizada pelo PT lulista, incapaz de fazer a menor autocrítica dos imensos erros que cometeu e aferrada a uma posição que considero particularmente repugnante: o apoio à ditadura de Nicolás Maduro, na Venezuela. Aliás, a quem Bolsonaro mais se parece, cores a parte. Uma maioria relativa, uns 40%, não quer, de jeito algum, nenhum desses dois polos. Mas a oferta política de momento não destilou uma alternativa de centro. Poderá surgir?

Há um recuo da democracia no mundo. É algo inequívoco; não sabemos se reversível. "Democraduras" e ditaduras vêm se espalhando e demonstrando que o capitalismo não precisa, necessariamente, da chamada democracia liberal. No Brasil, Bolsonaro, a princípio, enfrenta maiores dificuldades que Duterte, Orbán, Kaczynski, Putin ou Erdogan para se impor como chefe autoritário. Esses, excetuado o primeiro, levaram tempo para se consolidar enquanto governantes despóticos.

"Afinal, Sirkis, nessa altura do campeonato, onde você se situa ideologicamente?", é uma pergunta que me fazem. Tenho realmente dificuldade em me autorrotular. No que pesem minhas agruras com o PV – que, aliás, fundei – sou um verde,[1] e me satisfaz o conceito de "nem à esquerda, nem à direita, mas à frente".

Para os que considerarem isso mera frase de efeito, vou diferenciar por esferas. Vamos lá: socialmente me considero de esquerda; acredito que a pobreza e a concentração de renda são os maiores problemas. Economicamente, não considero nem a economia clássica nem o neokeynesianismo puros como a "escola correta". Penso que tudo depende de situações, que variam e demandam instrumentos de ambas, por vezes até simultaneamente, como mostra hoje a experiência de Portugal. Rejeito, sim, o neoliberalismo plutocrático e o estatismo, com gastança descontrolada e corrupção generalizada. Acredito que a humanidade tem contas a ajustar com a financeirização da economia global, mas que isso terá que ser tratado numa luta supranacional. Nenhum governo é capaz de bancar essa parada sozinho.

A nova grande depressão, ainda em seus estágios preliminares, assi-

---

1. Os verdes no Brasil estão dispersos. O partido que fundei transformou-se em algo irreconhecível e constrangedor. Renascerá, um dia, tal qual uma fênix?

nala o fim do atual paradigma neoliberal, de controle obsessivo do déficit e da financeirização globalizada. Há uma nova economia de guerra surgindo com um papel renovado para o Estado e a caixa de ferramentas de Lord John Maynard Keynes na busca de réplicas contemporâneas do New Deal e do Plano Marshall. São impressões ainda preliminares.

Politicamente, acredito que a democracia precisa tanto de uma esquerda democrática quanto de uma direita civilizada, e que a alternância entre ambas é necessária, pois as duas servem a circunstâncias históricas dadas. O centro pode se articular com uma ou outra dependendo da situação concreta. Os verdes alemães, por exemplo, tinham a tradição de se aliarem à social-democracia. No futuro, tudo indica que formarão um governo com a União Democrata-Cristã, de Angela Merkel.

Rejeito cabalmente a esquerda autoritária, leninista ou populista, e a direita reacionária ou fascistoide. Sou crítico das políticas identitárias em sua atual deriva, tanto à esquerda quanto à direita. Sou adepto da geleia geral. Isso talvez faça de mim um personagem do "centro radical". Não digo isso para parecer sofisticado, mas porque essa minha "moderação" comporta também propostas drásticas, minoritárias e altamente polêmicas, como a legalização das drogas, que discutirei mais para o final do livro.

Em matéria de segurança, sou, vejam só, mais à direita. Não tolero "dar mole" para bandido – seja o traficante ou a política de "arreglo", sejam os milicianos – e critico a leniência do nosso sistema penal com relação ao crime violento. Não acredito no mito do "bandido vítima da sociedade". Considero um insulto aos pobres. Esquerdistas já me acusaram de ser de direita por causa disso. Tenho horror à desordem urbana. Se ser linha-dura em relação aos criminosos que atormentam nosso cotidiano e ameaçam nossas famílias significa ser de direita, que assim seja, pelo menos nesse departamento.

Enfim: ideologia, não preciso de uma para viver – parafraseando (e contrariando) o verso do meu saudoso amigo Cazuza. Quanto a religião, não sigo nenhuma em particular. Genética e culturalmente, sou, obviamente, judeu ashkenazi. Intelectualmente, me assola um certo agnosticismo. Mas tenho Deus no coração. Já rezei em sinagoga, igreja, templo, terreiro e mesquita. Diversos caminhos levam a Ele pelo conduto do amor. Cuidar da natureza e do clima é defender sua Criação, que se deu – percebam, ó criacionistas – na forma da evolução natural explicada pela ciência, que, no entanto, não traz respostas a todos mistérios.

Estive recentemente no Vaticano com um grupo de governadores da Amazônia: brasileiros, peruanos e ambientalistas a convite de monsenhor Marcelo Sorondo, um argentino, figuraça, que preside a Academia Pontifícia das Ciências. Os governadores levantaram a bandeira do movimento subnacional que estamos criando, os "Governadores pelo Clima". A encíclica *Laudato si'*, do papa Francisco, é um dos mais poderosos documentos em defesa da natureza e do clima. Não existe, verdadeiramente, contradição insolúvel entre ciência e fé, desde que haja uma leitura metafórica de todas as Santas Escrituras e entendamos que nós, humanos, carecemos de entendimento do que está acima de nós. Buscamos caminhos. Temos a capacidade de amar.

Penso, de fato, que a mudança climática é o principal problema da humanidade; sairá de controle rumo a níveis apocalípticos se fracassarmos na estreita janela de oportunidade que nos resta. A situação internacional é, hoje, pior do que em 2015, quando foi assinado o altamente insuficiente Acordo de Paris. Trump e Bolsonaro tornaram-se grandes obstáculos a um avanço urgente, emergencial. São expoentes tristes da indiferença e do retrocesso.

Uma das piores performances do atual presidente é sua postura em relação ao meio ambiente e à questão climática. Tivemos com todos os governos anteriores embates ambientais em que éramos confrontados com interesses econômicos ou estratégicos variados e poderosos que se impunham politicamente. Isso ocorreu com Sarney, Collor, Itamar, Fernando Henrique, Lula, Dilma e Temer. Todos tiveram falhas, mas também alguns acertos, em maior ou menor quantidade, ao sabor de correlações de força em situações variadas. Desde o final do governo Fernando Henrique, o Ministério do Meio Ambiente mantivera sua integridade, com derrotas e avanços.

No caso de Bolsonaro, o componente dos interesses econômicos em jogo é praticamente secundário em relação a outro fator: da sanha idiossincrática. Em algum momento, por perceber que uma parte dos ambientalistas era de esquerda, em sua sesquipedal desinformação, passou a catalogar a questão ambiental e climática na "caixinha" do comunismo e a se identificar com todo tipo de atividade devastadora que identifica como progresso: grilagem, garimpo ilegal, invasão de terras indígenas, poluição. Desenvolveu uma antipatia visceral por uma causa cujos pioneiros, ironicamente, foram ilustres militares, como o marechal Cândido Rondon, o major Francisco Archer ou o almirante Ibsen de Gusmão. Preferiu a inspiração de Pato Donald.

Em palavras – as quais, na boca de um presidente da República, contam muito – e em ações, não só desmantelou trinta anos de construção ambiental da democracia brasileira, como chega a colocar em questão, através de um projeto de lei de seu filho senador, disposições do próprio Código Florestal original de 1965, da época do regime militar, como a Reserva Legal. O Brasil não só ficou extremamente "mal na fita" internacional (situação agravada por seus bate-bocas infantis), como foi (e será) afetado na área econômica em geral e no sacrossanto agronegócio exportador, em particular.

O Brasil desempenhava um papel muito importante nas negociações climáticas internacionais, pois era o país que fazia a ponte entre o G77 + China, a União Europeia e os Estados Unidos. Neste livro, critico a postura do Itamaraty, que tendia a tratar a questão climática através das lentes da geopolítica. Não obstante, o papel da nossa diplomacia na Rio-92, passando por Quioto, Copenhagen e Paris, foi sempre muito relevante na articulação e no reforço da ambição em momentos decisivos. Na Conferência do Clima mais recente, a COP 25, em Madri, nos alinhamos aos recalcitrantes climáticos: Donald Trump, que prevê a saída dos Estados Unidos do Acordo de Paris, e a Austrália, de Scott Morris, um país em chamas cujo governo insiste no negacionismo climático. Ambos agora se juntaram aos empata-fodas mais antigos do grupo, os chamados *like minded* (os que pensam parecido): a Arábia Saudita e a Venezuela, além de outros bolivarianos. Sem esquecer o Japão e a Índia, ali atrás do biombo. Por conta de um chanceler, o pré-iluminista Ernesto Araújo, que renega a mudança climática como uma "conspiração marxista" (?) e apresenta como prova insofismável o fato de fazer frio em Roma, viramos alvo da chacota internacional.

É onde estamos ao terminar este prefácio, que é sempre – graças a Deus – a parte mais perecível de um livro. *Os carbonários* teve dois; o segundo sujeito a várias revisões. Peço a Deus que sua vida útil seja a mais breve possível e que ele tenha que ser reescrito para introduzir *Descarbonário* em conjuntura mais feliz. Não sabemos, no entanto, se o ciclo reacionário que o mundo e o Brasil atravessam é curto ou longo. Um soluço da história ou o novo normal? De qualquer forma, haverá sempre argumentos para brandir e causos para contar. Insisto em ser, primordialmente, um contador de histórias.

Rio de Janeiro, 10 de maio de 2020

ESTUFA

Aquela esquimó

Tive a revelação em Montreal, no inverno de 2005. Fazia um frio do cacete, e, quando não estava na Conferência das Partes (COP 11) da Convenção-Quadro das Nações Unidas sobre a Mudança do Clima (UNFCCC), passava a maior parte do tempo em um labirinto subterrâneo que se espraia por baixo do centro da cidade, assolada por ventanias gélidas e rajadas de neve. Detesto frio. Era um ambiente bizarro para discutir o que fazer com o fenômeno que, na época, chamávamos de "aquecimento global".

Eu vinha acompanhando o assunto assim, de esguelha, como um tópico a mais da agenda ambiental, mas, naquela gélida manhã, no Canadá, a ficha caiu. Foi durante um evento paralelo organizado pela campanha *Cities for Cimate Protection* (Cidades pela Proteção do Clima) do Conselho Internacional de Iniciativas Ambientais Locais (ICLEI, do inglês International Council of Local Environmental Initiatives), em que apresentei o projeto Mutirão de Reflorestamento, desenvolvido como secretário de Meio Ambiente com jovens das favelas para as encostas do Rio. A fala seguinte à minha foi a da líder esquimó Sheila Watt-Cloutier, presidente da *Circumpolar Conference*. Ela discursou sobre as bizarras mudanças climáticas que afetavam a sua comunidade, para além do Círculo Polar Ártico.

O povo inuíte, popularmente conhecido como esquimós, se espalha pelo norte do Canadá, do Alasca, da Groenlândia e da Rússia. Sheila estava representando cerca de duzentos mil esquimós milenarmente integrados a um dos ecossistemas mais extremos do planeta. Seus iglus são exemplos primorosos de arquitetura bem adaptada a um ambiente natural: casas de gelo que protegem os habitantes do frio.

Sheila é uma mulher de baixa estatura, mas o seu vozeirão e carisma dominaram o auditório. Ela narrou sua infância e juventude entre neves, ursos-polares, focas e pinguins. Descreveu a regularidade das estações, as imensas geleiras, a fauna seguindo ciclos previsíveis, bem determinados. Em seguida, reportou coisas estranhas que vinham ocorrendo nos últimos anos e que, naquele verão de 2005, haviam atingido um patamar inédito, assustador: sucessivos dias de calor de mais de 30ºC, geleiras derretendo em cascata e desabando como peças de dominó. Focas, pinguins e ursos-polares em sobressalto. Exibiu fotos e vídeos para ilustrar sua narrativa. Observou que a temperatura no Ártico estava subindo mais do que em qualquer outro lugar do planeta[2] e mostrou, por meio de imagens de satélite, a retração acelerada das calotas de gelo em sucessivos verões. Na ausência da neve e do gelo, agora derretidos, o calor dos raios de sol não é mais refletido, mas absorvido pelo mar escuro. Com isso, a água aquecida derrete ainda mais o gelo, em um círculo vicioso. Pela primeira vez na história, haviam sido registrados, em pleno Círculo Polar Ártico, dois dias com temperatura recorde de 37ºC! Seus bravos esquimós não sabiam mais o que fazer diante de tanto verão carioca. A fauna passara a ter hábitos estranhos, e algumas espécies já haviam simplesmente desaparecido.

Sheila expôs outra história de horror, essa ainda prospectiva: o gás metano (CH_4), depositado muitos milênios atrás naquelas camadas de gelo, agora estava sendo liberado na atmosfera. O metano é um gás de efeito estufa (GEE) mais intenso que o próprio dióxido de carbono, o CO_2, embora de permanência bem mais curta na atmosfera. "O gelo reflete 70% do calor dos raios solares; já o mar absorve 94% desse calor", explicou Sheila e arrematou: "Não dou mais de trinta a quarenta anos para o Ártico derreter completamente, durante o verão. O polo Norte, como conhecemos, irá desaparecer. Quando isso acontecer, o que será das cidades litorâneas de vocês?"

Pensei no Rio de Janeiro, no mar invadindo... e a ficha caiu.

"Mudanças climáticas", "aquecimento global", "efeito estufa": ouvimos falar cada vez mais desses termos nos noticiários de TV, nas redes sociais e nas conversas. Toda noite assistimos a imagens como estas: a rua

---

2. Mesmo que o mundo reduzisse as emissões de GEE de acordo com os compromissos assumidos pelas partes no Acordo de Paris, as temperaturas do inverno no Oceano Ártico subiriam de 3°C a 5°C em meados do século, de acordo com o relatório "Global Linkages: a Graphic Look at the Changing Arctic", da UN Environment, publicado em 2019, disponível em wedocs.unep.org/bitstream/handle/20.500.11822/27687/Arctic_Graphics.pdf?sequence=1&isAllowed=y.

que virou rio com carros flutuando por causa de enchentes; a encosta que desaba matando famílias; uma multidão de gente refugiada, fugindo da seca e da fome; a enorme geleira que se desprende espetacularmente da Groenlândia para dentro do oceano.

Diariamente somos informados sobre a falta d'água nas grandes cidades, o assoreamento dos rios e dos reservatórios que alimentam as turbinas das hidrelétricas. O calor do verão mais abrasivo são dias na antessala do inferno. Os incêndios florestais mais frequentes, intensos, repentinos e velozes, arrasam casas de ricos e pobres e matam pessoas, que fogem desesperadas em seus carros com os tanques de gasolina explodindo. Assim foi em Portugal, em 2017, que teve 47 mortos na Estrada Nacional 236, em Pedregão Grande, e, no ano seguinte, na Califórnia, onde apenas um dos incêndios, o de Camp Fire, causou 85 mortes e dez bilhões de dólares em prejuízos diretos. Um vilarejo com o prosaico nome de Paradise sumiu do mapa.

Secas e estiagens atingem regiões cada vez mais vastas de forma mais prolongada, afetando a agricultura e a produção de alimentos. Estes ficam mais escassos, e os preços sobem. Por consequência direta ou indireta da mudança climática, todo ano milhões de pessoas deixam suas terras e suas casas, suas aldeias ou cidades para emigrar, tentar refazer a vida em países distantes, com línguas e costumes diferentes. Muitos morrem na travessia de mares e desertos. O aquecimento do planeta não provoca apenas mais calor, mas faz com que todo o clima se altere, fique errático, "bagunçado". Fenômenos climáticos antes raros de repente passaram a se repetir com maior frequência e brutalidade. Epidemias causadas por vetores tipicamente tropicais tendem a se espalhar para regiões temperadas.

A mudança climática produz eventos extremos que, curiosamente, podem até incluir nevascas maiores e invernos mais gelados, como parecia aquele em Montreal. Há quem diga: "Não posso acreditar no aquecimento da Terra se aqui temos esse inverno de congelar o rabo!" O senador norte-americano James Inhofe, um republicano do Oklahoma, levou uma bola de neve para uma sessão parlamentar como prova definitiva de que "não existe esse negócio de aquecimento global". Foi depois imitado por um dos filhos de Bolsonaro numa estação de esqui.

Os cientistas, porém, não têm a menor dúvida: a temperatura média do planeta está cada vez mais alta. O ano de 2016 foi o mais quente da história; antes dele, foi 2015, e, previamente, 2014. A tendência de aquecimento continuou em 2019 que ficou atrás apenas de 2016.[3] A Terra e os oceanos estão mais quentes do que nos últimos seiscentos mil anos! Nove dos dez anos mais quentes na história já aconteceram no século XXI. Na década de 2010, tivemos os sete anos mais quentes. A mudança climática pode incluir invernos mais gelados em algumas regiões porque engendra esses fenômenos extremos, mas, no cômputo geral, o planeta esquenta rápida, regular e inequivocamente. A mudança climática não é apenas um dos inúmeros problemas que a humanidade enfrenta. É "o" problema, porque agrava de maneira brutal todos os demais.

A maior parte do planeta é constituída de oceanos. Eles estão esquentando, e a elevação dos seus níveis afeta zonas litorâneas em todo o mundo. Praias estão sumindo, casas próximas a elas estão sendo impiedosamente socavadas pelo mar. Basta pensar em Nova Orleans, em 2005, ou Houston, em 2017, só para ficarmos nos Estados Unidos. Cálculos recentes dos cientistas estimam que a elevação do nível do mar até o final do século será de aproximadamente 1,2 metro, caso a trajetória das emissões mundiais não se reverta, o que inundará áreas consideráveis de regiões litorâneas.[4]

O aquecimento da temperatura dos mares provoca a expansão do volume de água, pois as moléculas de H_2O expandem com o calor, o que, somado ao derretimento das calotas polares e da Groenlândia, provoca elevação do mar sobre zonas costeiras. Por outro lado, o mar mais quente e apenas alguns milímetros mais alto potencializa a in-

---

3. Os dados consideram a série histórica de 139 anos de registro climático da Administração Oceânica e Atmosférica Nacional dos Estados Unidos (NOAA), divulgada em 2019, disponível em ncdc.noaa.gov/sotc/global/201813.
4. De acordo com a NOAA, em 2017 o nível médio do mar ficou 77 milímetros acima do nível médio de 1993. Foi o sexto ano consecutivo e o 22º dos últimos 24 anos em que o nível médio do mar aumentou em relação ao ano anterior. Os sistemas costeiros e as áreas baixas sofrerão cada vez mais impactos adversos, como submersão, inundação e erosão costeiras. Em áreas urbanas costeiras, estão em risco infraestruturas como pontes, metrôs, fontes de água, poços de petróleo e gás, usinas de energia, estações de tratamento de esgoto, aterros sanitários, entre outros. Segundo o C40 (Grupo de Grandes Cidades para a Liderança Climática), com 0,5 metro de aumento do nível do mar, 800 milhões de pessoas serão afetadas em mais de 570 cidades. Para uma boa síntese da questão, veja a publicação "Global and European Sea Level Rise" (2017), da European Environmental Agency, disponível em eea.europa.eu/data-and-maps/indicators/sea-level-rise-6/assessment.

tensidade de furacões,[5] como os de 2017 no Caribe e no sul dos Estados Unidos. Em 2018, só os furacões Florence e Michael causaram 32 bilhões de dólares em prejuízos diretos. Um tufão de intensidade inédita arrasou parte de Moçambique em 2019, afetando mais de dois milhões de pessoas. A ONU já projeta duzentos milhões de refugiados climáticos por volta de 2050.[6]

Além de estarem se aquecendo, os oceanos também estão se acidificando, o que diminui sua capacidade de absorver naturalmente o dióxido de carbono, ou CO_2.[7] Eles são, junto às florestas em crescimento, os dois grandes sumidouros naturais de CO_2 do planeta, pois absorvem perto de metade do que é emitido.[8] Essa capacidade dos mares e florestas de serem "esponjas" de carbono está se reduzindo.

Outra consequência é o derretimento das grandes geleiras[9] no alto de cordilheiras como as do Himalaia, dos Andes ou do monte Kilimanjaro, responsáveis pelo abastecimento de água a bilhões de pessoas. No Himalaia, isso afeta a disponibilidade de água para uma população de mais de três bilhões, que inclui três países detentores de armamento nuclear: a China, a Índia e o Paquistão, todos com sérios conflitos de fronteiras, étnicos, religiosos e ideológicos entre si e internamente.

A mudança climática provocará disputas por água e regiões férteis. A guerra civil na Síria teve como forte fator contribuinte as consequências

---

5. Os furacões (ciclones tropicais) são como motores gigantes que usam ar quente e úmido como combustível. Quanto mais quentes forem os ambientes marinho e atmosférico, maior a expectativa de aumento na frequência e na intensidade de furacões. Para mais detalhes, veja o estudo "Global Warming and Hurricanes", da NOAA, atualizado em 2019, disponível em gfdl.noaa.gov/global-warming-and-hurricanes.
6. *The Uninhabitable Earth*, de David Wallace-Wells. No Brasil, foi publicado pela Companhia das Letras com o nome *A terra inabitável: uma história do futuro*.
7. A acidificação dos oceanos ocorre por uma redução em seu pH durante um longo período, causada principalmente pela absorção de CO_2 da atmosfera, o que ameaça a vida marinha.
8. Informação disponível no relatório "Earth's Oceans and Ecosystems Still Absorbing about Half the Greenhouse Gases Emitted by People" (2012), publicado pela NOAA, disponível em research.noaa.gov/article/ArtMID/587/ArticleID/1412/NOAA-partners-Earth%E2%80%99s-oceans-and-ecosystems-still-absorbing-about-half-the-greenhouse-gases-emitted-by-people.
9. De acordo com o "Summary for Policy Makers" (2013), do IPCC, nas últimas duas décadas, as geleiras seguiram encolhendo em quase todo o mundo. A cobertura de gelo da Groenlândia e da Antártica perdeu massa, e o gelo do mar Ártico e a cobertura de neve de primavera do hemisfério norte continuaram a diminuir em extensão. Documento disponível em ipcc.ch/report/ar5/wg1/summary-for-policymakers.

sociais de uma estiagem de cinco anos que provocou o colapso da agricultura em diversas regiões, migrações em massa para as periferias das cidades, tensões sociais, distúrbios e rebelião. Deu-se a feroz repressão de Hafez el-Assad e a guerra civil que logo se internacionalizou. Já houve forte tensão diplomática e trocas de ameaças entre o Egito e a Etiópia por causa de planos etíopes de desviar águas do rio Nilo para fazer frente à crescente escassez. Os estados-maiores militares de grandes potências como Estados Unidos, Rússia e China e seus serviços de inteligência produzem, há mais de vinte anos, análises e planos de contingência para futuras guerras climáticas. Alguns desses estudos são secretos, outros acessíveis publicamente.[10] Eles antecipam cenários geopolíticos de arrepiar.

Joseph Fourrier, 1824

Mas, afinal, como se dá o fenômeno do aquecimento global que provoca toda essa mudança climática? Os cientistas incialmente o denominavam "efeito estufa". Determinados gases, sobretudo o CO_2, que provém principalmente da queima de combustíveis fósseis como o carvão e o petróleo, se concentram na atmosfera, produzindo um efeito comparável ao de uma estufa. Uma quantidade maior de calor proveniente dos raios solares fica presa na atmosfera. Isso aquece o planeta – mais os oceanos que os continentes –, interferindo no equilíbrio natural do clima, estabelecido há oitocentos mil anos.

Na verdade, a temperatura da Terra já variou muito, naturalmente, em ciclos mais quentes e mais frios, muito antes de o ser humano existir no planeta. Tivemos períodos bem quentes e outros glaciais.[11] Foram ciclos de milhões ou de centenas de milhares de anos. O efeito estufa foi fundamental para fazer o planeta sair da era glacial e tornar-se habitável.[12] Há oitocentos mil anos e, certamente, desde os primórdios da humanidade, há uns quinze mil, a concentração natural do CO_2 e de outros GEE se manteve estável, em torno de 280 ppm (partes por milhão),

---

10. Informação retirada do relatório "Climate Change Threatens National Security, says Pentagon", publicado pela UNFCCC, em 2014, disponível em unfccc.int/news/climate-change-threatens-national-security-says-pentagon. "The Age of Consequences: the foreign policy and national security implications of global climate change", do Center for Strategic and International Studies (CSIS), disponível em csis.org/analysis/age-consequences.
11. Para mais dados, ver IPCC, 2007: "Fourth Assessment Report: Climate Change" (AR4). FAQ.
12. Idem ao anterior.

e a temperatura média do planeta, em 15°C.[13] Essa temperatura média do planeta, depois de ter permanecido estável durante milhares de anos, já aumentou em 1,1°C[14] desde o início da era industrial.

O fenômeno do efeito estufa foi primeiro identificado pelo matemático e físico francês Joseph Fourier, em 1824. Ainda no século XIX, outros cientistas, como John Tyndall e Svante Arrhenius, desenvolveram esse conhecimento. No início do século XX, Alexander Graham Bell, o inventor do telefone, também estudou o tema.

Para quem não é fã de química, são muitos nomes e siglas complexos. O dióxido de carbono, CO_2 é, de longe, o principal e determinante GEE. Os outros gases de efeito estufa são: metano (CH_4), óxido nitroso (N_2O), hidrofluorcarbonos (HFCs), perfluorcarbonos (PFCs), hexafluoreto de enxofre (SF_6), trifluoreto de nitrogênio (NF_3), clorofluorcarbonos (CFC) e hidroclorofluorcabonos (HCFCs).[15]

O atual ciclo de aquecimento acelerado começou há dois séculos, na era industrial, quando o carvão e, depois, o petróleo, passaram a ser queimados como combustível de navios, fábricas, usinas elétricas e, em seguida, veículos. A concentração de GEE na atmosfera começou a se elevar, e o planeta, a esquentar em um tempo muito curto, num processo distinto daqueles longos ciclos naturais anteriores de mudança climática que se estendiam por milhares e milhares de anos.

O observatório de Mauna Loa, no Pacífico, detectou, em maio de 2020, uma concentração recorde na atmosfera de 416 ppm de CO_2. Estamos rapidamente nos direcionando para o limite de 450 ppm, estimado pelos cientistas do Painel Intergovernamental sobre Mudanças Climáticas (IPCC) como a concentração na atmosfera que ainda deixa uma chance maior que 50% para manter o aumento da temperatura média do planeta abaixo de 2°C neste século.[16] Um estudo do IPCC de-

---

13. Ibidem.
14. Ver IPCC, 2018: "Summary for Policymakers". In: *Global Warming of 1.5 °C. An IPCC Special Report on the impacts of global warming of 1.5 °C above pre-industrial levels and related global greenhouse gas emission pathways, in the context of strenghtening the global response to the threat of climate change, sustainable development, and efforts to eradicate poverty.* Disponível em ipcc.ch/sr15.
15. O vapor d'água é o mais abundante de todos os gases de efeito estufa, mas permanece por curto tempo na atmosfera. A maior parte do vapor d'água não pode ser atribuída às atividades humanas.
16. Para mais detalhes, ver IPCC, 2014: "Climate Change 2014: Synthesis Report Summary for Policymakers", disponível em ipcc.ch/site/assets/uploads/2018/02/AR5_SYR_FINAL_SPM.pdf.

nominado *Global Warming of 1,5°C*, publicado em 2018,[17] atualizou as correlações entre volumes de emissões de gases efeito estufa e aumentos de temperatura média do planeta até o final do século.

Em uma projeção de rigoroso cumprimento da totalidade das Contribuições Nacionalmente Determinadas (NDCs na sigla em inglês), metas voluntárias e vinculadas ao Acordo de Paris, assumidas em 2015, ainda ficaríamos em uma trajetória entre 2,9°C e 3,4°C,[18] ou seja, bem acima dos 2°C e longe do horizonte de 1,5°C mencionado no Acordo. Vai ser difícil ficar abaixo dos 450 ppm e dos 2°C, que, segundo os cientistas do IPCC, não evitaria danos irreparáveis a biodiversidade, países insulares, geleiras, agricultura em diversas regiões e áreas costeiras. Possivelmente, ainda permitiria evitar as consequências mais catastróficas.

A queima do carvão e do petróleo são as maiores fontes de emissões de CO_2. O carvão é barato e está bem distribuído por todo o planeta. A redução da sua combustão deve ser a prioridade número um. Petróleo vem em seguida. O desmatamento e as queimadas, [19] gás e a produção de cimento/concreto, emissões de outros gases-estufa provêm de determinadas técnicas agrícolas com uso de fertilizantes químicos.

O metano(CH_4) provem de "emissões fugitivas" (vazamentos) de gás em dutos e outras instalações, da fermentação entérica – arrotos e puns – dos rebanhos ruminantes. Também provém, principalmente de bovinos e emanações de resíduos sólidos orgânicos, do lixo e dos esgotos. O metano é um gás-estufa com potencial de aquecimento 28 vezes maior que o CO_2, embora de permanência na atmosfera bem mais efêmera. A vida média do CO_2 na atmosfera é de 150 anos, e a do metano, de dez.[20] No entanto, ainda há controvérsias científicas sobre como calcular

---

17. Para informações detalhadas, ver ALLEN et al., 2018. "Framing and Context". In: *Global Warming of 1.5°C. An IPCC Special Report on the impacts of global warming of 1.5°C above pre-industrial levels and related global greenhouse gas emission pathways, in the context of strengthening the global response to the threat of climate change, sustainable development, and efforts to eradicate poverty.* Disponível em ipcc.ch/site/assets/uploads/sites/2/2019/05/SR15_Chapter1_Low_Res.pdf.

18. UN Environmental Program, 2019: "The Emissions Gap Report", disponível em unenvironment.org/resources/emissions-gap-report-2019.

19. A biomassa seca contém cerca de 50% de carbono, que é transferido para a atmosfera quando a vegetação é suprimida.

20. IPCC AR5, 2013: "Anthropogenic and Natural Radiative Forcing". In: *Climate Change 2013: The Physical Science Basis. Contribution of Working Group I to the Fifth Assessment Report of the Intergovernmental Panel on Climate Change.* Disponível em ipcc.ch/site/assets/uploads/2018/02/WG1AR5_Chapter08_FINAL.pdf.

precisamente essa correlação, que, por ora, vou deixar no ar para insistir no essencial: neste momento, a trajetória de todas essas emissões juntas aponta para um aumento na temperatura média do planeta de mais de 4,5°C,[21] no final do século XXI!

Existem também emissões de partículas, não gases, que agravam a crise climática por uma via diferente da do efeito-estufa.[22] A principal dessas emissões é o *black carbono,* a fuligem. Por outro lado há, certos gases novos, como os hidrofluorcarbonetos (HFC),[23] utilizados na refrigeração em substituição aos clorofluorcarbonos (CFC) para evitar dano à camada de ozônio da alta atmosfera, seguindo o bem-sucedido Protocolo de Montreal. Desgraçadamente, acabaram se revelando poderosos gases de efeito estufa. Neste caso, a ciência avançou em campo minado...

As diversas possíveis trajetórias de aquecimento global anteriormente mencionadas referem-se a temperatura médias do planeta. Há regiões nas quais elas já estão subindo mais que a média. Isso acontece justamente no Ártico,[24] conforme já nos alertava, em 2005, em Montreal, Sheila Watt-Cloutier, a líder esquimó.

Quanto mais rápido a economia global chegar ao seu "pico" de emissões e mais intensa for a redução e remoção de GEE, maiores as chances das mudanças climáticas serem contidas em níveis ainda

---

21. Ver IPCC, 2013: "Summary for Policymakers". In: *Climate Change 2013: The Physical Science Basis. Contribution of Working Group I to the Fifth Assessment Report of the Intergovernmental Panel on Climate Change.*
22. Além de ser um contaminante de efeito local, o *black carbon* também traz efeitos climáticos, embora não pela via do efeito estufa. Parte dessa fuligem, originária de motores a diesel (ônibus, caminhões), fogareiros, incineração de lixo, queimadas, entre outros, é transportada pelos ventos para a alta atmosfera, migra por milhares de quilômetros e, ao se depositar sobre as geleiras, acelera o derretimento. Por outro lado, existem também as partículas claras e os aerossóis, emitidos por algumas das mesmas fontes, que têm, pelo contrário, efeito reflexivo sobre a luz do sol e esfriam a atmosfera.
23. Os gases clorofluorcarbonetos (CFCs) foram identificados, nos anos oitenta, como os grandes agressores da benfazeja camada de ozônio estratosférica. O Protocolo de Montreal, de 1989, obteve um sucesso fantástico ao conseguir eliminá-los de diversos processos industriais (ares-condicionados, geladeiras, aerossóis...). Os CFCs foram substituídos em larga escala pelos HFCs, os hidrofluorcarbonetos, inofensivos à camada de ozônio. No entanto, em 2009, eis que a revista *Nature* detectou que, desgraçadamente, os HFCs constituíam-se em potentes GEE, alguns deles 12 mil vezes mais intensos que o CO_2. Atualmente, busca-se sua substituição por novas soluções que preservem a camada de ozônio mas não contribuam para o efeito estufa.
24. Idem.

não catastróficos. Simplesmente não podemos mais empurrar com a barriga esse problema. Tem mais: a maior preocupação dos cientistas, nem sempre explicitada, é com processos em círculo vicioso nos quais as emissões dos GEE se retroalimentem, os chamados *feedbacks* que tratarei mais adiante.

Uarzazate, *Game of Thrones*...

Eu estava no hotel Berbère Palace, em Uarzazate, uma cidadezinha marroquina, afrancesada, que me remetia aos anos quarenta, perto do cenário cinematográfico de deserto com montanhas nevadas ao fundo, onde foram filmadas cenas da série *Game of Thrones*. Era a última noite do périplo que fiz com minha mulher, Ana Borelli, por Rabat, Chefchaouen e Fez, antes de juntar-me à delegação brasileira da COP 22, em Marrakech. Ana reivindicava uma noitada romântica em uma tenda nômade no deserto, mas, em 8 de novembro de 2016, insisti em pernoitar ali mesmo, no Berbère Palace, para poder assistir pela CNN à apuração das eleições presidenciais norte-americanas. Eu vinha acompanhando ansioso, quase obsessivo, a reta final da campanha e as pesquisas eleitorais. Lia avidamente as análises do Nate Silver no site *Thirty Eight Five* e no *The New York Times*. Silver havia acertado na mosca, em 2012, na reeleição de Obama contra Mitt Romney. Agora, prognosticava a vitória apertada de Hillary Clinton.

Racionalmente, eu esperava isso também. Mas, figadalmente, a sensação era ruim, agourenta. Minha boa e velha paranoia vislumbrava que aquela figura grotesca, balofa, com a sua cabeleira alaranjada recém-saída do secador, poderia, por uma daquelas fatais ciladas da história humana, tornar-se presidente dos Estados Unidos. Começava a soprar um bafo nauseabundo dos anos trinta. Donald Trump recordava o caporal austríaco, um pintor de quinta que, inicialmente, tão pouca gente levara a sério. Eu matutava também a ideia de Karl Marx, em seu *18 de Brumário*, citada *ad nauseam*, da tragédia que se repete enquanto farsa.

Pouco tempo antes, ocorrera o surpreendente resultado do referendo do Brexit, no Reino Unido e nas Filipinas, o triunfo presidencial de um desbocado e macabro chefe de grupos de extermínio, Rodrigo Duterte. Um vento mau parecia anunciar uma nova era de grotescos histriões.

Liguei a TV na CNN naquela noite, no Berbère Palace, um tanto apreensivo, embora ainda confiante na vitória de Hillary Clinton. Simplesmente não era possível imaginar Donald Trump na presidência dos Estados Unidos, sucedendo Barack Obama. À medida que foram chegando os resultados, a merda foi se revelando. A apuração dos estados que propiciariam a maioria de Trump no Colégio Eleitoral, a Flórida e os do chamado *rust belt* (o Cinturão da Ferrugem, que inclui Pensilvânia, Michigan e Wisconsin) – até então solidamente democratas –, espocavam inapelavelmente "vermelhos" (republicanos) no telão da CNN, com seus prolixos apresentadores suando, lívidos. Às quatro da manhã, fatura liquidada. Meti uma porrada na porta do banheiro com um sonoro "puta que pariu" que deve ter ressoado no deserto de Uarzazate. Desliguei a TV. Segundos depois, o celular tocou. Era minha filha, Anninha, que morava em Los Angeles, aos prantos: "Paiê, aquele homem horrível vai ser presidente dos Estados Unidos."

A eleição de Donald Trump caiu como uma bomba na COP 22. No dia seguinte, em Marrakech, passei pelo pavilhão norte-americano, que ficava bem ao lado do espaço do Brasil. A turma do Departamento de Estado estava abobalhada. Pareciam uns condenados rumando para o cadafalso, uns zumbis. Afinal, Trump declarara repetidas vezes que a mudança climática era uma fraude inventada pelos chineses e se rodeara de negacionistas climáticos, como Scott Pruitt, o homem que logo seria encarregado de desmantelar a agência ambiental federal (Environmental Protection Agency, EPA) e toda a normatização climática dos anos Obama, até cair num escândalo de corrupção. Sua política seguiu.

Depois de oito anos daquele carismático presidente negro, sábio e elegante, o estranho pêndulo da política norte-americana abria um novo ciclo reacionário de duração e consequências imprevisíveis. O racismo latente, poderoso e recalcado, o desajuste frente à globalização, a feroz resistência ao multiculturalismo, o verdadeiro pânico frente ao protagonismo das mulheres no mercado de trabalho e, sobretudo, a fobia aos imigrantes potencializaram a nova onda. Não era majoritária, afinal Trump obteve 2,8 milhões de votos a menos que Hillary Clinton e só saiu vitorioso graças aos meandros daquele peculiar sistema do Colégio Eleitoral. Trump teve mais garra e soube se esgueirar por cada uma das frestas disponíveis a uma minoria combativa, convenientemente bem distribuída no mosaico do Colégio Eleitoral. Com uma bela mãozinha dos russos...

A postura francamente idiota da mídia bem pensante e da esquerda norte-americana haviam contribuído. Por exemplo, a CNN deu a Trump um espaço totalmente privilegiado e desproporcional durante as primárias republicanas. E houve uma cobertura exagerada do tolo episódio dos e-mails de Hillary, que também sofreu uma sistemática hostilidade por parte de uma esquerda identitária, radical e raivosa. Some-se a isso sua própria campanha inepta, sua performance insossa, sua falta de carisma ou emoção eloquente e sua identificação excessiva com o mundo financeiro. Novamente os verdes haviam estupidamente lançado sua candidata à presidência, Jill Stein, nos *battleground states*, os estados em disputa acirrada. Na eleição presidencial indireta, via Colégio Eleitoral, os candidatos presidenciais são inscritos estado a estado. Os verdes poderiam perfeitamente lançar seus candidatos presidenciais em estados democratas, como a Califórnia, ou republicanos, como o Texas, mas abster-se de fazê-lo nos de disputa apertada, cujos votos no Colégio Eleitoral seriam decisivos.

Em 2000, o candidato dos verdes Ralph Nader, sem trajetória ambientalista, cuja causa histórica era a defesa do consumidor, teve 2,8 milhões de votos, sem os quais Al Gore teria vencido com o pé nas costas. Na Flórida, Bush – possivelmente com fraude – ganhou de Gore por apenas 537 votos, enquanto Nader teve 97.421. Antes das eleições, um de meus amigos verdes norte-americanos reagiu às minhas advertências dizendo: "Não há diferença entre Al Gore e George Bush, é farinha do mesmo saco". Imaginem...

Em 2016, a ajuda involuntária dos verdes ao candidato republicano foi ainda pior. Em Michigan, a diferença de Trump para Hillary foi de 10.704 votos, e Jill Stein obteve 51.463. Em Wisconsin, 22.177 e 31.006, respectivamente. Sem a candidatura de Jill em apenas um desses dois estados, Trump não teria conquistado aquela eleição.

Lembrei-me com raiva das minhas longas discussões com verdes americanos naquelas duas eleições com dezesseis anos de diferença. A esquerda norte-americana – onde os verdes se inserem – é a mais burra do mundo, e eles, objetivamente, pela segunda vez, foderam o planeta. Foi, como dizia um velho companheiro das longínquas lides carbonárias dos anos setenta, "uma cagada histórica".

O espectro punk

Nos dias em que escrevo estas linhas, um gigantesco iceberg desprendeu-se da Antártica, que, até recentemente, acreditava-se menos exposta ao aquecimento do que o Ártico. A simples progressão aritmética do aquecimento já é francamente assustadora. Mas a coisa é pior, quando identificamos as consequências exponenciais do próprio aquecimento, os chamados *feedbacks* ainda insuficientemente estudados, como a liberação de enormes quantidades de metano na atmosfera provenientes do degelo do Ártico e do *permafrost* siberiano, além da perda da capacidade de absorção do carbono de seus dois grandes sumidouros: os oceanos e as florestas tropicais. Está em curso um processo no qual o aquecimento do planeta se retroalimenta.

De fato, ainda pairam numerosas dúvidas científicas envolvendo as mudanças climáticas. Só que elas nada têm a ver com aquelas levantadas pelos negacionistas climáticos que questionam se o aquecimento global de fato existe, se é provocado pelo homem ou um processo natural. Essas são questões para lá de resolvidas pela ciência, cabal e copiosamente.[25] As grandes dúvidas, as realmente sérias, envolvem os *feedbacks*: seu alcance, sua velocidade. Os cientistas ainda não conseguiram quantificar com precisão o efeito da liberação de gás metano pelo derretimento de geleiras do Ártico, do *permafrost* da Sibéria e também do proveniente do fundo dos oceanos, depositados nos chamados clatratos.[26] Isso está obviamente associado à discussão do tempo de permanência do CH_4 na atmosfera, e, portanto, do seu potencial de contribuição para o aquecimento do planeta.[27]

O aquecimento dos oceanos, sua acidificação e a redução de sua capacidade natural de absorver carbono são certas, mas qual seu efeito preciso, desdobrado no tempo, ainda é objeto de estudos e controvérsias,[28] bem como seu efeito sobre o aumento da temperatura propriamente

---

25. Ver IPCC, 2014: "Climate Change 2014: Synthesis Report Summary for Policymakers", disponível em ipcc.ch/site/assets/uploads/2018/02/AR5_SYR_FINAL_SPM.pdf.
26. Ver TURETSKY et al., 2019: "Permafrost collapse is accelerating carbon release". In: *Nature*. Disponível em nature.com/articles/d41586-019-01313-4. Para mais informações, ver também "Like 'champagne bottles being opened': Scientists document an ancient Arctic methane explosion". *The Washington Post*, 1º jun. 2017, disponível em washingtonpost. com/news/energy-environment/wp/2017/06/01/like-champagne-bottles-being-opened-scientists-document-an-ancient-arctic-methane-explosion.
27. Ver MYHRE et al., 2013: "Anthropogenic and Natural Radiative Forcing". In: *Climate Change 2013: The Physical Science Basis. Contribution of Working Group I to the Fifth Assessment Report of the Intergovernmental Panel on Climate Change*. IPCC: Cambridge University Press, Cambridge, Reino Unido e Nova York. Disponível em ipcc.ch/site/assets/uploads/2018/02/WG1AR5_Chapter08_FINAL.pdf.
28. Ver PORTNER et al., 2014: "Ocean systems". In: *Climate Change 2014: Impacts, Adaptation, and Vulnerability. Part A: Global and Sectoral Aspects. Contribution of Working Group II to the Fifth Assessment Report of the Intergovernmental Panel on Climate Change*. IPCC: Cambridge University Press, Cambridge, Reino Unido e Nova York. Disponível em cambridge.org/core/books/climate-change-2014-impacts-adaptation-and-vulnerability-part-a-global-and-sectoral-aspects/ocean-systems/07F657C21D17B5D8134442179B66BCDE.

dito. Algo similar ocorre com a queda da capacidade de absorção de carbono pelas florestas. É importante ter em vista que quase metade das emissões de CO_2 eram naturalmente absorvidas por esses dois grandes sorvedouros do planeta. No entanto, a incidência do próprio aquecimento, a acidificação dos oceanos, as perdas de massa e as secas nas florestas tropicais estão reduzindo essa capacidade em uma intensidade e velocidade que ainda não foram bem determinadas.

Na Amazônia, as secas de 2005 e 2010 ilustram o risco: segundo estudos,[29] naqueles dois anos as emissões provenientes da floresta atingida pela seca superaram seu sequestro de carbono,[30] acarretando um saldo positivo de CO_2 na atmosfera de quase uma gigatonelada (Gt, um bilhão de toneladas) o que, cumulativamente, representou aproximadamente quase metade das emissões brutas brasileiras naqueles anos.[31]

Aquela massiva emanação de carbono proveniente da floresta não foi oficialmente contabilizada no inventário brasileiro de gases de efeito estufa por ser considerada um processo natural, causado pela seca, diferente das emissões ditas antrópicas, provocadas por motosserras, tratores, correntões e queimadas. Objetivamente, no entanto, foi para a atmosfera quase um bilhão de toneladas de carbono a mais, decorrentes da mudança climática provocada por emissões antrópicas, globais e anteriores. Essa omissão seguiu à risca as regras vigentes no IPCC.[32] Não obstante, esse carbono a mais está bem ali, na atmosfera, e soma-se igualzinho àquele total detectável pelas estações[33] que medem as concentrações dos GEE em partículas por milhão (ppm) de CO_2 equivalente na atmosfera.

Junto às eventuais imprecisões dos inventários e estimativas de emissões dos GEE dos diversos governos, esse tipo de emissões que eu chamaria de "naturais *ma non troppo*", resultantes de *feedbacks*, podem explicar, pelo menos em parte, a dicotomia entre a aparente

---

29. Ver YANG et al., 2018. "Post-drought decline of the Amazon carbon sink". In: *Nature*, vol. 9, n° 3.172. Disponível em nature.com/articles/s41467-018-05668-6.
30. Idem.
31. INPE, 2018: "Incêndios florestais dominam as emissões de carbono durante secas na Amazônia", 14 fev. de 2018. Disponível em inpe.br/noticias/noticia.php?Cod_Noticia=4702.
32. A contabilização das emissões nacionais de gases de efeito estufa obedece ao *2006: IPCC Guidelines for National Greenhouse Gas Inventories*, o Guia para Contabilização de Emissões de GEE do IPCC, cuja última versão data de 2006 e está em processo de refinamento.
33. Ver o estudo "Cooperative Air Sampling Network", publicado pela NOAA, que começou a fazer as medições em 1967. Disponível em esrl.noaa.gov/gmd/ccgg/flask.php.

estabilização das emissões globais no período 2013-2016 e as medições dos GEE na atmosfera, em ppm, por estações como a de Mauna Loa, onde elas continuaram em franca ascensão, para além do que seria apenas o aumento cumulativo das emissões, supostamente estabilizadas daqueles três anos.[34]

Não há exagero em dizer que, hoje, o aquecimento global representa, em si, um enorme perigo para a Amazônia. Para enfrentá-lo, não basta segurar os correntões, motosserras e queimadas e chegar ao desmatamento zero. É preciso conter, globalmente, o próprio aquecimento. Sem isso, a Amazônia tenderá a se transformar, gradualmente, em savana.[35]

Urge, em primeiro lugar, estabilizar as emissões mundiais, chegar ao seu "pico" no agregado e dar início à sua redução, ano a ano. Isso, de fato, ainda pode acontecer mais cedo do que o esperado, antes de 2030. No entanto, a concentração dos GEE na atmosfera continuará a subir, não obstante emissões anuais decrescentes, em razão do acumulado desde o início da era industrial. Mesmo depois de a humanidade lograr o *net zero* (emissões líquidas zero), a neutralidade entre o emitido e o absorvido pelos sumidouros naturais e por aqueles criados pelo homem, a temperatura continuará subindo.

Até mesmo quando a humanidade, afinal, entrar em uma trajetória de "emissões negativas" – uma hipótese otimista para o final do século –, a temperatura levará décadas para se estabilizar e começar a baixar.[36] Eventualmente, futuras gerações estarão a salvo se criarem novas tecnologias capazes de retirar, por bom preço e em grande volume, o CO_2 da atmosfera e adaptando-se àquelas consequências que venham a ser inevitáveis. Para tanto, terão que se beneficiar de um legado digno da primeira geração que teve consciência plena do que ocorria com o clima do planeta: a nossa.

---

34. Ver dados de "Trends in Atmospheric Carbon Dioxide", publicado pela NOAA (disponível em esrl.noaa.gov/gmd/ccgg/trends), e do Global Atmosphere Watch Station Information System, atualizado em 2019.

35. LOVEJOY, T.E; NOBRE, C., 2018: "Amazon Tipping Point". In: *Science Advances*, vol. 4, n. 2. Disponível em advances.sciencemag.org/content/4/2/eaat2340.

36. Ver ROGELG et al., 2018: "Mitigation Pathways Compatible with 1.5°C in the Context of Sustainable Development". In: *Global Warming of 1.5°C. An IPCC Special Report on the impacts of global warming of 1.5°C above pre-industrial levels and related global greenhouse gas emission pathways, in the context of strengthening the global response to the threat of climate change, sustainable development, and efforts to eradicate poverty.* Disponível em: report.ipcc. ch/sr15/pdf/sr15_chapter2.pdf.

Rio-92

No que pese minha ficha ter caído, de fato, com a esquimó Sheila em 2005, em Montreal, eu já registrava o tema mudança climática desde a Rio-92, mas apenas como um dentre diversos assuntos da pauta ambiental: Amazônia, isoladamente, Agenda 21, biodiversidade, desertificação, oceanos. Aquela conferência sobre meio ambiente e desenvolvimento da ONU, vinte anos depois da de Estocolmo, em 1972, onde tudo começou, foi chamada internacionalmente de *The Earth Summit*, a Cúpula da Terra. Foram dias muito corridos e concorridos. Fiquei zanzando entre a conferência oficial, no Riocentro, e a da sociedade civil, o Fórum Global 92, no Parque do Flamengo, com suas tendas brancas que abrigaram as ONGs de dezenas de países em um clima de happening permanente: indígenas, monges budistas, ambientalistas de diversos quadrantes, movimentos sociais para todos os gostos e de variadas ideologias.

Era um caos surpreendentemente bem gerido por dois futuros parceiros, Roberto Smeraldi e Tony Gross. Eu era vereador pelo Partido Verde, no final do meu primeiro mandato, e candidato à reeleição naquele ano. Junto a um grupo de ativistas, distribuía meus boletins de mandato horas a fio e ia de tenda em tenda participar de debates.

Eu tinha três grandes motivos de orgulho: toda aquela estrutura espalhada pelo Aterro do Flamengo, cujo quartel-general ficava no Hotel Glória, fora viabilizada graças à chamada Lei Sirkis de isenção fiscal para projetos ambientais, que vigorou no município do Rio de Janeiro apenas naquele ano. A Secretaria de Fazenda havia sido fortemente hostil àquela renúncia fiscal, mas acabei convencendo o prefeito, Marcello Alencar, que aceitou promulgá-la por um ano. Também organizei o Primeiro Encontro Planetário dos Verdes, em um hotel em São Conrado. E, por fim, concedi a Medalha Pedro Ernesto, comenda-mor carioca, ao Dalai Lama no estádio do Maracanãzinho.

Fui todo de branco para essa cerimônia e, quando nos demos os braços, senti aquela energia indescritível emanando do simpaticíssimo e carismático monge budista e líder do Tibete. Ele vinha acompanhado por todo um séquito internacional, dentre eles o ex-governador da Califórnia, Jerry Brown, que, décadas mais tarde, voltaria ao cargo para liderar a resistência de estados norte-americanos ao retrocesso climático de Trump. Dalai Lama sorria feliz que nem pinto no lixo com aquela medalha dourada com a qual meus colegas vereadores já haviam agraciado toda uma malta bem menos recomendável: banqueiros do bicho, milicianos matadores e ladravazes de toda espécie. Cada um homenageia quem lhe compraz... Minhas outras foram para o indigenista Sidney Possuelo, para o Rubem César Fernandes, do Viva Rio, e para o veterano militante brasileiro e herói da resistência francesa na Segunda Guerra, Apolônio de Carvalho. Na época, ninguém se preocupava muito em desagradar os chineses ao homenagear o monge do Tibete. Minha amiga Lucélia Santos, naqueles anos a brasileira mais famosa na China, por causa da novela *A escrava Isaura*, também gostava dele e sonhava mediar o conflito da China com o Tibete. De lá para cá, a posição da China tornou-se cada vez mais dura, e o próprio Dalai Lama, mais *low profile*. Ele participou junto de padres, pastores, rabinos, pais de santo e imãs de um grande ato ecumênico no Aterro do Flamengo.

Os chefes de Estado se reuniam no Riocentro. Consegui entrar no pavilhão principal e chegar até o vestíbulo do superprotegido recinto onde eles negociavam. Minha credencial dava acesso apenas até a antessala. Ingressar naquele santuário maior onde, sob a presidência de Fernando Collor, se concentravam uns setenta chefes de Estado – inclusive George H. W. Bush, François Mitterrand, Helmut Kohl, John Major e Fidel Castro, protegidos pelos seus próprios seguranças – parecia impossível. Tímido, nunca tivera muito sucesso como penetra em festas. Ser barrado nos lugares era, para mim, um vexame.

O presidente Collor, que seria alvo de impeachment em breves meses, conduziu os trabalhos em grande estilo, justiça seja feita. Dois anos antes, no Palácio do Planalto, tinha recebido Fernando Gabeira, Fernando César Mesquita e a mim em audiência para tratar do Summit. Fizemos intenso lobby pelo Rio de Janeiro, que então disputava com Curitiba e Manaus (São Paulo corria por fora) qual seria a cidade brasileira a sediar a então chamada ECO-92. O presidente foi receptivo e simpático, não obstante aquele seu estranho olhar. Sentimos que o Rio ia emplacar.

Naquela tarde no Riocentro, o tema era o clima e o chamado efeito estufa, e aguardava-se com ansiedade o discurso do então presidente norte-americano, George H. W. Bush, para saber se haveria acordo para uma Convenção do Clima na ONU. Misturei-me a um grupo de governantes, diplomatas e seguranças que voltavam ao recinto depois de um intervalo. Coloquei do lado de fora do bolso do paletó o brasão da minha espalhafatosa carteira de vereador – escarlate berrante com um escudo dourado – e segui em frente. Aquilo parecia carteiraça de um tira das galáxias e, passando pelos seguranças da ONU, penetrei no local. Ao entrar, dei logo de cara com Fidel Castro. *"Mucho gusto, comandante."* Esperei por um aperto de mão bruto *del caballo de Sierra Maestra*, mas foi curiosamente suave, seguido de um *small talk* de alguns segundos sob o olhar atento de seus anjos da guarda. Segui andando. Passei pelo então premier britânico, John Major e, uns trinta metros mais adiante, me detive diante dos seguranças do Bush pai, que bloqueavam o acesso ao palco ao qual Collor acabava de convidar o presidente norte-americano. Ele e Fidel ostensivamente não se olhavam.

O sujeito do serviço secreto tinha cara de poucos amigos, com o fio encaracolado daqueles walkie-talkies preso ao ouvido, e olhava alternadamente para os lados, virando a cabeça como um boneco de corda. Fiquei por ali mesmo. Bush pai chegou ao palco meio desengonçado. Falou de improviso, sem teleprompter. O discurso seria considerado arrogante pela imprensa no dia seguinte: "Os Estados Unidos não têm lições a receber de ninguém sobre clima" e "vamos exceder, repito, exceder, as metas de biodiversidade" são duas frases dele das quais me recordo bem. Visto retrospectivamente, no entanto, foi também um discurso histórico, pois, naquele momento, ele quebrou o suspense e, ao contrário da maioria dos prognósticos na mídia, anunciou que os Estados Unidos iriam, sim, assinar a Convenção do Clima, assegurando o sucesso da Conferência. Ele reconhecia oficialmente que o "aquecimento global" existia e algo urgente precisava ser feito a respeito.

Já não se fazem mais presidentes republicanos como Bush pai...

Naquele momento, os Estados Unidos eram o maior emissor de gases de efeito estufa, e a questão climática – tema novo na agenda internacional – assumia fortes conotações geopolíticas. Passava a fazer parte do então chamado confronto Norte-Sul. No Brasil, a questão do clima era fortemente dominada pelo Itamaraty e tratada sob essa óptica essencialmente geopolítica, para inconformidade de José Lutzenberger, ambientalista pioneiro do Rio Grande do Sul que Collor havia convidado para dirigir sua secretaria presidencial do meio ambiente. Na época, ainda não existia o ministério.

O velho Lutz era uma figura excêntrica: magro, alto, loiro, narigudo. Parecia o Professor Pardal. Era muito rabugento. Algumas semanas antes, eu havia levado a Brasília para falar com ele o Mario Moscatelli, secretário de meio ambiente de Angra dos Reis, ameaçado de morte por ter embargado uma obra que desmatava um manguezal. Queríamos que o Lutz interviesse publicamente.

"Se estão ameaçando é porque não vão fazer nada! Quando vão fazer alguma coisa não ameaçam", sentenciou, impaciente, sempre reclamando: "Vocês, ambientalistas, não me deixam em paz, não tenho mais tempo para nada." Quase o mandei à merda. Afinal, agora ele era do governo e tinha concordado em nos agendar. No entanto, conhecedor das suas esquisitices, limitei-me a lhe recordar as inúmeras ameaças que Chico Mendes recebera antes de ser assassinado. Logo nos despedimos, frustrados. Admirava o velho Lutz, mas fiquei puto da vida. Ele defendia justamente que a questão climática demandava a colaboração solidária de todos. Não podia ser tratada como apenas mais um lance do enfrentamento Norte-Sul, uma negociação geopolítica e comercial de toma lá dá cá. Também me recordo do Lutz, já naquela época, prevendo futuras pandemias respiratórias.

Muitos anos depois, no Senado, Collor me relatou a visita de ambos a um silo para testes nucleares subterrâneos na Serra do Cachimbo. Tinha sido construído pelos militares no governo Geisel para testar a bomba atômica brasileira, que viria a ser evitada pela assinatura do Tratado de Tlatelolco e pelo acordo bilateral de não proliferação com a Argentina. "O velho Lutz ficou ali, bem na borda do buraco, espiando para baixo. De repente, tonteou, bambeou e quase caiu lá dentro. Já pensou? Imagina a situação!", confidenciou o ex-presidente. Rimos.

Lembro-me agora de um outro caso, também divertido, só que bem mais mundano com Collor. Foi em Araras, no casamento de seu filho, Joaquim. Compareci a convite da mãe, sua primeira esposa, minha querida amiga Lilibeth Monteiro de Carvalho. Fui com a minha mãe, Lila, e uma amiga dela, uma polonesa radicada na Bélgica a quem chamo de tia Elisabeth.

Tia Elisabeth é, como diríamos, algo desavisada. Uma bela manhã, bem, bem cedinho, mamãe acordou com um barulho matraqueante de helicóptero nos fundos do seu prédio. Foi procurar tia Elisabeth e a encontrou debruçada no parapeito do terraço dos fundos que dava para o Morro Azul, no Flamengo, então dominado por uma belicosa facção do tráfico. Tia Elisabeth se deslumbrou com o helicóptero da Polícia Civil, parado no ar com um fuzil apontado para a favela. "Liliana, Liliana, Estão rodando um filme!" Desavisada, pois...

Chegando em Araras, entreguei o carro ao *valet* e nos dirigimos à entrada da mansão onde seria celebrado o distinto casório. À porta, elegantíssimo, de terno e gravata Hermès, o pai do noivo saudava os convivas. Cumprimentei-o. Trocamos aqueles dois dedos de prosa de político: "Sirkis, sabe que votei em você para presidente?" Ele estava se referindo à minha mui quixotesca campanha presidencial de 1998 pelo PV. Agradeci. Não pude manifestar reciprocidade... Aí ele disse: "Você precisa ler o livro que escreveram contra a gente: se chama *A máfia verde*.

O cara é negacionista e diz que essa história de mudança climática é tudo uma invenção. Temos que reagir." Diante daquela manifestação de cumplicidade, fiquei pensando em algo simpático que pudesse dizer-lhe, recordando sua elegante e amplamente reconhecida atuação na Rio-92 e sua decisão de escolher o Rio para sediá-la, mas fui interrompido por um comentário de tia Elisabeth em polonês para minha mãe: "Liliana, mas que mordomo bem apessoado!"

"Elisabeth, que disparate! Este senhor aí é o ex-presidente do Brasil!", retrucou minha mãe. A outra arregalou os olhos, pensou e sorriu, incrédula, achando que Lila devia estar gozando com a cara dela. Quem riu mesmo da história, às gargalhadas, foi a Lilibeth: "Eu avisei para o Fernando não ficar ali na porta cumprimentando todo mundo! Para quê? Aqui ninguém vota nele!"

A imagem subsequente que me vem à memória daquele casamento é a entrada do pai e da mãe do noivo, Collor e Lilibeth – uma dupla inegavelmente "bem apessoada", como diria tia Elisabeth –, seguidos de seus respectivos cônjuges daquela época: o dela, Walter Rosa, um modelo negro, alto, bonitão, o dele, Rosane Collor, naquele tempo ainda esposa do ex-presidente, mignon, vestido curto, bolsa e sapatos de salto alto, tudo no mesmo tecido estampado de cores diversas e misturadas. "Combinando", por assim dizer...

Na época da Rio-92, além do velho Lutz, Collor fora influenciado por dois outros importantes pioneiros brasileiros na questão climática: o professor José Goldemberg e o diplomata Rubens Ricupero, que estiveram entre os primeiros a perceber a gravidade do tema. Ricupero ia além do entendimento predominante da questão à época no Itamaraty, primordialmente pelas lentes do jogo geopolítico. Entendia que o Brasil também teria que assumir suas responsabilidades. Para mim, naquele momento, a questão do "aquecimento global" era um tema bastante novo, um entre outros da agenda ambiental: defesa da Amazônia, luta antinuclear, camada de ozônio, questões de ecologia urbana: poluição do ar, águas, lixo e ciclovias. Demoraria ainda uns bons anos para entender quão mais embaixo ficava o buraco.

Paradigma de Quioto

Já vimos que o fenômeno efeito estufa era conhecido por cientistas desde o século XIX, mas foi só a partir dos anos setenta e oitenta do século passado que o mundo científico realmente passou a se dar conta do tamanho da encrenca e de quão graves eram as ameaças. Um número maior de pesquisadores se pôs a estudar o efeito estufa e o aquecimento global; a imprensa, a cobrir o assunto; e as pessoas mais bem informadas, a entender a necessidade de se controlar e reduzir as emissões dos GEE. Foi quando começou, pouco a pouco, a se insinuar uma vontade política internacional de fazer algo a respeito.

Em 1988, foi criado, no âmbito da ONU, o Painel Intergovernamental sobre Mudanças Climáticas (IPCC, na sigla em inglês), com cientistas de mais de cento e vinte países. O aquecimento global tornou-se um tema internacional, e os governos e seus diplomatas a tratar do problema, inicialmente, como um assunto a mais. Passariam ainda uns bons anos para "cair a ficha" de vez e as pessoas entenderem, como eu naquela manhã em Montreal, que nossos filhos, netos e bisnetos sofreriam as consequências de nossa omissão ou ação insuficiente.

Embora na época não tenha ficado tão claro assim, a grande decisão do *Earth Summit,* da Conferência Rio-92, foi a Convenção-Quadro das Nações Unidas sobre Mudanças Climáticas. Pela primeira vez a humanidade começou a lidar com o tema de uma maneira formal, organizada e sistemática. Passaram a ser realizadas as chamadas Conferências das Partes (COP, na sigla em inglês) regidas pela Convenção do Clima, a UNFCCC, todo final de ano. Atualmente participam delas representantes de 196 governos nacionais.

Em 1997, foi assinado, no Japão, o Protocolo de Quioto, que, pela primeira vez, estabeleceu metas de redução de emissões dos GEE. Coube unicamente aos países desenvolvidos essa obrigação. Reafirmou-se ali o conceito de Obrigações Comuns mas Diferenciadas, introduzido na Convenção, cuja sigla em inglês é CBDR (*Common But Differentiated Responsibilities).* Entendeu-se que, em algum momento futuro, todos os países deveriam cuidar do problema, mas que, naquela ocasião, e por um bom período, apenas os desenvolvidos, incluídos no chamado Anexo B, teriam que assumir metas obrigatórias de redução de suas emissões dos GEE.[37]

Na época, de fato, a maior parte das emissões provinha de países como os Estados Unidos, os da União Europeia e o Japão.[38] Essa tam-

---

37. As metas individuais dos países industrializados listadas no Anexo B do Protocolo comprometeram os países a uma redução média de 5,2% no período de 2008-2012 relativamente às emissões de 1990.
38. Ver FRIEDRICH, J.; DAMASSA, T. "The History of Carbon Dioxide Emissions". World Resources Institute, 21 mai. 2014. Disponível em wri.org/blog/2014/05/history-carbon-dioxide-emissions.

bém era a origem da maior parte daqueles GEE já acumulados na atmosfera, desde o início da era industrial, informalmente denominados emissões históricas. Os países desenvolvidos também apresentavam as maiores emissões per capita. Naquela época, um norte-americano emitia, em média, onze vezes mais que um chinês.

Em Quioto, muito em função da atuação da diplomacia brasileira, os grandes países em desenvolvimento como China, Brasil e Índia ficaram isentos da obrigação de reduzir suas emissões. Podiam, se quisessem, fazê-lo, mas sempre voluntariamente. Admitia-se que suas emissões continuassem a aumentar, esperando-se que diminuísse apenas sua intensidade de carbono, ou seja, a quantidade de carbono por cada ponto percentual de aumento de seu Produto Interno Bruto (PIB). Caberia aos países desenvolvidos arcar com as reduções em termos absolutos – "no agregado", como passaram a ser chamadas no jargão climático dos foros da UNFCCC – e também ajudar com o financiamento e a transferência de tecnologia aos países em desenvolvimento para que esses futuramente pudessem também fazer suas reduções.

Na época, predominava essa ideia de que, para se desenvolver, um país teria que, necessariamente, trilhar o caminho já percorrido nos séculos XIX e XX pelos países desenvolvidos, ainda que a Rio-92 houvesse consagrado também o conceito de desenvolvimento sustentável. A negociação climática era fortemente dominada por uma visão de mundo polarizado Norte-Sul; a Guerra Fria Ocidente-Leste desaparecera com a queda do Muro de Berlim, em 1989, e o colapso da União Soviética.

Foi também em Quioto, em 1997, que surgiram as bases do chamado "mercado de carbono", com o esboço do Mecanismo de Desenvolvimento Limpo ou CDM (*Clean Development Mechanism*). Funcionaria assim: uma empresa de país desenvolvido, para cumprir sua meta de redução de emissões, poderia "comprar" essa redução em créditos de carbono de um projeto correspondendo àquela mesma redução, sujeita a uma série de certificações e de verificações. Quando, anos mais tarde, o CDM foi regulamentado, as empresas emissoras dos países do Anexo B tiveram alocadas permissões de emissão, estimadas em função dos compromissos daquele país, naquele setor da economia. Se a empresa em questão excedesse seu limite previsto de emissões, poderia comprar créditos de carbono (na verdade, permissões de emissão) provenientes de reduções de emissão, devidamente certificadas, efetuadas por outrem.

Esses créditos de carbono eram adquiridos de países em desenvolvimento, como a China ou o Brasil. Por exemplo, uma siderúrgica europeia ou japonesa em dificuldade para respeitar seu limite "comprava" a redução de um projeto de eliminação do gás metano de um aterro sanitário ou de uma frota de ônibus, que substituíra o diesel por gás natural em um país em desenvolvimento.

Isso funcionou até certo ponto, mas também deu margem a certas picaretagens em geral relacionadas ao mercado secundário de títulos de créditos de carbono que se desenvolveu à margem. Esse mercado, que perderia muito valor com a recessão de 2008, foi fortemente impactado quando a Conferência de Copenhagen, a COP 15, no ano seguinte, não conseguiu estabelecer novas metas obrigatórias, mais estritas, que pudessem estimular sua demanda. Sobraram no mercado montes de créditos de carbono a preço de banana.[39]

Não obstante, os mercados de carbono, tanto o CDM quanto os chamados mercados voluntários (que não valiam para o cômputo de redução de emissões), produziram certos efeitos positivos. Eles propiciaram caminhos mais baratos e rápidos para reduzir emissões e tiveram efeitos econômicos e sociais benéficos nos países em desenvolvimento, que puderam financiar projetos positivos gerando empregos e transferindo tecnologia.[40]

Esse caminho (estabelecer um limite de emissões e permitir ao mercado encontrar a forma mais eficiente e barata de viabilizá-lo) havia funcionado antes nos Estados Unidos, nos anos setenta, na rápida redução nas emissões de um poderoso poluente de efeito local, o dióxido de enxofre, SO_2, responsável pela chuva ácida. Já no caso dos GEE, não funcionou tão bem. Mais promissores foram mercados nacionais e subnacionais, formados fora do escopo do CDM, que permitiram que países e regiões reduzissem suas emissões, racionalizando custos e prazos, internamente, conforme veremos mais adiante.

O paradigma de Quioto permitiu que países desenvolvidos diminuíssem parte de suas emissões, apenas em aparência, mediante a "deslocalização", ou seja, a transferência para países fora do chamado Anexo B de atividades emissoras e poluentes. Aconteceu com usinas de cimento, siderúrgicas, indústrias químicas transferidas da Europa ou do Japão

---

39. Ver Carbon markets: Complete Disaster in the Making". In: *The Economist*, 15 set. 2012. Disponível em economist.com/finance-and-economics/2012/09/15/complete-disaster-in-the-making.
40. Ver HAMRICK, Kelley, e GALLANT, Melissa, 2017: "Unlocking Potential: State of the Voluntary Carbon Markets 2017". Ecosystems Marketplace, Washington, D. C., pp. 42. Disponível em forest-trends.org/wp-content/uploads/2017/07/doc_5591.pdf.

para a China e outros países, inclusive o Brasil. Ajudava o país desenvolvido a cumprir sua meta do Protocolo de Quioto, porque a usina ou fábrica em questão deixava de emitir a partir do seu próprio território. No entanto, para efeito de mudança climática, a atmosfera é uma só, indivisível. Não faz a menor diferença se aquela tonelada de CO_2 é emitida na bacia do Ruhr, na Alemanha, em Jiangsu, na China, no Texas ou em Santa Cruz, no Rio de Janeiro. O resultado é idêntico. Claro, a unidade "deslocalizada" poderia ter equipamentos de menor emissão que a desativada, mas, amiúde, ocorria o contrário em razão de os países emergentes contarem com processos de licenciamento e fiscalização mais lenientes e não terem metas de controle de emissões de gases de efeito estufa.

Negacionismo e inércia

Desde os anos noventa, trava-se nos Estados Unidos, mais do que em qualquer outro país, um embate político com o chamado negacionismo que, hoje, ao final da segunda década do século XXI, tornou-se novamente política oficial na administração Donald Trump. Na Europa, tanto a direita quanto a esquerda aceitam melhor a ciência a respeito, e o negacionismo climático sensibiliza apenas uma franja de opinião diminuta, ridicularizada, cujo símbolo mais apropriado é o avestruz enterrando a cabecinha na areia para fugir do perigo. Margaret Thatcher, John Major, Jacques Chirac, Helmut Kohl, Nicolas Sarkozy e Angela Merkel foram todos líderes da direita europeia que, em diversos momentos, mobilizaram seus governos a fim de tomar posições proativas face ao aquecimento global. Nos Estados Unidos, inicialmente, também havia certa concertação bipartidária sobre o tema, mas uma ação concentrada, fartamente financiada e corruptora, orquestrada pelos lobbies do carvão e do petróleo, logrou transformar o Partido Republicano e suas maiorias parlamentares em sólidos bastiões do negacionismo climático.

É uma repetição contemporânea da ação daqueles médicos pagos pela indústria do tabaco para irem aos programas de TV, em preto e branco, dos anos cinquenta e sessenta a fim de sustentar, categoricamente, que não havia provas seguras do nexo entre o cigarro e o câncer de pulmão.

Dentre os negacionistas climáticos, uns fingem que o aquecimento global simplesmente não existe. Outros o admitem como decorrente de ciclos naturais, mudanças no eixo da Terra, vulcanismo, raios cósmicos, não havendo nada a fazer a não ser se adaptar. Negam qualquer responsabilidade antrópica. Outros, ainda, reconhecem que o fenômeno existe, é provocado pela ação humana, mas consideram tarde demais para ser confrontado. Se já estamos ferrados mesmo, relaxe e aproveite, porque suas consequências serão suportáveis no período das nossas vidas e as futuras gerações irão dar um jeito de se virar de alguma maneira. Certamente vão inventar alguma tecnologia para chupar o CO_2 da atmosfera ou alguma solução de geoengenharia para esfriar o planeta. Por isso não há razão para deixarmos de queimar o carvão barato e a gasolina farta, e desmatar à vontade. Bom proveito.

Nos Estados Unidos, os negacionistas são poderosos. Estão muito bem organizados e têm amplos recursos. Seus mais eminentes financiadores foram os irmãos Charles e David Koch, o último recentemente falecido, cujas indústrias emitiram 24 milhões de toneladas de CO_2 em 2011. Os políticos negacionistas apoiados por eles em suas campanhas eleitorais conquistaram influência preponderante no Partido Republicano. Fortes no Congresso norte-americano, impediram, em diversas ocasiões, restrições a emissões de gases de efeito estufa. Barack Obama teve que impô-las por decreto. A eleição de Donald Trump e sua decisão de desmontar o legado de Obama e as regulações da agência de proteção ambiental federal norte-americana (EPA), além do anúncio de que se retiraria do Acordo de Paris (legalmente em 2020), deu novo alento ao negacionismo, mas também à reação em sentido contrário que mobiliza como nunca governos de estados e cidades, empresas e a juventude em defesa do clima.

Negacionistas "de esquerda" também existem. No Brasil, há alguns anos, eram liderados pelo então deputado comunista Aldo Rebelo. Para eles, tudo não passava de uma conspiração imperialista para impedir países emergentes de se desenvolverem economicamente. Uma fraude, nessa versão, não dos chineses, como garante Trump, mas do bom e velho imperialismo ianque ou de ONGs estrangeiras que querem nos roubar a Amazônia (nisso coincidiam com o discurso da extrema-direita). Embora suas narrativas sejam bastante variadas, o que os negacionistas climáticos têm em comum é uma feroz hostilidade à qualquer redução emissões dos GEE que imponham restrições ou obrigações às indústrias de carvão, petróleo ou automotiva ou que impeçam o desmatamento.

É compreensível que sindicatos de trabalhadores de minas e usinas térmicas a carvão possam se identificar com os interesses dessas indústrias, da Polônia à Pensilvânia, passando pelo Rio Grande do Sul.

Trump cultivou politicamente essa revolta carvoeira em nome da defesa de seus postos de trabalho, mas a verdade é que hoje a energia solar nos Estados Unidos cria muito mais empregos,[41] sem a poluição e as terríveis condições de trabalho das minas. E o uso do carvão continuou a cair no seu governo, por razões de mercado.

É certo, no entanto, que um contingente de trabalhadores do carvão perde com a descarbonização. A mesma ameaça se antecipa na indústria do petróleo, muito mais poderosa, mas cujos limites históricos também já se perfilam no horizonte embora num prazo mais dilatado. Uma ação inteligente em defesa do clima precisa levar em conta tais realidades sociais, saber apresentar alternativas econômicas palpáveis e programas de reciclagem socioprofissional, dar-lhes um tratamento sério e respeitoso – e até uma confortável aposentadoria –, evitando o puro e simples abandono desses trabalhadores, empurrando-os para o lado dos negacionistas e da extrema-direita. É preciso também começar a discutir com as companhias de petróleo saídas financeiras para seus futuros *stranded assets* (recursos imobilizados) à luz da atribuição de valor econômico às emissões evitadas, uma discussão que abordarei mais adiante.

Alguns negacionistas climáticos são acadêmicos ou jornalistas em busca de seus quinze minutos de fama. A mídia em vários momentos lhes deu guarida, à guisa de "ouvir os dois lados", contribuindo para anos a fio de imobilismo governamental. Em diversos momentos, passou a impressão de que existiria uma real controvérsia científica. Não existem "dois lados" de uma legítima polêmica científica: mais de 98% de todos os textos publicados em revistas científicas e o consenso avassalador entre cientistas de mais de 120 países, no IPCC, atestam que o aquecimento global é provocado por poluição de gases de efeito estufa de origem humana e constitui uma ameaça existencial que ainda poderá, eventualmente, ser mitigada.

Mais recentemente, a falsa controvérsia saltou para as redes sociais onde se consegue veicular, com amplitude, todo tipo de baboseira embalada em memes com alguma frase de efeito agressiva. Os negacionistas têm companhia. Cresce na internet a família dos defensores do terra-

---

41. De acordo com a revista *EXAME* (8 fev. 2017, disponível em thesolarfoundation.org/ solarjobscensusarchives), em 2017 o setor de energia solar empregava duas vezes mais pessoas que a indústria carvoeira e já se equiparava em número ao setor de gás natural. De acordo com o National Solar Jobs Census 2016, produzido pela ONG The Solar Foundation, a indústria solar totalizava 260.077 empregos nos Estados Unidos, o que representava um em cada cinquenta postos de trabalho no país.

planismo. Para eles, a chegada do homem à Lua, em 1969, com Neil Armstrong e a famosa foto da Terra vista do espaço são *fakes*, e é mister restaurar a verdade cristã da gloriosa Idade Média: tremei hereges, a terra é plana como um disco de frisbee!

A suposta controvérsia acaba fornecendo um álibi confortável para outros governantes: "Bem, vejo que aqui há polêmica; uns dizem uma coisa, outros dizem outra. Enquanto não houver uma conclusão, é melhor não fazer nada." Sobretudo quando fazer algo signifique machucar o bolso de interesses aliados...

Na verdade, no entanto, o negacionismo climático não é, nem de longe, o maior obstáculo político a ser vencido. É o insustentável peso da inércia, a longa e sinuosa distância entre a urgência de uma "descarbonização" drástica e a lentidão com que ocorrem as mudanças na economia, nas finanças, na governança e na própria sociedade em sua cultura de consumo, tanto nas democracias quanto nos regimes autoritários. O sistema econômico mundial continua essencialmente formatado para depender dos combustíveis fósseis e para financiá-los carbonizando mais e mais a atmosfera.

Isso resulta da chamada tragédia dos bens comuns, do clássico drama dos interesses difusos. O que a todos pertence, difusamente, mobiliza menos do que aquilo que afeta o interesse concentrado de alguns poucos poderosos. Na sociedade há segmentos empresariais, estatais, de classe média e de trabalhadores sindicalizados e automobilistas que se sentem ameaçados pelo fim do subsídio ao combustível fóssil ou pelo fechamento de uma usina termoelétrica a carvão. Isso ficou patente nas revoltas contra a taxa de carbono na Austrália e na França. Percebemos que esse problema existe até em um dos países que mais avançou em energias limpas, como a Alemanha.

A Alemanha já produz quase 30% de sua eletricidade a partir dessas fontes, mas o carvão ainda responde por 45% de sua geração elétrica. Subsistem, sobretudo na antiga Alemanha Oriental, milhares de trabalhadores em minas de carvão, linita ou jazidas a céu aberto. O país continua dependendo dele para gerar energia, sobretudo depois de ter decidido, precipitadamente, na sequência do acidente de Fukushima, antecipar o descomissionamento de suas usinas nucleares para 2022. Já em 2019, anunciou que fecharia sua última usina a carvão apenas em 2038!

O carvão representa os primórdios da industrialização e da civilização moderna: um passado hobbesiano, cruel, da humanidade. Da vida curta, árdua e insalubre. Ainda hoje as minas de carvão apresentam uma taxa de mortandade elevadíssima. As vítimas de grandes acidentes em minas continuam a se acumular na China e em outros países. Sua forma de poluição do ar é a pior de todas. Provoca doenças respiratórias em populações inteiras. Dentre os maiores utilizadores de carvão da atualidade estão a China, Estados Unidos, Índia, Japão, Rússia, África do Sul, Coreia do Sul, Alemanha, Polônia e Indonésia.

Em 2017, as emissões de energia por queima de combustível fóssil voltaram a subir em 3%, em decorrência do uso maior por parte dos chineses das suas usinas a carvão em um ano de secas. A falta de chuva que prejudica a geração hidrelétrica tende a se tornar mais frequente no futuro, por causa da queda da vazão dos seus rios provocada pela mudança do clima. Aquilo que se esperava ter sido apenas um ano de inflexão foi seguido por um novo aumento de emissões por queima de combustíveis fósseis em 2018.

Nos Estados Unidos, onde as emissões das térmicas a carvão continuaram se reduzindo pela queda no consumo, em 2018 um considerável aumento das atividades na indústria e nos transportes acabou produzindo o primeiro aumento de emissões totais em onze anos.

O total de missões de 2017 chegou a 53,5 Gt de carbono equivalente, 49,2 Gt correspondeu à queima de combustível fóssil. Em 2018 houve um aumento de 2,7%. Em relação a 2019, os primeiros dados indicam novamente uma estabilização de emissões relacionadas à queima de combustível fóssil. Nesse ano houve forte aumento de desmatamento e incêndios florestais gigantescos na Rússia, Brasil, Indonésia e Austrália, ainda não devidamente computados quando escrevo. A recessão causada pela pandemia COVID 19 certamente reduzirá as emissões de CO_2 por queima de combustível fóssil, em 2020. Haverá uma queda estimada, no momento, em 6% ou 7% dessas emissões. No entanto, aquelas por desmatamento podem não ser afetadas. Comparando abril de 2020 com o mesmo mês do ano anterior, ocorreu um aumento de desmatamento na Amazônia de 64%, por exemplo.

Al Gore

"Esse é o grande desafio das atuais gerações vivas sobre o planeta. O que fizemos quando, no decorrer das nossas vidas, tomamos consciência disso?" O ex-vice-presidente norte-americano, Al Gore, fez um discurso particularmente inspirado na Conferência de Bali, na Indonésia, em dezembro de 2007. Pouco tempo antes, recebera o Prêmio Nobel da

Paz. Até aquele momento, o evento vinha dominado pela enfadonha linguagem diplomática – o idioma "onuês" –, aquela educada hipocrisia, repleta de eufemismos e busca de fórmulas ambíguas para eludir problemas, procrastinar soluções e evitar explicitar conflitos. A COP 13, em Bali, serviu para reforçar minha convicção de que aquele foro da UNFCCC carecia totalmente de sentido de urgência. Os diplomatas ali negociavam como se estivessem numa rodada comercial na Organização Mundial do Comércio. Faltava a básica noção: "Porra, estamos todos no mesmo barco." Al Gore foi logo chutando o pau da barraca e sacudindo a modorra, desferindo a paulada emocional que fazia falta. Alguém, finalmente, botava o dedo na ferida.

Considerado pela crônica política norte-americana um tanto *stiff* (travadão) e ocasionalmente enfadonho, sem aquela graça natural e o carisma de Barack Obama ou Bill Clinton, Gore fez, em Bali, um extraordinário discurso de razão carregado de emoção e foi insistentemente ovacionado no salão de convenções. Até os jornalistas aplaudiram, algo para lá de incomum, convenhamos.

Gore passou uma descompostura nos líderes dos países que resistiam em estabelecer metas de redução de GEE e mandavam seus diplomatas a Bali para procrastinar. Parafraseando Churchill, chamou-os de "decididos a serem indecisos" e observou que estão aprisionados na ilusão de que o aquecimento global não os afetará. Provocou uma gargalhada geral quando comparou os Estados Unidos ao elefante na sala. Terminou com uma imagem poderosa: "Um dia as gerações futuras se referirão a nós: o que estavam pensando eles quando não viram diante de seus olhos as geleiras derreterem, os furacões se multiplicarem, os desertos crescerem e com todos aqueles relatórios do IPCC? O que estavam pensando?"

Conheci Al Gore pessoalmente apenas sete anos mais tarde, em 2014, no Hotel Intercontinental do Rio de Janeiro, em um seminário de formação de líderes climáticos de sua organização, *The Climate Reality Project*. Naquele momento, eu era deputado federal e presidente da Comissão Mista de Mudanças Climáticas (CMMC) do Congresso Nacional. Ao contrário de uma grande figura que trabalha com ele, Ken Berlin, o CEO do Climate Reality, que rapidamente se tornou um amigão, Gore não foi lá muito efusivo. O Fabio Feldmann já me havia avisado: "É frio. Com ele não tem muita conversa."

De fato, Gore não é nem um pouco dado àqueles dois dedos de prosa obrigatória dos políticos brasileiros e que os americanos chamam de *small talk*. Comecei nosso papo: *"Hi, Al Gore. I am Al Sirkis"*, mas

53

recebi de volta um olhar gélido do tipo "não me faça perder tempo com conversa fiada". Rapidamente, no entanto, engrenei um discurso bem informativo e articulado, em meu inglês fluente, o que me levou a capturar sua atenção e impor respeito. Fiz, na ocasião, diversos prognósticos sobre o posicionamento brasileiro em relação a questões climáticas e previsões políticas que acabaram se confirmando, e ali se iniciou uma relação profícua que resultou, no ano seguinte, em um convite para que eu assumisse a representação do seu *Climate Reality Project no Brasil*, quando deixei de ser parlamentar e larguei a política partidária-eleitoral brasileira.

Gore havia acatado, por patriotismo, o resultado possivelmente fraudulento das eleições de 2000, depois da decisão da Suprema Corte de mandar parar a recontagem de votos na Flórida e reconhecer a vitória de Bush no Colégio Eleitoral. A história da derrota do candidato mais votado pelos eleitores repetir-se-ia, piorada, em 2016, com Trump. Dezesseis anos depois de George W Bush, na época apresentado como um "conservador com compaixão", ter sido eleito com quinhentos mil votos a menos que Al Gore, o negacionista climático Donald Trump – sem pretensão a compaixão alguma – foi eleito com 2,8 milhões de votos a menos que Hillary Clinton.

Obviamente prefiro nosso sistema de eleições presidenciais diretas em dois turnos. Não impede a maioria de errar – crassamente, às vezes –, mas, pelo menos, o acerto ou erro resulta da inequívoca vontade majoritária dos eleitores brasileiros.

E dói muito mais...

Brasil, *good news, no news*

Na COP 13, em 2007, um dos poucos países que produziu boas notícias foi o Brasil, embora o fato não tenha merecido grande destaque sequer na imprensa brasileira, quanto mais na internacional. A notícia de que o nosso país, de fato, começava a reduzir suas emissões provenientes de desmatamento na Amazônia e que se dispunha a aceitar o princípio de fixar objetivos de redução ficou, como diriam os gringos, *lost in translation*. Na conferência, persistia aquela grande incompatibilidade da linguagem empolada do sistema das Nações Unidas face a uma mídia eletrônica globalizada onde as definições tinham que se dar em *sound bites* (sonoras) de trinta segundos para TV, pontuadas por algum elemento simbólico, visual.

O Brasil foi representado pela então ministra do Meio Ambiente, Marina Silva. A equipe dela apresentou os dados relativos a uma redução muito significativa do desmatamento na Amazônia desde 2004. Houvera um período especialmente chuvoso e uma retração econômica do agronegócio, em especial da soja, naquele período, mas até observadores críticos e entidades brigonas, como o Greenpeace, reconheciam que a performance daqueles últimos anos ia além de um recuo sazonal do desmatamento, que chegara ao auge em 2004 com 27 mil quilômetros quadrados desmatados na Amazônia. Dois anos antes iniciara-se uma curva de baixa consistente, ainda que o volume absoluto fosse brutal e algumas situações localizadas fossem muito graves. Já estava em curso a grande queda no desmatamento que chegaria a 4.500 quilômetros quadrados em 2012. Depois, voltaria a subir. Em 2016 e 2018, ficou, novamente, em 7.900 quilômetros quadrados. Em 2019, já com Bolsonaro, 9.700 quilômetros quadrados em viés de alta...[42]

Sintomática foi a presença, lá em Bali, do governador Blairo Maggi, do Mato Grosso, durante muito tempo tido como o vilão-mor da devastação da floresta pela monocultura da soja. Sentado no cantinho, tomava notas e assentia como um aluno aplicado. Era um indício de que o agronegócio brasileiro começava a encarar a mudança climática como problema. A exposição dos dados de desmatamento foi feita de forma sóbria por Tasso Azevedo, do Ministério do Meio Ambiente (MMA), que apresentou a proposta brasileira para o mercado de carbono no tocante a florestas: a emissão de um título pós-fixado, lastreado em uma redução de desmatamento, efetivamente constatada e atestada por um conselho científico internacional a partir de fotos de satélite. Foi o início do que veio se materializar, alguns anos depois, nos aportes da Noruega ao Fundo Amazônia. Era uma remuneração por redução de desmatamento, um caso pioneiro da precificação positiva do menos-carbono que passaria a ser meu leitmotiv.

A ser julgada pelo seu aspecto formal, aquela conferência COP 13, em Bali, alcançou os objetivos para os quais fora convocada: estabeleceu o itinerário para passos futuros. Deu a partida formal ao processo pós-Quioto. Colocou na mesa, inequivocamente, a questão da redução de emissões de CO_2 como tarefa de todos, incluindo os países em desenvolvimento, e da necessidade da transferência de tecnologia e reconheceu

---

42. O número oficial do desmatamento no Brasil é o do sistema PRODES, que, na verdade, faz sua medição de agosto do ano anterior a junho do ano em questão.

as florestas como um componente fundamental do processo, algo que antes escamoteado.

A apresentação do Brasil contrastava muito com a dos nossos anfitriões. A maior parte das emissões da Indonésia também eram por desmatamento de floresta tropical, mas, diferente do que estava acontecendo no Brasil, no período 2004-2012, aquele país não apresentava nenhuma redução importante. Aliás, suas metas atuais constantes de sua NDC, divulgada em novembro de 2016, são pífias.[43] Seguida a trajetória atual, a Indonésia poderá sofrer uma perda de 25% de suas florestas até 2030. No setor de queima de combustíveis fósseis, o carvão exerce um papel relevante. Está prevista a instalação de novas usinas a carvão, e persistem subsídios a combustíveis fósseis. A NDC da Indonésia, diferente da do Brasil, não indica metas específicas para desmatamento, sua maior fonte de emissão, nem para preservação de florestas tropicais e de manguezais.

Pouco se falou dos anfitriões em Bali. A conferência propriamente dita, no que pese a bronca de Al Gore, era uma de compasso de espera. Apontava para a que aconteceria dois anos mais tarde, que todos imaginávamos, naquele momento, fosse ser a decisiva: Copenhagen, 2009.

Kuta

Bali é um exuberante jardim à beira-mar plantado, com muitas estátuas e construções de uma arquitetura hinduísta, como é a maioria da população. Bali destoa, dissonante do resto da Indonésia, país/arquipélago de grande maioria muçulmana que estava, naquele momento, submetida à forte pressão do islã integrista. Aquelas estatuetas de deidades hinduístas – para os islâmicos, uma manifestação de idolatria –, aquele clima sensual, quase promíscuo, no ar, com as revoadas de jovens ocidentais tatuados com seus biquínis, suas bermudas coloridas e suas bandanas.

Fora, durante muito tempo, o paraíso dos surfistas australianos, gringos e brasileiros, mas, em outubro de 2002, conhecera sua noite no inferno. Naquele quarteirão apinhado de gente junto à praia de Kuta,

---

43. Ver o documento "First Nationally Determined Contribution Republic of Indonesia", submetido à UNFCCC em novembro de 2016. Disponível em www4.unfccc.int/sites/ndcstaging/PublishedDocuments/Indonesia%20First/First%20NDC%20Indonesia_submitted%20to%20UNFCCC%20Set_November%20%202016.pdf.

onde, cinco anos mais tarde, eu passaria meu aniversário pegando jacaré, explodiram duas potentes bombas da Jamaah Islamya, grupo vinculado à Al-Qaeda. Mais de 202 pessoas morreram naqueles barezinhos perto da praia – para os terroristas, antros de prostituição e pedofilia dos apóstatas. No local do atentado, onde tomei uma caipirinha brasileira, havia uma placa de metal com uma extensa lista das vítimas. Era difícil imaginar aquele beco luminoso e aprazível naquela noite terrível, coberto de pedaços de corpos humanos, poças de sangue e gemidos. O ataque prejudicou gravemente o turismo da ilha. O ressentimento dos balineses contra quem tão fortemente impactara seu modo de vida e sua principal fonte de renda ainda era o papo mais insistente dos motoristas de táxi naquele trânsito caótico, dominado pelas motos. Bali utiliza a mão inglesa, mas o volante dos carros é do lado esquerdo. Depois de quase ser atropelado duas vezes, passei a ter mais medo dos enxames de motocicletas do que dos asseclas de Osama Bin Laden. Embora alguns colegas temessem novos atentados durante a COP e ficassem cabreiros, de olho nas mochilas de rapazes de barba, eu confiava na minha boa estrela. Simplesmente não ia acontecer.

Não que a segurança indonésia, conquanto ostensiva, fosse lá grandes coisas. A caminho de Bali, no LAX, o aeroporto de Los Angeles, vi um aviso do Departamento de Segurança Interna dos Estados Unidos advertindo que o aeroporto de Denpansar, em Bali, era inseguro e a visita dos cidadãos norte-americanos, fortemente desaconselhada. De fato, o aeroporto lembrava um pouco o antigo Galeão dos anos sessenta. A parafernália de segurança da Conferência do Clima foi acoplada a essa estrutura arquitetônica tosca que não a favorecia. A pista do aeroporto ficava a poucos metros do mar. O controle era burocrático e plácido, e os policiais, afáveis, *relax*.

Em diversos pontos no trajeto para o Centro de Conferências e nos hotéis, passávamos por bloqueios policiais. O táxi ficava parado naquele calor úmido de sufocar. Usavam uns detectores de metais e, em alguns casos, cães farejadores. Revistavam burocraticamente os porta-malas dos automóveis. Não pude deixar de imaginar como agiria um terrorista suicida. Chegaria limpo, teria um cúmplice no estacionamento do aeroporto com um jaleco bomba localmente fabricado. Ninguém perceberia. Nada o impediria de se explodir no bar onde servem aquelas caipirinhas legitimamente brasileiras ou na casa de massagens ao lado da rua onde ninfetas "hindunésias" esfregavam com essências exóticas turistas australianos, vermelhos como camarões.

O lado paradoxal daquela relaxada e permissiva ilha era, naturalmente, a política de drogas imposta por Jacarta, a ferro e fogo, para todo o arquipélago. No controle de imigração do aeroporto, havia uma placa em inglês, curta e grossa: a posse de drogas é punida com *death penalty*, pena de morte. Alguns anos mais tarde, dois surfistas brasileiros desavisados, com cocaína em suas pranchas, terminariam executados. Fiquei pensando que Kuta merecia um *joint*. Custava a crer que, de fato, se enforcassem os maconheiros. De qualquer modo, era mais prudente restringir-se à caipirinha no bar dos terroristas do que queimar um baseado ao pôr do sol na praia.

Fumaça mesmo, ali na praia de Kuta, só daquela pira fúnebre. Depois de pegar umas ondas, fui caminhar pela areia com duas jornalistas da França, uma brasileira e uma uruguaia, com quem fizera amizade. Logo nos deparamos com um grupo montando uma alta fogueira. No topo, em uma maca, cercada de muitas flores, a falecida: idosa, miudinha, de cabelos brancos, vestido azul de renda, colares e pulseiras. Os familiares e amigos, enlutados, todos bem vestidos – alguns de terno e gravata, a maioria em trajes locais –, animados, plácidos, sorridentes, aguardando. Alguém produziu um facho com o qual acenderam a base da pira. Logo, as labaredas subiram. Em poucos minutos tivemos a oportunidade de assistir a uma cremação ao vivo com direito a odor de churrasquinho queimado. A poucos metros dali, os surfistas ciscavam pela espuma das ondas.

No final, teve de tudo na Conferência de Bali. A volta não prevista do então secretário-geral da ONU, Ban Ki-moon; o choro de seu representante, Yvo de Boer; a vaia do resto do mundo à diplomata do Departamento de Estado norte-americano, Paula Dobriansky: sua obstrução, depois recuo; a Índia cantando de galo na última hora; e, afinal, como não poderia deixar de ser, um consenso diplomático meias-tintas consagrando o mínimo denominador comum. No mais, o folclore. Rodava por Bali um taxista holandês dando a volta ao mundo com seu esquisito carro solar. Parecia uma velha Romiseta puxando um burro sem rabo com painéis fotovoltaicos. A imagem daquele taxista solar com seu jeitão hippie permaneceu na minha memória, por alguma razão, como imagem marcante, além da pira fúnebre da velhinha de Kuta e da bronca de Al Gore no plenário da COP 13.

Deslocalização

Foi um dos últimos slides da apresentação naquela sala de reuniões do enorme canteiro de obras da Companhia Siderúrgica do Atlântico

(CSA), em Santa Cruz, ao final da minha visita de inspeção, em 2009. Até então pode-se dizer que tudo estava correndo bem para meus gentis anfitriões. Sua apresentação da recuperação da área de manguezais parecia consistente, com os impactos das dragagens sobre a pesca na baía de Sepetiba sendo reversíveis e compensados pelos projetos sociais desenvolvidos com os pescadores locais – como sempre, divididos, brigando entre si. As explicações sobre filtros e dispositivos para evitar a poluição do ar e das águas soavam tranquilizadoras, até porque eu nem suspeito de que toda aquela tecnologia alemã pudesse não ser o estado da arte.

Ademais, garantem, a usina passara por todo um processo de licenciamento ambiental da Fundação Estadual de Engenharia do Meio Ambiente (FEEMA), com Estudo de Impacto Ambiental (EIA), Relatório de Impacto Ambiental (RIMA) e tudo. Parecem razoáveis as explicações. Chama-me atenção, no entanto, uma informação em um dos últimos *slides*, referente à importação, beneficiada pelo regime fiscal especial que o governo do estado lhes concedera, de insumos para a produção do aço: quatrocentas mil toneladas de carvão/ano. Disparo a pergunta inconveniente:

– Mas quanto isso aí vai emitir de CO_2?

A sala fica silenciosa. Os cinco altos executivos e técnicos se entreolham. Uma mosca passa zumbindo. Alguém sorri, nervosamente.

– Mas, caro vereador, no processo de licenciamento não nos foi solicitada essa informação. O senhor deve saber que esses gases não fazem parte da relação controlada pela FEEMA. A legislação brasileira não determina...

– Sei, sei. Mas vocês estão postulando uma prorrogação de benefícios fiscais do estado e, inclusive, da prefeitura, não é? Então quero saber, embora não esteja na lei atual de licenciamento. Vocês, certamente, têm essa informação, porque na Alemanha seria obrigatório. Aliás, é um cálculo banal. Consigo em um telefonema, mas gostaria de ouvir de vocês, aqui.

Novo silêncio. Olhando para aquele diretor, tive um *insight* do que ele deveria estar pensando: "Foi por isso mesmo que viemos para o Brasil, seu idiota."

– Bom, já que o senhor insiste tanto vamos pesquisar esse dado e lhe informaremos em breve. Prometo.

O Protocolo de Quioto havia sido assinado doze anos antes. Eu estava diante de uma provável "deslocalização" de indústria. A instalação daquela siderúrgica altamente emissora da Thyssenkrupp, associada à

Vale do Rio Doce, passara por todo um processo de licenciamento ambiental que em nenhum momento – pois tal era a legislação brasileira da época – tratara de gases de efeito estufa.

A rigor, a prefeitura do Rio nada tinha a ver com esse licenciamento estadual, e meu único gancho como vereador para me meter no assunto era o fato da CSA postular a prorrogação de um incentivo fiscal, complementar, de ISS (Imposto sobre Serviços), que a prefeitura do Rio de Janeiro lhes concedera pelo mesmo motivo que o governo estadual: supostos milhares de empregos e desenvolvimento dos confins de Santa Cruz, na Zona Oeste carioca. Mais umas centenas de metros, estariam no município de Seropédica.

Tinham o apoio da prefeitura e da ampla maioria da Câmara Municipal para obter a prorrogação da isenção de ISS que corresponderia, quando a empresa estivesse em pleno funcionamento, a 41 milhões de reais em cinco anos. A prorrogação era motivada por um atraso no processo causado pela burocracia e atribuível ao "custo Brasil".

A informação sobre as emissões de gases de efeito estufa acabou aparecendo, e ia muito além do produzido por aquelas quatrocentas mil toneladas anuais de carvão importado: em plena capacidade de produção, seriam 9,7 milhões de toneladas de CO_2, o que representava perto de doze vezes mais que todas as outras indústrias no município do Rio de Janeiro somadas naquela época, muito embora a CSA apresentasse uma tecnologia mais avançada com uma menor intensidade de carbono. Comparativamente, seria a siderúrgica mais "limpa" do Brasil, emitindo menos CO_2 por tonelada que a CSN, de Volta Redonda, por exemplo.[44]

O então prefeito Eduardo Paes apoiava a prorrogação do incentivo e tinha maioria na Câmara, mais que suficiente para aprová-lo. Em oposição, alguns vereadores da esquerda e nós, três verdes. Havia uma campanha contra a CSA em curso, e o MP já entrara com uma ação popular. Cavei uma boa matéria em *O Globo*. Minha posição não era de embarreirar o empreendimento industrial a ponto de inviabilizá-lo a qualquer preço, como tentavam alguns colegas mais radicais. Estava muito adiantado, tinha todas as licenças estaduais e bênçãos federais, trabalhadores contratados, já ia a mais de meio caminho andado nas obras.

---

44. Ver CARVALHO, P. S. L. et al. "Sustentabilidade da siderurgia brasileira: eficiência energética, emissões e competitividade". BNDES Setorial, n. 41, Rio de Janeiro, p. 181-236, mar. 2015. Disponível em web.bndes.gov.br/bib/jspui/bitstream/1408/4287/2/BS%20 41%20Sustentabilidade%20da%20siderurgia%20brasileira_.pdf.

Ademais, do ponto de vista climático, emitir esses gases de efeito estufa no Rio ou em qualquer outro lugar do planeta não faria diferença alguma. Eu queria era verificar quanto poderíamos obrigá-los a reduzir ou a compensar essas emissões. Finalmente, depois de muita briga, foi possível fazer com que metade da renúncia fiscal fosse destinada a medidas mitigadoras. Ficaram obrigados a fazer um inventário anual de suas emissões. Eles também iam bancar projetos compensatórios que envolviam a troca de uma termoelétrica a óleo diesel, que passaria a ser alimentada pelo calor gerado na própria produção, e a substituição do *clinquer* utilizado na fabricação de concreto pela escória siderúrgica, o que reduzia emissões no setor cimenteiro.

Dada a condição ultraminoritária em que estávamos, na Câmara, foi um acordo razoável, negociado com o prefeito Eduardo Paes e o secretário de Meio Ambiente Carlos Alberto Muniz. Outras agruras pelas quais a empresa passou devem ter sido piores que essa resistência que a obrigou a levar em consideração o tema mudança climática, a despeito da legislação atrasada no Brasil, ainda sob o paradigma do Protocolo de Quioto.

A CSA viria a ser fortemente atingida pela grande recessão global, seu presidente no Brasil, Erich Walter Meine, morreria na queda do Airbus da Air France, no Atlântico, e, para minha surpresa, confesso, a empresa provocou dois graves episódios de poluição atmosférica local que, de certa forma, deram razão àqueles mais radicais entre nós. Eu me arrependi, depois, de não ter imaginado que uma companhia com toda aquela tecnologia alemã pudesse fazer uma cagada daquelas, ainda por cima duas vezes! As duas nuvens de poluição sobre Santa Cruz foram causadas por um mau dimensionamento de um escoadouro emergencial de ferro-gusa incandescente, que não possuía o mesmo dispositivo de proteção do percurso normal. Quando teve que ser usado, deixou os arredores envoltos numa nuvem branca, tóxica, o que gerou interdições e multas milionárias. Até o licenciamento ambiental, convencional, falhara em uma bacia aérea já bastante contaminada, afetando a população local.

Mais: as emissões da CSA não foram consideradas no cálculo das metas de redução de emissões da cidade,[45] anunciadas para os Jogos

---

45. Meta de desvio de curva, ou seja, de redução contra uma emissão projetada, não uma redução no agregado.

Olímpicos de 2016.[46] Se o fossem, tornariam inviável até mesmo a meta de "desvio de curva" definida pela prefeitura do Rio. Por um lado, isso foi certamente típico jeitinho brasileiro, mas, por outro, levanta uma discussão pertinente. Até que ponto o limite municipal é apropriado para inventários e metas de emissão de GEE? Por região metropolitana me parece mais pertinente. Emissões de indústrias licenciadas por outros entes federativos podem ser colocadas na conta política das prefeituras? Um ponto que costumo levantar é da diferença entre as emissões "nas" cidades e das emissões "das" cidades. A partir desse caso da CSA, o estado do Rio acabou incluindo as emissões de GEE nos processos de licenciamento, passou a inventariá-las e levou as empresas a fazê-lo também. Um pequeno passo.

Minha tentativa de discutir essa questão em âmbito internacional foi meio frustrante. Naquele mesmo ano, levei o dossiê da CSA à COP 15, em Copenhagen, para discutir o caso em um evento paralelo com os verdes alemães e, depois, no Parlamento Europeu. Acionei vários parlamentares alemães e franceses, entre os quais meu amigo Daniel Cohn-Bendit, à época deputado do Parlamento Europeu. Infelizmente não conseguiram dados suficientes para caracterizar aquilo, sem sombra de dúvida, como uma deslocalização de emissões da União Europeia para um país sem metas obrigatórias de mitigação de gases de efeito estufa.

A empresa caracterizava o investimento como uma nova fonte de produção que não substituía nenhuma outra. De qualquer modo, ficou patente que essa mesma siderúrgica, na Alemanha ou outro país do Anexo B do Protocolo de Quioto, teria que reduzir emissões conforme as metas de Quioto. Já em Santa Cruz, eram emissões brasileiras.

Fossem elas "transferidas" ou "adicionais", correspondiam claramente a uma deslocalização de emissões para fora do chamado Anexo B, do Protocolo de Quioto e, portanto, das obrigações de emissão dos países da União Europeia. Esse processo também era bem ilustrado pelas cimenteiras japonesas massivamente transferidas para a China. Foi uma da diversas razões pelas quais as emissões de gases de efeito estufa praticamente dobraram entre 1997 e 2007, ainda que,

---

46. Lei Nº 5.248, de 27 de janeiro de 2011. Institui a Política Municipal sobre Mudança do Clima e Desenvolvimento Sustentável, dispõe sobre o estabelecimento de metas de redução de emissões antrópicas de gases de efeito estufa para o município do Rio de Janeiro e dá outras providências.

oficialmente, os países do Anexo B tenham nesse período reduzido, um pouco, as suas.[47]

Na primeira década do novo milênio, ficou claro que o paradigma da Conferência de Quioto era problemático: as emissões GEE do planeta como um todo cresceram muito e houve uma drástica mudança: os países emergentes, em particular a China, passaram a ter papel proeminente.[48] Em 1990, o ano-base para os países do chamado Anexo B do Protocolo de Quioto, os países desenvolvidos da América do Norte, Europa e Japão, emitiam 17,5 Gt, e os em desenvolvimento, 15,4 Gt. Duas décadas mais tarde, em 2010, as emissões dos países em desenvolvimento atingiram 28 Gt, enquanto os desenvolvidos reduziram modestamente as suas para 16,2 Gt. Hoje, as emissões dos países ditos em desenvolvimento estão por volta de 65% do total.

A China é o maior emissor de GEE, com 30% do bolo, mais que os Estados Unidos e a Europa juntos.[49] Para atender às dramáticas advertências dos cientistas do IPCC, o conceito de Obrigações Comuns mas Diferenciadas, as CBDR, não é mais aplicável na sua forma original à mitigação de gases de efeito estufa. Para que haja uma chance de se conter o aumento da temperatura média do planeta, para que fique abaixo de 2ºC e, mais ainda, de 1,5ºC, todos terão que cortar – e muito – suas emissões. Esse é um dado objetivo incontornável que, até certo ponto, tensiona um certo conceito de "justiça climática".

Uma parte das emissões da China certamente pode ser atribuída a grandes investimentos internacionais para produzir bens de consumo destinados a um amplo mercado consumidor global.[50] O critério de atribuição de emissões adotado a partir da Convenção do Clima negociada na Rio-92 foi sempre o de responsabilizar o país em cujo território se dá a emissão. Portanto, se ela ocorre no processo de produção de bens exportados, o país consumidor não é responsabilizado. Provavelmente seria muito mais complicado esse cálculo, bem como a gestão política de

---

47. Ver PETERS, Glen; ANDREW, Robbie; KORSBAKKEN, Jan Ivar. "How China reduced Europe's carbon footprint". Carbon Brief, CICERO, *Science Norway*. 19 nov. 2017. Disponível em sciencenorway.no/climate-change-norway-researcher-zone/how-china-reduced-europes-carbon-footprint/1451130.
48. Ver Global Carbon Atlas, "CO_2 Emissions", disponível em globalcarbonatlas.org/en/CO2-emissions.
49. Idem
50. Ver World bank, "Foreign direct investment, net inflows", disponível em data.worldbank.org/indicator/bx.klt.dinv.cd.wd.

uma atribuição de responsabilidade na ponta do consumo. Não obstante, é importante refletir sobre o assunto.

O argumento dos emergentes tem dois pontos chaves: as emissões per capita e as emissões históricas. Também faz parte dessa discussão o conceito de "orçamento de carbono": o quinhão de emissões a ser alocado como "direito" de emissão de cada país até uma data determinada, como 2050, por exemplo. Se dividirmos o volume de emissões pela população, a China deixa de ser o maior emissor. E a Austrália, com pouca gente e muito carvão e alguns petroemirados disputam a *pole position*.[51]

Já vimos que o CO_2 permanece durante séculos na atmosfera. Portanto, no processo de concentração de GEE, que já elevou a temperatura média do planeta em 1ºC desde 1800, há um fardo histórico sobre os Estados Unidos, a Europa e o Japão que os emergentes tentam cobrar de alguma forma. Os países desenvolvidos reagem a isso afirmando que não podem ser culpabilizados pelo aquecimento global que só começou a se explicitar cientificamente uns 180 anos depois de ter se iniciado, não obstante alertas precoces como os de Joseph Fourier ou Svante Arrhenius. Eles ressaltam que a era industrial trouxe também enormes benefícios para a humanidade, permitindo às pessoas viver notavelmente mais e melhor. Portanto, não caberia vilanizar os precursores da era industrial. Também argumentam que as emissões per capita da China, que no início do processo eram onze vezes menores que as dos Estados Unidos, agora eram de apenas metade (Estados Unidos: dezesseis toneladas/habitante, China: oito toneladas/habitante).

A verdade é que essa discussão não tem uma solução trivial, muito menos em um foro de consenso como a UNFCCC, cujas decisões dependem de um acordo. A cada COP, e em suas reuniões preparatórias, essa polêmica recorrente retorna num penoso e inócuo *déjà-vu*. Tornou-se pavloviana, praticamente insolúvel, servindo basicamente para arroubos geopolíticos destinados aos públicos internos dos respectivos países e blocos articulados. Na verdade, é preciso buscar um caminho do meio. Se os grandes países chamados emergentes, como China, Índia, Brasil e Indonésia, não reduzirem suas emissões de gases de efeito estufa, os desenvolvidos por si, nem de longe, serão capazes de cortar o suficiente para evitar um aumento do aquecimento do planeta em um grau catastrófico. Mas emissões históricas precisam gerar financiamento e transferência de tecnologia, pelo princípio poluidor-pagador.

---

51. Ver Climate Watch, "Historical GHG Emissions", disponível em climatewatchdata. org/ghg-emissions.

Bella Center

Fazia um frio de rachar, que só piorou nos dias seguintes, quando passou a nevar fortemente naquele inverno de 2009. Fui me credenciar no Bella Center, um centro de convenções a uns trinta quilômetros do centro de Copenhagen. Missão dupla: preparar a chegada de Marina Silva e cobrir a conferência para o site da Fundação Verde Herbert Daniel. A primeira era, de longe, a mais complexa. Aconteceu o inevitável: a pré-campanha presidencial se mudou para Copenhagen.

Surgiu, de supetão, a dama de paus: a chefe da Casa Civil de Lula, Dilma Rousseff. Ela se interessou pelo assunto com vistas a sua iminente campanha presidencial. Era um tema que pouco conhecia, mas, como em outros assuntos variados, considerava-se uma expert. Às vésperas da Conferência, foi anunciada a participação do presidente Lula na COP 15, precedido por ela na fase ministerial das negociações. Não havia dúvida sobre quem ia mandar até a chegada do presidente: Dilma vinha com ideias próprias na ponta da língua. E cotovelos afiados...Mal havia chegado e já foi metendo o pé na jaca. A posição brasileira na COP 15 era confortável. Apesar da nossa ausência de metas, estávamos muito melhor que a China, os Estados Unidos e a Índia. Fazia quatro anos que o desmatamento na Amazônia caía. Em linguagem futebolística, era para Dilma chegar e "ir para o abraço", mas ela tentou o chamado *overkill*: além de aparecer como chefe da delegação de um país "bem na fita", quis ser líder de um bloco, junto com China e Índia, contra os países desenvolvidos.

Cometeu algumas gafes. Chamou a imprensa para criticar uma proposta de Marina de que o Brasil contribuísse com 1 bilhão de dólares para um fundo para os países mais pobres destinado aos seus projetos de adaptação ao aquecimento global. Isso não faz nem cosquinha no problema, sentenciou. Pondo a infantilidade da observação à parte, não era bem assim. A União Europeia acabava de se oferecer para colocar 3 bilhões de dólares nesse fundo. Desprezar a quantia e oferecer menos ainda – nada – a colocava em um papel desnecessariamente antipático. A imprensa registrou. Comemoramos politicamente.

Logo tivemos a graça de um monumental ato falho. Em uma coletiva de imprensa, Dilma deixou escapar *ipis literis*: "O meio ambiente é uma ameaça ao desenvolvimento sustentável." Acontece nas melhores famílias; todos somos vulneráveis a um *lapsus linguae*. Mas, olhando o vídeo, percebia-se que Dilma nem se dera conta do que dissera ao ler de forma maquinal aquele texto tão perto dos olhos mas longe do coração. Fazia o que em inglês se chama *lip service*, cuja tradução seria "da boca pra fora".

A futura presidente circulava cercada de dezenas de áulicos fazendo tremer o chão de tábuas acarpetadas dos corredores do Bella Center. A imprensa registrava alusões e gestos agressivos dela em relação ao ministro Carlos Minc, ao qual deveria estar grata, pois foi ele quem soube, diante do "efeito Marina", estruturar uma proposta consistente para o Brasil, vencendo as resistências do Itamaraty. Claro, qualquer um que conheça o Minc – no meu caso, há séculos – sabe como ele aprecia ser estrela diante da mídia. Poucos têm a desinibição de quem um dia colocou uma camisa de vênus gigante no obelisco da avenida Rio Branco para promover a prevenção da AIDS. Em Copenhagen, ele sabia sobre o que estava falando, seu discurso era informado. Ao invés de aproveitar o colega e fazer disso uma vantagem política, Dilma se sentia ameaçada pela maior familiaridade dele com o tema. Um jornalista presente àquela coletiva de imprensa me disse que a viu cutucando-o com o cotovelo e murmurando: "Cala a boca."

Também foi em Copenhagen que tive uma primeira amostra do tratamento que receberia, futuramente, de Dilma enquanto presidente. Aqui é bom fazer uma pausa para alguns antecedentes. Nós nos conhecíamos desde o início dos anos oitenta. Quando regressei ao Brasil, com a anistia, era próximo do ex-governador Leonel Brizola, com o qual convivi nos dois últimos anos de exílio, em Lisboa. Em 1981, nos desentendemos politicamente e nos afastamos, embora tivéssemos mantido uma relação cordial, inabitual dentre aqueles que, ao longo dos anos, romperam politicamente com ele.

Conheci, na época, o Carlos Araújo, que fora dirigente da VAR-Palmares durante o regime militar e que, depois da anistia, liderou o PDT em Porto Alegre. Ficamos amigos. Tinha imensa estima por ele, que veio a falecer em 2017. Nos anos oitenta, quando fui a Porto Alegre fazer o lançamento dos meus livros *Os carbonários* e *Roleta chilena*, fiquei em sua casa, na rua Assunção, às margens do rio Guaíba. Creio que o vi pela última vez nos anos noventa, embora em anos posteriores tenhamos nos falado diversas vezes pelo telefone. Ele sofria de enfisema pulmonar, não saía de Porto Alegre e eu não ia para lá havia muito tempo.

Nos anos oitenta, Araújo era casado com Dilma, com a qual, sem a mesma amizade, eu mantinha uma boa relação. Gostava dela. A personalidade forte e envolvente de Araújo dominava o ambiente. Dilma era discreta, sóbria, mas tinha senso de humor e era atenciosa, amável. Se alguém, à época, tivesse prenunciado que aquela mulher viria a ser presidente do Brasil, eu teria pedido uma camisa de força para o vidente. O político da casa, o formulador do discurso, dos conceitos, a estrela, era Carlos Araújo. Era quem parecia politicamente destinado a voos mais altos, mas terminaria vítima de sua indefectível, inquebrantável lealdade ao velho Brizola. O casal se separou. Ela aderiu ao PT, foi secretária do governador Olívio Dutra e, depois, ministra de Minas e Energia na sua cota. Na crise do mensalão, Lula, quis substituir José Dirceu por alguém não vinculado a nenhuma das várias facções petistas que se digladiavam. Ela, uma ministra mais "técnica", acabou virando uma espécie de guarda de trânsito do Planalto, *primus inter pares* dentre os ministros.

Reencontrei a Dilma vinte e poucos anos mais tarde, já ministra da Casa Civil, no final do primeiro governo Lula. Eu era secretário de Urbanismo do Rio de Janeiro e fui tratar de uma questão da cidade, já não mais me recordo qual. Ela foi amável no que pese eu estar em uma prefeitura de oposição. Três vezes interrompeu nossa reunião para atender insistentes telefonemas do presidente venezuelano Hugo Chávez. "O Lula diz que só eu consigo acalmá-lo", confidenciou com um sorriso depois da terceira chamada do caudilho bolivariano, inconformado com algo que ela não me revelou. Nosso reencontro seguinte, três anos mais tarde, se deu no saguão do Hôtel D'Angleterre, em Copenhagen, onde o então presidente Lula e os ministros estavam hospedados, e foi muito diferente. Dilma passou por mim pisando duro e fingiu que não me conhecia. Entendi logo o porquê. Devia considerar uma afronta imperdoável eu ter assumido a coordenação da pré-campanha de Marina Silva. Elas se detestavam de todo coração.

Quixote 98

Falando em eleições presidenciais, permito-me aqui uma breve digressão sobre a minha própria candidatura, em 1998. No ano seguinte ao da assinatura do Protocolo de Quioto, em 1998, por uma combinação de circunstâncias estranhas, que envolveu uma aliança fracassada com Ciro Gomes, acabei sendo escalado candidato à presidência da República, com a intenção de difundir pelo Brasil nossas ideias ecológicas. A questão das mudanças climáticas ainda entrava, assim, meio de quina, na diagonal da poluição atmosférica e da defesa da Amazônia.

Foi uma campanha, como desabafei na época, "quixotesca, sem Sancho Pança nem sequer Rocinante". Com uns quarenta mil reais, sem assessoria ou coordenador de campanha, tive menos de 1%. Viajava solitário pelo Brasil e era recebido pelos ativistas verdes locais, servindo para promover as campanhas dos nossos candidatos a deputado estadual e federal. Uma campanha aventureira. Um risco incomparavelmente menor que o dos anos de chumbo, ainda que não totalmente isento de perigos para além daquele do ridículo. Dela guardo três fortes recordações, duas de algum risco, mas, a posteriori, divertidas. A terceira, apenas hilária.

A primeira se passou em Guarapuava, interior do Paraná. Fui instado pelos verdes a visitar a cidadezinha de forte imigração germânica porque ali, supostamente, havia um candidato verde a deputado federal com grandes chances de se eleger que potencializar-se-iam robustamente fosse ele prestigiado pela visita do candidato presidencial do PV. Chegando àquela localidade de taciturna e desconfiada colonização germânica, vislumbro uma figura hiponga atravessando a rua, já clamando: "Sirkishhh! Merr'mão! Qualé? E aí? Como tá o Posto 9?" – no mais inequívoco carioquês. Antes de ele chegar para o abraço apertado, eu já concluía com meus botões que aquele conterrâneo desgarrado no circunspecto *deutsche lander* não tinha a menor condição de ser eleito. De fato, soube depois que ele teve menos de dez votos. Nem a esposa votou...

Na volta a Curitiba, em um aviãozinho, a coisa perdeu completamente a graça: mergulhamos em cheio em uma tempestade. O bimotor quicava enlouquecido por entre nuvens cinzentas e raios faiscantes. A turbulência parecia não ter fim. Eu me consolava pensando que, estatisticamente, acidentes fatais por turbulência eram raros e o que piloto tinha cara de sujeito experiente. Logo reparei na grossa gota de suor descendo de sua têmpora em direção ao pescoço, não obstante o frio de rachar que fazia na cabine. Rezei o *shemá* e mentalizei o mantra *om namah shivaya*. Muitos solavancos, coriscos e gotas de suor frio do piloto mais tarde, abriu-se, de chofre, uma clareira abaixo de nós. Aos trancos e barrancos, ele conseguiu localizar o aeroporto de Curitiba e pousar. Na banca de jornal do aeroporto, comprei o *Estadão* para me distrair no táxi até o hotel. Deparei-me com uma entrevista de página inteira de nossa então candidata a vice, Mari Alegretti, falando mal de mim e renunciando...

O outro episódio francamente "Armata Brancaleone" daquela campanha aconteceu em Recife. Os verdes locais me convocaram para uma barqueata ecológica da foz do rio Capibaribe ao final da praia de Boa Viagem. Seria um evento em conjunto com a campanha do candidato a governador que eles apoiavam, Jarbas Vasconcelos. Chegando lá tive a primeira decepção: dentre dezenas de faixas "Jarbas" não havia nenhumazinha minha. Nem sequer uma plaquinha ou um santinho "Sirkis" ou "PV". O material não ficou pronto, me explicou, desolada, Betânia, a chefa dos verdes locais. Junto à minha mulher, Ana Borelli, subi em um dos barquinhos e iniciamos nossa subida pela foz do Capibaribe para o mar de Boa Viagem. Como tendo a enjoar fácil, tomei meu Plasil, e estava quase feliz olhando as gaivotas e o que pareciam ser uns golfinhos quando o motor do barco enguiçou com um estalo. Ficamos bestamente à deriva, os outros barcos com suas faixas "Jarbas" se afastando, afastando.

Os palpites e pareceres técnicos abalizados se sucediam, mas o motor de popa teimava nos seus inúteis solavancos. O tempo ia passando e o barquinho se afastava da praia. Eram quase onze horas, e eu tinha um compromisso no início da tarde com um deputado em Olinda. Amigo da época do exílio, Maurílio Ferreira Lima prometera uma contribuição para a nossa franciscana campanha. Ainda não estávamos longe da praia e tomei a decisão: vou voltar a nado! Mergulhei. Ana e Betânia foram atrás de mim num botezinho de borracha. No trecho final dos trezentos e tantos metros, Ana também mergulhou. Nadamos uns quinze minutos.

Chegamos na praia. Reparei que vários frequentadores nos olhavam fixamente. Estão me reconhecendo, nossa campanha está repercutindo, me animei, ainda que os olhares não fossem propriamente de admiração. Só depois vislumbrei umas placas de sinalização enormes proibindo o banho de mar por estar a Boa Viagem infestada de tubarões que, recentemente, haviam atacado um surfista. Imaginei a manchete de jornal: "Candidato a presidente do PV devorado por tubarão"!

Voltei ao hotel, tomei banho e cheguei em Olinda a tempo de almoçar com o Maurílio, que foi muito atencioso. Contou um monte de causos, me enrolou e não aportou um centavo para a campanha não obstante o mar repleto de tubarões que nadei para não me atrasar para o nosso encontro.

O terceiro episódio foi em Ribeirão Preto. Cheguei de manhã muito cedo e não encontrei no saguão do aeroporto nem mesmo aquela meia dúzia de gatos pingados verdes que de hábito me recepcionavam. Um telefonema revelou que meus correligionários haviam confundido o horário e que era melhor eu tomar um táxi até a sede do partido.

Durante a viagem, reparei no taxista, um careca de bigode grisalho, me estudando fixamente pelo retrovisor. Estava me reconhecendo! Nossos quinze segundos de TV estavam fazendo efeito! Pensei em puxar assunto. Futebol. A desditosa decisão da Copa do Mundo de 1998, com aqueles dois terríveis gols de Zinédine Zidane ainda doía no fundo d'alma. Mas foi ele quem tomou a iniciativa:

– O senhor não vai ficar aborrecido se eu lhe disser uma coisa?

– Claro que não – respondi, preparado para defender alguma das teses polêmicas dos verdes que ele certamente estaria prestes a contestar. – Nós do PV somos totalmente abertos às críticas e ao diálogo, meu amigo.

– O senhor não podia ter feito aquela coisa com aquela moça – disparou ele, com severidade.

Uma onda de adrenalina me sacudiu de imediato. Não havia lido ainda os jornais daquela manhã. A paranoia foi a mil! Imaginei diversas situações constrangedoras envolvendo ex-namoradas, a imprensa marrom, colunistas maliciosos, a metralhadora giratória da *Folha de S.Paulo*.

– Que coisa? Que moça?

– É sim, o senhor não podia ter feito aquilo com aquela moça. O Brasil perdeu a Copa do Mundo por causa do senhor!

Fiquei completamente sem palavras até me dar conta de que nosso bom taxista de Ribeirão Preto me confundia com o repórter Pedro Bial, da TV Globo, que supostamente teria tido um caso com Suzana Werner, então namorada de Ronaldinho Fenômeno. Bial desmentiu categoricamente, anos depois, quando o encontrei na praia. O caso, por sua vez, teria sido a razão do estranho transtorno que o nosso craque maior daqueles tempos sofrera naquela infausta manhã, resultando em sua performance pífia no gramado durante a histórica decisão que nos levara, tal qual em 1950, francos favoritos, a um frustrante vice-campeonato.

– O senhor está me confundindo! Não sou o Pedro Bial da TV Globo! Sou o Alfredo Sirkis, candidato à presidência da República pelo Partido Verde.

– Ah! Aquele que disse que vai jogar a bomba atômica na careca do Enéas?

Bem, pelo menos estávamos agora na mesma faixa de onda. Dias antes eu gravara um *spot* de TV atacando a proposta do candidato do PRONA, o histriônico doutor Enéas Carneiro, de o Brasil dotar-se de armamento nuclear. Ataquei: "A bomba atômica é o Viagra dos energúmenos", e expliquei os perigos de uma corrida armamentista com a Argentina, da qual "devemos ser rivais somente no futebol". Passei o resto da viagem explicando ao taxista nossas propostas e, ao chegar à sede do PV e pagar-lhe a corrida com uma módica gorjeta, fui informado de que conquistara, em Ribeirão Preto, pelo menos um votinho, "já que o FHC vai se reeleger de qualquer maneira, o Lula, aquele comunista, é um despreparado, o Ciro Gomes um mal educado e o tal Enéas quer jogar dinheiro fora com esse negócio de bomba atômica". Uma vez esclarecida minha inocência quanto à Suzana Werner, ele ia mais era votar no verde: "Como o senhor não tem a menor chance de ganhar, tá garantido que depois não vou me arrepender."

A suposta semelhança com o Pedro Bial continuou a me perseguir vez por outra, sobretudo entre motoristas de táxi. No Rio, muitos anos mais tarde, quando era secretário de Urbanismo da cidade, ouvi de um deles, na rua Pinheiro Machado: "Admiro tanto o seu trabalho!" Dessa vez a sensação não foi de adrenalina nem paranoia, mas um quentinho gostoso no fundo do peito. A que será que ele estava se referindo? Às ciclovias? À reconstrução do Circo Voador? Ao mutirão de reflorestamento? À revitalização da área portuária? Ao novo Centro de Convenções?

"Então? Terça-feira é o grande dia, não é?"

Que diabos tem na terça-feira? Logo me dei conta. Terça-feira era o dia do "paredão" do *Big Brother Brasil*, o reality show da TV Globo, apresentado pelo meu suposto sósia (também de origem polaca em uma versão mais boa-pinta, reconheço). Não acompanhava o *Big Brother*, mas ouvia as conversas de elevador e de bar. Para não deixar a peteca cair, saciei sua curiosidade com um quê de maldade: "Aqui, cá entre nós, só pra você, em *off*, uma informação de cocheira: quem vai ser eliminada vai ser a fulaninha de tal!" Era a única da casa de cujo nome me lembrava de tanto ouvir os comentários de elevador. "Fulaninha, podes crer, amizade."

Acabou não sendo ela a eliminada, e se nosso taxista usou a informação para impressionar a mulher ou os colegas, deve estar xingando o Pedro Bial até hoje...

PV or not PV

Em meados de 1985, quando discutíamos interminavelmente se devíamos fundar um partido verde no Brasil, eu era, dentre todos, o mais entusiasta. Nosso grupo era formado por ex-exilados, como Fernando Gabeira, Carlos Minc, Liszt Vieira e Herbert Daniel, e alguns outros, como José Augusto Pádua, Guido Gelli e Ricardo Arnt. Logo se juntaram a nós a atriz Lucélia Santos, seu então marido, o maestro John Neschling, e o psicanalista Luiz Alberto Py. Éramos todos do Rio. O único com mandato era o deputado estadual do PT, Liszt Vieira, que fora eleito em 1982 com apoio do nosso grupo, na época encastelado na Assembleia Permanente do Meio Ambiente, a APEDMA. A vida dele não era fácil no PT. Durante a campanha de 1982, uma boa parte do partido o hostilizara pelo fato de "aquele grupelho verde", além da questão ambiental, "luxo de país rico", também defender esdrúxulas causas burguesas, como a descriminalização da maconha e os direitos dos homossexuais. Alguns se referiam ao Liszt, pejorativamente, como o "viado verde".

O cerne daquela discussão hamletiana de "PV or not PV" não mudou muito ao fio dos anos. É recorrente, e todos nós já nos posicionamos dos dois lados em algum momento ao longo dos tempos e das circunstâncias. Inicialmente, quando regressamos, em 1979, com a anistia, a ideia era trabalhar a causa verde em vários partidos. Minc e eu tínhamos vínculos com o PDT de Brizola, éramos signatários da Carta de Lisboa, mas nos afastamos dele. Alguns – não foi o meu caso – se aproximaram do PT, do qual nunca gostei. No PMDB, havia também certos espaços; era onde atuava nosso grande interlocutor paulista, o advogado Fabio Feldmann. Havia um movimento ambientalista tradicional no Rio Grande do Sul, baseado na AGAPAN (Associação Gaúcha de Proteção ao Ambiente Natural), mas os gaúchos eram visceralmente contrários à fundação do PV, uns por serem do PT e outros por acreditarem em ecologia sem partido.

Nas alturas de 1985, ficou claro que a perspectiva do "verde em vários partidos" não avançava. Na esquerda, havia uma visão arraigada de que as sociedades teriam primeiro que resolver aquelas questões fundamentais – fome, miséria, desigualdade, injustiça social – para, depois, eventualmente, cuidar daquela perfumaria, apanágio de sociedades ricas que já tinham resolvido o básico. As outras questões que levantávamos, para a além da ecologia, classificadas de "temas malditos (drogas, gays, feminismo, questão racial, indígena, negra), eram ainda mais embaraçosas dentro dos partidos estabelecidos.

Por outro lado, havia ambientalistas que não eram de esquerda, na época, o Paulo Nogueira Batista Filho, o almirante Ibsen de Gusmão, a Magda Renner, o Israel Klabin, o Marcelo de Ipanema e o próprio Lutzenberger, que não apreciavam muito aqueles ex-exilados com passado guerrilheiro querendo se apropriar das bandeiras que eles haviam tão cuidadosamente preservado da política durante todo o tempo da ditadura. Não era uma questão política, diziam. Não podia ser. Era uma questão que afetava toda a humanidade.

Não deixavam de ter razão, reconheço. Os mais hostis, no entanto, não eram esses apolíticos, mas os ambientalistas já acasalados no PT, não obstante seu isolamento e o desprezo frequente com que eram tratados. Para eles, o PV era uma ameaça, um potencial concorrente. Enfim, fundamos o PV em janeiro de 1986, no teatro Clara Nunes, no Rio de Janeiro. Iniciou-se a longa e extenuante caminhada burocrática para a sua legalização, atendendo a Lei Orgânica dos Partidos que, de certa forma, condiciona a política brasileira a um cartorialismo extremo, exasperante. Nas eleições de 1986 o partido ainda não estava legalizado. Em uma manobra inteligente, o ex-líder estudantil, Vladimir Palmeira, nosso companheiro das lutas de 1968 e expoente da ala esquerda do PT, patrocinou uma aliança tácita PT-PV com a candidatura do Gabeira a governador do Rio e do Carlos Minc a deputado estadual. Para tanto, ambos filiaram-se ao PT, do qual saíram quando o PV obteve, no ano seguinte, seu registro provisório.

Foi uma campanha memorável, aquela para governador do Rio em 1986, com enormes atos públicos como o Abrace a Lagoa e o Fala Mulher, que juntaram dezenas de milhares de pessoas com um tipo de comunicação política até então inédita. Gabeira terminou com quase 8%, na época uma verdadeira façanha política. Na eleição seguinte, a municipal de 1988, com o PV já provisoriamente legalizado, fui eleito vereador, o mais votado do Rio, para uma legislatura que foi importante na recuperação do Rio de sua falência.

Votamos a Lei Orgânica Municipal e o Plano Diretor, dos quais fui o relator dos capítulos de meio ambiente. Fui responsável por diversas Áreas de Proteção Ambiental que consagraram lutas do movimento ambientalista. A mais conhecida foi a Prainha; outras foram o Bosque da Freguesia, a Lagoa de Marapendi, a praia das Brisas. A atuação não foi apenas ambiental: presidi uma CPI das atividades ilegais de segurança que, de certa forma, antecipou o futuro problema das mal chamadas milícias no Rio de Janeiro, e, sobretudo, o problema das escalas de serviço dos policiais, que permitem a todos exercer uma segunda atividade remunerada, em geral melhor do que a policial, que vira, ela sim, o "bico".

Em 1991, assumi a presidência nacional do PV. Já era presidente estadual e municipal, no Rio de Janeiro. As más línguas me acusavam de ser um "Ulysses Guimarães dos verdes". Era certamente uma crítica que poderia eventualmente também ser tomada como elogio. Sempre fiquei em dúvida em relação a qual deveria assumir. De qualquer forma, nunca foi, para mim, uma situação confortável. Não gostei de ser presidente de partido. Atribuem ao ex-presidente da República e acadêmico José Sarney, cujo filho, Zequinha, depois se destacaria como parlamentar verde e ministro do Meio Ambiente, a seguinte frase sobre o *métier*: "Pior que ser presidente da Funai, só presidente de partido."

O fato é que, de todas as funções que acumulei entre 1991 e 1999 (vereador, secretário municipal de Meio Ambiente, vice-presidente da Fundação OndAzul e vereador novamente), foi a que menos apreciei. Passei quatro anos tentando passar o bastão e, finalmente, em 1999, depois daquela minha quixotesca campanha presidencial, na qual me senti completamente largado e jogado na fogueira pelos meus companheiros dirigentes da executiva, decidi forçar o rodízio da presidência, até porque os verdes internacionalmente cultivavam esse princípio da rotatividade e, a bem da verdade, sequer têm presidentes, mas porta-vozes.

Foi um dia feliz da minha vida quando presidi a Convenção Nacional do PV em Belo Horizonte que elegeu meu sucessor, em 1999. Eram, se bem me recordo, uns trezentos e tantos delegados. O candidato do grupo paulista, José Luiz Penna, venceu o rival, o professor Rogério Portanova, de Santa Catarina, por apenas um voto. Meu sucessor, com o tempo, passou a ver aquele cargo burocrático de forte poder cartorial não como algo "pior que a presidência da Funai", mas a própria razão de sua vida. Hábil, especialista em cultivar e manipular mediocridades, capaz de cortejar e acolher qualquer tipo de político, conseguiu tornar-se senhor absoluto e presidente vitalício de um partido que se formara em meados dos anos oitenta para ser um partido de cidadãos – não de políticos profissionais –, moderno e democrático. Foi, assim como o PT, fagocitado pela cultura política brasileira que, por sua vez, emana do nosso sistema eleitoral. Com o PT, isso dar-se-ia na forma de tragédia e em grande estilo. Já o PV permaneceu pequeno e nunca ascendeu ao poder nem suas oportunidades. Se deu na forma de farsa.

O dilema primordial esboçou-se desde cedo: o PV estava ou destinado a ser um grupúsculo de "ambientalistas de carteirinha" ou precisaria se ampliar, tornar-se um partido "de verdade", que atraísse os políticos brasileiros como eram. Nos oito anos em que exerci sua presidência, o partido ampliara pouco sua base parlamentar para além do Gabeira, como deputado federal, do Gilberto Gil, como vereador em Salvador, ou do governador Vitor Buaiz, do Espírito Santo, que se filiara ao partido vindo do PT. A crítica é que éramos um "partido de estrelas" e que eu (meu segundo apelido era "o general polonês") mantinha fechada a porteira.

Por outro lado, a maior parte dos ambientalistas também não estava no PV. Ou não queriam fazer parte de partido político algum ou estavam no PT e nos olhavam com preocupação e desconfiança. Chico Mendes estivera a ponto de ingressar no PV pouco antes de ser assassinado. Quando o crime ocorreu, o PT, que o marginalizava e desconsiderara quando vivo, passou a fazer dele um de seus grandes mártires. Um dos méritos do PV foi justamente o de ter levado os outros partidos a rapidamente considerarem com mais atenção a questão ambiental.

A partir da Conferência Rio-92, essa temática, com maior ou menor sinceridade, começou a ocupar um lugar cada vez maior no *mainstream* da política, da mídia e do próprio setor empresarial. A ecologia deixou de ser vista como inimiga do desenvolvimento e passou a ser considerada um tema relevante, ainda que um penduricalho. O próprio PV passou a ser considerado no mundo político uma "boa grife".

Havia poucos ambientalistas disponíveis para fazer política eleitoral, e menos ainda expoentes dos tais temas malditos. Erguia-se diante de nós o muro do quociente eleitoral. Um aspecto incontornável da política eleitoral brasileira é a necessidade de se dispor de uma nominata de candidatos que somem aritmeticamente seus votos primeiro para chegar no chamado quociente eleitoral e, depois, no somatório dos votos de todos, eleger o maior número possível dos candidatos mais votados.

Construir essa aritmética é uma arte. Você tem que apresentar o maior número possível de candidatos com uma votação razoável que não irão se eleger – mas se iludem que vão – para garantir a eleição do maior número possível daqueles de fato na disputa. O processo é um "cada um por si, e Deus por todos". Seu maior rival é quase sempre alguém de seu próprio partido. Por isso, todos os partidos são sacos de gato que se arranham e mordem antes, durante e depois das eleições. A quase totalidade dos candidatos não se importa nada com programas ou ideologia. São meros adornos cosméticos. O processo político "sério" é algo indissoluvelmente vinculado ao cálculo aritmético.

Claro que há candidatos ideológicos ou idealistas, mas, para se elegerem, eles precisam de uma base corporativa ou de alguma notoriedade original – como a de um jogador de futebol, ator, escritor, radialista, pastor – que assegure a primeira eleição, a partir da qual será montada a máquina. Há uma enorme proporção de políticos eleita por modalidades de compra de voto: encher de dinheiro cabos eleitorais (os "honestos" são os que vendem seus votos para apenas um candidato e entregam o prometido), ou aquela compra indireta via centros assistenciais. Na época, era o Centro Integrado de Assistência Deputado Fulaninho de

Tal, que provia ambulância, oferecia gratuitamente consulta médica, oftalmológica, odontológica, fazia serviço de despachante, distribuía materiais de construção e conseguia empregos. Em torno desses centros giravam uns milhares de eleitores desvalidos que queriam mais era que o vereador ou deputado em questão roubasse o máximo que pudesse. Assim, poderia prover-lhes mais. Um mestre na arte era o vereador Jorge Pereira, da Ilha do Governador. Uma vez explicou na própria tribuna da câmara como fazia: antes da eleição dava a parte de baixo da dentadura. Depois, caso eleito, a de cima...

O político dessa escola acredita sinceramente ser um o *benefactor* daquele "seu" povo. Sabe quanto esse lhe será fiel, desde que siga provendo. A necessidade de ocupação de espaços na máquina pública deriva, primordialmente, da necessidade de abastecer essa dinâmica que viabiliza os mandatos eletivos no nosso sistema eleitoral. Existe, naturalmente, um voto de classe média urbana que foge a essa lógica, mas é bastante minoritário na imensidão do país. Vi, a cada eleição da qual participei, ele minguar mais um pouco, não obstante a renovação que ocorresse em seu seio. A atual onda de direita não alterou essa equação, que deriva do sistema eleitoral brasileiro e da cultura política que ele engendra. A influência parlamentar do voto de opinião de direita também é limitada. Inclusive os ideológicos da direita e da extrema-direita descobrem agora essa realidade.

Um dos constantes conflitos do meu período como presidente do PV foi uma tentativa sistemática (mas nem sempre bem-sucedida) de manter o controle dos ambientalistas de carteirinha e obstar o acesso ao partido à maior parte dos políticos tradicionais que começavam, que vinham rondá-lo já que era uma "boa grife", e por razões aritmético-eleitorais: ali era possível eleger-se com menos votos que em outros partidos maiores. Sobretudo me preocupava em manter longe do PV personagens envolvidos com algum tipo de agressão ambiental. Desde o início, sobretudo na região Amazônica, tais personagens rondavam o partido como hienas. Nossa estrutura partidária, assentada em comissões provisórias, facilitava esse tipo de intervencionismo patrulheiro, mas, depois, facilitou abrir-lhes as portas em troca de apoio ao presidente vitalício.

Chegamos até 1999 razoavelmente preservados e íntegros, mas persistentemente minoritários, grupusculares. A mudança de bastão fez com que o eixo de poder do PV se deslocasse do Rio de Janeiro para São Paulo. Logo deixaríamos de ser um partido apenas de ambientalistas de carteirinha. Em um processo bastante gradual, incremental, por vezes pouco perceptível, os hábitos, costumes, cultura e vícios da política-brasileira-como-ela-é foram vampirizando sua presa. Isso não nos impediu de promover campanhas memoráveis, travar lutas, promover realizações relevantes (sobretudo no âmbito local), estar presentes na mídia e no debate político nacional. No entanto, como revelar-se-ia logo adiante, na sequência da memorável campanha de 2010, o jogo de poder interno estava dado. O cartório tornar-se-ia hegemônico. Os ambientalistas de carteirinha, minoritários. Decorativos para a grife...

Marina

Antes da conferência em Copenhagen, organizei uma manifestação na orla carioca, entre o Leblon e Copacabana, a Brasil no Clima 2009. Havíamos começado o movimento em 2007, no mesmo percurso, com umas quinhentas pessoas, quase todas do PV, antes da Conferência de Bali. Naquela primeira caminhada do Brasil no Clima, distribuímos um panfleto intitulado "8 coisas que você pode fazer pelo clima":

1 – Ajude a pressionar nosso governo. Conseguimos diminuir as emissões por desmatamento, mas se agravaram as por uso da energia. Subsídios à gasolina tiveram um efeito nefasto. Podemos reduzir mais emissões e rápido, sobretudo na agricultura de baixo carbono.

2 – Ajude a circular pela internet matérias, opiniões e manifestos sobre o tema. Converse com os amigos e familiares.

3 – Plante árvores. Elas absorvem carbono.

4 – Troque o automóvel pela bicicleta pelo menos uma vez por semana.

5 – Economize energia elétrica. Isso é fundamental nos países que operam usinas elétricas a carvão ou óleo combustível. A base energética do Brasil é hidrelétrica, mas o aumento da demanda pode levar à construção de novas termoelétricas. E economizar energia elétrica é sempre bom para o seu bolso!

6 – Diminua o consumo de carne. A pecuária contribui direta e indiretamente para o efeito estufa. A humanidade precisa reduzir gradualmente o consumo de carne.

7 – Interesse-se pelo lixo em seu município. Se ele ainda usa vazadouro (lixão) ou um aterro que não elimine ou reutilize o gás metano, pressione a prefeitura. Agora é obrigação legal acabar com o lixão que emite metano.

8 – Não vote em políticos que defendem o desmatamento, negam a existência das mudanças climáticas e querem acabar com áreas protegidas ou terras indígenas.

Passados tantos anos, penso que os oito pontos mantêm candente atualidade...

Já na manifestação de 2009, antes da COP 15 de Copenhagen, juntamos mais de cinco mil pessoas. A presença de Marina Silva contribuiu para reforçar o interesse e a participação. Ela acabara de deixar o PT para ingressar no Partido Verde. Para substituí-la, Lula, sempre atento à mídia, sobretudo naquele ano pré-eleitoral, ao possível desafio de Marina à sua candidata, Dilma Rousseff, e preocupado em não queimar as pontes com os ambientalistas, nomeou um outro, o deputado carioca Carlos Minc. Cofundador do Partido Verde comigo e Fernando Gabeira, ingressara no PT em 1989, o qual deixaria em 2016, passando para o PSB.

Naquela caminhada dominical, o destaque foi uma participação maior dos jovens, há tempos ausentes desse tipo de ato. À frente do cortejo seguiam Marina, Gabeira, Aspásia Camargo e eu. A presença da senadora, já possível candidata à presidência, gerou um tumulto de tietagem por vezes assustador. Em várias ocasiões temi que fosse esmagada, e acabei assumindo o ingrato papel de leão de chácara, empurrando, batendo boca.

Lembro-me de um blogueiro que deu uma gravata em Marina com sua câmera para gravar sua entrevista em selfie no meio daquele pandemônio. Deixei rolar, preocupado, mas, quando ele passou do tempo razoável, ela começou a parecer realmente incomodada com aquele sujeito pendurado em seu pescoço. Desvencilhei-a do blogueiro, cuja inimizade ganhei ali mesmo, à queima-roupa. Meu filho, Guilherme, que vinha na fila de trás, me deu uma tremenda bronca: "Pai, você não pode se expor desse jeito! É muito desgaste, deixa que eu faço!"

Aquela manifestação foi a maior sobre o tema das mudanças climáticas até então realizada no Brasil. Não teve um destaque correspondente na mídia, pois o foco da imprensa já era todo no trelelê da pré-campanha presidencial. Mas o nosso recado chegou lá onde deveria chegar. O presidente viu que tinha que se preocupar com o assunto.

Até aquele ponto, a simpatia de Lula pela questão das mudanças climáticas era próxima de zero. Não chegava a se alinhar com os negacionistas de esquerda, mas considerava aquilo um tema "coxinha". Expressava, ao seu modo, a posição tradicional do Itamaraty, que traduzia com simplicidade demagógica: "Se os países ricos querem que a gente corte nossas emissões para ajudar a resolver o problema que eles mesmos criaram, vão ter que pagar por isso." Discursos que, hoje, adotam personagens do governo Bolsonaro. Mas com Marina ameaçando Dilma pelo flanco esquerdo, a coisa mudava de figura; entrava na seara da política eleitoral do processo sucessório ao qual Lula estava atento. Naquele momento, o Minc, cujos dotes de enxadrista eu conhecia desde os nossos tempos do Colégio de Aplicação, percebeu que havia um espaço para fazer avançar a posição brasileira.

Pouco antes da viagem para Copenhagen, tivemos uma longa conversa em uma caminhada pelas Paineiras. Em nossa pauta estava o posicionamento brasileiro para a COP 15. Ele estava otimista. Avaliava ser possível levar o governo a uma posição mais avançada que aceitasse se comprometer com algum tipo de meta de redução de emissões de GEE e que, aliás, o Brasil já vinha promovendo. Estava animado com a queda do desmatamento na Amazônia que vinha ocorrendo desde 2005 e com as possibilidades na agricultura onde, na questão climática, ao contrário dos costumeiros embates ruralistas versus ambientalistas, ele notara possíveis convergências com o ministro Reinhold Stephanes na agricultura de baixo carbono que resultaria no Plano ABC.

Do lado do Itamaraty, o principal responsável pelo processo de negociação era nosso ex-colega do Colégio de Aplicação, Luiz Alberto Figueiredo. Seria injusto com ele dizer que simplesmente resistia ao Brasil assumir a posição mais avançada que nós, verdes, propugnávamos. Desde Bali, ele demonstrara interesse e vontade de avançar. Mas o paradigma dentro do qual o Itamaraty se movia era sempre aquele do primado da geopolítica sobre a emergência climática, a queda de braço Norte-Sul. Nossa diplomacia ficava amarrada ao posicionamento de nossos parceiros do grupo BASIC (China, Índia e África do Sul) e do G77 + China, que o Brasil pretendia liderar.

Viajei para Copenhagen com alguns dias de antecedência. Além de meu papel natural de articulador verde estava investido de outro, mais delicado: coordenador da pré-campanha presidencial de Marina Silva. Ela convalescia de uma internação hospitalar, em Brasília, provocada por uma de suas assustadoras reações alérgicas a diversos alimentos, em particular o camarão. Saíra do hospital, mas se recusava a viajar de classe executiva em passagem paga pelo Senado, a qual teria direito e total legitimidade, para não "ser confundida" com outros senadores que, segundo ela, iam a Copenhagen só para fazer turismo – entre eles o Fernando Collor que, no entanto, tinha familiaridade com o tema, na medida em que presidira a Rio-92.

Havia naquele momento mais um escândalo qualquer no ar, já não me lembro qual. Marina não queria chegar misturada a senadores envolvidos, alguns dos quais viajariam para aquela COP 15. Um de seus assessores me disse que ela pretendia ir de classe econômica. Eu fiz a viagem nessas condições a partir de Bogotá. Cheguei em Copenhagen todo empenado, minhas costas em pandarecos. Fiquei imaginando Marina, na classe econômica, ainda convalescendo da intoxicação que a levara ao hospital. A muito custo conseguimos que ela aceitasse viajar de classe executiva com passagem paga pelo PV. Naquela época, minha admiração pela Marina era tão grande que praticamente me recusava a olhar para suas limitações e defeitos. Havia algo muito forte que nos unia: a memória do Chico Mendes, que conheci em 1987.

Estava organizando o PV. Viajei para o Acre e fui a Xapuri encontrá-lo. Surgiu entre nós uma amizade intensa, instantânea, e um pacto imediato de apoio à luta dos seringueiros que, em nossa óptica, representava a junção das lutas sociais e ambientais. Organizei uma rede de solidariedade ao Chico Mendes, que logo veio ao Rio e participou de um encontro dos verdes em Petrópolis. Nessa época o apresentei ao João Augusto Fortes e alguns outros empresários que começavam a se interessar pela causa verde. João já sonhava em ajudar os seringueiros a produzir diversos produtos de látex que pudessem ser comercializados para sustentar suas reservas extrativistas, que virou depois o projeto do "couro vegetal" com os índios Ashaninka.

Naquela época, fiz uma entrevista com o Chico Mendes que ofereci ao JB. O editor de então – um ex-companheiro de exílio, pelo qual, em tempos carbonários, eu arriscara a vida no episódio da troca do embaixador da Suíça por setenta presos políticos libertados para Santiago do Chile –, para a minha revolta, não quis publicá-la. Se interessava pelos garimpeiros, não pelos seringueiros. Com raiva, lhe respondi que possivelmente iriam se interessar por aquele seringueiro quando fosse assassinado. Desafortunadamente, acertei na mosca. O assassino também.

Tinha uma constante preocupação com o Chico, que estava ameaçado por vários fazendeiros, os quais impedira de ampliar suas áreas de pasto derrubando florestas. Comandava os "empates", mobilizações que bloqueavam fisicamente o desmatamento com os seringueiros com suas famílias se colocando à frente de motosserras e correntões. Um dos desmatadores, o paranaense Darly Alves, se destacava pela truculência. Havia indícios de ligação entre um dos responsáveis da Polícia Federal, no Acre, com esse e outros fazendeiros. O Conselho Nacional de Seringueiros descobriu um mandado de prisão contra Darly, no Paraná, por um crime de morte, mas Darly foi avisado pela polícia, se escondeu na floresta e jurou de morte o Chico.

No Rio, logo depois das eleições de novembro de 1988, em que fui eleito vereador, organizamos um grande ato chamado Salve a Amazônia, que consistia em uma maratona a pé, por corrida e pedaladas do Jardim Botânico até o Monumento a Estácio de Sá, no Flamengo, e a colocação de uma imensa faixa de juta com os dizeres "Salve a Amazônia" no Morro da Urca. Foi uma manifestação notável da qual tenho diversos vídeos até hoje. Vejo e revejo as cenas: Betinho, Lucélia Santos, John Neschling, Gabeira, Minc, Ney Matogrosso, Louise Cardoso. Há uma cena do Chico conversando comigo em meu velho Opala verde-oliva quando nos dirigíamos ao bondinho do Pão de Açúcar. Depois, no alto do Morro da Urca, inspecionando a colocação da faixa. Falávamos sobre seus problemas de segurança, ele alertando para o perigo que representava o tal Darly Alves e sua desconfiança em relação à polícia.

Eu tentava convencê-lo a ficar no Rio até conseguirmos fundos para contratar um grupo de seguranças particulares para acompanhá-lo, já que os policiais que o protegiam não eram confiáveis. A certa altura, pareceu que eu o tinha convencido. Duas amigas com quem ele costumava ficar em Laranjeiras, também faziam pressão nesse sentido. O Chico decidiu ficar no Rio. Dias mais tarde, no entanto, por pressão da esposa, Ilzamar, que ficara sozinha em Xapuri com os dois filhos, Chico, abruptamente, decidiu voltar para o Natal. Na noite de 22 de dezembro, eu estava com Gabeira e John Neschling na casa de Luiz Alberto Py quando tocou o telefone. Py atendeu, ficou pálido e só repetia: "Meu Deus... meu Deus."

Um mês depois do Salve a Amazônia, Chico Mendes fora assassinado com um tiro de escopeta calibre .16 disparado por Darcy Alves, filho do fazendeiro Darly Alves. Aí o JB, de fato, se interessou por ele. Um outro jornalista, o veterano Zuenir Ventura, foi ao Acre e fez algumas belas reportagens. O *The New York Times*, cujo correspondente alertei, naquela mesma noite, também publicou uma matéria de primeira página de Marlise Simons que o tornou conhecido no mundo. Chico passou a ser um mártir internacional da causa ecológica, um símbolo, uma bandeira de luta, mas a verdade é que sua perda foi irreparável. Era um ser humano extraordinário: generoso, sensível, divertido e um dos poucos quadros capazes de unificar em torno de uma causa comum setores díspares: seringueiros, índios, ecologistas, ambientalistas norte-americanos, esquerda clássica, verdes, liberais etc.

Não apareceu mais um líder com as mesmas características. A causa da Amazônia tornou-se internacional com a repercussão de sua morte, mas penso que ele teria feito muito mais vivo. De qualquer jeito, aos que ficaram, restou também a obrigação de não deixar que ele tivesse ido em vão. Essa ideia, desde então, me acompanha de forma quase obsessiva. Ela contribuiu para a grande atenção que durante alguns anos dediquei a Marina Silva, que via como a melhor pupila do Chico.

No "aparelho" do Greenpeace

Naquela viagem a Copenhagen tivemos um episódio bizarro com a polícia dinamarquesa. Marina, ao chegar em Copenhagen, em vez de ir para um hotel, preferiu um apartamento oferecido pelo pessoal do Greenpeace, bem perto do Bella Center. Quando chegamos no apartamento, debaixo de um frio de lascar com aquele vento gélido cortante, a primeira imagem que me ocorreu foi a do "aparelho", nome que, na época da guerrilha urbana, dávamos às casas clandestinas onde nos escondíamos. Até brinquei com Marina sobre isso. Candidata à presidência fica "homiziada" em "aparelho" do Greenpeace. Quando estávamos fazendo nossa primeira reunião – Marina, Guilherme Leal, Carlos Vicente e dois auxiliares de Leal, Leandro Machado e Ana Maria Schindler –, apareceu no apartamento, de supetão, um espanhol, todo agitado. Estivera alojado ali até a véspera e esquecera umas coisas, que recolheu atabalhoadamente. Logo que saiu, percebemos que, junto delas, levara, inadvertidamente, um dos celulares que eu tinha alugado para a equipe, o do Guilherme Leal.

Dias mais tarde, o pessoal do Greenpeace, muito nervoso, pediu a Marina que deixasse urgentemente o apartamento, pois havia ocorrido "um problema de segurança". Quando voltamos para evacuar o "aparelho", encontramos afixado à porta dos fundos um ofício da polícia dinamarquesa, em inglês, informando que o mesmo fora arrombado e revistado. Tudo feito de forma profissional, sem sinais exteriores de intrusão.

Logo descobrimos o motivo: o espanhol trapalhão havia protagonizado uma prosaica operação à la Greenpeace e acabara de ser preso com certa brutalidade pela polícia dinamarquesa. Comparecera a um rega--bofe de chefes de Estado em uma Mercedes estilizada, com um crachá falso, e, junto com uma outra ativista, no meio do coquetel, estendera uma faixa de protesto pelo fiasco da COP 15. Preso, incontinenti, permaneceu no xilindró durante umas duas semanas, em uma vingança totalmente arbitrária da polícia dinamarquesa, que, aliás, exagerou em sua truculência em mais de uma ocasião naqueles dias. Eu os via operar em volta do Bella Center e no centro de Copenhagen. Conheço polícia: os meganhas dinamarqueses estavam ali visivelmente ansiosos para baixar o sarrafo, o que, afinal, conseguiram no centro da cidade ao final de uma manifestação das ONGs.

Fiquei fazendo piadas sobre a situação, insistindo que Marina fora confundida com uma radical islâmica por causa de um grosso lenço preto que usava na cabeça e que ela chamava de burca. Na verdade, a burca é bem diferente. Aquilo estava mais para um xador iraniano.

Orelhas de abano

Avistei o presidente Barack Obama pela primeira vez no Bella Center, na COP 15. O que me chamou atenção ao primeiro olhar foram suas orelhas de abano, visto de costas. Ele passou a uns dez metros de mim cercado por aqueles seguranças do serviço secreto, alertas, olhando para todos lados, e seus assessores agitados em um frisson de adrenalina. Ao lado dele, Hillary Clinton, então secretária de Estado. Ambos vinham para o grande jogo com uma mão de cartas ruins, pois o Congresso estava encrencando com um plano de Obama, baseado no *cap and trade*, e que logo seria fulminado, no Senado, por uma maioria formada de republicanos com apoio de alguns democratas de estados carvoeiros.

Depois o vi novamente no Teatro Municipal, no Rio, e duas vezes na Assembleia Geral da ONU. Sou um fã do Obama. Considero-o um dos grandes presidentes norte-americanos. Mas naquela tarde de inverno, em dezembro de 2009, quando desembarcou no Bella Center de Copenhagen, levantou uma grande expectativa, logo frustrada. Esperava-se um "acordo histórico", que resultou em uma tremenda decepção. Hoje, com a perspectiva do tempo e a vivência de como o processo evoluiu, percebemos que a COP 15 fora vítima de expectativas irrealistas, turbinadas pela sua eleição e por uma ansiedade criada pela mídia de "agora ou nunca". No universo da UNFCCC, onde toda vírgula depende de laborioso consenso, nunca é "agora ou nunca". É um processo irritante, desprovido de urgência e exasperadamente incremental, cuja alternativa é pior: o impasse, a imobilidade.

A Conferência de Copenhagen, na verdade, produziu certos avanços: pela primeira vez, os países emergentes que não estavam no Anexo B do Protocolo de Quioto assumiram algum tipo de meta de mitigação voluntárias: as *Nationally Appropriate Mitigation Actions* (NAMAs). No

Brasil, em particular, consumou-se uma mudança significativa de posicionamento, que já começara a se esboçar em Bali, dois anos antes. Começamos a nos afastar daquela leitura rígida e burra de CDBR ("responsabilidades comuns, mas diferenciadas") que colocava nas mãos dos países desenvolvidos, exclusivamente, a obrigação de cortar emissões.

O primado da geopolítica sobre a questão climática fora capitaneada pelo Itamaraty e expressava uma curiosa simbiose petista-geiselista, na qual a esquerda lulista, hegemônica naquele momento, se entendia às mil maravilhas com quadros forjados na geopolítica do "Brasil potência", que se desenvolvera no regime militar, sobretudo no governo do general Ernesto Geisel e do chanceler Azeredo da Silveira. Geisel, antes de ser presidente da República, presidira a Petrobras e nutria imensa desconfiança em relação aos Estados Unidos. Em sua visão, eles almejavam frustrar tanto nosso desenvolvimento econômico e nossa projeção geopolítica que, na época, incluía a construção da bomba atômica – daí aquele silo da Serra do Cachimbo onde o velho Lutz quase caiu –, as usinas nucleares do acordo Brasil-Alemanha e uma visão bastante estatizante da economia. Para Geisel, a política de direitos humanos do então presidente dos Estados Unidos, Jimmy Carter, fazia parte desse boicote ao "Brasil potência", atentava contra nossa soberania.

Depois de marginalizada na era social liberal dos governos de Fernando Henrique, essa tendência nacionalista, encarnada por Samuel Pinto Guimarães, dentro do Itamaraty fortaleceu-se muito no governo Lula. Ela se ajustava bem à perspectiva nacional-desenvolvimentista do segmento hegemônico da esquerda. Era obrigada, no entanto, a coexistir dentro do governo com uma sensibilidade socioambientalista encarnada pela ministra do Meio Ambiente, Marina Silva. Marina deixaria o governo meses antes da COP 15. A gota d'água foi o respaldo de Lula ao ministro de Assuntos Estratégicos, Mangabeira Unger, um expoente mais sofisticado daquele pensamento, o qual expunha com brilho na escrita e uma certa bizarrice no oral por causa de seu forte sotaque americano, delícia dos desafetos.

Apesar do extremo desequilíbrio de estrutura, consegui que Marina ocupasse na mídia um status parelho ao da Dilma e do José Serra, candidato à presidência pelo PSDB, que também esteve em Copenhagen e foi, acreditem, muito amável. O momento decisivo foi quando "invadimos" o espaço oficial do Itamaraty durante uma mesa em que Serra, então governador de São Paulo, estava, junto com o ministro Carlos Minc. Marina não fora convidada.

Eu estava frustradíssimo por não conseguir espaço para uma coletiva de imprensa dela. Tudo ocupado, garantiam. Naquele espaço oficial brasileiro havia um gentil, mas firme, boicote. Não consegui apoio do Itamaraty nem para encontrar um médico que pudesse atendê-la em uma eventualidade. Um diplomata me confessou que todos estavam morrendo de medo da Dilma. A ordem era tratar Marina e sua trupe a pão e água. Nem meia colher de chá.

Aí me deu aquele estalo: vamos cavar uma matéria de TV na marra. Eu sabia que a Rede Globo ia cobrir o evento com Serra e Minc. Fomos lá com Marina e um pequeno grupo. Funcionou. A reportagem da Globo pegou a Marina para fazer o contraponto, e ela apareceu naquele dia em horário nobre, no *Fantástico*, junto com Dilma e Serra, os dois outros presidenciáveis presentes à COP 15. A grande mídia a partir de então a assumiu como candidata a sério. No evento propriamente dito, o Serra gentilmente convidou Marina à mesa para debater também. Ela acabou sentando no lugar do Minc, que, educadamente, ficou de pé, com uma cara preocupada.

A COP 15 foi uma decepção para quem esperava sair de lá com metas obrigatórias para todos países. Até Copenhagen, reinara a ilusão de uma UNFCCC mandatada a exercer um papel de "comando e controle" climático internacional, com os governos adotando metas compulsórias e sendo internacionalmente fiscalizados e eventualmente punidos pelo seu não cumprimento. Para grandes emissores como a China, os Estados Unidos, a Índia e o Brasil, isso era um *non starter*. A Conferência terminou com um compromisso em torno das NAMAs voluntárias, que, no entanto, poderiam tornar-se obrigatórias à luz da legislação nacional dos países que assim o decidissem. Isso criou um novo paradigma que acabou sendo consagrado na COP 21, seis anos mais tarde, em Paris, com as Contribuições Nacionalmente Determinadas (*Nationally Determined Contributions*, NDCs), metas voluntárias a serem periodicamente revistas buscando maior ambição.

O *Copenhagen Accord* saiu às quatro da manhã do dia 19 de dezembro de 2009. No plenário em si, nenhuma surpresa: se opuseram Venezuela, Nicarágua, Cuba, Sudão e Arábia Saudita. Pode se dizer, hoje, que Copenhagen foi um pequeno passo incremental no bom sentido, mas, no calor da Conferência, em 2009, o sentimento de frustração foi imenso. A reta final da COP 15 com a chegada dos chefes de Estado virou um frenesi, com os políticos todos jogando para seus públicos internos via TV.

Lula teve direito ao estrelato. Fez um discurso jeitoso em um contexto em que o Brasil era, de fato, um dos raros países a ter cortado suas emissões pela redução do desmatamento pelo quarto ano seguido. Apesar das gafes da sua candidata e de uma surda briga de bastidores entre os quadros do Itamaraty e os do MMA – ali fechou o tempo entre os subordinados dos meus dois ex-colegas do Colégio de Aplicação –, o Brasil estava bem na fita: em terra de cego, quem tem um olho é rei. Viva "nóis"!

O governo dinamarquês e especialmente a coordenadora dos trabalhos, Connie Hedegaard, foram asperamente criticados pela imprensa pelo fracasso. Copenhagen, onde é tudo calminho, organizado e boa parte das pessoas anda de bicicleta apesar do frio, estava tomada de neve, e uma parte dos moradores e comerciantes certamente não apreciava a muvuca. Inicialmente eu circulara muito com o Gilberto Gil, que ficou nos primeiros dias, e meu filho, Noah, que nasceu e mora na Dinamarca. Celebrei meu aniversário em um restaurante onde o barman se indignou por ter que cobrar separado dos cartões de crédito de umas quinze pessoas. Na saída, fazia questão de dizer que não voltássemos mais ao estabelecimento dele. Noah me ensinou uns xingamentos em dinamarquês, mas preferi o universal "*fuck you, asshole*".

A narrativa da COP 15 já havia sido definida pela imprensa, que criara toda aquela expectativa: um fracasso retumbante. Admito que a cobertura jornalística da pauta climática é nada trivial; o assunto é complicado, cheio de nuances e ramificações, sofre inúmeras ingerências geopolíticas e de políticas nacionais, e os comentários sobre os resultados precisam caber em vinte segundos de sonora de TVs, lauda e meia de jornal, quando não, futuramente, os então 140 caracteres de Twitter. Copenhagen entraria para a história como um fiasco, e Paris, seis anos mais tarde, como um grande sucesso. Na verdade, foram ambos marcos de um mesmo processo contínuo, incremental. Sempre tão aquém do necessário...

Para quem não virá

As consequências mais catastróficas da mudança climática dar-se-ão mais para a segunda metade do século, e, como dizia Sir John Maynard Keynes: "A longo prazo, estaremos todos mortos." Devemos nos preocupar com o futuro dos nossos filhos, netos, bisnetos, com as gerações futuras no planeta? Alguns podem dizer que pouco se lixam, mas a grande maioria dos seres humanos sente amor pelos filhos e netos e pode tornar-se capaz de projetar esse amor pelos seres ainda por vir. Tive uma clara noção disso quando Ana, minha mulher, engravidou alguns meses depois da Conferência de Copenhagen. Poucas semanas mais tarde, na segunda ultrassonografia, nos deparamos com um total silêncio. Seu coraçãozinho deixara de pulsar. Naquele dia escrevi em meu blog "A você que poderia ter sido":

Seu microcoração parou quando você não tinha mais que nove milímetros e nove semanas. Ignoramos a razão. Não sabíamos ainda se você seria menino ou menina. Já lhe projetávamos todo nosso amor. O amor pelos filhos é o mais intenso e o que flui mais fácil. Se você tivesse se desenvolvido para ser pessoa e nascido em 2010, seria uma criatura privilegiada pelo amor e conforto de uma família de gente querida, numa cidade bonita, com grandes problemas, e num mundo preocupante. Quando você chegasse aos quarenta anos, compartilharia o planeta com nove bilhões de pessoas e riscos exponenciais em relação aos dias de hoje em termos de aquecimento global, danos à biodiversidade e proliferação nuclear. Apesar do meu incorrigível otimismo do coração, não consigo, com base nos dados de que disponho hoje, escapar da ideia de que na época que você chegasse a oitenta e tivesse netos, estaria num planeta com um aquecimento muito além dos 2ºC que os cientistas hoje consideram aquele máximo tolerável para consequências ainda "controláveis".

Como estará o Rio, o resto do litoral brasileiro, as outras grandes cidades, o Nordeste, a Amazônia? O Brasil como um todo, com sua tendência a aquecer 20% mais que a média do planeta? E outras regiões do mundo, onde hoje já existe tão pouca água, ou aquelas em que o mar está submergindo áreas antes habitadas, as ilhas que devem desaparecer, as culturas agrícolas, notadamente de alimentos, que perigam desaparecer? O que será das geleiras do Ártico que retêm grandes reservatórios de metano ou das neves do Himalaia e dos Andes que abastecem de água bilhões de pessoas? Ainda existiriam as neves do Kilimanjaro quando você estivesse em idade de ler livros de geografia para seus filhos?

Você seria chamado a ingressar, como sonhávamos no final dos anos setenta do século passado, na Era de Aquarius, ou destinado a viver em alguma réplica pós-moderna da era medieval, com uma infinidade de forças centrífugas (fundamentalismos religiosos, criminalidade globalizada e guerras locais), promovendo destruição localizada, mas numa escala inimaginável? Seria ameaçado pelo terrorismo nuclear? Veria novos bárbaros dos cantos jovens e turbulentos do planeta invadindo as velhas,

87

acomodadas e ineptas Atenas de uma civilização envelhecida pelo egoísmo e pela imprevidência, que não pensou no futuro, não se preparou, mas acomodou-se no imediatismo e condenando seus filhos e netos a padecer as consequências?

Ou assistiria, no entretempo, a uma virada? De alguma forma surgiram as reservas de amor e de lucidez capazes de prevalecer sobre essas tendências tão negativas que se esboçam e deitar raízes de uma solidariedade e de uma governança global fraterna e sensata?

Seremos capazes de estabelecer essas alianças não apenas entre os que hoje habitamos esse planeta, mas também com as futuras gerações? Uma aliança com quem você poderia ter vindo a ser? Com seus nove milímetros e suas nove semanas de uma vida tentativa que parou de pulsar, você me deixou a imensa humildade e esperança dessa reflexão.

Adaptando para o purgatório

É besteira frequentemente repetida dizer que a mudança climática ameaça o planeta. O planeta propriamente dito não está nem um pouquinho ameaçado. Em seus 4,5 bilhões de anos, ele já foi uma bola incandescente, já passou por glaciações e temperaturas elevadíssimas. A Terra continuará, e a natureza prosseguirá, ainda que sobre ela se abata o inferno de um aumento de 6ºC com *feedbacks* exponenciais no próximo século. Quem está seriamente ameaçado é o *Homo sapiens* habitante do planeta que, em meados do século passado, o fez ingressar na era do Antropoceno.[52] Ele pode ter como sina a de outras espécies dominantes no passado, como os dinossauros. Quando falamos de mudança climática incontrolável, de efeito catastrófico, nos referimos a uma ameaça específica à humanidade. Outros seres vivos, como as baratas, por exemplo, adaptar-se-ão agilmente a um planeta superaquecido.

Presenciamos diariamente na TV os efeitos das mudanças climáticas que acontecem em função do aquecimento de 1,1ºC na temperatura média do planeta desde o início da era industrial. Em meados de 2019, em Nantes, na França, a *canicule* (onda de calor) trouxe um recorde de 46ºC à sombra. Em Paris, foram 42ºC. No início daquele ano, um tornado de potência inédita arrasou a costa de Moçambique, afetando

---

52. Os cientistas com os quais mais me identifico nesse tema definem como marco inicial do Antropoceno a detonação da primeira bomba atômica. Ver *Antropoceno e a Ciência do Sistema Terra*, do professor José Eli da Veiga. Uma pequena preciosidade sobre o tema.

mais de três milhões de pessoas. A humanidade terá que conviver com eventos novos mais intensos até um ponto que desconhecemos e temos razões de sobra para temer. A conta dos desastres naturais – furacões, incêndios, enchentes, secas e outros – em 2017 e 2018 foi de 653 bilhões de dólares.[53][54]

Uma forte redução da emissão de gases de efeito estufa poderá, talvez, evitar aqueles efeitos absolutamente catastróficos, mas ainda assim, a humanidade já entrou numa situação climática inédita em quinhentos mil anos cujos primeiros resultados já estão sendo sentidos e que irão se agravar, de maneira inevitável. Mesmo nos melhores cenários de mitigação, teremos que nos adaptar muito a esses efeitos. A adaptação é um componente crítico dos compromissos brasileiros assumidos no Acordo de Paris. Nossa NDC enfatiza itens fundamentais para políticas de adaptação: áreas de risco, habitação, infraestrutura básica, especialmente nas áreas de saúde, saneamento e transportes.

A comunidade internacional precisa preparar grandes estoques de alimentos para fazer frente a situações de fome cada vez mais frequentes em zonas de secas prolongadas e outros impactos que provoquem o colapso da agricultura local. Diversas culturas precisarão se adaptar ao clima futuro. Muitas precisarão migrar. Novas sementes e técnicas de cultivo resilientes terão que ser desenvolvidas. Isso demandará bom discernimento em relação à modificação genética de espécies – separar o trigo do joio, superando o maniqueísmo simplista da rejeição a todo tipo de transgênicos. Uma coisa é manipular espécies para aceitar melhor seus agrotóxicos cancerígenos, como a Monsanto/Bayer fez; outra, bem

---

53. Ver o vídeo "2017 and 2018 were costliest ever years for natural disasters", CBS News, 22 jan. 2019. Disponível em cbsnews.com/news/2017-and-2018-were-costliest-ever-years-for-natural-disasters. Ver "2017 U.S. billion-dollar weather and climate disasters: a historic year in context", Climate.gov, 8 jan. 2018. Disponível em www.climate.gov/news-features/blogs/beyond-data/2017-us-billion-dollar-weather-and-climate-disasters-historic-year. Ver também a matéria "2018 Global Disasters Cost $160 Billion", The Weather Channel, 9 jan. 2019. Disponível em weather.com/science/environment/news/2019-01-09-disasters-cost-damage-climate-change.

54. Em 2018, quase 400 eventos catastróficos custaram 235 bilhões de dólares, enquanto, em 2017, foram 420 bilhões. Menos de 50% desses prejuízos estavam segurados. Os campeões no rankings das perdas foram os furacões, tufões e ciclones tropicais Michael e Florence nos Estados Unidos, Jebi e Trami no Japão e o Mangkhut, que passou pelas Filipinas e pela China. No início de 2019, tivemos o pavoroso tornado na costa de Moçambique. O prejuízo material maior foi dos Estados Unidos, dado o preço mais alto dos imóveis. A maioria das dez mil mortes ocorreu na Ásia e no Pacífico.

diferente, é preparar sementes para que espécies se adaptem a novas condições climáticas mais adversas.

A agricultura brasileira é particularmente sensível e precisará refinar sua pesquisa genética às futuras condições; redimensionar demandas de irrigação nas bacias que já se defrontam com escassez hídrica; desenvolver tecnologias mais eficientes; mapear melhor o risco climático para novos zoneamentos agrícolas. Pequenos produtores terão que ser apoiados para se adaptar.

As águas, especialmente, demandarão ações globais, nacionais, regionais e locais para fazer frente a escassez, ao desperdício. Haverá difíceis escolhas envolvendo conflitos entre consumo humano, agricultura, uso energético e industrial.

Na urbanização já experimentamos abundantes mudanças climáticas locais como ilhas de calor. As políticas e práticas nas grandes cidades que têm suscitado ações reativas, e não preventivas, batem de frente com a obtusidade de seus códigos de obras atuais, que terão que mudar. A adaptação ainda é alheia à cultura dos principais setores afetados pelas mudanças do clima no Brasil, notadamente de infraestrutura – como energia, recursos hídricos, saneamento, desenvolvimento urbano, zonas costeiras, desastres naturais.

Grandes projetos de infraestrutura para o futuro não levam em consideração os efeitos climáticos por vir. Durante o governo Temer, tive uma reunião, no Palácio do Planalto, com os gestores responsáveis pelo maior empreendimento de infraestruturas em curso, baseado em parcerias público privadas, o PPI (Programa de Parcerias de Investimentos). Percebi que nenhum daqueles grandes projetos que buscavam atrair financiamentos bilionários para novos portos, ferroviais, rodovias e outras grandes obras levava em conta variáveis climáticas futuras. Os projetos das obras eram calculados com base em séries históricas. Do passado.

Não dispomos de análises de vulnerabilidade das principais rodovias pavimentadas e não pavimentadas frente aos eventos climáticos extremos projetados, principalmente chuvas mais intensas. Não são feitas análises de vulnerabilidade dos principais portos frente às projeções de elevação dos níveis do mar conjugada a enchentes, ressacas e outras condições locais. Desastres com barragens de reservatórios de resíduos de minério, como os de Mariana e Brumadinho, antes mesmo da ocorrência de algum impacto climático específico, são sinais assustadores de despreparo e imprevidência.

Há muitos anos já nos deparamos com a situação de favelas e de áreas urbanas mais pobres, alagadiças, sujeitas a desabamentos e erosão. Todas demandam infraestruturas e serviços, incluindo sistemas de alerta de desastres naturais em áreas de risco, principalmente encostas e baixadas, proteção de estruturas próximas a áreas sujeitas a deslizamentos de terras e recuperação de vegetação nativa para estabilizar solos e prevenir enchentes com recuperação de matas ciliares e proteção do abastecimento de água, incluindo sua qualidade e a redução de erosão e sedimentação. Nem sempre o reflorestamento é uma garantia. Na enchente de 1996, no Rio de Janeiro, surgiu o fenômeno, que vem se repetindo, das "corridas de lama" que conseguem arrastar morro abaixo lanhos de floresta.

Tudo isso exige uma cultura de defesa civil, como existe naqueles países tradicionalmente sujeitos a terremotos, tsunamis e incêndios florestais. Isso não significa simplesmente sirenes tocando e mensagens de emergência nos celulares em tempo hábil, mas planos de contingência e treinamento antecipado das famílias, com simulações para uma rápida evacuação rumo a infraestruturas já preparadas, como é feito com frequência nesses países habituados a catástrofes naturais.

Nas áreas urbanas formais, de classe média, a adaptação passa por iniciativas de sustentabilidade – prédios verdes/inteligentes, reuso de água, captação de águas de chuva, melhoria/expansão dos principais troncos de drenagem urbana, pavimentos permeáveis, arborização, telhados vegetados ou pintados de branco e instalação de aspersores nas regiões urbanas mais quentes. Deve incluir um novo zoneamento urbanístico nas zonas costeiras e alagadiças, levando em conta o aumento do nível do mar e das intensidades de chuvas combinadas ao regime de marés.

A adaptação à mudança climática se estende aos serviços de saúde. Os hospitais, centros de saúde e postos de medicina preventiva não estão preparados para o atendimento de problemas decorrentes de ondas de calor, principalmente para idosos e crianças. É necessário um planejamento para enfrentar os riscos em grande escala de elas trazerem mudanças de padrão dos vetores de epidemias. Claramente a dengue, a chikungunya e a febre amarela atingiram novos territórios previamente ao seu abrigo. Atualmente, vivemos o horror de uma pandemia de dimensões inéditas desde a Febre Espanhola, há cem anos. Novas vacinas terão que ser desenvolvidas. Caberão medidas de adaptação pertinentes à segurança alimentar e dietas compatíveis com diferentes cenários.

A adaptação tem uma relação intrínseca com a mitigação. Há quem defenda que, particularmente nos países em desenvolvimento, a adaptação é mais importante que a mitigação de emissões. Existem até negacionistas climáticos que se opõem frontalmente à redução de emissões de gases de efeito estufa, que a consideram inócua e lesiva à economia, mas defendem medidas de adaptação.

A falha óbvia desse raciocínio é que, a partir de certo patamar, nenhuma adaptação será capaz de lidar com a intensidade de determinados impactos climáticos, sobretudo se chegarmos aos níveis de aquecimento global que a nossa atual inércia projeta e entrarmos na dinâmica dos *feedbacks*. O aquecimento global acima de 3ºC, 4ºC ou mais graus torna quase inócuo se adaptar a não ser por duvidosos caminhos de geoengenharia que veremos adiante. O planeta será um de pesadelos. A caixa de Pandora climática aberta será o "novo normal".

Nas negociações internacionais no foro da UNFCCC, uma das demandas dos países em desenvolvimento é que os países mais ricos contribuam para a adaptação nos mais pobres e carentes de meios e de infraestrutura. Sabemos que as maiores vítimas dos desastres climáticos serão justamente os pobres em todo o planeta e, particularmente, nos países mais pobres. Esse pleito soa justo e se encaixa com propriedade naquele conceito de obrigações comuns mas diferenciadas, as tais CBDR. A grande questão é como garantir que essa ajuda de fato chegue aos mais frágeis e expostos, nas regiões mais ameaçadas.

Calcular os custos de adaptação é muito mais complicado do que calcular os de mitigação. A adaptação também demanda uma governança climática internacional capaz de interagir diretamente com o poder local em milhares de localidades. Os grandes protagonistas da adaptação são as prefeituras e governos de regiões metropolitanas, as comunidades locais, os bairros. Um dos problemas do Fundo Verde do Clima (GCF, na sigla em inglês), cuja verba é destinada em 50% para adaptação, é a ausência de mecanismos eficazes para sua participação.

O financiamento internacional destinado à adaptação precisa ir para quem está com a mão na massa, lá onde se pensa globalmente e age localmente. Com frequência recursos de adaptação, via governos nacionais, não chegam onde deveriam e são objetos de favores ou desfavores políticos, de corrupção e clientelismo. Quando essa negociação envolve apenas os governos centrais, sem a participação do poder local e das comunidades, tende a não ser transparente. Até que ponto governos nacionais são capazes de gerir de forma adequada financiamentos para a adaptação que precisarão ser executados localmente? Quem já tratou de financiamentos externos para prefeituras que dependam de órgãos federais conhece bem o drama.

Um outro aspecto problemático da adaptação é a dificuldade de projetar com precisão quanto de fato precisa ser feito frente a futuros cenários de risco que hoje não sabemos até onde irão. Isso se relaciona aos custos da adaptação, suas prioridades de investimento. Vamos imaginar uma ponte a ser construída sobre um rio que costuma transbordar. Uma projeção convencional, corriqueira, de engenharia basear-se-ia em uma série histórica, "o nível mais alto nos últimos cinquenta anos". Em um mundo em mudança climática esse tipo de estimativa tende a subestimar a cheia por vir. Quão intensas e prolongadas serão as enchentes (ou as estiagens) para além do ocorrido no passado? Quanto além? Ninguém sabe direito...

O perigo, no outro extremo, seria projetar com uma margem de segurança exagerada que torne custos econômicos proibitivos. A adaptação se move em um contexto de grandes incertezas e mistérios. Ela cria tensões com os paradigmas atuais que regem as obras públicas e seu controle. As atuais regras para elaboração dos editais não incorporam critérios relacionados aos efeitos de mudanças climáticas. O governante que tentar fazê-lo em relação a uma nova infraestrutura qualquer levando em conta sua maior vulnerabilidade futura corre o risco de ser acusado de superfaturamento. Mandou calcular a nova ponte acima do ponto máximo das águas da série histórica dos últimos cinquenta anos de cheias do rio? Entram em campo os adversários políticos, a mídia, o MP. Pode acabar preso, nos tempos que correm.

Do Rio a Seul

Quais as consequências do aquecimento global na minha cidade, o Rio de Janeiro? Algumas são fáceis de prever, e até visualizar; outras são mais complexas. O aumento do nível dos oceanos erodirá fortemente as praias e os bairros da orla. Pode-se imaginar ressacas fortes, como as que ocorrem de vez em quando, danificando o calçadão e a ciclovia e enchendo de areia as pistas, só que mais frequentemente, muito piores. Haverá mais enchentes, porque a principal consequência climática para o Brasil, além da "savanização" da Amazônia e da desertificação do semiárido nordestino, será o forte aumento das chuvas na região Sudeste. Ou seja, o Rio tenderá a sofrer mais inundações, como as de 1967, 1988, 1996 e 2011, possivelmente mais intensas, o que é assustador. Há um aspecto particularmente preocupante que é o sistema Guandu, alimentado pelo rio Paraíba do Sul, de onde vem todo o abastecimento de água. Ele é vulnerável: uma enchente da intensidade que ocorreu na região serrana, em 2011, concentrado em trechos da rodovia Presidente Dutra que arraste um caminhão com produtos químicos para dentro do rio, poderá afetar o sistema e deixar a cidade e boa parte da região metropolitana sem água.

A confluência entre o aumento do nível do mar e a intensificação das chuvas tende a afetar, de forma dramática, as áreas alagadiças, numerosas em uma cidade de sucessivos aterros de lagunas e mangues. Preocupam a avenida Brasil, Vargem Pequena, Santa Cruz, entre outras. Tristemente, a restinga da Marambaia está condenada em um prazo relativamente curto. As consequências nas redes de águas pluviais e de esgotos, em muitos bairros, nas zonas Sul, Norte e baixada de Jacarepaguá podem ser graves. Há outros aspectos menos ponderáveis e mais complexos no que tange à segurança alimentar, à agricultura, aos fluxos migratórios, às pragas e à saúde pública que devem ser estudados nas dimensões nacional, regional e local.

O Rio avançou ao instituir um sistema de alerta e um moderno Centro de Operações que elevou a capacidade da cidade de fazer frente às enchentes. Mas muito ainda está por ser realizado: rios, valas e canais foram assoreados, aterrados e desviados abusivamente. A vulnerabilidade climático-topográfica é exacerbada pela impermeabilização de imensas superfícies urbanizadas com uma enorme manta de concreto e asfalto com escassos pontos de absorção de águas.

E como lidar com os efeitos das enchentes em São Paulo, que, entra prefeito, sai prefeito, não consegue enfrentar a contento? A retificação e a canalização de rios e córregos aceleram a velocidade das águas que, drenadas mais rapidamente de um ponto, se represam em outro, mais adiante, com maior intensidade. O entupimento desses condutos por grandes quantidades de resíduos sólidos, sobretudo plásticos, costuma ser a gota d'água das tragédias. Durante as chuvas de verão, a natureza vinga-se implacavelmente. As encostas desmatadas desmoronam sobre as construções em áreas de risco. O solo impermeabilizado pelo asfalto e pelo concreto não absorve a água que corre em ruas asfaltadas com grande velocidade, arrastando casas, automóveis e pessoas.

Para enfrentar enchentes e inundações, é preciso recuperar as margens dos rios, criar bacias de acumulação nos pontos críticos, recompor a profundidade original por meio de dragagens criteriosas, reflorestar as matas ciliares, os mangues e as várzeas, fazer uma drenagem inteligente, com uma visão de conjunto da região; reassentar as comunidades de áreas de risco; multiplicar o maior número possível de áreas verdes destinadas a acumular precipitação; construir reservatórios nos telhados para absorver parte da água e aproveitá-la para a jardinagem, limpeza de partes comuns e lavagem de carros.

Áreas de acumulação podem ser criadas em praças, estacionamentos e parques, e quase sempre ter algum tipo de uso recreativo ou de paisagismo em dias normais. A impermeabilização do solo deve ser reduzida ao mínimo necessário. Calçadas com muitos canteiros, praças parcialmente pavimentadas, estacionamentos de terra batida ou com grade de concreto que permita absorção da água pelo solo são algumas providências necessárias.

Em algumas cidades já se faz a recomposição de rios previamente canalizados. Um caso interessante foi o de Cheonggyecheon, no centro de Seul, que pude visitar. Esse rio, um afluente do Hangang, que deságua no mar Amarelo, foi canalizado no pós-guerra, coberto por uma avenida, e, sobre ela, construíram um viaduto no final dos anos 1960. Em 2003, o então prefeito de Seul, e depois presidente da Coreia do Sul, Lee Myung-bak, decidiu demolir o elevado e a avenida e desentranhar o rio, recompondo suas margens, transformadas em um parque linear de quase seis quilômetros. A intervenção custou novecentos milhões de dólares e, naturalmente, provocou uma senhora polêmica. O resultado, no entanto, proporciona à população da capital coreana uma área de lazer e amenidade numa região antes inóspita, além de contribuir para a prevenção de inundações. Se a moda pega...

Reflorestando

Desmoronamentos de encostas provocaram muitas vítimas no Rio nas grandes enchentes de 1967 e 1988. O Mutirão de Reflorestamento nos morros cariocas, que mobilizou os moradores dessas comunidades, foi dos projetos que acolhi e desenvolvi como secretário de Meio Ambiente do Rio de Janeiro, entre 1993 e 1996, um dos que me dão mais orgulho. Trabalhamos com jovens que muitas vezes disputávamos com o tráfico e que acabaram virando expertos plantadores de árvores.

A prefeitura entrava em contato com a comunidade através da associação de moradores e convocava uma assembleia geral na qual os interessados elegiam um encarregado de obras. O encarregado passava a ser subsidiado com o correspondente a 3,5 salários mínimos, escolhia de oito a doze serventes para trabalhar no reflorestamento, que recebiam o correspondente a 1,5 salário mínimo, mais uma taxa de produtividade. Durante quatro a cinco anos, eles cortavam em curvas de nível o capim-colonião, plantavam as mudas e faziam a manutenção, recebendo orientação técnica constante de um engenheiro florestal da secretaria, além do material necessário: mudas, adubo e ferramentas.

Esse projeto começou a ser desenvolvido na gestão anterior por um grupo de engenheiros florestais na secretaria de Desenvolvimento Urbano, que depois foi extinta. Eu trouxe à recém-formada Secretaria de Meio Ambiente da Cidade (SMAC) um grupo de engenheiros florestais liderado por Márcia Garrido e Celso Junius e dei ao projeto prioridade máxima. Era a menina dos meus olhos.

Um reflorestamento mais convencional era realizado via Fundação Parques e Jardins de forma "terceirizada" por empresas contratadas em licitação. Sem que isso necessariamente seja constatação válida para todas as situações, em minha experiência foi muito mais bem-sucedido o mutirão remunerado, bem integrado às comunidades, envolvendo um forte componente de educação ambiental e grande interação com os moradores da favela.

O reflorestamento por empresas prestadoras de serviço com frequência fracassava por problemas de manutenção depois do plantio. Isso, evidentemente, podia ser superado com uma boa fiscalização, mas certas armadilhas eram difíceis de evitar. A mais perigosa eram hiatos nos contratos. Muitas vezes a prefeitura não conseguia ter a agilidade suficiente para assegurar a manutenção do reflorestamento por nova licitação, emergência, adjudicação ou outro mecanismo. Isso dependia de vários órgãos e afogava-se na burocracia e na obtusa Lei 8.666. Alguns meses transcorrem até que o contrato de manutenção fosse regularizado e, nesse intervalo, o capim-colonião crescia, secava, pegava fogo e destruía as espécies plantadas.

Em áreas distantes de comunidades, esse tipo de reflorestamento era a única alternativa, e, nesse caso, demandando um bom planejamento, prevendo como garantir a manutenção por cinco anos, em um contrato bem-feito e rigorosamente fiscalizado. Em áreas próximas a comunidades, o mutirão remunerado era, sem dúvida, o caminho mais adequado. O projeto obteve na época o reconhecimento internacional da rede das Megacidades, coordenada por Janice Perlman, pesquisadora da Universidade de Columbia. Foi classificado como um dos dezesseis projetos ecossociais mais relevantes em todo o mundo.

Quando deixei a secretaria, esse projeto atingia seiscentos hectares reflorestados, com mais de cinquenta favelas atendidas, apresentando um nível de perdas de mudas baixíssimo e um resultado notável em relação ao seu objetivo primordial, que é o controle da erosão e a prevenção de desabamentos. Nas fortíssimas enchentes de 1996, quando ocorreram fenômenos incomuns como desabamentos de áreas de floresta de encosta, nos maciços da Tijuca e de Pedra Branca, em decorrência das

96

chamadas corridas de lama e do enfraquecimento da vegetação, possivelmente, por efeito de chuva ácida, nenhuma das favelas protegidas, a montante, pelos reflorestamentos Mutirão sofreu desmoronamentos. Atualmente ele já reflorestou aproximadamente 2.500 hectares em 117 comunidades, com o plantio de mais de quatro milhões de árvores.

É importante notar que, embora o pagamento fosse mensal, com um prêmio de final de ano correlato a um 13° salário, não existia, obviamente, um vínculo trabalhista entre esses obreiros e a prefeitura. O que recebiam era um subsídio para trabalhar em benefício de sua própria comunidade. Esse tipo de relação foi consagrado pelo Tribunal de Contas do Município do Rio de Janeiro e por uma jurisprudência que começou a se consolidar na Justiça do Trabalho, à qual recorreram, em alguns poucos casos, ex-serventes do Mutirão. O vínculo não assalariado dava uma grande agilidade e garantia a qualidade do trabalho, permitindo a fácil substituição de encarregados e serventes pouco empenhados ou ineficazes. Para um bom reflorestador dedicado, o Mutirão era uma atividade remunerada garantida durante aproximadamente cinco anos, até o reflorestamento virar uma floresta.

A metodologia do Mutirão Remunerado é aplicável a outros projetos envolvendo a qualidade de vida em comunidades carentes, como os "guardiões dos rios", os "garis comunitários" e outras intervenções de saneamento, catação de lixo dentro da favela e de dentro de rios protegidos por ecobarreiras. As comunidades dos morros do Mutirão estabeleciam conosco o pacto de coibir o crescimento horizontal da favela sobre a área reflorestada, áreas de risco ou áreas florestais próximas. Em geral, esse pacto era materializado pelos ecolimites: marcos, cabos de aço ou cercas assinalando a fronteira entre a favela e o ecossistema a ser protegido. Eu dispunha de um instrumento forte para fazer respeitar esse compromisso, que era a eventual suspensão do mutirão remunerado. Apoiados pela prefeitura, os moradores se sentiam mais seguros para impedir construções, sobretudo a montante dos limites de suas casas. Até o tráfico, em geral, respeitava, e não interferia no trabalho. Em apenas uma ocasião tivemos um engenheiro florestal sequestrado por um dia e libertado por pressão dos moradores.

Terminado o prazo do Mutirão, qual seria o destino daqueles trabalhadores, detentores de toda essa experiência em reflorestamento e conservação? A iniciativa de 32 reflorestadores, com apoio dos nossos técnicos, foi criar uma cooperativa de trabalhadores originários do mutirão, a COOPFLORA, que passou a ser contratada por empresas e pelo próprio poder público para realizar reflorestamentos em áreas mais remotas, trabalhos de jardinagem, inventário florestal, levantamento florístico, fitossociologia e arborização pública.

Embora no Rio de Janeiro a grande maioria das frentes de reflorestamento seja de recomposição da Mata Atlântica em encostas, a metodologia aplica-se perfeitamente à recuperação de outros tipos de ecossistemas situados na proximidade de comunidades de baixa renda. Há experiências de recomposição de manguezal ou de vegetação de restinga com colônias de pescadores, de matas ciliares com comunidades ribeirinhas, de mananciais e outras. O reflorestamento, embora pareça elementar ao leigo, é, na realidade, uma atividade trabalhosa, detalhista, que exige um bom preparo, técnica, cuidados e, sobretudo, uma zelosa manutenção para proteger as mudas.

Uma árvore pode ser cortada ou queimada em menos de um minuto, mas levará quatro, cinco ou dez anos para crescer. O mogno, por exemplo, leva até 120 anos. Nas áreas de encostas urbanas, o grande inimigo do reflorestamento é sempre o capim-colonial, ou colonião, o *Panicum maximum*, nome científico bastante eloquente. É uma espécie exótica, de origem africana, de crescimento muito rápido e fantástica capacidade de recuperação e disseminação. Chegou ao Brasil nos porões dos navios negreiros como cama dos escravos e se espalhou rapidamente por todo o litoral e regiões do interior.

O capim-colonião costuma ocupar rapidamente as áreas desmatadas ou queimadas. É uma ameaça permanente para as florestas. De facílima combustão, sobretudo quando seco, ele alimenta incêndios que se espalham para a área florestal. A área queimada, por sua vez, logo é invadida por ele. Nas frentes de reflorestamento, sem uma manutenção regular e cuidadosa, o colonião, ao crescer muito mais rápido do que as espécies pioneiras plantadas, também engolfa as mudas, sufocando-as. Seu inibidor natural é a sombra, o que exige uma manutenção regular até um estágio de desenvolvimento das espécies com copas suficientemente grandes para criar grandes zonas sombreadas. Isso, em geral, ocorre entre quatro e cinco anos.

Outro sério inimigo do reflorestamento de encostas, mais prosaico, eram as cabras. Nesse caso, a solução era manter acordos com os seus donos para mantê-las confinadas, com módica remuneração. O problema eram os recalcitrantes, abusados ou preguiçosos, que se recusavam a fazê-lo. Lembro-me de uma comunidade na zona Norte carioca onde as cabras devoravam, sistematicamente, todas as mudas, e seus donos se recusavam a colaborar, gozando com a cara dos trabalhadores do Mutirão e nossos engenheiros florestais, que tentavam o diálogo com eles.

Determinei uma grande operação de recolhimento das cabras, com apoio do grupo de defesa ambiental da Guarda Municipal (GDA). Dezenas foram apreendidas e doadas ao Jardim Zoológico para delícia dos leões, tigres, panteras e onças-pintadas. O reflorestamento seguiu sem problema. Continuamos a empregar esse método, expedito, quando necessário, sem alarde.

Meu sucessor, que logo virou um desafeto, vivia em grande ansiedade por presença na mídia. Seu assessor de imprensa teve a brilhante ideia de que o episódio das cabras daria uma boa pauta. Rendeu, de fato, matérias de grande visibilidade, embora não exatamente no teor almejado. Foram todas muito negativas, com os coleguinhas repórteres tomando as dores das cabras e as associações de proteção dos animais clamando aos céus contra a criminosa cadeia de alimentar de mãe natureza. Não ajudou o fato do sobrenome do meu sucessor ser Lobo. A imprensa pintou e bordou...

Aquarelas do Rio

Também eu, apesar de jornalista, portanto gato escaldado na relação com meus ex-coleguinhas de profissão, não escapei de um "escândalo". Foi um furo jornalístico do JB com direito a chamada na primeira página: "Sirkis quer camuflar de verde as favelas do Rio de Janeiro". Foi como um rastilho de pólvora em uma época em que não existiam redes sociais. Imaginem hoje... Repercutiu de imediato em programas de rádio de grande audiência. Acabou dando no *Fantástico*. Não adiantava explicar, a versão era o que valia, o *vox populi*. Minha filha, Anninha, que então estudava no Franco Brasileiro, voltou da escola e perguntou: "Papai você tá maluco? Quer obrigar o pessoal das favelas a pintar as casas todas de verde?"

Eu tinha concebido um projeto piloto de pintura das casas nas favelas da Chácara do Céu, no Leblon, onde atuávamos com vários projetos, inclusive o do mutirão de reflorestamento, o mais visível da cidade, no Morro Dois Irmãos. Era uma pequena comunidade, sem presença do tráfico na época, onde a prefeitura desenvolvia também o gari comunitário e o mutirão de saneamento para a implantação de rede de esgoto. Favela antiga, com associação de moradores atuante bem organizada, que autorregulava seu crescimento. Minha ideia era oferecer cimento e tintas em sete cores (azul-celeste, vermelho-cardeal, rosa, pêssego, amarelo-claro, branco e verde) para os moradores que quisessem – ninguém era obrigado – emboçar suas casas de tijolo aparente, e depois pintá-las na cor de sua escolha.

Chácara do Céu seria um piloto, bancado pela prefeitura, mas eu tinha uma programação de visita às empresas que queriam promover melhorias em favelas para apoiar o projeto em sua ampliação e já sonhava com muitas favelas do Rio com as casas todas pintadinhas de cores diferentes. Achava que isso ajudaria a mudar a cara da cidade. O projeto se chamava Aquarelas do Rio.

De que maneira ele se transformou em um suculento factoide – a *fake news* da época – da camuflagem-verde-compulsória-de-todas-favelas-pelo-ecodelirante-Sirkis? Tudo começara dias antes no corredor do Piranhão (sede da Prefeitura), quando encontrei uma repórter do JB de quem gostava, zanzando qual alma penada em busca de uma boa pauta. Levei-a à sala onde fazíamos uma simulação da favela com as centenas de casas multicoloridas. Bem no alto, junto à floresta, havia uma pintada de verde. "E essa aí", perguntou ela, "tá escondidinha, né?" "Tá camuflada", respondi, com um sorriso maroto...

O título, uma ilustração, o nariz de cera e a chamada de primeira página focaram na suposta camuflagem verde das favelas cariocas. Ficou mais uma vez confirmado que muitos leitores, mesmo formadores de opinião, leem as notícias na diagonal e prevalecem a manchete, a ilustração, que seguem àquele cacoete jornalístico do se-não-for-polêmico-não-vale. A edição da matéria induzia o leitor, apressado, a pensar que a prefeitura queria de fato as favelas do Rio todas pintadas de verde para esconder o desmatamento e dar um tratamento cosmético à miséria. O editor, o Paulinho Motta – ainda por cima meu amigo – morria de rir com o meu desespero.

No dia em que a matéria saiu, o prefeito, César Maia, que nem sequer conhecia o projeto, foi cercado pelos repórteres e perguntado sobre o que achava dessa ideia do secretário Sirkis de pintar as favelas do Rio todas de verde. "Prefiro branco, mediterrâneo", ele respondeu. Pronto. A suíte da matéria: racha cromático-ideológico na Prefeitura! Foi uma bola de neve: os colunistas deitaram e rolaram criticando a abjeta e inócua maquiagem da miséria. Um programa de rádio, de grande audiência, repercutiu, pautando as outras rádios. Colunistas e radialistas, sem muito assunto naquele dia, passaram a ter.

A coisa ficou francamente hilário-kafkiana quando deu no *Fantástico*. A "Revista de domingo", do JB, promoveu uma pesquisa perguntando o que pessoas famosas achavam desse secretario Sirkis querer obrigar

100

os favelados todos a pintar suas casas todas de verde. Como você reage? Olivia Byington, Tônia Carrero e Erasmo Carlos foram chamados a opinar. A primeira até se propôs a jogar um balde de tinta verde na minha cabeça. O JB publicou, depois, minha carta explicando o projeto que, obviamente, passou quase despercebida.

Qualquer pessoa que conhece favela sabe que a casa com emboço e pintada representa uma melhoria não só de aparência como de higiene e conforto em relação à de tijolo aparente. Fica mais protegida dos insetos, do calor e do frio. Era bom para a comunidade, bonito para a cidade. Se desse certo, conseguiríamos patrocínio da indústria de tintas e de outras empresas, estenderíamos para outras comunidades. Ali não era miséria a ser "maquiada", ou "mendigos a serem pintados", como ironizou o colunista Artur Xexéo, meu ex-colega, mas uma pobreza digna, trabalhadora; pessoas que desejavam qualificar seu ambiente, melhorar a vida e a autoestima.

Na sequência, a coisa tomou um rumo inesperado, totalmente surrealista: um montão de gente das favelas começou a apoiar o factoide! Claro que sim, "vamô lá (...) tudo de verde", a cor da natureza! Até o traficante Robertinho de Lucas aproveitou para mandar pintar as casas todas de Parada de Lucas de verde-garrafa para confundir a polícia e anunciou que foi ideia daquele tal do "Serquis". Acabei tendo que me empenhar para convencer a galera da Chácara do Céu de que "não, pelo amor de Deus, não era para pintar tudo de verde senão ia ficar feio pra chuchu!" Meses depois, quando ficou tudo pronto, quem olhasse para cima entenderia que o Aquarelas do Rio significava pluralidade de cores. Só que o assunto não era mais notícia...

O chato da história, para lá do quiproquó – no fundo divertido – foi que o escândalo inibiu potenciais patrocinadores para a expansão do projeto. Ninguém queria associar sua marca com a maquiagem da miséria, nem com a camuflagem do desmate.

E o tijolo aparente continuou a dar a cor das favelas.

IDENTIDADES

Glifosato

Foi meu primeiro embate parlamentar na Câmara dos Deputados, logo no início de 2011. Ganhamos meio "de susto" uma raríssima vitória de plenário. Ia ser a exceção, não a regra. Confesso que até o momento do resultado aparecer no painel eu estava seguro que perderíamos. Mas, por uma dessa conjunções felizes, deu tudo certo: impedimos o lobby ruralista de "plantar um jabuti", como se dizia na Câmara a respeito de tomar carona em Medidas Provisórias editadas pelo governo para colocar algo totalmente alheio ao tema da mesma. Um jabuti agrotóxico. No caso, a carona era na MP 512, que estendia o benefício fiscal para implantação de fábricas de automóvel no Nordeste ao glifosato, um agrotóxico apontado por vários estudos como potencialmente cancerígeno.[55]

A emenda, incluída no texto pelo relator da proposta e presidente da Frente Parlamentar da Agropecuária, deputado Moreira Mendes, de Rondônia, desonerava de tributação a compra do monoisopropila (Mipa), insumo químico utilizado na produção do glifosato, herbicida de amplo espectro – tipo mata tudo –, muito utilizado na produção agrícola, cuja proibição já estava em discussão em diversos países. De acordo com a Fiocruz, o produto era classificado como nocivo à saúde humana: podia provocar câncer, desregulação endócrina e dermatites. Segundo relatório do Ibama, o glifosato compunha os agrotóxicos mais comercializados no Brasil. Notem bem, não o estávamos proibindo – caberá, certamente, fazê-lo –, mas apenas recusando-lhe uma isenção de tributos de carona em uma MP, em si questionável, para a indústria automobilística que dispunha do apoio

---

55. Ver ZHANG L, Rana I.; TAIOLI, E.; SHAFFER, R. M.; SHEPPARD, L. "Exposure to Glyphosate-Based Herbicides and Risk for Non-Hodgkin Lymphoma: A MetaAnalysis and Supporting Evidence". *Mutation Research-Reviews in Mutation Research*, v. 781, p. 186-206, 10 fev. 2019.

avassalador da bancada regional do Nordeste, tanto do governo do PT quanto da oposição.

Moreira Mendes, então filiado ao PPS, era um exaltado defensor do desmatamento. Gostava de subir na tribuna e acusar os ecologistas de traidores da pátria. Defender as florestas brasileiras, suas populações tradicionais, sua biodiversidade ímpar, sua beleza extraordinária, sua fauna única no mundo, seus rios e igarapés maravilhosos, seu papel singular no regime de chuvas em todo país e grande parte do continente era, para ele, ser "inimigo do Brasil". Devastá-las com fogo, motosserra e correntão, afugentar seus povos, bichos e biodiversidade, poluir seus rios com mercúrio e alterar o clima seria, inversamente, ato de patriotismo...

Apresentei e encaminhei o destaque para a rejeição da emenda desencadeando uma mobilização. Discursei, repetidamente, da tribuna e do microfone de apartes. No final, uma parte do PT, seguindo o deputado Paulo Teixeira, ficou do nosso lado, e a emenda foi rejeitada por 220 votos a 156. Minha primeira vitória parlamentar. Nenhuma linha na imprensa. Se os ruralistas tivessem ganhado, provavelmente teria sido noticiado.

Quanto ao âmago da MP 512, para além do jabuti, poucos sequer o discutiram. Não constavam da MP quaisquer contrapartidas da indústria automobilística, tais como tecnologias limpas, motores com menores emissões de CO_2 e poluentes de efeito local, carros elétricos, híbridos – no Brasil, havia, teoricamente, bom espaço para veículos híbridos a álcool. Nada disso. Predominou aquele discurso mistificador dos incentivos, como benesses para determinadas regiões. Os beneficiários diretos das isenções de PIS/PASEP/COFINS etc. eram as montadoras multinacionais, como Ford, General Motors ou Fiat. Isso poderia eventualmente criar empregos nas regiões em questão (e eventualmente suprimir em outras). Convinha calcular bem o montante da renúncia fiscal e verificar se, de fato, era a melhor forma de o governo ajudar a gerar mais empregos na região.

Minha crítica básica à MP era incentivar a indústria automotiva sem contrapartida. Nos Estados Unidos, Obama, para salvar a General Motors, obrigou-a a priorizar veículos mais econômicos, elétricos e híbridos, inaugurando uma nova era da indústria automobilística norte-americana, com forte redução do consumo de combustível e assegurando que boa parte da frota fosse elétrica ou híbrida no futuro. Aqui, na mesma época, o governo dava financiamento indiscriminado para a compra de automóveis, inclusive os usados, mais poluentes. O reflexo disso já notávamos nas cidades brasileiras, cada dia mais engarrafadas e poluídas.

Nos 25 melhores

Nos dois anos seguintes fui selecionado como um dos "25 melhores deputados" pelo concurso do site Congresso em Foco, que era uma das melhores fontes de informação sobre o que sucedia lá. Era sempre gratificante o reconhecimento, mas não posso dizer que isso me deixava eufórico. Ao contrário do que acontecia na Câmara de Vereadores do Rio, em minha outra experiência legislativa, naqueles dois anos não consegui aprovar nem relatar legislação alguma. Na verdade, pouquíssimos deputados federais conseguem emplacar seus projetos de lei, diferente do que acontece nas casas legislativas estaduais e municipais.

No Rio, boa parte da legislação ambiental municipal dos anos noventa fora da minha lavra, mas lá em Brasília o buraco era mais embaixo: pegam o seu projeto de lei na comissão, apensam num monte de outros, dão um parecer conjunto com base em apenas um deles e, o pior, votam como se fosse único e vai tudo para a lixeira. Foi o que aconteceu com um projeto meu que visava prevenir o eventual uso de bebidas alcoólicas em garrafas PET pretendido por um lobby de médias empresas de bebidas – a Ambev era contrária. Nessa hipótese, as aproximadamente onze bilhões de garrafas descartáveis distribuídas no Brasil, por ano, passariam para uns 25 bilhões. O lobby das Tubaínas, na Comissão de Indústria e Comércio apensaram meu o projeto com outro, totalmente radical e irrealista, que proibia o PET para tudo inclusive o já consagrado uso em refrigerantes. O relator analisou principalmente o segundo e recomendou a rejeição em bloco, que foi aprovada.

Na comissão da reforma política, eu desenvolvia, com minúcias, um novo sistema eleitoral com uma proposta de voto distrital misto plurinominal, que reduziria o espaço do fisiologismo e do clientelismo, estimularia partidos mais programáticos e ajudaria a reduzir a corrupção; mas encalhou em um mar de geleca. Tive mais sorte com o meu trabalho nas Comissões de Relações Exteriores e na de Mudanças Climáticas organizando audiências e eventos fora do Congresso – alguns, como o Rio/Clima, de 2012, com grande sucesso, mas eram atividades mais externas.

Restava a tribuna, que conseguia ocupar de vez em quando para falar de temas variados para o plenário vazio e a TV Câmara. Depois, sapecava no YouTube. Tivemos as guerras do Código Florestal. Fiquei feliz que os jornalistas que cobriam o Congresso me considerassem entre os 25 melhores, dentre 513. Eram, na verdade, em sua quase totalidade, os mais estridentes vocalizadores da frustração da sociedade em relação às mazelas do Congresso.

Olhava para aquele plenário abarrotado de 513 e sentia que uns trezentos deputados, com uma proporção mais fiel à demografia nos estados, produziriam uma representação melhor para o Brasil. Com voto distrital misto, ela seria um pouco mais idônea, reduziria algo do grau de fisiologismo e corrupção e tornaria o Congresso uma casa de debates e de construção legislativa mais eficiente. Qual era a chance de isso acontecer? Zero. Que deputados iriam aprovar uma reforma política para serrar o galho no qual estavam sentados? Ou melhor, de pé, já que poucos se sentam nos assentos do plenário. Preferem ficar entre os microfones de apartes. Na verdade, há menos de 513 cadeiras no plenário. Se todos fossem tomar assento ao mesmo tempo, alguém teria de que sentar no colo do outro.

A Câmara é um animal feito para se autoalimentar. Lá, de fato, uns vinte deputados mandam. O resto perambula em círculos, ou melhor, em elipses longas entre o salão verde e o anexo dourado. Não sabia muito bem o que significava estar entre os 25 melhores daquele universo. Talvez os 25 mais vistosos dançarinos do desajeitado balé cívico do *jus sperneandi*.

Reforma política

Nesse período, fui possuído por uma quase obsessão de mudar o sistema eleitoral brasileiro. Fiz parte das duas comissões que trataram da reforma política, nas quais apresentei uma proposta bastante detalhada de voto distrital misto que, eu estava convicto, contribuiria para melhorar algo da composição do parlamento e a política no país em geral. Em minha visão, o nosso voto proporcional personalizado para as casas legislativas era responsável por uma cultura política do mais exacerbado individualismo e por partidos meramente fisiológicos. A política era vista e vivida não como representação, mas como carreiras individuais, uma escalada desabalada em busca de mais e mais espaços de poder para fazer dinheiro, para comprar mais poder.

Eu acreditei, por um tempo, no voto proporcional por lista preordenada, como existe na Espanha e em Portugal e que aqui era defendido, em geral, pela esquerda, mas não apenas. O Ronaldo Caiado, de direita, por exemplo, era um forte defensor desse sistema. Mas, à luz dos partidos que tínhamos, na época já quase trinta, com o poderio dos seus donos-caciques, passei a achar que a nossa cultura política iria esculhambar o que funcionava bem noutros países. Há também uma certa instabilidade inata a esse sistema, mesmo quando acompanhado por mecanismos de ajuste para consolidar maioria como o chamado Diferencial de Hondt, que concede um *plus* de cadeiras ao partido mais votado.

No Brasil, havia muito poucos partidos com alguma dimensão programática ou ideológica, e a estavam perdendo. Os caciques cartoriais tenderiam a manipular a ordem de prioridade das listas fechadas. O sistema do voto por lista também era detestado por formadores de opinião na imprensa e possuía inimigos aguerridos e respeitáveis na Câmara, como o Miro Teixeira, que defendia o distritão.

Eu era contrário ao voto distrital clássico, pois tendia a inviabilizar os partidos minoritários, algo bastante patente nos Estados Unidos e no Reino Unido, embora ali um pouco menos. Também acreditava que os assim eleitos tendiam a se tornar vereadores federais, defensores dos interesses de sua base local sem visão nacional ou global, o que, aliás, já eram em grande medida no sistema atual. Concluí que seria melhor que o eleitor pudesse combinar os dois tipos de voto. Ele escolheria o partido com um, e, com o outro, um representante de seu distrito. Ou seja, parte do parlamento seria eleito pela lista do partido e a outra, pelo distrito. A médio prazo, isso tenderia a favorecer partidos mais programáticos (com uma cláusula de barreira natural) e, por outro, a representação majoritária nos distritos reconhecendo lideranças que tivessem voto. Acabaria com o baixo clero, que se elege na rabeira.

A diferença para o sistema alemão, que aprecio, é que os distritos não podiam ser uninominais (elegendo apena um parlamentar), mas plurinominais, elegendo, em geral, quatro e, em alguns poucos casos, três deputados federais e um número análogo de estaduais. Isso se devia ao fato de as nossas eleições para deputado federal e estadual serem no mesmo dia, com números de vagas diferentes. No Rio, por exemplo, são 46 federais e setenta estaduais. Isso impedia o distrital uninominal, pois exigiria desenhar dois distritos diferentes, o que geraria imensa confusão na campanha. Por outro lado, poder eleger quatro representantes, majoritariamente, em cada distrito, asseguraria uma melhor pluralidade de representação. Baratearia significativamente as campanhas. Tanto o voto na lista única, preordenada, quanto uma campanha em uma região geográfica mais limitada tendiam a tornar as campanhas menos dispendiosas. À época, assistíamos, a cada eleição, um encarecimento exponencial delas.

109

Nessas duas comissões da reforma política, surgira todo tipo de proposta, com destaque para o distritão, defendido pelo PMDB, que tornava a eleição majoritária no estado como um distrito único (os eleitos eram os mais votados na ordem, sem contar nenhuma sobra para partido) e o voto pela lista predeterminada, defendida principalmente pelo PT. Apostei que meu voto distrital misto, plurinominal, seria uma fórmula também de conciliação, pois contemplava ambos ingredientes.

Os distritos eleitorais seriam desenhados pelo TSE com concurso técnico do IBGE, de maneira a garantir que, dentro do estado, cada um deles tivesse aproximadamente o mesmo número de eleitores por representante eleito. Só nos estados que elegiam até dez deputados federais haveria um distrito único (o distritão), constituído pelo próprio estado.

No componente majoritário, nos grandes distritos plurinominais, seriam admitidos candidatos independentes, sem partido, previamente respaldados por um número "x" de assinaturas de apoio cidadão. Candidatos dos partidos poderiam concorrer, simultaneamente, pela lista e pela votação nominal majoritária nos seus distritos. Não poderiam, no entanto, concorrer na disputa majoritária em mais de um distrito. Eleito o candidato no distrito, seu lugar na lista seria ocupado pelo seguinte na ordem.

Tanto os candidatos majoritários do distrito quanto os integrantes das listas, no componente proporcional, seriam previamente escolhidos ou escalados na ordem de prioridade em eleições primárias, em âmbito estadual, com a participação de filiados e, eventualmente, outros tipos de votantes que o estatuto do partido previsse, admitindo-se o voto pela internet, devidamente certificado.

O financiamento das campanhas eleitorais estabeleceria limites absolutos para doadores, partidos e candidatos, com total transparência de origem, no próprio período de campanha, e buscando a ampliação da base de doadores com limites menores. Como limite de contribuição para doadores, tanto pessoa física quanto jurídica, bem como para candidatos e partidos, eu sugeria setenta mil reais por doador, por candidato, o que era mais ou menos a contribuição máxima na Alemanha.

Além das empresas privadas, poderiam também contribuir as associações profissionais e as entidades da sociedade civil com recursos especificamente arrecadados para esta finalidade, entre seus membros, em período eleitoral, por coleta e conta específicas, restrito o uso de recursos públicos ou outros fundos da entidade. Doações de pessoa jurídica – tanto das empresas como de entidades – só poderiam ser feitas aos partidos e teriam que ser declaradas na internet no prazo máximo de 72 horas depois de sua compensação bancária.

Empresas públicas e concessionárias, obviamente, continuavam proibidas de financiar partidos, campanhas ou candidatos. No repasse dos partidos aos seus candidatos em campanha majoritária nos grandes distritos, 50% dos recursos deveriam ser distribuídos de forma igualitária.

O componente financiamento público continuaria a dar-se via Fundo Partidário, exclusivamente aos partidos, com limites estabelecidos pela Justiça Eleitoral para cada pleito, destinado à lista preordenada e aos candidatos distritais. Nos distritos, os partidos só poderiam apresentar três candidatos, no máximo.

Haveria forte redução de gastos com propaganda e mecanismos de prevenção de compra de voto via cabos eleitorais. A contratação de gente para fazer campanha deveria ser declarada e obedecer aos limites na remuneração. A propaganda de rádio e TV seria feita ao vivo ou gravada em formato de debate ou apresentação separadamente, sob critério de prévios acordos entre os partidos. No caso de gravação, poderia ser em estúdio ou em externa apresentando apenas o candidato expondo suas ideias, sendo entrevistado ou debatendo. A edição não conteria cenas de apoio de nenhum tipo, excetuando-se vinhetas simples com as siglas e números respectivos.

Que resultado eu imaginava que essa reforma pudesse ter? Um gradual fortalecimento dos partidos como agrupações programáticas com um processo de democracia interna mediante eleições primárias e, no componente majoritário, a consagração de políticos com voto. Tenderia a eliminar os eleitos com pouco voto, nas sobras dos campeões de votos, limando o chamado baixo clero – a massa de manobra dos Eduardos Cunha da vida – e, gradualmente, dar mais organicidade aos partidos, além de reduzir seu número substancialmente com a cláusula de barreira natural das listas, perto de 5%. Os eventuais independentes eleitos, no voto distrital, deveriam se associar a blocos parlamentares constituídos. Não era, de forma alguma, uma panaceia para os males da política brasileira, mas progressivamente poderia melhorar a qualidade da representação e da participação dos eleitores.

Patinho feio parlamentarista

Eu sabia, no entanto, que isso era apenas aquela parte concebível da reforma política. Havia outros pontos que não incluí por saber que

111

seriam totalmente inviáveis, como a redução do número de deputados e sua divisão entre estados de forma proporcional à sua demografia. Outro ponto também importante que nem entrava em discussão, embora fosse recorrentemente comentado à boca pequena era a adoção do sistema parlamentarista semipresidencial.

Nosso "presidencialismo de coalizão", articulado ao nosso "voto jabuticaba" –pedindo desculpas à deliciosa frutinha –, é um dos maiores fatores de degradação da vida política brasileira. É um fabricante quase ininterrupto de crises. Demanda ao presidente assumir, diretamente, a tarefa de constituir maioria parlamentar para governar de modo que não seja inviabilizado. Entre quatro presidentes eleitos, tivemos dois impeachments (e um ex-presidente preso) por circunstâncias direta ou indiretamente relacionadas à busca de governabilidade, pelos descaminhos de seus percalços e desvios. Agora padecemos de um insano que ameaça a democracia.

Em um dos meus surtos "sincericidas", disse uma vez a Marina Silva, olho no olho, que faltavam-lhe os defeitos necessários para ser presidente, no presidencialismo. Não a imaginava regateando com deputados, um a um, cultivando seu fisiologismo, seguidamente, em circunstâncias cada vez mais difíceis. Ou resiliente à ferocidade da mídia, na era das redes sociais, das *fake news* e do tribalismo exacerbado, sob fogo cruzado tanto da direta quanto da esquerda. Temos uma institucionalidade primitiva: o chefe de Estado é também chefe de governo e se expõe no dia a dia, na primeira linha de trincheira, das disputas mais sérias aos factoides mais tolos. Crises agudas não encontram um desenlace institucional, normal. A única forma de fazer cair um governo inepto ou simplesmente desgastado é o impeachment, com toda a carga negativa que acarreta.

O sistema eleitoral, proporcional, personalizado, tende a produzir mais da mesma coisa. Pode variar a composição dos cerca de 20% eleitos pelo voto urbano de classe média, que, em 2018, tendeu mais à direita. Mas a imensidão do voto clientelista, assistencialista, crente, curralista, direta ou indiretamente comprado, dos restantes 80%, produz o mesmo tipo de representação. Ademais, as circunstâncias pós-Lava Jato e o atual sistema de financiamento estatal de campanha, via caciques, favorecem o chamado baixo clero. Podem mudar os personagens, mas não o tipo de composição, sua cultura política. Durante quatro anos, com seus mandatos garantidos, eles poderão cultivar a instabilidade. Já com a espada de Dêmocles da dissolução e das eleições antecipadas, própria do parlamentarismo, a coisa mudaria de figura.

Em um regime parlamentarista, o chefe de Estado é árbitro, garantidor das instituições. Convoca como primeiro-ministro um líder político, em geral com alguma identidade programática para formar maioria parlamentar. O governo poderá cair, naturalmente, sem drama maior, por um voto de desconfiança. Se o Congresso não for capaz de produzir maioria estável para governar, o presidente pode dissolvê-lo e convocar eleições antecipadas. A maioria parlamentar, assim, obriga-se a colocar – perdoem a vulgaridade – o seu cu na reta e oferecer estabilidade ao gabinete. O presidente sanciona as leis e pode vetá-las. Comanda as Forças Armadas, garante a Constituição, mas não governa.

Por duas vezes em nossa história, em 1963 e em 1993, o parlamentarismo foi derrotado em plebiscito. As esquerdas sonhavam com um presidencialismo forte, caminho de reformas. A maioria eleitoral temeu que o parlamentarismo significasse mais poder para os políticos. A preocupação procedia. Era fácil ficar assustado olhando para essas figuras e imaginando, equivocadamente, que o parlamentarismo lhes ofereceria poder total. É certo que o parlamentarismo produz novos riscos e desafios, mas traz poderosos antídotos: a dissolução do Congresso para eleições antecipadas é o mais forte. Outros são o fortalecimento do serviço público, concursado, limitando drasticamente o número de cargos comissionados.

Se temos, mundo afora, democracias parlamentaristas bem-sucedidas, isso não se dá pela virtude inata de seus políticos – não são tão diferentes assim dos nossos, acreditem –, mas pelo sistema de pesos e contrapesos e pela agilidade institucional que ele proporciona. Um judiciário e um MP ativos, mas também conhecedores e respeitadores de seus limites, junto a um serviço público bem assentado, sem o peso avassalador do provimento clientelista de 22 mil cargos comissionados, confeririam a um parlamentarismo, associado ao voto distrital misto, uma estabilidade sujeita à uma instabilidade regrada, previsível.

Era irônico alguém como eu, que a cada dia me convencia não morrer de amores pela atividade parlamentar que exercia, almejar esse tipo de reforma política. Mas eu acreditava sinceramente que seria melhor para o Brasil.

O parlamentarismo nem entrou em discussão naquela legislatura. Já a minha proposta do voto distrital misto pareceu próxima de avançar, em um certo momento, mas acabou caindo, como todas. O óbice incontornável da reforma política no Congresso brasileiro era muito simples: qualquer das "n" propostas existentes reúne mais parlamentares contra do que a favor. Derrubar as dos outros era mole; emplacar a sua, im-

113

possível, a não ser em pequenas coisitas casuísticas servindo a interesses específicos e invariavelmente fortalecendo os caciques que controlam os partidos. Como presenteá-los com mais de três bilhões de reais em recursos públicos, a mais recente.

No momento atual vivemos uma situação excepcional, diferente, onde há um núcleo presidencial extremista, totalmente fora de controle, e um Congresso moderador que, não obstante seus enormes defeitos, lhe serve de contrapeso e, de alguma forma, pratica um tipo de parlamentarismo tácito. Essa discussão poderá ser reaberta em algum momento. Com todos os seus defeitos, esse Congresso, virou um contrapeso à tirania, por enquanto.

Venezuelitos e múmias

Aqueles três garotos magros e barbudinhos, Gabriel Lugo, Eusebio Costa e José Martínez, pareciam saídos do meu tempo de movimento estudantil. Éramos nós, em 1968. Iguaizinhos a qualquer jovem brasileiro em um ato estudantil, a qualquer tempo. No entanto, ao contrário dos nossos debates, não havia praticamente palavras de ordem ou fórmulas ideológicas. Eles narravam fatos, descreviam situações e falavam de liberdade. Daquela da qual haviam sido privados, sofrendo ameaças e perseguições, violências policiais com perigo de morte nas mãos de bandos armados parapoliciais. Tinham medo, aqueles três universitários. E havia quem tentasse intimidá-los mesmo ali, no Congresso brasileiro. Eu via alguns dos meus colegas, deputados de esquerda, atacá-los veementemente. Não se davam ao trabalho de contestar ou discutir seus fatos, simplesmente tentavam desqualificá-los, raivosamente. Provocadores, fascistas, contrarrevolucionários, vendidos, agentes da CIA. É que aqueles garotos eram líderes estudantis de arquitetura, direito e ciências das universidades católica e central de Caracas, e se opunham à tirania chavista na Venezuela.

Desconfiei do coronel Hugo Chávez desde o início. Sempre me pareceu um típico caudilho latino-americano com um pé no fascismo mussoliniano, não obstante toda aquela coreografia de esquerda, aqueles pôsteres do Che na famosa foto de Alberto Korda. O tenente-coronel paraquedista iniciara a carreira política com uma tentativa de golpe. Depois de uma breve passagem pela prisão, fora anistiado pelo presidente Rafael Caldera e saíra nos braços do povo. Vencera as eleições e implantara, inicialmente, uma "democracia plebiscitária". Sua estratégia de governo era simplesmente utilizar a fundo a monocultura do petróleo, do qual a Venezuela tem as maiores reservas do mundo, para levar benesses àquela parte mais pobre da sociedade venezuelana, tradicionalmente negligenciada pelas oligarquias que governaram o país.

Chávez preservou as eleições e manteve a maioria eleitoral pelo assistencialismo, por mecanismos de enquadramento social e coerção e pelo seu carisma. Beneficiou-se de uma rocambolesca tentativa de golpe apoiado por uma parte da oposição, inepta, para consolidar seu poder. A Venezuela, enquanto pôde, funcionou como um petroemirado. O consórcio AD-COPEI que controlara o país durante décadas manteve a renda do petróleo nas mãos da elite. Chávez "dividiu" melhor o butim pela via assistencialista-clientelista, mas sua política de confronto permanente, sua péssima gestão e a corrupção sistêmica deixaram o país mais dependente que nunca do petróleo.

O preço alto do barril no mercado internacional trouxe certa bonança. Aquilo nada tinha de socialista era um populismo latino-americano clássico, lembrando o peronismo (esse pelo menos diversificou a indústria argentina), agora batizado de bolivarismo. Economicamente, um capitalismo de compadrio, mafioso, que produziu uma "boliburguesia" para ocupar o lugar da oligarquia tradicional. Megalômano, carismático, boquirroto, grande ator de um único papel, Chávez manteve-se no limiar da ditadura. Esse rubicão foi logo atravessado, escancaradamente, por Nicolás Maduro, o sucessor que Chávez ungira com seu *dedazo* pouco antes de morrer de um câncer fulminante. Seu sucessor e asseclas tornaram a Venezuela não apenas uma tirania opressiva e repressiva, mas também, econômica e socialmente, um campo em ruínas.

Pouco depois da morte de Chávez, Maduro revelou ter recebido a visita da alma do finado, sob a forma de um passarinho. Depois, seguindo uma liturgia stalinista, decidiu não sepultá-lo, mas mantê-lo embalsamado, exposto a visitação, em um quartel. Quis imitar o que a URSS fez com Lênin e Stalin – o último por poucos anos, antes de ser defenestrado por Nikita Kruschev –, e a China, com Mao Zedong.

Trata-se de uma bizarra liturgia comunista (uma religião não religião) que busca perenizar um cadáver ungido. Fazê-lo "eterno", ícone de um regime permanente, sem hipótese de alternância. O ato de mumificar para resistir à inevitável decomposição que segue a morte vem dos faraós, com seu desejo vão de projetar seu imenso poder para além da vida: pirâmides, múmias, escravos, escravas e animais domésticos sacrificados para dar conforto ao soberano no reino do além. As contemporâneas múmias comunistas seguem essa mesma pulsão primordial. O chavismo foi mumificado, abrindo caminho para mais opressão e um grau de penúria econômica e social que provocou um êxodo populacional inédito na América Latina: mais de quatro milhões de venezuelanos abandonaram o país.

Das múmias atualmente em operação, conheço, pessoalmente, apenas a do camarada Mao. Fui vê-lo na praça Tiananmen, em Pequim, em seu mausoléu no lado oposto ao da Cidade Proibida. Claramente ele deixou de ser objeto do tipo de culto que lhe devotavam vivo os guardas vermelhos na Revolução Cultural. Não notei entre as centenas de pessoas enfileiradas o menor sinal de admiração. Vindas do interior da China, mas também urbanoides, de classe média, como uma chinesinha meio punk de argola no nariz, jeans rasgado no bolso de trás e botinhas, na fila à minha frente, nutriam apenas uma curiosidade meio mórbida semelhante à minha. Ver aquilo e passar. A sala da câmara ardente era escura e meio mal conservada. Nada tinha do *luxurious* que os chineses tanto apreciam. Fedia a carpete podre. Mao Zedong lá está deitado – tive a impressão de que era ele mesmo, não um boneco de cera, como alguns afirmam ser o caso do Lênin –, uma bandeira vermelha da China cobrindo a parte inferior do seu corpo. Sua expressão é de plácido tédio. É proibido tirar fotos.

Outras múmias já provocaram emoções bem mais intensas, como a de Eva Perón, vítima dos impulsos necrófilos de um oficial do Exército argentino, o coronel Carlos Eugenio Moori Koenig. Depois da derrubada de Juan Domingo Perón, em 1954, ele sequestrou o corpo embalsamado de Evita, exposto na sede da Confederação Geral do Trabalho (CGT), em Buenos Aires, fabricou clones dela e levou-a para variados locais secretos, onde daria vazão aos seus arroubos. O episódio tem uma prodigiosa – e macabra – descrição no livro de Tomás Eloy Martínez, *Santa Evita*.

A situação da Venezuela era frequentemente invocada na Comissão de Relações Exteriores e Defesa Nacional, da qual ocupei uma das vice-presidências, em 2014. Era francamente repugnante, de mau hálito, a defesa que alguns arautos da extrema-esquerda faziam do regime Maduro, em particular o deputado Ivan Valente, um velho trotskista, que francamente me tirava do sério nesse assunto. Era inacreditável que diante de tantas evidências de opressão, corrupção, torturas, massacres e ruína social alguém ainda tivesse a cara de pau de defendê-lo com aqueles ares de superioridade moral de esquerda. Esse posicionamento era, com algumas exceções, compartilhado pela maioria dos próceres petistas da Comissão. O governo Dilma se esforçava, mediante ardis, em fazer da Venezuela um membro pleno do Mercosul, apesar de isso violar tão descaradamente a famosa "cláusula democrática" do mesmo.

Nas negociações climáticas, as posições da Venezuela e do chamado grupo bolivariano eram grotescamente atrasadas e costumavam fazer dobradinhas com o grupo capitaneado pela Arábia Saudita. Na COP 15, em Copenhagen, Hugo Chávez fez um discurso bombástico em que mal se referiu à questão climática, usando a tribuna para uma diatribe anti-imperialista. Utilizando a vulnerabilidade do processo de tomada de decisão por consenso da UNFCCC nas sucessivas COPs, as delegações bolivarianas tornaram-se useiras e vezeiras em obstruir os trabalhos, não admitiam fazer nenhum tipo de esforço para reduzir emissões e consideravam aquilo simplesmente uma trincheira para um discurso geopolítico anti-imperialista. Por vezes flertavam com o negacionismo climático. Vi em Marrakech um dos nossos mais experientes e cordatos diplomatas, o José Antônio Marcondes, o Gaúcho, quase ir às vias de fato com um dos bolivarianos, que insistia em obstruir os trabalhos bem no finalzinho da COP.

A situação econômica da Venezuela nos últimos anos, com a queda do preço do petróleo, tornou-se tétrica, e a repressão, sangrenta, com torturas, assassinatos e o emprego de todo repertório opressivo: polícia política, grupos paramilitares etc. Isso provocou uma emigração massiva que afetava sobretudo a Colômbia, mas também, cada vez mais, Roraima, no Brasil. Circulava uma enorme quantidade de armamento nas mãos de civis das milícias bolivarianas, e uma gigantesca onda de violência que acomete o país praticamente desde o início da era chavista, via criminalidade. Há risco de guerra civil real e crescente. Basta uma pequena parte das Forças Armadas se dividir para termos à nossa fronteira norte uma Síria tropical.

Yoani e os brutos

Nessa mesma época também me irritei ao extremo com a tentativa da "companheirada" de impedir a blogueira cubana Yoani Sánchez de dar uma palestra na nossa Comissão. Yoani, narrava em estilo singelo e bem-humorado, próprio da sua geração Y, a vida cotidiana na ilha, com suas dificuldades, penúrias, situações tragicômicas – a viração diária para viver com a *libreta* de racionamento, em pesos cubanos, conseguir a pasta de dente, o papel higiênico – e também suas pequenas alegrias. A prosa de Yoani era irônica, mas nunca propriamente militante ou ostensivamente política. Isso, aliado ao seu inegável talento literário, contribuiu para um sucesso internacional e uma certa audiência em Cuba no que pesem a extrema precariedade técnica e um forte controle sobre a internet local. Seus escritos e atitudes irritavam o regime, que não conseguia enquadrá-la nas categorias costumeiras de contrarrevolucionários sujeitos à cadeia. Ela não atacava o regime nem ultrapassava certos limites. Contava histórias do cotidiano e fazia comentários divertidos sobre situações específicas. Seu sucesso internauta passou a ser visto como ameaça, e ela, a sofrer uma perseguição bastante sistemática da polícia política, com um regular assédio e eventuais agressões a ela e familiares por parte daquelas pequenas turbas hostis a serviço do governo, arma frequente de intimidação dos dissidentes cubanos.

Cuba passava por um lento e sinuoso processo de mudanças cujo rumo final permanecia indefinido. Dava um pouco mais de espaço à microiniciativa privada, a repressão tornara-se um pouco menos violenta, parte dos presos políticos libertada, permitiu-se que opositores moderados, como Yoani, pudessem viajar com passaporte cubano e regressar ao país, tudo a conta-gotas. Medidas aqui e ali de liberalização de um mercado incipiente. Por outro lado, seguiam as grandes joint ventures com grupos hoteleiros internacionais para erguer *resorts* onde o cubano comum não podia botar os pés.

Depois de muitos anos de tentativas inúteis, Yoani, afinal, conseguira um passaporte e um visto de saída para vir ao Brasil. Seria de imaginar que o governo cubano fosse capitalizar isso politicamente: "Viu, estamos deixando os opositores viajarem e se expressarem livremente!" Assim, sua visita renderia uma ou duas notícias no primeiro dia, seria entrevistada aqui e ali, e logo sumiria do noticiário. Nada de mais. Foi o que imaginei que fosse ocorrer. Mas subestimei o fator burrice da diplomacia/inteligência cubana e das suas correias de transmissão locais – os comitês ditos de solidariedade com Cuba que se mobilizaram agressivamente para simplesmente não deixá-la falar.

Yoani Sánchez foi dar uma palestra em nossa Comissão de Relações Exteriores da Câmara, expor sua opinião, dar seu testemunho da vida cotidiana que levava, mas foi recebida nos corredores do Congresso por uma pequena, mas vociferante turba da qual se destacavam alguns assessores parlamentares. Quanta raiva naqueles olhos esbugalhados, quantas palavras de ordem histéricas. Berravam: "Vai para Miami! Agente da

CIA!" Valentões, pareciam estar diante de um autêntico Pinochet em carne e osso, e não daquela mulher pálida, magrinha, tímida e simpática. A moça era pobre feito rato de igreja, sem meios sequer para um tratamento odontológico decente de que obviamente necessitava com urgência, pois lhe faltavam alguns dentes. Tinha um cabelo muito longo, pele maltratada e um sorriso triste. Era revoltante aquela histeria ideológica, aquele ódio todo. O grupelho empurrava os seguranças da Câmara, que os continham na entrada da sala da comissão que queriam invadir para melar a audiência. Bloqueados, protestavam contra a "repressão". Yoani comentou, ironicamente: "*Pues me siento en casa.*" Aquilo a recordava da raiva dos CDR (Comitês de Defesa da Revolução), fungando em seu cangote e insultando-a na porta de casa.

Era patético ver aqueles energúmenos incapazes de sentar-se para um debate civilizado com ela. Eles insistiam com aquele idiota "Yoani, vai pra Miami". O que não deixava de ser, à sua maneira, divertido, pois Yoani, de fato, ia do Brasil para Miami visitar a irmã, em viagem perfeitamente acordada com as autoridades cubanas. Depois de Miami, voltaria para Havana, pois desejava permanecer em seu país, apesar de tudo.

Na mesa da Comissão, presidida pelo Otávio Leite, garantindo a livre expressão da Yoani, me vi ladeado por Jair Bolsonaro e Ronaldo Caiado, que tentavam gulosamente se apossar da ícone para a direita. Graças a Deus, lá estava também nosso bom e velho senador Eduardo Suplicy, salvando a honra perdida da esquerda. O Jair teve uma atitude muito estranha, que só notei depois ao assistir ao vídeo do meu discurso em defesa da Yoani na TV Câmara: ficou boa parte do tempo bem atrás de mim, de cara feia, fazendo caretas. Parecia incomodado com alguma coisa.

Na saída, fomos abordados pelos rapazes e moças da "solidariedade com Cuba": "Sempre de mãozinhas dadas com a direita, hein, Sirkis?", "Traindo o PT e a favor da CIA, né, Suplicy?". Enfiei o dedo na barriga protuberante de um dos barbudinhos: "Triste fim, companheiro: viraste defensor de ditadura, agressor de mulheres, incapaz de ouvir e discutir civilizadamente." Controlei-me para não meter-lhe uma porrada.

Malecón

No final de 2013, decidi passar o réveillon em Cuba. Fui com a minha mulher, Ana, minha amiga Lilibeth, que levou diversos familiares, e o rabino Nilton Bonder, com sua esposa, Esther, e a filha. Optei, desde o início, por uma viagem totalmente turística e apolítica, sem contato algum com a oposição nem com o governo. Foi um passeio memorável. Não procurei Yoani nem nenhum dos cubanos que conheci nas lides políticas presentes ou passadas. Fiel ao meu hábito de jogar flores para Iemanjá no momento da passagem do ano, entrei 2014 jogando flores brancas do alto da mureta, bem no início do Malecón de Havana.

Não encontrei até hoje povo mais querido e simpático que os cubanos. Digo isso sem o menor conteúdo político ou ideológico, desse ou daquele viés. São simplesmente pessoas maravilhosas no contato humano, divertidas, engenhosas e amáveis. Vê-los mais de meio século depois da Revolução oprimidos, ameaçados, joguetes da geopolítica, depauperados, privados de tudo e mais alguma coisa me deu uma tristeza que eles próprios dissipavam em sua alegria simples e fraterna nas pequenas coisas. Sonho um dia vê-los felizes. Merecem muito.

Estávamos às vésperas da decisão, ainda secreta, de Obama de levantar parte do boicote econômico e visitar Cuba para restabelecer relações diplomáticas plenas. O regime cubano já era comandado pelo mais pragmático Raúl Castro, que realizava sua tímida e limitadíssima abertura econômica. A eleição de Trump e a consequente crispação infligiu a esse processo novos entraves e atrasos. O regime cubano, com seu forte apoio de inteligência à repressão de Maduro, na Venezuela, tem seu quinhão de responsabilidade. Em minha visita turística e do ângulo do observador a meia distância, fiquei com percepções a serem postas à prova pela história.

A grande pergunta mental era sempre: para onde vai isso aí? *Donde vá?* Não se trata mais de socialismo versus capitalismo, isso aí já é jogo jogado nos corações e mentes. Ainda que na avenida para o aeroporto José Martí um outdoor pontifique: *"Los cambios son para más socialismo!"* (As mudanças são para mais socialismo!) Cuba já é, hoje, culturalmente, intrinsecamente, capitalista... Apenas, à sua maneira peculiar, indigente ao extremo.

O grande capital internacional da indústria turística investe pesadamente e repatria os lucros – com mais facilidade que no Brasil – de seus *resorts* exclusivos para estrangeiros que privatizam as mais belas praias da ilha. Mas esse fato econômico não é o mais determinante. O que mais aproxima a ilha do resto do planeta "de mercado" é essa pulsão empreendedora da imensa maioria dos cubanos quebrando a cabeça a todo momento para inventar sua forma de ganhar algum por conta própria.

Não foi à toa que Fidel resistiu enquanto pôde a esse espírito empreendedor presente no mais exíguo dos *paladares* (restaurantes domésticos), no mais decrépito dos táxis informais, na menor das feiras de camponeses ou de artesãos: ali viceja o vírus de querer ganhar dinheiro por si mesmo, o sonho de prosperar. E não dá nem para culpar os "resquícios da ideologia pequeno-burguesa", 55 anos depois da Revolução que deveria produzir *el hombre nuevo*, coletivista.

É a própria economia socialista (o país como uma grande repartição pública fingindo que paga uma população de barnabés que fingem que trabalham) que induz os cubanos a esse empreendedorismo de subsistência em uma multifacetada e onipresente economia capitalista informal, enquanto um socialismo de araque tenta preservar sua fachada à base de regulação burocrática, fiscalização opressiva e surtos ocasionais de repressão.

A esquizofrenia econômica entretinha duas moedas. O peso cubano que paga os salários cuja média é vinte dólares. Todos recebem carnês de racionamento que permitem comprar uma cesta básica a um preço viável, mas, segundo todos os cubanos com quem falei, nenhum consegue viver mais de uma ou duas semanas pela *libreta*, cujo leque de produtos é muito limitado. A outra moeda é o peso conversível CUP, que orgulhosamente vale um pouco mais que o dólar e alimentava o mercado livre: as lojas de conveniência, os restaurantes, os bares, os serviços aos turistas, os táxis. Fiz uma corrida de táxi à noite entre um local, em Miramar, e o Hotel Habana Libre, relativamente perto, que me custou 25 pesos conversíveis. Mais que o salário médio mensal na parte "socialista" da economia.

Como faziam os cubanos para sobreviver? A resposta vinha na forma de um caleidoscópio de expedientes e de relações que permitam o acesso ao peso conversível, o grande objeto de desejo. Ali se desenha a grande linha divisória: os com acesso e os sem acesso à moeda obtida na troca por uma divisa estrangeira, basicamente o euro e o dólar. São duas as fontes de divisas: a remessa familiar de cubanos exilados ou residentes no exterior ou uma prestação de serviços ou comércio com os turistas que visitam Cuba em contingentes cada vez maiores.

Um dos melhores caminhos é ser um feliz piloto de algum dos Oldsmobiles, Mercurys, Fords, Studebakers e Cadillacs americanos dos anos trinta a cinquenta, ou de algum Lada ou Trabant soviéticos e alemães orientais dos anos sessenta e setenta ou, melhor ainda, de um desses importados mais recentes que se misturam no trânsito àqueles calhambeques vintage. Praticamente todos os cubanos motorizados trabalham em algum momento como taxistas informais. Uma "ube-

121

rização" anos antes da Uber. Uma diária para passear por Havana em um sensual Ford bigode de capota conversível andava lá pelos sessenta paus que dava uns 75 dólares.

Naquela época, final de 2013, rodavam com gasolina venezuelana, subsidiada. Imagine-se a tensão social latente entre os "com carro" e os "sem carro", os com peso conversível e os sem. Cuba possui os motoristas, vendedores de fruta ou souvenires, atendentes de hotel, guias turísticos, músicos, atores performáticos e garotas de programa mais bem formados do planeta, todos com diploma superior. Durante um dia de caça ao peso conversível conseguem ganhar mais do que em um mês de salário do estado socialista.

Isso obviamente parecia insustentável a médio prazo. A saída, já definida pelo regime, era acabar com o peso cubano e enxugar a máquina pública – com centenas de milhares de demissões – para poder elevar os salários a níveis mais compatíveis com a uma moeda conversível. Uma operação complicadíssima que não tinha ainda previsão, embora as demissões já ocorressem a rodo no setor público. Em um dia de semana em Havana, se vê muita gente sem ocupação, a esmo, particularmente ao longo do Malecón, a avenida litorânea, a qualquer hora do dia, contemplando o mar em busca de respostas.

A médio prazo, uma transformação econômica mais profunda parece inevitável. Economicamente, o potencial de Cuba é extraordinário se, de alguma maneira, conseguir formatar-se para receber investimentos, sobretudo dos cubanos radicados nos Estados Unidos – nem tanto de grandes empresas mas de uma multidão de pequenos e médios investidores potenciais, filhos e netos de cubanos que fizeram fortuna nos Estados Unidos. Para tanto, vai ser necessária a reconciliação.

À medida que a diáspora ia envelhecendo e minguando, emergiam, sobretudo no meio empresarial, lideranças mais pragmáticas e abertas ao diálogo. Há um potencial inacreditavelmente favorável: proximidade geográfica, mão de obra abundante a custo reduzido, uma população criativa e bem instruída. Sobretudo existe um alto nível de segurança nas ruas, quando comparada à altíssima criminalidade nos países centro-americanos e caribenhos mais próximos, salvo a Costa Rica. Possui belezas naturais fantásticas e uma capital, Havana, que é um paraíso cenográfico potencial para a indústria cinematográfica, TV e streaming.

O grande obstáculo: o garrote da nomenclatura do partido único e esse *clinch* de cinco décadas entre o nacionalismo cubano e o império norte-americano, qual dois pugilistas cansados. Essa relação amor-ódio,

122

passional, cubano-norte-americana, qual dupla divorciada barraqueira, que ama se detestar com todas as fibras do coração, mas, ao mesmo tempo, é tão promiscuamente próxima que não consegue fugir um do outro. É difícil imaginar relação mais complicada.

Em Havana, junto à cidade velha, fico olhando, apatetado, para a réplica quase perfeita do Capitólio de Washington sendo orgulhosamente restaurada. Pelos cantos baldios da cidade, a galera jovem não joga pelada como em qualquer outro país latino-americano, mas beisebol. Praticamente todo cubano é fluente em inglês. É capaz de passar horas a fio falando, mal ou bem, quase sempre bem e mal, não importa, dos ianques e de seus trelelês.

A hostilidade norte-americana é tradicionalmente justificada pela condenação à ditadura comunista, muito embora apoiar ditaduras – algumas piores – mundo afora nunca tenha sido um problema para os Estados Unidos. O estabelecimento das liberdades e de um estado democrático de direito, pluralista, é desejável, mas exigir concessões políticas a priori não vem funcionando há décadas em relação ao regime de um país de cultura nacionalista tão entranhada. A democratização de Cuba dificilmente será imposta de fora para dentro. É mais plausível imaginá-la em uma nova situação de aproximação com os Estados Unidos do tipo tentado por Obama, o que demanda tempo, em que o empreendedorismo floresça, a economia melhore e deixe de ser exclusivamente dominada pelo poder político e que suscite o surgimento de polos de interesse econômico plurais dentro do sistema. A diversidade econômica tende a estimular a política, embora não de forma automática nem linear.

À medida que uma sociedade enriquece, torna-se mais complexa, a democratização vem como resultado de uma combinação da pressão popular com a necessidade da elite de arbitrar conflitos entre diferentes segmentos economicamente bem-sucedidos. Ultimamente, porém, ressalta-se uma tendência ao capitalismo autoritário, dito iliberal. Cuba poderia seguir o modelo chinês? Abrir a economia mantendo arrochado o regime? Em uma perspectiva mais longa, penso que é improvável, por fatores tanto geopolíticos quanto culturais, mas, no mundo de hoje, é uma questão em aberto.

Um dos mais evidentes dilemas do regime, a curto prazo, era o que fazer com a internet. A resposta vinha sendo dificultar ao máximo o acesso. Mesmo para os turistas estrangeiros nos hotéis era uma dificuldade absurda. Alguns, como a Yoani Sánchez, davam seu jeitinho cubano, mas a sociedade como um todo ainda era pré-internet, embora já

123

amplamente na telefonia celular. O dilema de fundo cubano não é mais "se" haverá economia de mercado, mas "que" economia de mercado e quando. A grande discussão em Cuba provavelmente girará em torno da sustentabilidade social e ambiental da economia por vir. Simplificando em termos metafóricos: a opção será entre uma mega-Costa Rica ou um hiper-Panamá.

A Costa Rica fez sua revolução em 1948, liderada por "Don Pepe" Figueres. Derrubou a oligarquia e a burguesia "compradora", nacionalizou os bancos, mas instituiu um regime democrático exemplar – embora cercado por ditaduras de todos os lados – e soube administrar melhor sua relação com os Estados Unidos. No que pese ter encampado a famosa United Fruit, *La Frutera*, nunca se aproximou da URSS e preservou boas relações com os democratas norte-americanos. "Pepe" Figueres aboliu o Exército – o seu, o revolucionário! –, separou os poderes da República, garantindo um Judiciário independente, e priorizou obsessivamente a educação. A Costa Rica é hoje de longe o país mais próspero e de melhor IDH da região, com uma população majoritariamente de classe média. Voltarei a ela mais à frente.

Cuba tem um potencial ainda maior. Tem uma natureza quase tão exuberante e já possui uma indústria turística considerável, que poderia ganhar muito em escala e em qualidade. Sua população é bastante instruída possui nichos de excelência. Seus salários, mesmo com aumento considerável (e merecido), serão supercompetitivos. Como atratividade urbana não há comparação possível entre San José (cidade razoavelmente feia) e Havana, a magnífica.

A história política e econômica da capital está fisicamente plasmada à sua arquitetura. Havana parou de crescer no início dos anos sessenta, quando se deu o rompimento da Revolução com os Estados Unidos e a partida da burguesia local e, depois, da maior parte da classe média. Havana era uma cidade cosmopolita que havia recebido, na primeira metade do século XX, muito mais investimento que qualquer outra da região. Possuía uma arquitetura de qualidade sobre o tradicional urbanismo hispano e um patrimônio considerável, herdado da era colonial. É uma bela cidade dos anos cinquenta, mas completamente deteriorada. Os edifícios estatizados deixaram de ser conservados e aparentemente não há nem uma elementar organização condominial para mantê-los. Esse desapego surpreendentemente se estende ao espaço público. Havia muito lixo atirado na rua. É constrangedor, considerando-se a onipresente organização territorial do regime nos bairros através dos CDR, que, para além de bisbilhotar a vida das pessoas e persegui-las, poderiam muito bem mobilizá-las contra fazer das ruas lixeiras. Dentre o casario dos antigos bairros nobres e de classe média – que lembram, de certa forma, os jardins paulistanos –, uma boa parte das casas ainda está abandonada. Noutras se alojam instituições públicas diversas que pouco as conservam. Há muitos pequenos prédios *art déco*, gênero Miami Beach, também muito deteriorados.

Havana possui, é certo, um amplo e consistente programa público de restauro, reconstrução e *retrofitting* em curso, sobretudo na velha Havana e ao longo do Malecón, mas, dada a amplitude da degradação, a escala do projeto, conquanto considerável, ainda representava, em 2013, uma proporção relativamente pequena das belas edificações decaídas. E fica no ar a pergunta: como funcionará, depois, a conservação dos prédios e casas restaurados? No entanto, se imaginarmos um aporte massivo de investimento em uma escala futura muito maior, poderemos vislumbrar uma cidade inteira esplendidamente restaurada, única no mundo, uma imensa Cartagena.

Demandará grande tirocínio na estruturação de uma nova economia urbana fazer com que abundantes capitais fluam para o restauro e a revitalização, e não simplesmente para uma "renovação urbana" de tipo especulativo com quarteirões inteiros demolidos para dar lugar ao lixo arquitetônico envidraçado que vi dias mais tarde, ao deixar Cuba, na Cidade do Panamá. Uma inquestionável "realização", involuntária, do comunismo cubano foi a de ter escapado dos horrendos ciclos arquitetônicos dos anos sessenta, setenta e oitenta. É vitória da revolução, por assim dizer, *malgré elle* no que pesem alguns prédios e equipamentos públicos, ainda mais horripilantes, erguidos aqui e ali na era soviética. Felizmente são poucos. Nesse caso, a penúria de capital foi providencial!

Isso não significa que o futuro tenha que ser exclusivamente de uma cidade histórica/cenográfica restaurada. Em uma urbe sadia cabem, sem dúvida, os perímetros com prédios altos em um zoneamento bem pensado, com usos múltiplos. Havana necessita de gigantescos investimentos em infraestrutura de água, esgotos, rede elétrica, iluminação pública, comunicação a cabo e pavimentação. Essa cidade muito plana, bem arborizada, de muitas largas avenidas poderia facilmente dotar-se de uma grande malha cicloviária, antes da explosão automobilística que se prenuncia.

A mobilidade será, provavelmente, o grande dilema do modelo urbano por vir. Pela importância que o automóvel possui no imaginário e na vida prática dos cubanos, o risco de uma explosão automotiva que previamente inviabilize a mobilidade pública, coletiva e individual não motorizada, eficiente, é muito grande. O risco é a cidade ficar infernalmente engarrafada antes de conseguir se dotar de uma estrutura de VLT, BRT e malha cicloviária integrada, com o automóvel sob controle.

Na Cidade do Panamá, pude presenciar o caos de um boom automotivo sobre uma cidade de porte médio sem a capacidade de receber tamanha quantidade veículos. Os engarrafamentos do seu trânsito hobbesbiano são inacreditáveis mesmo para os mais acostumados sofredores cariocas ou paulistas. Uma via expressa absurda para o aeroporto estava sendo construída sobre pilotis no meio da baia do Panamá, provocando assoreamento e recuo de centenas de metros no espelho d'água.

Havana, no futuro, correrá o risco de um estupro automobilístico idêntico se não se precaver. Amigos cubanos me explicaram que houve um momento de auge da bicicleta – eram chinesas, importadas – depois sepultado pelo boom automobilístico alimentado pelo petróleo venezuelano que Chávez esbanjava e pela liberalização na compra e venda de carros. A bicicleta (cujo uso é bastante desconfortável por causa da péssima pavimentação) passou a ser vista como *out*, da mesma forma que nas cidades chinesas onde, no entanto, seu uso ainda é muito significativo juntamente com o das motos elétricas.

É o caso de se torcer por uma transição econômica social e ambientalmente sustentável que também termine promovendo uma abertura política segura até o estabelecimento de uma sociedade livre, plural e democrática, menos conflituosa e revanchista possível. Cenários piores também podem ser imaginados envolvendo confrontos graves, guerras, invasão. Vai depender de duas instituições hoje dominantes: o Exército, cujo papel, inclusive econômico, é cada vez maior; e o Partido onde a velha guarda de Sierra Maestra vai saindo de cena e uma nova geração que nunca ousou desafiá-la – os que o fizeram pagaram caro – vai tateando seu caminho. O fator decisivo continuará sendo a política norte-americana, que atualmente favorece objetivamente o status quo imobilista e opressivo.

No futuro, Cuba provavelmente será bastante diferente do que é hoje; resta saber por quais caminhos. A verdade é que vai mudar, mas ninguém sabe direito como nem quando. Mas quem viver verá. Aplica-se aqui o ensinamento de Marx – não do Karl, mas do Groucho Marx –, segundo o qual "é muito difícil fazer previsões, sobretudo quando se referem ao futuro".

Revolução happy end

Conheci a Christiana Figueres, secretária executiva da UNFCCC, em um debate que tivemos no Parlamento europeu no famoso hemiciclo no final de 2011, pouco antes da COP 17 em Durban, África do Sul. No encontro denominado *The Green Race to Durban and Beyond* ("A corrida verde para Durban e mais além") também estavam presentes Kumi Naidoo, diretor executivo do Greenpeace; o presidente do IPCC, Rajendra Pachauri (por teleconferência); e a comissária para o clima da Comissão Europeia, Connie Hedegaard.

Christiana, costarriquenha, é filha do legendário "Pepe" Figueres, duas vezes presidente e líder da revolução de 1948, a qual, costumo dizer, foi a única que conheço com final feliz, um *happy end*. A conversa com ela foi inspiradora. Percebi várias convergências; a mais importante delas, eixo da minha exposição no Parlamento europeu, era a necessidade de revermos naquele momento o significado das CBDR ("responsabilidades comuns, porém diferenciadas") dos países desenvolvidos e dos países em desenvolvimento. Segundo o Paradigma de Quioto, apenas os desenvolvidos deveriam ter obrigação de reduzir suas emissões. Eu defendia que as tais "responsabilidades diferenciadas" precisavam ser expressadas já não mais pela isenção a metas de redução de emissões para países em desenvolvimento, mas pela aplicação, aos países desenvolvidos, do princípio "poluidor-pagador".

Essa mudança de foco encontrava obstáculos, mas teria que ser seriamente enfrentada para que os países em desenvolvimento, particularmente a China, pudessem marcar uma data para iniciar a redução em números absolutos de suas emissões. Durante o nosso debate, Christiana Figueres explicou: "Nossa grande dificuldade é que não estamos aqui tratando apenas de solucionar mais um problema ambiental, mas sim de toda uma nova revolução industrial."

Naqueles dias, o seu país, a Costa Rica, anunciava sua pretensão de tornar-se a primeira nação carbono-neutra em 2021, para comemorar seus duzentos anos de independência. Eu havia visitado a Costa Rica em 2007, conhecido suas praias, florestas e vulcões. Tinha também mergulhado em sua singular história de democracia solitária, durante décadas cercada por cruéis e sangrentas ditaduras pelos quatro costados. A Costa Rica fora protagonista de uma pouquíssimo conhecida revolução que construíra uma sociedade democrática, comparativamente próspera, majoritariamente de classe média, sem aquela miséria e opressão dos seus vizinhos centro-americanos com vastos latifúndios e caricatos ditadores da estirpe de Rafael Leónidas Trujillo, Castillo Armas, Tacho e Tachito Somoza *et caterva*. A Costa Rica abolira o Exército ao final de uma revolução e, ao contrário de Cuba, não engendrara uma ditadura de outro tipo.

Permito-me mais esta digressão que, estou seguro, o leitor perdoará. É comum ouvirmos, em defesa do regime cubano, que a ditadura de partido único, restrições drásticas à liberdade de expressão e imprensa, repressão sufocante, prisão de dissidentes, ausência de eleições livres e pluralismo político, economia fortemente estatizada se justificam pelas conquistas obtidas em educação e saúde, pela não existência da miséria absoluta nem da terrível insegurança e criminalidade que vicejam em outros países centro-americanos.

Essa comparação nunca se sustentou em relação à Costa Rica. Depois de ter feito uma revolução em 1948, conseguiu notáveis avanços em educação e saúde e apresenta um padrão de vida incomparavelmente mais elevado sem ter sacrificado as liberdades, o pluralismo e os direitos humanos. A maioria de sua população é de classe média, e seu salário mínimo é quinze vezes maior que o de Cuba. Seu PIB é o triplo do cubano, e sua renda per capita é a mais alta da região. Há três vezes menos suicídios que em Cuba. Em temos ambientais, a Costa Rica tem políticas avançadas e ambiciona tornar-se, em curto prazo, um país carbono-neutro.

A revolução de 1948, liderada por "Don Pepe" Figueres, nacionalizou os bancos para democratizar o crédito, investiu obsessivamente na educação, instituiu a separação de poderes com autonomia do Judiciário e dissolveu o (seu próprio) Exército. Em uma região de tantas ditaduras até os anos noventa, hoje tristes narcodemocracias, vem promovendo eleições livres a cada quatro anos desde 1949. Relativamente incruenta com um desfecho negociado, sem *paredón*, essa revolução não figura no nosso panteão histórico-jornalístico no qual os heróis trágicos, mártires e tiranos sanguinários são os consagrados.

As revoluções que notabilizam a guilhotina ou o *paredón* viraram as favoritas da história, o que nos remete a Robespierre, Bonaparte, Lênin, Stalin, Mao Zedong, Pol Pot, o aiatolá Khomeini e outros que não correram o menor risco de esquecimento. Da mesma forma, os mártires, ou os guerreiros caídos, não importa quão patéticos ou desavisados: Che Guevara, Trótski, Tiradentes ou Rosa Luxemburgo. Aqueles que tomaram o poder à custa de muito sangue e nele se mantiveram, à custa de mais ainda, ou aqueles que derramaram o seu próprio fazendo de sua derrota uma saga heroica não correm o risco da irrelevância. Mas uma revolução com pouco sangue e happy end, um país que "cai em uma democracia" para não mais dela sair até hoje, um líder revolucionário que abre mão do poder uma vez terminada a transição, dezoito meses depois, para voltar, em 1953 e 1970, por eleições livres; é um estadista não figura dentre os personagens históricos marcantes no jornalismo do século XX, por déficit de sangue. A maioria dos coleguinhas jornalistas a quem perguntei sobre Figueres e a revolução costarriquenha nada ou muito pouco conhecia, assim como eu, até 2007.

A saga democrática de "Don Pepe" Figueres, a partir de 1948, foi uma feliz prévia do que poderia ter sido a Revolução Cubana onze anos mais tarde. É muito provável que o levante de Figueres ainda inspirasse Fidel, em Sierra Maestra, quando concedeu sua famosa entrevista ao jornalista Herbert Matthews, do *The New York Times*, em 1959. No caso cubano, fizeram a grande diferença histórica a quase imediata hostilidade norte-americana, a dinâmica implacavelmente polarizadora da Guerra Fria (em 1948, ainda nos primórdios; em 1960, em seu apogeu) e, sobretudo, a personalidade do próprio Fidel. Há quem atribua a diferença entre ele e Pepe a idade, origem social, experiência de vida e perfil psicológico de cada um: Pepe, filho de um modesto médico catalão, era um pequeno fazendeiro e tinha 42 anos quando liderou a revolução. Fidel, filho de um grande latifundiário de origem galega, era estudante quando chefiou o assalto ao quartel de Moncada. Este, depois, conheceu apenas a prisão, o exílio e Sierra Maestra. Pepe era acostumado a ouvir, comerciar, negociar. Fidel nascera para mandar e ser obedecido.

Pepe apoiou a Revolução Cubana com dinheiro e armas, e, duas décadas mais tarde, a Sandinista, na Nicarágua, a ponto de seu próprio filho ter participado dos combates. Em ambos os casos, acabou rompendo com os revolucionários quando escolheram o caminho autoritário e da aliança com a URSS. Pepe colocava-se como arauto de uma "esquerda democrática", adepto da social-democracia de estilo europeu ou, como gostava de se classificar, um socialista utópico.

Os *ticos* (costarriquenhos) nunca cultivaram o *"Patria o Muerte!"*. Mais pacíficos e cosmopolitas, são, com toda a probabilidade, muito mais felizes. Mas a felicidade, essa coisa tão subjetiva – gota de orvalho em uma pétala de flor –, está longe de ser reconhecida como indicador relevante na cultura política e jornalística do nosso tempo. Uma antiga revolução de final feliz parece um contrassenso; uma veterana democracia estável em terra de muitos vulcões e paraíso dos aposentados ricos

129

norte-americanos e europeus, enfadonha. Caso clássico de *good news no news:* boas notícias que decididamente não fazem notícia.

Políticas de identidade

Provenientes principalmente da esquerda norte-americana, as ditas políticas de identidade chegaram em seu ápice no governo Dilma, ajudando a compor um futuro quadro de pulverização e desagregação. Na minha opinião, contribuíram bastante para a subsequente guinada à direta da classe média, sobretudo da emergente, paradoxalmente aquela favorecida nos primeiros anos do governo do PT.

Aqueles "temas malditos" que nós, verdes, levantamos nos anos oitenta e que eram fortemente rejeitados pela maioria da esquerda, terminaram, trinta anos depois, apropriados por ela, só que de uma forma obtusa, divisora e bastante distante da motivação inicial com que haviam sido colocados em discussão nos primórdios do PV. Na época, valorizávamos a ideia segundo a qual esses temas contribuiriam para fazer da sociedade, como um todo, algo mais moderno e tolerante. A imprensa falava de "minorias"; na verdade ali havia duas claras maiorias: mulheres e negros, e minorias importantes e numerosas, como gays, indígenas e deficientes físicos. A valorização de suas lutas se dava na perspectiva de uma sociedade mais fraterna e inclusiva. Mais feliz. Todos ganhariam com isso, pensávamos.

A tribalização identitária dessas causas ocorreria décadas mais tarde por uma instrumentalização política, oportunista, que favoreceu sua radicalização ao suscitar uma reação hostil do lado mais conservador da sociedade brasileira. A tribalização comprometeu, em boa parte, aquela dimensão universalista que os temas traziam inicialmente. Viraram, também eles, espaços políticos de poder a serem ocupados, objetos de fortes rivalidades e corporativismos. Logo ficaram subdivididos, subtribalizados na busca de mais radicalidade e pureza. A grande aliança dos trabalhadores com a classe média em torno do *welfare state,* a visão universalista da luta antirracista pelos diretos civis liderada por Martin Luther King, cujo sonho era para todos, e, mais recentemente, o impulso progressista da eleição e reeleição de Barack Obama, foram sendo minados pela sectarização das políticas de identidade.

O professor da Universidade Colúmbia Mark Lilla publicou, recentemente, um livro muito pertinente com um título meio hermético para nós brasileiros por causa de terminologias políticas que aqui não se aplicam: *The Once and Future Liberal*. Liberal, no jargão político norte-americano, significa "de esquerda". É uma análise do retrocesso que representou para o Partido Democrata a perda daquela aliança do New Deal, quando coexistiam juntos os trabalhadores industriais e rurais, a classe média, a esquerda propriamente dita, o centro, os protestantes, católicos e judeus, os progressistas e os negros em uma ampla e flexível aliança em torno de bandeiras sociais e de cidadania elementares. Ele descreve como essa ampla coalizão social e cultural virou uma Babel de causas identitárias, sectárias, que perderam seu amálgama.

A economia globalizada com seus problemas, hoje aparentemente insolúveis, de geração de desigualdades crescentes e enfraquecimento do *welfare state* certamente contribuiu para a desagregação dessa frente ampla. No entanto, a adoção da autoafirmação identitária – racial, de orientação sexual, de facção política ou ideológica específica – como valor primordial, a crescente dificuldade de dialogar e aceitar o outro, o sectarismo estimulado pelo tribalismo tão adaptável e a era das redes sociais passaram a dificultar o encontro com o próximo diferente mas convergente. Evidentemente, lá como cá, essa não foi a única causa do retrocesso, mas contribuiu bastante. Nas palavras do professor Mark Lilla:

"Nos esmeramos na arte da autossabotagem. Em um tempo em que nós, progressistas [ele diz "*liberals*"], precisamos falar de uma forma que convença pessoas de diferentes modos de vida, de todas as partes do país, de que compartilham um destino comum e precisam se unir. Nossa retórica encoraja um narcisismo autocomplacente. Em um momento em que a consciência política e o pensamento estratégico precisam ser desenvolvidos, estamos gastando nossas energias em dramas simbólicos de identidade. Em um momento em que é crucial dirigir nossos esforços para ocupar o poder institucional ganhando eleições, dissipamo-nos em movimentos de expressão indiferentes aos efeitos que possam ter junto ao público eleitor. Em um momento em que precisamos educar os jovens a se pensarem cidadãos com deveres uns para os outros, os encorajamos a mergulhar na toca do ego. A frustrante verdade é que não temos uma visão política a oferecer para a nação; pensamos, falamos e agimos de maneiras que assegurem que ela não emergirá".

A esquerda brasileira, majoritária por doze anos, não conseguiu assimilar a principal lição que os vietnamitas que venceram os Estados Unidos nos anos setenta ensinaram: "Ganhar todos que podem ser ganhos, tornar neutros aqueles que não consigamos ganhar, isolar o inimigo principal." Aqui foi o contrário: irritar o maior número de pessoas possível, criar artificialmente novas divergências e divisões, empurrar para longe possíveis aliados, antigos ou novos, por questões secundárias, cultivar a arrogância e a soberba.

Evidentemente não se ganham novos adeptos ou neutralizam-se adversários que possam evoluir com mensagens ou comportamentos que os agridam ou assustem. Vi certas lideranças – inclusive parlamentares – supostamente abandeiradas dessas causas fazer exatamente o contrário: espantar os que poderiam ser ganhos, empurrar para o outro lado os potencialmente neutralizáveis, unindo-os fortemente aos contrários, irredutivelmente, e agredir os que concordavam no essencial, mas com um discurso e táticas mais moderadas. Lembro-me de um certo deputado gay atacando insistentemente Marina Silva por supostamente se omitir quando ela era um canal possível de diálogo com o povo evangélico, com o qual sabia se comunicar.

Perdeu-se o interesse em dialogar com o diferente, encontrar pontos de entendimento, compreender suas inquietações, medos, paranoias para fazer avançar agendas que atendam a uns e sejam aceitáveis para outros e fazer avançar uma política de consensos negociados. Passou a não haver mais espaço comum algum; apenas antagonismos entre tribos cultivados por colecionadores de raivas e reverberados no Facebook, Twitter ou no WhatsApp.

Uma mobilização centrada na identidade torna-se colérica, ressentida, excludente. As redes sociais são poderosos instrumentos de reverberação e multiplicação dessa raiva que suscita outra raiva em sentido contrário. Não aprecio muito o Niall Ferguson pelo seu republicanismo, mas em um texto soberbo que escreveu para a *Foreign Affairs*, de setembro de 2017, chamado *The false promise of hyperconnection*, ele acertou na mosca ao explicar, inclusive matematicamente, como o fenômeno das redes sociais trouxe em seu DNA uma pulverização sectária da sociedade, tornando-a cada vez mais dividida e pouco propensa a unir forças para lidar com seus problemas. Não somos mais capazes de encontrar os denominadores comuns que de fato temos.

Decerto já não importa buscar estratégias reais, plurais, plausíveis para tentar sair da terrível crise econômica, social e ambiental. Importa simplesmente afirmar e reafirmar uma identidade, "se colocar" com cotovelos afiados: agrido, portanto existo. Subdividir-se cada vez mais em tribos, subtribos, subsubtribos cujos objetivos, objetivamente falando –

perdoem o pleonasmo –, não é uma transformação, mas um autoafirmar raivoso e excludente: tal é a minha identidade, meu "lugar de fala", você não tem legitimidade para sequer discutir comigo esse assunto. Embora cultivado nos últimos anos pela esquerda, a tribalização da política é o campo ideal para a proliferação da extrema-direita. Essa sempre foi identitária, nacionalista e, com frequência, racista. Todo discurso de Trump é essencialmente identitário, destinado à muito numerosa tribo dos brancos *rednecks* que se sentem mal com o avanço na sociedade dos negros e mulheres, têm raiva dos gays, veem com maus olhos a imigração. A afirmação de uma identidade superior – racial, étnica, ideológica, nacionalista, localista – está bem ajustada ao seu universo mental de "nós contra eles". Em um plano não ideológico, ela se dá nas torcidas de futebol violentas e nos ódios bairristas. No Rio de Janeiro, morar em uma favela controlada por uma facção rival do tráfico pode ser motivo de morte. Até mesmo crianças de escolas públicas acabam envolvidas em conflitos tribais bairristas desse tipo.

Evidentemente nem todas reivindicações de identidades se equivalem, mas é preciso ficar alerta quando se sobrepõem a aspirações mais amplas que visam o bem comum e são utilizadas para autoproclamar os "mais puros", os "mais verdadeiros", seja lá o quê. Um dos fatores que estimulou a tribalização identitária nas sociedades atuais foi a sua apropriação pela sociedade de consumo e seus mecanismos criadores ou reprodutores do desejo. A publicidade pela internet, mas também a mais clássica, de TV, está constantemente se apropriando de discursos identitários em seu *targeting* de consumidores. Algoritmos são desenvolvidos para vender coisas a tais ou quais nichos tribais.

Uma sociedade tribalizada é refratária ao diálogo, à troca, à síntese. Alimenta-se prioritariamente de hostilidade. No Brasil, isso foi dramaticamente ilustrado pelas eleições de 2018. Não houve mais hipótese de alianças amplas, modernas, buscando soluções ao alcance do Brasil com todas suas imensas vantagens para se afirmar na geopolítica do século XXI, efetuando sua transição para uma sociedade inclusiva e ecologicamente viável. Foi tudo regressivo. Resultado: a ressureição triunfante de uma extrema-direita raivosa e ativista. À semelhança do seu tipo de esquerda, só que de sinal trocado. Mas essa maioria relativa que, recentemente, se formou à direita tampouco escapará da mesma armadilha. Está condenada a se pulverizar, também ela, em identidades hostis. Já estamos assistindo isso.

É uma constatação muito cruel, mas verdadeira: na ação política, é

133

muito mais fácil trabalhar com energias negativas. Pau pra toda obra. "Denúncia", "repúdio", "protesto", "revolta"; todos correspondem a um sentimento interior de negatividade, raiva e frequentemente ódio – que evidentemente se justifica em determinadas situações extremas – servindo como mobilizador. É um expediente rápido, eficiente. Essa pulsão, segundo alguns pessimistas, embasados na neurociência, talvez esteja em conformidade com a natureza do cérebro humano. Certamente àquela do *Homus politicus*. Mas suscita a reação em sentido contrário que, ocasionalmente, poderá sobrepujá-la. É um bumerangue.

Em um tempo em que o mais importante não é tanto agir para transformar a realidade, mas, narcisisticamente, "se colocar", se expor, as mudanças também quase sempre só acontecem na esfera do virtual. Os aprendizes de feiticeiros do Vale do Silício com suas redes sociais – e algoritmos, supostamente libertadores – potencializaram o identitarismo tribalista, sectário e tornaram-se o grande conduto das energias negativas na sociedade. Uma legião de energúmenos que jamais tivera acesso a qualquer público para além daquele do boteco ou da sua sala de jantar passou a ter o poder de pontificar em escala social, exponencial.

Gay

Um dos grandes avanços culturais que ocorreu nos últimos trinta anos não só no Brasil como em boa parte do resto do mundo foi o reconhecimento dos diretos dos homossexuais. A luta pelos seus direitos civis e contra a discriminação vinha avançando no mundo, apesar de alguns retrocessos pontuais, sobretudo na Europa Oriental, no Oriente Médio e na África. Muitos países progrediram lá onde ainda havia fortes bolsões culturais, discriminação e intolerância. A situação é muito grave em países islâmicos, africanos e do leste da Europa com leis abertamente discriminatórias ou mesmo persecutórias, ou onde pululam fortes movimentos de massa agressivamente antigays. Surgiram massivas mobilizações de rua homófobas em Jerusalém, Moscou e Varsóvia.

Ao mesmo tempo se registraram avanços notáveis. Nas eleições de 2004, nos Estados Unidos, o marqueteiro republicano Karl Rove abusou da cartada anticasamento gay como tática de mobilização eleitoral dos republicanos para a reeleição de George W. Bush contra John Kerry. Foi uma estratégia atípica: Rove desprezou a disputa de votos ao centro e privilegiou a mobilização da base republicana religiosa sensível ao "conservadorismo social".

Oito anos depois, na sua campanha de reeleição, Obama usou a mesma bandeira, em uma estratégia análoga de mobilização de sua base, mas em sentido diametralmente oposto. Decidiu apoiar abertamente o casamento de pessoas do mesmo sexo, ainda que não estivesse muito claro nas pesquisas se isso o beneficiaria nos estados indecisos e decisivos. Acabou evidenciando uma significativa mudança de espírito na opinião norte-americana por força dos jovens eleitores.

Em sua acepção original, não era uma bandeira identitária da comunidade gay, mas uma luta contra um preconceito que, ao ser superado, tornaria melhor e mais feliz o conjunto da sociedade. Não contemplava apenas os LGBTs, mas suas famílias, muitas vezes conservadoras, que deixariam de se atormentar, envergonhar ou temer. As pessoas, afinal, perceberiam que qualquer maneira de amor vale a pena e que a aceitação do outro torna a todos melhores e mais felizes. Era uma causa basicamente de diretos civis na mais pura tradição de Martin Luther King: o direito que as pessoas têm de viver sua sexualidade e seu amor da forma para onde flui seu coração e seu desejo. Junto a isso vinham novos direitos no plano civil, inclusive o de ter um cônjuge do mesmo sexo legalmente reconhecido.

A forma de fazer isso avançar em uma sociedade eminentemente conservadora – sobretudo nos segmentos mais pobres – como a brasileira, em um tempo de crescimento de numerosas igrejas neopentecostais, requeria certos cuidados, precauções de forma. Já perdi a conta das pessoas conservadoras e fortemente religiosas que sensibilizei e convenci com essa singela argumentação: "As pessoas são como são. Todo mundo tem o direito de ser o quem é sem ser perseguido, discriminado ou alvo de violência por causa disso. Se relações entre pessoas do mesmo sexo são pecado, há um acerto com Deus, lá na frente. Jesus ama a todos. Aqui na Terra, no Brasil, vivemos em uma república laica e temos que aceitar uns aos outros." São relativamente poucos, apenas os indivíduos mais patológicos que, diante desse tipo de argumentação, respondem que não, nada disso, os gays têm mesmo é que ser sempre discriminados e achincalhados.

A coisa mudava de figura quando a questão era trazida para o terreno da educação sexual, inclusive em escolas para crianças de tenra idade. Houve muita deturpação e mentiras envolvendo a questão dos manuais por parte de políticos como Jair Bolsonaro, que surfaram sobre a onda com muito sucesso; mas, de fato, certos setores do movimento gay, uma vez no governo, imaginaram que poderiam estabelecer uma ação agressiva sobre o tema nas escolas. Muitos pais (e mães) que não são intolerantes nem preconceituosos não gostaram da ideia. Quando iniciou-se a polêmica no Congresso, comentei com colegas que atuavam naquela causa que estavam confundindo discurso do movimento com política de governo. O governo precisa levar em conta sensibilidades de diversos tipos de brasileiros, não apenas daqueles que têm uma visão progressista dos costumes. Sem se curvar ao conservadorismo religioso, devem evitar confrontá-lo agressivamente, brandindo – muitas vezes como bravata – a criminalização do discurso preconceituoso, genérico.

A Constituição não protege apenas o discurso politicamente correto. Dá liberdade ao discurso moralista, conservador, inclusive à condenação genérica de comportamentos sexuais desde que não incite à violência, oprima ou vexe pessoas individualizadamente. Por isso tentativas de criminalizar um discurso religioso homófobo foram um tiro no pé. Fizeram chover na horta da extrema-direita e da chamada bancada da Bíblia.

Um ingrediente explosivo era o deslavado oportunismo político de uns e outros, a forma histérica com que se confrontavam os expoentes do movimento gay e os porta-vozes do reacionarismo extremado, religioso e/ou fascistoide. Buscavam ambos o mesmo efeito: uma promoção eleitoreira em seus públicos respectivos. Rendeu dividendos políticos para uns e outros. Emulavam-se mutuamente, dançavam o minueto. A mídia adora um arranca-rabo com insultos, ameaças, cusparadas, agressões físicas e exageros verbais.

Já para quem almeja uma sociedade de fato mais livre e tolerante, com avanços institucionais e, sobretudo, mudanças culturais rumo à tolerância, o saldo era preocupante, duvidoso. Houve avanços naquele governo Dilma? Reduziu-se a homofobia na sociedade brasileira como um todo? Limitou-se a influência de seus vocalizadores? Reduziu-se a incidência das suas consequências mais odiosas: as violências contra homossexuais, os crimes de ódio?

Certamente, em termos anedóticos, poderíamos identificar situações que apontam para ambos os lados. No entanto, a sensação amarga que ficou é a de que os eventuais avanços, no âmbito de uma classe média esclarecida, corresponderam a uma forte reação em sentido contrário em vastos segmentos populares, sobretudo aqueles trabalhados pela crescente onda religiosa. Essa reação conservadora tornou-se poderoso elemento de rearticulação da extrema-direita política e cultural sob o codinome de "defesa da família brasileira".

A impressão que eu tinha na época – e que se confirmou tragica-

136

mente depois – foi de que o ganho político em termos de exposição de mídia (e eventualmente eleitoral) das lideranças anti-homofóbicas acabou sendo bem menor comparado ao ganho político/eleitoral dos seus inimigos. O deputado Jair Bolsonaro, que naquele momento passava a incorporar ao seu discurso de extrema-direita, nostálgico da ditadura militar, o furor antigay, rapidamente percebeu os potenciais dividendos. A causa fez do pastor Marcos Feliciano um cometa político. Figura despercebida do chamado baixo clero, foi consagrado nas asas de uma polêmica mal ajambrada.

Assisti de perto a esse microfenômeno político no episódio envolvendo a presidência da Comissão de Direitos Humanos da Câmara, em 2013. A verdade é que nenhum partido, grande ou médio, incluídos os de esquerda, se interessou por ela, que acabou sobrando para o PSC (Partido Social Cristão). Pelo desinteresse de outros parlamentares, esse partido acabou indicando para sua presidência o deputado pastor Feliciano, até aquele momento um parlamentar inexpressivo e pouco visível. Feliciano era dado a declarações e posturas homófobas que a mídia não tardou em detectar e colocar em evidência. Certamente era um absurdo tê-lo à frente de uma comissão de Direitos Humanos, mas não seria nem a primeira nem a última, em nosso parlamento, que teríamos uma comissão presidida por um antagonista do seu tema. Cabia ali marcar uma posição de crítica, exercer a vigilância e dar combate nas audiências e na medida que matérias legislativas fossem sendo examinadas e votadas.

No entanto, os ativistas do movimento, parlamentares e membros de suas equipes, perceberam que o conflito rendia um baita espaço na mídia e decidiram que a comissão simplesmente não poderia funcionar enquanto Feliciano permanecesse na presidência. Passaram a impedir as suas reuniões, subir na mesa gritando palavras de ordem tentando chamar o máximo de atenção da mídia. Funcionou em termos de centimetragem de matérias de jornal e minutagem de telejornal. Rendeu mundos e fundos nas redes sociais entre posts e tuitadas. Eleitoralmente, trouxe bons dividendos sobretudo para um deles, nas eleições de 2014. Grande vitória, então?

O problema é que o maior beneficiário político de tudo aquilo não foi outro senão o próprio pastor Feliciano. Foram diversas sonoras em *prime time* na TV Globo e Record, "Páginas amarelas", na *Veja*, artigo no "Debates" da *Folha de S.Paulo*, e presença agora quase diária nos jornais, rádios e TV. Ele obteve muito mais espaço, mobilizou um número significativamente maior de seguidores e se afirmou como uma estrela no firmamento da homofobia de cariz religioso. A cada voto, matéria ou tuitada contra, ele faturava muitas mais a seu favor. Era sintomático dos tempos por vir.

Estou caminhando pelo amplo corredor que liga o plenário da Câmara ao Anexo 4, onde fica a maioria dos gabinetes. Do lado oposto, ao fundo, vejo um tropel que de início tenho dificuldade para decifrar visualmente. Parece a carga da cavalaria ligeira. Chegando mais perto percebo do que se trata. Lá vem o jovem pastor cercado de repórteres, fotógrafos, câmeras de TV, todos se acotovelando à sua volta. E ele, no sétimo céu de felicidade!

As propostas parlamentares da ala radical que davam o tom do movimento iam na mesma linha barulhenta e ineficaz. Em sua justa ânsia de combater a homofobia, acabavam trocando os pés pelas mãos e mobilizando contra eles setores que, minimamente bem trabalhados, poderiam, senão virar aliados, pelo menos ser neutralizados. A extrema-esquerda, com evidente má-fé, acusou Marina Silva de "conciliar com a homofobia" de Feliciano por se esquivar de prestar apoio a um substitutivo deles ao PL 122 e de incluir disposições deles no seu programa de governo, em 2014.

Diferentemente de 2010, não participei da coordenação da campanha da Marina em 2014. Nossa relação era tensa e complicada. No entanto, entrei em campo para apoiá-la e escrevi um artigo no *Estado de S.Paulo* criticando a versão que li desse substitutivo. Encontrei esse texto no site dos proponentes, que depois me atacaram alegando que aquela versão que critiquei já estava "ultrapassada", mas era a que lá estava. Lamento, mas era uma peça legislativa bisonha e tecnicamente mal ajambrada, mas perfeitamente ilustrativa de seus equívocos. Propunha punir com pena de prisão delitos sem violência: palavras e atitudes de discriminação, algumas de caracterização bastante complexa na vida real. Por exemplo: "II – ofender a honra das coletividades previstas no caput" (referia-se a comportamentais e religiosas). O texto criminalizava uma invectiva conceitual, não personalizada, com penas de prisão de dois a sete anos de cadeia. Criaria, assim, um delito de opinião/expressão genérico.

Também previa prisão para os culpados por preconceito: "I – impedir ou obstar o acesso de pessoa, devidamente habilitada, a cargo ou emprego público, ou obstar sua promoção funcional". Imaginemos isto na vida real, em um caso de nomeação para um cargo comissionado de livre provimento. Um gestor público pretere um postulante homossexual por considerar outra pessoa mais competente ou apropriada para aquele cargo comissionado DAS. Inconformado, o preterido denuncia criminalmente o gestor público por "obstar seu acesso" ao cobiçado cargo por ser gay. O gestor em questão fica exposto à pena de prisão. Dificilmente terminará recluso, mas sua vida, nos próximos anos, vira um inferno, já que o não nomeado contratou o dr. Vivaldino Rábula, advogado cheio das manhas e truques, muito bem relacionado, que toca uma litigância dessas como ninguém.

Havia mais: "Aumenta-se a pena dos crimes previstos nesta lei de um sexto a metade se a ofensa foi também motivada por raça, cor, etnia, procedência nacional e religião (...)". Vamos imaginar uma partida entre Corinthians e Boca Juniors. A "Fiel", com a sua habitual delicadeza, resolve marcar aquele craque adversário: "*Cucaracho maricón!*" Alguns milhares de torcedores acabam de se expor a uma pena de dois a sete anos de cadeia... Logo, a galera passa a delinquir "agravadamente", pois também insulta a "procedência nacional" do jogador: "*Argentino maricón!*" A pena, assim, se vê agravada de um sexto. Na sequência, a torcida reincide atribuindo certa orientação sexual ao árbitro da partida...

Fala sério, diria o imortal Bussunda. Na Europa, as próprias confederações de futebol criaram mecanismos para coibir manifestações racistas de torcidas. A intenção de combater a homofobia era louvável, mas o método, tolo, tipicamente brasileiro: criar uma nova lei que ninguém conseguirá aplicar ou, caso aplicada a sério, engendraria considerável incremento da população carcerária. A prisão fechada era a única punição prevista para todos aqueles delitos contemplados! O Artigo 5º ainda explicitava: "Em nenhuma hipótese as penas previstas nesta Lei serão substituídas por prestações pecuniárias." Tudo isso em um momento em que a sociedade discutia penas alternativas para crimes sem violência e os presídios encontravam-se superlotados com frequentes rebeliões sangrentas.

Eu defendia agravar as penas do Código Penal relacionadas a homicídio ou agressão quando motivadas por ódio homofóbico. Era totalmente favorável a coibir com severidade qualquer incitação à violência. No entanto, acreditava que apenas casos envolvendo a efetiva prática da violência ou incitamentos com essa consequência deveriam ser punidos com penas de encarceramento. Os delitos que acarretassem dano moral, inequívoco, individualizado e bem identificado, como a vedação do ingresso de alguém em um estabelecimento, perseguição profissional, bullying ou demissão abusiva de gays, deficientes ou religiosos de qual-

139

quer crença por preconceito deveriam doer no bolso do autor e expô-lo publicamente. Não fazia sentido, no entanto, criminalizar um discurso genérico contra uma coletividade comportamental. Nada acabou sendo aprovado, nem naquela legislatura, nem na seguinte, o que levou recentemente o STF a equiparar a homofobia ao racismo, um passo no bom sentido, mas que também dificilmente se traduzirá, por si só, em uma ação eficaz.

Existe um grande número de pessoas que não são homofóbicas nem mesmo preconceituosas, mas simplesmente não pensam de forma tão ousada quanto aquela aguerrida vanguarda moderna, descolada, para a qual afirmar seu orgulho comportamental é mais importante do que trabalhar pelo desenvolvimento da tolerância de quem pensa diferente. Esses podem ter convicções religiosas ou idiossincráticas adversas, mas, eventualmente, ter seus corações e mentes sensibilizados, ou pelo menos neutralizados, por linhas de argumentação mais acessíveis ao seu universo. Um discurso acusatório, estigmatizando-as como retrógradas – ainda que o sejam –, terá zero chance de sucesso. No que pesem as histórias de amores gays em telenovelas ou a virtual unanimidade bem-pensante da imprensa, a homofobia não foi reduzida em escala social no Brasil. No final, pelo menos por ora, com a influência das redes sociais, um pedaço enorme da sociedade ficou mais intolerante, mais homófobo e agora tem todo um governo para apoiá-lo. Tende a piorar, antes de melhorar.

Mais racista que os Estados Unidos?

Leonard interroga à queima-roupa:

– Você acha o Brasil um país mais racista que os Estados Unidos?

– Quem te disse isso? – pergunto.

– Vários brasileiros, no Rio, alguns negros, mas sobretudo brancos de esquerda.

(Falávamos inglês, e ele se refere a eles como *radical white guys*.)

Estamos em sua enorme caminhonete Cadillac, parados num puta engarrafamento na via expressa 405, de Los Angeles, em direção a *downtown*, onde fica a University of Southern California (USC), da qual ele é decano da Faculdade de Economia.

Leonard Mitchel é meu melhor amigo norte-americano. Ex-jogador de rúgbi – ou *football*, como eles chamam aquilo, por heresia –, um negão enorme de quase dois metros de altura. Generoso como ninguém. Conheci o Leonard quando ele veio com sua turma de alunos para um estágio de projetos urbanos no Instituto Municipal de Urbanismo Pereira Passos (IPP) que eu então presidia cumulativamente à secretaria municipal de urbanismo do Rio. Nossa amizade foi instantânea. Tenho certa dificuldade de amizades maiores com os gringos; meus amigos do peito norte-americanos são negros ou judeus. Leonard é certamente o maior deles em carinho e estatura.

Naquela tarde íamos encontrar Shelby Jordan, um ídolo do *football* de uma geração mais nova que empreendia e fazia um trabalho social no deteriorado centro de LA. Ele ia se reunir na USC com Leonard e técnicos da prefeitura. Leonard me convidou para assistir a reunião e conhecer Jordan, que então tinha 54 anos e fora campeão pelos *Los Angeles Raiders* nos anos setenta. Em seu currículo, o *Super Bowl* da *National Football League* (NFL) e a fama de ter sido um dos cinco maiores bloqueadores de todos os tempos.

Era ainda maior que o Leonard, com mais de dois metros – perto dele eu parecia baixinho – depois da glória desportiva, tornara-se um dos grandes construtores de Los Angeles. Apesar da fortuna, ele continuava vivendo em Palos Verdes, uma área pobre e problemática, e cerca de 10% dos seus investimentos eram feitos em habitação de baixa renda. Jordan fazia parcerias com a sua igreja batista, *Faith Central*, estruturando sociedades sem fins lucrativos destinadas à recuperação de áreas degradadas para as quais levantava financiamentos no intuito de construir moradia de qualidade para famílias pobres.

Seus empreendimentos realmente pareciam moradia de classe média e envolviam sempre uma requalificação urbanística de todo o entorno: arborização, construção de quadras desportivas e uma grande ênfase na iluminação pública, que ele considerava essencial para inibir o crime. Em seu trabalho dedicado a reabilitar áreas devastadas pela pobreza, pela exclusão e pela violência das gangues, Jordan era atencioso, generoso, mas não paternalista. Não abria mão do equilíbrio econômico-financeiro dos projetos, que tinham que se pagar. A inadimplência dos locatários resultava em despejo, no prazo de sessenta a noventa dias, e havia regras de comportamento a serem rigorosamente respeitadas: tolerância zero com o vandalismo, inspeções frequentes para garantir o bom estado de conservação dos apartamentos, cujos reparos ficavam sob responsabilidade dele, mas deviam ser solicitados de imediato, sempre que surgisse o problema. A disciplina e a organização dos times vencedores do rúgbi era aplicada com rigor aos projetos de moradia.

Apresentado por Leonard como secretário de Urbanismo do Rio de

Janeiro, acompanhei a reunião de ambos com três assessores do então prefeito de Los Angeles, Antonio Villaraigosa, para tratar da revitalização do entorno da USC. Jordan explicava pacientemente seu propósito para os assessores do prefeito. A única coisa que pedia à prefeitura de LA era um *upgrade* da iluminação pública; em relação ao resto, não havia necessidade de recursos do orçamento da cidade, bastava a prefeitura não atrapalhar.

A revitalização do entorno da USC, perto do *downtown*, era um projeto de cerca de novecentos milhões de dólares que envolvia também a construção de um estádio de futebol (nosso futebol, o *soccer*) junto ao estádio de rúgbi da NFL, ao lado da universidade. Haveria supressão de diversos estacionamentos gigantes, que passariam para o subsolo, com a superfície ocupada por áreas verdes, moradia, escritórios e equipamentos desportivos. Curiosamente o desafio lembrava um pouco o da UFRJ, no Fundão. À época, eu pensava que precisava atrair empreendimentos residenciais para povoar mais a ilha, um vazio urbano cada vez mais inseguro. Era algo de que a esquerda que dominava o conselho universitário não queria nem ouvir falar.

A ausência de residências era um problema, óbvio, do esvaziado *downtown* de LA. Às cinco da tarde, suas ruas já estão desertas. A poucos quarteirões da prefeitura havia uma imensa área, desolada, denominada *Skid Row*. Na rica e fulgurante Los Angeles, aquele avesso do sonho americano: milhares e milhares (Leonard me garante que chegavam a cinquenta mil) de sem-teto. Dormem nas calçadas de *Skid Row*, em tendas improvisadas. Gente de todas as raças – com uma quantidade desproporcional de negros, é claro – e também veteranos das guerras do Vietnã e do Iraque.

Um conflito se estabelecia entre investidores em áreas degradadas, como Shelby Jordan, e funcionários dos órgãos assistencialistas da prefeitura de LA. Os investidores queriam comprar propriedades, inclusive hotéis, onde se alojam alguns dos sem-teto. Mas a prefeitura suspendera temporariamente as aquisições de imóveis da área, sensível a um discurso contra a gentrificação, um conceito multifacetado que facilmente pode resvalar em uma postura conservadora que perpetua a degradação e a miserabilidade assistida. Shelby e Leonard, a léguas de distância de uma intenção de renovação urbana especulativa, se exasperavam com essa resistência burra. Sonhavam com uma nova dinâmica econômica que mudasse a face do *downtown* de Los Angeles, requalificada, com um mix de moradia de classe média e de baixa renda e investimentos que gerassem empregos, diminuindo a demanda pelo assistencialismo clientelista que alimentava *Skid Row*. Aquilo me lembrava as discussões que eu estava tendo no Rio em relação ao Centro e à área portuária. Todas as megacidades têm problemas parecidos. A grande diferença apresentada por aquelas norte-americanas é a existência de uma extensa classe empreendedora, com capacidade real de investimento, independente de governo, de republicanos ou de democratas. É quem dá àquela economia seu intenso dinamismo e, tradicionalmente, pratica variadas formas de solidariedade social e filantropia por canais tanto laicos como religiosos. Isso propicia que a revitalização de bairros degradados muitas vezes aconteça sem e, por vezes – como no caso do Soho, em Nova York –, contra governos. Outra realidade...

Estávamos em um daqueles monstruosos engarrafamentos da 405 quando Leonard me fez aquela pergunta. É verdade que o Brasil é mais racista que os Estados Unidos? *Bullshit, fucking bullshit*, respondo. Não, o Brasil não é mais racista que os Estados Unidos. Aquilo que Leonard ouvira de alguns brasileiros era uma afirmação típica de uma esquerda ignorante, radical e masoquista que, para além das muitas críticas justas que nossa sociedade de fato merece, sente um prazer mórbido em rebaixar o Brasil, postura que parece vir do tal complexo de vira-lata, já identificado pelo dramaturgo Nelson Rodrigues. Uma manifestação de profunda ignorância histórica, incapaz de diferenciar dois tipos de problema racial distintos.

O racismo obviamente existe no Brasil, é grave e se origina de uma profunda discriminação de base econômica. A proporção de negros na população é muito maior que nos Estados Unidos; é maioria. Fomos um dos últimos países a abolir a escravidão, e a república que sucedeu à Lei Aurea foi imposta, em boa parte, por militares e políticos escravocratas ressentidos. A manifestação típica do racismo à brasileira, já sofrida por quase todo negro pobre ou de classe média, é ser olhado de cima, ser tomado como socialmente inferior. Todos conhecemos histórias do profissional liberal a quem um branco azedo distraído entrega as chaves do carro. Em segmentos mais pobres ainda há o tipo de racismo do perdedor, com pânico de não avistar mais ninguém abaixo dele. É um tipo de complexo de inferioridade que não concebe que um negro esteja "melhor" que ele. Precisa, de alguém em relação ao qual possa se sentir superior. Já em meios ricos, aristocráticos, há ainda aquele outro tipo de racismo, mais abrangente, contra quem não faz parte da elite quatrocentona. Além dos negros, entram na roda os japoneses, "baianos", "paraí-

143

bas", os judeus, e por aí vai. Longe de mim subestimar nosso racismo. Há aqui também muito menos negros ricos como Leonard ou Jordan, o que, no entanto, tem muito a ver com o dinamismo daquela economia dez vezes maior que a nossa oferecendo facilidades a uma numerosa classe empreendedora.

Achar que somos uma sociedade mais racista do que a norte-americana revela um imenso desconhecimento dos Estados Unidos de sua história, cultura e política. A grande diferença está no componente do ódio racial – institucionalizado como apartheid, abolido nos anos sessenta, mas ainda hoje intenso. Presente na mobilização que permitiu Donald Trump tornar-se presidente dos Estados Unidos, apesar dos quase três milhões de votos a menos que teve nacionalmente.

O ódio racial nos Estados Unidos tem como raiz freudiana um pavor da miscigenação. Possui um pano de fundo sexual, odiento. O pânico maior do WASP (*White, Anglo-Saxon and Protestant*) escravagista e, depois, segregacionista, do Sul, herdeiro da moral vitoriana, era conceber o sexo multirracial, em particular entre homens negros e mulheres brancas. O discurso indignado de líderes políticos segregacionistas antevia como resultado uma "raça mongoloide". Respeitáveis senadores sulistas, como o legendário Richard Russell, proclamavam isso com todas as letras, na tribuna do Senado, até os anos sessenta: abolir a segregação, nos estados da velha Confederação, resultaria na mistura das raças e na degradação biológica da espécie humana.

Esse pânico foi a grande motivação do segregacionismo que sobreviveu mais de um século à derrota da Confederação na Guerra Civil. Permanece até hoje como um sentimento forte, e não apenas no Sul. Só nas últimas décadas foi algo inibido, socialmente desqualificado, embora continue a existir milímetros sob a epiderme dos *rednecks* e constitua a motivação primordial do movimento supremacista: defender a "pureza" da raça branca contra a miscigenação.

No Brasil, miscigenação nunca foi problema. O colonizador português, com todos os seus outros grandes defeitos, não possuía esse. Sexo rolou desde o início entre europeus, índios e negros, numa sem-vergonhice tropical que nos poupou do ódio/pânico racial e do *apartheid*, embora não de outras manifestações de racismo mais ancoradas na espoliação, na exploração econômica e no sentimento de superioridade social. Há quem argumente que essa miscigenação é pior que o *apartheid* americano, pois foi sinônimo de estupro. No caso das índias, a crônica histórica registra uma predominância de sexo consensual. Durante muito tempo houve aliança entre europeus e índios contra respectivos inimigos, nacionais ou tribais, também aliados entre si, o que não atenua o genocídio que acabou dizimando as tribos pelo ferro, fogo e germes. O caso da relação com as escravas negras é mais complexo. A própria relação escravocrata trazia, em si, uma correlação de forças que tornava o sexo irrecusável, ainda que os atos em si não fossem perpetrados pela violência. Mas cabe certa prudência quando analisamos o passado remoto com os olhos de hoje. Sob tal olhar, que dizer das tribos africanas e indígenas que devoravam seus rivais, destruíam suas aldeias e os escravizavam? E depois, no caso africano, as que passaram a vender esses escravos aos europeus? Que dizer dos astecas, maias e incas com seus sacrifícios humanos? Entramos em um terreno deveras pantanoso e complexo. Por outro lado, não se podem excluir da miscigenação brasileira situações de atração mútua, erotismo e até amor. Então não vamos sustentar que nossa mistura racial é mais condenável que a pureza WASP. Nunca houve aqui uma Ku-Klux-Klan.

O Brasil é um *melting pot* muito mais bem-sucedido que os Estados Unidos. A herança e a cultura negra entranharam-se de forma muito mais profunda na nossa sociedade como um todo. Elas são queridas e valorizadas em todas as partes do país, na música, na culinária, na capoeira, no candomblé, na estética. Há apreço e carinho pela raiz africana. Isso convive com uma situação de injustiça social na qual os negros constituem a maioria dos pobres. Além de serem, a maioria da população. Apesar desses nossos problemas, que são legião, jamais tivemos aqui o regime de *apartheid* institucionalizado – segregação no direito ao voto, ônibus, escolas, piscinas, banheiros, bares e hotéis – e não possuímos ódio racial virulento, violento, como o presente na sociedade norte-americana, principalmente no Sul. Daí que a americanização da questão negra no Brasil é um equívoco que conduz a um identitarismo sem sentido o qual, com ajuda da mídia e das redes sociais, vai produzindo seus folclores: eis que querem censurar a palavra "mulata" nos sambas de Carnaval, porque seria politicamente incorreta ao aludir, segundo parece, uma remota origem linguística da expressão, relacionada à mula. Juro que nunca antes me havia dado conta disso. E você?

Outra: estava certa feita em uma palestra sobre combate à poluição nos transportes e me referi ao primitivo teste do cartão de Ringelmann, que mede a intensidade da fumaça negra dos ônibus a diesel para determinar seu grau de emissão. Um rapaz – branco – me admoestou. "Fumaça negra é uma expressão racista", insistiu, buscando com seu olhar a aprovação da plateia. Alguns bateram palmas. Calmamente respondi que, na minha

145

óptica, era apenas a cor da fumaça que jorrava do tubo de escapamento do ônibus com bomba injetora desregulada. Tinha essa cor, não? Iniciou-se uma discussão sobre a necessidade de evitar palavras com suposta conotação racial. Na visão dele, depunha contra "negra" sua associação à poluição da fumaça. Confessei minha total incapacidade mental de acompanhá-lo em seus meandros, aquele raciocínio tão politicamente correto, diretamente importado daquele contexto universitário norte-americano que Mark Lilla critica em seu livro. Terminei a discussão garantindo-lhes que não ficaria ofendido se dissesse que eu "judiara" do seu conceito. Entendia bem que a expressão tornara-se usual e há muito transcendera sua patente origem antissemita.

A manifestação recente mais bizarra do politicamente correto – essa também beociamente importada do ambiente acadêmico dos Estados Unidos – foi aquela da "apropriação cultural". Manifestou-se na estigmatização do uso de turbantes por mulheres não-afrodescendentes. Então meu gorro jamaicano ou meu amor pelo reggae também acabaria ficando *off limits*? Meu amigo negão não poderia mais envergar seu quimono de seda nem tu, japinha, aquele poncho mapuche, nem tu, loiraça, uma cabeleira afro? É assustador como a tribalização pós-moderna acaba chegando à segregação e dando a volta pelo outro lado.

Nós, verdes, havíamos levantado nos anos oitenta algo que na época a esquerda, com a notável exceção do PDT de Leonel Brizola, desconsiderava, como se alheio à luta de classes: a questão negra. Sem dúvida na história do Brasil temos essa chaga de quão tardia e tortuosa foi a nossa abolição da escravatura, de quão profundamente suas sequelas se plasmaram na estrutura social brasileira e permaneceram, não obstante progressos sociais que marcaram o país em determinados momentos históricos. Isso se reflete na sub-representação dos negros nas classes mais abastadas e nas funções de elite do Estado, chegando a níveis caricatos no Itamaraty, onde negros são quase invisíveis. Deve haver algum, mas eu, pelo menos, nunca encontrei.

Houve também, historicamente, certa desconsideração institucional pelo imenso aporte da cultura negra. Esse descaso coexistiu em contraposição ao fascínio e carinho que um imenso segmento da sociedade tem por ela na música, na culinária, nas religiões afro-brasileiras, na capoeira. Nossa sociedade comporta esses dois lados da moeda. Nas últimas décadas, houve fortes avanços no combate legal ao racismo em suas manifestações ostensivas e experimentaram-se políticas de ação afirmativa, sobretudo na área da educação com as políticas de cotas.

A fonte de inspiração das primeiras é europeia: a legislação que coíbe o discurso racista e antissemita adotada para combater a herança do nazismo. Isso não tem paralelo algum nos Estados Unidos que, com base no *First Amendment*, garante a mais irrestrita liberdade de expressão. O país não criminaliza nenhum tipo de discurso, por mais odioso que seja. Racismo, nazismo, mesmo o incitamento à violência armada, se não forem seguido de ato, são tolerados. Já a ação afirmativa foi inspirada na experiência norte-americana que acompanhou o desmantelamento do racismo institucional, persistente sob a forma de *apartheid* nos estados do Sul até meados dos anos sessenta, e forçou o convívio das crianças brancas e negras nas escolas. Aqui, adotamos ambas as vertentes.

Em geral, sou favorável às cotas nas universidades, desde que dentro de um horizonte limitado a algumas décadas e buscando seu aperfeiçoamento mediante mecanismos que identifiquem com mais clareza o problema tal qual se dá no Brasil, com seu aspecto fortemente socioeconômico. Sem ter ainda uma conclusão final a respeito, intuo que foram benéficas e ajudaram a equalizar oportunidades em um país socialmente injusto ao extremo como o nosso. Admito que é uma solução complexa que engendra certos problemas novos difíceis de equacionar. O racialismo pode estimular o racismo e fortes sentimentos de injustiça dos preteridos brancos pobres. Tendo a ser bem mais cauteloso em relação à sua extensão a outros níveis e instituições, notadamente ao concurso público, talvez com a exceção que mencionei, porque nossa diplomacia tem que refletir de alguma forma nossa cara e identidade.

Permaneço com os legados de Luther King e Nelson Mandela, que souberam superar quaisquer veleidades identitárias ou tribalistas. King tinha um sonho para a América como um todo. Ela ficaria melhor com o fim da discriminação e com a afirmação dos direitos civis dos negros. Mandela transformou um regime de apartheid em uma democracia de maioria negra, promoveu a pacificação e conquistou o apoio da maioria da minoria branca, ganhou corações e mentes propiciando, sem banho de sangue, a mais difícil das transições. Estão entre as melhores lições que nos deixou o terrível século XX.

Yossi e Yasser

Yossi Beilin, ex-ministro da Justiça de Israel, e Yasser Abed Rabbo, ex-ministro da Cultura da Autoridade Palestina e, na época, secretário-geral da Organização para a Libertação da Palestina (OLP), sentaram-se juntos a uma mesa meio improvisada na sala de reuniões de um hotel na praia da Boa Viagem, em Recife, no seminário Pernambuco no Clima, preparatório do Rio Clima (The Rio Climate Challenge), um evento paralelo à Rio+20, uma grande Conferência da ONU a se realizar menos de três meses mais tarde.

Éramos uns cinquenta participantes, entre eles o ex-ministro da Cultura, Gilberto Gil; o governador de Pernambuco, Eduardo Campos; o prefeito do Recife; o secretário de Meio Ambiente do estado, Sérgio Xavier; o secretário executivo do Fórum Brasileiro de Mudanças Climáticas (FBMC), Luiz Pinguelli; o secretário executivo do Fórum de Mudanças Climáticas do Rio de Janeiro, Sérgio Besserman; Fabio Feldmann; a responsável de economia verde do governo do Rio de Janeiro, Suzana Kahn; o professor Emilio La Rovere da COPPE; o ex-diretor do Serviço Florestal Brasileiro, Tasso Azevedo; o professor Eduardo Viola; os professores do MIT e da Tufts University Travis Franck e Mieke van der Wansem; o professor Bana e Costa da London School of Economics; o presidente do Breakthrough Institute, Michael Shellenberger, tido como um "heterodoxo climático"; e os dois grandes artífices do Protocolo de Genebra, de 2003, Yossi e Yasser.

Yossi Beilin, à época, se afastava do seu pequeno partido de esquerda, o Meretz, e Abed Rabbo estava isolado no contexto político palestino. Era odiado pelo Hamas e mantinha uma relação complicada com o Fatah, crítico que era do presidente Mahmoud Abbas. O que tinha aquela dupla a ver com mudanças climáticas? Era a pergunta inevitável dos jornalistas e de alguns outros participantes. Que diabos de contribuição aqueles dois líderes políticos do Oriente Médio, no ostracismo em seus respectivos contextos nacionais, poderiam dar à redução de gases de efeito estufa? Um efeito de comparação entre duas causas perdidas?

Tudo a ver, na minha óptica, mas confesso que, assim como várias das minhas outras ideias – que, em seus tempos, considerei brilhantes –, aquela era um tanto barroca, conquanto simpática: passados três anos do impasse de Copenhagen, eu queria promover uma simulação do que poderia vir a ser um acordo climático viável mediante uma negociação simulada entre delegações de países-chaves. Elas seriam constituídas por prestigiosos ex-integrantes de governos, cientistas, gente do terceiro setor e da iniciativa privada. Juntos, elaborariam cenários plausíveis para um acordo do clima. Como parâmetro, definimos apenas que o tal acordo simulado deveria manter a concentração de gases de efeito estufa na atmosfera abaixo de 450 ppm, o que, segundo os cientistas, representa uma boa chance de limitar o aumento da temperatura média do planeta abaixo dos 2ºC.

A experiência que Yossi e Yasser aportavam àquela discussão era a de uma complexa e fascinante negociação simulada: a do Protocolo de Genebra, o esforço mais sério e realista jamais realizado para a paz entre Israel e palestinos mediante uma solução de dois Estados. Para isso contou com duas equipes de alto nível, que haviam participado das negociações oficiais, entre o fracasso de Camp David, em 2000, até a suspensão final das conversações, depois da reunião de Taba, em 2001, quando o então primeiro-ministro trabalhista, Ehud Barak, convocou eleições antecipadas, que perderia para Ariel Sharon. Aqueles negociadores tinham decidido prosseguir informalmente, com apoio da Suíça, e três anos mais tarde lograram um "acordo" que mostrou como seria possível chegar à solução de dois Estados resolvendo o problema de Jerusalém, das fronteiras, dos refugiados e das garantias de segurança para Israel e todos outros.

"Passamos três semanas negociando uma última casa, em Jerusalém", explicou-me Yossi. O Protocolo de Genebra foi impresso em milhões de exemplares e distribuído praticamente à população israelense e palestina inteira. Se algum dia houver uma solução pacífica de dois Estados, retomará nas grandes linhas esse Protocolo hoje quase esquecido.

A verdade é que, a partir das duas guerras com o Hamas, em Gaza, com a volta de Benjamin Netanyahu e sua aliança com a extrema-direita, com seu apoio total aos assentamentos na Cisjordânia, e a terrível guerra civil na Síria, a sociedade israelense majoritariamente se desinteressou do processo de paz e se conformou com a realidade de um Grande Israel binacional com um dos povos – o palestino – vivendo sob um regime de *apartheid*. A maioria dos palestinos também desacreditou de uma solução pacífica. O Hamas, que domina militarmente a Faixa de Gaza e exerce forte influência política na Cisjordânia, sente-se contemplado com o impasse, porque sonha com o fim do Estado judeu a longo prazo. Em décadas ou séculos, Alá proverá a revanche.

Enquanto isso, os assentamentos se expandem e sua população cresce, sua rede de autoestradas, proibidas aos palestinos, se amplia praticamente inviabilizando um Estado palestino com alguma contiguidade territorial. Sobrariam alguns bantustões urbanos. Na prática, há uma concordância tácita da direita e da extrema-direita israelense com o fundamentalismo islâmico em torno de um conflito latente, sem solução, sem fim. Politicamente, favorece-os contra seus respectivos adversários

149

políticos internos. Ambos acreditam piamente que o tempo joga a seu favor. No imediato, domina o Grande Israel. Mas e no futuro, dentro de duas, três, quatro gerações?

Naquele momento em 2012, três anos após o fracasso de Copenhagen, um acordo do clima eficaz parecia tão complicado quando a paz no Oriente Médio. Três anos depois, com o Acordo de Paris, a negociação climática internacional mostrar-se-ia mais tratável, pelo menos diplomaticamente, do que o exasperante conflito tribal e nacional-religioso em terras bíblicas, com tanta história para tão pouca geografia.

Como meu objetivo naquele evento paralelo à Rio+20 era simular uma negociação climática para ter insights do que poderia funcionar, recorri a Yossi, que havia conhecido no ano anterior, no Rio, quando organizei sua palestra no Centro Brasileiro de Relações Internacionais (CEBRI). Ele me passou o contato de Yasser em Ramallah, e convidei ambos para a reunião preparatória em Recife, em abril, para que nos narrassem suas experiências na negociação "simulada" do Protocolo de Genebra.

Os dois vieram a Recife com suas esposas e pareciam um dueto bem afinado. Levei ambos a Brasília para uma visita ao então ministro de Relações Exteriores, Antônio Patriota, que conhecia bem o tema e sonhava com um papel mediador para o Brasil. Em uma reunião do Fórum Brasileiro de Mudança Climática, no Palácio do Planalto, sugeri à presidente Dilma que os recebesse em uma audiência. Ela, momentaneamente desarmada em relação a mim, reagiu de maneira favorável e me disse para "marcar a audiência com o Gilles".

Seguindo sua orientação, procurei o poderoso assessor, com alguma persistência, mas ele simplesmente não me atendeu nem retornou as chamadas. O encontro da Dilma com os negociadores do Protocolo de Genebra ficou, por assim dizer, fora do ar. Ambos foram recebidos junto comigo com grande interesse e simpatia pelo ministro Antônio Patriota. Pouco tempo depois, ele cairia em consequência da crise com Evo Morales, da Bolívia, por causa da "exfiltração" de um senador boliviano, Roger Pinto Molina, seu desafeto, exilado na embaixada em La Paz pelas mãos de nosso diplomata, Eduardo Saboia. A ira presidencial abateu-se sobre Patriota, que foi exonerado. Molina morreria, em 2017, em um desastre com um avião monomotor perto de Brasília. Patriota foi para nossa missão na ONU e depois a embaixada em Roma.

Para o lugar de Patriota foi nomeado o Luiz Alberto Figueiredo. Mantivemos um bom clima de diálogo e cooperação. Por coincidência, eu estava em seu gabinete dois anos mais tarde, quando, pelo celular, me chegou a terrível notícia do acidente aéreo com o ex-governador de Pernambuco e candidato à presidência, Eduardo Campos. Campos fora nosso anfitrião naquela ocasião, em Recife.

O saldo do Rio Clima 2012, em junho, como evento paralelo da Rio+20, foi muito positivo. Veio gente de alto nível de catorze países, com destaque para a então secretária executiva da UNFCCC, Christiana Figueres, e seu antecessor, Yvo de Boer (cujas lágrimas de raiva comoveram a COP 15, em Copenhagen); Laurence Tubiana, que teria um papel muito influente no Acordo de Paris; minha amiga, Wu Changhua, uma chinesa muito bem conectada, então integrante do Climate Group; voltou o Yossi Beilin, mas sem o Yasser; Kaushik Deb, economista hindu do setor privado, muito safo; Andrew Steer, um dos cardeais do Banco Mundial, logo CEO da WRI; Tom Heller, assessor de meio ambiente do George Soros; David Jhirad, economista indiano-norte-americano próximo dos Clinton (que veio a falecer no ano seguinte); e um primeiro time de brasileiros: os professores Carlos Nobre, José Goldemberg, Emilio La Rovere, Eduardo Viola e Luiz Pinguelli Rosa; os ambientalistas Fabio Feldmann e Tasso Azevedo; e duas estrelas então em ascensão na política brasileira, o Eduardo Campos e o Eduardo Paes. Além deles, tiveram boa participação o senador Rodrigo Rollemberg e o deputado e ex-governador de Minas Gerais, Eduardo Azeredo, e o deputado Zequinha Sarney (Sarney Filho).

Ficaram prontas as nossas recomendações para a Rio+20, que distribuímos a todas as delegações na conferência oficial que aprovaria as Metas do Desenvolvimento Sustentável (SDG). Trabalhamos as simulações e o processo de decisão com um software do MIT para testar a influência de medidas concretas no aumento da temperatura média do planeta e o Macbet, desenvolvido pelo professor Carlos Bana e Costa, na London School of Economics, um de nossos facilitadores para realizar uma análise qualitativa multicritérios.

Não pudemos fazer, nessa ocasião, a tal negociação simulada entre os políticos influentes "representando" governos, pois faltou massa crítica, sobretudo em relação aos americanos. Convidamos vários políticos, entre eles dois senadores (o democrata John Kerry e a republicana Susan Collins) que declinaram gentilmente alegando importantes afazeres em Washington ou não responderam. Parece que viajar para discutir temas ambientais não era eleitoralmente bom para nenhum deles naquele período pré-campanha.

As recomendações foram amplamente consensuais: cinco grandes propostas foram formuladas para qualificar os passos iniciais rumo a um Bretton Woods da descarbonização.

1 – Rever o PIB como indicador-mor e fetiche do desenvolvimento: desmatamento e acidentes de trânsito não podem mais ser contabilizados como crescimento econômico!

2 – Reformar sistemas de tributos/subsídios ambientais e socialmente regressivos substituindo-os pela taxação da intensidade de carbono. Acabar com os subsídios aos derivados de petróleo e alocar boa parte dessa verba para compensação social a fim de enfrentar os aumentos de preços que isso provocaria.

3 – Um New Deal verde planetário: um grande investimento público de governos e bancos multilaterais em inovação tecnológica, energias limpas, megarreflorestamentos, reconversão de sistemas de transporte e saneamento básico, gerando milhões de empregos.

4 – Reconhecer o valor econômico dos serviços ambientais prestados pelos ecossistemas.

5 – Uma "Bretton Woods do baixo carbono" para uma nova ordem financeira global, com produtos financeiros e conversibilidade de moedas lastreadas na redução de carbono tentando trazer parte desse trilhões de dólares da bolha financeira internacional para uma economia produtiva de baixo carbono.

Recomendamos que as negociações do clima se estendessem ao G20, e que se instituísse um totem, um "termômetro global" nas praças e ruas das cidades de todo o mundo assinalando mensalmente a progressão da concentração de gases de efeito estufa rumo à marca crítica das 450 ppm.

Decidimos nos instituir como um *think tank* permanente sobre clima, baseado no Rio de Janeiro, onde fora assinada a Convenção do Clima em 92. Ficou o legado: o Rio Clima transformou-se em um evento regular que repetimos depois em 2013, 2015, 2017 e 2019. Em 2015, ao deixar o Congresso, formalizei o *think tank*: o Centro Brasil no Clima (CBC) e a ideia do Bretton Woods de baixo carbono se desdobraram na proposta de reconhecimento do valor econômico da redução/remoção de carbono, que acabou virando uma proposta oficial do Brasil na COP 20, em Lima, e finalmente aprovada, resultando no Parágrafo 108 da Decisão de Paris (o preâmbulo do Acordo de Paris) na COP 21.

Na presidência da CMMC

Em 2014, consegui, finalmente, a presidência da Comissão Mista de Mudanças Climáticas do Congresso (CMMC). Ela é ocupada a cada ano alternadamente por um senador e um deputado. Depois de ter perdido feio em 2012, por julgar que a simples expertise no assunto seria suficiente para me garantir a posição, em 2014 dediquei-me seriamente a cabalar votos. Naquele momento, já estava no PSB – filiei-me junto com Marina Silva – e isso facilitou um pouco, pois era um partido com mais peso na Câmara que o PV. Mas tive que telefonar ou encontrar pessoalmente um a um dos quarenta e tantos membros da Comissão, deputados e senadores, e me articular com os líderes dos grandes partidos na Câmara e no Senado. Apesar de tantos anos de política, esse tipo de articulação pedinte, de beija-mão parlamentar, me era muito difícil; tinha que superar um baita constrangimento.

Eu estava concorrendo com o deputado Paulo Ferro (PT-PE), que tinha apoio do PCdoB, que controlava o punhado de carguinhos no Senado da vice-presidência da Comissão. Aliás, continuou a controlar depois que assumi, porque não me animei a cobrá-los e entrar em uma briga por cargos que atrapalhasse o trabalho, já bastante difícil, da Comissão. Em 2012, essa aliança me derrotara facilmente com sua forte organização, que tinha o governo por trás de si. Parlamentares que nunca haviam participado de nenhuma reunião da CMMC registraram presença pela primeira vez só para votar contra mim. Perdi de goleada. Só tive dois votos: do deputado Sarney Filho e do senador Cristovam Buarque.

Dessa vez eu estava determinado a fazer o necessário para ganhar. Fui pedir os votinhos, um a um. O mais constrangedor foi negociar com o PMDB. Tinha que tratar disso com seu todo-poderoso líder na Câmara, Eduardo Cunha. Vínhamos nos ignorando mutuamente em uma hostilidade latente desde o início da legislatura, à parte alguns duelos na tribuna e na Comissão da Reforma Política. Eu o considerava um gênio do mal. Era extremamente bem informado sobre todos os temas em pauta, manipulava o regimento da casa com maestria, era inteligente e maquiavélico, parecendo um onisciente vilão dos filmes do James Bond. Suas histórias eram escabrosas.

Tive sorte, porque, naquele dia, ele queria retaliar o PT por algum problema qualquer com o governo Dilma. Nem olhou direito para mim quando fui lhe pedir o voto dos deputados peemedebistas. "Se é para dar uma foda no PT, topo", respondeu, secamente. Seus olhinhos brilhavam em triunfo: finalmente aquele deputado verdão, metido a besta, que nem falava com ele direito, estava ali, ajoelhado no milho, pedindo "seus" votos. Naquele momento, eu apenas seguia a boa e velha praxe da casa: "Quer voto, corre atrás e fala com quem os tenha." Aquilo era perfeitamente normal no parlamento, mas me senti péssimo. "Não dou pra esse negócio", pensei com meus botões. Acabei eleito por ampla maioria.

Na presidência da CMMC, entrei em uma roda-viva de audiências públicas: energia, Plano ABC, Amazônia, Cerrado e por aí vai. A nova posição foi, de fato, uma mão na roda, pois multiplicou meus contatos internacionais e minha influência em áreas do governo no que dizia respeito às negociações climáticas. Passei a integrar uma rede internacional que tentava avançar no tema de financiamento da descarbonização.

Também contribuiu para tornar ainda mais complexa a minha relação com o governo. Eu mantinha um bom trato com a ministra Izabella Teixeira e sua equipe; entendia bem as circunstâncias dela. Izabella era "nós lá", mas seu limite era, naturalmente, a chefa. Eu era um dos parlamentares de oposição que não fazia uma guerra permanente ao governo; tentava analisar caso a caso e fazer uma crítica propositiva. Mas polemizava muito com a turma mais *heavy metal* do PT. Nos encontros com aquela que queria ser tratada como "a presidenta", havia uma tensão permanente no ar entremeada de situações no limite do cômico.

Nosso primeiro encontro, em 2011, no Planalto, foi em uma cerimônia relativa aos Jogos Olímpicos do Rio de Janeiro. Eu estava sentado à direita do pódio e do outro lado havia uma delegação da prefeitura e do governo do estado do Rio. O governador, Sérgio Cabral – que me considerava um desafeto desde a campanha de 2006, quando apoiei a juíza Denise Frossard –, o prefeito, Eduardo Paes, com quem eu mantinha uma boa relação, e o secretário de Meio Ambiente do estado, meu amigo, Carlos Minc.

Ao terminar o discurso da Dilma, fui cumprimentá-la. Ela me recebeu com um "Olá, Minc, como vai?" Por uma razão inexplicável, até hoje algumas pessoas na rua nos confundem, embora fisicamente sejamos bastante diferentes. Claro, temos toda uma história em comum, desde o Colégio de Aplicação, nos anos sessenta e setenta, no exílio, e depois, na militância ecológica. Nos anos oitenta, outro amigo, o Liszt Vieira, definira, com uma certa dose de malícia, Gabeira, Minc e eu como o "triângulo verde". Dilma, era óbvio, nos distinguia perfeitamente. Atribuí aquilo a um *lapsus linguae*, um ato falho. Em tom bem-humorado, lhe respondi: "Bom, o Minc está vindo aí, e a senhora agora vai ter que chamá-lo de Sirkis." Ela entrou no clima da brincadeira e, de

154

fato, cumprimentou-o pelo meu nome. Expliquei-lhe a situação, e todos rimos. Mas quando o Carlos se afastou, ela se virou para mim e sapecou: "Ô Minc, avisa pro Sirkis que ele anda muito chato." E se afastou com seus seguranças. Dos nossos encontros em seu governo, foi o mais bem-humorado.

A vez seguinte foi na última reunião do Fórum Brasileiro de Mudança do Clima, em 2013. Ela presidia o mesmo, que era secretariado pelo Luiz Pinguelli, da COPPE, desde a época do Lula. No ano anterior, Dilma discursara de improviso e, lá pelas tantas, como muitas vezes lhe ocorria, empolgara-se com suas próprias palavras sobre prioridades energéticas. Ao defender com veemência Belo Monte e outras hidrelétricas programadas, tratara com desprezo as energias eólica e solar, virando manchete de todos jornais no dia seguinte. Choveram críticas.

Naquele ano seguinte, ela trouxe um discurso preparado (suponho que pela Izabella), bem equilibrado, e que acabou soando muito melhor. Ao final, fui cumprimentá-la: "Presidente, gostei do seu discurso." Mas não me contive: "Achei melhor que o do ano passado." Qualquer político minimamente safo teria retrucado algo do tipo: "Tá vendo, Sirkis, agora você já vai poder me apoiar na reeleição." Mas ela, não. Ficou irritada e sentenciou com o indicador em riste a meio metro do meu nariz: "Também, vocês ambientalistas, ficam achando que só eólica resolve o problema!" Deu meia-volta e se afastou, pisando duro, acompanhada pela escolta.

Nosso último encontro foi quase patético. Foi em uma cerimônia para a assinatura do decreto que elevava a porcentagem de biocombustíveis na gasolina e no diesel. Eu era a favor e fui prestigiar. Resolvi cumprimentá-la. Ela estendeu a mão e olhou ostensivamente para o outro lado. Fiz a maldadezinha de deixá-la por uns segundos com o braço estendido no ar. Depois apertei a mão de quem me recusava o olhar.

155

ANTÍPODA

No portal do solar

O portão de entrada de concreto da Yingli Solar, com suas colunas gregas, clássicas, é imponente. Lá dentro, vemos uma sucessão de enormes galpões industriais. O principal tem uma fachada de vidro escuro de painéis solares. Pelo pátio, amplo a perder de vista, por onde nos deslocamos em carrinhos de golfe elétricos, há curiosos monumentos: uns velhos tanques soviéticos T-34 e baterias de canhões, reminiscentes da Guerra da Coreia, exibidos em diferentes pontos daquele complexo industrial em Baoding, perto de Pequim.

Sorridente, Chen, nosso guia, explicou que o senhor Liansheng Miao, o dono de toda aquela indústria, a quem se refere com enorme deferência, é um ex-militar. "O doutor Miao gosta da organização e disciplina marcial", explica. De fato, cruzamos com vários grupos de funcionários que se deslocam em ordem unida, como soldados marchando no quartel. Sorridentes, bem arrumadinhos em seus uniformes azul-marinhos com aquele solzinho estilizado da empresa. Das diversas fábricas de equipamentos solares que visitei, em 2011 e 2012, privadas e estatais (em sua maioria estaduais), a Yingli tinha certas peculiaridades. Era uma empresa privada, mas umbilicalmente ligada à alta cúpula do Partido, sendo Miao amigo dileto do então presidente, Hu Jintao.

Uma característica marcante da Yingli era o domínio sobre todas as etapas daquele processo produtivo. Em uma extremidade do complexo, dava para ver os blocos negros de quartzo tal qual retirados da mina. Depois, o quartzo processado em lâminas de silício, de alta pureza, utilizadas na fabricação das células fotovoltaicas, principais componentes dos painéis solares. Finalmente, elas eram montadas nos painéis, prontos para a instalação. As outras fábricas que visitaria compravam suas lâminas de silício já cortadas e completavam o processo. A Yingli apostava no ciclo completo das células fotovoltaicas de silício monocristalino e policristalino, com rendimento energético, na época, de 16% e 14%, respectivamente, e com uma vida útil de 25 anos. Hoje, andam pelos 17% ou 18%. E o melhor rendimento das marcas de ponta já se aproxima dos 25%.

Além dos painéis solares, a Yingli pesquisava o armazenamento de energia de uma forma original alternativa às baterias: o *flywheel*, uma engenhoca bizarra que parecia uma pequena centrífuga horizontal, girando sobre si própria em alta velocidade, levitando sobre campos magnéticos e armazenando energia mecânica em êmbolos. Pelo visto, apesar dos anos que já se passaram, não vejo aplicação comercial em grande escala.

No ano seguinte, 2012, visitei a Canadian Solar, em Jaingsu, a uma hora e meia de Xangai. Fui recebido pelo seu CEO, Shawn Qu (pronuncia-se "chu"). Ao chegar, me deparei com uma faixa saudando minha visita: "*Welcome, Congressman Sirkis!*" A Canadian Solar, no que pese o nome, é chinesa. Lá, me apresentaram painéis com rendimento, já na época, ao redor dos 20%. O interesse deles no Brasil não era apenas exportar seus painéis, mas montar uma fábrica utilizando os seus equipamentos de geração anterior ociosos, que estavam em boas condições e poderiam suprir amplamente nossa demanda. Conversamos sobre uma montadora no Nordeste brasileiro com apoio do governo de Pernambuco e do BNDES. Achei que o então governador, Eduardo Campos, iria se interessar.

Já outra empresa que visitei, a Hanergy, uma subsidiária das grandes centrais hidrelétricas, apostava em uma tecnologia diferente: o filme fino. "Conheça o futuro; em breve, as fotovoltaicas estarão obsoletas", anunciava o Jason Chow, seu vice-presidente executivo. Embora admitindo que o rendimento do filme ficava abaixo das fotovoltaicas, garantia que iria ultrapassá-las no futuro e ressaltava a fantástica aderência do filme fino a qualquer tipo de superfície, o que lhe conferia versatilidade e adaptabilidade. "Tudo perfumaria", retrucava a concorrência fotovoltaica: "A Hanergy faz dinheiro é com as suas barragens hidrelétricas; o filme solar, para eles, é apenas um hobby de marketing", juravam, de pés juntos. Os cotovelos eram afiados na indústria solar chinesa...

Outra concorrente eram a Shanghai Solar, uma estatal do governo central vinculada ao complexo aeroespacial chinês cujo objetivo é, para além dos planos militares e de telecomunicação, levar um cosmonauta chinês à Lua na próxima década. Também visitei, em Changzhou, a três horas de Xangai, a Trina Solar. Fui recebido com um lauto banquete pelo seu CEO, Jifan Gao, e a direção da empresa. Eram umas fartas comilanças, intermináveis almoços de trabalho regados a álcool e gorduras trans. Em geral, bebo muito pouco, mas, ali, não acompanhar os anfitriões seria sinal de pouco respeito. Gosto de comida chinesa, mas aquilo foi uma total overdose gastronômica gordurosa, que logo teria suas consequências.

Desde a minha primeira viagem, em 2011, percebi que, ao contrário da maioria dos europeus e norte-americanos, com os chineses, *small talk* e beber juntos é parte essencial do relacionamento. Conosco, brasileiros, o que funciona melhor é, naturalmente, o futebol. Na época, prévia à catástrofe da Copa de 2014, pontificávamos cheios de moral para os chineses, aboletados e atentos a sorver o máximo de nossa sapiência futebolística. Dava-se de barato que a Copa de 2014 estava no papo. Os chineses eram todo ouvidos; sonhavam com uma oportunidade de negócios para visitar o Brasil na Copa. Eu procurava entretê-los sem imaginar o nada glorioso 7 a 1 que o destino cruel nos reservava.

Dalian

Pequim, Terminal 3 do aeroporto Deng Xiaoping, projetado pelo arquiteto inglês Norman Foster. Belo, simples, funcional. Você embarca e desembarca rápido, tudo funciona, a distribuição espacial é prática, objetiva. As vistorias de segurança, severas, detalhistas, mas velozes. O trato, respeitoso. Me lembro com nostalgia daquele aeroporto de Pequim sempre que utilizo nossas ampliações dos aeroportos do Galeão, Guarulhos ou Brasília, realizados para a Copa de 2014, com suas infindáveis distâncias adicionais e seus caminhos sinuosos –invariavelmente obrigando todos os passageiros a imersões pelas lojas *duty free* – por vezes até chegar em um falso *finger*, ter que descer as escadas e embarcar em um ônibus apinhado que demora um século para chegar à aeronave, do outro lado do aeroporto.

Minha primeira viagem à China, em 2011, foi para um megaevento em Dalian, no norte do país: o pomposamente intitulado *The Low Carbon World Summit*, cúpula mundial do baixo carbono. Nada menos que isso. Em escala chinesa: mais de mil convidados e 120 sessões, durante uma semana, sobre todos os temas climáticos imagináveis envolvendo desde algas absorventes de carbono a biocélulas fotovoltaicas, passando por novas modalidades de planejamento urbano e os recorrentes prós e contras das usinas nucleares. Um encontro bem técnico: cientistas, acadêmicos, especialistas nas mais diferentes disciplinas. O ex-ministro da Defesa alemão e antigo líder do Partido Social-Democrata, Rudolf

Scharping, era o único outro político ocidental convidado. Parecia uma deferência aos dois parceiros econômicos da China: Alemanha e Brasil. Gosto de participar de encontros predominantemente técnico-científicos; é uma forma de me manter atualizado sobre o que rola de inovação mundo afora. Aprende-se muito nessas ocasióes, mais nos bastidores do que na parte formal.

Dalian, cidade litorânea ao norte da China, é a antiga Port Arthur, palco da guerra nipo-russa do início do século XX. Tem mais ou menos a população do Rio: seis milhões. Na China, é uma cidade de médio porte. Fora ocupada por ingleses, russos e japoneses, e sua arquitetura eclética reflete essa história. É um porto e uma cidade industrial. Na China, as regiões – e o Partido Comunista, em termos locais – têm bastante autonomia e competem fortemente umas com as outras. Dalian buscava status de cidade-sede de grandes eventos internacionais. Não media esforços com seu enorme centro de convenções em uma área de parque, com curiosas estátuas desportivas e grandes espigões residenciais mesclados a prédios mais antigos e charmosos. Junto ao mar, havia uma esplanada com grande área de lazer terminando em uma curiosa praia de concreto. Limpíssima, por sinal. Conquanto bizarra.

O grande chefe político da região de Dalian, naquela época, era Bo Xilai, que não mais lá estava durante a minha visita, mas mantinha ali seu reduto político. Bo era então considerado o líder da "esquerda" do Partido, estimulava vibrante nostalgia em torno da figura de Mao Zedong e se fazia o paladino anticorrupção. Logo cairia em desgraça em um caso rocambolesco envolvendo sua esposa, Gu Kailai, e seu chefe de segurança no assassinato de um parceiro de negócios inglês, Neil Heywood. A senhora Gu envenenou-o, tal qual uma Lucrécia Bórgia mandarim.

Bo Xilai era rival de Xi Jinping na cúpula do Partido. Xi se impôs diante dele e de todos os demais pretendentes como o enérgico sucessor do reservado e cauteloso Hu Jintao. Hu fora, simplesmente, um *primus inter pares* na comissão permanente do Politburo, um homem do coletivo, do consenso. Xi conquistaria uma liderança pessoal, inconteste, muito mais concentrada que a de seus antecessores, Hu Jintao e Jiang Zemin. Tornar-se-ia o líder chinês mais poderoso desde Deng Xiaoping, ou mesmo Mao Zedong, já que Deng exercia seu poder mais nos bastidores como uma eminência parda de enorme ascendência sobre os pares, mesmo quando já não exercia mais nenhuma função oficial.

Estrategicamente, Xi deu continuidade à linha estabilizadora e modernizadora de Deng XiaoPing, a anos-luz da turbulência destrutiva de Mao. Ele busca, fundamentalmente, a ordem, ainda que procurasse certa aproximação com a figura de Mao no inconsciente coletivo, um culto à personalidade que o coloca quase acima do Partido, algo impensável para seus dois antecessores. Obteve uma notável concentração de poder. Não está mais submetido à limitação de dois mandatos de cinco anos. Pode ser reeleito indefinidamente. A grande diferença com Mao está em sua pouca inclinação para aventuras, como o "grande salto adiante" de 1958, ou a Revolução Cultural, da qual foi vítima. Xi não cogita uma mobilização das massas contra a própria burocracia do Partido, como Mao. Busca um partido estabilizado, disciplinado, mas rigorosamente submetido às suas ordens. Vem vencendo a aposta.

Xi, logo de saída, desencadeou uma gigantesca campanha anticorrupção, expurgou vários intocáveis do politburo do Partido Comunista Chinês e adotou uma postura geopolítica assertiva, ou, para alguns, agressiva, sobretudo no mar da China. Reduziu enormemente os espaços da sociedade civil, suas liberdades precárias da era Hu Jintao. Na questão climática, no entanto, manteve a maior parte da equipe de Hu, inclusive o indefectível Xie Zhenhua, vice-presidente da poderosa Comissão Nacional de Desenvolvimento e Reforma que, em geral, comandava as delegações chinesas nos eventos climáticos.

Em relação às mudanças climáticas, a China é, para usar a expressão com a qual os norte-americanos gostam de referir-se a si próprios, "o país indispensável". No período das minhas visitas, em 2011 e 2012, passava por um ponto de mutação: preparava-se para aceitar a ideia de que não bastaria mais ter metas de redução de sua intensidade de carbono por ponto percentual do PIB, o que, na realidade, lhe permitia aumentar as suas emissões no agregado. A China tomava consciência da sua imensa vulnerabilidade: grande parte de seu território é deserto. Em termos relativos, possui poucas terras agricultáveis – essas, em geral, bastante vulneráveis – e pouca água. As mesmas usinas a carvão, grandes indústrias e frotas de veículos que marcaram sua notável façanha econômica das últimas três décadas, agora envenenavam o ar de suas grandes cidades, as águas dos rios e o solo em um grau extremo e faziam da China, desde 2005, o maior país emissor, à frente dos Estados Unidos.[56]

---

56. Ver Climate Watch, "Historical GHG Emissions", disponível em climatewatchdata. org/ghg-emissions.

Nas discussões que tive à época com quadros chineses, como minha amiga Wu Changhua, então dirigente do Climate Group, baseado em Londres; Liu Dehua, diretor do Centro Brasil-China de Tecnologias Inovadoras, Mudanças Climáticas e Energia (uma parceria entre a COPPE/UFRJ e a Universidade Tsinghua); Wang Yi, ph.D., dirigente do Instituto de Políticas Públicas e Gestão da Academia de Ciências; Feng Jun, da CELAP (China Executive Leadership Academy); e Chen Dogxiao, vice-presidente executivo do SIIS (Shanghai Institute for International Studies); todos admitiam, explícita ou implicitamente, que estava se aproximando a hora de a China definir seu pico de emissões, a partir do qual deveria começar a reduzi-las no agregado.

Para quem vinha acompanhando o posicionamento oficial chinês nas várias COP, sempre renitente em relação a esse gênero de compromisso, percebi algo novo, sobretudo na segunda viagem. Era claramente um momento de transição, não apenas pela já anunciada sucessão de Hu Jintao por Xi Jimping, mas também pela decisão de começar a direcionar a economia chinesa para o consumo interno, adaptar-se a um PIB menor, entre 7% e 6%, e enfrentar os enormes problemas de saúde e ambientais que assolavam o país. A China, em 2012, estava prestes a iniciar seu processo de redução da queima do carvão, o que coincidiu com os Jogos Olímpicos durante os quais parte do parque industrial em volta de Pequim foi fechado. Era uma decisão motivada menos pela questão climática em si do que pela horrenda poluição atmosférica local que tornava o ar irrespirável em grandes cidades chinesas, a começar pela capital, onde a fumaça das usinas a carvão, fábricas e veículos se misturava à poeira do deserto.

Clodoaldo e Maurice

Almocei com nosso embaixador, Clodoaldo Hugueney, em sua residência, e Maurice Strong, o lendário mentor da Rio-92 e, sem dúvida, um dos maiores responsáveis pelo seu sucesso. Naquela conferência, formalmente presidida pelo então secretário-geral da ONU, o egípcio Boutros-Ghali, e pelo então presidente Fernando Collor, Maurice fora o grande facilitador nos bastidores. Canadense, empresário do setor petroquímico, precocemente convertido à causa ambientalista, tivera um papel relevante na Conferência de Estocolmo, em 1972.

Naquela época, a ditadura brasileira, em pleno Milagre Econômico, colocava nos principais jornais internacionais aqueles famosos anúncios "Venham nos poluir", mas Maurice, Gro Brundtland, o Clube de Roma e um punhado de outros visionários começavam a entender que o crescimento econômico teria limites. Vinte anos mais tarde, Maurice estava no auge de sua acuidade intelectual, energia e poder de articulação. Achava que a questão ambiental era séria demais para ser deixada apenas para os ambientalistas. Ele foi decisivo ao conseguir vender a noção de um desenvolvimento sustentável para segmentos mais avançados do mundo empresarial global. Era um articulador internacional de mão cheia. Entre seus interlocutores estavam o líder chinês Deng Xiaoping e o presidente norte-americano George H. W. Bush, o pai.

Conheci Maurice Strong e sua esposa no Rio e reencontrei-o em Copenhagen, em 2009, e depois duas vezes em Pequim, onde passou a parte final de sua vida. Realizava ali um trabalho com alto sentido estratégico. Desde os tempos do maoísmo, conseguira estabelecer laços de confiança e influência com a liderança chinesa. Nos anos setenta, por sua relação próxima com Chu En-Lai, o lendário então primeiro-ministro, ajudara a criar a agência de proteção ambiental da China. Quando desse nosso encontro, Maurice era, de longe, a personalidade ambientalista ocidental de maior influência naquele país. Quando ele falava, os chineses escutavam.

Naquele almoço, na residência de Clodoaldo, em 2011, tratamos de um evento paralelo que eu estava organizando para o ano seguinte, durante a Conferência Rio+20: o Rio Clima, ou, em inglês, The Rio Climate Challenge. Discutimos o evento oficial que, naquele momento, parecia cercado por incertezas. Maurice simpatizou com nossas ideias sobre a necessidade de um novo tipo de indicador para substituir o PIB e a atribuição de valor econômico a serviços ambientais prestados pelos ecossistemas. Ele propunha uma ideia que iria prosperar muito nos anos seguintes: a emissão de ecobônus para financiar projetos de sustentabilidade, os *green bonds*.

No ano seguinte, voltei à China e o reencontrei em seu próprio escritório. Imediatamente, me chocou quanto Maurice havia decaído fisicamente, embora não intelectualmente, em apenas um ano. Foi a última vez que nos encontramos, ainda que tenhamos continuado a trocar e-mails. Ele faleceu em 2015, e a causa climática e ambiental perdeu seu mais destacado articulador global. No ano seguinte, foi-se também nosso anfitrião, o embaixador Clodoaldo Hugueney, que durante anos chefiou uma das melhores equipes da nossa diplomacia com dois preciosos auxiliares que passei a admirar: o meu xerpa em Pequim, o primeiro-

-secretário Marco Túlio Cabral, e a ministra conselheira, Tatiana Rosito. Com recursos limitados – a começar pela nossa acanhada embaixada em um país onde a projeção de poder é tudo e começa na arquitetura –, eles davam nó em pingo d'água na gestão das relações com nosso principal parceiro comercial. Ao contrário do Maurice, o Clodoaldo, da última vez que vi, parecia em plena forma...

Tensão no BASIC

O embaixador Clodoaldo me ajudou, em 2011, em um pequeno incidente com o Itamaraty. Eu queria assistir a uma reunião do grupo BASIC (Brasil, África do Sul, Índia e China) que coincidira com minha estadia em Pequim. Dessas reuniões do BASIC, normalmente participava apenas gente do governo. Como parlamentar, membro das comissões de Relações Exteriores e de Mudanças Climáticas, pleiteei assisti-la. Parecia tudo acertado, mas, na última hora, o primeiro-secretário Marco Túlio Cabral, meio constrangido, me avisou que minha presença fora vetada. Logo soube que a objeção partira do embaixador Luiz Alberto Figueiredo, então nosso negociador-chefe na UNFCCC. O "Fig", para os itamaratecas, meu colega no Colégio de Aplicação. Mantínhamos uma relação afetuosa. Ele estava, no entanto, impregnado daquela postura do governo Dilma e, possivelmente, temeroso em desagradá-la, ciente do desconforto da presidenta em relação a mim.

Era, admito, um receio compreensível de que eu, com meu jeitão tratorístico, interferisse na reunião, já que propugnava uma posição bem mais ambiciosa do que a do governo brasileiro. Nunca chegamos a falar sobre esse episódio; continuamos bons amigos e, depois, colaboramos em diversas ocasiões sobre esse e outros temas, como o Oriente Médio, quando ele próprio foi ministro das Relações Exteriores e, depois, embaixador em Washington. Naquele dia em Pequim, no entanto, fiquei muito irritado com o Fig pelo que considerei uma afronta às minhas prerrogativas parlamentares, inclusive aquela de fiscalizar a nossa diplomacia.

O incidente foi contornado pelo embaixador, Clodoaldo. Ele contatou de madrugada o ministro das Relações Exteriores, Antônio Patriota, que autorizou minha participação como observador na reunião do BASIC. O Fig não deixou de ter certa razão em sua preocupação. Embora eu tenha assistido aos dois dias de reunião, silencioso, sem intervir nas negociações – isso era evidentemente reservado aos nossos representantes diplomáticos

–, no final causei um divertido incidente diplomático por causa do meu blog: uma tempestade tropical em copo d'água com o governo da Índia, que protestou formalmente via embaixada em Brasília.

No blog, retratei as peripécias da vilã do BASIC, a então ministra indiana do Meio Ambiente e das Florestas, madame Jayanthi Natarajan, que liderava a sua delegação em Pequim. Embora tenham reclamado, vários itamaratecas depois me confessaram que se divertiram um bocado com o texto do meu blog dedicado àquela personagem de puro Bollywood. Não que o blog tenha tido lá tanta audiência assim: foi lido, segundo o contador do Google, por apenas 104 pessoas. Não obstante, provocou ranger de dentes e protesto formal de Nova Délhi para Brasília. Coisas da era digital (quando era ainda muito mais bem comportada que atualmente)...

Madame Natarajan caberia perfeitamente naquele sambinha do Noel Rosa: "É, mulher indigesta, indigesta, merece um tijolo na testa". Cara de poucos amigos, transpirando mandonismo, sarongue verde, parecendo uma árvore de Natal com tantos diamantes e rubis. Falava exaltadamente em nome dos pobres e desvalidos do planeta. Ela conseguiu embananar a reunião do BASIC e evitar a "abertura" que o nosso embaixador na Índia, André Corrêa do Lago, tentava em relação à União Europeia com o aceno de que, em algum momento futuro, os emergentes também começariam a cortar suas emissões no agregado. Madame Natarajan frustrou os planos do Brasil e da África do Sul para que naquela reunião lançasse uma ponte de entendimento – uma pinguela que fosse – em direção à União Europeia, com vistas a um entendimento para o segundo período de vigência dos compromissos do Protocolo de Quioto, considerado um objetivo primordial naquela reunião.

Avistei-a novamente na COP 17 de Durban, em dezembro daquele ano. Uma equipe de TV a acompanhava por todas as partes. Natarajan era deputada do Partido do Congresso, então ministra, e alimentava grandes ambições. Falar grosso e botar o pau na mesa em reuniões internacionais para gerar noticiário favorável para o público interno era seu cálculo político. Algo corriqueiro bem além da Índia, evidentemente. O André, que é neto do Osvaldo Aranha, a adulava charmosamente e procurava o jeitinho brasileiro na forma de tratar com ela. Em 2014, o Partido do Congresso perderia as eleições para o Partido Janata, ultranacionalista hindu, de Narendra Modi, que, na campanha, defendia posições também atrasadas, mas com um viés empresarial. Logo, no entanto, Modi passou a se interessar por energia solar e adotou um plano ambicioso.[57]

Segundo país mais populoso do planeta, a Índia é o quarto maior emissor – terceiro, se considerarmos os países da União Europeia separadamente –, com 7% das emissões globais, embora seus níveis per capita estejam abaixo da média global.[58] A Índia, durante anos, fora o país emissor mais resistente em assumir uma redução no agregado. Sua NDC – uma das mais prolixas, com 38 páginas – definiu um compromisso de redução de 33% a 35% da intensidade de carbono por ponto percentual do PIB até 2030, ano-base 2005. Diferentemente da China, não definiu um prazo para o pico de suas emissões.

A postura da Índia mudou um pouco desde as peripécias de madame Natarajan naquela reunião do BASIC em Pequim, em 2011. O partido hinduísta/nacionalista Janata, no poder, sob a liderança de Narendra Modi, articulou uma aliança solar com a França e anunciou a meta de eletrificação total da sua frota automotiva até 2030,[59] da qual depois recuaria parcialmente.[60] Criou uma taxa e outras restrições ao carvão, principalmente em função da gravíssima poluição atmosférica nas principais cidades. No entanto, ao mesmo tempo, novas usinas a carvão continuam a ser planejadas e construídas.[61] São menos poluentes e emissoras que as mais antigas, mas seu *lock-in* de décadas suplementares promete mais CO_2 na atmosfera. As primeiras estimativas para 2018 indicavam um aumento de emissões GEE de 6,3%. Se, em matéria de mudanças climáticas, a China é o "país indispensável",

---

57. Ver o site do Ministry of New and Renewable Energy, governo da Índia, disponível em mnre.gov.in. Disponível em https://mnre.gov.in/.

58. Ver UNEP (2018). "The Emissions Gap Report 2018", United Nations Environment Programme. Disponível em unenvironment.org/resources/emissions-gap-report-2018.

59. O governo estabeleceu uma meta de veículos elétricos de 30% das novas vendas de carros e veículos de duas rodas até 2030. Ver "Two-wheelers power India's EV revolution", *Bangkok Post*, 15 jan. 2019. Disponível em bangkokpost.com/auto/news/1611270/two-wheelers-power-indias-ev-revolution,

60. O governo estabeleceu a meta de instalar 175 GW de energia renovável até o ano de 2022, o que inclui 100 GW de energia solar, 60 GW de energia eólica, 10 GW de bioenergia e 5 GW de energia hidrelétrica de pequeno porte. Ver "Rooftop solar projects must for India to meet 175 GW renewable energy goal: Report", *The Economic Times*, 7 mai. 2019. Disponível em economictimes.indiatimes.com/industry/energy/power/rooftop-solar-projects-must-for-india-to-meet-175-gw-renewable-energy-goal-report/articleshow/69219948.cms?from=mdr.

61. Em janeiro de 2019, a Índia tinha 36,12 GW de capacidade de carvão em construção e 220 GW em operação, segundo o Global Coal Plant Tracker. Ver End Coal, "Global Coal Plant Tracker", disponível em endcoal.org/global-coal-plant-tracker.

a Índia será o país decisivo: sua economia e sua população são as que mais irão crescer. Dela dependerá, em grande medida, o futuro do planeta. Com a recente ofensiva ultranacionalista de Modi, é uma dependência muito preocupante.

Durban

O fato de se esperar tão pouco da COP 17 de Durban, em 2011, acabou paradoxalmente jogando a seu favor. O Japão, a Rússia, a Austrália e o Canadá, naquele momento, tentavam sair do Protocolo de Quioto que haviam assinado. Ainda assim, surgiu um sopro de otimismo impulsionado pelo ativismo brasileiro em conseguir com a União Europeia um segundo período de compromisso do Protocolo de Quioto, até 2020. O Brasil tornou-se um ator central no processo, capaz de fazer a ponte entre o BASIC e a União Europeia, e também de manter um diálogo com os Estados Unidos que, todos sabíamos, não se moveria até uma eventual reeleição de Obama, no ano seguinte.

Quem surpreendeu, em Durban, pela mudança de tom nos bastidores, foi a China. Participei de um *brainstorm* de um seleto grupo de integrantes da London School of Economics ligados ao Grantham Research Institute com cientistas e acadêmicos dos países do BASIC e da União Europeia no Hotel Royal, em Durban. Os professores chineses Wang Ke, Yuan Wei e Jiang Kejun apresentaram estudos de modelagem: pela primeira vez, acadêmicos chineses consideravam prever seu pico de emissões e cenários de redução, no agregado, depois de 2030. Até então, haviam apresentado cenários de redução de intensidade de carbono por ponto percentual do PIB, nunca reduções absolutas de emissões.

A qualidade dos estudos era bastante impressionante e indicava um esforço científico/acadêmico concentrado refletindo vontade política. Supunha-se que os três professores, antes de apresentar o estudo, teriam obtido luz verde da delegação Xie Zhenhua. O fato que se esboçou ali algo parecido com o que veio a ser a posição oficial do país na Conferência de Paris, quatro anos mais tarde.

Ao iniciar-se o segmento ministerial, a COP 17 tornou-se mais tensa. Na sessão plenária, brilhavam as duas mulheres poderosas da Conferência: a presidente, Maite Nkoana-Mashabane, ministra das Relações Exteriores da África do Sul, e a Christiana Figueres. As duas eram eloquentes e habilidosas. O processo da UNFCCC frequentemente é afetado pelo fator humano. Inabilidades, conflitos interpessoais, simpatias

169

ou antipatias mútuas; tudo isso desempenha um papel mais importante do que se possa imaginar.

A comissária do clima da União Europeia, a dinamarquesa Connie Hedegaard, por exemplo, fora um exemplo vivo de falta de habilidade política e inteligência emocional na Conferência de Copenhagen. Em Durban, ela resistia a fazer uma reunião trilateral armada pela jeitosa diplomacia brasileira entre o grupo BASIC, a União Europeia e os Estados Unidos. Um acordo em um fórum assim liquidaria a fatura. André Corrêa do Lago a apelidara, em Copenhagen, de "Connie, a bárbara".

Ela também estivera naquela reunião do Parlamento europeu em Bruxelas em novembro de 2011. Participávamos de mesas de debate diferentes e mandei-lhe um e-mail sugerindo um encontro, já que eu vinha de Pequim, de uma reunião do BASIC, onde a grande discussão se dera em torno de um entendimento com a União Europeia. A secretária dela me respondeu que Connie estava muito ocupada e deu o telefone de um assessor para que eu ligasse, porque eventualmente ela poderia conceder-me um *corridor meeting* (um encontro no corredor), mas que, mesmo assim, não era certo. "Ela é uma pessoa muito ocupada..." Agradeci, mas dispensei o *corridor meeting*.

Assisti à sua mesa na parte da tarde. Fazia caras e bocas à medida que concordava ou discordava de algum dos oradores. Era uma coisa meio infantil. Tinha um bom discurso – eu concordava com boa parte do que dizia –, mas também visíveis complicações emocionais. Que contraste com Christiana Figueres, na mesma mesa! Esta tinha um vasto pedigree político, filha e irmã de presidentes da Costa Rica, charmosa e firme nas colocações.

Em Durban, Christiana dividia o palco com a outra figura carismática, a ministra das Relações Exteriores da África do Sul, Maite Nkoana-Mashabane, líder importante do Congresso Nacional Africano (ANC, na sigla em inglês), íntima do presidente Zuma, segundo as más línguas dos amigos sul-africanos que, como os brasileiros, adoram esse tipo de fofoca. As duas teriam muito trabalho para driblar os perigos de descarrilamento provocados por fios desencapados, como Connie ou a chefe da delegação hindu, madame Natarajan, que melara aquela reunião do BASIC em Pequim.

Madame Natarajan rodou a baiana. Acusou os países do Anexo I de não terem cumprido as metas de Quioto. Era uma generalização injusta; só o Canadá não tinha. E manteve aquela posição "pau na mesa" de que não cabia aos países em desenvolvimento ter metas de redução de emissões. No final, sinalizou recuo com um discurso dramaticamente agressivo-defensivo na penúltima reunião de negociação antes da plenária final. Reafirmou quanto a Índia sofria as consequências do aquecimento global e falou dos netos. Foi entusiasticamente aplaudida, sobretudo pelos diplomatas brasileiros, uma forma de pegá-la pela vaidade e torná-la grata e mais sensível aos nossos apelos. O André bateu palmas espalhafatosamente e depois foi cochichar no ouvido da indiana. Funcionou. Era o peso do fator humano nessas negociações. A Índia, através dessa ambiciosa e vaidosíssima ministra do Meio Ambiente, precisou ser, por um lado, seduzida e, por outro, pressionada: levou cacete de uma matéria de página inteira no *The Financial Times* relacionando a Índia aos outros vilões escalados pelas ONGs ambientalistas: Estados Unidos, Canadá e Japão. Já a muito profissional equipe chinesa, que na reunião do BASIC estava mais próxima da Índia que do Brasil e da África do Sul, transitou suavemente para a posição de aceitar definir metas ambiciosas em 2015. Ao contrário do que aconteceu em Copenhagen, para a China, foram só elogios.

Afinal, a COP 17 terminara, mas não acabara. No *day after*, ainda estávamos esperando que dos vários comitês ad hoc surgissem os textos finais para serem levados à plenária para bater o martelo. O texto costurado entre o BASIC, a União Europeia e os Estados Unidos (leia-se Índia, Estados Unidos e China), baseado no mínimo denominador comum, foi alvo de uma catarse de críticas das ilhas Granada, Maldivas, Tuvalu e Barbados, ameaçadas de desaparecer, e de alguns outros países. Foi um momento curioso, pois representou um extravasamento da sociedade civil planetária que acabou se expressando através das ilhas ameaçadas de extinção. Todo mundo caiu de pau em cima do que antes parecia o consenso possível...

Todos viraram cidadãos do mundo por breves instantes. Poucas horas antes, o Greenpeace havia feito uma manifestação no corredor junto à grande plenária. A presidente Mashabane encarregou uma comissão ad hoc de preparar um texto mais ambicioso.

Finalmente, na madrugada do segundo dia pós-COP, acabou. Dos 193 países, aqueles ainda presentes (não houve pedido de verificação de quórum) acabaram por chegar a um consenso sobre os documentos. Na reta final, foi decisivo o acordo da Índia com a União Europeia mudando a expressão *legal outcome* (em tradução livre, resultado legal, isto é, um instrumento legalmente vinculante) para *agreed outcome with legal force* (resultado acordado com força legal).

171

O avanço real de Durban foi o de engendrar o Action Plan, que balizou o caminho para a Conferência de Paris. A muito celebrada fórmula de que o futuro Acordo seria um "resultado acordado com força legal" não se sustentou na preparação para a Conferência de Paris quando se acordou que as metas dos países seriam expressas em Contribuições Nacionalmente Determinadas (NDCs), quer dizer: metas voluntárias que só poderiam tornar-se *legally binding*,(obrigatórias por Lei), na legislação interna de cada país.

O sistema ONU continuou a produzir essas decisões ambíguas a anos-luz do mínimo necessário para atender a urgência definida pela melhor ciência. Por outro lado, não deixava de ser admirável conseguir amarrar todos aqueles 193 países díspares para um esforço em comum e consolidar aquilo que já é, de longe, a maior organização supranacional do planeta: o sistema criado em torno da Convenção do Clima aprovada na Rio-92: esse labirinto cheio de siglas bizarras e impronunciáveis, como FCCC, AWGLCA, AAU, LULUCF.[62]

Jo'burg

Durban é bem o meu tipo de cidade. No litoral do Índico, um *waterfront* que lembra certos pontos de Salvador, uma fantástica geleia geral de etnias e culturas. O contato humano com os sul-africanos é dez. Sorridentes, alegres, hospitaleiros. Eu tinha estado, nove anos antes, em Johanesburgo para outra conferência da ONU, a Rio+10. Naquela época era secretário de Urbanismo do Rio, e foi uma experiência e tanto. Jo'burg, para os iniciados, era a quintessência da cidade partida. Melhor dizendo, "tripartida". Ela exprimia e sintetizava o leitmotiv daquela Conferência: a insustentabilidade socioambiental e urbanística. Urbanisticamente, parecia a quadratura do círculo.

Modelos equivocados, erros crassos na política e na macroeconomia podem levar anos para serem corrigidos. Já partidos urbanísticos nefastos, com suas consequências físico-espaciais e seus desdobramentos socioambientais-culturais, podem manter sua influência maléfica por

---

62. Respectivamente, Framework Convention on Climate Change (Convenção-Quadro sobre Mudança do Clima); Ad Hoc Working Group on Long-term Cooperative Action under the Convention (Grupo de trabalho ad hoc sobre ação cooperativa de longo prazo no âmbito da Convenção); Assigned Amount Units (Unidades de quantidade atribuída – cotas de emissão dos países anexo B do Protocolo de Quioto); e Land Use, Land Use Change and Forestry (Uso da Terra, Mudança de Uso da Terra e Florestas – fonte de emissões de GEE).

séculos. Em Jo'burg, o urbanismo e a arquitetura do *apartheid* ainda sobreviverão quando as marcas do regime racista já estiverem há muito tempo e sepultadas no lixão da história. Para todos os efeitos, naquele momento o *apartheid* estava morto na África do Sul, mas seu design do espaço urbano sobrevivia incólume e se reproduzia a perder de vista.

Jo'burg é a capital econômica do país, fundada em 1885 junto às ricas minas de ouro. Sua região metropolitana tem 8,5 milhões de habitantes. Espalhada por uma imensa superfície, ela forma um conglomerado fortemente segmentado com uma brutal segregação espacial. Grosso modo, há três Jo'burgs distintas: o *downtown*, o centro da cidade; os *townships* negros, imensas favelas horizontais; e os *suburbs*, onde moram os brancos e a classe média negra motorizada.

O centro, composto de quarteirões de edifícios onde ainda estavam sediadas aquelas empresas que não haviam se mudado para a periferia, tinha aproximadamente 250 mil moradores e uma população diurna flutuante de mais de oitocentas mil pessoas na época daquela minha visita, em 2002. Em menos de dez anos, o *downtown* passara por uma verdadeira revolução racial-demográfica. Até os anos oitenta, era vedado aos negros ali residirem. Eles eram obrigados a regressar aos *townships* ao fim do dia. Era uma cidade branca, de classe média, com as pessoas morando em edifícios de oito a quinze andares. Aí tornou-se impossível conter a residência semiclandestina dos negros, processo que foi economicamente estimulado pelo início do êxodo branco rumo aos *suburbs* de padrão norte-americano e por uma lei de controle dos aluguéis, que levou os apartamentos daquela região ao abandono e à má conservação por parte dos inquilinos, que passaram a buscar um mercado de poder aquisitivo menor.

Com o fim do regime racista, em poucos anos os quarteirões residenciais do centro passaram de quase exclusivamente brancos a quase exclusivamente negros. A população branca, com exceção de um certo número de idosos, pobres ou deficientes físicos, migrou para os *suburbs*.

Os primeiros anos desse processo foram traumáticos, com um forte esvaziamento econômico, êxodo de parte das empresas e uma decadência generalizada da infraestrutura urbana: fachadas de prédios apodrecendo, lixo nas ruas, problemas com água e esgoto, aumento vertiginoso da violência, fuga do comércio formal e forte incremento do informal. A herança do apartheid foi o rápido empobrecimento do tecido urbano. O *downtown* lembrava um gueto negro de uma grande cidade americana nos anos setenta. Infraestrutura deteriorada, comér-

173

cio ambulante, desemprego evidenciado pela imensa quantidade de jovens perambulando nas ruas durante o dia. Mas a comparação com as *inner cities* norte-americanas dos anos setenta também pôde apontar caminhos para a reabilitação.

Revitalizar o *downtown* foi a determinação da prefeitura de Jo'burg. Os primeiros sinais já eram visíveis: o *retrofiting* de certos edifícios residenciais destinados à população de baixa renda; investimentos em mercados capazes de abrigar comércio com graus diferenciados de formalidade; um novo distrito cultural, com uma fábrica transformada em sala de espetáculos, o Turbine Hall. Meus interlocutores eram categóricos: você vai ver, daqui a alguns anos isto estará completamente diferente, vamos atrair a juventude de classe média negra e branca para morar no centro. Vamos manter as empresas que ficaram e trazer de volta as que se foram, pois os subúrbios serão, a longo prazo, insustentáveis.

A segunda cara de Jo'burg eram os *suburbs* de estilo norte-americano, que não dá para traduzir para nós brasileiros como "subúrbios". O mais chique deles, Sandton, abrigou a Rio+10 em seu luxuosíssimo centro de convenções cercado por hotéis e shoppings. Uma opulência kitsch. O centro de convenções com piso de mármore e corrimões de aço inox foi construído como contrapartida à liberação dos cassinos. O boom imobiliário de Sandton foi cevado por fortes estímulos fiscais nos últimos anos do governo de minoria branca. Uma miríade de cintilantes hotéis, shoppings e prédios de escritórios com condomínios e vilas floresceu à margem de largas avenidas.

Mas era um tecido antiurbano de gritante segregação espacial. Não tanto pela falta de espaço para caminhar, pois existiam calçadas, mas pelo ambiente hostil para o pedestre por causa da total segregação entre a calçada e as edificações. Muros altos, com rolos de arames farpados, ou pesadas grades separavam todo e qualquer ambiente construído do espaço público, reservado aos veículos. Havia câmeras de TV em toda parte e quase todos os muros exibiam placas coloridas com os logotipos de uma pletora de empresas de segurança de "proteção 24 horas" daquelas propriedades, tipo: *Claw* (garra), *Armed Response* (resposta armada) ou *Armed Reaction* (reação armada). As propriedades ficam conectadas dia e noite com as empresas que, acionadas por alarmes, enviam em menos de dez minutos um grupo armado até os dentes ao local. Havia uma outra modalidade para proteção aos automobilistas, permanentemente monitorados pelo GPS.

Bob Graham, urbanista que conheci, admitia: "Tenho cachorros, câmera de TV, muro, arame farpado e morro de medo, toda noite." Nos anos noventa, houve uma explosão de assaltos violentos e roubos de carros, vendidos no vizinho Botswana, e, o mais assustador, ataques a residências com estupros e assassinatos. A guerra civil que foi evitada na sábia transição comandada por Nelson Mandela de alguma maneira percolara para uma explosão da criminalidade violenta e de confrontos tribais.

O urbanismo e a arquitetura de macro e microssegregação espacial, herdados do *apartheid*, formavam um círculo vicioso de causa-consequência-causa-consequência. Na verdade, sua gênese era ainda anterior à própria segregação institucional dos *africâners* racistas. Provinha da cultura colonial inglesa, aristocrática, do *fence out*: o gradear para fora o outro.

Outra faceta desse modelo era, naturalmente, a via expressa. Moderníssimas, excelentes, com muitas pistas, impecavelmente sinalizadas, as *freeways* de Jo'burg eram soberbas, conquanto engarrafadas a maior parte do dia. A classe média dos subúrbios, tanto de brancos quanto de negros da emergente classe rica e média motorizadas, padeciam juntos nos congestionamentos. A separação dos espaços em Jo'burg deixara de ser por raça; passara a ser por renda: ter ou não um automóvel. Uma das grandes heranças do *apartheid* era, na época, a virtual inexistência de transporte público coletivo. Afora pouquíssimas linhas de ônibus no centro, o transporte disponível eram as vans, chamadas *combi transport*.

O terceiro dos cenários urbanos eram as imensas *townships*. No apartheid, eram as cidades-dormitórios dos negros que trabalhavam no centro e eram obrigados a voltar toda noite. Imensas favelas. Comparadas às do Rio, mais pobres, menos densas, mais espalhadas, horizontais, com maior distância entre as casas, o que, a princípio, facilitaria a implantação dos serviços essenciais de esgoto, drenagem, luz e gás. A mais conhecida delas, lendária pelo seu papel na luta contra o regime racista, é Soweto.

Klipton é uma parte do complexo de Soweto particularmente pobre, com esgotos correndo nas ruas, algumas casas de zinco e cabines com latrinas químicas colocadas diante das casas. A miséria terrível contrastava com a mobilização e determinação da comunidade. O investimento público começava a chegar: um impecável centro comunitário com creche e centro cultural fora instalado, o primeiro passo de um ambicioso projeto tipo favela-bairro com a construção de prédios de quatro andares, parque ecológico e praça principal em uma área onde, na época do apartheid, ocorriam os sangrentos confrontos com a polícia.

Lembro-me de ter visto aquele lugar na TV, palco dos confrontos da polícia racista contra os jovens negros de Soweto. Em 2002, o desafio era desenvolver uma economia local, algo paradoxalmente problematizado pela tendência daqueles que melhoravam de vida – em geral, os que antes lideraram as lutas de resistência – de sair dali assim que conseguissem comprar seu carro, mudando-se para um *suburb* ou para o *downtown*.

O legado urbanístico do *apartheid* ficara, assim, fisicamente plasmado em uma Jo'burg tripartida. Essa negação deliberada, planificada, do tecido urbano plural de usos múltiplos, da calçada, da praça, do espaço público como bases territoriais para uma sociedade democrática, irá pairar por muito tempo ainda sobre essas comunidades incrivelmente alegres e dinâmicas. Um modelo urbanístico não pode ser desfeito depressa, sobretudo quando a criminalidade violenta se transforma na grande realimentadora da segregação espacial.

Revitalizar o *downtown* onde existe base física para uma cidade real, de diversidade social e de usos, era um dos grandes desafios futuros de Jo'burg. Para o visitante, restava desejar boa sorte a todas aquelas pessoas maravilhosamente alegres, acolhedoras, dinâmicas e criativas, e refletir sobre certos paralelos preocupantes entre a segregação espacial do modelo modernista do *apartheid* com a nossa própria, brasileira. Importa pouco se a origem da segregação é étnica, social ou simplesmente bairrista. É muito similar no efeito – por vezes deliberado, por vezes impensado – de afastar pessoas umas das outras, de segmentá-las a partir dos seus diferenciados graus de mobilidade, de evitar o convívio entre diferentes, o encontro, a geleia geral. Entre a Barra da Tijuca e Sandton, e entre Klipton e Rio das Pedras, havia semelhanças de saltar aos olhos.

Minhas viagens às conferências da ONU ofereciam a oportunidade de estudar ao vivo grandes conglomerados urbanos mundo afora para o meu livro, *Megalópolis*. Voltando à China, nenhuma me impressionaria mais que Xangai, a quintessência da megalópole.

Um mundo vertical

Com 23 milhões de habitantes, Xangai é hoje a grande megalópole do século XXI. Naquela primeira visita em 2011, a agenda foi intensa: um dia dedicado ao mundo vertical – subir os prédios mais altos, a Torre e o Trade Center de Pudong, de dia e de noite, para ter a visão panorâmica a, literalmente, perder de vista. E mais: visita às fábricas da Shanghai Solar, na periferia, ao Bund, o charmoso bairro central histórico, a agência de meio ambiente e ao museu de desenvolvimento urbano com suas maquetes. De passagem, um programa de turista em um daqueles ônibus de tipo londrino, aberto em cima. Na Torre de Pudong há uma série de fotos que mostram como evoluiu aquele bairro novo. Na primeira, de 1994, vê-se apenas a torre. Pudong era, na época, uma área considerada desvalorizada, onde nada acontecia. Dizia-se que era melhor "uma cama no Bund que um apartamento em Pudong". Em pouco mais de quinze anos, praticamente do nada nasceu o novo centro, com seus arranha-céus de quase meio quilômetro de altura. Já deve estar pronto um, ainda em construção na época, ultrapassando os seiscentos metros. No Rio, temos essa cultura "antiespigão". Faz sentido nas áreas onde esses prédios competem e comprometem a beleza dos morros; mas, há tempos, penso que deveríamos ter um distrito de arranha-céus na avenida Francisco Bicalho. Na China e na Ásia, em geral, essa é uma discussão inexistente, pois se trata de um mundo vertical. É, sem dúvida, a solução mais sensata em termos ambientais, pois, com populações como aquelas, ocupar horizontalmente implicaria uma devastação sem fim do ambiente natural, uma deseconomia absurda na extensão desmedida da infraestrutura, um grande desperdício energético e um patamar muito mais alto de emissão de carbono.

Xangai forma um único município constituído por dezessete distritos com considerável autonomia administrativa. É um pouco difícil comparar tamanhos de cidades, pois, na China, tende-se a agrupar, em uma única municipalidade, o que aqui seriam periferias diversas, como a Baixada Fluminense, no Rio. Por essa razão, há uma grande discussão sobre a suposta cidade mais populosa da China, Chongqing, a antiga capital no tempo da ocupação nipônica, oficialmente com 35 milhões de habitantes. Mas o local é claramente um conjunto de cidades com áreas rurais agrupadas em um único município conurbado. O caso de Xangai é diferente, porque ali existe, de fato, um tecido urbano contínuo. É possível dar-se conta do tamanho quando se visita uma das grandes atrações do museu de desenvolvimento urbano da cidade: a maquete gigante de seiscentos metros quadrados que apresenta, em detalhes impressionantes, apenas uma pequena parte da cidade. O mesmo ocorre com um dispositivo de realidade virtual em 360 graus das principais atrações da cidade. Ali se veem os dois gigantescos aeroportos, o novo maior porto do mundo, a Expo 2010, Pudong, o velho Bund etc. Esses dois aeroportos gigantescos de Xangai ficam quarenta quilômetros de distância um do outro e a uns quarenta minutos também do centro. Em Pequim, Dalian e Xangai veem-se aeroportos bem concebidos e práticos de utilizar. Ali também está sendo implantado o maior porto do mundo, em uma ilha artificial ligada ao continente por uma ponte de trinta quilômetros. A infraestrutura viária é impressionante: as vias expressas elevadas não são exatamente a paisagem urbana de minha preferência, mas refletiam esses tempos em que os chineses, de forma atabalhoada mas decidida, entravam na era do automóvel.

Xangai é menos engarrafada que Pequim, o que se atribui ao sistema de leilão de placas. O lance mínimo já andava pelos sete mil dólares, para além do preço do carro em si. Mas, se comprar um carro elétrico, você recebe a placa de graça.

A ostentação é luxuriante; para usar uma palavra em inglês que eles empregam como o suprassumo: *luxurious*. Na China, leva-se absolutamente a sério aquela frase atribuída a Deng Xiaoping: "Enriquecer é glorioso." E dá-lhe Mercedes, Porsche, Ferrari, que os chineses dirigem devagarzinho, com requintes de barbeiragem. É uma cultura automobilística muito recente; o controle de velocidade é onipresente, com milhares de pardais em toda parte. Mas eles dirigem mal e praticam as bandalhas mais inacreditáveis. Vi dezenas de acidentezinhos, nenhum sério. A China deve ser também o paraíso das seguradoras.

Em Pequim (onde as placas são distribuídas por sorteio), segundo me informaram as responsáveis da agência ambiental, há dois milhões de automóveis em circulação, o que equivale ao total do Rio com seus seis milhões de habitantes. Em compensação, o metrô é fantástico.

A bicicleta ainda é bastante utilizada, embora venha perdendo espaço vertiginosamente para o automóvel e a moto elétrica. Andar de bicicleta começou a ser estigmatizado. "O garotão chinês, para arrumar namorada, tem que ter carro e apê", disse-me um diplomata brasileiro. Há um sistema cicloviário (melhor dizendo, motocicloviário), fisicamente separado por meio-fio ou grades móveis, usado por bicicletas, scooters e motos elétricas (não se viam motocicletas poderosas). Mas não é um espaço urbanisticamente valorizado. Tenho comentado com os chineses que precisam lançar uma campanha do tipo "é glorioso andar de bicicleta" e valorizar o espaço cicloviário, pavimentando-o de vermelho e colocando uma boa sinalização horizontal. Se não reverterem o processo de encolhimento do espaço das bicicletas – há ruas onde elas já estão proibidas. As cidades chinesas, se entregues totalmente ao automóvel, vão simplesmente parar daqui uns dez, quinze anos. Se eu fosse capaz de convencê-los de minha tese, estou seguro de que, em três anos, possuiriam os sistemas cicloviários mais fantásticos do mundo. Teriam antes que superar esse recente estigma de que bicicleta é coisa de pobre. Também teria que tornar-se *luxurious*. Já sei o que quero ser quando crescer: consultor de sistemas cicloviários, em... Xangai. Me aguardem!

China na virada

Ao anunciar em 2015 sua Contribuição Nacionalmente Determinada (NDC) com vistas à COP 21, a China, o maior emissor, responsável por 30% das emissões globais, não contemplou o corte de emissões no agregado. Seu compromisso ficou em uma redução de 60% a 65% da intensidade de carbono da sua economia – ou seja, a quantidade de emissões geradas por unidade do PIB – até 2030; ano-base 2005. Assumiu também o compromisso de iniciar reduções no agregado a partir de um pico de emissões que dar-se-ia, ao mais tardar, em 2030.

Há indícios de que a China poderá fazê-lo antes disso. A redução no consumo de carvão, o aumento significativo da geração eólica e solar e da eletrificação dos transportes, acompanhando a redução histórica do crescimento do PIB da casa de 12% para perto dos 6%, dá realismo ao anúncio dos chineses de que, fiéis ao seu estilo de negociação, querem sempre preservar margem de manobra. No entanto, a China reduz seu consumo de carvão ao mesmo tempo que aumenta a exportação dele para outros países, bem como o financiamento de usinas de carvão na Índia, no Vietnã, no Paquistão, na Sérvia e outros, inclusive no Brasil, com a nova usina de Candiota, no Rio Grande do Sul. Nas emissões maiores de carvão do mundo, emitidas diretamente ou suscitadas pela China, há essa queda de braço sui generis: o braço direito chinês contra o esquerdo, também chinês...

A China deverá lidar com desafios além da questão do carvão: a própria continuidade de sua acelerada urbanização tende a elevar as emissões provenientes de petróleo e cimento/concreto, razão pela qual a China optou por um ambicioso plano de eletrificação de seu sistema de transporte: tornou-se a campeã dos veículos elétricos. Mas os efeitos mitigadores disso são limitados pela matriz elétrica, ainda tão dependente do carvão.

Há quem defina como vá a introdução de uma grande frota elétrica em um país de energia predominantemente "suja", mas estudos indicam emissões menores com uma frota eletrificada em comparação a uma

179

movida a diesel e gasolina, mesmo que haja um aumento da demanda elétrica e que a matriz energética ainda seja predominantemente a de carvão. Considerando a maior demanda de caminhões, ônibus, carros e motos elétricas em função da constante ampliação de sua classe média, a China emitirá menos com eles elétricos do que queimando derivados de petróleo. Em um país de matriz elétrica mais limpa, como o Brasil, o efeito da eletrificação do sistema de transportes seria bem maior.

A indústria automobilística globalizada já decidiu adotar o carro elétrico como padrão e deve condenar o motor a combustão à obsolescência, possivelmente nos próximos dez a vinte anos. Nosso desafio é impedir que o Brasil se torne o mercado terminal da sucata fóssil automotiva e de seu maquinário de fabricação desativado. Olho na Anfavea...

Minhas duas viagens à China foram uma sucessão vertiginosa de conferências, reuniões, visitas a fábricas de energia solar e discussões com gente do governo, das prefeituras, acadêmicos, escritores e estudantes. Conheci uma situação rica, complexa e plena de contradições e paradoxos. A China é puro Raul Seixas: a metamorfose ambulante em uma escala formidável. O avesso do avesso: a todo momento, a coisa e o contrário da coisa ao mesmo tempo. O Partido Comunista domina um capitalismo triunfante, com diversos bilionários no comitê central. Um nacionalismo ferozmente arraigado mas, ao mesmo tempo, capaz incorporar de forma acrítica os mais bizarros modismos estrangeiros. Na época haviam recém construído uma cidadezinha que era uma réplica perfeita de uma aldeia austríaca!

À época daquelas duas visitas, em 2011 e 2012, havia certa liberdade, restrita e estritamente vigiada, mas palpável. Em anos posteriores, ela seria cerceada. Na internet, já estavam instalados os firewalls e as grandes muralhas contra o Facebook, o YouTube e o Twitter, mas o similar chinês, o Weibo apresentava um dinamismo crítico, contundente, surpreendente. Logo viria a sofrer um arrocho. Entre os chineses que encontrei havia essa noção de uma "linha vermelha", um limite a não ser ultrapassado. Mas ninguém sabia onde ficava exatamente. Em tese, o interdito seria passar da contestação individual, da maledicência – na época, bastante generalizada – a uma organização política coletiva contra ou ao largo do Partido. Mas a repressão poderia, eventualmente, se desatar muito aquém disso, dependendo de circunstâncias quase sempre nebulosas.

Havia uma considerável tolerância para com protestos relacionados às questões ambientais, mas nenhuma em relação aos direitos humanos e muito menos questões de minorias nacionais. Quanto às denúncias de corrupção de dirigentes locais e regionais e suas escandalosas negociatas que levavam a remoções de moradores para favorecer a especulação imobiliária, tudo dependia de circunstâncias obscuras e mutantes em um terreno político movediço, dentro do Partido. Certas denúncias tinham desdobramento e surtiam efeito; outras, efeito bumerangue: atraíam repressão e prisões.

Nos anos noventa, o Partido, embora minado por mazelas próprias das antigas burocracias do socialismo real, se recusara a embarcar na *perestroika*. Ao contrário das burocracias comunistas do Leste Europeu, a China logrou, para além do notável dinamismo econômico, ensejado por Deng Xiaoping, assegurar o funcionamento de uma meritocracia. Percebia-se esse dualismo da incompetência crassa com a alta competência coexistindo em abraço de tamanduá. Havia dinamismo econômico e soerguimento social em larga escala. A poluição do ar, dos rios e do solo era tremenda, e China já liderava em emissões de CO_2, mas era lá que se implementavam os maiores projetos de reflorestamento do mundo e mais se investia em energia eólica, solar e em veículos elétricos.

Insone, eu ia até a janela do meu quarto de hotel em Pequim às quatro da manhã, e do outro lado da rua os operários continuavam trabalhando; os andares subindo, quase um por dia. O frenesi era contagioso. Eram dezenas de encontros todos os dias laboriosamente conseguidos pela nossa embaixada e pelo consulado de Xangai. Aí, entrei na onda deles, por assim dizer.

Com um *jet lag* persistente, três horas e meia de sono por noite, respirando aquele nevoeiro de poluição, eu teimava em dar minha corrida matinal de quarenta minutos, do meu hotel até a Praça da Paz Celestial. Logo quase encontraria a dita cuja. Não me refiro àquela imensa praça, em frente à entrada da Cidade Proibida, com seu enorme retrato de Mao, mas à paz celestial *lato sensu*...

Artéria circunflexa

Comecei a sentir aquilo em Pequim, em uma manhã de quinta-feira de novembro de 2012, ao acordar e tentar usar a internet. Havia sido mais uma noite de pouquíssimo sono depois de dias de uma agenda enlouquecida. O negócio não me assustou: era uma pressão no peito – não chegava a ser uma dor – que se irradiava por ambos os braços, como uma nevralgia. Não parecia nada de especial, a não ser pelo fato de eu nunca ter sentido aquilo antes.

Desci para encontrar o primeiro-secretário Marco Túlio Cabral, no hall do hotel com um consultor chinês, Wang Weiguang. Juntos fomos visitar a área de investimento externo da Three Gorges, a maior empresa hidrelétrica do mundo, e tratar de possíveis investimentos no Brasil. Da mesma forma que a Hanergy, ela diversifica seu investimento em energias alternativas, inclusive solar. Ao sair da reunião, eu não sentia mais aquela pressão no peito, afastada pela adrenalina.

Mas ela voltou no sábado, no aeroporto JFK, em Nova York, quando, bobamente, perdi minha escala para a Bogotá e estava tentando remarcar para o voo seguinte. "Preciso ir ao médico quando chegar no Brasil", pensei. Submeti-me a uma dessas massagistas de aeroporto e logo a sensação passou. Na manhã seguinte, cheguei em Bogotá. Ia participar do *Congresso Ciudades y Clima* como *keynote speaker* na sessão de abertura, presidir uma das mesas e, na quarta-feira, discursar no Parlamento colombiano. O evento fora organizado pela prefeitura de Bogotá e pela ONG *Ciudad Humana*, do meu amigo Ricardo Montezuma.

À tarde, no hotel, a tal sensação voltou. Não era assustadora; era chata. Desci e encontrei, no bar, minha amiga Aspásia Camargo, que também viera participar do evento. Ela estava com um ar cansado; não se sentia bem, com sintomas típicos da altitude. Concluí que meu problema era o mesmo. Afinal, os ares de Pequim e Bogotá têm semelhanças, embora a altitude da capital chinesa seja menor. Em ambas o ar é seco e poluído. Uma explicação ecológica convincente: altitude, ar seco e poluição.

Só que, ao contrário das outras duas vezes, a pressão no peito não passou. No início da noite, ao descer para a recepção com meu MacBook para que Alex Jimenez, um amigo colombiano, revisasse o espanhol da minha apresentação em PowerPoint para o dia seguinte, senti apertar mais e pensei: "De repente seria melhor procurar um médico aqui no hotel."

Comentei com Ricardo, que reforçou a ideia. Chamaram os paramédicos, que subiram para o meu quarto com seus equipamentos. Dois jovens. Colocaram um monte de fios para fazer o eletrocardiograma. Eu estava confiante. Não tenho nada, é a altitude. Aí, um deles me olhou de um jeito estranho. Repetiu o exame, imprimiu o resultado e o examinou atentamente. Olhou-me de novo e voltou a examinar o gráfico. Não estou gostando disso.

Vem toda uma definição em "cardiologuês" – dialeto que brevemente dominaria, mas que, naquele momento, não me dizia tanto assim, ainda mais em castelhano. O sentido, no entanto, é inequívoco: "*mala oxigenación*", "*obstrucción arterial*", "*probable enfarto*". A *gestalt* mais clara ainda. Fui colocado na cadeira de rodas, depois na maca e levado para a ambulância de forma expedita. Aspásia, chamada às pressas, e Alex, o amigo colombiano, embarcaram juntos. "Me fodi", pensei, enquanto a ambulância corria pelas ruas de Bogotá, a sirene uivando.

Na emergência da Clínica de Marly fui atendido por outro jovem médico, e logo passávamos um novo eletro enquanto a Aspásia inicia árduo processo de negociação do lado burocrático da coisa. Problemas com o seguro-saúde – eles sempre aprontam –, com as regras do hospital, por aí. Afinal, para que eu pudesse ir para a UTI, lhe passaram um documento segundo o qual ela se comprometia a pagar tudo que fosse necessário, já que eu não poderia assinar, por estar em situação de risco. Aspásia assinou o papel que, dois dias depois, seria substituído por outro, firmado pela minha mulher.

Chega o diagnóstico: infarto, que, pelo visto, começou em Pequim, dois dias antes. Duas artérias obstruídas; uma, a circunflexa, muito e a outra, mais ou menos. As funções fundamentais do coração estavam mantidas: era um infarto nível dois em uma escala de um a quatro. Medicação via oral, montes de comprimidos, injeções e soro. Indicação para um cateterismo, no dia seguinte, que avaliaria se haveria como desobstruir as artérias ou se seria caso de cirurgia. Putz.

UTI: ao passar em maca, aquele arrepio de ver pessoas em situação muito pior que eu. No meu leito, aquela sensação de total controle sobre mim, da falta absoluta de qualquer veleidade de movimento. Barulho e luzes. Entreouvi que o prefeito de Bogotá – participante do evento – havia telefonado para saber de mim. Isso, mais o passaporte diplomático, a postura combativa da Aspásia e a intervenção da nossa embaixada me possibilitaram negociar a grande vitória daquela primeira noite: ficar com meu celular na UTI, algo normalmente proibido.

Quero comunicar pessoalmente aos meus filhos, mulher, mãe e secretárias o acontecido. A primeira a saber, para iniciar a queda de braço com o seguro, ainda à noite, é a Grace Stefanini, da minha assessoria de Brasília.

Já era madrugada no Brasil, e eu não queria acordar as pessoas para tamanho susto. Em Los Angeles, no entanto, ainda eram onze da noite. Assim, a segunda a saber foi minha filha, Anninha. "Amorzinho, tá tudo bem, mas o papai está aqui na Colômbia em um hospital. Tive um pequeno problema cardíaco" etc. Ela imediatamente decidiu vir para Bogotá para ficar comigo. Chegaria em menos de 24 horas.

Eu me mantive acordado (não é difícil, com o barulho e as luzes) até as três da matina, seis da manhã no Rio, liguei para o meu filho, Guilherme, e depois para a minha mulher, Ana Borelli. Ana também decidiu vir. Convenço o Gui a ficar, pois sua irmã já estava a caminho. Depois, ligo para a minha mãe, Lila. Missão cumprida. Chamo a enfermeira: "*Consígame algo para dormir, dosis de caballo*". Atende, *gracias a Dios*. Ela era linda.

No dia seguinte, recebi a visita do pessoal da prefeitura de Bogotá. O celular não parava de tocar. Naqueles dois dias, recebi telefonemas de Gabeira, Molon, Zequinha Sarney, Carlos Minc, Paula Serrano, Flora Gil, Sergio Bello e mais umas dezenas de outras pessoas, o que ajudara muito a levantar a moral. Por mensagens SMS: Armando Strozenberg, Sérgio Xavier, Patricia Kranz, Clarissa Garotinho, Rogério Zilberstein e muitos outros. Por e-mail, o Chico Alencar, que recentemente passara por uma dessas mais punk ainda, resultando em cirurgia. Nosso então embaixador, Mena Gonçalves, compareceu à UTI e ficamos batendo papo.

Adrenalina máxima: hora do cateterismo. Parece um negócio meio impossível, mas, de fato, conseguem pegar uma veiazinha no pulso e ir empurrando um cateter (um tubinho cheio de bossas) até o coração, injetam um líquido traçante, espiam as artérias e veias. Não sinto nenhuma dor. Algumas sensações são calor no rosto, leve náusea e pressão no peito, que o cirurgião me antecipou. Permaneço lúcido o tempo todo; aquilo dura quase duas horas. Fico com dor nas costas.

"Não será necessário realizar uma cirurgia. Estou colocando dois *stents* em duas de suas artérias e o senhor deverá se recuperar rapidamente. Mas terá que mudar seu estilo de vida no tocante à alimentação e, sobretudo, ao estresse." São as palavras mais sublimes que poderia ter ouvido do cirurgião, que, de manhã, havia disparado à queima-roupa: "Precisamos fazer um cateterismo para tomar uma decisão: angioplastia e *stent*, ou cirurgia. No seu estado atual, o senhor tem 40% de chances de morrer se não fizermos nada." Isso, em espanhol, soava ainda mais dramático, *la concha de su madre*. Quando o mesmo médico diz que não vou precisar de cirurgia, é para mim como um golaço do Mengão. Só que silencioso, contido, as redes balançando em supercâmera lenta... Ou como na cena surrealista do filmezinho das minhas artérias, no pré e no pós: um filete quase insignificante e, logo, um riacho reconstituído fluindo.

Voltei à UTI e tudo se desanuviou definitivamente. Minha filha,

Anninha, surgiu com aquele jeito só dela de iluminar o universo todo à volta. Uma das enfermeiras, a linda, brincou: *"Ahora el corazón de usted es mitad colombiano."* Dormi profundamente. Logo que acordei, na manhã seguinte, chegou a minha mulher, Ana Borelli, que havia deixado às pressas, mas com grande responsabilidade e tudo encaminhado, sua megaexposição da área portuária do Rio, a qual estava dirigindo nos mínimos detalhes.

No outro dia fui para o quarto e, na manhã seguinte, tive alta. A primeira sessão de fisioterapia – puxada – me fez, pela primeira vez, ter a noção do abalo. Lembrei-me da esteira do Hotel Portman, em Xangai, apenas dez dias antes. Comecei andando em seis, depois seis e meio. Em cinco minutos, comecei a corrida com oito, depois oito e meio, depois nove e, nos últimos dois minutos, doze. Depois, voltei para seis e meio. Ao todo, dez minutos de caminhada e vinte de corrida. Em Bogotá, três para caminhada e fiquei cansado; diminuí para dois e meio, e logo para dois. Fiz vinte minutos, terminei suando em bicas. Diziam que, para cinco dias depois de um infarto, não estava nada mal. Pode ser. Fiquei meio deprimido. Decisões: perder dez quilos, adotar uma dieta radical e fazer ainda mais exercícios.

Fora um caso médico estranho. Eu fazia bastante exercício. Corria, fazia musculação, alongamento, andava de skate e fazia *stand up paddle*, andava de *bike* etc. Tomava estatinas e medicação para pressão, e nenhum exame cardíaco anterior (um de esforço em 2010 e um eletro no início de 2012) havia indicado problema algum. É verdade, vivi dois anos de considerável estresse e aporrinhação. O trabalho frustrante na Câmara, a rotina de ir a Brasília toda semana, tudo que acontecera envolvendo o processo PV/Marina, a degenerescência do PV. Uma permanente sensação de tristeza com os destinos do partido que fundei e alguns períodos de trabalho alucinante, como na preparação do Rio/Clima durante a Conferência Rio+20, em junho, e aquela viagem à China em que, por causa do fuso horário, passara duas semanas dormindo três horas por noite.

Algumas providências seriam elementares: rotinas, disciplina na alimentação, mais exercícios. Outras, menos triviais, como continuar na política brasileira e na atuação pública com menos estresse e sem essa sensação profunda de frustração de um coração deveras partido. Parafraseando (e traindo) Fernando Pessoa, poderia se dizer que, para a alma não ficar pequena, nem tudo aquilo valeria a pena?

RAÍZES

Pinsk

Foi minha terceira viagem à Polônia, onde nasceram meus pais. Herman, em 1947, e Liliana, em 1948, emigraram para o Rio de Janeiro, onde se conheceram. Ela foi trabalhar como costureira no ateliê de alta--costura da minha tia-avó, Irena Perkal, a Casa Collette, cuja chapeleira era minha vó paterna, Rosa Posnanska. Minhas duas visitas anteriores à Polônia tinham acontecido durante o comunismo. A primeira, em 1978, quando ainda estava exilado em Portugal, e a segunda, em 1981, às vésperas do autogolpe militar do general Jaruzelski, contra o sindicato Solidariedade. Fui como enviado especial da revista *IstoÉ* para entrevistar o líder do Solidariedade e futuro presidente, Lech Walesa. Conto essa viagem em meu livro *Corredor polonês*, publicado em 1983.

Em 2013, parti para Varsóvia como membro da delegação brasileira na COP 19, minha primeira visita à Polônia mais de vinte anos depois do fim do comunismo. A Polônia sediava pela segunda vez uma conferência do clima da UNFCCC. Como país carvoeiro e um dos mais atrasados da União Europeia em termos de políticas climáticas, suponho que correspondesse a uma tentativa da UNFCCC de influenciar os poloneses no bom sentido. Aparentemente não funcionou, porque o governo liberal europeísta daqueles dias foi, pouco tempo depois, substituído pela volta à extrema-direita eurocética e climatocética do Partido Lei e Justiça (PIS), acaudilhado por Jaroslaw Kaczynski.

Naquela viagem, senti os prenúncios da guinada reacionária. Havia grupos de ultradireita desfilando nas ruas, e o partido que logo viria a vencer as próximas eleições promoveu uma manifestação, na entrada do coquetel promovido pela UNFCCC e pela prefeitura de Varsóvia, para denunciar a Rússia e o então governo de centro-direita liberal da Polônia pelo acidente de avião que tinha custado a vida do presidente Lech Kaczynski, irmão gêmeo de Jaroslaw – então primeiro-ministro –, quando do ia à região russa de Smolensk para uma comemoração do aniversário

189

do Massacre da Floresta de Katyn, ocorrido em 1940, quando milhares de oficiais poloneses que se haviam rendido aos soviéticos foram executados por ordens de Stalin.

No Brasil, o episódio passou a ser conhecido a partir do filme *Katyn*, de Andrzej Wajda. Não é o melhor filme dele, mas é forte, cortante como uma navalha. Como em seu *O homem de ferro*, Wajda usa a ironia em cenas de documentários de propaganda: nesse caso, as mesmas cenas são visualmente narradas da mesma maneira na versão nazi e na soviética, com a única diferença da atribuição da culpa. Daquela vez, foi a versão nazi que expressou a realidade dos fatos...

A Polônia fora atacada por Hitler em setembro de 1939. Pouco antes, havia sido assinado o famoso tratado de não agressão pelos ministros de relações exteriores Joachim Von Ribbentrop e Viatcheslav Molotov, pelo qual a Alemanha e a URSS dividiriam o país entre si. O exército polonês, a oeste, combateu os nazistas, mas, no leste, não resistiu à ocupação soviética. Entregou-se, acreditando que o acordo entre Alemanha e URSS seria – como foi – efêmero e que logo acabariam aliados para, juntos, combaterem Hitler. Stalin desmobilizou os soldados e manteve os oficiais prisioneiros. Pouco mais de trezentos foram separados, por critério ideológico, para serem reaproveitados, e os oito mil restantes, assassinados na floresta de Katyn com tiros na nuca.

Na mesma época, catorze mil civis poloneses, detidos em outros pontos do leste da Polônia e da URSS, também foram executados pela NKVD. Poucos dentre os mais paranoicos dos poloneses imaginavam que tudo aquilo fosse acontecer. Mas, de fato, Stalin tratou-os como fizera, dois anos antes, com a nata do próprio Exército soviético ao expurgar e fuzilar milhares de oficiais, inclusive o jovem marechal Mikhail Tukhachevsky, considerado o mais brilhante estrategista do Exército Vermelho.

Um dos assassinados de Katyn foi um capitão, dentista, de 42 anos, Alfred Binensztok, morador de uma pequena cidade do leste da Polônia chamada Pinsk – meu avô. Despedira-se da família em setembro para combater a invasão nazista, cheio de confiança de que, com o apoio da Inglaterra e da França, o maluco Hitler seria derrotado em poucas semanas. Não teve tempo sequer de chegar à região ocupada pelos alemães; foi capturado pelos soviéticos. Minha mãe, avó e tia foram deportadas para a Sibéria, o que, paradoxalmente, lhes salvaria as vidas, pois, em 1941, quando os nazistas atacaram o leste da Polônia para chegar à URSS, mataram todos os judeus de Pinsk. Na Sibéria, elas ainda receberam uma carta enviada de um campo de prisioneiros perto de Smolensk. Tudo ia acabar bem, logo voltaria...

Alfred Binensztok soube dos planos do massacre na véspera por um cozinheiro russo ao qual vendera suas botas e fizera amizade e, junto com outros dois oficiais, conseguiu fugir do campo de prisioneiros. Depois eles se separaram para tentar conseguir trajes civis com os camponeses e escapar para a Polônia. Apenas um conseguiu. Décadas mais tarde, publicou um artigo em uma revista ídiche com o título "Devo minha vida ao dr. Binensztok". Em meu livro *Corredor polonês*, procurei imaginar o destino de Alfred por um caminho ficcional com um final mais clemente: metralhado, fugindo, caído em um rio. Na realidade, não sei como findou, mas o fato é que seus documentos foram encontrados nas fossas comuns de Katyn, e seu nome consta na "*Katynska Lista*", a famosa relação dos executados na floresta.

A parte mais densa e perturbadora do filme de Wajda é a relação dos sobreviventes com a verdade no regime comunista do pós-guerra, que sustentou impavidamente – e executou quem ousava questionar publicamente – que o massacre ocorrera em 1941 pelas mãos dos nazistas. Após o colapso do comunismo, porém, a verdade foi restabelecida. Esta definitivamente não foi, ao contrário de tantas outras, uma matança dos nazistas. Apenas uma "ação preventiva" do camarada Stalin e seu leal executor, Lavrenti Beria, chefe da NKVD, que não achava boa ideia deixar vivos aqueles oito mil pequeno-burgueses com instrução militar à sua mercê naquele momento.

Aproveitei a ida à Polônia, em 2013, para oferecer à minha mãe um presente de aniversário especial pelos seus noventa anos. Levei Lila e sua irmã, Janeta, de oitenta, para reverem a cidadezinha natal delas, Pinsk, 75 anos depois. Elas haviam sido deportadas de Pinsk para a Sibéria em 1940 para não mais voltar. Estávamos rodando um documentário sobre minha mãe baseado em seu livro, *Lila*. Dias antes do início da COP-19, alugamos uma van e seguimos, o codiretor Silvio Da-Rin, o câmera e o operador de som alemães, o motorista, o guia bielorusso, as duas aprumadas e queridas senhoras e eu, para Pinsk. Desde 1945, a cidade não pertencia mais à Polônia. Fora anexada pela URSS e incorporada à república da Bielorússia, que veio a tornar-se formalmente independente quando da dissolução da União Soviética após a queda de Mikhail Gorbachev.

A Bielorússia, como a Rússia, é governada por um "homem forte", Alexander Lukashenko. Ele integra solidamente a esfera de influência de

191

Moscou. Na verdade, ao atravessar aquela fronteira polono-bielorrussa, deixamos o "ocidente" da União Europeia, da OTAN, para ingressar a zona geopolítica de Vladimir Putin, e isso os guardas bielorussos da fronteira faziam questão de deixar muito bem sublinhado.

Demoramos sete horas para atravessar a fronteira em Brest-Litovsk, lá onde Lênin e Trótski assinaram a paz em separado com a Alemanha, encerrando a participação russa na Primeira Guerra Mundial. Havia uma fila enorme de carros e caminhões. Eu trazia comigo meu passaporte diplomático e estivera em contato com a embaixada brasileira em Minsk, a capital bielorussa, mas não queria apresentá-lo para não misturar aquela excursão, privada e cinematográfica, paga pela produção do filme, com a minha participação oficial na COP de Varsóvia enquanto parlamentar. Levava junto meu passaporte turístico que utilizei na ida.

Logo me arrependi desse excesso de zelo e também de ter seguido a rota proposta pela embaixada bielorrussa em Brasília, onde peguei os vistos nos nossos passaportes turísticos. A distância é, de fato, menor entre Varsóvia e Pinsk do que entre Pinsk e Minsk. Mas teria sido bem mais prático ir de avião de Varsóvia a Minsk e depois alugar uma van e seguir de lá, evitando aquela fronteira terrestre de Brest, marco antecipatório da nova espécie de guerra fria dos tempos presentes.

Comédia bufa aquela interminável gincana burocrática de sete horas que passamos no posto de fronteira em Brest. Examinaram nossos passaportes nada menos que oito vezes em três ou quatro cabines diferentes. O motorista polonês passou duas horas respondendo às mesmas perguntas sobre a documentação – impecável – de sua van. Os guardas da fronteira se revezavam examinando meticulosamente cada milímetro, cada carimbo dos nossos documentos. Havia um rapaz jovem, cheio de espinhas, antipático, uma moça bocejando de sono e um senhor de meia-idade "compreensivo". Uniformes verdes, cinzas, agentes à paisana, outro uniforme verde, esse com ombreiras diferentes. Um especialista em passaportes olhava página por página, suspirava e comentava cada carimbo dos nossos sete documentos.

Os finalmentes: fomos obrigados a comprar sete seguros de viagem individuais – os do Brasil não serviam – e o nosso motorista teve que adquirir uma bizarra engenhoca de controle de limite de velocidade para colocar no para-brisas da van. Para tanto, tivemos que trocar nossos euros ou dólares (os *zlotys* polacos eram desprezados) no depreciado câmbio oficial do posto de fronteira. Tudo aquilo, no fundo, era business. Sete horas depois, seguimos viagem para o charmoso hotel de Brest-Litovski, com grandes espelhos e putas elegantes no lobby e nos corredores onde o fantasma do Trótski deve pontificar de vez em quando.

Detalhe: poderíamos ter entrado na República da Bielorússia com fuzis, metralhadoras, trotil ou, se preferirem, dez quilos de cocaína, pois em nenhum momento daquelas sete horas de rigoroso controle chegaram a fazer a menor revista aduaneira na van. Era tudo um exercício de musculatura burocrática: sorria ou ranja os dentes, você está entrando em outra esfera geopolítica, e nós adoramos folhear seus passaportes, examinar meticulosamente todos os seus carimbos. Os documentos dos veículos poloneses são de particular objeto de veneração. É a taxa da travessia, paga em tempo e dinheiro.

Naquele posto de fronteira, lembrei-me de uma piada que meu amigo Israel Klabin gosta de contar sobre dois velhos comerciantes judeus, concorrentes, muito desconfiados um do outro. Encontram-se naquelas paragens. Um diz que vai a Pinsk para que o outro pense que ele vai a Minsk, quando, de fato, vai a Pinsk. O outro garante que vai a Minsk, mas ambos dão de cara um com o outro na rua principal, a lamacenta, de Pinsk.

A anedota do Klabin me fez lembrar de duas piadas de judeu que meu pai contava. Primeiro, a do *shadchan*, o famoso casamenteiro ídiche. Magro, alto, curvado, todo de preto com um guarda-chuva, ainda que fizesse sol. Poderia facilmente passar por agente funerário. Pois um jovem rico e tímido está perdendo a paciência com seu *shadchan*, que se justifica:

— Mas meu rapaz, não gostou da requintada noiva que estou lhe oferecendo?

— *Shadchan*, ela é quase cega, usa óculos fundo de garrafa horríveis!

— Você verá que isso é uma grande vantagem. Quando o senhor olhar para as outras libidinosamente, ela não vai reparar.

— Mas ela é quase surda!

— Vantagem maior ainda. Não vai ouvir seus galanteios para as outras, na saída da sinagoga.

— Mas ela não sabe nada, é muito ignorante...

— Deus o proteja das mulheres inteligentes, meu filho. Sei o que estou dizendo, conheço a vida...

— Mas, *shadchan*, ela é feia pra cacete!

— Nenhum *shadchan* vai resolver seu problema, só Deus. Você quer uma mulher que só tenha qualidades, nenhum defeito?

Outra do meu pai: o cenário é uma vernissage de Picasso em uma galeria de arte em Paris, no início dos anos trinta. A velha senhora judia, muito rica, foi convidada por um amigo em comum. O amigo aproxima-se dela com o celebrado pintor. Ela está encarando fixamente um dos quadros.

– Senhora Sarah, quero apresentar-lhe o nosso grande artista: Don Pablo Picasso.

Ela continua fixando a pintura, depois vira-se para o artista, com severidade:

– O senhor por acaso pode me explicar este quadro? Não estou entendendo nada!

– Mas claro, madame. Trata-se de uma mulher que conheci no sul da França.

– Como? Uma mulher? Assim toda disforme?

– É como eu enxergo esta mulher – explicou Picasso.

– Se o senhor enxerga tão mal, por que o senhor pinta?

Quando minha mãe foi deportada para a Sibéria, no começo de 1940, Pinsk era uma localidade de trinta mil habitantes, dos quais 70% eram judeus. Até o fim da guerra entre a Polônia, lutando por sua independência, e a URSS, que herdara o império czarista, ao término da Primeira Guerra, Pinsk pertencera à Rússia, que concentrava os judeus em regiões distantes. Pinsk, tanto sob o czar quanto sob a república polonesa, inicialmente chefiada pelo marechal Józef Pilsudski, era uma cidade de maioria judaica onde se falava muito ídiche. A partir de 1920, também o polonês e, marginalmente, russo e bielorusso (são idiomas distintos). No verão de 1941, os nazistas atacaram o União Soviética, e o leste da Polônia foi ocupado logo nos primeiros dias.

Os judeus de Pinsk passaram a ser exterminados quase imediatamente, no que pese a criação de um efêmero gueto. Não eram deportados para os grandes campos de extermínio, instituídos só mais tarde, a partir de 1942. Em Pinsk, os judeus foram conduzidos para a floresta – onde minha mãe, quando criança, colhia frutas e cogumelos e espiava animais silvestres –, fuzilados e enterrados em fossas comuns. Dos judeus de lá, pouquíssimos sobreviveram – sete foram escondidos por camponeses bielorussos e alguns jovens conseguiram escapar pelas florestas e encontrar um grupo de guerrilheiros soviéticos que os aceitou. Isso inspirou o filme *Um ato de liberdade*, de Edward Zwick, estrelado por Daniel Craig.

Chegamos a Pinsk na manhã seguinte. Leif, nosso câmera, gravava as reações de Lila voltando à cidadezinha natal, mais de sete décadas depois. "Não estou reconhecendo nada, nada, nadinha", foi logo dizendo enquanto atravessávamos a periferia da cidade com seus prédios da era soviética.

Varsóvia

A COP 19 iniciou-se na segunda-feira, 11 de novembro, na data nacional da Polônia. Nas ruas de Varsóvia, muitas bandeiras e faixas alviescarlates: parada militar, comemoração cívica e eventual quebra-quebra promovido por grupúsculos da ultradireita à margem da mobilização da extrema-direita nacionalista católica. Meus amigos poloneses se irritavam com essa situação, mas não imaginavam que em pouco tempo o governo de centro-direita da Plataforma Cívica seria varrido eleitoralmente pela extrema-direita ultracatólica do PIS, partido do Direito e Justiça do gêmeo sobrevivente – e pior – Jaroslaw Kaczynski, que passaria a exercer o poder por pessoa interposta, iniciando um processo similar ao da Hungria e que coloca em risco a própria democracia na Polônia.

Kaczynski não exerceria nenhum cargo público, mas como todo-poderoso presidente do partido PIS, ia mandar e desmandar no premier, no presidente, nos deputados e ministros. Lembra um pouco a relação do Partido Comunista com o Estado. No entanto, não existe um politburo teoricamente acima dele, nem, por outro lado, e felizmente, um onipotente SB (Serviço de Segurança) dos tempos do comunismo, análogo à KGB soviética.

Dos amigos que encontrei em 2013, o único que parecia realmente preocupado era o lendário jornalista Adam Michnik, diretor do jornal *Gazeta Wyborcza*. Um dos fundadores do Comitê de Apoio aos Trabalhadores, KOR, que precede o sindicato Solidariedade, iniciou sua militância democrática na era do comunismo, tornando-se uma das grandes figuras intelectuais polonesas. Ele convidou minha mãe e eu para um jantar junto ao repórter Maciej Stasinski, que muitas vezes cobrira o Brasil, para desagrado dos nossos diplomatas, que não gostavam de seus artigos. Michnik, então com 67 anos, acabara de ser pai novamente. Tinha parado de fumar – ou, melhor dizendo, passara a fumar cigarro eletrônico – e vinha se cuidando mais. Tinha, no entanto, esses maus presságios evocados pelos jovens de extrema-direita que desfilavam nas ruas com suas bandeiras alvirrubras com olhos esbugalhados de raiva, como na Polônia entre guerras. Eu havia cruzado com uma dessas manifestações na cidade velha. Patéticos.

195

Depois apareceram de novo diante do prédio onde houve a recepção de abertura da COP 19, com faixas acusando os russos, Putin e o governo da Plataforma Cívica pela queda do avião perto de Smolensk. Foi nesse contexto que se deu o evento, um coquetel à meia-luz com alguns artistas, discursos rápidos da secretária executiva da UNFCCC, Christiana Figueres, sempre objetiva e incisiva, e alocuções menos felizes da prefeita de Varsóvia, Hanna Waltz, e do ministro do Meio Ambiente, Marcin Korolec.

A então prefeita de Varsóvia, como seria de esperar, referiu-se à capital polonesa como uma cidade de parques e espaços verdes, mas não chegou a mencionar uma agenda local climática. O ministro fez um discurso ufanista, procurando colocar sob a melhor luz possível um país problemático do ponto de vista de suas políticas de clima. A Polônia é extremamente dependente do carvão, ainda mais que a China e a Alemanha, os Estados Unidos ou a Índia. Noventa por cento de sua energia elétrica provém dessa matriz barata e abundante. No contexto europeu, joga um papel por vezes solitário no intuito de bloquear tentativas de todos os demais para incrementar suas metas de redução com vistas para 2020 e 2030.

O segmento negacionista climático é forte tanto na extrema-direita quanto na pequena e isolada esquerda naquele país polarizado entre uma centro-direita pró-europeia e a extrema-direita nacionalista católica. Fizeram coincidir a segunda semana da COP 19, aquela decisiva, com uma Conferência de Cúpula Internacional do Carvão que virou motivo de chacota nos bastidores da COP. A conferência do clima em si começou como todas, com muita conversa-fiada em idioma onuês, mas passou a pairar sobre ela a tragédia do supertufão Hayian, nas Filipinas, ineditamente devastador e potencializado pelo aquecimento do oceano, que contribuía para acelerar os ventos.

O governo polonês optou por realizar a COP 19 no recém-inaugurado e moderno estádio nacional. A estrutura provisória, construída sobre o gramado e utilizada junto às instalações por trás das arquibancadas, formava um quase labirinto e tornava muito difícil encontrar o que se buscava, além de dificultar o contato natural, fortuito, tão importante nessas conferências. As expectativas para a COP 19 eram baixas. Tratava-se mais de uma reunião preparatória para a COP 20 em Lima e a COP 21 em Paris, em 2015, para quando imaginava-se que o novo acordo passaria a vigorar, a partir de 2020.

Ao sair do coquetel da COP 19, fomos novamente engolfados pelo grupo furioso com uma grande faixa denunciando a responsabilidade da Rússia e do governo polonês, do primeiro-ministro Donald Tusk, da Plataforma Cívica, no desastre de avião de Smolensk. Quanta fúria por uma óbvia *fake news*!

Os fatos eram arquiconhecidos: o presidente Lech Kaczynski, por razões políticas, resolvera boicotar a cerimônia comemorativa do massacre de Katyn, à qual haviam comparecido na véspera o primeiro-ministro polonês Donald Tusk e o líder russo, Vladimir Putin. O fato de Putin reconhecer a verdade sobre Katyn era algo de suma importância que mitigava esse trauma histórico entre os dois países. Lech Kaczynski decidiu fazer sua cerimônia à parte no dia seguinte. O tempo ficou muito ruim, mas seu piloto, segundo apareceu na gravação da caixa-preta, foi ordenado a pousar assim mesmo, fazendo uma aproximação sem visibilidade para um aeroporto sem instrumentos. Colidiu com árvores na aproximação. Boa parte da cúpula do governo polonês e dos militares morreu no acidente junto com o presidente. Foi uma tragédia horrível em cima de uma outra, histórica.

O inquérito esclareceu, sem sombra de dúvida, o acidente, mas as teorias da conspiração se multiplicavam, sempre culpando Tusk e Putin. Especulavam que o avião de Lech Kaczynski fora sugado para o solo por um ímã gigante e que o governo de Tusk escondera o fato do povo polonês, encobrindo-o em cumplicidade com Vladimir Putin. Por incrível que pareça, a *fake news* acabou contribuindo para a reconquista do governo polonês pela extrema-direita nacionalista católica do PIS. Foi um caso grotesco mas bem-sucedido de manipulação de profundas feridas da história.

Sem a tragédia, o fato relevante teria sido a comemoração conjunta de Tusk com Putin do Massacre da Floresta de Katyn, em relação ao qual os russos demoraram cinquenta anos para reconhecer a responsabilidade da NKVD de Stalin e Beria. Um momento de reconciliação e superação de uma profunda ferida do passado em prol de uma relação melhor entre duas nações com uma história tão problemática. Mas o passado continuou a amaldiçoar o presente.

Anistia e verdade

"Sirkis, você é um traidor. Não quer rever a anistia dos torturadores. Quer a impunidade." Ouvi essa certa noite no baixo Gávea, nos anos noventa. Era um petista barbudinho, estava meio bêbado e, depois de

197

uma longa e paciente tentativa de explicação, deixei-o falando sozinho entre pilhas de garrafas, latas de cerveja e caixas de isopor.

A revisão da "anistia recíproca" de 1979 reemergia com certa frequência apesar de uma decisão cabal do STF. A imprensa adorava pautar esse tema na esteira de alguma nova revelação dos tempos do regime militar. Em minha estadia no Congresso, durante o governo Dilma, houve a mais forte dessas recorrências com a formação da Comissão da Verdade. De fato, nem a Dilma nem a maior parte dos membros dessa Comissão era explicitamente favorável à revisão da anistia, que fora, inclusive, incorporada à Constituição. Havia, no entanto, uma tendência a tentar contorná-la pelas bordas por parte de membros do MP, políticos e alguns juízes, todos estimulados pela certeza de que qualquer gesto nessa direção atrairia o foco dos holofotes da mídia. Eu já havia explicado, no prefácio da 14ª edição de *Os carbonários*, em 1998, por que achava má ideia rever aquela anistia "recíproca" tanto tempo depois.

Passado quase meio século dos anos de chumbo, não fazia nenhum sentido reviver aquela polarização, pular de volta para as velhas trincheiras, fazer do passado mais uma fonte geradora de novos conflitos. A narrativa dos militarmente derrotados de alguma forma prevalecera, com nuances. *O que é isso, companheiro?*, do Gabeira, e o meu *Os carbonários* haviam consagrado na sociedade uma narrativa de resistência, ao mesmo tempo contendo uma autocrítica de nossos erros e uma crítica à esquerda. Mais adiante, surgiram outras obras mais na linha de uma glorificação e do não reconhecimento desses erros. A narrativa do outro lado, durante muito tempo, esteve bem menos visível, mas sempre presente. Tudo aquilo fora necessário para livrar o Brasil do comunismo e dos terroristas.

Era uma ilusão tola acreditar que a anulação da anistia para um dos lados, para tentar levar a julgamento algum septuagenário ou octogenário ex-torturador, extirparia definitivamente a outra narrativa. Pelo contrário, iria favorecê-la, fornecer-lhe palco, microfone e holofotes. Eu achava, historicamente, descabido mexer naquilo e, politicamente, uma burrice. Jornalisticamente, as narrativas da esquerda, autocríticas ou não, já haviam sido cobertas *ad nauseam*. O bom "gancho" seria começar a ouvir as histórias do outro lado. Algumas, de certa forma, até corroboravam com as nossas, mas tudo aquilo era uma monumental perda de tempo e energia.

Desde o final dos anos setenta eu acreditava que precisávamos encontrar um campo de entendimento com o meio militar. Era uma estupidez sem tamanho imaginar que em algum momento eles iriam se submeter à narrativa da esquerda e assumir que as Forças Armadas foram as vilãs daquele período. Mesmo os militares atuais que mais prezassem a democracia. Até porque, companheiros, se tivéssemos vencido, não há nada que garantiria que o nosso lado não teria implantado também uma ditadura, violado direitos humanos, torturado e executado, como a maioria dos regimes revolucionários do século XX acabou fazendo. Embora nossa revolta – pelo menos no caso dos estudantes – tenha sido ocasionada primordialmente pelo sentimento de opressão daquele regime, a ideologia que logo adotamos era, também, muito autoritária. Por sorte, na prática, não fomos liberticidas, e boa parte de nós passou a prezar a democracia como caminho não negociável, não como mera tática, anos mais tarde.

Por isso era necessário encontrar um campo de entendimento com os militares sem os olhos no retrovisor, mas no futuro. Eu nunca tive problemas em entabular esse tipo de diálogo com aqueles que nos combateram quando eram reconhecidos erros trágicos de parte a parte (ainda que não análogos). O caso mais delicado foi com o ex-secretário de segurança do Rio de Janeiro, o general Nilton Cerqueira, que comandou a caçada humana na qual foi morto o meu amigo Carlos Lamarca.

Eu era secretário de Urbanismo do Rio de Janeiro e solucionei um complicado problema para o Corpo de Bombeiros envolvendo um terreno de que precisavam para ampliar seu quartel no Alto da Boa Vista. Ficaram tão agradecidos que me agraciaram com uma medalha. Quem fez a entrega foi o general Cerqueira, então secretário de Segurança do estado, por força do cargo. Creio que foi uma surpresa para ambos. Rolou um aperto de mão meio constrangido. Nos revimos em algumas ocasiões; mantivemos uma relação civilizada de agentes públicos.

Para indignação de expoentes de uma esquerdinha que nunca arriscou a vida, mantenho certa amizade com o major Paulo Amêndola, ex-comandante do BOPE, que chefiou a Guarda Municipal carioca. Na ditadura, ele fez parte de um grupo de operações da PM que, ocasionalmente, operava contra a guerrilha urbana. Era um combatente do outro lado; nunca me constou que tenha participado de interrogatórios. Em 1970, poderíamos ter trocado tiros. Vinte e poucos anos depois, mantivemos uma relação amistosa. Admitimos os erros de parte a parte; não queríamos nunca mais passar por aquilo, nos interessava o futuro.

Quando deputado federal, pela enésima vez fui obrigado a discutir a Comissão da Verdade. Disse que poderia ser útil, desde que se reconhecessem os erros também do nosso lado e se buscasse um campo comum com os militares para podermos, juntos, assegurar que nunca mais o Brasil passaria de novo por aquilo. Infelizmente, no que pese a posição ponderada de alguns dos membros, a dinâmica alimentada pela mídia e pelo compreensível ressentimento dos familiares dos desaparecidos e dos torturados, cuja dor persiste, mas também pelo oportunismo político dos que viam ali uma oportunidade de autopromoção, virou elemento de pressão pela revisão que ocorrera noutros países, noutras circunstâncias.

Evidentemente, a anistia não foi revista, os torturadores septuagenários ou octagenários não foram presos. As ações limitaram-se a uns escrachos de um ridículo atroz à porta do edifício de alguns. Que a extrema-direita hoje imita. Ali acabou ocorrendo algo pouco percebido na época, que foi uma forte reação em sentido contrário. Isso despertou interesse pela narrativa oposta: a reativa glorificação de chefes da repressão, como o coronel Carlos Ustra, comandante do DOI-CODI de São Paulo, e a ascensão de um personagem apto a chutar a gol aquela bola quicando ali na pequena área, assumindo orgulhosamente os porões do regime de 1964: o deputado Jair Bolsonaro.

Eu me lembro daquelas longas discussões em que tentava convencer alguns petistas da obtusidade de uma Comissão da Verdade que simplesmente reconfortasse seu maniqueísmo. Ela poderia, sim, ser útil caso conseguisse dar à nossa democracia e às futuras gerações elementos de reflexão para entender como evitar qualquer repetição futura – a história é cíclica – do que acontecera em 1964: um governo democrático, meio de esquerda, incompetente, falido, dividido e provocando crises, em uma situação internacional adversa. Uma intervenção militar galopante que, passo a passo, se transforma em feroz ditadura. Uma resistência armada que atiça ainda mais essa ferocidade, mas cujo fracasso a exime do risco considerável de ela própria se tornar, um dia, liberticida.

Essa visão crítica absolutamente não colocava no mesmo plano os que resistiram e aqueles que suprimiram as liberdades; que perseguiram centenas de milhares por razões políticas por mais de duas décadas, censuraram, privaram todos os brasileiros do direito de votar, torturaram sistematicamente e fizeram desaparecer não só resistentes, como também opositores pacíficos; que transformaram instituições militares em máquinas de repressão, monopolizaram o poder, impuseram a censura, liquidaram as eleições e promoveram um modelo de crescimento injusto e concentrador de renda e estatizante, cujas sequelas persistem. Não obstante, a busca pela verdade objetivando o futuro deveria também constatar os erros da esquerda, suas consequências. E em que resultou a vitória da ideologia que então defendíamos nos países aonde chegou ao poder.

Não era o caso de simplesmente repisar aquilo que já se sabia há tanto tempo: houve torturas e execuções com desaparecimentos, autorizadas do alto da cadeia de comando pelos próprios generais-presidentes da República. Não era mistério quem as ordenou e praticou. Também eram notórias as divisões, indisciplina, quebras de hierarquia que engendrou. Teria sido útil aos militares entender melhor como e por que parte do seu aparato repressivo, bandeou-se para a criminalidade comum (contrabando, jogo do bicho) e acabou afrontando abertamente a autoridade dos presidentes Geisel e Figueiredo com a carta-bomba à OAB, atentados a bancas de jornal e da famosa explosão do Riocentro no colo do sargento que ia colocar o artefato.

Pelos seus defeitos

Em março de 1964 eu tinha treze anos. Era um adolescente bastante politizado, lacerdista, e, como toda a minha família, apoiei aquele movimento que se autodenominou Revolução e que os entusiastas chamavam de A Redentora. Lembro-me das celebrações na rua Marquês de Abrantes, no Flamengo: os carros buzinando, as marchas militares no rádio que ouvi até tarde naquela noite, na cama. O Brasil ia mudar, tudo ia ser diferente. Três anos depois, completamente desiludido e, como boa parte da classe média carioca, guinando para a esquerda, passei a considerar aquilo o Golpe de 64. Na verdade, o que aconteceu nos dias 31 de março e 1º de abril não foi nem revolução nem propriamente o golpe. Foi uma crise político-militar, rocambolesca, uma tragicomédia de erros que acabou em uma tragédia de 25 anos. O golpe que produziu a ditadura dar-se-ia depois, progressivamente, desdobrado no tempo por sucessivas quarteladas cujo epicentro foi a Vila Militar.

Para entender toda essa história, seria necessário inicialmente decifrar o que diabos sucedeu com nossa democracia da Constituição de 1946. Darcy Ribeiro costumava dizer que o governo João Goulart fora deposto "por suas qualidades, não por seus defeitos". Discordo do saudoso e querido amigo. É bom examinar historicamente como um governo democrático torna-se de tal forma disfuncional, incompetente e fragilizado frente a uma ambição golpista, à espreita na oficialidade desde 1954, num caldo de cultura vigente desde os anos 1920. Como o governo Jango consegue alienar e radicalizar contra si próprio a classe média, viabilizando

201

politicamente sua própria deposição. Como, em um discurso insano para suboficiais, sargentos e marinheiros no Automóvel Clube, Jango promove a quebra da hierarquia, mas, no dia seguinte, nem tenta seriamente resistir à sublevação de um regimento de Juiz de Fora no que pese o dispositivo militar legalista ainda poderoso do qual dispõe. Enfim, como as ações de Jango, um homem bom – soe suceder em política na aguda observação de Max Weber – acabaram engendrando o mal.

Sua deposição iniciou-se com a atitude de um oficial desvinculado do núcleo conspirador central. O general Olympio Mourão Filho sublevou sua unidade em Juiz de Fora e seguiu em caminhões para o Rio de Janeiro, telefonando de postos de gasolina e recebendo adesões. Venceu pelo telefone e conseguiu seus quinze minutos de fama antes de ser rifado por outros chefes hierarquicamente mais poderosos, como o general Artur da Costa e Silva.

Havia, de fato, uma conspiração golpista em curso, inclusive com um plano de contingência de apoio dos Estados Unidos – a operação Brother Sam –, naquele contexto de Guerra Fria. Mas o 31 de março foi uma sublevação antecipada de um general, tido como porra louca, Mourão Filho – que se descrevia como uma "vaca fardada" – em reação ao discurso de Jango no Automóvel Club. Surpreendeu os conspiradores de mais alto coturno, como os generais Castelo Branco e Golbery do Couto e Silva.

A despeito de algumas ações de comandos como a ocupação, à tapa, do Forte de Copacabana, pelo lendário coronel Montanha, o essencial do movimento foi telefônico e radiofônico. Contou com a imediata adesão dos grandes líderes da oposição civil: Carlos Lacerda, Magalhães Pinto e, mais relutantemente, Adhemar de Barros, governadores da Guanabara, Minas Gerais e São Paulo. A peça-chave para o desfecho foi o general Amaury Kruel, comandante do II Exército, sediado em São Paulo, amigo de Jango que decidiu abandoná-lo depois que este, pelo telefone, se recusou a "romper com os comunistas". Tudo foi definido quando Jango fugiu para o Rio Grande do Sul, onde seu cunhado (e desafeto) Leonel Brizola não conseguiria mais repetir sua façanha de 1961 de sublevar o estado gaúcho e o III Exército, pela Legalidade. Jango fugiu para o outro lado da fronteira com o Uruguai. Brizola ainda tentou articular alguma resistência, mas logo se exilou também.

Mil novecentos e sessenta e quatro foi uma brutal crise político-militar com um desfecho de sublevação, fuga presidencial, aprovação da vacância presidencial pelo Congresso e eleição inconstitucional do general Castelo Branco, supostamente um presidente de transição até as eleições previstas para 1965 que, todos acreditavam, seriam disputadas entre Juscelino Kubitschek e Carlos Lacerda, com chances maiores para JK. A ditadura foi se implantando, na sequência, por pressão da chamada linha-dura militar quando foram editados novos Atos Institucionais; as eleições, previstas para 1965, canceladas; e um novo general, Costa e Silva, imposto pelos quartéis e eleito indiretamente pelo Congresso como sucessor de Castelo Branco.

A ditadura se consolidou quatro anos mais tarde quando Costa e Silva, diante dos protestos nas ruas, de parlamentares e das primeiras ações armadas, decretou o AI-5. Escancarou-se definitivamente quando "seu Artur" sofreu um derrame cerebral no Palácio Laranjeiras (até hoje lugar de maus agouros...) e seu vice, Pedro Aleixo, foi escorraçado por uma junta militar até que um novo presidente militar, Garrastazu Médici, fosse "eleito" pelos quartéis.

Os brasileiros ficaram sem o direito de votar e se exprimir livremente, a imprensa foi censurada, a tortura se proliferou e, pela segunda vez – a primeira foi com o Estado Novo –, atingiu a classe média. Nesse ínterim, muitos jovens, como eu, inicialmente felizes com a queda de Jango, foram se radicalizando e, em protesto à supressão das liberdades, acabaram, paradoxalmente, abraçando uma ideologia de poder na ponta do fuzil embalados por um romantismo revolucionário que assolava o continente e boa parte do mundo a partir de 1968.

Havia também militares bem-intencionados que foram soterrados pelos colegas afoitos, sedentos por poder, e por civis que ganharam muito dinheiro e roubaram sofregamente à sombra da ditadura. Existiu muita corrupção, mas, naquela época, ela não podia ser noticiada por conta da censura. O judiciário foi também completamente dominado pelo regime. Preparado por uma fase dura de austeridade, no governo Castelo Branco/Roberto Campos a economia brasileira "bombou" a partir da euforia do tricampeonato na Copa de 1970. Foi o Milagre Econômico, logo estancado pela primeira crise do petróleo na sequência da guerra de 1973, no Oriente Médio, quando os países árabes que dominavam a OPEP aumentaram fortemente o preço do petróleo.

O contexto de euforia econômica e isolamento social da luta armada acabou favorecendo os segmentos mais duros dos militares, que superestimaram, por vezes tragicomicamente, nosso poderio. Só para dar um exemplo, o grupo ao qual pertenci, a Vanguarda Popular Revolucionária (VPR), no Rio de Janeiro, na época de suas ações mais espetaculares, como o sequestro dos embaixadores da Alemanha e da Suíça e sua troca por 110 presos políticos, tinha menos de vinte combatentes e apenas duas metralhadoras.

Além dos erros políticos, da visão autoritária e das vítimas de nossas ações – em situação de confronto –, pode-se também atribuir crimes à guerrilha urbana? Em alguns casos, sim. Um marinheiro inglês de dezenove anos foi estupidamente "justiçado" na praça Mauá em "solidariedade" ao Exército Republicano Irlandês (IRA) pela VAR-Palmares. Márcio Toledo, um militante que queria deixar a ALN, uma das organizações armadas, foi executado pelos companheiros por suspeita de se tornar um traidor. Um oficial alemão que fazia curso na Escola Superior de Guerra foi abatido ao ser confundido com um boliviano que teria envolvimento com a morte de Che Guevara. São alguns poucos exemplos, mas, a bem da verdade, aconteceram. E quanto às dezenas de pessoas alheias a todo aquele conflito que estiveram em algum momento sob a mira de nossas armas ao "expropriarmos" os bancos dos quais eram clientes ou em seus carros, tomados como "empréstimo revolucionário" para uma operação? As vítimas de "acidentes" ocorridos naquelas circunstâncias...

Insisto: o que me fez empunhar armas contra o regime militar em 1969 foi certamente o sentimento de opressão, sobretudo o esmagamento violento, à bala, do movimento estudantil. Ao contrário da Argentina, em nenhum momento combatemos contra um governo democraticamente eleito. No entanto, ao ingressar na luta armada, passei a compartilhar uma ideologia que não almejava democracia, mas uma ditadura revolucionária. Num aspecto, havia uma notável semelhança entre os militares no poder e nós: compartilhávamos da fé inquebrantável em ditaduras virtuosas para salvar o Brasil. A deles, militar; a nossa, do proletariado, obviamente encarnado por sua vanguarda revolucionária.

A anistia recíproca de 1979, articulada por Petrônio Portella, foi o resultado de uma correlação de forças, um acordo político que permitira a libertação dos presos e a nossa volta do exílio. Com o poder ainda nas mãos do último governo militar do general João Baptista Figueiredo, foram incluídos também na anistia os militares envolvidos em operações repressivas, torturas e desaparecimentos.

Outros países, como a Espanha pós-franquista e a África do Sul, também optaram pelo caminho de não julgar os envolvidos. As torturas e execuções na África do Sul e na Espanha não foram menores do que no Brasil – é o mínimo que se pode dizer –, mas lá a opção foi não colocar os antigos repressores nos bancos de réus. A África do Sul, no que pese a

204

barbárie muito maior do *apartheid*, optou por uma Comissão da Verdade didática, catártica, presidida pelo arcebispo Desmond Tutu.

Quase tudo pertinente já foi dito e escrito sobre Nelson Mandela. A vitória mais completa de Mandela sobre o *apartheid* não se deu na hora de sua libertação, depois de tantos anos de masmorra, nem no momento em que o regime racista implodiu, nem no dia em que Mandela foi eleito presidente na nova nação sul-africana de maioria negra. Sua maior vitória foi quando ganhou os corações e mentes da minoria branca sul-africana, até mesmo de boa parte daqueles que apoiaram, sustentaram ou cometeram crimes em nome do *apartheid*.

É conhecida a sua política de reconciliação nacional, a ausência de qualquer revanchismo ou mesmo daquilo que seria, inequivocamente, justiça diante de tantos e tão horríveis crimes praticados. Sem dúvida, legiões de torturadores e repressores do regime sul-africano mereciam cadeia ou *paredón*. Na África do Sul, a lógica da Comissão da Verdade foi reconstituir os fatos e obter dos responsáveis pelo odioso *apartheid* e sua bárbara repressão a confissão, não com vistas à condenação penal, mas à expiação moral e à superação conjunta de tudo aquilo. Também foram colocados na mesa certos episódios sangrentos dentro da maioria negra. A Comissão da Verdade sul-africana, liderada por Tutu, sob orientação de Mandela, buscou a verdade, a admissão dos crimes, o arrependimento e o perdão. Promoveu situações de sincero arrependimento, catarse e superação.

A Argentina e o Chile decidiram, a posteriori, julgar uma parte dos seus torturadores e carrascos. Mas o Chile foi forçado a manter Augusto Pinochet, o ditador-comandante, à frente do Exército em toda uma primeira fase de sua democracia. Ele só veio a sofrer um embaraço jurídico em uma viagem ao Reino Unido, por um pedido de extradição do juiz espanhol Baltasar Garzón. Jamais foi incomodado no Chile. Confesso que senti satisfação ao ver o general Jorge Rafael Videla terminar a vida em uma prisão argentina. Penso, no entanto, que a razão decisiva para julgar os comandantes daquele regime – ou parte deles – que matou trinta mil pessoas foi o prosseguimento das conspirações militares já no período democrático, com quarteladas durante os governos de Raúl Alfonsín e Carlos Menem. Não há uma fórmula única, "correta". Há circunstâncias históricas e políticas em países diferentes.

A incongruência maior é a tortura continuar ocorrendo até hoje normalmente em dezenas de delegacias de roubos e furtos ou DPOs em pontos obscuros do país contra marginais pobres e negros. Não seria

205

essa a prioridade? Aquela velha tortura de sempre, de antes e de depois do Estado Novo e do regime de 1964 – períodos em que ela foi, excepcionalmente, aplicada também à classe média intelectualizada e politizada da qual uma pequena minoria apenas empunhara armas. O Partido Comunista Brasileiro (PCB), por exemplo, teve centenas de membros e simpatizantes torturados e duas dezenas de dirigentes assassinados, muito embora fosse crítico ferrenho da luta armada.

Com todo respeito a quem sofreu o que não sofri – escapei da prisão e da tortura –, simplesmente não julgava politicamente bom para o Brasil anular a anistia recíproca no afã subreptício de tentar julgar os envolvidos mais de quarenta anos depois. Avaliava aquele frenesi em promover promotores e políticos em busca da atenção da mídia como um tiro no pé: servia de catalisador para a extrema-direita, facilitando a volta do seu próprio proselitismo no meio militar. Uma regressão pavloviana, um baita jogo de soma zero.

As lições de 64-85 são implacáveis, e estão nos livros de história. Foi a combinação da Guerra Fria, da incompetência da esquerda em compor com a classe média e da ânsia de poder político por parte de militares que vinha se avolumando, ao curso de sucessivas crises e quarteladas, desde os anos vinte. Havia um tônus golpista tanto de direita quanto de esquerda no tenentismo, desde os anos vinte. Historicamente, acabou predominando a direita, em função do apoio da classe média. Hoje, com o bolsonarismo, todos esses fantasmas estão de volta. O contexto é diferente; sob certo aspecto, até mais perigoso.

A quantidade de armamento que circula na sociedade brasileira é absurda. No Rio, a mais indigente das quadrilhas da menor favela da cidade tem muito mais armamento que todas as organizações que combatiam a ditadura, aqui, somadas. Em grande escala, a sociedade brasileira ficou tremendamente mais violenta do que aquela dos anos sessenta e setenta. Mais adiante, discutirei a necessidade de pôr fim ao controle territorial das facções do tráfico sobre favelas e certos bairros. Privá-los do armamento de guerra das Forças Armadas. Para tanto, seria desastroso, agora, querer armar a classe média e formar uma milícia baseada nos clubes de tiro, como propugna subversivamente o atual presidente. Ideia de jerico! Outra, pior, seria uma aventura à la Fujimori, o presidente peruano que promoveu um autogolpe.

Qualquer atitude de desafio ao estado de direito e de estímulo à violência é, hoje, extremante perigosa, e a rapidez com que situações podem sair completamente de controle, é muito maior que cinquenta anos atrás. O país é tremendamente mais complexo, e a tentativa de implantar um regime ditatorial não só não resolveria nenhum dos problemas do país como resultaria em uma guerra civil caótica e mil ditaduras locais. A grande maldição dos tempos atuais: a síndrome dos estados falidos.

A ficha do papai

Na superação – hoje ameaçada – das divisões que o país viveu nos "anos de chumbo", houve uma reconciliação que me tocou muito pessoalmente: aquela com meu pai. Passamos anos sem nos falar. Nos meus sete primeiros anos de exílio, nunca trocamos uma carta. Minha mãe se correspondia comigo pelo menos todo mês, estivesse eu em Santiago, Paris, Buenos Aires ou Lisboa. Papai era membro destacado do grupo de ex-combatentes poloneses, muito ligado àqueles militares veteranos da FEB. Era um homem de direita e ferrenho defensor do regime militar. Levava política a sério com um exagero por vezes cômico. Eu me lembro de quando era garoto e assistíamos a *Repórter Esso* da Tupi (na TV em preto e branco), cujo âncora o era o locutor Gontijo Teodósio. Em sua voz grave, os acontecimentos do mundo soavam ainda mais dramáticos. A notícia daquela noite não era a morte do Che Guevara, que fizera meu pai bater palmas em outra ocasião, nos idos de 1967. Era um desses furacões com nome de mulher que assolava o Caribe. Papai gritava: "Para Cuba! Para Cuba!"

Narrei as peripécias dessa complicada relação em *Os carbonários* – que ele fez questão de nunca ler, embora se orgulhasse de mim como escritor. No meu último ano de exílio, quando, junto com Lila, me visitou em Portugal, fizemos as pazes. Simplesmente paramos de falar sobre política. Eu também me tornara muito mais moderado e ele, passada a ditadura, votou no Collor e depois (meio torcendo o nariz) no Fernando Henrique. Suspeito até que tenha votado em mim... pelo menos em algumas das minhas oito eleições. No final da vida (ele faleceu em 2002) nossa relação era somente carinhosa. Eu me recordo dos momentos anteriores à sua morte. Beijei-o fortemente e lhe disse: "Você é meu herói."

Em determinada época, quando preparava a 14ª edição de *Os carbonários*, decidi fazer uma pesquisa nos documentos do DOPS que estavam no Arquivo Estadual. Eu me diverti um bocado lendo minhas fichas datilografadas. A quantidade de informações erradas e fantasiosas era impressionante. Mas a minha surpresa maior foi descobrir que havia no DPPS, depois DOPS, outras fichas com sobrenome "Syrkis".

207

Mamãe, eu sabia, tinha uma: ela chegou a ser presa em 1976 para depor, porque haviam recebido a informação delirante de que eu regressara clandestinamente ao país depois de ter treinado, Deus sabe onde, com armamento soviético. O Serviço Nacional de Informações (SNI) tinha algum informante ultrazeloso em Lisboa que devia estar cavando uma promoção e ficava inventando inteligência alarmista totalmente alheia à pacata realidade que vivíamos ali à espera da anistia geral.

Tenho em mãos o informe 016/76, "sigiloso" e "confidencial", da Polícia Federal ao DOPS, do dia 8 de junho de 1976. Reproduzo *ipsis litteris*:

ALFREDO HELIO SYRKIS, ex-integrante da organização terrorista VPR, encontra-se atualmente em LISBOA/PORTUGAL trabalhando acobertado por codinome, na EMISSORA NACIONAL DE LISBOA e no jornal PRIMEIRA PÁGINA editado em LISBOA. Em PORTUGAL, especializou-se no manuseio de armamento portátil de origem soviética. Segundo o informante, um brasileiro, não identificado, exilado, amigo do nominado, retornou ao BRASIL vindo de PORTUGAL.

Com cópia para cinco diferentes órgãos de segurança, a peça de inteligência em sete linhas continha dois erros factuais e duas maluquices: nunca pus os pés na tal emissora e o nome de um dos jornais, no qual trabalhei como editor da sessão internacional, chamava-se *Página Um*; nunca manuseei "armamento portátil soviético"; e a informação final me concedia o dom da ubiquidade, já que me encontrava "atualmente em Lisboa", mas também informava que "retornou ao Brasil vindo de Portugal". Ou a última frase referia-se ao tal "amigo", informante? O DOPS deve ter interpretado como a primeira hipótese, e lá se foi dona Liliana depor na rua da Relação sobre meu obscuro paradeiro, simultâneo em dois continentes, com uma pistola Makarov ou um fuzil-metralhadora Kalachinkov. Naquele dia de junho, verão lisboeta, com toda a probabilidade eu estava de sunga, canga, óculos escuros e protetor solar, pegando jacaré nas ondas da Costa da Caparica.

Entretanto, folheando o material do Arquivo Público do Estado do Rio, facultando a consulta aos arquivos da polícia política em variadas épocas, o que realmente me divertiu foram as fichas de meu pai, Herman Syrkis, e da minha vó, a chapeleira da nata sociedade carioca dos anos quarenta e cinquenta, Rosa Posnanska, a pessoa mais despolitizada da face da Terra. Nesses dossiês apareciam várias vezes despachos de uma figura notória da repressão política, do Estado Novo à ditadura militar: o delegado Cecil Borer.

Papai chegou ao Brasil no dia 5 de julho de 1947 a bordo do navio francês *Desirat*, vindo do porto de Havre. Ao desembarcar, foi preso como suspeito de ser um "espião polonês" a serviço dos soviéticos e passou a noite no DPPS. A razão da prisão que aparece na ficha: a denúncia de um outro passageiro, um tal Pierre E. Vuille, suíço naturalizado norte-americano, que rumava com a esposa para Buenos Aires, fazendo escala no Rio.

Pierre sustentava que, durante os 21 dias da viagem, ele mantivera conversas com aquele jovem polonês que lhe despertaram suspeitas. Vuille alegava ter trabalhado no Departamento de Guerra dos Estados Unidos e no serviço de contraespionagem na França. Ao atracar o navio, ele desembarcou rapidamente e foi procurar um funcionário da Polícia Marítima:

O declarante transmitiu suas suspeitas sobre Herman Syrkis (...) pois acha muito estranho que um cidadão polonês vivendo na zona de ocupação russa tenha conseguido passaporte para de lá se retirar, o que é evidentemente impossível (...); que ele foi oficial de patente que lutou no Exército polonês contra os alemães e que oficiais desse Exército estudaram nas academias militares russas e lutaram sob o alto comando russo (...); que ouviu de Herman dizer que na Polônia há grande dificuldade de acomodação, vivendo inúmeras pessoas em um quarto, enquanto ele, Herman, ocupava um quarto só para ele, o que vem provar a alta consideração com que era tido pelos russos; menciona também o fato de ter notado expressões no sentido de que os russos não eram tão ruins assim, e que, além disso, trazia jornais poloneses de tendência russa. Mas que a principal suspeita lhe foi despertada por ele ter sido desmobilizado logo depois de passar pela academia, fato esse que o declarante, como militar, acha muito estranho, pois nenhuma academia de guerra iria formar um oficial para desmobilizá-lo em seguida. E mais, não disse. Assina o escrivão José Picorelli, do DPPS.

Virou notícia: "Espião polonês capturado" ao desembarcar na praça Mauá, segundo o *Correio da Manhã* do dia seguinte.

Minha avó, Rosa, também aparecia "fichada". Ela chegara ao Brasil em 1939. Estava na França quando estourou a guerra e veio encontrar sua irmã, a grande comediante polonesa Dora Kalinowna, que vivia no eixo Rio-Buenos Aires. O marido de Dora, o fotógrafo Ratner Mirsky,

209

era simpatizante do Partido Comunista e uma vez, em 1946, quando Rosa viajara para Paris e depois Varsóvia para tentar trazer meu pai, Ratner tinha usado a casa dela, na rua Senador Vergueiro, como "aparelho" para uma reunião de uma tal União Geral Eslava com dois outros "notórios comunistas": Mieczyslaw Jakobskind e um tal Vickinki, depois expulso do Brasil. Borer, chefe do setor trabalhista da Divisão de Polícia Política e Social, investigou Rosa até 1949, quando concluiu que ela "se retraíra". Na ficha, no entanto, ele manifestava sua estranheza em relação a como ela havia "por meios desconhecidos" obtido uma "ordem única" do Ministério das Relações Exteriores determinando ao consulado de Paris a concessão do visto para o Brasil de Herman Syrkis.

Consta do dossiê o depoimento de meu pai no dia em que chegou. Não falava uma palavra de português. O DPPS não tinha tradutor para o polonês, mas conseguiu um de russo, o investigador Nicolau Zimerman. O interrogatório foi naquele idioma. Meu pai explicou que, no início da guerra, estava em uma região ocupada pelos russos, que fora feito prisioneiro e levado a trabalhos forçados. Depois, com a guerra em 1941 entre a Alemanha e a URSS, fora recrutado para a famosa divisão polonesa Tadeusz Kosciuszko, sob o comando do general Zygmunt Berling, que estava integrada ao exército do lendário marechal Gueorgui Konstantinovitch Jukov, e lutou nos blindados, comandando um tanque T-34 até a conquista de Berlim.

Papai voltou à Polônia e passou três anos como militar, mas foi beneficiado pela desmobilização de grande parte do efetivo. Nessa ocasião, minha avó arrumou um pistolão e conseguiu convencer as autoridades a lhe darem um visto para emigrar para Paris por ela ser viúva, e, ele, arrimo de família. Não consta do depoimento um fator relevante da época: naqueles primeiros tempos, o regime comunista facilitava a saída de judeus por não confiar neles e preferir que emigrassem para Israel para criar problemas aos britânicos, que tutelavam a Palestina. Minha avó, que fazia chapéus para a alta sociedade da então capital, Rio de Janeiro, por influência da socialite Carolina Nabuco, conseguiu que o chanceler Raul Fernandes, conquanto notório antissemita, ordenasse ao consulado de Paris expedir o visto de meu pai.

Tenho em mãos a tradução daquele depoimento:

(...) *que desembarcou nessa capital com cento e cinco francos franceses (...); que aqui pretende, por intermédio da mãe, montar uma oficina mecânica, já que conhece motores, tendo sido especialista nesse gênero de uma di-*

visão blindada; (...) que os russos sabem que o povo polonês lhes devota uma clara antipatia, tanto pelo governo soviético quanto pelo povo russo; que (...) repele as ideologias comunistas em virtude da formação democrática de sua índole (...); que desconhecia a existência legal de um partido comunista no Brasil e que somente no navio, em palestras com colegas de viagem, veio a saber do fechamento desse partido, cousa que não estranhou em virtude das razões expostas; o depoente considera bastante justificável a atitude da polícia brasileira [o governo do presidente Eurico Gaspar Dutra acabava de tornar ilegal o PCB] *em razão dos atos desse partido no Brasil. O declarante diz que não simpatiza com essa forma de governo, diz que já sofreu três anos debaixo desse regime e, se gostasse dele, permaneceria na Polônia. E mais não disse pelo que o dr. Delegado mandou encerrar esse auto.*

No dia seguinte, Herman Syrkis foi libertado pelo DPPS e de fato chegou ao Rio de Janeiro. Em 1948, conheceu minha mãe, que trabalhava na Casa Collete, onde vovó fazia seus chapéus chiques e minha tia-avó, Irena Perkal, vestidos de alta-costura e de casamento das grandes damas da capital.

Dirigente de ex-combatentes, fervoroso udenista e entusiasta do movimento de 1964 e do regime que dali resultara, papai – descobri mais à frente no dossiê – nunca se livrou totalmente daquele incidente na chegada. Uma das peças que examinei é de 15 de maio de 1968. É o memorando 183 do DOPS, do então Estado da Guanabara. O Arquivo Público só me faculta uma página do que parece ser uma lista de nomes de homens fichados com sobrenomes judeus. Na página estão: Herman Syrkis, Luiz Baumfeld e Emanoel Waissmann.

Em relação ao meu pai, está resumida a mesma história que termina com a informação de que, em 7 de outubro de 1948, lhe fora concedido o *"atestado negativo de antecedentes desabonadores"*, para efeito de naturalização. Já o nome seguinte da lista, Luiz Baumfeld, químico industrial, consta ter sido detido, em 27 de janeiro de 1949 *"quando colava cartazes atinentes à campanha do Petróleo (sic). É conselheiro do Club dos Cabiras, entidade de inspiração comunista, e membro consultivo do Centro Nacional de Estudos e Defesa do Petróleo. Participou do Congresso Continental de Cultura em Santiago do Chile e consta que fez parte de uma mesa onde foi debatida a Convenção pela Emancipação Nacional". É membro da revista da Liga de Emancipação Nacional.*

Nada disso parece tão assustador, mesmo aos olhos repressivos de então. A ficha do Luiz Baumfeld, na verdade, subestimava sua importância. Nos anos quarenta e cinquenta, fora, de fato, comunista de carteirinha, membro do Partido. Chegou a participar, em 1953, de um choro coletivo no largo do Machado organizado pelo partidão ao chegar de Moscou a notícia devastadora da morte do camarada Josef Stalin. Foi ele próprio, me contou, junto com outros folclores da sua época de comunista. Estávamos em pleno movimento estudantil de 1968, e o Luiz, figura simpaticíssima, era o pai do meu amigo do Colégio de Aplicação Carlos Minc Baumfeld. Quis o acaso, ou descaso, da burocracia do DOPS que seu nome figurasse, naquele memorando, na sequência daquele da mais anticomunista das criaturas: o seu Herman, Eugênio para os íntimos. Meu pai.

Bem, falta desvendar o que, de fato, estava por trás daquela prisão como espião no cais da praça Mauá no dia da sua chegada ao Brasil. Por que diabos monsieur Pierre E. Vuille, em trânsito para Buenos Aires com a esposa, se dera ao trabalho de desembarcar na frente de todos, sair correndo, procurar alguém que traduzisse ao agente da Polícia Marítima sua denúncia contra aquele jovem judeu polonês que conhecera no *Desirat*? E, depois, permanecer mais dez dias no Rio, perdendo o navio para Buenos Aires – seu depoimento ao DPPS é do dia 15 de julho – apenas para reiterar e assinar sua grave denúncia para os já então totalmente incrédulos tiras do DPPS? Tudo isso por conta de uma paranoia de espionagem que o assaltara na travessia do oceano? Um santo guerreiro da incipiente Guerra Fria?

A história soava bizarra, mal contada. Só muitos anos depois, já adolescente, soube pela minha mãe, que me contou, sorrindo ironicamente, o resto da história. Como dizem os franceses: *cherchez la femme*. Durante as 21 noites de balancê sobre as ondas do transatlântico do *Desirat,* sob o negro céu estrelado e o cheiro da maresia, Herman, o "espião polonês", recebia em sua cabine apertada visitas assíduas e ardentes de madame Vuille.

2013

Catraca

A revolta de 2013 começou em São Paulo, por causa de um aumento de vinte centavos na passagem de ônibus concedida pelo prefeito petista Fernando Haddad. Logo alastrou-se para várias cidades do Brasil. Foi, de início, uma mobilização massiva da juventude – predominantemente de classe média – que, pelo número, lembrava a Passeata dos Cem Mil em 1968, as Diretas Já em 1985, o Abrace a Lagoa em 1986, e por aí vai. Há muito tempo não se via tanta gente nas ruas. Naquele ano não existia crise econômica. Registrava-se aumento real do salário mínimo e o crédito para consumo era farto. Havia, decerto, algum cansaço com o governo da Dilma, que não a impediria de ser reeleita no ano seguinte, da forma que sabemos. Aquele movimento que se alastrou para outras cidades e persistiu por alguns meses foi ilustrativo da tese de que, paradoxalmente, esse tipo de coisa ocorre mais em conjunturas de bonança do que em crises econômicas agudas, como a partir de 2015. Ele transcendeu a classe média estudantil, intelectualizada, bem-pensante, que dera a partida. Rapidamente mobilizou segmentos de juventude mais pobres, de baixa classe média ou pobres mesmo. Rapidamente tornou-se propenso à violência: no seu flanco, surgiram os *black blocs,* turmas de encapuzados depredadores dos "símbolos do capitalismo", como bancos, mas também lanchonetes, lojas de vestuário e pontos de ônibus.

Eu considerava as ações dos *black blocs* incompatíveis com os propósitos de um país melhor. A violência é uma espiral com vida própria. Qual o gênio de Aladim, que, uma vez fora da garrafa, não volta, ninguém mais controla ou dosa. A sociedade brasileira atual é muito mais violenta do que a dos anos sessenta. Em 2013, lançavam-se mão daquelas racionalizações, mitos e baboseiras "heroicas" tão presentes na mitologia de esquerda, tipo: "Violento não é o rio que trasborda, mas as margens que o oprimem." A alguns aquilo pareceu algo para lá de moderno. Abusava-se da narcísica expressão "ativismo autoral", seja lá o que isso signifique... No fundo, nada havia de tão novo: era a história se repetindo. A adrenalina de quebrar o pau com a polícia, depredar bancas de jornais e "vitrines capitalistas", bater e apanhar, aspirações correspondidas pela brutalidade e pelo despreparo policial. Ali havia muita fúria, mas pouca radicalidade para mudar, de fato, o sistema.

Esses grupos praticam a violência simplesmente porque gostam de fazê-lo. Poucos meses após o início das manifestações, um cinegrafista da TV Bandeirantes, Santiago Andrade, seria morto no Rio por um rojão que o atingiu na cabeça, disparado por eles. A questão ficou sendo: nessa era de rápida mobilização pelas redes sociais, como se pode impedir grupos violentos, ultraminoritários, de "desmobilizar a mobilização" ampla pelo medo, já que a grande maioria não quer se envolver em violência?

"O que aconteceu com o carbonário?", me perguntou, com irritação, um jovem leitor, recriminando esse meu pouco entusiasmo pela noite anterior, no quebra-quebra com fogueirinhas do Leblon. Perguntei de volta: "O que seria coerentemente carbonário?" Essa pós-moderna teatralização da violência, que taca fogo em uma lixeira diante da Pizzaria Guanabara? Aqueles jovens de militância "autoral", que fazem selfies junto à fogueirinha, "se colocam" ao preço de transformar os moradores dos prédios à volta, avessos à toda aquela bagunça, em futuros eleitores da direita?

Novidade mesmo foi o fato de aquele caldo de cultura militante não se restringir a contestadores de uma extrema-esquerda difusa tendendo ao autonomismo ou ao anarquismo com a sua periferia violenta, *black bloc*. Essa era a parte visível do iceberg. Mais ao fundo, algo inteiramente novo ocorria. Dentre parte dos manifestantes, começava-se a perfilar um novo componente, fadado a crescer muito nos anos seguintes. No momento inicial, muito mais que uma extrema-direita ideologicamente coerente, o que tomava forma era uma onda antiesquerda que não suportava mais o PT, em particular a Dilma, e que passava a exercer sua atuação política usando as mesmas formas e trejeitos da extrema-esquerda, apenas com sinal invertido. E com uma vantagem: maior aptidão para as mídias digitais.

A imprensa dava grande destaque à Mídia Ninja, subsidiada pelo governo, feita por militantes do PT e da extrema-esquerda, que se contorcia para desviar a mira da revolta da prefeitura petista de Fernando Haddad, que aumentara em vinte centavos a passagem de ônibus, para o governador do estado, Geraldo Alckmin, que seria o responsável pela porradaria policial. Virou mais um quebra-pau entre petistas e tucanos. Ninguém prestava atenção na onda que começava a se formar e iria, em seu tempo, varrer uns e outros.

Independente de gostar ou não dos governantes, o povo trabalhador odeia bagunça. Quem não percebe isso pode fazer política grupuscular, mas dificilmente estabelece uma interlocução com os segmentos mais amplos. O grande perigo é sempre se isolar da população, colocando a azeitona da empada de grupos cuja agenda é muito diferente, destilam o ódio e almejam poder. Eles estavam ali à espreita e começavam a botar a cabeça de fora. Aqui e ali, perfilava-se a única novidade, de fato, de 2013: o renascimento de uma extrema-direita militante.

Cabia também uma discussão sincera sobre as formas de luta que deveriam ser minimamente inovadoras, diferentes. Passeatas em horário de rush, em área central, sem planejamento nem serviço de ordem organizado, eram um convite aos vândalos, que descaracterizavam o movimento. A passeata com quebra-quebra e dano objetivo à população era algo jurássico, pouco didático e decerto contraproducente, salvo para os que acreditavam na violência pela violência, no quanto pior, melhor.

Não seria melhor grandes "bicicleatas" com alegorias, em horários mais apropriados ou no final de semana, ações simbólicas "marcando" tapumes de obras rodoviaristas com seu custo comparativo ("Esse viaduto vale tantos vagões de metrô") e outras formas alternativas de protesto e pressão? Era preciso fazer algo diferente em relação ao que já se fizera tantas vezes sem efeito algum para prover nossas cidades de um transporte de melhor qualidade, socialmente mais justo e ambientalmente mais equilibrado.

Naqueles dias eu ainda tinha paciência para participar de listas de discussão em que se polemizava bastante sobre os incidentes e os quebra-quebra recorrentes promovidos pelos que atuavam na franja das mobilizações, surfando no espaço claramente desproporcional que lhes concedia a mídia. Novos personagens emergiam, como a jovem gaúcha Elisa Sanzi, a Sininho, que logo virou, no Rio, musa dos *black blocs*, sem sê-lo. Coitada. Era como uma militante de 1968 que tivesse embarcado em uma daquelas máquinas do tempo de Hollywood.

Também eu mergulhei, por alguns momentos, na minha própria máquina do tempo. Veio um flash da infância perdido no fundo da memória. A revolta de 1956 contra a decisão do prefeito do Distrito Federal, Negrão de Lima, de passar de um para dois cruzeiros o preço da passagem dos bondes. Eu tinha cinco anos e andava com minha avó,

Rosa, na Cinelândia. De repente, um grupo de rapagões ataca um bonde. Vira-o, despeja gasolina e ateia fogo gritando coisas contra o Juscelino e os americanos. Labaredas me apavoram. Estava traumatizado com o que assistira meses antes da janela da cozinha do apartamento de minha outra avó, Vera, em Copacabana: o famoso incêndio do Hotel Vogue. Pois o fogaréu agora parece vir na minha direção, ali na rua. Lambe a fiação elétrica, que começa a estalar. Vovó Rosa me puxa pelo braço. Estamos nos dourados anos cinquenta, início do governo JK: o Rio de Janeiro ainda é capital. Ali, também, nada de novo. Tudo aquilo já havia acontecido diversas vezes antes na capital, desde a lendária Revolta do Vintém, em 1879 e em 1880.

Ah, o pavor que senti dos garotões virando o bonde e tacando fogo, e a fiação elétrica faiscando para todo lado. Parecia o tal do inferno que meus coleguinhas católicos juravam existir, mas que o rabino Henrique Lemle explicava que não deveria ser levado assim, ao pé da letra, com seus diabinhos de tridente, fogo e rolos de fumaça de enxofre. Eram mitos católicos que não se aplicavam a nós, judeus. Não obstante as palavras tranquilizadoras do rabino, eu tinha muito medo de ir para o inferno por espiar, pelo buraco da fechadura, as freguesas da minha mãe trocando de roupa na sala de espelhos do ateliê de alta-costura da Casa Colette, na rua Almirante Tamandaré, meu pinto durinho, certamente por obra do demo.

Poucos anos depois, o próprio governo acabou com aqueles bondes verdinhos. Chegou o tempo de queimar a lotação, depois o ônibus. De lá para cá, isso já se repetiu umas tantas vezes, mas a mobilidade urbana só fez piorar com o constante aumento do número de automóveis. Entre os bem pensantes, soava politicamente incorreto criticar o movimento do passe livre nos ônibus, uma coqueluche da esquerda chique. Para mim, rimava com boca-livre. Esbanjava rebeldia para todo gosto contra prefeitos, governadores, políticos em geral. Paradoxalmente, faltava-lhe radicalismo em relação à revolução de fato necessária na mobilidade urbana: o questionamento do modelo rodoviarista.

É verdade que, para os pobres, vinte centavos fazem diferença. Mas seria mesmo consequente colocar-se como reivindicação central a gratuidade, o passe livre? Na verdade, o transporte público nunca será, de fato, gratuito, mas pago pelo usuário, pelo contribuinte ou por ambos em doses diferenciadas, como hoje acontece nos locais onde é subsidiado – por exemplo, justamente em São Paulo. Será correto os jovens ricos ou de classe média deixarem de pagar quando, de fato, podem? Por que a esquerda estudantil faz da meia-passagem e da meia-entrada, para os que podem perfeitamente pagar, uma de suas grandes bandeiras? Boa parte dos trabalhadores do setor formal recebe vale-transporte das empresas. Para os pobres e o setor informal, devem-se criar mecanismos de subsídio, eventualmente vinculados a programas do gênero do Bolsa Família. O transporte poderia, ser gratuito, ou quase, para quem de fato não tenha como arcar com seu custo, mas não para todos indiscriminadamente, inclusive os ricos.

A questão do preço das passagens precisa ser examinada mais de perto. Durante muito tempo, as empresas de ônibus, com ampla capacidade corruptora, podiam impor preços abusivos e obter lucros astronômicos mediante suas caixinhas para deputados, vereadores e gente no Executivo. Naquele momento, porém, outra situação já estava em fluxo com o advento do dito transporte alternativo: primeiro vieram as Kombis, as vans e, pouco tempo depois, o Uber e outros aplicativos.

Algumas empresas, sobretudo as que exploravam o serviço nas áreas mais periféricas, começaram a ter reais dificuldades. Anos de relação corrupta com o poder público, preços excessivos e maus serviços haviam gerado uma enorme desconfiança em relação a qualquer coisa que elas viessem a alegar. No entanto, pela primeira vez, estava plenamente disponível toda uma tecnologia capaz de exercer, com precisão, um controle de viagens, sua arrecadação e seus custos. Faltava transparência às planilhas das empresas de ônibus, que precisam ter tarifas (ou receber subsídios) que mantenham economicamente viável o negócio – as experiências de estatização haviam fracassado, miseravelmente, nos anos oitenta[63] – sem os lucros abusivos espoliando população usuária durante tanto tempo.

Aquele movimento, em vez de focar-se na quimera do ônibus de graça para todos, poderia ter levantado reivindicações mais consequentes, como a ampliação do prazo dos bilhetes únicos intermodais, com validade de três horas; o ar-condicionado; a criação de um vale-transporte subsidiado para os mais pobres; o levantamento e divulgação das planilhas das empresas de ônibus; uma campanha pela internet que desse "notas" a

---

63. Em 1985, o governador do Rio de Janeiro, Leonel Brizola, encampou 16 empresas de ônibus que passaram a ser controladas pela CTC (Companha de Transportes Coletivos). O estado, no entanto, não conseguiu administrar bem essa frota de coletivos por diversas razões, com destaque para o aparelhamento político, o inchaço e a corrupção. Também houve sabotagem e pressões políticas por parte dos encampados. A CTC faliu em 1966, e os ônibus voltaram para a turma de empresários da Fetranspor.

cada ônibus, cada rota e cada empresa; uma ouvidoria para os serviços de ônibus, com monitoramento dos mesmos em tempo real, com auxílio de aplicativos pelos próprios passageiros, possibilitando uma intervenção rápida contra infratores. Um motorista que promovesse uma barbaridade no trânsito poderia ser imediatamente identificado e sancionado no ponto final. Para a imensa maioria da população usuária, pior que um aumento de vinte centavos era a má qualidade do serviço.

As cidades brasileiras viviam em 2013 um agravamento da crise de (i)mobilidade, engendrada pelo modelo que prioriza o transporte individual. Era urgente enfrentá-lo radicalmente. Mas quem irá pendurar o guiso no pescoço do gato automotivo? Aquela oportunidade poderia ter sido aproveitada para questioná-lo e acabar com os subsídios à indústria automobilística, sem contrapartida em relação a poluição e emissões; parar de priorizar obras para o automóvel; favorecer veículos elétricos, o biocombustível e híbridos, em particular álcool-eletricidade; exigir a multiplicação dos investimentos em BRT, BRS, VLT, transporte hidroviário; instituir a taxa de congestionamento com pedágios eletrônicos em horários e trechos intensamente demandados; ampliar de maneira substancial os sistemas cicloviários e a oferta gratuita ou muito barata de bicicletas e carros elétricos pequenos pagos pela publicidade.

Em algumas cidades, o serviço de ônibus vinha melhorando, pouco a pouco, com a implantação dos BRT e BRS, mas, de forma geral, a mobilidade nas grandes cidades brasileiras piorara substancialmente por causa do vertiginoso crescimento da frota automobilística subsidiada pelo Governo Federal – junto com a gasolina – e sem contrapartida alguma. Enquanto para o carro a gasolina era subsidiada pelo governo, cobrava-se dos veículos elétricos uma alíquota de 25% de "bem de luxo" que, originariamente, era destinada aos carrinhos de golfe.

Os engarrafamentos dantescos viraram marca de qualquer cidade brasileira. O que antes só ocorria nas grandes metrópoles agora grassava em cidades médias e pequenas. Faltava ao movimento a radicalidade de propugnar limites claros ao transporte individual motorizado com a introdução de pedágios urbanos eletrônicos sob a forma de taxas de congestionamento, levando em conta o padrão do veículo, seu consumo de combustível e a intensidade de suas emissões; cobrança cara de estacionamento em áreas críticas e estímulo ao transporte solidário, a boa e velha carona, com faixas exclusivas para veículos com mais de um ocupante.

Uma contestação de fato radical ao sistema de mobilidade urbana brasileiro, socialmente injusto e ambientalmente insustentável, precisaria tratar dessas questões. No entanto, a condução inconsequente desse movimento por parte de grupos de extrema-esquerda, de perspectiva jurássica, conquanto juvenil, fez dele algo fadado a não ir muito além daqueles quebra-quebras de bondes nos bons tempos do Juscelino, que tanto me assustaram na Cinelândia, e de quantos similares que os antecederam e sucederam. Um recuo momentâneo na tarifa e, depois, um jogo de soma zero. *Business as usual.*

Pai das ciclovias cariocas

A malha cicloviária do Rio de Janeiro começou a ser reivindicada no final dos anos oitenta: ciclistas se mobilizando pelo seu espaço. Eram "bicicleatas" organizadas por nós, verdes: Minc, Gabeira, Ricardo Neves e eu.

Sem nenhuma megalomania e tendo, inclusive, tratado a questão com uma modéstia que alguns amigos nunca entenderam, me considero, sim, "pai" das ciclovias cariocas. Ou seja, o precursor prático da mais extensa malha cicloviária do país. Em 1991, a orla marítima da cidade passaria por uma reforma urbanística, o projeto Rio Orla, na preparação para a Conferência Rio-92. Como vereador, eu havia incluído no Plano Diretor da cidade a previsão de uma malha cicloviária em todos os bairros da cidade, e consegui convencer o então prefeito, Marcello Alencar, de quem era amigo, apesar de ser de oposição, a implantá-las em todo o Projeto Rio Orla, aquela obra de reurbanização de dezenas de quilômetros ao longo das mais famosas praias do Rio de Janeiro: Leme, Copacabana. Ipanema, Leblon, São Conrado, Barra da Tijuca e Recreio. A orla marítima, naquela época, era caquética. As calçadas junto às praias eram ocupadas por trailers e pelo estacionamento, em 45 graus, dos automóveis. Sugeri ao Marcello acabar com aquele estacionamento e passar por ali as ciclovias do Rio Orla, pegando carona na obra de reurbanização que já ia ser feita. Ia sair muito barato.

Choveram críticas. As mais ferrenhas foram as de Millôr Fernandes, à época colunista diário do *Jornal do Brasil.* Ele tinha um texto ímpar, genial, e ser alvo daquilo todo santo dia era algo demolidor. Millôr se apiedava de algumas dezenas de amendoeiras do canteiro central das avenidas Vieira Souto e Delfim Moreira, em Ipanema e no Leblon, que seriam retiradas para dar lugar ao estacionamento remanejado. Tratava aquilo como se fosse o desmatamento da Amazônia e me acusava de traidor da causa ecológica. Ao prefeito, jogava na cara diariamente seus hábitos etílicos. Marcellão era "o Velho Barreiro".

221

O prefeito enfrentou a situação com humor e coragem. Eu, inicialmente, meio surpreso com tanta porrada, resolvi reagir. Escrevi um artigo no JB fazendo – na medida do possível – "Millôr ao Millôr". Vários amigos começaram a escrever cartas do leitor para contrabalançar uma grande maioria de missivas nos esculhambando. Previam-se hecatombes, atropelamentos; quase rompi relações com vários conhecidos influenciados pela incessante pauleira. As tais amendoeiras eram todas pequenas, subdesenvolvidas, porque não combinavam com a constante ventania da orla. Foram retiradas com suas raízes, mantidas no horto da Fundação Parques e Jardins e depois, em boa parte, replantadas, ali mesmo, junto com outras espécies mais apropriadas.

Fiquei com tanta raiva do Millôr que resolvi promover uma manifestação de ciclistas em frente ao seu edifício. Ia dar-lhe de presente uma bicicleta com um selim gigante para acomodar sugestiva parte de sua anatomia. Acabei dissuadido pela minha assessoria. "Tu tá maluco? Ele já parou de bater todos os dias, melhor não dar continuidade." Afinal, ficou como uma das suas esquisitices, como aquela outra de ser contra a obrigatoriedade do cinto de segurança nos automóveis.

Vieram críticas também "pela esquerda", petistas que me acusavam de copiar "modismos europeus" (nosso clima tropical seria impróprio para essa absurda "mania importada de Amsterdã"). Outros nos criticavam por não termos começado pelos bairros populares da Zona Oeste, onde o uso da bicicleta como meio de transporte era bem mais propagado. Não entendiam que a gênese da malha cicloviária em uma megalópole depende da criação de um fato cultural em uma área de grande visibilidade. No Rio, tinha que ser junto às praias.

No ano seguinte, sob o comando do então prefeito César Maia, assumi a Secretaria de Meio Ambiente da Cidade (SMAC) e, com um arquiteto da Prefeitura que tornou-se meu grande parceiro, Roberto Ainbinder, e ativistas do ciclismo, como Zé Lobo, criamos o projeto Ciclovias Cariocas. A ideia era construir novas conexões, como aquela de Copacabana ao Centro do Rio, a ciclovia Mané Garrincha, em homenagem ao ídolo maior do futebol carioca dos anos sessenta, e a Rubro-Negra, em formato de cruz, da Lagoa à PUC e do Leblon à Gávea.

Uma que deu problema foi a João Saldanha, que substituía uma ciclofaixa mal ajambrada na rua Francisco Otaviano, ligando Ipanema a Copacabana. Era larga demais, com 4,5 metros, delimitada por sonorizadores que ninguém respeitava. Carros ultrapassavam e estacionavam dentro dela, e houve alguns acidentes fatais. A implantação da ciclovia, basica-

222

mente a colocação de um meio-fio delimitando uma pista bidirecional de três metros, encontrou uma oposição feroz liderada pelo padre da Igreja da Ressurreição. Ele se queixava de que, nos casamentos, o carro com a noiva não conseguiria encostar na calçada da igreja. Temendo iminente excomunhão, fui ter com o padre e mandei que não construíssem o meio-fio naquele local. Os comerciantes que se beneficiavam do estacionamento proibido continuaram a reclamar, mas esses deu para tirar de letra.

Não se tratava apenas de construir ciclovias fisicamente protegidas para ciclistas de todas as idades, mas toda uma malha integrada, com ciclofaixas, faixas compartilhadas, ciclorotas, rampas, sinalização vertical e horizontal, bicicletários, pontos de reparo e manutenção de bicicletas e sistemas de locação. Também não era apenas "hardware", havia um "software": a criação e disseminação de regras de uso daquele espaço, campanhas educativas e, sobretudo, uma relação muito estreita com os ciclistas e suas associações, que precisam participar ativamente de todas as decisões.

Durante um bom tempo as críticas e as campanhas hostis continuaram na imprensa. Pareciam muito polêmicas as tais ciclovias. No entanto, quando encomendamos pesquisas de opinião pública, ficamos surpresos: mais de 80% dos consultados eram totalmente favoráveis e queriam a ampliação da malha cicloviária.

Havia também fortes resistências dentro da própria Prefeitura, como a do então secretário de Transportes, Márcio Queiroz, e seus engenheirões de transporte, rodoviaristas apavorados achando que íamos comprometer o fluxo dos automóveis e acabar com vagas de estacionamento (pensando bem, não era má ideia...). Eu me lembro de uma conversa antológica que tive com Márcio. Ele dizia que eu iria engarrafar Copacabana inteira se insistisse em passar a ciclovia no Túnel Novo.

Medi a largura das duas galerias. Dava de sobra para passar com ciclovíais unidirecionais, de 1,7 metro de largura do lado esquerdo de cada uma delas. As faixas de rolamento para os veículos ainda ficariam com muito mais que os três metros regulamentares. Ele insistia que eu ia provocar o caos. "Ok, qual é sua alternativa?", perguntei, imaginando que ele ia querer que déssemos a volta à Pedra do Leme, algo do estilo. Mas não. Ele pegou a caneta e esmeradamente desenhou as duas galerias do Túnel Novo e, depois, no meio delas, um tunelzinho: "É mole, Sirkis. Com o tatuzão tudo se resolve rapidinho." Quase mandei-o tomar no impublicável. A ciclovia acabou acontecendo, e nunca houve o menor problema nos túneis, nem mesmo durante a obra.

Fiquei de olho nos mínimos detalhes. A ciclovia ficou bem mais alta do que a pista dos carros, protegida por uma robusta cerca. Os únicos acidentes que acontecem ao longo dos anos são provocados pela má iluminação do túnel como um todo, ou por pedestres que ignoram as placas de sinalização que proíbem terminantemente sua entrada nas ciclovias do lado esquerdo das duas galerias; têm as do lado direito para eles. No entanto, volta e meia cruzo com alguns desses babacas e os xingo. Lembro, mais uma vez, que disciplina espacial não é o nosso forte... Menos ainda obedecer às placas de sinalização.

Naquele período, o Rio de Janeiro tornou-se a cidade com maior extensão de malha cicloviária em todo o Brasil. Teria sido possível fazer mais e melhor se houvesse sido uma ação do conjunto da administração, e não uma espécie de guerrilha que conduzíamos a partir da secretaria de Meio Ambiente. O secretário de Urbanismo, depois prefeito, Luís Paulo Conde com raiva de mim porque não deixei cortar umas setecentas árvores no Rio Cidade Copacabana, excluiu as ciclovias de todos os projetos Rio Cidade, em diversos bairros, o que limitou muito da expansão da malha cicloviária a baixo custo.

Frequentemente sou convidado para debates, palestras e seminários sobre o assunto, e cheguei a desenvolver *Os Dez Mandamentos das Ciclovias*:

I – *Pedalarás sempre mais*: a malha cicloviária precisa ser constantemente ampliada e aperfeiçoada. Se não pedala, cai.

II – *Não projetarás sem ciclistas*: engenheiros e arquitetos não ciclistas costumam produzir projetos idiotas de má qualidade.

III – *Melhor ciclovia nenhuma que ciclovia malfeita*: projeto ruins que o ciclista não utiliza prejudicam mais a expansão da rede do que não fazê-las.

IV – *Conservarás bem a malha cicloviária*: pistas esburacadas, sinalização apagada ou depredada e drenagem pluvial entupida são fatais.

V – *Usarás concreto e asfalto de boa qualidade e avermelhado*: a qualidade do piso é muito importante, e o padrão avermelhado utilizado pela maioria das cidades sinaliza aos motoristas que ali é o espaço da bicicleta.

VI – *Aproveitarás sempre novos projetos de reurbanização*: perder a oportunidade de incluí-las em obras que já serão realizadas adiará ciclovias por muitos anos naquele local porque ninguém vai quebrar de novo tão cedo.

VII – *Começarás sempre pelo ponto de maior visibilidade da cidade:* empoderar o ciclista, mais que uma obra, é um fato político e cultural e precisa ter visibilidade, repercutir.

VIII – *Integrarás a bicicleta a outros modais:* a malha cicloviária faz parte de um sistema de mobilidade integrada aos outros modais de transporte urbano. Ela não existe isolada.

IX – *Não estudarás em demasia:* curiosamente, algumas cidades passam anos fazendo fluxogramas complexos, contagens e outros estudos e nunca conseguem começar.

X – *Não desprezarás estatisticamente a bicicleta:* certos estudos de mobilidade subestimam grosseiramente o uso da bicicleta limitando-a aos trajetos casa-trabalho. Qualquer pedalada para a praia, comércio ou bar tem uma lógica de transporte sempre que retira da rua um veículo ou desafoga o transporte público.

O transporte individual não motorizado vai muito além da bicicleta; hoje, temos skates, monociclos elétricos, patinetes e uma pletora de aplicativos que permitem a integração intermodal eficiente. A bicicleta, no entanto, mantém o seu carisma, e nossas cidades, todas, têm muito menos malha cicloviária do que deveriam. E a existente é menos segura, confortável e protegida do que merece ser.

A volta de 68?

Coreograficamente, aquele 2013, de fato, lembrou 1968. Não o daqui do Brasil, do Rio de Janeiro ou de São Paulo, mas o maio de 68 de Paris. Aqui, tivemos uma revolta estudantil contra uma ditadura que a reprimia selvagemente na Sexta-Feira Sangrenta, depois toleraria brevemente a contestação na Marcha dos Cem Mil e logo esmagaria o movimento com toda a sua força (AI-5). O acorde final foi dado por blindados, baionetas, munição real e câmaras de tortura.

Maio de 68, em Paris, aconteceu em uma situação social de pleno emprego, auge dos "trinta anos gloriosos do capitalismo". A revolta eclodiu em Nanterre e na Sorbonne contra um difuso mal de sociedade e de cultura. Uma revolta mais generacional e de costumes do que social, no que pese o palavreado revolucionário de esquerda. O presidente francês, general Charles de Gaulle, conquanto autoritário, longe estava de ser um ditador. A situação econômica era boa, um período de bonança ininterrupta originada no Plano Marshall, passando depois pela criação do Mercado Comum Europeu, que terminaria apenas na crise do petróleo de 1973.

Foram os famosos "trinta anos gloriosos" do capitalismo. Governada por uma direita gaullista modernizadora, "social", a França era um Estado de bem-estar imerso em uma cultura conservadora onde a numerosa geração jovem, pós-guerra, a dos *baby boomers*, sentia-se oprimida na escola e em casa pela onipresente e obtusa caretice dos pais e mestres, e via no governo do velho general uma relíquia arqueológica.

Sua liderança mais visível, meu futuro grande amigo Daniel Cohn-Bendit, tendia para o "libertário": era um anarquista light e imprimiu seu tom à mídia graças ao seu talento de comunicador e frasista. Foi expulso da França (era cidadão alemão), e o movimento, já em descenso, acabou nas mãos de marxistas revolucionários (trotskistas) e marxistas-leninistas (maoístas) que, durante os vinte anos seguintes, nas suas inúmeras encarnações e reencarnações grupusculares, atomizadas e reatomizadas, disputaram sectariamente a herança de maio 68.

Os ganhos palpáveis de 68 – aumentos salariais e avanços trabalhistas – foram do movimento sindical liderado pela Confederação Geral do Trabalho (CGT), dominada pelo Partido Comunista, fortemente hostil aos estudantes. Soube pegar uma carona no meio daquela confusão toda, convocar uma greve geral e obter um caderno de reivindicações, que incluiu um aumento de 35% do salário mínimo, redução da jornada de trabalho e reconhecimento de comitês sindicais dentro das empresas.

O presidente de Gaulle cogitou botar o Exército na rua. Fez uma visita secreta ao general Jacques Massu, que comandava as tropas francesas na Alemanha (eram tempos de Guerra Fria), mas logo desistiu. O movimento começou e se esvaziar, e o velho estadista deu o pulo do gato. O *post festum* foi bastante rápido: uma manifestação de quase um milhão de pessoas na Champs-Élysées em apoio ao velho presidente. Logo depois ele convocou eleições antecipadas e obteve uma expressiva vitória.[64] A maioria eleitoral repudiou o maio de 68. A juventude do movimento não se importou; sua palavra de ordem era "élections, piège à cons" (eleição, armadilha para os babacas).

O velho general saboreou por pouco tempo a sua vitória. No ano seguinte, renunciaria ao perder um referendo sobre sua proposta cons-

---

64. A forças pró De Gaulle conquistaram 367 cadeiras contra 91 da oposição na Assembleia Nacional pelo voto distrital. No total de sufrágios, foram 48% contra 41%.

titucional de novo ordenamento territorial e de reforma política. Cansado e deprimido, voltou para Colombey-les-Deux-Églises, seu vilarejo no interior da França.

O movimento herdado de maio continuou a rebrotar nas ruas periodicamente nos anos setenta e oitenta conduzido pela geração 68, mas sem nunca mais alcançar aquele grau de efervescência e de participação. Maio de 68, a curto prazo, mudou muito pouco na política francesa, que continuou dominada pela direita até 1982, e certamente não promoveu nenhuma revolução socialista. Mas acabou engendrando, sim, uma revolução cultural, uma profunda mutação nos costumes, na sexualidade, nas artes e nos modos de vida. Resultou também em um sôfrego individualismo que hoje muitos responsabilizam pelo que identificam como erosão do civismo, dos valores do trabalho e da família, e pela crise da previdência social resultante da satisfação imediata de consumo e da aposentadoria precoce. Tornou-se moda – pouco convincente – culpar 1968 pelas mazelas da França contemporânea. Identifica-se ali a origem da "esquerda caviar", ou dos *bobos* (pronuncia-se *bô-bôs*), os *bourgeois bohemes*.

Há algumas poucas e pictóricas analogias entre aquele movimento e o que, inicialmente, vivemos em 2013 no Brasil: ausência de uma opressão aguda, de liderança unificadora, de causa ou plataforma coerente para além de um intenso mal-estar de sociedade ou, no nosso caso, qualidade dos serviços públicos. Um corte levemente libertário e utópico. Uma sensação dos partícipes de fazer história frente ao olhar desconfiado da chamada maioria silenciosa da sociedade e o avolumar, ainda despercebido, uma fortíssima reação em sentido contrário.

Não vivíamos ainda em 2013 uma situação de desemprego em massa ou de arrocho salarial como se instalaria em 2015, muito menos uma opressão política aguda, que normalmente seriam consideradas justas causas de revolta. A crise política se explicitaria depois, ao redor dos escândalos de corrupção, e a revolta se mobilizaria socialmente pelo outro lado, pela direita. Vivíamos, sem saber, o final de uma era de bonança consumista de crédito fácil e gasto público perdulário, e de decadência acentuada do establishment político com uma aguda sensação de frustração. Aumento de vinte centavos dos ônibus, gastos suspeitos das obras da Copa do Mundo, a insegurança e, naturalmente, a corrupção dos políticos eram os alvos desse mal de sociedade difuso que mobilizou algumas centenas de milhares em onze cidades brasileiras.

Havia como fazer daquilo uma plataforma de ação minimamente

consistente que mudasse algo na mobilidade urbana ou na qualidade dos serviços? Que levasse a uma maior participação da sociedade na gestão dos seus problemas? Essas perguntas permanecerão sem resposta durante um bom tempo. Passeatas não resolvem problemas; sinalizam-nos, embora nem sempre com precisão. Os problemas são eventualmente solucionados pela energia e pela disposição que essas passeatas geram, permeadas pela revitalização das instituições que questionam.

Insisto que a democracia precisa tanto de uma esquerda democrática quanto de uma direita civilizada capazes de aceitar a diferença e a alternância como elementos não só positivos, mas indispensáveis. O que vicejava no Brasil era uma esquerda regressiva, ressentida, que namorava o chavismo e que não conseguiu depois assumir a menor dimensão autocrítica da sua responsabilidade no futuro que presenteou ao país. O ano de 2013 engendrou o renascimento da direita, mas não daquela civilizada, capaz de enterrar os fantasmas do passado e cultivar a tolerância assumindo um ideário liberal tanto na economia quanto na política e nos costumes.

Há movimentos de massa históricos que são, de fato, transformadores. Outras vezes, levantam muito barulho e fúria mas se esvaem, não deixam lastro histórico nem avanço concreto relevante que não seja a futura nostalgia de seus veteranos. Foi precisamente o que aconteceu em 2013, que acabou sendo o contrário do que se imaginara na época. Era o prelúdio do regresso de uma direita sectária nostálgica de 64, na sua pior faceta: a do simpatizante dos seus porões.

Fim da linha no PV

Aquele ano também coincide com o desenlace da minha relação com o partido que fundei, o PV. O assunto dominante na Câmara não era a mobilização social de 2013, mas as eleições seguintes, de 2014. Tenho um problema. Estou na alça de mira do dono do nosso cartório político por tê-lo atacado na imprensa e sido solidário com Marina Silva em uma reunião da executiva nacional do PV, em 2011, quando, de surpresa, foi aprovado em um ponto colocado na pauta, sem aviso prévio, uma moção prorrogando por mais dois anos o mandato da executiva nacional e dele, José Luiz Penna, na presidência do PV. Foi por 32 votos a 19. Vários dos nossos, como Gabeira, Feldmann e Eduardo Jorge, estavam ausentes e também ignoravam que essa proposta apareceria.

Até então, tudo parecia correr muito bem. Um fantástico resultado de vinte milhões de votos na eleição presidencial, uma nova bancada de treze deputados, um enorme interesse de uma pluralidade de líderes de movimentos, igrejas, entidades ambientalistas querendo ingressar no PV e um entendimento de que haveria um processo de discussão e renovação da executiva e dos seus cargos. Fui à reunião desarmado, entrei de gaiato no navio. Abriu-se uma crise.

Para resumir uma longa, dolorosa e enfadonha história, Marina não seguiu meu conselho e saiu do PV pouco tempo depois, levando com ela um grupo grande. Embora o presidente do cartório controlasse a maioria da executiva, tínhamos uns 40% e travamos por dois ou três meses uma luta interna formando uma tendência chamada "transição democrática", que mobilizou intensamente as bases verdes fazendo reuniões com centenas de pessoas em São Paulo e no Rio. Penso que, com paciência e tempo, poderíamos ter revertido o quadro, mas em um processo que me resulta demasiado amargo enfadonho detalhar aqui, "juntou a fome com a vontade de comer": Marina caiu na provocação que lhe armou o aspirante a presidente vitalício do PV – seus amigos tinham como palavra de ordem "Penna *forever*" –, o que, objetivamente, coincidiu com as aspirações do entorno dela, seu "primeiro círculo", que queriam porque queriam um partido para chamar de seu.

Achavam fácil, do alto dos vinte milhões de votos de Marina em 2010, construir o novo partido com que sonhavam. Embora eu tenha continuado a colaborar com Marina, permaneci no PV. Vegetativamente, por assim dizer. Aí cometi o maior erro político da minha vida, se fosse avaliar pelo viés da disputa por poder. Na ilusão de sacudir o Partido Verde, renunciei a todos os meus cargos na executiva nacional e estadual (respectivamente, de vice-presidente e presidente). Achei que meu afastamento – do fundador, autor do manifesto e de grande parte do programa, presidente nacional por quase nove anos, candidato à presidência da República e, depois do Gabeira, sua liderança nacionalmente mais conhecida – provocaria um sobressalto de reflexão, de mobilização com os destinos do partido. Os faria caírem em si.

Obviamente, nada disso aconteceu. Minha ausência nas reuniões da executiva nacional deixou à vontade aqueles aos quais o "general polonês" inspirava reverência e temor. Só facilitou a vida do dono do cartório. Os mais próximos – os do Rio – me traíram em troca de cargos dentro do partido. Desprezei aquele sábio conselho da *realpolitik*: "Mantenha seus amigos próximos, e os inimigos, mais ainda." Fiquei três anos em uma posição isolada e solitária vendo o PV definhar e se encher de figuras cada vez menos recomendáveis.

Procurei ajudar Marina em seu Movimento da Nova Política, do qual discordava a começar pelo nome: "Marina, não tem nova política. É sempre a mesma, aquela por ideais ou aquela por benesses. Mas de nova não tem nada, que o digam os de Atenas." Depois me empenhei, a fundo, em mobilizar assinaturas para legalizar a Rede, embora não acreditasse, pelo amadorismo da estrutura montada, que fôssemos conseguir em tempo hábil. Também achava o almejado partido dela um saco de gatos, sem outro traço de união que não fosse a figura dela própria.

Em meados de 2013, chegou a fatura: meu amigo Sérgio Xavier me avisou que Penna havia decidido que eu não teria legenda do PV para concorrer à reeleição em 2014. No último dia do prazo de filiação, meus mais próximos e antigos auxiliares políticos no Rio simplesmente fugiram de uma decisiva reunião na sede do partido marcada pela Aspásia, nossa deputada estadual, para tentar um acordo. Ela chegou lá e encontrou a sede trancada. Nesse dia, a contragosto, seguindo Marina, que não conseguira legalizar a Rede, me filiei ao PSB, cujo presidente, o governador Eduardo Campos, vinha me convidando insistentemente. Foi uma filiação que perdeu o valor assim que se consumou.

Ela me colocou na mira de um personagem que daria muito o que falar no país nos anos seguintes: o procurador-geral Rodrigo Janot, com suas flechadas de bambu literalmente a torto e a direito. Na época, ele parecia perfeitamente alinhado ao Planalto e ao PT, e me incluiu em uma lista de parlamentares cuja cassação de mandato solicitava ao TSE por infidelidade partidária, embora meu caso tenha sido amplamente noticiado. As pessoas sabiam quanto fora doloroso para mim deixar o PV.

Eu me recordo daquela ida ao TSE para defender meu mandato. Meus advogados dizendo: "Fique tranquilo, isso não vai dar em nada." Eu sabia, mas aquilo já me prejudicara pela perda de tempo, pelo trabalho de ter que constitui-los, garimpar as provas da minha perseguição e de, sobretudo, ter que aturar a hipocrisia de um espertalhão, meu primeiro suplente do PV, Lauro Botto, uma liderança dos bombeiros que eu apoiara em sua mobilização salarial embora achasse as formas de luta deles excessivas. Agora ele queria se beneficiar da minha eventual perda de mandato. Entrou com uma ação paralela àquela do MP. "Admiro muito o deputado Sirkis, meritíssimo", declarou. "Mas estou aqui para fazer valer os meus direitos." Típico da política brasileira: do alto dos seus três mil votos, queria fazer valer seus "direitos" sobre os meus 73 mil, no tapetão.

Depois da audiência com o juiz eleitoral, no corredor, perguntei ao promotor do MP eleitoral, o representante do Janot, pelo caso de uma determinada senadora, naquele momento ministra, que também trocara de partido na mesma época que eu mas não fora incluída na lista dos parlamentares cujos mandatos o MP tentava cassar. O promotor me explicou que a infidelidade partidária não se aplicava aos senadores, só aos eleitos proporcionais, vereadores e deputados. "Como assim? Isso não consta da Lei", retruquei. "É como o MP interpreta", explicou, soberbo, diante da minha perplexidade. De fato, aquilo não deu mesmo em nada para além da aporrinhação. O TSE me deu total ganho da causa. Antes, no entanto, fui exposto a um noticiário de mídia negativo pela minha suposta infidelidade partidária, com direito a uma foto de um quarto de página em O Globo.

Eu me lembraria do episódio, alguns anos mais tarde, ao ler no meu jornal matutino loas ao intrépido arqueiro que quase abatera o presidente Michel Temer. Era o rocambolesco episódio de seu grampeamento no Palácio do Jaburu por Joesley Batista, dono da JBS, o imenso conglomerado pecuário que havíamos frequentemente combatido e que tivera tratamento privilegiado durante o governo do PT como um dos grandes "campeões nacionais", com direito a tratamento especial no BNDES. Também teve, de início, um tratamento especial em sua delação premiada. Praticamente impune, Joesley saiu pontificado pelo Brasil pela moralidade na política com o fervor de uma alma convertida. Ganhou bom dinheiro com a venda de ações de sua empresa antes que caíssem por conta do noticiário. Depois, em uma bebedeira patética, se grampeou dando um tiro de canhão no próprio pé. Foi o momento mais comédia da Lava Jato.

Uma decisão

Afinal, decidi, em meados de 2014, não concorrer à reeleição para deputado federal. A gota d'água foi a decisão do nosso candidato presidencial, Eduardo Campos, de mandar o PSB do Rio apoiar o candidato a governador o Lindbergh Farias e coligar-se com o PT nas eleições para deputado. Eleitoralmente, até me facilitava uma reeleição bastante provável. Politicamente, no entanto, era beco sem saída. Eu passara quatro anos fazendo oposição (civilizada) ao governo da Dilma, com críticas duras às posturas dela e do PT. Na área ambiental, mantinha uma boa relação com a ministra Izabella Teixeira e sua equipe, mas com o governo enquanto um todo e, particularmente, a própria presidente, com aquele seu jeitão sargentesco de governar, era adversário. Agora, eu teria que aparecer perante meus eleitores – um voto de opinião majoritariamente de classe média – coligado ao PT, tirando proveito do quociente eleitoral dado pelos seus eleitores. Eu discordava deles, mas respeitava seu voto.

A situação me trazia um dilema moral para além da certeza de uma campanha exaustiva, deprimente, tendo que explicar a cada esquina: "Mas que porra aconteceu com o seu PV? Por que Marina e você saíram? Como tu aparece agora coligado ao PT?" Nas lides da política brasileira, tudo isso é considerado normal, mas eu simplesmente não tinha fígado para tanto. Como diziam certos adversários: "O Sirkis não é do ramo." De fato, pelo visto, não sou.

A bem da verdade, aquilo fora apenas a gota d'água. Havia uma outra penca de motivos pelos quais eu vinha, como dizia o velho Brizola, em uma daquelas suas imagens pastoris, "ombreando o alambrado" da política institucional já fazia um bom tempo. Eu concorrera em oito eleições, sempre pelo Partido Verde. Em 2013, fora praticamente obrigado a sair do PV. A Rede, que ajudei a articular no início – meio a contragosto –, não tinha conseguido se legalizar, e Marina Silva se filiara ao PSB para ser vice de Eduardo Campos, uma decisão digna e corajosa, que apoiei. Eu a acompanhei e, depois da morte de Eduardo, também à sua campanha presidencial, embora com um grau de envolvimento muito menor que em 2010.

Pouco antes daquela decisão, dias antes da morte trágica de Eduardo Campos eu tivera um atrito com ele por causa da campanha no Rio de Janeiro. Os candidatos a governador para suceder Sérgio Cabral eram Luiz Fernando Pezão, Marcelo Crivella, Anthony Garotinho e Lindbergh Farias. Eu me dispunha a disputar o governo do Rio. Não que me apetecesse, especialmente – a situação já não era boa, e havia a dificílima questão da segurança, tipo *Missão impossível*. O estado ainda não havia falido, mas o tamanho da trolha já se perfilava no horizonte.

Ser governador é algo de altíssimo risco: você vive em uma esfera de poder de decisão sobre a vida e a morte das pessoas. Não via nisso nada de bom para mim pessoalmente. Não possuo essa compulsão de ter sempre mais, mais e mais poder, que vi tantas vezes em meus colegas políticos. Mas, de alguma forma, naquele momento eu via aquilo como um dever e me dispunha ao risco e sacrifício. Marina, irritada comigo pelas críticas – respeitosas e moderadas – que lhe fizera ao longo dos últimos três anos, quando divergimos repetidas vezes sobre a saída dela do PV, o movimento da "nova política" e a construção da Rede, foi contrária à minha candidatura, preferindo apoiar o deputado Miro Teixeira, que se aproximara dela poucos meses antes. Miro, subitamente um expoente da nova política, simplesmente não podia ser candidato a governador do Rio porque se filiara ao PROS, um partido que apoiava a reeleição da Dilma e, portanto, não poderia lançar no Rio um candidato que "desse palanque" para Eduardo Campos e Marina Silva.

Marina me disse que a decisão de não me apoiar fora do Eduardo Campos. Gente próxima dele me garantiu que o veto partira dela. Nunca saberei direito como foi, nem me interessa mais saber. Em São Paulo, na saída de uma reunião com ambientalistas, no estacionamento do seu hotel, Campos se irritou comigo e, quase aos gritos, me acusou de estar atrapalhando sua campanha quando eu tentava lhe explicar a questão do Rio de Janeiro. Uns dias depois, em uma reportagem do *Estadão*, descrevi, maliciosamente, sua atitude no estacionamento como um "momento Ciro Gomes". A comparação não foi lá muito apreciada. Logo ficou claro que Miro não seria mesmo o candidato. De bate-pronto, Campos mandou apoiar o Lindbergh, com o qual eu mantinha uma relação pessoal cordata, mas sem a menor condição ou vontade de me aliar politicamente a ele.

Havia diversas outras razões para a minha decisão. Na verdade, eu não gostava da maioria das coisas na Câmara dos Deputados. O ambiente do plenário me dava engulhos. Estava acostumado à Câmara dos Vereadores do Rio, de 51 membros, na qual podia ocupar a tribuna com frequência, acompanhar bem os temas que me interessavam e fazer um bom trabalho legislativo. Na Câmara dos Deputados são 513 integrantes, e se você não é um *insider* – o que custa anos de dedicação e puxa-saquismo –, um dos líderes, um dos membros da mesa diretora, um presidente de comissão ou um amigo do peito dos grandes *insiders*, você é baixo clero ou um mero tribuno de oposição, desgarrado, um parlamentar do *jus sperneandi*. Meu caso.

Que lugar bizarro aquele plenário da Câmara. A ação se dá no largo corredor entre as bancadas, onde ficam os microfones de apartes. Nas sessões concorridas, aquilo fica apinhado de deputados, assessores e penetras, parece ônibus na hora do rush. Você fica a centímetros de distância de um bando de homens desagradáveis com seus barrigões e gravatas, conchavando, empurrando, gritando, suando, peidando e brigando para chamar a atenção via TV Câmara, que transmite o espetáculo para todo o país. Ficava pior quando uma sessão ia até quatro da madrugada em tão galante companhia.

Lá em cima, nas galerias, todos os dias aparece algum grupinho de corporação reivindicando sua mordidela no erário para a categoria que dependa daquelas benesses dos cofres públicos, dos quais o Legislativo possui as chaves. Um colega, daqueles sensatos, o Emanuel Fernandes, do PSDB, costumava olhar melancolicamente para aquelas galerias e fazer as contas: "É, hoje vai custar ao contribuinte "x" bilhões..." Nos corredores, qualquer deputado constantemente é abordado por pedintes disso ou daquilo, desde uma mal disfarçada esmola ou vaquinha para alguma categoria corporativa – pega mal se você recusar –, passando pelas suas assinaturas de apoio a algum projeto "Mandrake" ou até alguma abordagem maluca no *lato sensu*. Havia regularmente nos corredores uns personagens em surto psicótico geralmente expresso em discurso religioso. A demência pregava nos corredores do Congresso a palavra de Deus.

De algumas coisas da Câmara eu gostava. Me motivaram os grandes embates do Código Florestal; gostei de ter derrubado um jabuti que dava subsídio ao glifosato de carona na indústria automobilística; apreciava a Comissão de Relações Exteriores e de Defesa Nacional, da qual fui um dos vice-presidentes, em 2014; a Comissão de Meio Ambiente e, sobretudo, na CMMC, que funcionava no Senado. Também dediquei um tempo enorme à reforma política com a minha proposta de voto distrital misto plurinominal, que foi engavetada. O acesso à TV Câmara e à mídia permitia debater e ventilar certas ideias, embora ideias fossem algo somenos relevante no Congresso Nacional.

Eu gostava mesmo era do Executivo, e meus melhores anos na vida pública haviam sido, até então, meus dois períodos na Prefeitura do Rio como secretário de Meio Ambiente (1993-1996) e de Urbanismo junto à presidência do IPP (2001-2006), dos quais falo em meus livros *Ecologia urbana e poder local* e *Megalópolis*. A atividade parlamentar, para mim, era muita conversa jogada fora e pouco resultado prático, enquanto a vida da gente vai passando. Só tive real paixão pela atividade parlamentar no meu primeiro mandato de vereador, entre 1989 e 1992. Depois, passou a ser tarefa, dever, sem aquele tesão que sentia no Executivo quando não conseguia imaginar nada que gostasse mais de fazer. A grande ironia é ver hoje como aquele Congresso, junto ao STF, se torna política e institucionalmente a grande linha de defesa da democracia e do estado de direito frente ao extremismo de direita enlouquecida que resultou daqueles tempos petistas.

Depois daquele meu estranho infarto da artéria circunflexa, em Bogotá, comecei a refletir sobre o sentido daquilo tudo, de estar tão dedicado a algo que me gratificava tão pouco, com pessoas que, com raras exceções, também não especialmente apreciava. Nas atividades partidárias, então, minha situação fora se deteriorando, de mal a pior. Minha ambiguidade em relação a ser político já me acompanhava havia muito tempo. Em 2011, em meu livro *O efeito Marina*, uma espécie de diário da campanha de 2010, já expunha essa questão:

"Tenho dito seguidamente a muitas pessoas que, afinal, não gosto de política tanto assim. Olham-me céticas, incrédulas, não acreditam, pois me veem essencialmente como um político. Como, então, posso dizer que não gosto dela tanto assim? Mas é a pura verdade. Não gosto de boa parte das coisas que um político deve gostar de fazer. Prosseguir na vida política institucional é algo que me problematiza constantemente, um dilema que carrego no dia a dia, embora isso só transpareça ocasionalmente para os outros.

A política brasileira é frequentemente grotesca. Conviver com a grande maioria de seus atores, um tormento. Tenho dificuldade de sublimar o nojo que me provoca a fauna que domina a política brasileira: os clientelistas com seus centros assistenciais, os bandidos e os corruptos patológicos, os yuppies sedentos de poder. Também não tenho tanta identificação com a maioria dos movidos por algum tipo de ideologia que não seja apenas discurso de disfarce para os tipos d'antes mencionados, o que é frequente, pelo menos no Rio. Falo dos *true believers*, que de fato ainda acreditam em algo. Sinto uma desanimada mas irritada exasperação pelos que se apegam àquele discurso ideológico oco de uma esquerda – e, agora, também direita – que não conseguiu sair do século XX e acaba, na prática, servindo apenas de recheio a umas tantas causas corporativas ou a um tipo de exibicionismo ético de raiz udenista. Identifico-me e sinto grande fraternidade em relação a um punhado de pessoas que se colocam na posição de tentar melhorar, de fato, a vida real das pessoas e realizar coisas positivas, em uma difícil construção que, por vezes, nos remete ao mito de Sísifo.

Ah, os políticos... Conheço bem esse universo. Mas a grande questão é a seguinte: acaso nossos terríveis políticos vieram de Marte? São alienígenas à nossa austera sociedade? Simplesmente se infiltraram no Congresso Nacional, nas câmaras municipais e assembleias legislativas para roubar? Ou os caras estão lá basicamente porque foram eleitos – em grande proporção por compra direta ou indireta de votos –, porque seus eleitores vendem seus votos, se identificam

235

com eles, investem neles por considerar que em algum momento irão trazer-lhes alguma vantagem?

Quando ingressei pela primeira vez na Câmara Municipal do Rio, acreditava piamente que os fisiológicos "enganavam o povo". Depois aprendi que não era bem assim. Que eram eleitos conscientemente, queridos pelas benesses que propiciavam, admirados porque roubavam, sim, mas repartiam parte do produto com os eleitores via centro assistencial ou cabo eleitoral. Frequentemente serviam com afinco suas comunidades como eficientes intermediários com a Prefeitura, o governo do estado, o Governo Federal. Extraterrestre era eu, chegando em um bairro daqueles bem "trabalhados" por políticos assistencialistas, e logo me deparava com um olhar hostil daquele eleitor: "Tu vem aí com essa conversa mole de ecologia, que não enche a barriga de ninguém. O que vai me dar em troca do voto? Nem uma camiseta, né?"

(...) No início de cada campanha eleitoral, eu tinha enorme problema de motivação, que depois conseguia superar no curso daqueles dias que passam como um trem de alta velocidade, carburados por adrenalina e emoções fortes. Acabava gostando novamente de fazer aquilo. De fato, há diversas coisas relacionadas ao fazer política das quais eu gostava. Andar na rua, falar com as pessoas, abordá-las, panfletá-las, vencer pela milésima vez uma bem disfarçada mas renitente timidez. Graças a Deus, minhas trocas humanas nas oito campanhas que fiz tiveram um saldo amplamente favorável. Para cada transeunte que xingava – os políticos em geral ou, mais raramente, os verdes, ou a mim, em particular –, ainda apareciam uns dez que me tratavam com carinho, admiravam o trabalho, haviam lido algum dos meus livros – em geral *Os carbonários* – e que me faziam pensar que, afinal, valia a pena.

Em modo de campanha, nas ruas, eu era incansável. Podia caminhar dez, doze horas seguidas. Falar com milhares de pessoas. Mas, no dia seguinte, não seria capaz de reconhecê-las... Às vezes reagia mal às provocações, não levava desaforo para casa. Também gostava de elaborar material de propaganda, roteirizar e fazer programas de TV, analisar pesquisas. Mas, ao final, tinha aquela vozinha insistente dentro de mim: qual o sentido disso tudo? O que, de fato, estamos mudando? O que a política pode prover de verdadeiramente positivo e transformador? Qual é o preço a pagar? Os sapos a engolir? Os amigos a perder? Vinha à tona, pela milésima vez, aquilo atribuído a Gramsci sobre a dicotomia entre o otimismo do coração versus o pessimismo do intelecto. Olhando o panorama político brasileiro, haja pessimismo do intelecto. Mais eis que o coração é por vezes assaltado por uma esperança louca..."

A verdade é que, ao longo da minha vida política, nunca superei a dificuldade que sempre tive, em maior ou menor grau, de combinar duas esferas diferentes de ação que indistintamente denominamos política mas em relação às quais o inglês, idioma admiravelmente sintético e preciso, usa duas palavras distintas: *policies* e *politics*. A primeira refere-se ao que chamamos de políticas públicas. A segunda é o jogo de poder, propriamente dito, com seus mil e um meandros, compromissos, impasses, sua exigência de um implacável pragmatismo. Uma era fascinante, desafiadora, sempre gratificante. A outra propiciava o prazer do jogo, a adrenalina, mas a certeza absoluta da desilusão no final da linha.

A *politics* nunca tem final feliz. É como naquele filme do Ingmar Bergman, *O sétimo selo*, no qual o cavaleiro andante joga xadrez com a morte. Orson Welles disse que não há história com final feliz a não ser que você pare de contá-la em algum momento antes. O melhor que pode acontecer é uma aposentadoria tranquila, mas sujeita a muitas frustrações, como as de Barack Obama, Fernando Henrique, Felipe Gonzáles, que acabaram, direta ou indiretamente, derrotados, mas inteiros, serenos.

O entendimento de como pode se dar uma transição para melhor a partir das representações altamente imperfeitas que temos é algo que eludiu totalmente os arautos do novo Santo Ofício lavajatista. Se formos dividir os políticos atuais entre os que têm, primordialmente, ética e espírito público, e os que estão lá para fazer carreira e negócios, ficaremos perto da faixa dos 20% versus 80%, até onde vai minha observação da política brasileira nos últimos trinta anos.

A questão é que essa divisão não se dá apenas entre os indivíduos em questão, mas também passa pelo interior de boa parte deles. Há, entre esses 80%, um contingente considerável de "reeducáveis", que têm algum ideal, algum espírito público, mas que, por terem ouvido dizer a vida toda que "política é assim mesmo", "é assim que as coisas são feitas", são tijolos dessa imensa construção que é o *mainstream* da política brasileira. Persegui-los, simplesmente, não resolverá o problema. Expurgar todo o estrato mais antigo tenderá a promover o baixo clero, uma representação quase sempre ainda pior, boa parte com vínculos e esquemas ainda mais tenebrosos.

Ao longo dos meus 26 anos de vida política institucional, desde a minha primeira eleição para vereador, em 1988, vi piorar a composição das casas legislativas que conheço e se retrair, eleição após eleição, o chamado voto de opinião, do qual dependia junto com uma minoria sempre minguante. Mais recentemente, o voto de opinião encolheu mais à esquerda e se ampliou à direita e à extrema-direita, mas essa trouxe, nas sobras de suas exuberantes votações, um considerável baixo clero de um direitismo também de conveniência. Logo vão se enturmar com o espírito da coisa. Mas, de maneira paradoxal, esse mesmo parlamento virou um dos pilares do equilíbrio de forças que hoje nos separa de uma ditadura tresloucada. E, aparentemente, pela primeira vez em muitos anos, temos uma legislatura mais séria que a anterior.

O dinheiro da política

Outro motivo adicional para aquela minha decisão, em 2014, foi minha profunda inapetência para buscar financiamento para mais uma campanha eleitoral. Essa questão tornava-se muito problemática. As campanhas estavam ficando cada vez mais caras. Para mim, buscar recursos de campanha e partidários sempre havia sido uma das coisas mais penosas e desagradáveis da vida política. Em 2014, concluí que simplesmente não valia a pena viver nesse clima tóxico de suspeição.

A forma de financiamento consagrada na política brasileira, na época, era a da contribuição de empresas. As minhas campanhas eleitorais eram sempre comparativamente baratas. A anterior ficara abaixo de quinhentos mil reais, o que era considerado *peanuts*, uma ninharia, em comparação à grande maioria dos deputados federais então eleitos. Como presidente do partido no Rio, tinha que ajudar a levantar recursos para outras campanhas e para o próprio partido. Posso dizer com toda a segurança que, nessa tarefa e nas oito campanhas que me candidatei, nunca recebi qualquer contribuição condicionada a favor futuro. Foram sempre, todas, incondicionais.

Sou enfático em repisá-lo por causa da noção disseminada de que, ao receber uma contribuição eleitoral dessas, o político está sendo automaticamente comprado. Claro, havia diferenças relacionadas às escalas de grandeza dessas doações eleitorais legais. A partir de um determinado volume, era legítimo suspeitar que poderia haver, sim, contrapartida.

Na política norte-americana, defender e votar pelos interesses dos seus grandes doadores é algo legal e tido como politicamente normal. Admite-se que o parlamentar represente interesses. O lobby é assumido, legalizado e institucionalizado. Pior: as empresas ficaram autorizadas, por decisão da Suprema Corte, como no caso *Citizens United versus Federal Electoral Commission*, de janeiro de 2010, a financiar, sem limites, campanhas a favor ou contra candidatos. São as *super PACs*. Parte das atividades criminosas imputadas a parlamentares na Lava Jato – não estou aqui me referindo aos grandes esquemóes em empresas estatais, fraudes de licitação de obras públicas, extorsões e similares – seria legal nos Estados Unidos.

De qualquer forma, nunca concebi assumir nenhum tipo de compromisso com doadores, muito menos algum contrário ao interesse público. Nesse tipo de relação política, há evidentemente na cabeça do doador um entendimento de que ele terá acesso, será recebido, seus telefonemas, respondidos, suas ponderações, ouvidas, ainda que não atendidas. Os operadores das empresas no meio político sabiam perfeitamente quem era quem. Não me recordo de nenhum que alguma vez tenha colocado na mesa alguma condição para fazer doação eleitoral ou partidária. Por outro lado, é certo que eram contribuições de relativamente pequena monta dentro do universo das campanhas e das contribuições para os partidos naquela época.

Havia por parte das empresas uma tendência a pluralizar contribuições ao largo de praticamente todo espectro político. Havia, é claro, aqueles parlamentares, lobistas de carteirinha, apoiados em toda uma outra escala: a dos milhões. Por outro lado, é um erro supor que a grande corrupção na política brasileira transitasse pela via dessas doações eleitorais legais. Conforme apareceu claramente na Lava Jato, os tesouros de guerra eram amealhados em esquemas montados dentro de grandes empresas, estatais, fundos de pensão e outros entes públicos loteados politicamente. O financiamento de campanhas eleitorais e partidos, no Brasil e no resto das democracias, é um universo onde abundam as matizes de cinzento. Nas alturas de 2014, a grande mídia conservadora – as redações, pelo menos – comprou a tese da esquerda de que qualquer doação de empresa era quase sinônimo de servidão futura do eleito. Era curioso, no entanto, o PT clamar tão fortemente contra essas contribuições e ser, ao mesmo tempo, de longe o partido que mais as recebeu depois de se tornar governo.

O lento processo de decisão do STF em 2014 já expressava uma tendência no sentido desse entendimento. Ou seja, estávamos entrando em um tempo em que quaisquer doações até então legais logo seriam criminalizadas, pelo menos e termos morais. A grande mídia já fazia isso; constantemente as levantava para jogá-las na cara de todos os políticos (merecedores ou não), ignorando o fato de que muitas daquelas mesmas empresas também eram seus grandes anunciantes, em volumes muitas vezes maiores, sem que isso representasse qualquer compromisso do seu jornalismo de protegê-las ou defender seus interesses. A mídia com publicidade bilionária seria sempre independente; já o político com alguma contribuição de cinquenta mil reais, indelevelmente comprometido...

Eu me recordo de uma conversa que tive com a ministra Cármen Lúcia sobre o tema. Havia marcado uma audiência com ela no STF para apresentar-lhe meu projeto de voto distrital misto plurinominal. Ela ouviu com interesse a proposta, sem se posicionar, mas expressou claramente desacordo com a manutenção da contribuição eleitoral de pessoa jurídica, mesmo com os limites restritos e os mecanismos de transparência que eu sugeria. Ficou claro para onde tendia o STF e que aquele tipo de contribuição, depois de 2014, seria coibida e estigmatizada. Para financiar futuras campanhas, o candidato deveria ser rico, ter amigos ricos, ser o cacique do partido ou o amigo do cacique. O resultado de campanhas de doação pela internet era decepcionante, mesmo em casos como da Marina.

O mais surrealista é acreditar em um financiamento público bilionário mantendo-se o nosso voto proporcional personalizado. Isso não só robustece o domínio dos donos cartoriais dos partidos, como estimula a figura do candidato profissional, aquele que, de dois em dois anos, pula feito um cuco para se candidatar, sem a menor ilusão de ser eleito para ganhar algum, fingindo fazer campanha. Também engendrou, mais recentemente, a "candidata laranja" na cota feminina, com direito a 30% da verba pública eleitoral e que veio a repassar o recurso para outros candidatos melhores de voto, apadrinhados pelos chefes partidários. Acredito que todos os partidos tenham feito isso em 2018, embora só alguns tenham sido pegos com a boca na botija, ensejando mais um surto de "indignismo", desta feita contra a direita por algo que a febre legisferante dos magistrados fortemente induzia, na melhor das intenções, só que abstraindo o sistema eleitoral brasileiro e a cultura política que ele engendra. Uma manifestação a mais da "lei das consequências inesperadas" e das boas intenções que povoam o inferno.

Naquele momento decisivo em 2014, eu possuía um verdadeiro cabedal de motivos para sair da política eleitoral/partidária/parlamentar e reformular minha vida sem prejuízo de minha militância ecológica e climática. Minha decisão pegou muita gente de surpresa. Muitos eleitores ficaram sinceramente consternados. Paciência. Haviam sido 26 anos de *politics* com intensa dedicação. Um ciclo de minha vida que se fechava. Anunciei minha decisão em uma entrevista no programa do Mario Sergio Conti, na Globo News. Dias depois, encontrei com meu velho amigo, Carlos Minc, que observou: "Você parecia tão feliz na TV." Também ouvi: "Pô, mas tá maluco? Vai jogar fora esse status, um salário desses? Como vai fazer para sobreviver?" Graças a Deus, sou um cara versátil. "Tenho outros talentos, vou dar um jeito", respondia. Foi uma sábia decisão. Aos amigos, costumo dizer "a segunda melhor da minha vida". A primeira? Ter fugido do país no dia 5 de maio de 1971, uma semana antes...

Duas semanas depois que decidi chutar o pau da barraca, aconteceu aquele trágico acidente aéreo em Santos com o jatinho do governador Eduardo Campos. Recebi a notícia terrível no meio de uma reunião com o ministro das Relações Exteriores, Luiz Alberto Figueiredo, com o qual tratava de nossa atuação na COP 20. Marina desistira na última hora da carona naquele jatinho e tinha ido de voo comercial para São Paulo. Virou candidata à presidência pela segunda vez, mas sem lá muita vontade de ganhar...

Demolição

A partir de 2013 e, sobretudo, depois da reeleição de Dilma em 2014, entramos em tempos francamente regressivos. Imediatamente após a apertada vitória em 2014, o governo do PT deu aquele famoso cavalo de pau na economia: provocou uma recessão em dose cavalar. A intenção era, provavelmente, repetir o freio de arrumação de 2003 e chegar a 2018 com a economia recuperada por um "choque de austeridade" para a terceira eleição de Lula. As circunstâncias eram outras, e a dose da receita surpreendeu e contrariou inclusive boa parte dos economistas clássicos. Mergulhamos em uma recessão terrível com inflação.

Governos estaduais entraram em colapso; o Rio de Janeiro foi o caso mais sério, pela irresponsabilidade de ter superestimado a receita futura dos royalties do petróleo e por outros desmandos da cleptocracia cabralina. A bandidagem aproveitou o colapso do estado e reocupou ostensivamente as favelas, restabelecendo a ditadura militar local e sufocando as UPPs. A partir de São Paulo, o Primeiro Comando da Capital (PCC), que passou a promover grandes ocupações, expandiu seus tentáculos para todo o Brasil. As outras facções se ampliaram.

A instabilidade política/institucional agravou sobremaneira a econômica, e vice-versa. Não tínhamos mais como sair da recessão pela via keynesiana do investimento público porque o PT, com sua gastança louca para ganhar as eleições, queimara essa alternativa por um bom tempo. Para restabelecer a confiança dos mercados, o governo Temer, com a PEC 95, congelou de forma irrestrita o gasto público por vinte anos. Um suicídio a prazo. Até doações internacionais para projetos socioambientais, a fundo perdido, seriam contingenciadas. O investimento da iniciativa privada deu o pinote. O setor agropecuário foi o único a se manter relativamente ao abrigo, mas ainda agregando pouco valor. Ficamos mais à mercê das oscilações de preço das commodities.

Havia naquele momento no mundo um volume enorme de poupança externa a juros baixíssimos – até negativo, em alguns casos – disponível para bons projetos, mas que demandavam sólidas garantias contra mudanças cambiais bruscas e outros riscos. Esses capitais fluíam para outros países, não vinham para o Brasil. Quem iria arriscar com o país daquele jeito?

No Brasil daqueles dias, de 2015, 2016 e 2017, deixou de haver outro assunto que não fossem os escândalos de corrupção. De noite, o *Jornal nacional* dedicava-lhe mais de 80% de espaço, em um tom indignista, repetitivo. Penso que não tinham noção, no momento, em que medida aquela mídia tão poderosa estava histerizando aquilo que os militares, em seu tempo, denominavam o clima psicossocial. O indignismo tornou-se o sentimento hegemônico, passando a interagir com duas leis que sempre se é preciso levar muito a sério: a das consequências inesperadas e a boa e velha Lei de Murphy. A resultante viria a ser o bolsonarismo.

O PT promoveu o aparelhamento criminoso das estatais e das posições de governo para gerar recursos a fim de custear seu hegemonismo, sua ambição de permanecer indefinidamente no poder, à semelhança do Partido Revolucionário Institucional (PRI) mexicano no século passado. Tamanho hegemonismo é muito dispendioso. Certas práticas corruptas historicamente perpassaram a quase totalidade do grande establishment político, mas, com o PT, atingiram uma escala inédita. A reeleição de Dilma foi o maior exemplo. A capacidade do PT de aparelhar sindicatos e movimentos sociais combinada à cooptação de grande parte dos esquemas tradicionais da oligarquia política brasileira parecia prometer sua permanência no governo a perder de vista. Desmontar esse aparelhamento do Estado brasileiro (tanto no Executivo quanto no Legislativo) com seus grandes esquemas de corrupção institucional foi algo revolucionário.

A Lava Jato, conduzida por Sergio Moro, um juiz tenaz, a partir de falcatruas detectadas inicialmente em postos de gasolina e doleiros desnudou um mundo semioculto que parecera intocável. O que se mostrara impossível tornou-se realidade: acabar com a impunidade de décadas e décadas de corrupção. De fato, teria sido praticamente impossível fazê-lo sem uma grande dose de voluntarismo e no limite das práticas e regras legais consagradas até então. A Petrobras, as grandes empreiteiras, os esquemões montados em todos os níveis de governo começaram a ruir como castelos de cartas com base em instrumentos legais novos que os próprios governos petistas haviam sancionado: as longas prisões provisórias e as delações premiadas, sobretudo. Alguns promotores e juízes promoveram o que se tornou, de fato, uma revolução a partir do interior das instituições com intenso apoio da mídia.

Logo, no entanto, a Lava Jato começou a vivenciar o clássico dilema das revoluções. Ela alimentava a cobertura de mídia fortemente emotiva e repetitiva que toda noite mobilizava nos lares o indignismo, a raiva de dezenas de milhões. Toda a frustração da crise econômica, da insegurança, todos os problemas estruturais e difíceis do país passam a ser sublimados e compensados pela sua lâmina implacável, catártica. A sociedade tornou-se adita a esse sentimento, enamorada da guilhotina.

Alguns promotores e juízes, imbuídos de um sentimento de dever histórico, de certa forma similar ao nosso nos "anos de chumbo", de que os meios são justificados pelos fins, passaram a tencionar fortemente o estado de direito democrático e as garantias individuais, instaurando uma justiça de exceção apoiados por um jornalismo maniqueísta que passou a ver na política, como um todo, um mal a abater. Seu tratamento da atualidade levantou aquilo que Elias Canetti denominava "as turbas de linchamento".

Uma série de vazamentos levianos oriundos do MP, da polícia e, frequentemente, de advogados dos próprios delatores, começaram a servir uma multiplicidade de agendas turvas, propiciar injustiças e até falsidades que, uma vez propagadas na mídia, eram multiplicadas pelas redes sociais. O vazamento de pedaços de delações premiadas passou a funcionar como sentença transitada em julgado no tribunal da opinião publicada ou televisionada. A interminável prisão provisória escapava àquela finalidade legal, original, de prevenir a fuga, destruição de provas ou ameaças a testemunhas e tornou-se claramente instrumento de chantagem para forçar essas delações premiadas, interminável fonte de efeitos políticos.

Para escapar à prisão provisória indefinida, sem condenação, às vezes em condições degradantes e com uma enorme pressão familiar, os presos acabam "abrindo", tentando ao máximo satisfazer seus interrogadores para obter algum alívio em um processo que, ressalvadas as diferenças do suplício físico, lembrava a eficácia da tortura. Funciona, sim, mas a que preço? Suscitou também acusações falsas de pessoas desesperadas na perspectiva de passarem o resto das vidas na prisão, feitas no afã de "trazer algo novo" para tentar agradar e se valorizar a fim de obter algum benefício. Certas acusações pareciam vinganças contra desafetos ou destinadas a provocar certos efeitos políticos. Inverteu-se a presunção de inocência inaugurando-se um novo paradigma jurídico no qual crimes do colarinho-branco passaram a ser punidos com penas mais longas que crimes violentos contra a vida, homicídios dolosos, estupros, latrocínios. A regra de que tudo delatado teria que estar corroborado por provas materiais foi, amiúde, contornada.

Se algum daqueles personagens presos preventivamente tivesse matado a mulher em um "crime de honra", ou atropelado fatalmente, bêbado, cinco pessoas, ou ainda assassinado um desafeto em uma briga de bar ou de trânsito, dificilmente teria ficado em cana sem julgamento todo esse tempo. Em um país de prisões abarrotadas, devemos pensar muito bem no que desejamos quando torcemos pelo aprisionamento preventivo continuado de dezenas de pessoas que, caso culpadas, cometeram crimes graves, mas sem violência. Penas muito extensas para crimes sem violência acabam sendo contraproducentes em uma perspectiva de longo prazo. Mais importante é a redução drástica da impunidade. O uso de instrumentos de exceção pode dar um bom resultado no imediato, mas torna quase inevitáveis injustiças, vidas destroçadas e atropelos que terminam comprometendo o processo depois de algum tempo. Isso acabou acontecendo com a prisão em segunda instância, na minha opinião correta, mas que acabou caindo em função de todos os desmandos que surgiram no processo mais geral.

O maior risco é que esses instrumentos possam servir à opressão política, como acontece na Rússia, nas Filipinas, na Turquia, na Venezuela e em outros países onde a luta anticorrupção é manipulada sistematicamente pra servir à repressão política.

Pessoalmente, penso que, salvo circunstâncias excepcionais, é mais importante recuperar o dinheiro desviado e fazer doer muito o bolso dos responsáveis do que trancafiar por décadas delinquentes sem violência e sem risco de cometê-la. Perdi a conta do número de pessoas decentes de classe média que, com toda a seriedade, sustentam que fraudar ou direcionar uma licitação ou receber propina era um crime pior que estuprar e matar uma criança. "Pense em quantas crianças a corrupção não matou nos hospitais", diziam, ainda que as fraudes pudessem envolver pontes ou refinarias. É uma excelente frase de efeito, quase impossível de contestar em tempos de histeria, só tem um problema: não é verdade. Em um prazo mais longo, conduz à tragédia, porque não há nada mais politicamente manipulável que um estado policial.

Há muito tempo venho criticando a justiça brasileira por ser demasiado leniente com a violência e pela libertação de assassinos perigosos por progressão de pena. Quase todos os assassinos do jornalista Tim Lopes saíram após pouco mais de quatro anos e voltaram ao banditismo. O papel primordial das prisões é proteger a sociedade. O castigo é consequência disso, não finalidade primordial em si. É verdade que o crime do colarinho-branco frequentemente reinou impune. É muito bom que essa impunidade tenha acabado, mas me pergunto se não passamos do oito para o oitenta, porque, na cauda da histeria púnica, pode vir o fim do estado de direito.

Tenho, e não é de hoje, essa posição em relação à principal causa de abarrotamento das cadeias, um número enorme de presos por tráfico de drogas, desarmado, sem violência e de pequeno porte. Uma fonte inesgotável de recrutamento para as facções criminosas e expansão de seu poderio. Penso que é melhor evitar penas de reclusão longas para a delinquência não violenta, salvo em situações excepcionais. Há todo um arsenal disponível de outras medidas punitivas e restritivas.

Quando ouço que tipos de objeção "garantistas" são simplesmente um artifício para favorecer a impunidade, as chicanas de advogados, me recordo de um velho filme policial de 1969, dirigido por George Schaefer, estrelado por George Peppard, *Pendulum* (O pêndulo). O protagonista, policial, tinha ojeriza de um certo advogado muito competente que utilizava com maestria seus recursos de defesa. Na sua visão, tratava-se de um desprezível fomentador da impunidade.

Uma bela noite o policial volta inopinadamente para casa após uma viagem abortada e encontra sua esposa nua na cama com outro homem nu, ambos assassinados a tiros. O policial, ao comunicar o macabro achado, é imediatamente preso, pois, segundo todos os colegas, quem mais poderia ter crivado de balas, na cama, um casal em flagrante de adultério senão o próprio marido traído? Um crime de solução óbvia e ululante. A primeira coisa que o personagem de Peppard faz é chamar

245

justamente aquele advogado que odiava, cujo tirocínio lhe permite permanecer em liberdade o tempo necessário para elucidar o crime e descobrir o verdadeiro assassino, um bandido que ele prendera, anos antes. Ao ser solto, ele resolveu vingar-se. Invadiu sua casa e crivou de balas o casal na cama que ele supôs ser o policial e a esposa.

De que lado pende o pêndulo? O nosso pêndulo balançou para vulnerar uma anterior impunidade revoltante. Periga balançar longe demais? Alguns dispositivos legais foram "esticados" ao máximo. Outros, totalmente ignorados, como o desmoralizado segredo de justiça, exemplo vivo daquela lei brasileira que "não pegou", vulgarizando os vazamentos e a divulgação de conversas grampeadas, inclusive de pessoas sem relação alguma com os fatos investigados. Outro aspecto a considerar foi a redução drástica da atividade econômica, quando não a falência, de diversas grandes empresas envolvidas, e que resultou em desemprego.

Centenas de milhares de trabalhadores pagaram pelas negociatas de outrem. Só as empreiteiras eliminaram seiscentos mil empregos diretos ou terceirizados.[65] Se incluirmos todos os setores, seus fornecedores, dependentes, foram milhões de empregos de pessoas sem a menor culpa nos casos de corrupção da Lava Jato, naquele momento de recessão aguda assolando o país. Por maiores que fossem os prejuízos ao erário gerados por todos esses ignóbeis esquemas de corrupção, perdas maiores eram e são causadas, direta ou indiretamente, por má gestão, privilégios corporativos, políticas públicas equivocadas e custo Brasil, perfeitamente legais e regulares. Uma semana de greve de caminhoneiros – resultado de imprevidência política e estratégica –, com subsequente capitulação e subsídios, por exemplo, custou várias Lava Jato.[66]

Setores da magistratura, o MP e a polícia foram embriagados pela onipotência em um *power grab* que acabou envolvendo influência eleitoral, acumulação de poder político e econômico, em alguns casos vitoriosa e, noutros, frustrada, como foi aquela tentativa de criar uma ONG controlada por promotores para gerir fundos bilionários recuperados das negociatas na Petrobras. Novos polos de poder consideram-se messianicamente ungidos para a missão de "limpar" o país, muito embora sem

---

65. Ver a matéria "Empresas citadas na Lava Jato demitiram quase 600 mil", *Exame*, 23 abr. 2017. Disponível em exame.abril.com.br/economia/empresas-citadas-na-lava-jato-demitiram-quase-600-mil.
66. Ver a matéria "Desde o início da greve, Petrobras já perdeu R$ 126 bilhões em valor de mercado, diz Economatica", da seção de economia de O Globo.com. 28 mai. 2018.

meios para, sozinhos, produzirem melhor representação, uma cultura política diferente, melhor governança.

Apenas a destruição punitiva não produz um país melhor se não for seguida de uma reconstrução de um establishment político menos corrupto, fisiológico e clientelista onde haja mais participação, diálogo e tolerância. Isso inclui confiança e tolerância maior entre brasileiros em geral (ambas, hoje, pela hora da morte), e o estabelecimento de uma autoridade séria, sóbria, acatada socialmente porque consegue unir o país, e não dividi-lo mais ainda. O problema é que estamos rumando a toda velocidade em rumo oposto, o da entropia bolsonariana que rima perfeitamente com bolivariana...

Ninguém pode negar mérito à Lava Jato. As revoluções sempre irrompem por causas justificadas e, nos seus primórdios, produzem punições justas e necessárias, conquanto drásticas. Os problemas chegam mais adiante, quando o poder sobe à cabeça dos revolucionários, quando é preciso agradar mais e mais um público tomado de amores pela guilhotina, quando é preciso desviar atenções e compensar a frustrante vida cotidiana, distrair pelo *panis et circencis* persecutório que também passa a servir às inevitáveis disputas internas de poder. Aí, as revoluções engendram uma dinâmica fora de controle: entre tubos e provetas, perfila-se o vulto de Frankenstein, e o juiz Sergio Moro torna-se ministro de Jair Bolsonaro.

Zonas cinzentas

Uma grande questão conexa que potencialmente criminalizaria quase todo o estamento político, desde tempos imemoriáveis, é o daquelas despesas de campanha não contabilizadas. O chamado caixa dois envolveu um variadíssimo leque de situações: desde quantias milionárias depositadas em um paraíso fiscal (bastante difícil imaginar ausência de contrapartida) a doações módicas em espécie ou pagamento direto de serviços de campanha por parte de doadores que não queriam aparecer por temerem assédio ou hostilidade dos candidatos concorrentes. Essas últimas situações eram absolutamente generalizadas no Brasil.

Embora vedadas pela legislação eleitoral, punidas por dispositivos pouco aplicados, eram tidas como normais na cultura política vigente até o advento da operação Lava Jato, quando passaram a ser vistas como gravemente criminosas e segundo, em algum momento, o próprio Moro, "piores que a corrupção". Ao integrar um governo onde diversos políticos foram acusados ou até confessaram tal prática, ela passou a ser

247

menos pior, sob a reprovação dos Catões da mídia. Somos, de fato, um país curioso, ciclotímico, do oito ou oitenta.

Li um comentário de certo alto magistrado comparando o caixa dois a contas no exterior, agora regularizadas mediante pagamento de multa. Não sei se é o mais apropriado. Seria mais preciso talvez compará-la a tipos de transgressões de profissionais liberais quando não emitem recibo, comerciantes que vendem sem nota fiscal e outras que tais. Se fosse usada a prisão preventiva e a delação premiada para combater tais delitos, podemos imaginar os milhões de envolvidos passiva e ativamente nos últimos trinta anos. Haja xilindró para tanta gente...

Aquela geração de políticos ingressou no meio invariavelmente ouvindo que "é assim que as coisas são feitas na campanha eleitoral". Na política "tradicional", assim era desde tempos imemoráveis. Recordo-me daquele folclórico episódio entre Adhemar de Barros e Jânio Quadros, o grande moralista, que, abordado por um assessor de Adhemar com um pacote de cruzeiros para doar à campanha do futuro adversário implacável, sussurrou: "Na mão, não! Enfia no bolso".

O Brasil está muito longe de ser o único país a se ver diante desse tipo de transgressão eleitoral. Quando Helmut Kohl, um grande estadista conservador, montou um esquema de caixa dois, não foi para locupletar-se, mas porque achava que a permanência da União Democrática Cristã (CDU) no governo seria boa para a Alemanha reunificada, queria fazer uma campanha eleitoral possante para permanecer chanceler. Pagou por isso, já bem próximo da aposentadoria, com seu afastamento da vida política, pelas mãos de Angela Merkel. O establishment judicial alemão contentou-se com sua demissão e admissão envergonhada de culpa. Os juízes não desmantelaram as empresas envolvidas. Sequer obrigaram Helmut Kohl a revelar quais haviam sido seus doadores. Um segredo de polichinelo...

O que dizer então de outros casos, hoje conhecidos, envolvendo grandes estadistas, em que mesmo as fronteiras do político com o pessoal se confundem? Winston Churchill, um dos gigantes da história do século XX, ao assumir o cargo de primeiro-ministro do Reino Unido no momento mais difícil da Segunda Guerra, rolava suas dívidas angustiado. O livro *No More Champagne: Churchill and His Money*, de David Lough, revela que, desde sua juventude, Churchill sistematicamente gastava muito mais do que ganhava ou possuía. Era tido como rico de berço, mas, na verdade, seu ramo era dos primos pobres da aristocrática família. O futuro duas vezes primeiro-ministro e doze vezes ministro era, quando muito, um remediado. Cultivava não obstante uma imagem de refinamento e de opulência que lhe permitia se endividar e rolar as dívidas. Foi assim durante décadas. Ele gostava de luxos diversos, passeios de iate, roupas, charutos e bebidas caras e vivia acima de suas posses. Também gostava de jogar. Um momento particularmente delicado de suas agruras financeiras foi justamente quando ele assumiu o cargo de primeiro-ministro, em plena Segunda Guerra, com a Inglaterra acuada por Hitler. Ele devia o que hoje corresponderia a 3,7 milhões de dólares.

Em diversas ocasiões, Churchill foi ajudado por amigos ricos e admiradores, da indústria e do setor financeiro, como Sir Ernest Cassel e Sir Henry Strakosch. Cassel financiou sua famosa biblioteca e o salvou de uma operação imobiliária desastrosa, logo depois da Primeira Guerra. Strakosch pagou suas dívidas e despesas entre 1930 e 1940. Isso não era propriamente um segredo, e a propaganda nazista chegou a acusá-lo de "estar no bolso do judeu Strakosch". Anteriormente, nas eleições de 1923, seus adversários trabalhistas usaram copiosamente o fato de ele ter recebido mal explicadas cinquenta mil libras de Cassel. Lough sustenta em seu livro que nunca apareceu nenhuma contrapartida específica como gestor público na qual Churchill tenha favorecido esses generosos amigos e que, em algumas ocasiões, contrariou frontalmente seus interesses econômicos. Churchill apenas considerava que, à luz de sua estatura política e histórica, isso lhe era devido.

Ao final da Segunda Guerra, Churchill superou definitivamente suas agruras financeiras com polpudas receitas sobre direitos de imagem dos documentários e filmes de que era personagem, e direitos autorais relativos aos seus muitos livros. Lough afirma que, ao deixar o cargo, ele levou consigo enormes arquivos do tempo da guerra, 68 caixas que, a princípio, seriam propriedade do governo de Sua Majestade.

Outra figura histórica beneficiária de favores de amigos ricos foi o presidente de Israel, Ezer Weizman, herói de guerra, falecido em 2005. Ele foi atormentado no final da vida por causa de doações não declaradas de ricos admiradores. Renunciou à presidência em 1999, mas não foi processado.

Se nos aprofundarmos um pouco mais, chegaremos em zonas muito escuras da política a homens que, paradoxalmente, tiveram grandes méritos. Um dos políticos mais corruptos dos Estados Unidos no século XX, um prefeito canalha sob múltiplos aspectos, foi protagonista inequívoco de duas imensas conquistas históricas que muitos outros presidentes, seres humanos bem mais decentes e honrados, não haviam logrado: a abolição final do racismo institucionalizado no Sul e a consolidação do *welfare state*. Refiro-me ao presidente Lyndon Baines Johnson, e recomendo fortemente a leitura dos quatro volumes da magistral série de Robert A. Caro, *The Years of Lyndon Johnson*. Tem mais: Johnson sucedera a John Kennedy, vitorioso em 1960 por minúscula margem, segundo consta, por ter vencido em Illinois graças ao apoio da máfia de Chicago com a qual seu pai, Joseph, mantinha relações promíscuas desde os tempos da Lei Seca. Em seu livro, *The Dark Side of Camelot*, Seymour Hersh garante que Kennedy compartilhava de uma beldade chamada Judith Exner com o *capo* mafioso Sam Giancana. Em certa ocasião, Judith teria levado uma mala de dólares para a Casa Branca como *street money* (caixa dois) para a campanha dos democratas de 1962.

Ao mencionar tudo isso, não estou justificando nenhuma forma de corrupção no Brasil, nem sequer o que agora chamam nos telejornais – com direito à careta de nojo do apresentador – de falsidade ideológica eleitoral, o tal caixa dois, nem pregando sua anistia. Estou apenas dando algum contexto histórico a tudo isso. Na verdade, há que se cumprir a lei, e esse delito eleitoral deve ser tratado conforme consta na legislação em vigor na época dos fatos e levando-se em conta o volume e o conjunto da obra. Nem mais, nem menos. Sua criminalização, se declarada em nova legislação a partir de agora, não poderá retroagir nem ser objeto de uma retroatividade tácita ao tentarem reinterpretar o delito eleitoral como outro tipo de crime, inclusive aquele de "lavagem de dinheiro", frequentemente utilizado de forma estapafúrdia para forçar condenações a penas pesadas. É bom que isso mude, que não haja mais gastos irregulares em campanhas políticas e que uma nova geração venha e diga: "Acabou-se no Brasil esse negócio de 'caixa dois' e de lei 'que pega' e lei que 'não pega'."

Os políticos não são extraterrestres (afinal, alguém os elegeu), nem a corrupção na sociedade brasileira é seu exclusivo apanágio. Refletem algo da sociedade que ela não gosta de ver refletido. Se forem todos apartados por um brado retumbante de "*que se vayan todos!*", quais os seus sucedâneos? Um baixo clero que não aparece na mídia, cujas campanhas não receberam contribuição das grandes empresas investigadas, mas de negócios locais, frequentemente da economia informal e, eventualmente, da criminalidade violenta: grilagem, bicho, milícias, tráfico etc.

Vácuo não haverá, mas, progresso, ninguém garante.

ACORDO DE PARIS

New York, New York

O Climate Summit (Cúpula do Clima) foi convocado em setembro de 2014 em Nova York pelo secretário-geral da ONU, Ban Ki-moon, para esquentar – o termo pode soar inadequado – as coisas com vistas à Conferência de Paris. Seu pano de fundo foi uma grande manifestação de quase duzentas mil pessoas em defesa do clima pela Quinta Avenida. Foi uma retomada de mobilização nos Estados Unidos depois de vários anos de apatia climática.

As manifestações americanas têm esse jeitão de quermesse, de carnaval de Nova Orleans. Era uma massa multicolor, espalhada, com fantasias curiosas, um ar meio kitsch. Sem palavras de ordem unificadoras. Pensei como faziam falta aqueles bumbos argentinos que dão um tônus compacto e marcial a uma passeata. Ali era um monte de gente curiosa andando pela avenida com seus adereços, fotografando-se uns aos outros e fazendo selfies, mas aquela passeata pela Quinta Avenida não deixava de ser impressionante pelo volume. Parecia que a cidade inteira tinha baixado ao lado do Central Park em favor do clima.

Aquilo representava o povo das costas Leste e Oeste, meio-Estados Unidos. Eu ficava imaginando a outra metade, o miolão americano. *Rednecks* saindo dos templos e chegando no estande de tiro com suas AR-15 e Glocks, depois assistindo à Fox News à noitinha. Precavidos contra a iminente invasão muçulmana (ou mexicana). Apesar de fenômenos naturais mais intensos e frequentes atingindo-os diretamente, convencidos de que as mudanças climáticas são *fake news* inventadas pelos *liberals*.

As grandes secas, furacões e enchentes repetidos, de uma violência crescente, a tragédia em Nova Orleans, o visível avanço do mar sobre o litoral no golfo do México, os relatórios científicos taxativos e cada vez mais alarmantes não conseguiam dobrar o negacionismo climático entrincheirado no Congresso e nas assembleias legislativas dos estados, majoritariamente dominadas pelos republicanos bancados pelos irmãos Koch. Em seu segundo governo, Obama adotava uma postura mais combativa, entre outras coisas, estabelecendo limites de emissões de GEE por ato executivo através da EPA, a agência federal de proteção ambiental.

As emissões de GEE norte-americanas estavam em queda, mas isso acontecia, em grande medida, por conta de um outro combustível fóssil. A revolução do *shale gas*, o gás de folhelho, permitira uma redução do uso do carvão e uma queda nas emissões de CO_2, no agregado, pela primeira vez. O gás emite aproximadamente metade do CO_2 que o carvão, mas tem o problema das emissões de metano "fugitivas". O carvão nos Estados Unidos caía em obsolescência, lenta mas inexoravelmente. No mundo político, tinha grandes defensores.

O Summit convocado pelo Ban Ki-moon foi o canto do cisne daquele secretário-geral da ONU de carisma zero e não foi particularmente concorrido ou prestigiado. A China, o principal país emissor, mandou seu número quatro da hierarquia, o vice-primeiro-ministro Zhang Gaoli. Angela Merkel não deu as caras. Nem Putin. Vieram David Cameron e François Hollande. O presidente francês, cuja popularidade andava na casa dos 15%, iria sediar a COP 21 no ano seguinte. Conversamos rapidamente, na grande sala da Assembleia Geral, junto à bancada da França.

Havíamos nos conhecido no Riocentro durante a Conferência Rio+20. Baixinho, careca, extremamente simpático e divertido, pelo menos no *small talk*, Hollande vivia o drama da socialdemocracia na cilada histórica da globalização, mas também contratempos mais prosaicos. Acabava de ser flagrado por um paparazzi a dois passos do Palácio do Eliseu sobre uma lambreta, se imaginando incógnito de capacete, rumando para a casa da amante, a atriz Julie Gayet. Sua popularidade atingia níveis Michel Temer. Quase sugeri ao Hollande um terreiro de candomblé. Vai ver a Mãe Menininha do Gantois e leva junto a Julie... Vai logo se benzer, *mon cher président*.

Lembro-me bem daquela manhã na Assembleia Geral da ONU. Quão efêmero foi o poder dos presidentes que ali pontificavam! Dois anos depois, Dilma Rousseff e Park Geun-hye estariam impichadas (a Park, presa); David Cameron e François Hollande, politicamente arruinados; Peña Nieto, diminuído para além de sua pequena estatura. O melhor deles, único de fato inspirador, Barack Obama, estaria na amargura de ter sido bem-sucedido como estadista, mas derrotado como político chefe de partido. Sucedido na Casa Branca por aquilo...

No entanto, naquele outono de 2014, todo esse fudevu ainda estava por vir. Naquele momento, me sentia estimulado por Obama, por

Hollande preparando a Conferência de Paris e pela ênfase do presidente do Banco Mundial, Jim Yong Kim, na defesa da precificação do carbono. O *The New York Times* publicara um anúncio de página inteira de uma pletora de grandes empresas pela descarbonização. A família Rockefeller anunciava a retirada de seus capitais investidos nas empresas de carvão e petróleo. Uma première das iniciativas de desinvestimento nos fósseis. Nieto e Park fizeram discursos com ênfase na transição e no financiamento para a economia de baixo carbono. Park prometeu cem milhões. Nieto prometeu pomposamente a bagatela de dez milhões de dólares para o Fundo Verde do Clima (GCF). Ouvi risadas abafadas no plenário da ONU, porque o presidente mexicano fazia um portentoso marketing político em torno da questão climática, internamente e em diversos foros climáticos internacionais, como, aliás, seu antecessor, Felipe Calderón, e na hora H botava na mesa aquela quantia pífia. De qualquer maneira, era positivo o foco dos discursos dos chefes de Estado começar a girar em torno do tema mais mal parado das negociações climáticas havia muito tempo: o financiamento da descarbonização e das medidas de adaptação.

Na UNFCCC a questão era tratada pelo *Standing Committee on Finance* (SCF), o Comitê Permanente sobre Finanças, uma instância notoriamente inoperante, paralisada havia muitos anos pelo velho conflito norte-sul. O Grupo dos 77+China, do qual o Brasil participava, era movido pela ilusão de que a transição global pudesse ser financiada com transferências líquidas dos países desenvolvidos indenizando o planeta pelas suas responsabilidades históricas nas emissões de GEE desde os primórdios da era industrial. Esse grupo de fato havia assumido o compromisso de chegar aos cem bilhões de dólares ao ano a partir de 2020, com metade destinada à mitigação e a outra, à adaptação.

O segredo de polichinelo que ninguém queria – nem quer, até hoje – reconhecer oficialmente é que os governos dos países desenvolvidos simplesmente não possuíam esse montante em recursos públicos disponíveis e, menos ainda, condições políticas internas para aportá-los como transferência líquida nesses tempos de austeridade e escalada política das forças antiglobalização e anti-imigração que terminariam, dois anos mais tarde, abrindo caminho para o Brexit e Donald Trump.

A previsão para o Fundo Verde do Clima (GCF), quando de seu estabelecimento e regulamentação nas COP de Copenhagen e de Durban, era poder contar com a parte do leão desses cem bilhões de dólares anuais oriundos de fontes públicas, privadas, multilaterais e bilaterais que os países desenvolvidos controlam ou influenciam. Às vésperas da COP 21,

255

do Acordo de Paris, só havia dez bilhões efetivamente alocados, embora circulasse uma referência a sessenta bilhões de alguma forma "apalavrados". Tudo muito longe do objetivo. O GCF já aparecia como um primor de burocracia disfuncional. Assumira, para irritação do Brasil, a lógica de projetos voltados basicamente para os países mais pobres, o que é coerente em relação à adaptação, mas, no tocante aos 50% restantes destinados à mitigação, não faz sentido algum. Para serem eficazes, os recursos teriam que ir para os grandes países emissores em desenvolvimento, onde era possível cortar mais emissões mais barato, como na redução do desmatamento no Brasil, na Indonésia e no Congo ou de emissões de carvão na Índia.

Mesmo que por algum milagre aqueles cem bilhões de dólares anuais se materializassem a partir de 2020 e, depois disso, todo ano, ficavam pateticamente aquém do necessário para financiar a grande transição para uma econômica global descarbonizante, cujo custo era calculado entre 3,5 e 5 trilhões de dólares ao ano. Isso sem contar os gastos com adaptação, complexos demais para serem estimados globalmente naquele momento, mas decerto na casa dos trilhões/ano também. A grande incógnita da descarbonização da economia mundial era simples e objetiva: de onde virá a grana?

Constatação evidente, naquele momento, a grande retração histórica da disponibilidade de investimento público. O grosso da liquidez do mundo decididamente não estava mais nas mãos de governos, por mais que cobrassem impostos ou se apropriassem da renda do petróleo e de outras matérias-primas. Ainda senhores de muito poderio, sobretudo militar, os Estados nacionais retrocediam no complexo tabuleiro das relações de poder na economia globalizada. As políticas econômicas nacionais não conseguiam mais lidar de forma adequada com o fenômeno da financeirização da economia, o desinvestimento produtivo, a exclusão, a concentração de renda e a queda dos salários reais da classe média e dos trabalhadores qualificados nas economias industriais mais tradicionais. A mesma globalização que permitira à China tirar da miséria centenas de milhões de pessoas promovia os *rust belts* (literalmente, cinturões de ferrugem) nas indústrias dos Estados Unidos e da Europa ocidental. A automação, a robotização e, logo, a inteligência artificial ameaçavam inexoravelmente não apenas os empregos industriais, mas também os dos serviços e as profissões liberais.

A disponibilidade de recursos de quase todos os governos, com grandes déficits e crescentemente endividados, não dava para bancar os enormes investimentos necessários à transição rumo a economias de baixo carbono. Estávamos longe dos tempos de Bretton Woods e do pós-guerra, quando os Estados Unidos tiveram a disponibilidade financeira, a capacidade e a disposição política para bancar um Plano Marshall na Europa devastada. Na cultura econômica então vigente, forjada na experiência do New Deal e na mobilização total para a Segunda Guerra, havia tolerância para com enormes déficits públicos. Não era mais o caso desde os anos oitenta.

A grana teoricamente disponível do mundo agora estava no sistema financeiro global: cerca de 220 trilhões de dólares. Incluía não apenas a liquidez dos bancos privados comerciais e de investimento, mas também dos grandes fundos de pensão, dos seguros e resseguros. Pode-se colocar também nesse bolo aquela de bancos de desenvolvimento, agências multilaterais e fundos soberanos, onde os governos nacionais certamente ainda possuem poderes de decisão mas cuja gestão fica a cargo de uma burocracia inter-relacionada à finança global e que tende a compartilhar de sua cultura. O capital financeiro global manipula sua automultiplicação.

A pergunta de muitos trilhões passou a ser: como atrair uma parte que seja dessa dinheirama de volta para o universo produtivo e canalizá-la para uma transição rumo à descarbonização? Investir, anualmente, de 3,5 a 5 trilhões seria, em tese, até bastante viável, mas vai de encontro a objeções profundamente enquistadas na cultura financeira vigente. Investimentos em energias limpas, mega reflorestamentos, agricultura de baixo carbono, mudanças em matrizes de transporte e tecnologias industriais, todos demandam um aporte inicial (*upfront investment*) alto. Os cálculos de risco desse tipo de projeto são sempre muito mais complicados do que os dos convencionais, ainda que, afinal, os riscos possam ser análogos ou até mais baixos. Diversos outros investimentos, notadamente os especulativos, prometem retorno mais suculento, rápido e seguro. Na cultura da finança globalizada, investimento produtivo "descarbonário" ainda não é tido como bom negócio. Apesar do risco climático estar mais presente em seus algoritmos de investimentos os trilhões ainda não se movem. É preciso um postulado novo na lógica econômica. Uma revolução.

Lima

A Conferência de Lima acabaria varando a madrugada até domingo, já completamente fora do prazo. Como acontece na UNFCCC, era uma interminável discussão sobre como discutir, no caso, na COP 21, em Paris, do ano seguinte. Ia se arrastando, arrastando, para o desespero do ministro peruano, Pulgar Vidal, que presidia a COP 20. Acompanhei pouco aquela discussão procedimental. Em Lima, meu foco obsessivo era obter reconhecimento diplomático para a noção de que o menos--carbono constituía um valor econômico intrínseco, o conceito da sua "precificação positiva".

A precificação real de carbono, já praticada por muitas empresas, consistia em estabelecer um *shadow price* (preço sombra, experimental) para simular o efeito que teria uma taxa sobre o carbono em seu insumo, produto ou serviço: "x" dólares a tonelada de CO_2eq. Seria uma preparação para um hipotético "cacete" fiscal e também para os mercados de *allowances* (permissões de emissões) baseados em créditos de carbono. Já a precificação positiva seria a "cenoura", atribuindo valor econômico às ações de mitigação. O menos-carbono – a redução de emissões ou remoção de carbono da atmosfera –, assim, configuraria a uma nova unidade de valor econômico. Resumo da ópera: menos-carbono = grana.

Havíamos discutido isso na CMMC e em uma série de audiências, em Brasília e em São Paulo, na presença de técnicos do Ministério da Fazenda e do Banco Central. Também se formara uma rede internacional de brasileiros, franceses, ingleses e indianos apaixonados pelo tema. O professor Emilio La Rovere, da COPPE, me apresentou ao professor Jean-Charles Hourcade, do Centre International de Recherche sur l'Environnement et le Développement (CIRED). Hourcade assinara meses antes, junto ao veterano economista Michel Aglietta, um *paper* que dava sustância técnica à ideia de precificar o menos-carbono. Fiquei mais confiante ao saber que não estava sozinho, "viajando na maionese"; havia pessoas com conhecimento de economia muito maior que o meu propugnando a mesma coisa, ainda que com terminologias diferentes.

Decidi que aquilo precisava ser convertido em uma proposta oficial do Brasil à Conferência de Lima. Mas como? Articulei uma moção sobre a precificação positiva na CMMC. Dessa forma, teria a chancela do Congresso brasileiro. A questão era convencer o Itamaraty e o Ministério do Meio Ambiente. A ministra Izabella Teixeira, depois de alguma conversa, concordou no essencial com a ideia e passou a apoiá-la efetivamente, dando mais ênfase ao viés do "valor social" da redução de carbono. Não era problema; ampliava nosso leque de argumentos.

Osso mais duro seria o Itamaraty. O Ministério das Relações Exteriores, que desde sempre coordenava a presença do Brasil na UNFCCC, havia evoluído bastante daquela sua postura puramente geopolítica, mas, na questão do financiamento da descarbonização, seu foco ainda eram os cem milhões que os países desenvolvidos deviam na praça. A postura era decorrente de nossa liderança no G77+China: exigir dos países ricos o comprometido para 2020 e anos subsequentes via Fundo Verde do Clima e outros canais. Cobrar suas responsabilidades pelas "emissões históricas".

Eu tentava convencê-los de que algum esforço de articulação também deveria ser dedicado à moção da precificação positiva do menos-carbono, aprovada na CMMC. Nossa proposta para a UNFCCC na COP 20 ficou assim: "[Os 194 governos presentes à COP 20] *reconhecem o valor social e econômico da redução de emissões e a necessidade de considerá-la unidade de valor financeiro conversível.*"

Encontrei um aliado precioso em um dos negociadores do Itamaraty, o ministro-conselheiro Everton Lucero, que participara do nosso Rio Clima de 2013, dedicado às questões de economia de baixo carbono. O chefe da nossa delegação, o embaixador José Antônio Marcondes, o Gaúcho, deu cobertura à iniciativa. A moção despertou interesse (e celeuma). Podemos dizer que, a partir de Lima, ela entrou na agenda.

Em Lima, tive a oportunidade de apresentar a ideia para o Al Gore. Fui encontrá-lo junto à ministra Izabella Teixeira e nosso negociador-chefe, o embaixador José Antônio Marcondes. Ele ouviu interessado, mas meio cético, e me bombardeou de perguntas em uma sucessão vertiginosa à qual, afinal, resisti bem.

"Mas isso que você está propondo não é tipo uma moeda virtual, um Bitcoin?"

"Não. Estamos falando de um valor real. Se a partir do Relatório Stern[67] tornou-se possível quantificar o prejuízo imposto pela mudança climática à economia mundial em um prazo de tempo dado – digamos que seja 'x' trilhões de dólares até 2050 –, é possível então calcular o valor de cada tonelada de carbono a menos com base nesse 'x'", respondi.

Ele ficou me olhando por uns segundos e disse: "Bom, se essa sua coisa der certo e virar moeda, sugiro que se chame 1,00 *sirkis*." Não perdi a viagem: "Acho mais justo um 1,00 *gore*. No nosso real, ao contrário

---

67. Relatório de 2006 encomendado pelo governo britânico ao economista Sir Nicholas Stern, da London School of Economics. Foi o primeiro a calcular os prejuízos econômicos globais da mudança climática em cenários que vão de 5% a 20% do PIB mundial, dependendo do grau de aumento das temperaturas.

do dólar de vocês, não colocamos a efígie de nossos presidentes. Você foi eleito presidente pelo voto popular e fraudado na Flórida. Os Estados Unidos lhe devem essa." Ele não riu.

Na Conferência, no entanto, surgiram muitas resistências, incompreensões, sobretudo por parte da União Europeia, que via com suspeição uma proposta brasileira formulada no ano anterior em Varsóvia sobre *Early Action* (Ação Antecipada). Eles a consideravam uma "malandragem" dos brasileiros para descontar as suas fortes reduções de emissão pela queda do desmatamento na Amazônia, obtidas no período 2004-2012, de eventuais novas metas de mitigação futuras a serem negociadas na COP 21. A *submission* – um tipo de comunicação diplomática feita pelo Brasil à UNFCCC (formulada pelo embaixador André Corrêa do Lago) – tinha esse componente de recebermos "compensação" daquela "antecipação", descontando das metas futuras do Brasil. Fazia parte daquele estilo de negociação toma lá dá cá que o Itamaraty adotava.

A permissão para emitir mais no futuro não fazia sentido. Tínhamos todos que reduzir e, depois, reduzir mais ainda. Não obstante, a ideia mais geral do André era boa e inovadora: que reduções de emissão antecipadas em relação às metas – e também adicionais, eu queria acrescentar – fossem remuneradas de alguma forma. Assim, o primeiro passo para precificar o menos-carbono seria trabalhar com ações de mitigação que antecipassem ou ultrapassassem metas previamente estabelecidas. Propus ao Itamaraty uma nova versão, na qual não haveria mais o tal "desconto" em relação às metas futuras, mas sim um pagamento das tais reduções ou remoções antecipadas ou *over the cap* (acima da meta): a precificação positiva.

Decidi explicitar o conceito de precificação positiva dentro de uma nova versão da *Early Action Submission*. Era mais fácil convencer o Itamaraty a apresentá-la como versão aperfeiçoada de sua própria proposta original do que como ideia da lavra daquele parlamentar ambientalista sempre enchendo o saco por mais ambição, o que eles encaravam como concessões sem contrapartida na mesa de negociações.

Funcionou. Nossos diplomatas toparam trabalhar a precificação positiva em Lima. Mas não combinaram com os russos, quer dizer, os europeus. A nova versão da *Early Action* provocou resistência de quem não notou, ou não quis notar, sua diferença em relação à proposta original, de Varsóvia. Algumas ONGs pródigas em atirar primeiro e ler depois aderiram à onda contra sem perceber as diferenças: a descarbonização, antecipada ou adicional, não mais seria descontada de metas brasileiras futuras, mas remunerada em uma moeda do clima a ser criada que só poderia ser gasta para pagar serviços, produtos e insumos que levassem a subsequentes reduções ou sequestro de emissões, criando assim um ciclo virtuoso: menos-carbono gerando mais menos-carbono.

Organizamos um *side event* dentro da COP que foi bastante concorrido, embora mobilizado em cima do laço pelo pessoal da assessoria parlamentar da CMMC. A sala ficou abarrotada de gente influente. Compareceu um entusiasmado quadro do Banco Mundial, o Vikram Widge, que viraria um parceiro. Na mesa de negociação, no entanto, a moção bateu na trave. O ministro-conselheiro Everton Lucero conseguiu colocá-la duas vezes na pauta, mas não houve o necessário consenso. Os negociadores decidiram descartar quaisquer temas novos que não estivessem "em linha direta com o que já estamos discutindo".

A COP 20 em Lima, no entanto, foi um primeiro passo: o tema foi vez colocado na mesa. Passou a ser notado. Várias ONGs, inicialmente desconfiadas, afinal leram e resolveram se interessar. A precificação positiva voltaria com mais intensidade no ano, seguinte, na Conferência de Paris.

Uma frase em Bonn

Em setembro de 2015, três meses antes da Conferência de Paris, a COP 21, conseguimos finalmente emplacar, ainda que com um palavreado um pouco diferente, a frase do valor econômico do menos-carbono no *draft* do documento base para discussão do Acordo de Paris, no capítulo do chamado *Work Stream 2*, que tratava de ações voluntárias, antecipadas, inovadoras e de mais curto prazo (anteriores a 2020). A relatora, a japonesa Aya Yoshida, junto ao coordenador do G77+China, o supersafo Seyni Nafo, de Mali, aceitaram encaminhar a proposta brasileira aos co-presidentes que preparavam o texto base para o Acordo de Paris. O artífice da negociação foi, novamente, o Everton Lucero, que foi convencendo sucessivos interlocutores.

O osso mais duro de roer foi o representante da União Europeia, o norte-americano Jake Worksman, com quem eu já vinha falando longamente por Skype. A ministra Izabella Teixeira e o embaixador José Antônio Marcondes, nosso negociador-chefe, ajudaram bastante. Desde Lima, haviam dado ampla cobertura a esse esforço, inclusive conseguindo incluir uma versão parecida da frase na declaração presidencial Brasil-Estados Unidos quando da visita da presidente Dilma a Barack Obama, em Washington. Aquela hoje esquecida declaração conjunta Estados

Unidos-Brasil trazia em seu quarto parágrafo: *"Os Presidentes reconhecem o valor social e econômico de ações de mitigação e seus cobenefícios para adaptação, saúde e desenvolvimento sustentável."* Eram os primeiros passos de um longo e tortuoso caminho de grande ambição. Saindo de Bonn, fui a Londres junto com o professor Jean--Charles Hourcade, que, naquele ano, promovera dois seminários em Paris em que a questão da precificação positiva fora discutida. Ele tinha o apoio tácito do *France Stratégie*, o *think tank* oficial que serve ao presidente e ao primeiro-ministro da França e que, na época, era dirigido por Jean Pisani-Ferry, que depois coordenaria o programa econômico de campanha de Emmanuel Macron. O *France Stratégie* publicou vários *papers* sobre o assunto, inclusive um texto meu. Saindo de Bonn, fomos a Londres visitar Sir Nicholas Stern, na London School of Economics.

Stern foi amável, atento às nossas explicações (minhas, principalmente políticas, e as do Hourcade, econômicas). Estava acompanhado por dois outros economistas, o Dimitri Zenghelis e o Fergus Green. Considerou nossa visão de precificação positiva do menos-carbono interessante e manifestou querer acompanhar de perto os desdobramentos. Depois, sapecou dois conselhos: *"Keep it simple and go see the Chinese"* (mantenham isso simples e procurem os chineses).

O Hourcade era dado a complicadas digressões, sobretudo quando falava inglês. O *attention span* (limiar de atenção) das pessoas ia ficando cada vez mais curto nessa era da internet e do excesso de informação. Isso era um problema. Stern avaliava acertadamente que os chineses teriam os recursos e a ousadia para experimentar e instrumentalizar conceitos novos. Melhores que ninguém, poderiam ajudar a fazer a coisa acontecer. Eram bons conselhos, mas Sir Nicholas evitou envolver-se pessoalmente na proposta. Era um tema interessante, mas não "seu" tema. Logo, Stern seria convidado para co-presidir, junto com o Prêmio Nobel de Economia Joseph Stiglitz, com a participação do professor Emilio La Rovere e do próprio Hourcade, uma Comissão de Alto Nível sobre Preços de Carbono.

A precificação do carbono em que ele e um grupo importante de economistas – acadêmicos e pertencentes a organismos multilaterais, como o Banco Mundial – estavam empenhados era a precificação do carbono propriamente dita, essa que podemos chamar de real ou negativa: a atribuição de um preço à tonelada de carbono com objetivo de preparar as empresas para eventual taxação futura ou para o mercado de carbono. Essa forma de precificação já era consagrada e promovida, sobretudo pelo Banco Mundial, em apresentações de slides que percorriam o mundo em todas as línguas.

Alguns países e "jurisdições" (em geral, províncias) adotam-na para onerar o carbono e certas empresas (inclusive de petróleo, como a Shell e a BP) já a utilizavam como um *shadow price* (preço sombra) para a tonelada de carbono emitida. No Brasil, um grupo de aproximadamente trinta empresas simulava um mercado de carbono, comprando e vendendo créditos de emissão com a Fundação Getúlio Vargas, de São Paulo, fazendo o papel do governo.

A taxa de carbono já fora instituída em alguns países, com resultados variados.[68] Em países nórdicos, como Finlândia, Suécia, Noruega, ela foi implantada ainda nos anos noventa (antes da Rio-92!), funciona e vem sendo gradualmente elevada. Hoje é de 114 euros por tonelada na Suécia, por exemplo. Um caso de sucesso, pois a economia sueca não deixou de florescer desde 1991, quando foi adotada. Na Austrália ela foi introduzida em 2011 pelos trabalhistas, gerou forte conflito e foi revogada em 2014 pelos conservadores após grande ofensiva negacionista orquestrada pelo império de mídia de Rupert Murdoch. Na França, tivemos a recente rebelião dos *gillets jeunes* (coletes amarelos), em 2018, contra seu aumento, que comentaremos mais adiante.

Não há, na verdade, conflito entre a precificação real e aquela "positiva" de carbono; o valor tem a mesma origem de cálculo, apenas de sinal trocado. Funcionalmente, uma é o "porrete", e a outra, a "cenoura". Em uma atribui-se preço a uma tonelada de carbono emitida para taxá-la ou viabilizar um mercado de carbono onde empresas que não cumpram a meta tenham que comprar créditos de carbono. Em outra atribui-se um preço positivo à redução/remoção de carbono, remunerando-a.

A primeira modalidade já estava academicamente consagrada. Possuía termos de referência assinados por grandes nomes, contratos de consultoria, expectativas e financiadores com um grande empenho do Banco Mundial. Aquilo que estávamos trazendo, o reconhecimento do valor econômico intrínseco do menos-carbono, seus desdobramentos e enormes possibilidades, era assunto novo, academicamente pouco dige-

---

68. A taxa de carbono existe em variadas formas e preços (que vão do apenas simbólico ao efetivo) nos seguintes países: Finlândia, Polônia, Suécia, Noruega, Dinamarca, Letônia, Eslovênia – onde foi criada nos anos noventa –, bem como na Suíça, Islândia, Irlanda, Japão, França, México, Portugal, África do Sul e Chile. Nenhum deles está entre os dez maiores emissores de gases de efeito estufa. É também adotada apenas no âmbito provincial em diversos países. (Ver *State and Trends of Carbon Pricing*, do Banco Mundial.)

rido e politicamente pouco articulado. Era visto com certo ceticismo. Apenas um governo, o brasileiro, o respaldava. Faltava-nos massa crítica, musculatura, política global.

O subtexto do Stern naquela nossa visita à London School of Economics era: "Cresçam e apareçam."

As portas do purgatório

Os preparativos para a Conferência de Paris foram abalados pelos atrozes atentados jihadistas contra a casa de shows Bataclan e bares das proximidades, matando cerca de 130 pessoas, na maioria jovens. Foi uma operação suicida do Estado Islâmico teleguiada desde Rakka, na Síria, e organizada em Bruxelas.

A guerra civil da Síria, com sua onda migratória, foi um dos primeiros grandes conflitos contemporâneos onde se identifica, sem sombra de dúvida, a influência das mudanças climáticas. Fora precedida por cinco anos de terrível estiagem que levara ao colapso da agricultura, provocando forte migração para as periferias urbanas de Damasco, Daara, Guta, Homs, Hama e outras cidades. Lá, sob influência da efêmera Primavera Árabe, surgiram os protestos políticos, afogados em sangue por Bashar al-Assad, o ditador que desencadeou uma guerra civil que logo se internacionalizou em uma reedição caótica, enlouquecida e niilista da guerra civil espanhola que antecedera a Segunda Guerra Mundial, nos anos trinta do século passado. Que novas ondas migratórias, convulsões sociais, conflitos étnicos e guerras civis provocará nas próximas décadas a mudança do clima?

A COP 21 em Paris, em dezembro de 2015, começou com duas diferenças básicas em relação às conferências anteriores. Primeiro, a decisão de que o conjunto de países apresentasse, antes da COP 21, suas metas voluntárias, as iNDCs (em inglês, Intended Nationally Defined Contributions), e que essas metas não fossem objeto de barganha na Conferência propriamente dita. Isso removeu de cena o maior pomo da discórdia de todas as COP anteriores. Segundo: não haveria a costumeira *grand finale* com a revoada dos chefes de Estado. Os presidentes e primeiros-ministros viriam bem no início e logo partiriam.

Foram duas sábias decisões de Laurent Fabius, o ministro das Relações Exteriores francês e presidente da COP 21. Poucos dentre os governantes conhecem a fundo o tema. Tendem a comer na mão dos negociadores profissionais e não ligam muito para o que está em pauta nas negociações. Em geral, chegam obcecados sobre como irão aparecer nas TVs de seus países para seus públicos internos, seus partidários e oponentes domésticos. Precisam soar firmes, combativos, desafiadores face a seus adversários geopolíticos e espantar suas respectivas quimeras. Aquela revoada de chefes de Estado em momentos cruciais, ao final da negociação, que para o circo da mídia constitui o ponto alto, na verdade atrapalhava um bocado a busca de acordos necessariamente consensuais. O fato de os governantes se aboletarem, como na Conferência de Copenhagen, numa salinha do Bella Center, para costurar um acordo final raras vezes deu certo. Do lado de fora, pululavam ansiosos todos aqueles repórteres e fotógrafos, como se dali fosse sair a fumacinha branca papal e não um duramente negociado avançozinho incremental. Cada governante anseia emergir como "o vencedor" na narrativa inevitavelmente simplista – se não simplória – da mídia, ou pelo menos não como "o perdedor". Em Paris, Laurent Fabius preferiu conduzir os trabalhos em anticlímax. Seguiu, sem conhecer, o famoso conselho do mineiro Tancredo Neves: "A boa reunião é aquela em tudo já previamente combinado."

Os chefes de Estado chegaram e foram logo promovendo seus números. Houve alguns discursos bons, como os de Obama, François Hollande e Xi Jinping, mas nada de realmente novo ou notável foi dito. Dilma fez um discurso razoável e, na coletiva de imprensa, sua fala inicial foi digna de nota pela inédita referência à energia solar no Brasil, um tema que, meses antes, ela escanteara do comunicado Brasil-China, quando da visita de Xi Jinping a Brasília. Marcou um ponto, mas, àquela altura, sem maior consequência.

Os jornalistas brasileiros que foram à coletiva de imprensa ignoraram completamente o tema mudanças climáticas. Sua pauta era a Lava Jato e o avolumar da crise política alimentada pelo escândalo do petrolão que levaria, no ano seguinte, ao impeachment. Queriam saber do Nestor Cerveró, do Delcídio do Amaral, do Eduardo Cunha e dos outros enrolados e arrolados naquela fase inicial da operação. Dilma se defendia como podia: "O Cerveró não gosta de mim." Já os poucos jornalistas estrangeiros queriam mais era saber do gigantesco acidente ecológico da Samarco em Mariana, Minas Gerais, com seu mar de lama, este no *lato sensu*.

Sobre o carpete acinzentado dos pavilhões montados em Saint-Denis, por entre os estandes dos diversos países, descortinava-se o desfile dos fodões do planeta. O espetáculo sempre parecido: aquele bololô

265

de fotógrafos, cinegrafistas, repórteres, flashes espocando, montes de smartphones esticados, seguranças, áulicos e curiosos se acotovelando, e eis que passa o Recep Erdogan, presidente da Turquia, com seu bigodinho e seu olhar de mau. Depois, o Narendra Modi, primeiro-ministro da Índia, elegante em seu sarongue branco e sua barbicha bem aparada.

Logo adiante surge Vladimir Putin, baixinho mas abusado, com seu sorrisinho irônico, pisando duro, cercado de seus seguranças que pareciam um time de vôlei. Eles falavam de clima assim, *en passant*. A ênfase era geopolítica e de crescimento econômico. Seu público-alvo, o de casa, do jornal das oito e de suas redes sociais. A Rússia vinha sendo frequentemente o *enfant terrible* das negociações climáticas, obcecada em fazer valer ao máximo a forte redução de emissões que tivera no início dos anos noventa, na transição da URSS para a Federação Russa, com a brutal recessão econômica ocorrida durante o governo de Boris Iéltsin. Sua ambição era transformar aquela queda meramente recessiva – e relacionada a duas economias (a da URSS e a da Rússia) que não podem ser comparadas – em uma profusão de créditos de carbono que a habilitassem a emitir aos borbotões no futuro.

A NDC russa anunciada era modesta: 25% a 30% em 2025 e 2030, em relação a 1990, que essencialmente já foi atingida (e ultrapassada) por força daquela recessão dos anos noventa e da mais recente. Na verdade, suas metas, uma vez traduzidas no agregado, ao largo da economia, permitiam um bom aumento das emissões no agregado até em 2030.

Não obstante, Vladimir Putin vinha jogando o jogo. Existe na Rússia uma corrente de pensamento estratégico que considera o aquecimento global bom para o país, pois irá liberar o Ártico, derretido, à exploração do petróleo submarino e tornará enormes extensões de terras da Sibéria hoje congeladas boas para a agricultura. Geopoliticamente, porém, existe nisso uma óbvia potencialidade para conflito futuro.

A Rússia é o maior país do mundo, com uma população de 144 milhões, que está diminuindo. A China, ali do lado, com 1,4 bilhão de habitantes, é, em boa parte, desértica, com disponibilidades de água e uma agricultura bastante vulneráveis à mudança do clima. No futuro, haverá intensa pressão por novas terras férteis e águas. Embora ambos os governos atualmente cultivem boa relação e tenham se tornado novamente aliados, ninguém esquece que, em 1969, tiveram conflitos armados na fronteira e estiveram à beira de uma guerra nuclear. Esse é um cenário futuro geopolítico frequentemente estudado por estados maiores e círculos de inteligência dos Estados Unidos e de outros países da OTAN. Certamente são também prospectados por russos e chineses.

Os chefes de Estado foram embora, e a negociação, bem preparada, progrediu. O Acordo de Paris foi um avanço importante, no qual o Brasil desempenhou um papel significativo. O documento final tem aquela estrutura prolixa e confusa do texto redigido por 196 mãos. Está dividido em uma Decisão (dezenove páginas), seguida do denominado Acordo de Paris (vinte páginas) propriamente dito. Ambos compõem uma estrutura meio desconexa que obriga uma leitura de sucessivas idas e vindas. São frequentemente repetitivos em relação a disposições previamente mencionadas, mas cada vírgula teve sua razão de ser e resultou de uma negociação de um nó em pingo d'água. Centenas de divergências e impasses foram acochambradas por "ambiguidades construtivas" para que o texto ficasse aceitável para todos os 196 governos. Com suas repetições, incongruências, omissões e passagens de difícil compreensão, foi o que deu para construir em termos de consenso diplomático.

Dos diversos acordos desde a Convenção do Clima, na Rio-92, foi o que conferiu maior dramaticidade à questão climática. Colocou o dedo na ferida: "(...) *a necessidade urgente de lidar com a significativa distância entre o efeito agregado dos compromissos em termos de emissões globais anuais de gases efeito estufa, em 2020, e as emissões no agregado compatíveis com a limitação da temperatura média bem abaixo de 2ºC, acima dos níveis pré-industriais, com a persecução de esforços para limitar esse aumento de temperatura a 1,5ºC.*" O tema reaparece na parte relativa às NDCs. O Acordo, ao reiterar a meta de "bem abaixo de 2ºC", acrescenta: *"perseguir esforços para limitar o aumento de temperatura em 1,5ºC".*

Essa menção a 1,5ºC foi a maior surpresa da COP 21, bastante polêmica entre os especialistas. A questão não estivera muito presente no processo preparatório, durante o qual teria sido difícil encontrar quem seriamente a propugnasse para além de seus proponentes habituais, os pequenos países-ilhas, ameaçados de sumir no oceano mesmo no cenário de 2ºC. No atual estado das coisas, o cenário de 2ºC já aparecia como difícil, e o de 1,5ºC, praticamente impossível, salvo por cortes de emissões fósseis em um volume hoje inimaginável – de 45% até 2030 –, reflorestamentos em uma extensão do tamanho do território dos Estados Unidos, o desenvolvimento de tecnologias mirabolantes de retirada massiva de CO_2 da atmosfera que ainda estão para ser desenvolvidas em escala comercial ou mediante tentativas de "esfriar" o planeta por experimentos de geoengenharia, que os cientistas do IPCC, em geral, não vêm respaldando.[69]

Não era difícil apontar o objetivo de 1,5°C como "irrealista". Antes da COP 21 em Paris, trabalhava-se com foco na meta de não ultrapassar os 2°C até o final do século. O problema é que os cientistas estavam se convencendo de que o final do século era tarde demais e que os 2°C não garantiriam a sobrevivência de diversos dos países-ilhas, dentre os mais ameaçados,[70] nem evitariam o derretimento da grande geleira da Groenlândia, que, por sua vez, teria um efeito muito grave sobre o nível dos oceanos e com seus impactos nas cidades costeiras. Na Conferência, a proposta dos países-ilhas foi ganhando apoios, inicialmente entre os expoentes da sociedade civil presentes, depois, entre algumas das delegações, inclusive o Brasil. Logo, reuniu massa crítica e virou um movimento irreversível.

Aliás, muitos cientistas sérios consideram que a única forma de evitar aqueles *feedbacks* de longo prazo seria reduzir a concentração de GEE na atmosfera de volta a 350 ppm, marco já ultrapassado faz um bom

---

69. De acordo com o quinto relatório de avaliação do IPCC, há uma grande incerteza quanto às tecnologias de geoengenharia, com um nível de confiança de efetividade muito baixo e possibilidade grande de riscos e efeitos adversos associados. Ver Stocker, T.F., D. Qin, G.-K. Plattner, L.V. Alexander, S.K. Allen, N.L. Bindoff, F.-M. Bréon, J.A. Church, U. Cubasch, S. Emori, P. Forster, P. Friedlingstein, N. Gillett, J.M. Gregory, D.L. Hartmann, E. Jansen, B. Kirtman, R. Knutti, K. Krishna Kumar, P. Lemke, J. Marotzke, V. Masson-Delmotte, G.A. Meehl, I.I. Mokhov, S. Piao, V. Ramaswamy, D. Randall, M. Rhein, M. Rojas, C. Sabine, D. Shindell, L.D. Talley, D.G. Vaughan and S.-P. Xie, 2013: "Technical Summary". In: *Climate Change 2013: The Physical Science Basis. Contribution of Working Group I to the Fifth Assessment Report of the Intergovernmental Panel on Climate Change* [Stocker, T.F., D. Qin, G.-K. Plattner, M. Tignor, S.K. Allen, J. Boschung, A. Nauels, Y. Xia, V. Bex and P.M. Midgley (eds.)]. Cambridge University Press, Cambridge, e Nova York. p. 98. Disponível em cambridge.org/core/books/climate-change-2013-the-physical-science-basis/technical-summary/10E03E078830604105FFA9EC99840672.

70. Alguns Estados insulares, como as Ilhas Marshall, Maldivas, Kiribati e Tuvalu, já estão com suas existências ameaçadas pelo aumento no nível do mar. Em 1990, foi criada uma aliança entre os pequenos países-ilhas, a AOSIS, para compartilharem, entre outras coisas, desafios e preocupações quanto às fragilidades a desastres ambientais, especialmente em função da vulnerabilidade aos efeitos das mudanças climáticas alertadas pelo IPCC. Ver BRITTO, Leticia: "Segurança Ambiental Internacional: Os países Ilhas ameaçados pelas mudanças climáticas globais", 16 abr. 2015, disponível professor.pucgoias.edu.br/SiteDocente/admin/arquivosUpload/17973/material/Os%20pa%C3%ADses%20Ilhas%20amea%-C3%A7ados%20pelas%20mudan%C3%A7as%20clim%C3%A1ticas%20globais%20_%20Rela%C3%A7%C3%B5es%20Internacionais.pdf. Ver também o site da Alliance of Small Island States (AOSIS), aosis.org.

tempo. Será um desafio para a humanidade, no final deste século, criar as condições de emissões negativas. Missão para os nossos netos, bisnetos e tetranetos. A batalha do século XXI é manter a concentração de GEE por volta de 450 ppm – atualmente já chegamos a registrar 416 ppm –, o que, grosso modo, seria compatível ainda com uma trajetória de 2ºC. Para chegar a 1,5ºC, serão requeridas emissões globais negativas nas últimas décadas do presente século.

Na Decisão de Paris, no preâmbulo do Acordo, está reconhecido, explicitamente, que o conjunto das NDCs anunciadas pelos 196 governos apontam ainda para um aumento de 3ºC (entre 2,9ºC e 3,4ºC [71]) na temperatura média do planeta ao final deste século, com consequências tremendas, sobretudo no tocante aos riscos exponenciais dos *feedbacks*, que podem levar a infernos inimagináveis.[72] Segundo os cientistas do IPCC, se todos países cumprirem à risca as respectivas NDCs, ainda sobrarão, em 2030, doze bilhões de toneladas de GEE na atmosfera emitidas além daquele mínimo necessário para certa chance[73] de se chegar a uma trajetória abaixo de 2ºC.

O relativo sucesso da COP 21 que levou ao Acordo de Paris não foi o de haver chegado a um conjunto de decisões transcendentais – pode se dizer até que ficou aquém da missão a ela atribuída na COP 17, em Durban –, mas seu tônus político coletivo: pela primeira vez, praticamente todos os países apresentarem NDCs com suas metas (por mais capengas que fossem), se comprometendo com algum tipo de esforço de redução, absoluta ou relativa, da emissão de gases de efeito estufa. Esboçou-se ainda, não de forma explícita, a ideia de um futuro de baixo carbono. Desenharam-se as grandes linhas de um ferramental para se chegar lá.

Foi na Conferência de Paris que conseguimos finalmente emplacar, no Acordo de Paris, a nossa frase, abrindo caminho para a precificação positiva do menos-carbono. Everton conseguiu inicialmente o apoio do Grupo G77+China. Houve idas e vindas com os norte-americanos e os europeus, mas, enfim, emplacamos o que seria o Parágrafo 108 da Decisão de Paris, o preâmbulo do Acordo, que diz: "[O Acordo] *reconhece*

---

71. Ver LEVIN, Kelly, e FRANSEN, Taryn: "Why Are iNDC Studies Reaching Different Temperature Estimates?", World Resources Institute. 9 nov. 2015. Disponível em wri. org/blog/2015/11/insider-why-are-indc-studies-reaching-different-temperature-estimates.
72. Uma leitura importante, conquanto apavorante, é *The Uninhabitable Earth, a story of the future*, de David Wallace-Wells, pubicado em 2019 pela Penguin Books.
73. Ver UNEP (2018). "The Emissions Gap Report 2018". United Nations Environment Programme. Disponível em unenvironment.org/resources/emissions-gap-report-2018.

o valor social, econômico e ambiental das ações de mitigação voluntárias e seus cobenefícios para a adaptação, a saúde e o desenvolvimento sustentável." Foi um momento de euforia. Agora, a noção de que ações de mitigação, ou seja, a produção do menos-carbono, possuía, além de valor social e ambiental, valor econômico, foi o primeiro pequeno passo na direção de uma revolução cultural-financeira. Cento e noventa e seis países reconheceram, em tese, que menos-carbono = grana.

Novas geometrias de negociação

É preciso entender que o Acordo de Paris foi um ponto de partida, não de chegada. Um degrau. Ainda conduz ao inferno, embora avance em relação à situação anterior e indique um caminho para o esforço coletivo, adicional, que possa abrir aos nossos filhos, netos e bisnetos as portas do purgatório. Precisaria ser imediatamente seguido por passos subsequentes que ele próprio prevê e criar aquilo que, em inglês, se define como *the momentum,* a hora e a vez da virada. No ano seguinte, no entanto, em um hotel no deserto de Uarzazate, percebi chegando um *momentum*, só que em sentido contrário...

A verdade é que o processo da UNFCCC não possui o conjunto das chaves para "a solução" da crise climática; constitui apenas um elo de uma cadeia de elementos. Ele depende do consenso de 196 governos, incluindo alguns integrados por negacionistas climáticos e outros que atribuem um peso muito maior às considerações geopolíticas e comerciais do que à crise climática. A negociação dos 196 governos é conduzida por diplomatas calejados, que convivem uns com os outros há décadas e se comunicam em idioma onuês. Parecem velhos casais que a cada ano repetem suas recriminações. É também um processo político, midiático e cultural planetário envolvendo dezenas de chefes de Estado, centenas de ministros e altos funcionários governamentais, milhares de ativistas de ONGs, centenas de executivos de empresas e milhares de jornalistas. Suscita um processo de discussão e informação pela mídia convencional, de TV, rádio e imprensa, e pelas redes sociais que acaba de alguma forma chegando a bilhões de pessoas em todo o planeta, todo final de ano. Cada COP é um processo cultural cumulativo, multiplicador. É possivelmente seu atributo mais positivo.

O tom da cobertura de mídia e seu repique nas redes sociais reflete o sentimento da sociedade civil global: cético, irritado, pois o que sobressai é a insuficiência, a falta de sentido de urgência, o aparente acomodamento desses negociadores profissionais, forjados no toma lá dá cá das rodadas comerciais e orientados por uma mentalidade de interesse nacional quando o que faz falta é um sentimento de "poxa, estamos todos no mesmo barco". As COP são, simultaneamente, uma negociação climática segmentada em dezenas de instâncias de negociação específicas paralelas – os *tracks* –, sucessivas trincheiras do enfrentamento geopolítico em árdua busca de um consenso que obviamente refletirá em um mínimo denominador comum.

No entanto, para alcançar o paradigma de 2ºC por 450 ppm, não seriam necessários que 196 países cortassem suas emissões significativamente. Bastaria que um grupo de grandes economias o fizesse. Os maiores emissores vêm sendo a China,[74] os Estados Unidos,[75] a União Europeia,[76] a Índia[77] e, com pequenas variações ano a ano, no segun-

---

74. A China emitiu 9,8 Gt em 2017, correspondendo a 28% das emissões globais. Ao anunciar em 2015 sua iNDC com vistas à COP 21, o país que é o maior emissor não contemplou cortes de emissões no agregado. Seu compromisso foi uma redução de 60% a 65% da intensidade de carbono por ponto percentual do PIB até 2030, ano-base 2005. Assumiu também o compromisso de iniciar reduções no agregado a partir de um pico de emissões que dar-se-ia, ao mais tardar, em 2030. Estima-se que possa ocorrer antes.

75. Os Estados Unidos emitiram 6,4 Gt em 2017, correspondendo a 15% das emissões globais. Sua NDC prevê uma redução no agregado de 26% a 28% até 2025, ano-base 2005. Estimativas extraoficiais para o ano de 2019 indicam, apesar de Trump, uma redução de 1,7% dos gases de efeito estufa (Steve Mufsow, *The Washington Post*), chamando atenção especial para a contínua debacle do carvão, apesar dos esforços de Trump: uma queda de 18% na geração elétrica de suas usinas. (Drew Fromm, *CNN*). Isso acontece apesar do aumento de emissões de CO_2 nos transportes e do metano fugitivo na indústria de petróleo e gás.

76. A União Europeia emitiu 4,3 Gt em 2017, 1,3 Gt abaixo daquelas de 1990, ano-base para suas metas previstas a partir do Acordo de Quioto. Sua NDC é de menos 40% até 2030, ano-base 1990. Há um avanço político em relação à apresentação de uma meta mais ambiciosa em 2020, mas persistem problemas em relação a alguns de seus países mais atrasados, como a Polônia, muito dependente do carvão. A Alemanha, apesar do seu grande avanço tecnológico e pujança econômica, não cumpriu suas NAMAs para 2020. Sua decisão de descomissionamento de suas usinas nucleares até 2022 prorrogou o uso do carvão; sua útima usina será fechada em 2038.

77. A India emitiu 2,3 Gt em 2017. Segundo país mais populoso do planeta e o quarto maior emissor (terceiro, se considerarmos os países da União Europeia separadamente), com 7% das emissões globais, A NDC da Índia define um compromisso de redução de 33% a 35% da intensidade de carbono por ponto percentual do PIB até 2030, ano-base 2005, sem compromisso de um pico de emissões. Suas emissões tiveram um aumento estimado de 8% em 2018 e 1,8% em 2019.

271

do pelotão, a Rússia,[78] a Indonésia,[79] o Brasil,[80] o Japão,[81] o Canadá[82] e o México.[83] Isso passa a ser importante quando pensamos em "fechar a conta" para além do que todos se comprometeram nas respectivas NDCs. A China, os Estados Unidos e a União Europeia representam pouco menos de 60% das emissões. Falo em mais detalhes das NDCs dos vários países no anexo ao final do livro.

Há, ainda, um percentual de emissões crescente, hoje perto de 2%, proveniente do transporte aéreo internacional que está fora da negociação da UNFCCC. Avalia-se que ele poderá aumentar consideravelmente até 2040, quando se espera ter disponíveis tecnologias que passem a reduzir as suas emissões no agregado. Hoje já temos o bioquerosene de aviação, e o Brasil está muito bem posicionado para se inserir nesse mercado se investir pesado nele. A ICAO, que representa a aviação civil globalizada, já deliberou congelar suas emissões em 2020 e fazer o *offset* das emissões adicionais futuras pagando a redução em outras áreas. É uma decisão que causou desconforto entre os países em desenvolvimento, tendo a China se retirado do acordo. O transporte marítimo, mais

---

78. A Rússia emitiu 1,5 Gt em 2017, e sua participação nas emissões globais se aproxima de 4%. Sua NDC aponta para uma redução de 25% a 30% até 2030, ano-base 1990, o que, se considerarmos a dissolução da URSS e a profunda recessão ocorrida nos anos noventa, não implica em uma real redução. Se considerado o nível de emissões de 2010, temos aí um aumento de 18% a 26%.

79. A Indonésia não possui estimativas recentes confiáveis. Emitiu 2,4 Gt em 2014. Desses 1,7 Gt (1,6 Gt exatos) provinham de florestas/uso da terra. Estima-se que essas emissões aumentaram nos últimos anos por causa do aumento do desmatamento e das queimadas. O resto das emissões provém da queima de combustíveis fósseis, sobretudo carvão para geração elétrica. Sua NDC é de desvio de curva e projetam uma redução de 29% contra uma aumento estimado, podendo ir a 41% condicionada a financiamentos. Foi estimada uma emissão *business as usual* (BaU) de 2,9 Gt em 2030. A NDC da Indonésia, diferente da do Brasil, não indica metas específicas para desmatamento, sua maior fonte de emissão, nem para preservação de florestas tropicais e manguezais.

80. O Brasil teve em 2017 emissões líquidas de 1,4 Gt e brutas (sem sequestro de carbono florestal) de 1,9 Gt, que se mantiveram estáveis em 2018. Sua NDC prevê uma redução de emissões no agregado de 38% até 2025 e de 30% até 2030, ano-base 2005.

81. O Japão emitiu 1.4 Gt em 2017. Sua NDC prevê uma redução de 26% em relação ao ano-base 2013.

82. O Canadá emitiu 716 Mt em 2017. Sua NDC é uma redução de 30% até 2030, ano-base 2005.

83. O México emitiu 699 Mt em 2015. Sua NDC é de desvio de curva: menos 25% na intensidade de carbono por ponto percentual do PIB até 2030, ano-base 2013. Coloca também uma meta condicional de 40% sujeita a acordos globais que incluam precificação internacional de carbono, ajuste transfronteiriço de carbono, cooperação técnica, acesso a recursos financeiros de baixo custo e transferência tecnológica.

atrasado, decidiu reduzir em 50% suas emissões.[84] São processos fora da UNFCCC, mas relevantes para seus objetivos.

Fala-se muito das emissões dos países, mas, na verdade, elas não são exatamente dos Estados nacionais – a não ser nos casos das suas empresas estatais. Provêm das empresas privadas, dos conglomerados humanos e dos consumidores dentro dos países, o que não é bem a mesma coisa. O controle dos governos é relativo. Governos são responsáveis, em última análise, pelas emissões que acontecem nos territórios sob sua soberania, mas sua capacidade de impor essas reduções de forma drástica e expedita a terceiros (empresas, concessionárias de energia, milhões de automobilistas, agricultores, consumidores, desmatadores) depende de uma série de fatores políticos, autoridade, adesão, governança (qualidade de funcionamento do governo) e governabilidade (habilidade de um governo de fazer valer suas políticas públicas naquela sociedade). Mesmo naqueles países onde a economia ainda é em boa parte estatizada e o poder é autoritário, como no caso da China, o governo central já não controla tudo e, para implementar suas políticas, passa por relações complicadas com governos de províncias e conglomerados privados, tudo permeado por diferentes instâncias do Partido.

No mundo real, não se pode imaginar que os governos, por si mesmos, consigam solucionar o problema. Há empresas que emitem mais GEE que muitos países juntos.[85] Elas precisam ser diretamente engajadas e cobradas. Para tanto, devem estar dentro de foros empresariais[86] de descarbonização – diversos já existem – que estejam associados, por sua vez, ao processo negociador. O mesmo ocorre com governos subnacionais e prefeituras de megacidades ou de regiões metropolitanas de grandes conglomerados urbanos.

---

84. Ver "Low carbon shipping and air pollution control", International Maritime Organization. Disponível em imo.org/en/MediaCentre/HotTopics/GHG/Pages/default. aspx?utm%255Fsource=MTBlog&utm%255Fcampaign=Blog&utm%255Fcontent=.
85. Ver DEAN, Signe. "These 100 Companies Are to Blame For 71% of The World's Greenhouse Gas Emissions". *Science Alert*, 11 jul. 2017. Disponível em sciencealert.com/ these-100-companies-are-to-blame-for-71-of-the-world-s-greenhouse-gas-emissions.
86. Ver, por exemplo, World Business Council for Sustainable Development – Program areas: Climate & Energy. Disponível em wbcsd.org/Programs/Climate-and-Energy.

DIREITA, VOLVER

O falso pico

Quando visitei Bonn pela primeira vez, nos anos oitenta, ela era capital da então Alemanha Ocidental. Como presidente do Partido Verde brasileiro, ia ao QG dos *Grunnen*, os verdes alemães. Meu principal interlocutor era Jürgen Mayer, um loiro magro, compridão, barbudo e prematuramente careca, o encarregado das relações internacionais. Era da ala dos *realos* (os realistas), mais palatáveis que os *fundis* (os fundamentalistas), com os quais travara conhecimento em 1987 em uma reunião dos verdes americanos ainda em formação em Amherst, na Nova Inglaterra. Conheci a porta-voz dos verdes, Jutta Ditfurth, com o seu namorado, Manfred. Eram figuras típicas de ultraesquerda, superarrogantes, sua agenda muito mais vermelha que verde. Ambos logo deixariam os verdes, que acabariam sob controle dos *realos,* à época dirigidos por Joschka Fischer, que viria a ser um notável ministro das Relações Exteriores na coalizão com os social-democratas no governo de Gerhard Schröder.

Os verdes alemães foram os mais bem-sucedidos de uma família política internacional que teve o mérito inegável de ter colocado a questão ambiental na agenda política, mas uma gigantesca dificuldade para chegar ao governo e governar. Ainda assim, deram valiosas contribuições em muitos países em âmbito local e, em alguns, nacional. Na Europa, conheceram um refluxo com a questão ambiental consagrada ao largo de praticamente todo o espectro político, da esquerda para à direita. Estão voltando a ter relevância em um quadro político marcado por decadência da social-democracia, crise da centro-direita e ascensão do populismo antissistema e dos extremos, sobretudo à direita. Se o rebote dos verdes ocorrer no Velho Continente de novo, iniciar-se-á pela Alemanha, onde criaram raízes profundas e estão sensibilizando a juventude.

Daquela primeira visita a Bonn, lembro-me da estação de trem Hauptbahnhof, do diminuto e charmoso centro, de uma área de pedestres e comércio às margens do Reno onde fazia meu jogging, dos bondes, do velho hotel Bristol, de seu jeito quase provinciano. Fora ungida capital federal por ser a cidade de Konrad Adenauer, primeiro-ministro da era da reconstrução. Logo que a Alemanha se reunificou, a capital voltou a ser Berlim. Para que Bonn não desparecesse do mapa político internacional, a Alemanha conseguiu com a ONU que a UNFCCC, criada na Rio-92, fosse ali sediada, para tédio e desespero de seus burocratas. Faria muito mais sentido ela ficar baseada em Genebra, onde há escritórios permanentes dos países-membros da ONU, o que permitiria negociações ao longo de todo o ano, não apenas um processo concentrado em duas reuniões preparatórias em Bonn e uma conferência no final do ano, quase sempre em dezembro, em uma cidade quente pra chuchu, tipo Bali, ou fria pra cacete, como Katowice.

Em 2017, eu estava de volta à Bonn, na COP 23, que era presidida pelas Ilhas Fiji mas acabou sendo realizada na Alemanha por motivos logísticos. Foi enfadonha e, no quesito organização, despertou saudades da exótica Marrakech, sede no ano anterior. Há conferências onde se sente um pequeno progresso palpável, aquém do necessário, mas progresso, afinal. Nem sempre vem do processo negociador, mas frequentemente de algum avanço político em um país importante ou um registro de redução de emissões global ou nacional. Aquela foi uma COP procedimental para esmiuçar a aplicação do Acordo de Paris, o manual de implementação de suas regras e mais uma discussão de como discutir. Naquele ano, o contexto político e científico internacional produziu más notícias que reverberaram dentro da COP.

Vínhamos acompanhando com interesse a hipótese de as emissões por queima de combustível fóssil terem atingido o seu "pico" em 2013, já que permaneceram estáveis – e até com uma ligeira queda em 2014, 2015 e 2016. Apesar de serem anos com um aumento do PIB global próximo dos 3%, pela primeira vez as emissões de CO_2, do setor de energia, diminuíram ligeiramente. Já havíamos tido, no passado, anos de redução de emissões mundiais, mas sempre em períodos globalmente recessivos: em 1980, 1991-1992 (colapso econômico da ex-URSS) e 2008 (crise financeira internacional). Era a primeira vez que isso acontecia em anos não recessivos.

Em 2014, a economia mundial crescera 3%, mas as emissões de CO_2 haviam sido ligeiramente inferiores às do ano anterior. Parte disso se deveu à redução da queima do carvão na produção de energia da China em 2,9%. Isso foi ainda mais relevante se considerarmos que o PIB da China naquele ano ainda crescera 7,4%. (No período anterior, enquanto o PIB chinês caía de 11% para 7%, as emissões de CO_2 haviam continuado a subir regularmente.) A mesma diminuição se repetiu globalmente em 2015 e 2016, com uma queda na queima de carvão na China e nos Estados Unidos graças a um aumento do uso de gás, energia eólica, energia solar e eficiência energética.

Essas pequenas porém auspiciosas reduções provenientes do setor de energia da China e Estados Unidos, os dois maiores países emissores, no período 2014-2016, foram em parte contrabalanceados por aparentes aumentos ainda não identificados de gás metano e, sobretudo, pela ocorrência, nesse mesmo período, de queimadas gigantescas na Indonésia e de um o repique de desmatamento no Brasil.

Na COP 23, veio o banho de água fria: os cientistas do Carbon Budget Project anunciaram uma projeção de aumento de 2% das emissões em 2017, resultante principalmente de a China ter recorrido mais ao uso de usinas a carvão em função de uma estiagem que prejudicou sua geração hidrelétrica. Em 2018 a tendência piorou.[87]

Não obstante, há ainda uma expectativa entre os cientistas de que estejamos nos aproximando do momento em que as emissões globais atingirão, de fato, seu pico e iniciarão sua queda. A esperança é que isso se dê antes de 2030. Para tanto, teria que haver não apenas uma redução no setor de energia na queima de combustíveis fósseis, mas também nas emissões por uso da terra (desmatamento, sobretudo) e do metano associado às chamadas "emissões fugitivas" da indústria do petróleo e gás.

Aqui surge, no entanto, uma outra questão: a da dicotomia entre emissões estatísticas e aquelas emissões reais, fisicamente medidas, na atmosfera. As primeiras se baseiam em um somatório dos relatórios que os governos-membros da UNFCCC apresentam com suas estimativas e/ou inventários nas chamadas "comunicações nacionais" e que podem não coincidir com uma medição equivalente do acúmulo de ppm de CO_2 na atmosfera realizada por aquelas diversas estações do tipo que há em Mauna Loa, no Havaí.[88]

Esse descompasso pode ter sido causado pelos aumentos de emissões

---

87. No final de 2018, foram divulgadas projeções que mostravam que as emissões de CO_2 cresceriam cerca de 2,7% no total do ano, atingindo 37,1 Gt. Ver LE QUÉRÉ *et al.* "Global Carbon Budget 2018", *Earth System Science Data*, 10, pp. 2.141-2.194. Disponível em earth-syst-sci-data.net/10/2141/2018. Ver também a apresentação com dados compilados desta publicação no site globalcarbonproject.org, Global Carbon Budget Archive, 2018.
88. Idem.

por mudanças no uso da terra, inclusive por emissões tidas como naturais – como as da Floresta Amazônica nas secas de 2005 e 2010 –, pela perda da capacidade de absorção de carbono dos oceanos e florestas ou, pior, pela liberação de metano do *permafrost* siberiano. Essas emissões "naturais" – que incluem arrozais – e a redução na capacidade de absorção natural de carbono não integram as estatísticas compiladas partir das comunicações nacionais.

Por isso, na realidade, o pico só poderá realmente ser considerado tal, na vida real, quando, para além desses números provenientes dos governos, for detectada também uma redução relativa na progressão anual da concentração de ppm na atmosfera.

Tudo isso ainda é tecnicamente muito complexo, porque essas medições apresentam uma variação por região e época do ano, que têm a ver com a capacidade de absorção, sobretudo, dos oceanos. Evidentemente, mesmo quando se atingir um pico, a concentração continuará se acumulando e crescendo, apenas em progressão decrescente.

Tivemos naquela COP 23 a presença e o ativismo de uma afinada dupla de ex-governadores da Califórnia: o democrata Jerry Brown e seu antecessor, o republicano Arnold Schwarzenegger. Estrelaram numerosos eventos em representação do que eu chamava de U(d)SA: United Decarbonizing States of America, e que formam a quinta economia do mundo. Brown negociava diretamente com a China, agitava incessantemente as plateias, mas deixava transparecer certa angústia. No evento da International Renewable Energy Agency (IRENA) de que participei, mencionou o "duelo entre o pessimismo do intelecto e o otimismo do coração, de um pensador que não vou aqui mencionar". Referia-se evidentemente ao filósofo italiano Antonio Gramsci, que, por prudência, não nominou, possivelmente para não ser acusado de comunista pelos republicanos.

O fato mais relevante foi o lançamento do documento *Diálogo de Talanoa*, proposto pela presidência das Ilhas Fiji, que propiciava uma clarificação em relação às NDCs dos diversos países e suas consequências sobre a trajetória de aumento da temperatura no planeta, estimulando uma compatibilização entre o processo científico do IPCC e os compromissos políticos assumidos pelos governos signatários do Acordo de Paris. Estimulava mais ambição para fazer frente ao déficit de 12 Gt, que persistirá mesmo com o cumprimento integral das NDCs frente ao necessário para uma trajetória de emissões globais compatível com 2ºC.

O clima da COP 23 era meio deprê, e sua surpreendente má organização para os padrões alemães não ajudava muito. Distâncias enormes, sinalização confusa acarretando em perda de tempo. No último dia, ocorreu um incidente diplomático surrealista no processo de escolha do país para a COP 25, que deveria ser em algum da América Latina ou do Caribe. O Brasil logo conseguiu apoio para sediar a COP 25. A sugestão inicial foi do Carlos Rittl, do Observatório do Clima, ao ministro Zequinha Sarney. Curiosamente, o país da Rio-92, onde a UNFCCC foi lançada, nunca sediara uma COP. Essa seria uma decisão a cargo do GRULAC (Grupo de Países da América Latina e Caribe, da ONU). A articulação inicial foi rápida e bem-sucedida. As delegações latino-americanas e caribenhas, informalmente consultadas, vinham manifestando seu acordo. Faltava um detalhe: a indicação devia ser unânime, e esqueceram de "combinar com os russos", quer dizer, com a delegação venezuelana de Nicolás Maduro.

O representante do Paraguai, entusiasmado (uma das hipóteses era fazer a COP 25 em Foz do Iguaçu, onde seria praticamente um evento trinacional junto com Paraguai e Argentina), acabou anunciando o Brasil como sede da COP 25 sem uma decisão formal. Chegou a ser divulgado para o mundo no site da UNFCCC. Aí a Venezuela estrilou: nenhuma decisão formal fora tomada pelo GRULAC e eles anunciaram veto ao Brasil. Armou-se o fudevu da caçarola.

Esse problema da sede da COP 25 se estenderia por meses. Finalmente, quando a Venezuela foi neutralizada e o Brasil, prestes a ser proclamado país-sede da Conferência de 2019, o novo presidente eleito, Jair Bolsonaro, informou a Michel Temer que não aceitava a Conferência no Brasil. Para o novo ministro indicado para o Itamaraty, Ernesto Araújo, a mudança climática não passava de um complô marxista. Logo que foi informado, o presidente do Chile, Sebastián Piñera (de direita) ficou exultante e se articulou. Rapidamente venceu a disputa com a Costa Rica, a outra candidata, e substituiu o Brasil. Havia, no entanto, uma caveira de burro enterrada no caminho de Santiago. O Chile entrou em ebulição social, e a conferência, que finalmente ocorreria em Madrid, seria um retumbante fracasso.

O suspense político inicial daquela COP em Bonn se deveu à atitude do governo norte-americano, já que a administração Trump anunciara sua decisão de "sair do Acordo de Paris". Na verdade, pelas disposições legais, isso só poderia ser formalizado em 2020. Iriam os americanos, até lá, adotar alguma postura obstrucionista, coerente com o menosprezo expresso por Donald Trump para com a UNFCCC? Em Bonn, pelo menos, não ocorreu. Adotavam um comportamento discreto, quase fantasmagórico, mas não obstrucionista. Alguns representantes norte-americanos do setor fóssil organizaram um *side event* quase à revelia da delegação oficial, mas não houve atitudes de polarização aberta da nova administração republicana.

Trump e Scott Pruitt haviam se esmerado em desmantelar todo o arcabouço regulatório criado por Obama via EPA, mas não conseguiram fazer avançar sua principal promessa na área de energia: relançar o carvão. A razão não era a suposta *war on coal* (guerra contra o carvão) dos democratas, mas o que, em outro contexto, o democrata James Carville, marqueteiro da primeira campanha de Bill Clinton, havia escrito na parede: "*It's the economy, stupid*" ("É a economia, bobalhão").

A crise do carvão nos Estados Unidos se deu menos pelas restrições ambientais impostas no governo de Barack Obama e mais por um fato econômico bem objetivo: a concorrência implacável do *shale gas,* o gás de folhelho, que tornou-se muito competitivo. Isso beneficiou a indústria de petróleo e gás, não menos republicana e muito mais poderosa que a do carvão. Por outro lado, em diversos estados, inclusive vários governados por republicanos, a geração eólica e, secundariamente, a solar, tornaram-se importantes para a economia local. Trump era incapaz de reverter essa situação e reinstalar o "rei carvão", que hoje gera menos de metade dos empregos do solar. Em 2017 e 2018, apesar de Trump, o consumo de carvão nos Estados Unidos continuou caindo.[89]

O setor de energia solar sozinho estava criando o dobro dos empregos que o do carvão,[90] e mesmo subsídios governamentais não mudarão essa realidade, pois os recursos irão para uma maior automação e, eventualmente, para a CCS (*carbon capture and storage,* ou captura e armazenamento de carbono). Em 2016, o setor de carvão empregava 160 mil (54 mil na mineração), e o solar, 373 mil. A prometida volta ao "rei carvão" dos séculos XIX e XX, nos Estados Unidos, é tão improvável quanto do Ford bigode e da Maria Fumaça.

---

89. Ver "Mine Safety and Health Administration, Form 7000-2, 'Quarterly Mine Employment and Coal Production Report". Disponível em www.msha.gov/support-resources/forms-online-filing/2015/04/15/quarterly-mine-employment-and-coal-production. Produção de carvão nos Estados Unidos em 2016: (último ano de Obama) 7,2 milhões de toneladas. Em 2019, 5,4 milhões de toneladas. Fonte: U.S. Department of Labor.

90. Ver ECKHOUSE, Brian. "Solar Beats Coal on U.S. Jobs: The industry put twice as many people to work last year than its fossil-fuel counterpart". *Bloomberg Businessweek*, 16 mai. 2018.Disponível em bloomberg.com/news/articles/2018-05-16/solar-beats-coal-on-u-s-jobs.

Dany e Macron

Estou na cozinha confortável da casa de meu amigo Daniel Cohn-Bendit, em Frankfurt. É abril de 2015. Venho de uma viagem a Bonn, aquela da reunião preparatória para a COP 21, quando inserimos no *draft* do Acordo de Paris a frase sobre precificação positiva do menos-carbono. Sou amigo do Dany desde 1987, quando ele passou pelo Brasil para entrevistar o Gabeira e eu para seu livro *Nous l'avons tant aimée, la révolution* (Nós que tanto amávamos a revolução) em comemoração aos vinte anos de 1968. Fazia tempo... Passamos a nos encontrar com alguma frequência em Frankfurt, onde mora, Paris, Bruxelas e no Rio, que visitava com certa frequência. A última tinha sido naquela malfadada Copa do Mundo de 2014...

Voltando de Bonn, resolvi passar um dia com ele em Frankfurt. Estamos batendo papo na mesa da cozinha, seu local favorito. Seu celular toca. Dany atende e inicia animada conversa em francês com um interlocutor que parece ouvir atentamente suas análises e conselhos. Presto atenção intermitente: falam de crise econômica, imigração, guerra civil na Síria, ecologia e política francesa. Quando desliga, Dany me diz: "Olha só. Esse cara é interessante, Emmanuel Macron, ministro da Economia. Deve sair em breve do governo. Tenho a impressão de que ele sonha se candidatar para presidente. É jovem, atento à questão ambiental e climática, vive antenado em ideias novas. Ninguém dá nada por ele no Partido Socialista. Não deve disputar dentro do partido, mas por fora, como um outsider. Audacioso, o rapaz. Gosto dele. Volta e meia me telefona para trocar ideias. A esquerda e os verdes o detestam, mas, cá entre nós, eu acho o cara interessante."

Foi assim que também comecei a prestar atenção no Emmanuel Macron, um jovem assessor de Hollande, vindo do setor financeiro, do Banco Rothschild, que assumira o ministério da Economia no gabinete de Manuel Valls. Os analistas políticos o consideravam um *enfant gaté*, um peso-pluma, buscando um espaço político ao centro que nunca prosperara na França. Inacreditavelmente pretensioso, ideologicamente camaleônico e, qual Brutus, disposto a apunhalar o "pai" político, François Hollande. Em suma, um frangote ingrato sem chance alguma. Pois é...

Emmanuel Macron, que já naquela época estava no radar de Dany, viria a ser protagonista de um feito político de fato extraordinário ao vencer no primeiro turno e triunfar no segundo, por ampla margem, depois de ter trucidado no debate de TV a candidata da extrema-direita, Marine Le Pen, hiperagressiva, fazendo retroceder a

283

onda fascistoide que se avolumava desde o Brexit e a eleição surpresa de Donald Trump.

Em dezembro de 2017, junto a Zequinha Sarney, o embaixador José Antônio Marcondes e o Everton Lucero, fui à reunião de cúpula do clima que Macron convocou: *One Planet*. Para os acostumados às conferências do clima da ONU, o evento de Emmanuel Macron era nível "plim-plim": um ambiente Projac, com uma câmera de grua buscando sofregamente o melhor ângulo do seu perfil gaulês e *travellings* sobre a diversificada plateia. Todo o fundo do palco era constituído por um telão de altíssima definição, e as bancadas dos chefes de Estado, dispostas como num estúdio de TV. Decididamente Macron queria comunicar. Sua mensagem era de urgência: "Estamos perdendo a corrida para as mudanças climáticas! Este é o desafio da nossa geração: ganhar a batalha contra o tempo!"

O afã de ocupar o espaço vazio de Barack Obama, acintosamente abandonado por Donald Trump, se evidenciou pelo papel oferecido aos personagens insurgentes norte-americanos: o governador da Califórnia, Jerry Brown, o ex-governador Arnold Schwarzenegger, o ex-secretário de Estado, John Kerry, o financista e ex-prefeito de Nova York, Michael Bloomberg e o fundador da Microsoft, Bill Gates.

Aquele primeiro *One Planet* ficou algo aquém da pretensão anunciada de uma cúpula de chefes de Estado: a China enviou a vice-primeira-ministra, Liu Yandong (para além do eterno "Mr. Clima", Xie Zhenhua). A Índia, o Brasil, o Canadá e a Alemanha foram representados por ministros. A ausência mais notada foi da chanceler Angela Merkel, a grande parceira política de Macron na Europa, às voltas com uma difícil negociação para formar maioria parlamentar e, segundo as más línguas, não querendo botar muita azeitona naquela empada. Mandou a ministra do Meio Ambiente, Barbara Hendricks. Macron fez questão de dividir a presidência com o secretário-geral da ONU, António Guterres, e o presidente do Banco Mundial, Jim Yong Kim, sóbrios e circunspectos. Os chefes de Estado mais visíveis foram o rei do Marrocos, Mohammed VI, e o presidente Peña Nieto, do México, o papagaio de pirata mor do evento. Nieto, já naquele momento muito impopular em casa, acabou virando a referência de clima da América Latina no evento, muito embora o México, na prática, fizesse bem menos que o Brasil. Ele era bom no marketing da coisa.

One Planet foi um talk show climático com governantes, iniciativa privada e personalidades midiáticas. Algo evidentemente complementar ao processo de negociação climática da UNFCCC, mas que procurava fazer avançar onde ela sistematicamente empacou: o financiamento da descarbonização. Como juntar os tais 3,5 a 5 trilhões/ano de dólares em investimentos necessários para descarbonizar as economias e atingir o *net zero* na segunda parte do século?

Não se pode dizer que o *One Planet* tenha aportado as grandes respostas, mas acrescentou alguns elementos interessantes. O Banco Mundial anunciou que iria precificar o carbono a quarenta dólares em suas operações a tonelada. Foi anunciada, sem detalhes, uma articulação entre bancos de desenvolvimento e outra entre fundos soberanos para financiar a descarbonização – segundo tudo indica, garantias para a atração de grandes investimentos do setor financeiro internacional, propiciando juros baixos. Foram reforçadas certas articulações e compromissos já em curso, como o do abandono do carvão e a aliança solar protagonizada pela França e pela Índia. Oito estados norte-americanos ali firmaram uma aliança pela eletrificação automotiva. A China e o México anunciaram (algo requintadamente) seus mercados nacionais de carbono com articulação subnacional/internacional. A adaptação, frequentemente deixada em segundo plano, mereceu destaque com dois painéis dedicados a ela e anúncios de financiamento com cifras explícitas para países da África e do Caribe.

Em outros tópicos, houve um recuo de última hora, como na articulação para uma espécie de fundo garantidor público internacional para viabilizar financiamento para programas e projetos, em condições AAA, ao juro mais baixo e a maior carência disponível. O recuo temporário se deveu à necessidade de "combinar com os alemães" e a dúvidas sobre como poderia ser estruturado sem criar uma nova burocracia. Isso também prejudicou os avanços que eu tramava com meus amigos Jean-Charles Hourcade e Baptiste Parissin-Fabert, este último no governo, em relação à nossa proposta de precificação positiva do menos-carbono.

Em quase todas as intervenções que trataram da questão do financiamento prevaleceu o raciocínio de que a forma de atrair os trilhões necessários se daria mediante uma articulação de garantias públicas com recursos provenientes do setor financeiro privado, onde está a maior reserva de dinheiro do planeta. Mas essas foram conversas de bastidores, que não couberam no formato televisivo do evento. De qualquer modo, ele consagrou algo que eu vinha defendendo desde o Rio Clima de 2012: novos formatos de articulação climática internacional com chefes de Estado, empresas, governos subnacionais e personalidades da cultura e da mídia, juntos e misturados.

No ano seguinte, *One Planet* realizou seu segundo encontro, em Nova York, à margem da reunião da Assembleia Geral da ONU, com uma pompa e escala bem menor que a inaugural, em Paris, embora, na verdade, tenha acabado sendo mais qualificado. Ao promovê-lo, Macron optou por reduzir o impacto de mídia do evento, que ficou sendo mais um da Semana do Clima de Nova York, que coincide com a Assembleia Geral da ONU, disputando espaço com dezenas de reuniões, debates e performances variadas. Promoveu, no entanto, uma dinâmica mais interativa, com mesas de debate.

Recebi um convite por e-mail firmado pelo próprio Macron. Apenas dois brasileiros, Leontino Balbo, da Native, e eu fomos convidados. Assisti com interesse a debates entre personagens muito influentes. O evento trouxe, mais uma vez, um *mix* de grandes tomadores de decisão provenientes de governos, corporações privadas, personalidades de grande influência, cientistas e personalidades "na crista da onda".

Duas dessas eram a Jacinda Ardern, charmosa primeira-ministra da Nova Zelândia – que foi à Assembleia Geral da ONU com seu bebê de três meses –, e a da Noruega, Erna Solberg. Lá estavam também o primeiro-ministro da Espanha, o socialista Pedro Sánchez, o presidente da Finlândia, Sauli Niinistö, o presidente do Banco Mundial, Jim Yong Kim, a diretora-geral do FMI, Christine Lagarde, e o presidente do Banco Central do Reino Unido, Mark Carney, um dos poucos banqueiros centrais genuinamente interessados na questão climática. A China mandou seu vice-ministro das Relações Exteriores, o muito articulado Zhang Jun.

As participações mais significativas foram de algumas figuras da iniciativa privada global capazes de influir muito independentemente dos acordos diplomáticos. Em particular, Ruth Porat, vice-presidente e diretora financeira da Google/Alphabet, que apresentou ferramentas de inteligência artificial a serviço de centros urbanos e indústrias para orientar e monitorar sua descarbonizacão e suas estratégias de adaptação às mudanças climáticas, e Larry Fink, o CEO da BlackRock, a maior gestora de fundos do planeta, que movimenta trilhões de dólares em investimentos financeiros de fundos de pensão e bancos. Do seu discurso fazia parte um pedido ao FMI, Banco Mundial e governos para que os ajudassem a criar algoritmos capazes de incorporar o risco climático aos investimentos. Era certamente uma notícia não muito alvissareira para a turma dos combustíveis fósseis, ali representada por sua ala mais moderna na figura do diretor de gestão do fundo público de investimento da Arábia Saudita, Yasir Othman Al-Rumayyan.

Yasir provocou um silêncio glacial e caretas da mediadora de seu painel, a Christine Lagarde, do FMI, quando tentou malabaristicamente conciliar um "novo ciclo de petróleo" com uma notável expansão das "energias eólica, solar e da capacidade de baterias". No entanto, a simples presença da Arábia Saudita nessa discussão foi positiva do ponto de vista evolutivo. Um participante ao meu lado lembrou o velho dito beduíno: "Melhor tê-los na tenda mijando para fora que fora da tenda mijando para dentro."

O chefe executivo da Unilever, Paul Polman, fez uma intervenção emotiva sobre a necessidade das empresas, todas, de inventariarem e divulgarem suas emissões. Outros figurões já eram praticamente arroz de festa: Michael Bloomberg, Bill Gates, Patricia Espinosa (da UNFCCC) e Arianna Huffington. Kim, do Banco Mundial, anunciou um aumento do financiamento para pesquisa e fomento do armazenamento de energia. A NantEnergy, do bilionário californiano Patrick Soon-Shiong, anunciou um novo tipo de bateria que opera a zinco e ar com custos muito menores do que o lítio, atualmente mais utilizado. O equipamento vinha sendo testado em aldeias isoladas da África, combinado a energia solar e eólica. Seguindo o notável sucesso dos painéis solares do sistema fotovoltaico, chegava a hora de baixar drasticamente o custo das baterias.

Logo, no entanto, veio o banho de água fria, ou, se preferirmos, o eletrochoque, por conta do professor Johan Rockström, do *Podstam Institute for Climate Impact Research*. Ele focou nos *feedbacks*, os temidos mecanismos retroalimentadores do aquecimento global, as consequências em círculo vicioso. Traçou um quadro apavorante da queda da capacidade de absorção de carbono por parte de oceanos e florestas, os grandes "sumidouros" naturais de carbono, e identificou em 2ºC o limite para evitar que esse processo de *feedbacks* venha a se tornar exponencialmente irreversível. "Estamos perdendo a corrida", frisou com seu forte sotaque alemão que dava mais dramaticidade ao mau agouro.

Emmanuel Macron fez sua amarração final com um discurso em um tom diferente do que ouvimos em geral dos chefes de Estado na era pós-Obama. Sem muita margem para cautelas, ele seguiu na linha alarmante de Rockström: fez uma defesa emotiva do Acordo de Paris, embora reconhecendo que estava muito aquém do necessário. Dentre os líderes mundiais atuais, Macron era, de fato, o que melhor expressava o sentido de urgência e de alerta. Estava em dias de saia justa, que eu vinha acompanhando diariamente pelo *Le Monde*. Vinha sendo muito criticado em casa no fogo cruzado da direita, esquerda e grande parte dos ambientalistas franceses. A renúncia de seu ministro do Meio Ambiente, Nicolas Hulot, era, naqueles dias, o motivo maior de desgaste. O pretexto imediato para sua demissão foi uma questão comezinha: a prorrogação de prazos para licenças de caça e a presença de lobistas dos caçadores em reuniões no palácio presidencial de Champs-Élysées. Hulot pulou fora, assim, de improviso, durante um programa de rádio...

A bem da verdade, Hulot é um poço de vaidade. Não suportava mais os artigos de ambientalistas, no *Le Monde* e no site Mediapart, esculhambando-o por fazer parte do governo Macron. Mais que os caçadores, o desgastava a questão nuclear. O governo francês adiara a data-limite para a redução da sua geração elétrica nuclear de 75% para 50% do total. Inicialmente fora prevista para 2025, no governo de François Hollande. Macron, depois de muito estudo, consentiu em adiar por mais dez anos esse prazo. Os verdes ficaram indignados.

Tendo sido um dos líderes do movimento antinuclear contra as usinas de Angra dos Reis, no Brasil, nos anos oitenta e noventa, discordo deles. É uma burrice fazer do ritmo de redução da dependência da França da energia nuclear o grande cavalo de batalha, sobretudo se olharmos as consequências climáticas. Na Alemanha, a decisão de descomissionar suas usinas nucleares até 2022, provocada pelo pânico pós-Fukushima (o acidente nuclear no Japão em 2011 provocado por um tsunami), ocasionou forte aumento da queima do carvão e, consequentemente, das emissões de CO_2, e está levando ao provável descumprimento das metas de mitigação alemãs para 2020. Ensejou a decisão, politicamente nefasta, de fechar a última usina a carvão apenas em 2038.

Estou convencido – podem me xingar – de que é melhor prorrogar o uso das usinas nucleares já existentes, desde que estejam seguras, é claro, do que aumentar a queima de carvão ou do gás natural, elevando emissões até um momento em que a combinação entre geração limpa e armazenamento de energia esteja realmente disponível. A saída precipitada do nuclear em prol de um uso maior dos fósseis foi uma insensatez do politicamente correto pela qual o planeta paga caro. Digo mais: em países superdependentes do carvão e que já dispõem de armamento nuclear, como a China e a Índia, admito até que novas usinas nucleares desde que acabem com as de carvão, a maior fonte planetária de emissões de CO_2. E que não sejam construídas sobre falhas sísmicas, é claro.

A esquerda e a mídia francesas estavam possuídas pela mesma síndrome que levou a turma "bem pensante" nos Estados Unidos a atacar com tanta ferocidade Hillary Clinton. No entanto, Macron parecia, naquele momento, junto com a enfraquecida Angela Merkel, uma peça relevante na resistência ao avanço do fascismo/populismo na Europa. Quem os criticava tanto deveria considerar o contexto e quais as alternativas. Mas essa esquerda era uma passeata, todos com aquelas de viseiras de asno. Na reunião em Nova York, eu estava sentado a uns dez metros do Macron. Aproveitei um intervalo dos painéis de debates e uma colher de chá dos seguranças, me aproximei dele e me apresentei como amigo do Daniel Cohn-Bendit. Apertamos as mãos. "Está fazendo um bom trabalho, presidente", disse-lhe, com sinceridade. "Leia isto." Passei-lhe meu artigo publicado no mês anterior na revista *International Economics Magazine* sobre a precificação positiva do menos-carbono. Ele pegou a folha e colocou junto com a sua pilha de papéis. Pensei: será que vai ler? Provavelmente não...

Cacofonias

Oito de dezembro de 2018, dia do meu aniversário de 68 anos, que decidi passar sozinho, em Paris, em rota para a COP 24, em Katowice, na Polônia. Há três semanas, todo sábado, dezenas de milhares de franceses vestidos de coletes amarelos vinham bloquear estradas, pontes e rotundas, inicialmente contra o aumento do preço da gasolina pela qual culpavam a taxa de carbono – já existente desde o governo de Nicolas Sarkozy, passando pelo de François Hollande e que Emmanuel Macron pretendia aumentar em 2019. Na verdade, a taxa só tornou-se de fato um grande problema quando o petróleo oscilou para cima, no início de 2018. A taxa vinha sendo tolerada até então, mas tornou-se alvo de um fenômeno novo de mobilização por Facebook e WhatsApp escapando a qualquer tipo de liderança política, sindical ou outra.

O movimento veio das regiões rurais e periféricas, de uma classe média baixa, muito mais dependente do automóvel a gasolina ou a diesel – que os governos passados haviam estimulado – do que a das cidades grandes e médias francesas, que possuem um sistema de transporte público de boa qualidade, uma considerável adesão à bicicleta e modalidades de Uber. Em pouco tempo o movimento extrapolou a taxa de carbono que, de fato, proporcionalmente, doía mais no bolso desses segmentos do que da classe média e dos ricos. Reavivou o protesto à supressão, logo no início do governo de Macron, do imposto sobre grandes fortunas, um monumental erro de cálculo político com base em argumentos tipicamente de tecnocratas – fuga de capitais, arrecadação pífia e complicada. Para a esquerda e a extrema-direita, uma prova insofismável de que Macron nada mais era que "o presidente dos ricos".

Os "coletes amarelos" passaram a obter apoios da extrema-direita à extrema-esquerda e, de início, uma simpatia difusa da opinião pública em geral. Tornaram-se um símbolo de resistência à injustiça fiscal e à percepção – pouco corroborada pelas estatísticas mais recentes – de uma constante perda do poder aquisitivo dos franceses. O protesto tornou-se violento, e uma parte dos coletes amarelos resolveu "invadir a sua praia", quer dizer, Paris e, mais particularmente, a Avenue des Champs--Élysées, onde fica o palácio presidencial. A violência passou a pontuar essas ações com táticas típicas dos *black blocs*: depredações, incêndios de carros, choques violentos com a polícia e muitas prisões, todo sábado. Macron recuou suspendendo e depois anulando o programado aumento da taxa de carbono e, depois, algumas medidas de compensação social, mas àquela altura os coletes amarelos já tinham se transformado em uma força incontrolável, até porque careciam de liderança política e de enquadramento social, mobilizados basicamente pelas redes sociais. À semelhança do acontecido no Brasil em 2013, terminaram reféns de grupos violentos de *black blocs* e da ultradireita.

Na manhã do dia do meu aniversário, fui correr meus 45 minutos na antiga via expressa ao longo da margem direita do Sena que a prefeita de Paris, Anne Hidalgo, transformara em área de lazer permanente. Ali avistei, como depois, junto ao Hotel de Ville, o dispositivo policial revistando os coletes amarelos – a maioria na casa dos trinta anos – que vinham convergindo em pequenos grupos em direção à Place de la Concorde e à Avenue des Champs-Élysées.

Embora a maioria dos coletes amarelos se manifestassem pacificamente em variados pontos da cidade, a tônica do dia foram incidentes violentos. Houve 1.723 prisões. Calcula-se que cerca de dez mil coletes amarelos convergiram sobre diversos pontos da capital. Houve depredações, incêndios de veículos e conflitos com uma polícia bem organizada e relativamente contida. Os amarelos agora extrapolavam a gasolina cara e, cada vez mais, clamavam pela cabeça de Macron. A violência capturava o foco da mídia.

Não vou assistir a essa parte do espetáculo. Dirijo-me ao outro evento daquele dia, a Marcha do Clima, à tarde, em outro ponto de Paris, sem porradaria mas com muita cacofonia. Com menos cobertura da mídia, é uma manifestação mais numerosa: umas dezessete mil pessoas no bom e velho trajeto da Place de la Nation até Place de la Republique. Quero passar o aniversário de 68 anos em Paris com as tribos que, cada qual à sua maneira, querem se referir à mudança do clima.

Já na concentração, em Nation, fica evidente a dispersão de grupos pouco comunicantes e muitos manifestantes "individuais", cada qual curtindo seu barato. Uma Babel: o Greenpeace, o WWF e outras entidades ambientalistas; ali, mais à frente, disputando a "vanguarda", grupos de extrema-esquerda "anticapitalistas". Mais atrás, coletivos da causa animal e da alimentação vegana; mais para o cantinho, LGBTs de vários estilos. Em outro canto, sindicalistas da CGT, militantes do Partido Comunista Francês, e, perto, uns militantes dos verdes espalhados carregando um grande cartaz: "*Changeons le système pas le Climat*" ("Mudemos o sistema, não o Clima", em tradução livre). Um grupo de músicos com um trombone e violinos desafinados, feministas de ar desconfiado, alas propugnando o decrescimento econômico, anarquistas com seus símbolos aqui e ali.

Não há palavras de ordem unificadoras. As vozes esganiçadas vindas dos carros de som concorrentes puxam slogans díspares que pouca gente repete, cada indivíduo preocupado com sua própria performance de grupo ou pessoal, como a velha senhora hiponga que passa por mim em uma bicicleta cheia de buquês de flores. Cada qual marca sua posição identitária profusamente documentada por selfies, que imediatamente vão para o WhatsApp, o Instagram e o Facebook.

O toque mais bizarro: uma presença considerável de coletes amarelos, bem-vindos, paparicados como companheiros "participantes da luta". Em um momento decisivo para a causa climática global, quando forças reacionárias e negacionistas simbolizadas por Donald Trump se assanham e, ao mesmo tempo, os cientistas divulgam dados cada vez mais alarmantes, esse *happening* é incapaz de respaldar qualquer ação estratégica ou tática mais concreta. E adota uma atitude solidária, conciliadora, com os coletes amarelos, "os outros que também lutam"... – só que estes, a favor da gasolina barata, que emite CO_2 e polui a rodo. Essa presença de grupos de coletes amarelos na Marcha do Clima é sinal dos tempos de uma confusão entrópica. Da extrema-direita à extrema-esquerda, de Marine Le Pen[91] a Jean-Luc Mélenchon,[92] emanam manifes-

---

91. Líder do Front (hoje Rassemblement) National, de extrema-direita.
92. Principal dirigente do La France Insoumise, da esquerda radical.

tações de "solidariedade" e "compreensão" para com eles. Todos querem ver o circo pegar fogo.

O sujeito oculto daquela Marcha do Clima, não evocado explicitamente, mas que parece unir toda aquela disparidade é, na verdade, o "Fora Macron!". Não gritam isso, mas está ali, subjacente, como único traço de união possível daquela cacofonia, seu denominador comum a grande energia negativa capaz de arregimentar a todos aqueles grupos díspares borbulhando inconsequentemente em torno da crise climática.

Alguns dias depois, uma petição com dois milhões de assinaturas, puxada por artistas famosos, impetrou ação judicial contra o governo francês, acusado de omissão. Nela se exigiria, ao mesmo tempo, "menos combustíveis fósseis e menos nuclear, já!". Soava politicamente correto, mas, na vida real, implicava numa contradição insolúvel. Objetivamente, a França emite muito menos[93] que as outras grandes economias da Europa – excluídos os países nórdicos –, justamente por possuir uma matriz energética de baixo carbono graças ao papel preponderante das suas usinas nucleares. É um fato insofismável. Na era Trump, Emmanuel Macron é um dos governantes que mais vocaliza o tema das mudanças climáticas. Defende, internacionalmente, o Acordo de Paris com a garra de um cão dobermann. A judicialização da questão pode desopilar fígados, mas seu efeito descarbonizante é zero.

Os amarelos irradiavam um odor trumpiano. Nos bloqueios de pontes e rotundas, ouviam-se palavras de ordem antissemitas, havia adereços de guilhotinas decapitando Macron; alguns de seus líderes, despontando em redes sociais, defendiam colocar em seu lugar o general Pierre de Villiers, demitido por Macron por protestar contra cortes no orçamento militar em 2017. Conhecidos militantes do *Rassemblement Nacional*, de Marine Le Pen, envergaram coletes amarelos junto a militantes de ultraesquerda da *France Insubmise*, de Jean-Luc Mélenchon, sob a batuta de seu codirigente rival, o jornalista François Ruffin, que se notabilizou na campanha eleitoral com um artigo no *Le Monde* no qual declarava odiar, odiar, odiar – três vezes repetidas – Emmanuel Macron.

Toda aquela confusão me lembrou nossos idos de 2013, no Brasil, que começou como "convergências de lutas" de esquerda – que, no fundo, ninguém entendeu direito quais eram e de que forma convergiriam –, atraiu a direita radical para as ruas e terminou, alguns anos depois, do jeito que agora sabemos. Pelo telefone, desde Frankfurt, meu amigo

---

93. As emissões per capta da França são de 7,2 toneladas/habitante; da Alemanha 11,3.

Daniel Cohn-Bendit manifestava sua preocupação: está se criando na França um clima trumpiano. E Donald não perdia tempo em tuitar toda a alegria que lhe dava essa "revolta da gasolina" dos franceses.

Já estou há quase duas horas de Nation para République, no dia do meu aniversário de 68 anos, matutando todas essas coisas. Passo em frente do cortejo onde há três grandes bonecos antissistema. Já tirei um monte de fotos e fiz uma transmissão ao vivo pelo Facebook para o Brasil. Sinto dor nas costas, nos pés e um torcicolo infernal. Sou assaltado por um imenso tédio e uma amarga fúria em relação à inconsequência daquela Babel. Em que diabos aquilo iria contribuir de fato para enfrentar a mudança do clima para além de desopilar o fígado dos militantes e tornar suas ideias ainda mais confusas?

De repente não me sinto mais aniversariando em casa. Por sorte, avisto em uma das transversais, já perto da Place de la République, o letreiro de uma casa de massagens tailandesa. *Adieu, camarades.* Me refugio na casa de massagem para me dar um presente de aniversário. Naquele cubículo aconchegante, tiro os coturnos que calcei para enfrentar o inverno. Deixo para trás a cacofonia e me entrego como um náufrago aos incensos, toalhas quentes e massagens de mãos, pés e cotovelos de uma maravilhosa oriental cujo rosto não vejo. Depois da Babel, o paraíso. Apago. Me vejo em uma praia desconhecida caminhando descalço ou, nas partes pedregosas, com meus injustiçados crocs. Há tempos havia escrito uma crônica sobre eles. Vou me permitir essa digressão enquanto durmo e a tailandesa, invisível, me faz de gato e sapato.

Em honra do crocs

Havia postado anos antes no blog, também num *shabat*:

Hoje, sábado, vou tratar de um tema banal – aposto que vai fazer mais sucesso que meus posts com soluções para o aquecimento global. Foi objeto de ásperas polêmicas domésticas com minha amada mulher, editora, diretora de arte e, eventualmente, minha *personal stylist*, Ana Borelli. Também rendeu veemente reprovação de minha filha, Anninha, lá em LA, que já manifestou idêntica e intransigente oposição. Representam, sem sobra de dúvida, o respeitabilíssimo olhar feminino.

Sei perfeitamente que minha posição é humilhantemente minoritária. Contra minhas amadas! Está em juízo no tribunal do bom gosto algo fortemente impopular, dito cafona. Estigmatizado...Vilipendiado...

Sim, meretíssimo, estou me referindo aos crocs!

Isso mesmo, crocs, aquele pisante cujo nome se inspira no crocodilo (nosso bom e velho jacaré), embora, olhando bem, tenha mais cara de hipopótamo. Feio para chuchu, gordinho com uns furinhos esféricos, e faz aquele barulhinho irritante quando a gente caminha: croc, croc, croc! Tenho três pares azul-marinho. Possuía outro, bege – podia ser acusado de cáqui –, que perdi em uma cachoeira. Vivo com medo de um dia procurá-los e descobrir que foram sequestrados e executados, ou melhor, enviados para a reciclagem de resíduos sólidos, dessa para uma melhor, pela minha amada *personal stylist* depois de eu ter ido ao cinema com eles. *Data vênia*, meritíssimo! O que tenho a dizer em defesa dos crocs?

Em primeiro lugar, sou um cara grandão, razoavelmente desajeitado. Calço 44 e vivo dando topadas dentro e fora de casa. No pé da mesa, no pé do sofá, no pé da cama, no canto da porta entreaberta, por aí vai. Não há sensuais e pictóricas sandálias Havaianas ou outras quetais que me protejam da pedra portuguesa solta na calçada da praia, do coco que alguém deixou na areia, do frade fálico – cacetão – na calçada, que não percebi do alto dos meu 1,87 metro, ou daquele buraco que aleijou o guarda não sei mais onde.

Nessa hora, são os crocs que me protegem! A topada na pedra a caminho da praia, o pé do sofá da sala, a porta entreaberta: tudo fica reduzido a um leve impacto indolor amortecido pelo mais seguro dos calçados ventilados que a humanidade jamais concebeu desde o tempo das cavernas.

Além da segurança, o conforto. Já tive lindíssimas sandálias de couro artesanais, daquelas que a gente compra nos mercados populares do Nordeste. Além dos passos serem duros, como quem pisa direto no granito, logo vem aquela esfoladinha desagradável no dedão e/ou no calcanhar que nenhum Band-Aid ou esparadrapo resolve a contento. Os crocs, posso usar com ou sem aquela tira para o calcanhar. A tira jamais me provocou esfolamento ou bolhas no tendão de Aquiles. Nunquinha da silva.

Finalmente: a versatilidade! Eu me recordo de uma vez em uma praia em Milagres, Alagoas. Precisava atravessar um mar raso com um monte de pedras cheias de ouriços com uns espinhaços negros – assustadores, pontudos feito o diabo – no fundo, para depois chegar a piscinas naturais, onde podia prosseguir a nado. Me lembro igualmente das cachoeiras onde precisava alternadamente caminhar e nadar em um rio cheio de pedras, paus, raízes e areia. Qual outro pisante seria capaz de defender meus grandes pés por entre todos esses perigos ecológicos? Mas tá certo, meus amores, não precisam fazer *bullying* com meus crocs.

Prometo: no cinema nunca mais!

Acordo da massagem tailandesa pronto para voltar à defesa do clima, de coturnos, mas, vamos combinar: sem essa cacofonia de vocês, *mes chers amis.*

Sigma

Instado por e-mails de eleitores veementes e curioso para ver que bicho era aquele, resolvi ir a Copacabana olhar a manifestação pelo impeachment da Dilma. Ali se fazia história e quis ver pessoalmente a mobilização. Senti-la. Fui de bicicleta até o Posto 5. Lá estão. A caminhada na orla de Copacabana é bem menor que a de São Paulo, daquele mesmo domingo. Vem pela avenida Atlântica. Uma massa pouco compacta de gente de classe média, muitos vestindo as camisetas amarelas da Seleção. Uma profusão de bandeiras do Brasil. Distinguem-se claramente dois tipos de pessoas: classe média da zona Sul, em um ambiente meio de quermesse, e uma classe média baixa, bem mais vociferante e raivosa. Há alguns grupos organizados em carros de som com faixas. Vestem-se de preto.

Venho pelo calçadão tirando fotos com meu iPhone. Uma mulher me chama: "Vem pra dentro Sirkis!", mas, imediatamente, uma outra, loira e gorda, aparece apontando o dedo para o meu nariz e gritando: "Seu vendido!" Quero perguntar-lhe: "Mas vendido para quem, minha senhora?", quando percebo o rapaz ao seu lado agitando uma bandeira com um símbolo que provavelmente poucas pessoas ali identificam: o sigma. Penso com meus botões: momento deveras histórico; pela primeira vez desde 1938 – da Intentona Integralista –, o símbolo dos "galinhas verdes"[94] de Plínio Salgado volta às ruas do Rio de Janeiro.

---

94. Em maio de 1938, a Ação Integralista Brasileira (AIB), chefiada por Plínio Salgado, uma versão tupiniquim inspirada no fascismo mussoliniano, promoveu uma tentativa de assalto ao Palácio Guanabara, onde ficava o presidente-ditador Getúlio Vargas. Embora tenham apoiado seu golpe no ano anterior, instituindo o Estado Novo, os integralistas se revoltaram quando Vargas dissolveu todos os partidos, inclusive o deles. O ataque fracassou diante de um grupo pequeno de defensores comandados pelo próprio Getúlio, de arma em punho, com sua filha, Alzira Vargas. Nos anos oitenta ela me narrou o episódio quando a entrevistei para o roteiro de *O anjo da guarda*. A AIB sofreu uma forte repressão do Estado Novo e sumiu do mapa político.

Logo surge um rapagão malhadaço, de preto, e interpela, agressivo:

– O que você está fazendo aqui? Votou na Dilma!

– Tá enganado, rapaz. Em 2010, votei na Marina, depois, nulo. Em 2014, na Marina e, depois, no Aécio.

Devia ter anulado também, penso, enquanto o galalau me olha ameaçador e grunhe entredentes:

– Comuna.

Pronto, caí na máquina do tempo, reflito com meus botões. Olho para o cortejo e os carros de som. Todo o pessoal mais organizado parece de extrema-direita, há faixas reivindicando uma intervenção militar. Ao mesmo tempo, muitas pessoas de classe média saem da multidão para me cumprimentar, abraçar. Antigos eleitores meus... "E então, sai o impeachment?" Desses aí, muitos haviam, certamente, em alguma eleição anterior, votado no PT. Agora estão juntos com os homens de preto galvanizados pela repulsa à Dilma. Sinal dos tempos. Converso com alguns deles, inclusive acalmando uns bem agressivos. Poucos possuem de fato um posicionamento estruturado. Eram confusos, mas com um sentimento muito claro: indignação. A grande maioria não constitui uma extrema-direita ideológica, mas uma antiesquerda. Simplesmente não suportavam mais o PT e seus aliados. É visceral.

Acredito que o objetivo primordial por parte do PT não era, como nos esquemas mais tradicionais, que a Lava Jato também desmantelou, simplesmente encher os bolsos, embora isso também tenha ocorrido em casos notórios. Era, primordialmente, uma ambição desmedida, hegemonista, de se manter no poder, literalmente pagando o preço. Era preciso juntar um baita tesouro de guerra para bancar uma logística política avassaladora e poder promover campanhas "fuderosas", como aquela da reeleição da Dilma em 2014.

Com o uso intenso da máquina pública, no entanto, eles estabeleceram uma superioridade de volume e qualidade de campanha acachapantes, conduzida pela grande competência e zero escrúpulos de João Santana.

Em condições políticas mais normais, teria havido alternância. Depois de doze anos no governo, o PT teria sido abençoado com aquilo que os franceses denominam *une cure d'opposition* (uma terapia de oposição). Mas perseguiram por todos meios e conquistaram sua vitória de Pirro.

A situação de Dilma Rousseff ficou insustentável diante da amplitude dos escândalos envolvendo estatais e fundos de pensão e da quantidade inacreditável de erros, inabilidades e gafes que ela cometeu. Os petistas não faziam nem admitiam a menor autocrítica de nada e suscitavam uma rejeição tão passional que poderia engendrar até uma situação de violência generalizada. A classe média simplesmente não suportava mais olhar para ela, e esse sentimento, mais que qualquer outra coisa, propiciou a ressurreição da extrema-direita, que estivera em estado de catalepsia desde o final do regime militar.

O indignismo no volante

A Lava Jato, ao revelar os esquemões de financiamento do PT via Petrobras, outras estatais e fundos de pensão, somada às consequenciais sociais do cavalo de pau que Dilma promoveu na política macroeconômica, criaram uma situação politicamente insustentável para o quarto governo do PT. Ela fez, piorado, tudo que a propaganda eleitoral petista, durante a campanha 2014, acusara os adversários de quererem aplicar em matéria de arrocho e "austeridade" recessiva.

A gastança pública para ganhar a eleição, maior que corrupção em si, certamente demandaria um período de austeridade com medidas da cartilha da economia clássica. Talvez ela imaginasse algo similar ao ajuste de Antônio Palocci, em 2003, de curta duração, Pensou que isso em três anos deixaria o PT em condições de repetir a dose em 2018, com a volta de Lula como candidato. Mas a situação, tanto a nacional quanto a internacional, eram diferentes, e o capital político do PT, incomparavelmente menor àquele do início de governo, depois da "Carta aos Brasileiros" e de uma transição exemplar com Fernando Henrique.

O cavalo de pau na economia foi feito de forma excessiva e obtusa, agravada pelas performance política da presidenta. Resultado: conjuminados os escândalos, o arrocho econômico e o estelionato político eleitoral, a antipatia por Dilma e a percepção de aumento da insegurança suscitaram um gigantesco movimento na sociedade, que exigiu sua saída, fortemente empurrado pela grande mídia. Teria sido uma crise de outra natureza se tivéssemos maneira institucional de derrubar o governo via moção de desconfiança parlamentar. No parlamentarismo, puro ou semipresidencial, o gabinete cai e um novo precisa ser formado com maioria parlamentar, ou então o parlamento é dissolvido e convocam-se novas eleições.

A melhor solução teria sido – hoje admito, embora não achasse isso na época – "zerar" a eleição de 2014, por decisão do TSE, e repetir o pleito. A campanha de 2018 fora, de fato, indelevelmente comprometida pelo imenso tesouro de guerra, de origem espúria, que o PT utilizara para ganhar. O partido não inventou esse tipo de corrupção, o patrimonialismo nem o fisiologismo brasileiro, mas soube elevá-los a um patamar superior, não apenas no volume do desvio de recursos das estatais como também no inchamento da administração praticamente dobrando o número de cargos comissionados e tornando a ocupação de quase todos os ministérios presa de barganha política. Outro grande agravante foi o fato dos petistas terem se autoproclamado a plenos pulmões os campeões da honestidade e da ética na política brasileira, a "UDN de macacão".

Dilma já estava completamente isolada e virara alvo da máquina de moer carne da grande mídia tonitruava a Lava Jato, inclusive estimulando seus juízes a atos político-jornalísticos, como aquela divulgação de diversos "grampos" de conversas telefônicas de Lula com outras pessoas em assuntos que nada tinham a ver com os fatos sob investigação. Algumas vieram a ser cômicas, como aquela, famosa, com o ex-prefeito Eduardo Paes falando de Maricá para ilustrar o quanto o tal triplex era cafona. Ou aquela outra, francamente hilária – me perdoem as feministas – do Lula descrevendo a invasão da casa da sua auxiliar, Clara Ant, surpreendida na cama: "Estava dormindo sozinha, quando entraram cinco homens lá dentro. Ela pensou que era um presente de Deus. E era Polícia Federal."

Vi artigos condenando-o como machista por causa disso. Aos coleguinhas, observaria: devagar, não há ser humano que resista politicamente correto a um grampo telefônico de sua intimidade. A divulgação desses e outros para dezenas de milhões de pessoas pelo jornal das oito não tinha a menor justificação jurídica. Fez parte de uma habilidosa manobra política do juiz Sergio Moro pouco compatível com o papel do magistrado imparcial preparando-se para julgar um caso... Mais tarde, pela ação criminosa de hackers, saberíamos quanto realmente não o foi.

Nos episódios do apartamento do Guarujá e do sítio, nunca apareceu uma contrapartida específica, e classificá-las penalmente como lavagem de dinheiro para propiciar uma pesadíssima condenação de vinte anos de cadeia é uma aberração jurídica exposta à lupa por um juízo reparador futuro. Ambos os casos têm a ver com uma prática habitual de Lula, desde os anos setenta, de usufruir de benesses de amigos simplesmente por achar que isso lhe é devido por ser quem é. Ele usufruiu de favores mesmo de futuros adversários, que logo hostilizaria sem tréguas.

Eu me recordo de uma conversa que tive, junto com o Fabio Feldmann, o ex-presidente Fernando Henrique e o José Serra na campanha de 2010. Eu estava negociando com Serra o "palanque duplo" no Rio. Ele era adversário de nossa candidata, Marina Silva, na eleição presidencial, mas apoiava a candidatura de Fernando Gabeira para governador do Rio. Feldmann marcou o encontro na casa do ex-presidente, em Higienópolis. A conversa com Serra começou tensa, mas terminou relaxada, desanuviada pela simpatia do anfitrião. Terminamos em folclores políticos e reminiscências. Lá pelas tantas, Fernando Henrique comentou que diversas vezes emprestara seu sítio a Lula, nos seus tempos de sindicalista namorador. E que Lula não fora, exatamente, um primor de gratidão... Ele sempre considerou tais favores como parte da relação. Essa era certamente a convicção daqueles ao longo do tempo que o acolheram, presentearam e paparicaram.

Há numerosos indícios de que ele comandava o esquema de arrecadação do PT no Petrolão e outros grandes esquemas – é muito difícil imaginar que ele não soubesse –, mas nunca conseguiram provar isso. Também não provaram que o triplex ou o sítio dos pedalinhos fossem contrapartida de um ato de ofício presidencial favorecendo alguma ilegalidade. Léo Pinheiro, Fernando Bittar e outros adoravam o Lula e, como tantos amigos e admiradores, lhe propiciavam tais regalos independentemente de falcatruas que pudessem ter com o PT. Como os promotores não conseguiram provar cabalmente, apesar da delação de Antônio Palocci, O comando direto de Lula sobre os esquemas de arrecadação do PT nas estatais e nos fundos, esticaram a história da obra no triplex – do qual Lula nunca se apossou ou usufruiu – como "lavagem de dinheiro". Foi condenado a uma pena longuíssima, comparável a de homicídio doloso, com múltiplos agravantes, por algo que, no máximo, seria uma tentativa não consumada de receber um tipo de propina. A consequência inesperada dessa ferocidade político/mediática, nesse e noutros casos, foi um tiro pela culatra. Acabou influenciando o voto decisivo no STF para derrubar a prisão em segunda instância que eu consideraria apropriada numa situação normal. O verdadeiro alvo dessa decisão foi a percepção de que nos encontrávamos sob uma justiça de exceção, politicamente influenciada.

Antes do episódio dos grampos, Sergio Moro vinha se comportando como juiz de instrução – instituição interessante que não existia em nosso ordenamento jurídico. O juiz de instrução (ou de gantarias, criado mas "congelado") investiga mas não sentencia. Moro já operava claramente

299

como um mega-ator político, vazando informações para a TV com o intuito de frustrar o que supunha ser a tábua de salvação da Dilma: nomear o Lula ministro-chefe da Casa Civil. Seria o último cartucho para lhe garantir foro privilegiado e usar seus dotes de articulador político para evitar o impeachment. Penso que teria dado errado de qualquer modo; àquela altura, a deposição de Dilma era um tsunami. O fato é o juiz que denotou um zelo político que não coaduna com a postura de um magistrado isento, não predisposto a priori contra o réu. Abria-se ali um tempo de intensa politização de segmentos da Justiça e do MP.

Na esfera política, na ausência dos mecanismos institucionais do parlamentarismo para fazer cair um governo, passou a valer uma "razão de Estado" para o impeachment presidencial. Ali certamente houve uma "forçação de barra" em torno das "pedaladas fiscais", pretexto, não razão. Devolveu ao PT o papel que lhe é historicamente mais confortável: o de vítima. Não houve um "golpe de Estado", como clamaram aos céus pelo mundo afora os petistas e boa parte da esquerda. Mas o impeachment pelas razões formais alegadas foi um desfecho tremendamente mal ajambrado e traumático da crise na ausência de outro, institucional ou negociado.

O poder caiu no colo oportunista do aliado que eles próprios cevaram. O PMDB, sócio menor, recalcado, viu os ventos mudarem, aprumou suas velas e aproveitou-se da situação. A presidência foi para Michel Temer, o vice por eles escolhido, por seis anos cultivado, ato contínuo, tornou-se vilão-mor da República, responsável pela crise econômica e tudo de ruim que já acontecia ou fosse acontecer no Brasil.

O vice-presidente Temer era um político tradicional, com aparentes envolvimentos – a serem provados – em esquemas em um nível mediano dentro da turma. Nunca foi um *capo,* como Eduardo Cunha, nem um cleptocrata descontrolado, como Sérgio Cabral. Não obstante, uma vez presidente, tornou-se o grande alvo a abater. "Fora Temer" virou um mantra não só do PT como da mídia. Não conseguiam perceber que guerreavam um patético *lame duck* (pato manco), como dizem os americanos de presidentes com data de vencimento próxima. Não conseguiam imaginar que o problema maior seria não o Temer, mas o seu *day after.* A onda que vinha atrás. O PT imaginou fazê-lo bode expiatório da crise econômica a tempo de regressar lépido e fagueiro ao governo em uma onda de nostalgia lulista. Os bons tempos estão de volta! Pois é...

Ao "Fora Temer" petista juntou-se a sofreguidão de protagonismo político da grande mídia. O poder de derrubar presidentes como garrafões de boliche... Os coleguinhas queriam na parede, depois daquela da pantera Dilma, a cabeça do leão desdentado Michel. O escrachado episódio da gravação de Joesley Batista, com sua delação premiada, privilegiada, iria comprometer fortemente a condição de Michel Temer (que deu mole) para conduzir condignamente um governo de transição. A tal fita gravada em condições que, normalmente, o Judiciário brasileiro jamais acolheria, longe estava de ser conclusiva, com força de prova.

Quando foi, de fato, divulgada, alguns dias depois do escândalo já feito da mídia ao antecipá-la, percebeu-se com clareza que Rodrigo Janot e o noticiário venderam gato por lebre. Joesley narrou que está "ajudando" o preso Eduardo Cunha, e o presidente limita-se a dizer que é bom manter isso. É óbvio que o episódio é politicamente constrangedor para o grampeado, sobretudo por receber aquele personagem turvo, que supunha amigo, na garagem do Jaburu. Mas estava longe de provar cabalmente coisa alguma, tanto que não prosperou. Seu efeito político foi um novo tsunami de mídia e a queda da popularidade presidencial a patamares irrecuperáveis.

A questão aí não era o Temer em si, mas a esculhambação aos olhos do mundo de se expor a instituição da Presidência dessa maneira, promover e premiar o comportamento humanamente canalha desse grande privilegiado da política dos "campeões nacionais" dos governos petistas no BNDES, um agressor ambiental contumaz que ganharia dinheiro na Bolsa de Valores com sua delação e passaria semanas pontificado como herói da pátria, criticando "os políticos" até, comicamente, numa bebedeira, grampear-se revelando suas cumplicidades dentro do próprio MP. Foi uma sucessão de episódios de rebaixamento institucional e sensacionalismo irresponsável.

A partir daí, o frágil e apagado presidente de transição, um *insider* da política tradicional, herdeiro da chapa formada pelo PT, tornou-se o alvo diário não apenas de seus antigos aliados, traídos, cegamente ressentidos, como também da grande mídia e do MP. Poucos se perguntaram no que poderá resultar de tanta injeção na veia de indignismo, se a dose da quimioterapia aplicada ao país nos últimos anos não perigava matar o paciente ou resultar em algo muito pior para as instituições e a Nação.

Toda as noites promovia-se uma catarse emocional com um noticiário repetitivo, histérico, editorializante – frequentemente panfletário –, arrogando-se o papel de palmatória moral do país, lá do alto de seu poderio de construir a realidade tal qual seria percebida por dezenas de milhões de pessoas. Jogou-se ininterruptamente com essa emoção negativa.

Foram dois anos a fio disso, todas as noites, com reverberação intensa das redes sociais. Foi o que plasmou o clima para as eleições de 2018. É evidente que todos os fatos minimamente comprovados devem, sim, ser noticiados. No entanto, qualquer um que tenha acesso à TV a cabo e aos noticiários de países com democracias mais bem consolidadas percebe como foi anômala a nossa cobertura da corrupção, que, dia após dia, ocupava a maior parte do noticiário e com frequência divulgava vazamentos (ilegais) e listas que acabaram, inclusive, atingindo não poucas pessoas inocentes. Nas democracias, em geral, o tom é mais sóbrio, e quando os jornalistas "editorializam", o fazem em painéis, em geral plurais, de convidados onde se expressam variadas opiniões e análises. Até mesmo na Fox News, no noticiário propriamente dito, os âncoras mantêm certa sobriedade antes de dar a palavra aos comentaristas, esses muitas vezes extremados e raivosos. Um tom como tivermos todas as noites costuma ser apanágio de sistemas de mídia sob hegemonia governamental. É fortemente direcionado e opinativo, expressando as posições do governo. No Brasil, curiosamente, expressava uma oposição virulenta e sistemática em um esforço para derrubar – não se sabe bem de que maneira e para colocar quem no lugar – um frágil governo de transição, com data de vencimento se aproximando a galope e a extrema-direita como única força em franca ascensão e apta a cavalgar o ginete da cólera indignista.

À esquerda, alguns desavisados imaginaram que aquilo ia favorecê-los. Deveriam ter estudado melhor os processos que levaram à vitória do fascismo nos anos vinte e depois do nazismo, nos anos trinta do século passado. A extrema-direita está muito mais apta que a esquerda para explorar o desalento e os ressentimentos sociais quando o clima psicossocial entra em ebulição, uma vez fracassadas tanto a esquerda e a centro-direita. Como podiam não perceber que boa parte da classe média urbana, que chegara a votar na esquerda algumas vezes, dela se afastara, ressentida e raivosamente?

Já o Temer gastou todo o seu capital político para sobreviver. Chegaria ao fim do mandato qual um zumbi político.

O abacaxi

"Você deveria assumir o Fórum, Sirkis. É a pessoa mais indicada. Posso levar ao presidente", disparou, à queima-roupa, o novo ministro do Meio Ambiente, Zequinha Sarney. Nos dias anteriores, diversos ambientalistas, como o Marcelo Furtado, ex-Greenpeace, naquele momento dirigindo o Instituto Arapyaú, o Mario Mantovani, da SOS Mata Atlântica, e o próprio professor Luiz Pinguelli Rosa, que acabara de renunciar à secretaria executiva do Fórum Brasileiro de Mudança do Clima em protesto pelo impeachment da Dilma, haviam ponderado a questão comigo.

A primeira coisa que pensei foi: "Meu Deus do céu, que abacaxi!" Eu havia conseguido realizar minha bem-sucedida transição profissional depois de 26 anos de vida pública, desde minha primeira eleição como vereador em 1988. Nesse período, ficara apenas quatro anos (1997-1998 e 2007-2008) sem mandato parlamentar ou cargo público. Durante esses dois períodos, no entanto, continuei dirigente nacional e local do PV, e profundamente envolvido, primeiro, na campanha do Gabeira à Prefeitura do Rio em 2008, quando também fui eleito vereador pela quarta vez, e depois, em 2010, na de Marina Silva, em sua primeira disputa presidencial, quando me candidatei a deputado federal. Ou seja, haviam sido quase três décadas de vida pública e de política. Ao desistir da reeleição, em 2014, operei uma rápida reciclagem profissional e tive a boa sorte de conseguir não só garantir minha sobrevivência, como a permanência de parte de minha equipe, ao criar o *think tank* Centro Brasil no Clima (CBC).

Meu trabalho era gratificante. Agora que não precisava mais passar a semana em Brasília e podia ficar mais tempo no Rio – para mim ainda o melhor lugar do mundo, apesar de tudo –, a minha vida estava ótima. Então, aquilo, à primeira vista, parecia um tremendo de um abacaxi.

A posição em questão não é um cargo comissionado, mas um encargo não remunerado. Não se ganha nada, nem sequer jetom do governo, e não há orçamento. O Fórum, criado por um decreto do presidente Fernando Henrique em 2000, reunia governo, iniciativa privada, ONGs e academia para debater e ajudar no posicionamento brasileiro em diferentes aspectos da questão climática. Não tinha poder propriamente dito mas podia ter alguma influência. Era chefiado pelo presidente da República e tinha esse secretário executivo da sociedade civil. Na época de FHC, o cargo foi ocupado pelo Fabio Feldmann, e, na de Lula e Dilma, pelo Luiz Pinguelli, ambos bons amigos. O Fórum serve ao Estado brasileiro e à sociedade civil, trabalha com o longo prazo.

O problema em assumir o Fórum era não apenas a enorme carga suplementar de trabalho – de novo, idas frequentes a Brasília –, mas a questão política. Eu não tinha afinidade alguma com o PMDB e o governo Temer, o qual rejeitava politicamente sem, no entanto, compartilhar da histeria do "Fora Temer". Torcia para que desse mais ou menos certo enquanto governo de transição para preparar as eleições de 2018 em condições de estabilidade e que aprovasse uma reforma da previdência que parecia ao alcance pela paradoxal combinação de sua forte base parlamentar com sua impopularidade.

Era um governo totalmente à mercê de sua base parlamentar, fisiológica e reacionária. Dependia, para sobreviver, das bancadas do centrão, evangélica, do boi e da bala. Era evidente, desde sempre, que a sua fragilidade e a instabilidade seriam enormes. De um lado, o desejo de vingança dos ex-aliados traídos; do outro, a blitz revolucionária liderada pelos juízes e promotores da Lava Jato e pela mídia, cultivando o indignismo permanente. Se havia algum bom momento para se reaproximar daquele caldeirão de Brasília, mesmo a meia distância e à serviço do Estado, e não do governo, certamente não parecia aquele o mais feliz.

Conversei com algumas das principais lideranças que atuam na questão do clima. Minha amiga Ana Toni, o Fabio Feldmann, o Marcelo Furtado, o Mario Mantovani, o Virgílio Viana, o Paulo Adário, o próprio Luiz Pinguelli, toda a minha equipe no CBC. Se houvesse uma objeção taxativa, provavelmente não aceitaria. Mas todos acharam que valia a pena; a única questão era saber se eu realmente me dispunha ao risco.

"Entendi... Decisão complicada, hein? Preciso saber qual a importância que ele atribuirá à questão climática", foi o que eu respondi ao Zequinha Sarney. Sua escolha para o ministério do Meio Ambiente fora uma boa notícia. Embora político tradicional, tivera ao longo dos anos uma atuação ambientalista impecável. Em seu exercício anterior, como ministro de FHC, conseguira estruturar o MMA, recuperando-o de uma má performance anterior. Sua atuação parlamentar também foi sempre muito correta nas questões ambiental e climática.

Por um instante, me lembrei daquela reunião no Palácio da Alvorada nos idos de 1999 com o presidente Fernando Henrique. Participamos o Gabeira, à época nosso único deputado federal, o Gilberto Gil e eu. Havia sido publicado, dias antes, na *Folha de S.Paulo*, um artigo meu fortemente crítico à política ambiental do governo FHC, intitulado "O elefante e a girafa". Sustentava que o ministério dos Recursos Hídricos e do Meio Ambiente, dirigido pelo então demissionário Gustavo Krause, era um fracasso no tocante ao meio ambiente.

A reunião fora acertada, me recordo bem, na Rio+5, uma conferência internacional que celebrava os cinco anos da Rio-92 no Hotel Sheraton, no Vidigal. O presidente fez um bom discurso. Poucos chefes de Estado seriam capazes disso, assim, de improviso. Chegou a dizer umas coisas profundas sem os habituais estereótipos e platitudes dos governantes, que os franceses denominam *la langue de bois*. Naquela tarde, foi também a penúltima vez que encontrei meu amigo Herbert de Souza, o Betinho, que morreria de AIDS. Estava magérrimo, muito cansado, mas especialmente carinhoso, com seus olhos verdes brilhantes. Ele saiu antes e me confidenciou com ar malicioso: "Nem vou ficar pro discurso do Fernando Henrique. Ele é tão simpático que pode acabar me engambelando." Piscou. Rimos...

Um desavisado que julgasse a política ambiental brasileira pela eloquência presidencial sobre o tema julgar-nos-ia um dos países ecologicamente mais avançados do planeta. Outro, menos desavisado, meditaria sobre a proverbial distância entre a intenção e o gesto. Submetido a pressões contraditórias, o Brasil balançava. A primeira parte do governo José Sarney fora pavorosa: queimadas imensas, omissões e uma cumplicidade na Polícia Federal que facilitou o assassinato de Chico Mendes. Diante do escândalo internacional, o presidente Sarney conseguiu reverter, em certa medida, esse quadro. Reorganizou a área de meio ambiente com Fernando César Mesquita à frente do recém-criado Ibama. Mesquita se destacou pelo dinamismo e disposição para briga.

Na sequência, Fernando Collor nomeou o José Lutzenberger. Como gestor público, não funcionou direito, mas seu discurso, naquele momento muito especial, de preparação da Rio-92, sinalizava avanços, inclusive na questão indígena, com a demarcação das terras Ianomâmis. A inapetência gerencial do velho Lutz abriu caminho ao controle da área ambiental por egressos do Itamaraty, como Rubens Ricupero, sensível ao tema, que depois foi ministro da Fazenda.

Fernando Henrique criou por decreto em 2000 o Fórum Brasileiro de Mudança do Clima, encarregando o ex-deputado constituinte Fabio Feldmann de coordená-lo. Eu ia ao Fórum como vice-presidente executivo da Fundação OndAzul, cujo presidente era o Gilberto Gil. O presidente FHC gostava de comparecer às reuniões e participar das discussões. Entendia bastante do assunto, ao contrário de seus sucessores. Fazia-se acessível. Com sua anunciada aspiração de inserir vantajosamente o país no processo de globalização, fez as nossas expectativas cresceram. Ele entendia que a influência externa do Brasil era potencializada pelo fato de sermos donos da maior floresta tropical úmida do planeta, da maior concentração de águas doces e, de longe, pelo seu maior banco de biodiversidade. Isso já seria suficiente para que o meio ambiente tivesse que ser considerado estratégico e não bizarramente relegado à vala comum, loteado politicamente com a base de sustentação parlamentar, como ocorreu em boa parte de seus governos.

Durante seu primeiro mandato, o Brasil bateu o recorde de desmatamento na Amazônia: 29 mil quilômetros quadrados. Dificilmente pode ter havido ideia mais infeliz do que colocar, dentro do Ministério do Meio Ambiente, os recursos hídricos – para efeito político prático, a irrigação, normalmente afeita à agricultura ou à integração regional, com seu quinhão orçamentário que, em 1997, representou 71% do 1,34 bilhão do orçamento do MMA daquele ano. O rabo abanando o cachorro ou, em uma outra metáfora zoológica que utilizei como título do artigo na *Folha de S.Paulo*, "o elefante sentado sobre a girafa". O ministro Gustavo Krause interessava-se por irrigação e vivia às turras com sua secretária executiva, mais verde, Aspásia Camargo.

O resto do estrago foi feito pela politicagem regional da distinta base de sustentação do governo. A nomeação de superintendentes do Ibama ao sabor de indicações de deputados resultou em grande porosidade às pressões de interesses predatórios. A posição do governo brasileiro em foros internacionais, contrária às cláusulas sociais e ambientais nos acordos comerciais e em questões como a do mogno, foi triste.

Eu era presidente nacional do Partido Verde e crítico incisivo da política ambiental do governo e outras. Fazíamos, no entanto, uma oposição capaz de dialogar, diferente daquela do PT, cuja obsessão era o "Fora FHC". O presidente havia sido eleito e reeleito no primeiro turno, tanto em 1994 quanto em 1998, mas o PT lhe movia uma hostilidade feroz e sem tréguas. Onde quer que fosse, por todo o país, deparava-se com aquele grupinho com bandeiras vermelhas gritando "Fora FHC" e pedindo seu impeachment. Era o drama do enfrentamento entre as duas vertentes da social-democracia brasileira, que se afastavam cada vez mais. Nas palavras de Fernando Henrique, disputavam entre si quem iria liderar o atraso. No futuro isso viria a ter consequências funestas para ambos os partidos, e para o Brasil por tabela...

O Fernando Henrique, por sorte, não era rancoroso, e convidou os verdes para bater um papo no Palácio da Alvorada. Lá estávamos eu, o Gabeira e o Gil. Era uma sala de estar enorme, com umas poltronas desconfortáveis e um pobre garçom que parecia caminhar léguas para trazer o cafezinho (que era bom). O presidente começou com um comentário sobre "isso aqui", uma observação de que o grande desafio de ser presidente era "não perder a humanidade, não deixar de ser gente".

Estava sob constante pressão, a conjuntura econômica internacional era bastante adversa e os adversários, implacáveis.

Logo entrou no assunto. Admitia que a área ambiental de seu governo não ia nada bem. Queria mexer no ministério e tirar de lá o clientelismo dos poços artesianos em terra de coronel. Desejava saber o que achávamos de um novo ministro. Eu, como presidente do PV, vinha com um ás na manga ali ao lado. Tínhamos ido àquela reunião com a intenção de tentar emplacar, à queima-roupa, o Gilberto Gil, a quem convencêramos a aceitar ser ministro do Meio Ambiente. Mas o então presidente tinha outros planos e foi logo abrindo o jogo: o que vocês acham do Zequinha Sarney? Nos entreolhamos, rápida e assertivamente. O Gabeira, que convivia com ele, retrucou: "Acho legal. Tem sido um grande aliado nosso na Câmara dos Deputados."

O Zequinha assumiu, formou um ministério com ambientalistas e lhe deu uma identidade e uma estrutura dignas. Depois, Lula nomearia Marina Silva, Carlos Minc e Izabella Teixeira. Dilma manteve Izabella. Ao longo de todo esse período, a área ambiental do Governo Federal, por vezes vitoriosa, outras, derrotada, conservaria sua integridade. Esses ministros, cada um com seus pontos fortes e seus problemas, sustentariam um padrão de dignidade e decência naquele serviço público e possibilitariam diversos avanços.

Fiquei alarmado quando Temer assumiu a presidência por causa de sua base de sustentação parlamentar. No entanto, o Zequinha surgiu como solução natural pela sua legitimidade em relação ao tema associado ao poder de articulação do pai. Agora, ele me instava a assumir a coordenação do Fórum. Isso iria, certamente, ajudá-lo como ministro. Vínhamos articulando a ratificação do Acordo de Paris no Congresso. A campanha Ratifica Já, que organizei junto ao Mario Mantovani, do SOS Mata Atlântica, levou a sua aprovação em regime de urgência tanto na Câmara como no Senado, em tempo recorde: menos de dois meses em uma conjunção de astros politicamente afortunada em pleno caos.

O Senado votou a ratificação na semana da maior tensão política, justamente a do impeachment. Foi um raro momento de união nacional. Os governistas votaram porque o novo governo, ainda em estado de graça, embalado pelo Zequinha, mandou votar. O PT apoiou porque, afinal, a NDC brasileira e toda a negociação do Acordo de Paris haviam sido protagonizadas pelo seu governo. Destaco a atuação dos senadores Jorge Viana, Fernando Bezerra e a relatora, a senadora Kátia Abreu, que tinha frequentes rusgas com os ambientalistas mas compartilhava da preocupação com as mudanças climáticas e seus efeitos sobre a agricultura.

Fomos conversar com o presidente Temer no dia em que ele assinou a ratificação do Acordo de Paris, no Palácio do Planalto. Inicialmente apenas o presidente, Zequinha e eu, por uns vinte minutos. Depois, chegou o José Serra, então ministro das Relações Exteriores e, em seguida, o presidente da Câmara dos Deputados, Rodrigo Maia, que permaneceu silencioso. Lá pelas tantas, apareceu o ministro Geddel Vieira. Queria falar com o presidente, mas nossa presença o inibiu... Saiu logo. Valeram os primeiros vinte minutos de conversa.

Fiz uma rápida descrição das últimas advertências do IPCC, das consequências futuras da mudança do clima para o Brasil, das vantagens competitivas que a economia brasileira teria em um processo global de descarbonização e, naturalmente, porque seria positivo para ele, politicamente, se posicionar bem no tema. Temer mostrou empatia à sua maneira: "Sabe, Sirkis, quando eu era garoto, nadava no Tietê. Agora ninguém mais nada no rio Tietê."

Que dizer? Pois é, presidente, o Tietê tá mesmo poluído pra cacete.

Ele garantiu que iria apoiar o trabalho do Fórum e que assinaria o decreto que o Zequinha trazia, reformando sua estrutura e criando as suas dez Câmaras Temáticas. Disse que entendia a importância do tema para o Brasil e internacionalmente. Ia, naquela semana, para a China à reunião do G20, e sabia que esse seria um dos grandes temas.

Apesar da correlação de forças políticas no Congresso ser, em tese, extremamente adversa, o Brasil foi o primeiro país a ratificar o Acordo de Paris que ele foi apresentar na ONU. Embora grande parte dos ambientalistas tenham embarcado no "Fora Temer", o saldo ambiental do seu breve governo foi razoável, nas circunstâncias da época. Depois de muitas idas e vindas, foi mantido o bloqueio à lei que abria um lanho da Floresta Nacional do Jamanxim para os grileiros, e deu-se o recuo no decreto da famosa RENCA, que, aliás, tinha uma dimensão simbólica maior do que a real. Foi aprovado o RenovaBio, um mecanismo que faz os combustíveis fósseis subsidiarem os biocombustíveis. Diversas novas Unidades de Conservação florestais e oceânicas[95] foram criadas e o desmatamento, no ano de 2017,

---

95. Atualmente, o Brasil possui 357 APAs em áreas continentais e 74 em áreas marinhas. Para saber qual é a área protegida por unidade de conservação nos biomas e na área continental e marinha do Brasil, ver a tabela de dados consolidados das Unidades de Conservação com o cadastramento finalizado no CNUC (Cadastro Nacional de UCs) no site do MMA.

foi reduzido – voltou a subir em 2018, já por efeito da campanha eleitoral de Bolsonaro que propalava o "liberou geral".

O ministro Zequinha Sarney dava nó em pingo d'água para obter arbitragens favoráveis de um presidente tremendamente desgastado pelos escândalos de corrupção, pela hostilidade da grande mídia e dependente de base parlamentar integrada pelos ruralistas que, a cada momento, cobravam-lhe a fatura. No final das contas, nossa única derrota foi em uma batalha impossível: a do Repetro, os novecentos bilhões de reais de subsídios até 2040 para a indústria de petróleo. A mídia que nos deu sustentação em outras disputas nessa ficou claramente do outro lado.

Mesmo quando o tão execrado presidente praticava algum ato positivo, nossos companheiros e alguns colunistas da grande imprensa davam um jeito de dizer que não era bem assim e lascavam o pau. "Gente, temos que bater quando ele realmente toma uma decisão ruim, mas, quando ganhamos a parada, devemos no mínimo reconhecer que naquele ponto específico ele agiu bem, se não, valerá o que o outro lado fica buzinando nos seus ouvidos o tempo todo: 'Não adianta você dar a mínima colher de chá para esses ambientalistas, porque vão meter o sarrafo em você de qualquer jeito'", eu ponderava para dirigentes de algumas das ONGs. Mas estavam possuídos pela prioridade emocional do "Fora Temer", que estava fadada, de qualquer modo, a se materializar constitucionalmente em poucos meses ... Para, então, ser sucedida por algo que remete ao bom e velho: "Éramos felizes mas não sabíamos..."

Naquela cerimônia de ratificação do Acordo de Paris, no Planalto, discursaram o Zequinha, o Serra, o Carlos Rittl e eu, pela sociedade civil, e o presidente. Eu estava em um dia inspirado: falei de improviso e busquei ressaltar a insólita união nacional que se dera, em plena crise política, em torno do tema e como a economia brasileira poderia ser favorecida por uma descarbonização inteligente que explorasse nossas vantagens competitivas. Muitos aplausos e tal. Uma parte de mim permanecia irônica em relação ao compromisso que assumira, um pouco antes, de coordenar o Fórum. Lembrei daquela frase, badalada *ad nauseam*, do *Pequeno Príncipe*, livro escrito por Antoine de Saint-Exupéry que, por várias gerações, encantara crianças de todo mundo: "Tornas-te eternamente responsável por aquilo que cativas."

Saint-Exupéry foi um aviador temerário, um porra-louca. Sobreviveu a dois desastres por pane de combustível no deserto do Saara. No terceiro acidente aéreo, em missão de reconhecimento, integrado às forças Aliadas, em 1944, sumiu para todo o sempre no mar Mediterrâneo, assim furtando-se à responsabilidade com os que veio a cativar.

De volta à terra do carvão

"Então vocês querem tomar o nosso carvão?", pergunta o taxista que me leva da estação ferroviária ao prédio onde consegui um apartamento a meio quilômetro da COP 24, em dezembro de 2018. Em meu polonês doméstico, mas razoavelmente fluente, passo a discutir com nosso motorista. O carvão é nossa riqueza, sublinha ele e, meio debochado, conclui: "Um pouco mais de aquecimento global aqui não faria mal. Faz um frio danado, uns -6ºC. Com um vento forte dá sensação térmica de uns -10ºC." Não dá muito ânimo de discutir com ele.

Katowice é a capital do carvão e do aço da Polônia. A maior siderúrgica do país na época do comunismo era a Huta Katowice. Em 1978, quando visitei o país pela primeira vez (conto em meu livro *Corredor polonês*), passei por Cracóvia (a uns oitenta quilômetros de Katowice), uma cidade poupada pela Segunda Guerra em sua arquitetura histórica original. Lembro-me de ver no horizonte aquele enorme cogumelo de poluição da siderúrgica e das usinas de carvão que a abasteciam, o ar tóxico infestando a graciosa cidade.

No pavilhão polonês na COP 24, uma verdadeira ode ao carvão. Vários tipos de artesanatos feitos de carvão e umas plantinhas ornamentais dentro de caixas de vidro retangulares colocadas no chão, cheias do mineral negro. Parecem uns túmulos envidraçados. Naqueles dias, saiu um novo relatório da Agência Internacional de Energia indicando que 45% das emissões globais de CO_2 de usinas elétricas ainda provinham do carvão. Seu consumo havia declinado, como mencionei anteriormente, em 2015 e 2016, mas em 2017 voltou a subir em 1% e, em 2018, esboçava-se tendência similar, puxada pela Ásia. O estudo projetava um aumento de em média 0,5% por ano até 2023. Dados preliminares mais recentes dão conta de uma nova retração, mesmo antes da pandemia.

Aí entra novamente a ambiguidade chinesa. Responsável pela queima de um quarto do carvão consumido no planeta para fins energéticos, a China iniciara uma lenta redução de seu consumo, fundamentalmente para combater a poluição de efeito local, o ar irrespirável das suas principais cidades, inclusive Pequim. O imenso esforço da China em responder a sua crescente demanda energética incrementando a sua energia eólica, hídrica, solar, nuclear e a gás e era compensado, por outro lado, por sua exportação e seu financiamento de novas usinas não apenas na Ásia (Filipinas, Indonésia, Vietnã, Paquistão), mas também no Ocidente, em países como a Sérvia ou o Brasil (Candiota-RS).[96] A isso se somava o forte aumento da demanda energética da Índia, de 5% ao ano, da qual apenas uma pequena parte era atendida pelos seus espetaculares planos de expansão da energia solar. A parte do leão permanece atrelada ao "rei carvão". Fico, olhando, deprimido, para aquelas covas rasas de carvão no pavilhão polonês em Katowice. Quão desprovido de foco é todo o esforço daquelas conferências da UNFCCC às quais compareço quase todos os anos! Se 45% das emissões da geração elétrica provêm do carvão e elas se concentram em cerca de dez países, o que caberia seria um grande plano estratégico para livrar o mundo dele. Uma espécie de mutirão planetário, operação de guerra, para atacar o problema de frente. Desativar as usinas e substituí-las por soluções eólicas e solares em massa com armazenamento, nuclear, hidrelétricas e gás, com uma transferência gratuita de tecnologias genéricas ou, se conseguirem tornar realidade – tenho cá minhas dúvidas –, a CCS (técnicas de armazenamento subterrâneo do CO_2), mobilizando os trilhões necessários com base na precificação positiva do menos-carbono que essas ações produzam.

Em suma: um Plano Marshall anticarvão capaz de substituir a fonte de energia e bancar os custos sociais, pagando altas aposentadorias, evitando conflitos sociais maiores e apoiando a transição das empresas. Algo similar teria que ser feito em relação ao desmatamento e ao reflorestamento em megaescala[97]. Um esforço focado, concentrado. As COPs simplesmente não estão formatadas para esse tipo de ação de Estado Maior. O formato do *One Planet* parece mais indicado, pelo menos, para discutir essas ações objetivamente. Isso provavelmente teria que passar pelo G20. Impossível não é, mas, atualmente, parece.

Eu me afasto daqueles túmulos envidraçados de carvão rumo ao pavilhão do Brasil, onde devo dar uma palestra sobre nossa possível estratégia de longo prazo para tornarmo-nos um país carbono-neutro até 2060.

---

96. Ver REED, Sarita; FONTANA, Vinicius. "Dono das maiores reservas de carvão do Brasil, RS acena para China em busca de investidores: Investimentos no estado iriam contra política chinesa doméstica de reduzir consumo do mineral". Diálogo Chino, 12 dez. 2018. Disponível em dialogochino.net/pt-br/industrias-extrativistas-pt-br/15659-dono-das-maiores-reservas-de-carvao-do-brasil-rs-acena-para-china-em-busca-de-investidores.
97. Ver o artigo "Phase-out of fossil fuel vehicles", na Wikipedia. Disponível em en.wikipedia. org/wiki/Phase-out_of_fossil_fuel_vehicles.

No caminho, encontro Trigg Talley, o chefe da delegação norte-americana. Parece cansado. Fico surpreso em vê-lo novamente, já na segunda COP desde a posse de Trump. Significa que, não obstante Donald, a delegação norte-americana do Departamento de Estado continua praticamente a mesma dos tempos de Obama. "Trigg? Você ainda aqui?" Ele sorri meio sem graça: "É... Eles andam confusos lá por cima, na Casa Branca, e nós, aqui por baixo, continuamos. *Low profile*, sabe como é. Aliás, é o que vai acontecer em breve com vocês também", disse, subestimando a tábula rasa que logo atingiria nosso Itamaraty.

Em Katowice tive a oportunidade de ter uma longa conversa com o Al Gore. Nós nos encontramos na zona de segurança da ONU. Ele se desloca com um dispositivo de segurança digno de um chefe de Estado, mas, dessa vez, fui logo conduzido à sala onde recebia suas visitas. Queria saber do Brasil. Ouviu atento. Discutimos longamente a situação internacional, que decerto havia piorado muito desde o Acordo de Paris. Trump tinha sido um marco, um fenômeno sinistro de implicações globais. Insisti na minha tese que já havíamos discutido quatro anos antes, em Lima: a da precificação positiva do menos carbono, o novo ouro. Na atual configuração, se não houver um fenômeno econômico, revolucionário, pela via da política e da cultura que leve ao seu reconhecimento como valor econômico, conversível em moeda, vai ser difícil alavancar uma transformação da profundidade na velocidade que a ciência considera crucial.

"Quero ajudar o Brasil. Pense e me diga como. Não quero atrapalhar." Lembrei-me de que ele já fora acusado, por algumas redes sociais, de propugnar a internacionalização da Amazônia. Foi uma *fake news* na qual foi confundido com o excêntrico futurólogo dos anos setenta Herman Kahn. Rimos. Expliquei que um dos nossos caminhos seria, com certeza, reforçar o vínculo com os estados e que haveria diversos governadores prontos para defender a nossa permanência no Acordo de Paris. Os estados brasileiros não têm o poder dos americanos; não temos uma Califórnia, nem um Jerry Brown (que acabava de passar a bola ao sucessor, Gavin Newsom), mas quem não tem cão, caça com gato. Esta última parte soou esquisita em inglês, mas deu para entender.

Na última noite de uma COP, era costume na delegação brasileira se promover um bolão para ver quem acertava a hora da madrugada em que, afinal, a conferência iria terminar. Essa de Katowice era uma COP de pouco suspense substantivo. Não tinha um perfil político marcante como aquelas de Copenhagen, em 2009, ou de Paris, em 2015, uma considerada fracasso, outra sucesso, quando, na verdade, foram parte de um mesmo processo de avanço incremental, a passos de cágado. Sempre acontece algum avançozinho altamente insuficiente à demanda do planeta. O processo decisório da COP depende do consenso de 196 governos: o mais atrasado dita os limites. Como dizia o comandante Che Guevara: "A velocidade da guerrilha é a do homem mais lento da tropa." Há muito deixei de curtir o Che, mas essa sua definição é perfeita.

O chamado Diálogo de Talanoa, patrocinado pelas Ilhas Fiji, pressiona para que se inicie mais cedo, já em 2020, a revisão por maior ambição das NDCs. Nesse item, o Brasil nada de braçada, porque nossa NDC é uma das mais avançadas. Conforme vimos, o Brasil é o único país em desenvolvimento com metas expressas em reduções absolutas de emissão. Outros países (como México e Indonésia) fazem reduções contra projeções de curvas de emissão imaginadas e outros (tipo China e Índia) em intensidade de carbono por ponto percentual do PIB. A contribuição do Brasil foi incondicional.

O Brasil anunciou, em 2015, que iria reduzir suas emissões em 38% até 2025 e 43% até 2030. Dá para fazer isso favorecendo nossa economia. Quanto ao tal *ratcheting*, a revisão para mais ambição, penso que, desta vez, deveria ser condicional. Deveríamos colocar na mesa, como exigência, a criação de um Fundo Garantidor Internacional para, a juro internacional mais baixo e as mais longas carências existentes, financiar massivamente projetos descarbonizantes, pagamentos por serviços ambientais, entre outros. Isso é fundamental para reduzir o desmatamento legal.

Temos que ter instrumentos econômicos para que não desmatar vire um negócio melhor que desmatar. O Brasil tem espaço de sobra – sessenta milhões de hectares de terra degradada para plantar tudo e mais alguma coisa –, mas, em diversas áreas, há interesses locais que querem avançar ainda mais sobre a floresta. Se a BR-319 for asfaltada, conforme deseja um amplo espectro político e uma opinião pública, desinformada, em Porto Velho e Manaus, uma nova rota de desmatamento atravessando o coração da Amazônia estará aberta às "espinhas de peixe" dos grileiros e do grimpo. O desmatamento ilegal é caso de polícia, mas é importante dar também um estímulo econômico para as famílias que são envolvidas pelos criminosos. Que possam receber para conservar, em vez de desmatar. Manter a floresta em pé, prestando serviços ecossistêmicos, tem que virar mais lucrativo do que destruí-la.

Um tópico no qual a COP 24 não avançou foi, mais uma vez, a novela dos famosos cem bilhões de dólares que os países desenvolvidos deveriam disponibilizar por ano a partir de 2020 para os em desenvolvimento. Como já vimos antes, é uma conversa-fiada que simplesmente não vai rolar, pelo menos na forma de transferência de recursos públicos Norte-Sul.

O Fundo Verde do Clima (GCF) poderia avançar, como vimos, no financiamento da adaptação nos países mais pobres, desde que consiga articular-se com as instâncias subnacionais (governos de regiões e municípios) e administrar a contento a permanente tensão entre eles e os governos nacionais, ciosos de suas prerrogativas centralizadoras. Em relação à mitigação, à redução de emissões, o GCF está mal formatado. O sucesso desses esforços depende de menos de dez países, responsáveis por 80% das emissões,[98] e a governança do GCF tende a dispersar esses recursos.

Insisto: ainda que esses cem bilhões de dólares viessem a se materializar a partir de 2020, com metade para adaptação e a outra para mitigação, representariam o que os gringos chamam de *peanuts*, uma ninharia. O custo global anual só de mitigação é, como já vimos, da ordem de no mínimo três trilhões de dólares por ano. Nenhum governo tem essa grana. Ela está no sistema financeiro internacional, na mão de grandes gestores como a BlackRock, por exemplo, que movimenta fundos de pensão e uma infinidade de outras aplicações financeiras. Esses fundos privados estão começando a incorporar o risco climático nos seus algoritmos. Má notícia para o carvão e o petróleo. Falta saber como se faz para atrair uma pequena parte que seja dessa dinheirama toda para projetos descarbonizantes como megareflorestamentos, energia eólica e solar, carros elétricos, biocombustíveis. Estabelecer um Fundo Garantidor Internacional ajudaria. Assim como capitalizar uma criptomoeda lastreada pela redução de carbono, que discutirei mais adiante. Nada disso foi discutido em Katowice, onde se negociou mais uma vez sem sucesso o Artigo 6º do Acordo de Paris com o sucedâneo do CDM, o SDM (Sustainable Development Mechanism). Queda de braço entre Brasil e União Europeia. Soma zero.

Precificação e mercados de carbono

A economia será o campo de batalha decisivo da descarbonização e já vimos a distância que existe entre o máximo teoricamente oferecido, no âmbito da UNFCCC, e o que de fato é necessário. Enquanto os

---

98. Ver portfólio do GCF (Green Climate Fund) no site.

trilhões do sistema financeiro e do investimento privado não fluem para a descarbonização, a caixa de ferramentas é limitada. Existem, grosso modo, aquelas duas "famílias" consagradas de mecanismos econômicos para a descarbonização: os vários tipos de mercados e aquela precificação do carbono, que denomino aqui "precificação real". Seria mais preciso chamá-la de "negativa", já precifica as externalidades negativas mas prefiro evitar a conotação subjetiva do termo. Do terceiro instrumento, incipiente, da precificação positiva, tratarei mais adiante.

A precificação real de carbono busca justamente incorporar as chamadas externalidades negativas climáticas e eventualmente as ambientais locais ao preço da tonelada de carbono. Um número cada vez maior de empresas institui o *shadow price* (preço sombra) em suas operações, instituindo uma taxa interna de carbono em geral como uma preparação para serem taxadas ou para operar em mercados para comprar ou vender *allowances*.

Ela serve para preparar as empresas para eventual taxação de carbono foi adotada no plano nacional ou provincial em alguns países frequentemente sob fogo cerrado, como já vimos nos casos da Austrália e da França. É uma batalha a ser travada país a país, região a região, porque os sistemas tributários, assim como os subsídios, são nacionais ou provinciais. Pode eventualmente também ser locais.

Cabe notar que a precificação de carbono ficou praticamente de fora do Acordo de Paris. Isso foi politicamente sintomático, dada a intensidade com que o tema fora debatido, em paralelo, antes e durante a Conferência de Paris, para, afinal, não dar em quase nada no texto do Acordo propriamente dito. Há ali uma única menção. Ela é meio oblíqua, situada em um trecho que trata de aportes não governamentais em "Parceiros não Partes" *(Non Party stakeholders)*. Surge, inopinadamente, ao final do Parágrafo 136, na Parte V da Decisão: "*Também reconhece (se) o papel importante de prover incentivos para atividades de redução de emissões incluindo instrumentos como políticas domésticas e precificação do carbono.*"

A verdade é que, em relação à precificação do carbono, tanto a real quando a positiva a qual introduzimos com sucesso no Parágrafo 108, o escopo de ação da UNFCCC é limitado. Passados 23 anos da Rio-92, não foi possível sequer avançar em algo que o próprio FMI fortemente recomenda: pedir a supressão de subsídios para os combustíveis fósseis. Alguns países vem fazendo-o em geral por razões macroeconômicas, e quase sempre ocasionando revoltas sociais. Nessas circunstâncias, aquela simples menção no Acordo de Paris à precificação do carbono como um "incentivo para atividades de redução de carbono" representou um pequenino avanço.

E o mercado de carbono? Em Paris ele foi objeto de uma densa negociação cujos dois atores principais foram o Brasil e a União Europeia. Um novo mecanismo foi definido no lugar do CDM. Foi definido como "cooperação voluntária" envolvendo o "uso de resultados de mitigação internacionalmente transferidos para contribuições nacionalmente determinadas". Em nenhum trecho aparece a palavra "mercados". Os franceses chamariam isso de *cache sexe*... a bíblica folha de parreira. A regulamentação do novo mercado internacional de carbono o Mecanismo de Desenvolvimento Sustentável (SDM, em inglês), dependente da regulamentação do Artigo 6 do Acordo de Paris, vem patinando nas últimas COP.[99] Os sucessivos impasses nas negociações em torno do Artigo 6 do Acordo de Paris, em todas as COP realizadas desde então (Marrakech, Bonn, Katowice e Madri), não são animadores para um instrumento que ninguém de fato é capaz de avaliar o potencial.

Mercados internacionais de carbono, sob a égide da ONU, são instrumentos limitados para financiar a descarbonização. O CDM servia essencialmente para ajudar a cumprir, comprando créditos de carbono, as metas de mitigação obrigatórias dos países do Anexo B, do Protocolo de Quioto. Como poderá funcionar seu sucedâneo, o SDM, em um novo contexto, em que todos os países têm suas NDCs? Elas não são nem bem completamente "voluntárias" – tem peso moral – nem bem obrigatórias, a não ser por legislação interna dos países. São variadas, heterogêneas, frequentemente de difícil comparação entre si.

O lado mais promissor dos mercados de carbono se dá fora do escopo da ONU, no âmbito nacional e subnacional com os mercados regionais, alguns deles com vínculo transnacional, como, por exemplo, o do estado da Califórnia, nos Estados Unidos, com o de Quebec, no Canadá. A China desenvolveu sete mercados regionais com aparente sucesso e agora consolida o seu nacional. México, Colômbia, Costa Rica e Chile articulam um mercado do Pacífico buscando vínculos com o da Califórnia.

Os "mercados de carbono" não são instrumentos de natureza propícios a desencadear nem a lastrear o tipo de processo exponencial reque-

---

99. Na verdade, o CDM teve uma sobrevida até o momento de entrada em vigor do Acordo de Paris, este ano.

rido para a transição global, para a qual são necessários, já vimos, investimentos na casa dos trilhões de dólares por ano. Não obstante, são úteis para permitir o atingimento de metas de redução de emissões ao menor custo permitindo a negociação entre segmentos econômicos e empresas possibilitando-lhes operar o abatimento de emissões da maneira mais barata e rápida. Podem se dar no âmbito setorial, regional ou mesmo local, desde que haja metas legalmente acordadas a serem cumpridas.

Assim, uma empresa poderá vender os créditos de carbono de sua redução, para além das suas metas, para outra onde essa mitigação é mais cara, lenta ou dependente de uma tecnologia ainda por desenvolver. No entanto, tem que haver certas salvaguardas e ressalvas em relação à perpetuação desse atraso, e também em relação a outros impactos dessas emissões, notadamente no meio ambiente local de quem está comprando esses créditos de carbono.

Existem ainda – e prosperam – os chamados mercados voluntários. Em geral atuam no âmbito subnacional e utilizam basicamente a precificação positiva. Adquirem resultados de menos-carbono, não com o objetivo de ajudar seus países de origem a cumprirem suas NDCs, mas para atender a políticas internas e objetivos de descarbonização da própria empresa perante seus acionistas que desejam ver tais esforços refletidos nos seus balancetes. O estado do Acre, no período anterior, financiou vários projetos socioambientais relevantes dessa forma.

Nowy Swiat

É a rua chique de Varsóvia. Ao seu final está a cidade velha, minuciosamente reconstruída depois da Segunda Guerra, que destruiu 95% da capital. *Nowy Swiat* (que significa "novo mundo") é onde ficam os bons restaurantes, as confeitarias, onde acontecem as manifestações. Acabo de passar por uma: cem pessoas, bem comportadas, dos dois lados da rua com faixas pela liberdade e pelo respeito à Constituição, bandeiras alvirrubras da Polônia e azuis estreladas da União Europeia. São dignos de admiração aqueles gatos pingados, porque estamos cinco graus abaixo de zero e com aquele vento cortante. Perdi uma luva, e decididamente não vou ficar ali parado ouvindo o discurso meio lamuriento do senhor ao megafone. O ar dos ativistas, em boa parte de meia-idade, é taciturno. Trata-se de um protesto contra o governo de extrema-direita do PIS.

O solteirão, irmão gêmeo e ex-primeiro-ministro do falecido presidente Lech Kaczynski controla o partido com mão de ferro e tenta hegemonizar mais e mais a república polonesa. Já assumiu o controle total da mídia pública, parte do Judiciário e agora tenta ocupar seu bastião final, a Suprema Corte, que resiste com apoio da União Europeia. Representa um nacionalismo ultracatólico ressentido, povoado de mitologias e animado permanentemente pelo ódio contra qualquer ameaça do outro "não polonês" (quer dizer, não católico). O poder político extraordinário desse homem prematuramente envelhecido, desprovido de carisma, agressivo e desdenhoso no trato pessoal, vem de um emaranhado de contradições que nenhuma ciência política ou sociologia sofisticada consegue explicar direito. Uma dessas coisas malucas que simplesmente acontecem em tempos malucos. Sabemos algo a respeito...

Estou sentado em uma confeitaria da Nowy Swiat com meu amigo, o jornalista Maciej Stasinski, da *Gazeta Wyborcza*. Comentamos tanto os tempos doidos lá como cá. "Econômica e socialmente, passamos por um período histórico de progresso como nunca houve na Polônia. Nem falo em comparação ao comunismo; digo nos últimos vinte anos, com nossa participação na União Europeia. Fomos um dos raros países que evitaram a crise de 2008, tivemos toda essa relocalização da indústria alemã para a Polônia, o padrão de vida subiu regularmente, o desemprego é baixo. A imigração africana ou muçulmana para cá é zero – embora seja frequentemente apresentada como uma terrível ameaça pelo governo. Temos alguns ucranianos, poucos e culturalmente fáceis de integrar. Então, diabos, por quê?"

Ficamos nos olhando perplexos. Nem comecei a narrar as últimas do Brasil, que ele conhece bastante bem. Fala um bom português. "A explicação tem que estar na política", observo. Acabam de se realizar eleições municipais e regionais. A oposição venceu em todas as grandes cidades. A Polônia está polarizada entre metrópoles e cidades médias: um mundo cosmopolita, de olhos no ocidente, e um rural, das periferias, das pequenas cidades, onde o PIS nada de braçada. A Igreja e sua poderosa emissora, Radio Maryja, têm uma influência importante.

A maior culpa foi da oposição, de centro-direita. Os tucanos do pedaço se meteram em diversos tipos de escândalos, inclusive de corrupção – nada parecido com a Lava Jato –, e gravações politicamente comprometedoras num restaurante de luxo. Foram estigmatizados até a medula pela grande imprensa (agora implacavelmente perseguida pelo PIS). E também teve culpa a diminuta esquerda polaca dividida em três partidos. Juntos, incluído o velho partidão pós-comunista, somariam mais de 12%. Deram um jeito de não se unir – cada qual

318

tratando o outro como o grande inimigo a abater – e conseguiram a façanha de ficarem todos abaixo da cláusula de barreira de 7%. Se algum deles a tivesse superado (um deles teve mais de 6,5%), o PIS não teria sido, de partida, capaz de formar maioria e a história da Polônia (e da Europa Oriental) hoje seria diferente.

Kaczynski soube explorar a inépcia dos adversários e tenta construir uma "democracia iliberal", uma "democradura", com base no controle da mídia, do Judiciário, de uma nova legislação eleitoral, da Radio Maryja e de um programa tipo Bolsa Família, que paga por cada filho. É uma de suas principais armas eleitorais. Enquanto a política da Plataforma Cidadã era vista como tecnocrática, eurocrata, sempre obcecada em cumprir rigorosamente as regras de déficit público fixadas por Bruxelas, ele soube incutir em sua estratégia, além do nacionalismo de extrema-direita uma pitada de lulismo.

No ano seguinte, o PIS venceria novamente as eleições nacionais por uma margem menor, inclusive perdendo o Senado, mas suficiente para se manter confortavelmente no poder. Ficou ainda mais claro o peso dos programas "lulistas" de Kaczynski: o Bolsa Filho e uma concentração de investimento público nas pequenas e médias cidades do interior. Trata-se de uma extrema-direita que pratica política fortemente assistencialista. Isso associado às guerras culturais, principalmente seu discurso homofóbico e anti-imigração (imaginária).

Embora ferrenha e histericamente anticomunista, a cultura de poder do PIS lembra muito as práticas do tempo do comunismo: o Partido acima de tudo, nenhum compromisso com a verdade, um vale-tudo pelo poder, uma hierarquia informal sob a batuta do chefe. Ouvi de muitas pessoas que nada lembra mais os quadros do comunismo que a copa e cozinha desse populismo ultracatólico de direita que, sem cerimônia, mama nas tetas do Fundo de Coesão da União Europeia, mas vê a Europa como coisa ruim.

Recebe um vultoso investimento da Alemanha, mas considera Angela Merkel a bruxa malvada que quer inundar o Leste Europeu de terroristas islâmicos. Só se salvam Donald Trump, o ídolo maior, e Viktor Orbán, o preciso aliado, pai da democradura húngara. Orbán, diferente de Kaczynski, é carismático e, essencialmente, um grande espertalhão oportunista, não um ideólogo. Ambos estão agora em boa companhia, com Matteo Salvini à espreita, na Itália, e Jair Bolsonaro, no distante Brasil. Mas na Polônia não dão lá muita importância ao lado de cá do Equador.

Da gerontocracia comunista, o PIS também herda aquele atento

319

voyeurismo da saúde do chefe. Está mancando? Respira pesadamente? Mija toda hora? Durante minha estadia, corriam variados boatos sobre a saúde de Kaczynski – passou pelo hospital tal dia, fez uma bateria de exames, há suspeita disso ou daquilo. Lembra o olhar jornalístico atento aos passos trôpegos de Leonid Brejnev, Iúri Andropov e Konstantin Chernenko.

Muitos poloneses sonham que a natureza os livre do gêmeo mau. Há praticamente unanimidade em considerar que só ele é capaz de manter o PIS unido, e que este sucumbiria à feroz disputa sucessória. "Ele já tem 68 de idade, não anda lá muito bem", observa Maciej. "Porra, 68 tenho eu e estou em plena forma", observo, entre irritado e irônico. Mas ele me garante que a saúde do *condotieri*, prematuramente envelhecido, de fato não é das melhores. Não o impediu de ganhar novamente as eleições, no ano seguinte, inclusive se elegendo deputado deixando de ser apenas a estranha eminência parda que tudo ordena desde os bastidores.

Demos boas risadas com causos do folclore político de nossos respectivos países nas bizarras circunstâncias atuais. Resta sempre o humor negro e a esperança de que a história só esteja se repetindo, apenas enquanto farsa. Dedinhos cruzados.

Polin e Berlim

Encontrei naquela viagem mais dois amigos poloneses, Artur Domoslawski, autor de diversos livros (de um dos quais, sobre América Latina, sou personagem), e Magda Materna, artista que durante muito tempo promoveu o intercâmbio cultural com o Brasil. Todos, assim como, Stasinski, falam bem o português. Nossas conversas eram engraçadas: eles procurando falar português, e eu forçando meu polonês para tentar melhorar meu vocabulário muito limitado. O documentário sobre minha mãe, *Lila*, ficara pronto, e eu tentava, com a ajuda desses amigos, ver como poderia exibi-lo na Polônia nas atuais circunstâncias. Fui instado por todos a visitar o Polin, o Museu Judaico de Varsóvia. De fato, foi uma experiência única: o museu é extraordinário.

Fazia um frio do cacete, mas dei a volta completa ao prédio localizado numa praça que pertencera ao gueto de Varsóvia. O projeto arquitetônico é daqueles de tirar o chapéu. O concurso foi vencido por dois arquitetos finlandeses, Rainer Mahlamäki e Ilmari Lahdelma. É uma grande caixa envidraçada cuja entrada tem o formato de uma cauda de avião. Vistos de perto, os vidros têm um leve alto-relevo com Polin –

nome antigo pelos quais os judeus chamavam a Polônia – em polonês e em hebraico.

Os primeiros judeus passaram pela futura Polônia no século X. A história judaica ali tem como gênesis o primeiro judeu a documentar sua visita, no ano 965: Ibrahim ibn Yaqub, um mercador e diplomata vindo de Toledo, cidade moura de Al Andalus – a parte da Espanha conquistada pelo Califado –, aportou naquele domínio distante do príncipe Mieszko I, parte do Santo Império Romano dos países eslavos.

Logo a Polônia tornar-se-ia um reino de dimensões retráteis, segundo as peripécias de sua história, que, afinal se interrompia abruptamente no final do século XVI, quando foi partilhada entre a Rússia, a Alemanha e o Império Austro-Húngaro. O Polin, usando diversas técnicas de exposição, do mais tosco ao digital, nos conduz pela chegada e convívio das progressivas levas de judeus às cidades e aldeias polonesas, onde exerciam o comércio e mantinham relações com os governantes monárquicos e locais, provendo-os de sua contabilidade, logística, literatura, arte e belas amantes. Concentrou-se ali a maior população judaica da Europa e as relações, durante o longo período de reinados, embora não isentas de tensões religiosas e eventuais conflitos, eram bastante razoáveis, bem distintas do antissemitismo que passou a grassar depois da partilha, sobretudo na parte russa, onde os cossacos promoveram os primeiros grandes *pogrom* (massacres de judeus).

O renascer da Polônia como Estado, depois da Primeira Guerra Mundial, se deu com a derrota dos alemães e do Império Austro-Húngaro e a expulsão dos soviéticos que haviam herdado as posições militares do exército czarista e foram derrotados no leste da Polônia depois de uma batalha denominada O Milagre do Rio Vístula. Foi nessa época que a cavalaria polonesa ocupou a cidade judaica de Pinsk e meu avô, o tenente Alfred, conheceu minha avó, Wiera, se apaixonou e decidiu estabelecer-se por lá como dentista.

O antissemitismo de Estado marcou profundamente a Polônia entre guerras, sobretudo depois da morte em 1935 do marechal Józef Pilsudski, que fora casado com uma judia. Isso está bem documentado no museu, assim como o mosaico de publicações, partidos, movimentos e vida cultural muito plural da comunidade judaica polonesa com três milhões e meio de pessoas, dos quais mais de três milhões seriam exterminadas por Hitler na Segunda Guerra Mundial. A parte da Segunda Guerra é relativamente sumária, até porque há outras instituições que possuem um imenso acervo do Holocausto, a começar pelos próprios campos de extermínio nazistas, que foram preservados. Pareceu-me muito pequena aquela dedicada à rebelião do gueto de Varsóvia. Talvez seja muito difícil identificar qualquer acervo, tão drástica foi sua destruição.

O museu documenta também a vida judaica do pós-guerra na Polônia socialista, que praticamente se encerra na campanha antissemita (tratada como antissionista) de 1968, que provocou a partida da última leva de judeus sobreviventes, em sua maioria para Israel e os Estados Unidos. Hoje, há cerca de 3.200 judeus na Polônia (quinhentos a mais que na China...), e, ainda assim, se ouvem no universo da base de governo do PIS esporádicas referências antissemitas que, como no caso da Hungria, coexistem perfeitamente com estreitos vínculos políticos com o governo de direita e ultradireita de Israel de Bibi Netanyahu. O sentimento de hostilidade anteriormente destinado aos judeus agora volta-se mais para fictícios imigrantes muçulmanos. Esse tipo de imigração existe na TV e povoa o imaginário paranoico das redes sociais com suas *fake news* e episódicos pronunciamentos alarmistas de gente de governo.

De qualquer forma, saí do Museu Judaico de Varsóvia, Polin, de alma lavada, pois senti em suas entranhas honestidade intelectual e um grande esforço em retratar a história de uma muito antiga relação que só se tornou de fato amarga e terrível no curso dos últimos cem anos. Futuras gerações a renovarão e repovoarão. Achei o Polin ainda melhor que o Museu Judaico de Berlim, que visitara anos antes. O projeto arquitetônico de Daniel Libeskind também é uma preciosidade, com sua combinação do prédio novo com o antigo, vizinho. Polin, no entanto, me passou um vigor especial, uma emoção que não senti no museu de Berlim – mas que experimentei de sobra, como um soco no fígado, em outro ponto da cidade: no Monumento ao Holocausto.

Berlim deve parte de seu renovado dinamismo ao fato de se relacionar de uma forma aberta, sem subterfúgios, com o seu passado terrível; com audácia, peitando de frente os seus demônios. Longe de varrê-los para debaixo do tapete e pretender que o tempo de expiação dos crimes históricos se esvai com o gradual desaparecimento da geração que viveu o Terceiro Reich, Berlim mergulha de ponta-cabeça na arqueologia do terror.

Ficou bem marcada, na época, a polêmica em torno do monumento às vítimas do Holocausto. Quem acompanhava a briga pela imprensa internacional chegava com algumas dúvidas. Será que a didática conservação dos campos de extermínio, nos sítios originais do genocídio, já não seria suficiente? Não significaria aquilo a reiteração obsessiva, perene, de um estigma em uma nação cuja identidade, hoje, é das mais tolerantes, livres e pacifistas? Será que o martelar obsessivo do tema do Holocausto não poderia engendrar um efeito contraproducente, oposto ao pretendido?

Na vista da obra, projetada pelo arquiteto Peter Eisenman, qualquer dúvida desaparece. O monumento é, simbólica e historicamente, um aporte extraordinário à cidade de Berlim, à Alemanha, livre e reunificada, e à humanidade que vai muito além do reconhecimento do horror do holocausto hitlerista. Perto do Portão de Brandemburgo, a pouca distância do Reichstag, quase sobre o ponto onde jaz sepultado o sinistro bunker de Adolf Hitler, dezenove mil metros quadrados do espaço imobiliário mais valorizado da cidade estão cobertos por 2.711 blocos de concreto cinza e um memorial subterrâneo que constituem um ato perfeito de justiça histórica.

O monumento em si tem essa força artístico-arquitetônica que transcende a evocação das matanças. Ao mergulharmos naquele jardim de pedras cinzento, em suas passagens apertadas, entre os blocos que sobem e descem acompanhando o relevo acidentado, ao nos embrenharmos em um quase labirinto, cuja saída se vê a todo momento, mas que, nem por isso, nos priva da claustrofobia, confrontamo-nos com a solidão, a brevidade de nossas vidas, nossas obrigações elementares de seres conscientes, o medo e o necessário esforço para manter a condição humana.

Por entre os blocos cinzentos de altura variada, cruzei com centenas de visitantes, em sua imensa maioria jovens berlinenses, o mesmo público que encontrei no Museu Judaico de Daniel Libeskind, do lado oriental. Que melhor e mais demolidora vitória sobre a herança hitlerista que uma juventude alemã pacifista e democrática, ávida em conhecer a cultura judaica? A mesma juventude dias antes havia encurralado e imobilizado uma manifestação de algumas centenas de skinheads neonazistas na Alexanderplatz, no dia das comemorações pelos sessenta anos do final da Segunda Guerra.

Mas a exposição das vísceras da memória, sua transformação em um atributo da cidade e em atração turística, não se limita à questão judaica. Em Friedrichstrasse encontram-se duas camadas de memórias da opressão: na de cima, parte dos derradeiros trechos do Muro de Berlim; abaixo, as escavações dos porões dos Tribunais do Terceiro Reich, com uma exposição a céu aberto dedicada aos condenados, alemães antifascistas. A pouca distância dali, o famoso Checkpoint Charlie, o posto fronteiriço da Guerra Fria, com outro trecho do muro e cruzes que recordam dezenas de pessoas mortas pelos guardas do regime comunista ao tentarem

323

atravessar o Muro de Berlim em busca da liberdade. Em torno da memória da Guerra Fria, da Alemanha dividida, há museus, lojas, suvenires de toda espécie: uniformes, capacetes, máscaras antigas, relógios com a efígie de Lênin. O passado, embora muito sofrido, virou hoje também uma atração e um mercado.

Os vazios urbanos da antiga fronteira receberam bilhões em investimentos imobiliários, resultando em alguns prédios prodigiosos e outros de gosto duvidoso. Berlim, como algumas cidades globais, apresenta projetos dos grandes arquitetos do nosso tempo: a nova cúpula de vidro do Reichstag, de Norman Foster; o novo *landmark* da cidade, o teatro musical e o prédio triangular da Daimler-Chrysler, de Renzo Piano, destoando positivamente no salseiro modernista da Potsdamer Platz; a sede do DZ Bank de Frank Gehry; as Galeries Lafayette, de Jean Nouvel; o velódromo de Dominique Perrault; a cobertura do arsenal da Unter den Linden, de Ming Pei – que convivem com projetos mais antigos, perenes, como a Nova Galeria de Mies van der Rohe e a Casa das Culturas do Mundo, de Hugh Stubbins.

Berlim é uma cidade em que se combina um monumentalismo modernista em algumas áreas, como a esplanada verde do Reichstag, com essas fantásticas ruas de uma cidade europeia densa e fervilhante, com seus usos múltiplos e calçadas concorridas. Alguns de seus bairros mais *fashion* estão na antiga Berlim Oriental, menos atingida pelos bombardeios durante a guerra e pela renovação urbana dos anos da reconstrução. Hoje concentra-se ali o que resta da arquitetura tradicional dos séculos XIX e XX e isso, de repente, passou a ter valor. É também uma cidade verde, com grandes parques, arborização de rua defendida e cultivada de forma obsessiva. Memória, criatividade, movimento, dinamismo, multiculturalismo e verde são os signos atuais da velha metrópole, à época, anos noventa, financeiramente falida, mas urbanística, ambiental e culturalmente prodigiosa.

A trombada do caminhão

A greve dos caminhoneiros que paralisou o Brasil por uma semana em maio de 1918 foi algo no espírito dos coletes amarelos, ou até mais: dos gorros vermelhos, que os precederam, no governo de François Hollande. Pressionado pelos ecologistas, o simpático e impopular Hollande tentou taxar o diesel. Deu na greve de caminhoneiros na Bretanha, bloqueando estradas, seguida do imediato recuo do governo, com

324

o rabo entre as pernas. No caso brasileiro, nem ocorreu, como no país de Obelix, um anúncio de aumento da taxa de carbono – já temos, há muito tempo, incorporada, nossa CIDE (Contribuição de Intervenção no Domínio Econômico), que taxa indistintamente combustíveis com ou sem carbono.

O movimento de caminhoneiros foi desencadeado pelo repasse do aumento internacional do preço do petróleo que, depois uma baixa de alguns anos, deu uma disparada (para logo cair novamente, como sói acontecer). Rompendo com a política dos governos do PT, a Petrobras não quis mais subsidiar esse aumento, que passou a incidir diariamente no preço do diesel na bomba. O princípio do não subsídio era tanto econômica quanto ambientalmente/climaticamente correto mas, politicamente, são outros quinhentos, ainda mais em um governo impopular e frágil como o de Temer. Possivelmente haveria formas mais gradualistas para esse repasse.

A greve/lockout foi mobilizada pelas redes sociais e pelo WhatsApp. Paralisou completamente o país e, segundo o Ministério da Fazenda, custou 15,9 bilhões de reais,[100] 0,2% do PIB brasileiro. Logo, boa parte dos caminhoneiros adotou o "Fora Temer", já praticamente iniciada a campanha eleitoral. Foi claramente uma mobilização tendendo para a direita que, em poucos meses, venceria e passaria a governar o país. Tudo isso para logo se defrontar com o mesmo problema econômico, social, logístico, climático e de segurança nacional.

A crise com os caminhoneiros é, antes de mais nada, o colapso do modelo rodoviarista brasileiro, que criou uma dependência total do caminhão para o abastecimento (61% das cargas) de todo um país, abriu mão do desenvolvimento de nossas ferrovias, hidrovias e navegação de cabotagem. Além do transporte de carga movido a diesel ser altamente emissor e poluente, deixa o Brasil em estado de extrema vulnerabilidade frente a um grupo de pressão relativamente reduzido e ao sabor das inevitáveis oscilações do preço do petróleo no mercado internacional.

Estamos nas mãos dos operadores de uma frota em boa parte sucateada e de uma categoria sofrida e ressentida que se sente vulnerável, abandonada. A crise atual também é a enésima oportunidade para enfrentar esse problema em suas múltiplas facetas. A frota de caminhões

---

100. Estudo da Secretaria de Política Econômica do Ministério da Fazenda divulgado no dia 14 de junho de 2018. Há outras estimativas mais altas: a revista *Exame*, em 30 de maio de 2018, estimou em 50 bilhões de reais ao computar diversos custos indiretos.

no Brasil é de aproximadamente 1,3 milhão de veículos. Desses, cerca de setecentos mil têm mais de vinte anos. Metade dos CNPJ do setor possuem, no máximo, dois veículos. A grande maioria desses caminhões velhos está nas mãos de motoristas de meia-idade e sem capacidade de investimento alguma, quando não fortemente endividados. Como agravante, em sua maioria rodam por estradas não ou mal pavimentadas e dirigem de forma a levá-los a desperdiçar combustível, poluir mais e se expor a panes e acidentes.

A frota de caminhões precisa ser modernizada urgentemente com um projeto de renovação que leve ao sucateamento imediato daqueles com mais de trinta anos (cerca de duzentos mil!). É preciso adotar padrões de emissão mais rigorosos. A Associação Nacional dos Fabricantes de Veículos Automotores (Anfavea) vem fazendo um intenso lobby contra isso. Obteve no Rota 2030, um programa a quatro mãos com o governo, sem negociação nem transparência, o adiamento de metas de controle da poluição do transporte rodoviário de carga até 2032, colocando o Brasil na rabeira internacional, mesmo entre países em desenvolvimento.

A Confederação Nacional do Transporte (CNT) apresentou um bom projeto denominado RenovAr, que permite a recompra de caminhões velhos para sucateamento com um financiamento de até oito anos para o caminhoneiro. Outras medidas óbvias seriam maior oferta e uso de biodiesel (menos vulnerável às oscilações de mercado internacional) e a eletrificação. Os caminhões a gás são uma realidade, e os elétricos, para médio porte, dependem de uma rede elétrica para o abastecimento e de baterias capazes de dar conta de viagens mais extensas e da vontade política de estabelecer para eles um crédito especial. Como opção para frotas urbanas, como a de coleta de lixo, isso já está na ordem do dia. Para ônibus, já é uma realidade a ganhar em escala. Campinas está eletrificando seus ônibus articulados e trouxe uma fábrica da BYD chinesa para fabrica-los.

Poucos dias antes do *lockout* dos caminhoneiros, tive uma reunião com o então presidente da Petrobras, Pedro Parente. Foi uma das várias discussões bilaterais que promovemos em 2018 com pessoas que não haviam participado diretamente das conversas nas Câmaras Temáticas do FBMC para a *Proposta Inicial para a Implementação da NDC brasileira*, mas que achávamos importante que tomassem conhecimento da versão em discussão e pudessem expressar suas opiniões e críticas. Evidentemente, a Petrobras em nenhuma circunstância podia ficar de fora dessa discussão em relação a como tiraríamos do papel a NDC brasileira. Ela ainda teria tempo para operar a transição de uma empresa de petróleo para uma de energia, como suas concorrentes internacionais, a Shell, BP e outras, estão fazendo. A política do avestruz, do *business as usual*, não resolvera seu problema, pois os maiores impactos do choque climático sobre a indústria do petróleo ainda estão por vir.

A MP 795/17, no entanto, deu de mão beijada à indústria do petróleo aquele imenso subsídio de uns novecentos milhões de reais até 2040. A MP original tinha sido enviada algo sorrateiramente, sem consulta ao Ministério do Meio Ambiente, em agosto de 2017. O relator na Câmara, o deputado Júlio Lopes, conseguiu piorá-la ainda mais estendendo a vigência de alguns dispositivos. Era compreensível a urgência e até o consenso em torno desse subsídio apoiado pela grande mídia que, ao contrário de dois episódios anteriores, o da RENCA e o da redemarcação da Floresta Nacional do Jamanxin, ficou do outro lado, deu apoio total à MP. Era de fato fundamental para os leilões de poços de petróleo no mar, que a Petrobras considerava questão de vida ou morte. O governo sonhava com os bilhões e, no Rio de Janeiro, no fundo do poço, esses recursos eram vistos como a tábua de salvação. Era quase impossível se opor. Nossa posição era simplesmente quixotesca.

No entanto, conquanto invisível – porque olhamos para o outro lado ou fechamos os olhos –, o elefante está bem ali, sentado no sofá da sala: o petróleo encontra-se no limiar de uma lenta mas profunda implosão. Antes mesmo da decisão da indústria automobilística global de entrar de cabeça na era da eletrificação, o seu preço já se estabilizara em um patamar relativamente baixo pelo excesso de ofertas que os recentes cortes de produção da OPEP diante do derrame no mercado do *shale oil* americano. Uma nova guerra no Golfo Pérsico poderá fazê-lo disparar, conjunturalmente, mas isso não irá alterar os elementos básicos do processo em termos. O que tivemos recentemente foi o contrário: uma guerra comercial entre Rússia, Arábia Saudita e Estados Unidos destinada a baixar o preço a ponto de tornar o *shale oil* americano pouco competitivo. Com óbvias rebarbas para o pré-sal.

Sua agonia certamente será muito mais lenta, longa e penosa que a do carvão, mas é inevitável, inexorável, tanto quanto. Até porque para a humanidade ter a mínima chance de conter a temperatura do planeta abaixo dos 2ºC – quanto mais 1,5ºC –, será preciso manter enterrados cerca de 60% das atuais reservas hoje identificadas em condições de serem exploradas.

Futuramente, esse petróleo não extraído poderá reivindicar seu valor enquanto *stranded asset*: recurso interdito. Cientes dessa situação, grandes produtores, como a Noruega, mas também a própria Arábia Saudita, já projetam alternativas para um futuro menos petrodependente. Mas no Brasil, país de fantasias e efêmeras euforias, que se julga o futuro Texas do início século XX, ainda consideramos o pré-sal o Eldorado por vir. A questão permanece no ar: até quando iremos subsidiar generosa e duradouramente essa indústria, não obstante sua prometida obsolescência? Até quando iremos, por pressão da indústria automotiva e dos caminhoneiros, manter subsídios aos combustíveis fósseis?

Globalmente, segundo o FMI, são mais de 650 bilhões de dólares anuais em subsídios diretos. Mais de cinco trilhões de dólares quando inclui os custos indiretos de saúde e outros decorrentes de suas externalidades negativas, climáticas e de poluição do ar que provocam e que causam sete milhões de mortes prematuras por ano em todo planeta. Esses 5,6 trilhões de subsídios, diretos e indiretos, ao petróleo e ao carvão é, grosso modo, a soma anual estimada para financiar a transição rumo à descarbonização.

Como dizia o poeta Drummond, "há uma pedra no meio do caminho, no meio do caminho há uma pedra". E essa pedra se chama política. Raramente os governantes têm colhão de mexer nesse vespeiro, e quando mexem, dificilmente passam incólumes. Quando concluíamos este livro, explodia o Equador e, depois, vejam só, o Irã, por terem mexido nos subsídios ao combustível fóssil.

No entanto, não há hipótese de o petróleo continuar a ser queimado globalmente, em meados do século, a não ser que nos conformemos com cenários climáticos apocalípticos. Ele continuará servindo à indústria petroquímica de diversas maneiras, mas, como combustível, das duas, uma: ou ele tem seus dias contados ou... parte crescente da humanidade, os seus. Em bom português: no atual paradigma fóssil, estaremos climaticamente fodidos. A tendência a pular fora do petróleo já está delineada pela inequívoca decisão da indústria automotiva de se eletrificar. Isso ocorrerá a uma velocidade muito maior do que imaginamos hoje, embora de forma diferenciada. Alguns países demorarão mais do que os outros, o que dificilmente será uma vantagem competitiva naquelas alturas do campeonato, quando infelizmente não estaremos mais nas arquibancadas para assistir o desenrolar do jogo.

Para manter a temperatura média do planeta abaixo dos 2ºC e evitar consequências catastróficas ainda maiores, será necessário adaptar-se a um "orçamento de carbono" global – a quantidade que ainda poderá ser emitida pela economia mundial – de 825 gigatoneladas de CO_2. Isso limita a quantidade de GEE a ser emitida no planeta até meados do século[101] e implica em renunciar à extração de 60% das reservas atuais de petróleo, o que traz determinadas implicações, hoje desconsideradas, para o pré-sal e o futuro da Petrobras. Haverá nas próximas décadas uma corrida desabalada, feroz, para ver quem vai conseguir alocar seu petróleo em um mercado em retração estratégica e quem ficará com mais *stranded asset*. Apostamos que seremos mais bem-sucedidos que os nossos concorrentes, inclusive países em que a extração é mais fácil e barata, onde ele praticamente aflora no deserto. Haja otimismo...

Voltando àquela reunião na Petrobras com o Pedro Parente, rapidamente estabeleceu-se entre nós o entendimento de que não fazia sentido discutir o assunto dos subsídios do Repetro. Suas razões tinham a seu favor toda a lógica econômica de curto e médio prazo, o posicionamento unânime do establishment político e tecnocrático, da mídia e a emergência do estado Rio de Janeiro (quer mais?). Da minha parte, apenas um argumento tão incontestável quanto, a curto prazo, impotente: se as reservas do pré-sal e outras similares mundo afora forem todas extraídas e queimadas, teremos, ao final do século XXI, o inferno na Terra.

Naquela conversa, porém, identificamos um vasto campo de entendimento em três assuntos. Ele aceitou minha argumentação de longo prazo e interessou-se pela ideia de uma aplicação da precificação positiva aos *stranded assets* enquanto "emissões evitadas". Por maior antipatia que parte dos ambientalistas possa ter por esse argumento, essa é uma discussão que terá que ser enfrentada. Qualquer estratégia séria visando o *net zero* em meados do século deverá fazê-lo. O Equador fez uma proposta nesse sentido em uma das COP, mas não prosperou. O assunto certamente voltará a se colocar.

Dois outros temas de interesse naquela conversa com o Pedro Parente nos aproximaram: seu interesse em ver a Petrobras produzindo energia eólica offshore (é fácil entender as enormes vantagens competitivas da Petrobras para tanto) e no refino do bioquerosene de aviação. O Brasil tem a macaúba e um leque de caminhos biotecnológicos para assumir uma liderança. Mas os *players* atuais não têm o poder da Petro-

---

101. Ver síntese de valores e probabilidades no documento "IPCC AR5 Carbon Budgeting for 2 Degrees Celsius". Ver mapas e dados do indicador "Atmospheric greenhouse gas concentrations", European Environment Agency. Disponível em eea.europa.eu/data-and-maps/indicators/atmospheric-greenhouse-gas-concentrations-6/assessment-1.

bras para viabilizá-lo estrategicamente em condições competitivas. Ou o Brasil torna-se um ator importante nesse jogo ou padecerá amargamente do atraso. Saí aliviado e animado da reunião com o presidente da Petrobras, à qual chegara meio apreensivo. Encontrara um agradável e bom interlocutor. Duas semanas depois, o Pedro Parente foi – metaforicamente, graças a Deus – atropelado por um caminhão... E a orientação da empresa no novo governo é despojar-se de tudo para cuidar só do petróleo, desprezando suas enormes vantagens competitivas para investimentos energéticos nas grandes eólicas de alto-mar. Nesse particular iguaizinhos ao PT...

Mangue vivo

A reunião na Petrobras com o Pedro Parente, dias antes da sua queda, me lembrou uma outra naquela presidência, quase vinte anos antes, com seu antecessor, Philippe Reichstul, que também era sensível à ideia de diversificá-la como empresa de energia, não apenas de petróleo. O gancho, como diríamos em jargão jornalístico, tinha sido o grave acidente de derramamento de petróleo na baía de Guanabara perto da Refinaria Duque de Caxias (Reduc) em janeiro de 2000. Uma parte considerável dos fundos da baía foi coberta por uma enorme mancha de óleo. As praias da região, já bastante poluídas, ficaram cheias do que parecia um piche negro e pastoso. A ilha de Paquetá foi duramente atingida. Os peixes começaram a morrer em massa, e as fotos dos biguás agonizantes, com as asas cobertas de óleo, correram o mundo. Não chegou a ocorrer o que antecipou o jornal francês *Le Monde*, em uma monumental e alarmista "barriga": "*La marée noire de la baie de Rio menace Copacabana*" ("A maré negra da baía do Rio ameaça Copacabana"). A mancha, contida mais ao fundo da baía por barreiras flutuantes, nunca chegou de fato a ameaçar as praias oceânicas do Rio ou de Niterói, mas o acidente foi certamente o mais grave da sofrida história da baía e um dos piores do país em todos os tempos.

Foi também um momento de mobilização da sociedade civil e da imprensa e resultou em um raro surto de voluntariado: milhares de pessoas se ofereceram para trabalhar na limpeza das praias e, particularmente, na tentativa de salvar a fauna, empesteada de óleo. Jovens de máscara, detergente, luvas, balde e escovão tentavam limpar o petróleo das asas dos biguás e outras aves que saltitavam em agonia na areia, sem conseguir mais voar.

O movimento ambientalista realizou protestos cujo alvo era logicamente a Petrobras, acusada de falta de cuidados e de planejamento. No Rio de Janeiro, fizemos diversos. Um deles foi o "abraço" à praia de Ramos. A Petrobras, à época presidida por Philippe Reichstul, de forma inédita abriu-se para o diálogo. Na condição de vice-presidente executivo da OndAzul – o presidente era o Gilberto Gil –, participei de várias dessas reuniões. Do lado da empresa, me recordo dos dois principais interlocutores: Rodolfo Landim, que depois fez carreira na iniciativa privada, e Lia Blower. Uma parte dos ambientalistas queria apenas marcar posição e brigar. Outros, nos quais me incluí, queriam fazer com que a empresa realizasse uma profunda revisão de seus procedimentos de segurança, desse maior transparência às suas ações. Nos procedimentos de segurança, houve, sem dúvida alguma, progresso. A Petrobras tornou-se mais segura do que no início dos anos 2000. Inevitavelmente, abriu-se uma outra discussão, a da compensação: a empresa deveria recuperar o ecossistema e, de alguma forma, indenizar a população atingida, como pescadores, catadores de caranguejos, moradores dos fundos da baía e de Paquetá.

Na época, realizei um voo de helicóptero sobre a região dos fundos da baía de Guanabara: da Refinaria Duque de Caxias, a Reduc, de Jardim Gramacho, que acabava de ser reconvertido de lixão para aterro controlado, e em volta do qual iniciava-se um projeto de recuperação de mangue, de Magé, o município mais pobre da região, e de Guapimirim, onde subiste ainda um exuberante manguezal protegido por uma unidade de conservação ambiental.

Ao sobrevoar Magé, pedi ao piloto que circulasse em volta da praia de Mauá que me impressionou pela quantidade inimaginável de lixo. Era o ponto onde as correntes do fundo da baía carreavam em maior volume aquilo que na linguagem meio pedante dos técnicos, denominam lixo sobenadante: centenas de milhares de garrafas PET, sacos plásticos, pneus, artefatos de madeira de todo tipo, roupas, sapatos, geladeiras – não as imaginava capazes de flutuar –, bonecas, brinquedos quebrados, penicos e tudo o mais que se possa imaginar. A praia era um vazadouro natural; seus garis, as correntes da baía. Mesmo sobrevoando a algumas centenas de metros de altura, era algo que chamava atenção e indignava.

Passados oito anos da conferência Rio-92 e despendidos oitocentos milhões de reais, aquele era o saldo do PDBG, o Programa de Despoluição da Baía de Guanabara, anunciado com pompa e circunstância logo após a Conferência, quando o governo do estado obtivera financiamentos do Banco Interamericano de Desenvolvimento e do banco japonês JBIC, para recuperar a baía.

O programa, gerido no estilo tradicional, centralizado, pelo governo estadual e pela CEDAE, fora concebido na forma de grandes obras – estações de tratamento, elevatórias, redes de esgoto, usinas de reciclagem de lixo – e um projeto de educação ambiental que gerou alguns frutos, ainda que tenha ensejado muito clientelismo. A parte "obreira", no entanto, foi uma catástrofe. Parte das usinas de tratamento nunca funcionou direito; outras simplesmente não recebiam esgoto ou recebiam muito aquém de sua capacidade pela falta de redes coletoras (a contrapartida financeira da CEDAE). Em alguns lugarejos, a rede, afinal, fora construída, mas a companhia recusara-se a fazer as conexões domiciliares, dizendo que eram responsabilidade do "particular", ou seja, os moradores pobres da Baixada deveriam eles próprios conectar suas privadas à rede que passava debaixo da rua. Nessa óptica, se a empresa fizesse isso, seria um mau uso do dinheiro público em benefício de "particulares".

A poluição na baía, medida com regularidade, apresentou melhorias praticamente insignificantes. Houve alguma redução da poluição oriunda de fontes industriais, o que, naquele momento, fora comprometido seriamente pelo acidente de petróleo. No fracasso do PDBG nada despontava tão grave e grotesco quanto o problema do lixo. De certa forma, o lixo na baía é pior do que os esgotos. Estes acabam se diluindo no vasto corpo d'agua e, como se diz, o que os olhos não veem, o coração não sente, e o nariz só cheira quando estão mais concentrados nas fozes dos rios e canais. Já o lixo fica onipresente (e sobrenadante), contribuindo a todo momento com a triste sensação de esculhambação que estimula os incautos e deseducados a jogar mais e mais objetos de variadíssima gama no que transformou-se nesse grande vazadouro aquático que é a baía de Guanabara.

Não houve, por parte do estado, nenhuma articulação digna com as prefeituras dos municípios em volta da baía, a quem cabe a responsabilidade de coletar e dar destino final ao lixo. Também não houve trabalho com as comunidades de favelas às margens desses rios e canais e da própria baía, fontes principais desses resíduos que teria sido possível recolher na fonte, evitando que fossem jogados na água, indo terminar na baía e, na maior parte, em seus fundos, onde se destacava a praia de Mauá que eu sobrevoei.

Quando o piloto do helicóptero subiu mais um pouco, foi possível entender aquela praia em seu contexto ecossistêmico. No passado, tudo aquilo fora um imenso manguezal, com algumas praias de areia branca, de Guapimirim até Duque de Caxias. Em alguns pontos o mangue ainda sobrevivia, mas ali na praia de Mauá o processo de degradação fora extremo. Parte do manguezal tinha sido desmatado para queima de carvão vegetal, e parte fora fortemente atingido pela broca, uma praga que desfolha e seca o mangue. Privadas da proteção do manguezal, a praia e a área adjacente foram invadidas pelo lixo. Esses detritos não se limitavam aos montões de cacarecos que eu avistava do helicóptero. Havia sucessivas camadas enterradas que, no futuro, seriam o maior obstáculo para a recuperação da área.

No momento em que o helicóptero fez a volta, pensei com meus botões: "Vamos recuperar este negócio aí embaixo, porque, se funcionar, é prova de que conseguimos recuperar qualquer ecossistema." Até a volta ao heliporto da lagoa Rodrigo de Freitas, no Rio, o projeto Mangue Vivo foi tomando corpo mentalmente, e eu estava ansioso para compartilhar a ideia com os demais colaboradores do OndAzul e colocar no papel a versão a ser apresentada à Petrobras, que, assim, financiaria a recuperação do ponto mais degradado da baía que recentemente tanto poluíra.

A distância entre a ideia de um projeto e sua viabilização é complexa e tortuosa, e passa por uma realidade cheia de complicações, obstáculos e armadilhas burocráticas e políticas. Toda essa articulação estava a meio caminho quando, em dezembro de 2000, me afastei da vice-presidência executiva da OndAzul – permaneceria ainda um certo tempo em um dos seus conselhos – para assumir a secretaria de Urbanismo da Prefeitura do Rio de Janeiro e também a presidência do Instituto Pereira Passos (IPP). Passei o bastão para uma equipe liderada pela Tatiana Wehb, que continuou a negociar o projeto, o qual, no entanto, nunca deixei de acompanhar, apoiar e ocasionalmente ajudar a se manter vivo diante de muitos percalços.

O projeto começou a ser executado em meados de 2001 e teve uma primeira fase tumultuada do ponto de vista burocrático e difícilima in loco. Do lado institucional, um resumo do imbróglio: embora negociado com o Ministério do Meio Ambiente, o projeto teria que ser executado por repasse de recursos oriundos da multa da Petrobras e sob gestão do Ibama. Os técnicos deste se ressentiam profundamente do fato de grande parte dos recursos serem geridos por entidades ambientalistas ou prefeituras e não por eles. A má vontade e o boicote tornaram-se uma marca desde o primeiro momento, por mais que a cúpula do órgão em Brasília desejasse cumprir a vontade do ministro.

Depois, no governo do PT, aquilo passou a ser visto como "da gestão anterior" e boicotado mais ainda.

As dificuldades técnicas eram imensas. A primeira ação fora naturalmente limpar a praia de todo aquele lixo e depois construir uma cerca junto à baía para impedi-lo de continuar se acumulando lá, trazido pela maré. Foi quando começou-se a descobrir que o lixo na praia de Mauá não era só o da superfície. Havia sucessivas camadas enterradas e isso tornava difícil que as mudas de mangue, os propágulos, vingassem. Havia também dúvidas quanto a estabelecer a largura e o espaçamento dos drenos, cuja abertura foi a primeira ação física visível sobre a praia livre das toneladas de lixo que haviam se acumulado na superfície. Foi quando os drenos começaram a ser cavados que o lixo subterrâneo se revelou.

Naquela mesma época, uma ressaca poderosa destruiu a cerca e boa parte das mudas plantadas e dos drenos abertos. Àquela altura, o responsável técnico era o ambientalista Rogério Rocco que, no entanto, passava boa parte do tempo administrando a difícil relação com o Ibama. Não obstante, no final de 2002, o reflorestamento na praia da Mauá apresentava os primeiros sinais de sucesso: com todo o lixo enterrado, ressaca e dificuldades financeiras, o mangue começava a brotar na área mais próxima à antena de rádio no lado esquerdo da praia. Um viveiro de mudas fora constituído. Tudo parecia entrar nos eixos, graças à facilidade notável que o mangue tem de rebrotar mesmo em condições adversas.

Eu assistia de longe os abnegados batalhadores da entidade ambientalista na qual atuara de 1996 a 2000, submetidos a esse processo kafkaniano no Ibama em relação à verba de compensação do desastre na baía. Atrasaram mais de seis meses um repasse. Depois de obrigar a OndAzul a se consorciar com outras ONGs, foram responsabilizá-la pelas dificuldades de prestação de contas das outras entidades. O projeto que eu idealizara na época do derramamento de petróleo foi condenado a, literalmente, morrer na praia. Prometi ajudá-los e não deixar que o Mangue Vivo perecesse de "morte matada" pela obtusa insensibilidade dos burocratas e pela mesquinha retaliação política de segundo e terceiro escalão. Houve um longo litígio, finalmente solucionado por uma decisão cabal do Tribunal de Contas da União em prol do projeto.

A salvação material deu-se em um outro voo de helicóptero. Estava fazendo um sobrevoo da área portuária do Rio de Janeiro, onde articulava, como secretário de Urbanismo, os primórdios do projeto de revitalização daquela zona. (Ao mesmo tempo, desenvolvia no Instituto Pereira Passos dezoito projetos de infraestrutura que, posteriormente, seriam em boa parte executados no programa Porto Maravilha). Eu tentava convencer empresários a investirem na área e os levava em passeios de helicóptero. Com o meu amigo, Rogério Zylbersztajn,[102] da RJZ, vinha o dono da Cyrela, Eli Horn. Depois da nossa volta sobre o porto do Rio, perguntei-lhes: "Têm um momentinho para eu lhes mostrar algo?"

Voamos para Magé e mostrei-lhes a praia de Mauá. Lá estavam, bem visíveis, os drenos e a parte do mangue já plantada e recuperada. Vimos trabalhando com enxadas os dois solitários reflorestadores que o projeto ainda conseguia sustentar, Deus sabe como. Desandei com um discurso sobre a importância dos manguezais, sobre como seria lindo recompor tudo aquilo, que fora degradado no último século de agressão à baía. Expliquei como associar-se àquele tipo de projeto seria importante para a imagem de uma empresa, coisa e tal.

Alguns anos mais tarde, consegui o apoio da então Plarcon e da CRT, a gestora da rodovia Rio-Teresópolis, cujo posto de pedágio fica ao lado da entrada para Magé. Depois, recebemos apoio do Funbio. Assim, o projeto sobreviveu e continuou avançando cada vez mais pela praia. Atualmente são sessenta hectares de mangue reflorestado, e tudo pronto para implantar a infraestrutura de parque com cerca, sede, passarela suspensa e torre de observação que, no momento, tem dificuldades vista a situação política em Magé, município paupérrimo e dominado por milícias, onde os políticos se matam entre si com certa regularidade.

Voltando ao mangue. Vinte anos depois, temos todos esses pés de mangue altos e frondosos, cheios de passarinhos. Pelo chão, antes infestado de lixo, pululam milhares de caranguejos. Olho para toda essa massa verde com meus pés dentro de botas afundando na lama. Lembro-me da discussão com um técnico do Ibama – jovem, do bem – em uma das raras vistorias que o órgão realizou, penso que nos idos de 2006.

Eu vinha fazendo uma série de visitas a Magé, uma delas acompanhado do ex-presidente da OndAzul, Gilberto Gil, então ministro da Cultura. Havia um monte de jornalistas e cinegrafistas em volta. Plan-

---

102. Faço questão de aqui render homenagem a esse querido amigo, brilhante empreendedor e ótimo ser humano, que tragicamente pôs fim à própria vida em outubro de 2018, na véspera da malfadada eleição.

tamos uns pés de mangue. Naquela época, o projeto realizava periodicamente mutirões de plantio de propágulos com estudantes de escolas e funcionários de empresas.

Em uma das visitas, fomos tirar fotos de Antonia Erian, a engenheira florestal que coordenava tecnicamente o projeto naquela fase. Lá estava o Adeimantos, o líder dos reflorestadores, uma figura muito especial que se transformou em um ativista ambiental de primeira linha a partir de sua prática de reflorestar e zelar pela área, o seu Zé e outros tantos. Lá estava o viveiro que se ampliava gradualmente e já fornecia mudas para recuperação de mangue em outras áreas.

Entrei em uma discussão com o engenheiro florestal do Ibama. "Veja isso, veja aquilo, conseguimos, né?" Ele me olhou meio condescendente, fez um muxoxo e argumentou: "É... Mas, tecnicamente, o que vocês fizeram tá tudo errado. Não tem a menor racionalidade plantar mangue numa área dessas! Demora muito e sai muito caro. Por que vocês escolheram logo uma área tão difícil, a pior da baía? Deviam ter escolhido outra mais favorável."

Fiquei olhando para ele meio desconcertado, e naquele momento percebi que ele não estava entendendo com o seu olhar supostamente técnico. Respondi na lata: "Mas, cara, é precisamente por isso! Porque era o mais difícil! Escolhemos a área mais degradada dos fundos da baía de Guanabara, desmatada por catadores de carvão vegetal, dizimada por broca, afetada pelo derramamento de petróleo e coberta de lixo, com camadas de lixo enterradas. Foi precisamente por isso: porque era foda, porque nossa missão como ambientalistas é recompor um ecossistema degradado, não só buscar a área mais favorável ao plantio. Não estamos aqui fazendo agricultura, nem floricultura, nem reflorestamento econômico: cuidamos de recuperação ambiental, *lato sensu*."

Ele ficou quieto, pensativo. Vai ver que entendeu, pensei.

NDC em risco

Na mobilização prévia ao Acordo de Paris, dois pontos haviam sido insistentemente levantados: o objetivo de longo prazo e os ciclos de revisão quinquenais das NDCs. Ambos os temas entraram no texto final mediante concessões de linguagem ao grupo recalcitrante comandado pela Arábia Saudita, com as outras petromonarquias do Golfo, nações da Liga Árabe e pelos bolivarianos naquela vergonhosa aliança reacionária.[103] Há entre eles uma resistência robusta ao objetivo de longo prazo do *net zero* (emissões líquidas zero ou carbono-neutralidade).

O que significa "zerar" as emissões líquidas? As emissões brutas representam a quantidade total de gases de efeito estufa emitidos. As "líquidas" são calculadas subtraindo-se do seu total aquele carbono "removido" por reflorestamento, recuperação de pastagens, fixação no solo e bio CCS de outras tecnologias, hoje experimentais e implementadas em pequena escala. Ou seja, a partir de algum momento no meio do século, o que for emitido terá que ser totalmente compensado por emissões negativas que, mais adiante, deverão predominar. Isso implicará – ninguém se engane – em manter enterrada boa parte das atuais reservas de petróleo, que se tornarão *stranded assets* (recursos imobilizados, desgarrados) que, na minha opinião, em certas condições, poderão ter valor econômico reconhecido enquanto emissões evitadas. Ambientalistas mais radicais julgam que sequer discutir o assunto é fazer o jogo dos xeiques. Esquecem que, para além das petromonarquias do Golfo, da Rússia e dos Estados Unidos, estamos tratando da Nigéria, de Angola, do Brasil, da Argentina, do México, do Equador e por aí vai.

Atribui-se a um ministro saudita, veterano da OPEP, a afirmação de que "a idade da Pedra não acabou porque se acabaram as pedras". Acabou porque aprenderam a fabricar e moldar ferramentas e armas com metais derretidos, e isso passou a ser mais útil e prático. Assim será com os combustíveis fósseis. Inexoravelmente, cederão lugar às energias limpas. A questão é saber se isso ocorrerá a tempo de salvar o clima de cenários catastróficos. Para tanto, é necessário um novo sinal econômico que atribua valor aos *stranded assets*. Quanto mais cedo o sistema financeiro e a indústria do petróleo despertarem para isso, menos traumática será a transição. Faz parte do desafio da precificação positiva do menos-carbono.

Diferentemente da China, a Índia, a Indonésia e o México até agora não assumiram o compromisso com uma data-limite para o pico de suas emissões. O Brasil atingiu esse pico em 1995, o ano de maior desma-

---

103. Hoje é pior. Na COP 25, finalmente realizada em Madri, depois de Bolsonaro jogá-la para escanteio e Sebastián Piñera perdê-la por causa da convulsão social no Chile, o obstrucionismo em relação à neutralidade de carbono em meados do século e a uma revisão mais ambiciosa das NDCs na COP 26, em Glasgow, na Escócia, foi liderada pelos Estados Unidos de Trump, pela Austrália de Scott Morrison e pelo Brasil de Bolsonaro, com uma discreta "mãozinha" do Japão... Os *like minded* ampliaram sua turma.

tamento da Amazônia, com 29 mil quilômetros quadrados.[104] Isso frequentemente não é conhecido, muito menos reconhecido, pela grande mídia internacional. O *Le Monde*, por exemplo – minha leitura de todos dias –, ao listar as emissões dos países, ignora as causadas por desmatamento, porque são muito significativas apenas no Brasil, na Indonésia e no Congo. O último relatório do PNUMA, o Programa das Nações Unidas para o Meio Ambiente, de 2019, comete o mesmo erro.

Os países assumem distintos tipos de metas em suas NDCs. A redução no agregado assinalada no tempo com um limite absoluto expresso em toneladas de CO_2 equivalente foi feita por União Europeia, Brasil e Estados Unidos basicamente. Mesmo quando se definem metas no agregado, cabe apresentar objetivos setoriais e convém particularmente na energia e na indústria, metas em intensidade de carbono também. É o que permite capturar melhor avanços de tecnologia descarbonizante. Metas no agregado são sensíveis a variações de conjunturas econômicas e podem, por exemplo, se beneficiar de uma recessão com redução do PIB. A meta do Brasil é apresentada no agregado, ao largo da economia (*economy wide*); não produzimos ainda metas setoriais nem critérios para intensidade de carbono.[105]

Há outras NDCs prometem o chamado "desvio da curva" em relação a um cenário *business as usual*, inercial ou sobre sua tendência atual. Quer dizer: um percentual a menos daquilo que o país emitiria se nada fizesse. Constituem um exercício de "chutometria" aplicada. Pode-se projetar um crescimento de PIB e um nível de emissão confortavelmente alto e apresentar um percentual de redução de emissões de GEE de encher os olhos. A Indonésia e o México ainda trabalham com um desvio de curva de 29% e 25%, respectivamente, podendo no caso mexicano chegar a 40% em certas condições de financiamento internacional que não estão ainda explicitadas.

---

104. Ver série histórica de desmatamento na Amazônia brasileira na plataforma TerraBrasilis, do INPE. "Dashboard de Desmatamento – PRODES". Disponível em terrabrasilis.dpi. inpe.br/app/dashboard/deforestation/biomes/legal_amazon/rates.

105. A China e a Índia focam na redução da intensidade de carbono por ponto percentual do PIB (fazer mais com menos emissão, ainda que as aumentem em termos absolutos). Reduzindo-se a intensidade, pode-se chegar no futuro à redução no agregado, mas não a garante. A Índia introduziu uma taxa de carbono setorial que incide sobre o carvão e coincide com um programa solar bastante ambicioso, o que lhe permitiria ir além da meta pouco ambiciosa contida em sua NDC que, como vimos, não contempla ainda uma previsão de pico nem de redução no agregado depois de 2030, como a da China.

O desvio de curva foi adotado pelo Brasil depois de Copenhagen. As metas voluntárias *Nationally Appropriate Mitigation Actions* (NAMAs) brasileiras, anunciadas em 2009 em Copenhagen, foram uma redução de 36,1% a 38,9 % até 2020, com ano-base 2005, em relação a uma curva de emissões estimada em um cenário *business as usual*. Foi uma meta meio "malandro-agulha": as duas variáveis referiam-se a projeções de crescimento do PIB de, respectivamente, 4% e 6% em média até 2020 que, sabemos muito bem, ficaram muito longe da realidade; e as emissões estimadas – mencionadas depois à *mezza voce* – foram tremendamente exageradas: mais de 3 Gt, em 2020.[106] À época, no entanto, representou um passo adiante. Foi a primeira vez que o Brasil e outros países em desenvolvimento concordaram assumir qualquer tipo de meta de mitigação, afastando-se, assim, do paradigma de Quioto.

Nesse sentido, a NDC brasileira adotada em 2015 representou um considerável avanço, com metas no agregado, ao largo da economia e incondicionais de 37% e 43% para 2025 e 2030, tendo como ano-base 2005. Também explicita algumas metas setoriais no "Documento de Clarificação" distribuído em anexo.

Que fique claro: o Brasil, ao reduzir fortemente o desmatamento na Amazônia entre 2004 e 2012, foi naquele período o país que comparativamente mais mitigou emissões, atingindo cerca de 40%. Pouco fez, no entanto, nos quesitos fundamentais da redução das emissões pela queima de combustíveis fósseis e não progrediu na redução da sua intensidade de carbono. Avançou menos do que poderia na agropecuária, embora tenha, tecnicamente, se habilitado a fazer muito mais. No cômputo geral éramos um país bem na fita. Subitamente, a partir de 2019, ficamos expostos aos mais preocupantes retrocessos.

Embora o Brasil não tenha o peso da China, dos Estados Unidos, da União Europeia ou da Índia, é um *player* importante na arena climática por diversas razões: é o sétimo maior emissor, responsável por cerca de 3% das emissões globais,[107] e as nossas emissões per capita ainda estão

---

106. Conforme Decreto nº 7.390, de 9 de dezembro de 2010, e posteriormente substituído pelo Decreto 9.578, de 22 de novembro de 2018.

107. Ver a matéria "Emissões do Brasil sobem 9% em 2016. Dados do SEEG mostram que país lançou mais gases de efeito estufa no ar mesmo em meio à pior recessão de sua história; desmatamento puxou elevação, a maior em 13 anos". Observatório do Clima, 25 out. 2017. Disponível em observatoriodoclima.eco.br/emissoes-brasil-sobem-9-em-2016.

acima da média.[108] Até 2019, tinha muito peso no processo diplomático da UNFCCC e também em foros como o G20, o G77+China, o BASIC, a OMC etc. Ao adotar metas ambiciosas, o Brasil, como país em desenvolvimento, constrange e estimula outros a também fazê-lo.

Precisamos conhecer bem nossos pontos fracos. O desmatamento voltou a subir em 2013, 2015, 2016 e 2018, quando chegou a quase oito mil quilômetros quadrados. Em 2017 caiu um pouco para 6,7 mil quilômetros quadrados, o que representou uma inflexão daquele repique. Em 2018 deu uma nova subida para quase oito mil quilômetros quadrados e em 2019 chega a 9,7 mil quilômetros quadrados.[109] As emissões da agricultura ainda não baixaram, apesar das técnicas disponíveis e *"no regret"* (boas para os negócios) do Plano Agricultura de Baixo Carbono (ABC).[110]

As emissões por queima de combustível fóssil nos transportes e na energia haviam crescido muito até iniciar-se a grande recessão brasileira, inclusive em sua intensidade de carbono por ponto percentual do PIB. Elas caíram na recessão e tenderiam a disparar novamente se não aproveitarmos a saída da crise atual para inovar. A pandemia traz uma inflexão. Em termos de intensidade de carbono, que reflete melhor o avanço tecnológico, o Brasil andou bem pior que a China e a Índia, cujas intensidades de carbono por ponto percentual do PIB vêm diminuindo no setor de energia, embora, no agregado, continuem aumentando.[111]

Temos duas grandes vantagens comparativas: a relativa facilidade em reduzir emissões por desmatamento e a matriz energética mais limpa pela predominância das hidrelétricas e pela emergência das eólicas e dos biocombustíveis. Não obstante, a partir de 2019, entramos em *terra incognita* dos piores presságios.

---

108. De acordo com o relatório do SEEG, as emissões brutas per capita permaneceram mais altas no Brasil que a média global desde 1990. Em 2015, o país até conseguiu se manter abaixo da média global (6,9 t/habitante contra 7,6 t/habitante no mundo), porém em 2016 já ultrapassou esse valor novamente (8,5 t/habitante contra 7,5 na média global).

109. Os números oficiais brasileiros são medidos de agosto a junho do ano seguinte; portanto os de 2019 vão de agosto de 2018 a junho de 2019, a partir de imagens satélite do PRODES. Foram de 9.762 quilômetros quadrados comparados a 7.536 quilômetros quadrados do ano anterior.

110. Ver técnicas de baixo carbono no plano ABC. Ver emissões da agropecuária no SEEG. Disponível em plataforma.seeg.eco.br/sectors/agropecuaria.

111. Ver Climate Watch, "Historical GHG Emissions", disponível em climatewatchdata. org/ghg-emissions.

À QUEIMA ROUPA

Silicone XXI

Silicone XXI, meu *romain noir* futurista dos anos oitenta, veio me visitar em plena campanha de 2018. Desde 2017, quando comecei a escrever *Descarbonário*, eu tinha um *gut feeling*, uma sensação figadal de que o fenômeno Trump poderia se repetir no Brasil sobre os escombros do sistema político devastado pela revolução Lava Jato, que destroçara os partidos dominantes PT, PSDB e PMDB. Via a opinião pública se inclinar rapidamente para a direita, impulsionada pelas redes sociais que desempenhavam um papel inédito. Considerava uma certa dificuldade Jair Bolsonaro liderar esse processo em função de suas conhecidas limitações e aberrações, mas elas já não me pareciam mais obstáculo intransponível.

Depois de Rodrigo Duterte nas Filipinas e de Donald Trump, havia ficado claro que líderes absolutamente não convencionais, histriônicos, que jamais teriam chegado à presidência pelo processo eleitoral noutras épocas, passariam a ter oportunidade na atual, sobretudo se beneficiados por uma polarização e bafejados por circunstâncias. O dia a dia me confirmava aquela impressão de que, mais do que a adesão a um ideário de direta ou extrema-direita clássico, o dominante era uma bílis antiesquerda, anti-PT.

Os petistas pareciam adorar essa polarização e julgar que lhes daria maior chance de vitória. As pesquisas com Lula à frente, com considerável vantagem, aparentavam lhes dar razão. Era o clássico erro de olhar para os números de forma estática, sem prestar atenção no vento que sopra no planeta e na sociedade. As pesquisas qualitativas supostamente servem para lançar luz sobre isso, mas minha experiência me mostra que é muito mais difícil do que parece dispor de boas *qualis*. Não tinha acesso a nenhuma por não estar vinculado a nenhuma campanha, mas ouvia dizer constantemente que nas *qualis* dominava o sentimento de revolta e ânsia por "qualquer coisa diferente, seja o que for". Também se desenhava a demanda por um perfil autoritário, ou pelo menos de restabelecimento do princípio da autoridade.

No governo Temer, sobretudo após o episódio Joesley Batista, a autoridade presidencial estava, para usar uma expressão gaúcha, a dois dedos do rabo do cachorro. Comecei a dizer para amigos, horrorizados, que via grandes chances do Bolsonaro ganhar a eleição, mesmo na circunstância em que Trump não venceria, em um segundo turno por maioria de votos. Dependia de quem viesse a ser o outro candidato. Sua presença no segundo turno eu já dava de barato desde a pré-campanha. Também previ, depois da prisão de Lula, que seu substituto, Haddad, então com 4%, dispararia para o segundo lugar. A polarização seria Bolsonaro versus PT.

Em 2017, o que mais chamava atenção em relação ao Jair era a empolgação que ele evocava em um público anteriormente muito afastado da política. Nos aeroportos, era saudado como "mito" por gente que não se dava conta do significado desse substantivo. Afinal, o que é um mito? É o sujeito de uma narrativa fantasiosa. Na lógica do idioma, chamar um candidato de mito só faria sentido na boca de um adversário. Mas era como seus seguidores definiam sua admiração por ele. E não deixava de ser altamente sintomático, pois conhecemos a força do mito. Sua mistificação.

Naquele ano, fiz uma visita ao plenário da Câmara – ex-deputados com o *pin* têm livre acesso a qualquer hora –, e lá estava o Jair, cercado por um grupo de deputados e admiradores. Fez questão de atravessar o corredor dos microfones de aparte para me saudar. Foi uma gentileza condizente com a relação, razoavelmente cordial, que havíamos tido. Apertamos as mãos, eu meio preocupado com fotos de celular que pudessem ser veiculadas em suas redes sociais com algum propósito manipulatório. Nós nos cumprimentamos e logo dei um jeito de me afastar, discretamente. "Esse cara vai ganhar", pensei com meus botões. Meses depois, tive oportunidade de confirmá-lo no candomblé e na astrologia. *Yo no creo en brujas, pero que las hay, las hay.*

Esse novo tempo que senti chegar naquela madrugada em Uarzazate, no deserto do Marrocos, quando Trump venceu as eleições apesar de seu discurso abominável, me faz recordar o futuro ficcional que eu imaginara em *Silicone XXI*, o quinto livro que escrevi, depois de *Guerra da Argentina, Os carbonários, Roleta chilena* e *Corredor polonês*. Foi inspirado em *Blade Runner*, de Ridley Scott, baseado por sua vez em um romance futurista de Philip K. Dick, *Androides sonham com ovelhas elétricas?*. Adorei o filme e resolvi escrever um romance policial futurista que se passava

344

no então distante ano de 2019, no Rio de Janeiro. Escrevi um livro curto, de 199 páginas, divertido, depois definido como "pornofuturista" ou mesmo "precursor do *cyberpunk*".

Teve uma boa resenha do Jorge Luiz Calife, na época o melhor autor brasileiro de ficção científica, em *O Globo*, mas o livro desagradou aos críticos da pauliceia: Paulo Leminski, que havia lançado um policial futurista sem muito sucesso, e Carlos Felipe Moisés publicaram resenhas arrasadoras na *Folha* e no *Estadão* antes de o livro ir para as livrarias. Isso levou a Siciliano, na época a maior rede, a reduzir drasticamente sua encomenda em comparação aos meus livros anteriores e fez a Editora Record desistir da "promoção carro-chefe" que costumava dar a eles.

Ainda assim, vendeu duas edições na Record e depois uma outra no Círculo do Livro. Não foi um encalhe, mas ficou longe do sucesso com o qual sonhara. Para além de uns ataques pessoais – era comum entre os resenhistas mais pretensiosos da época esculhambar outros autores –, o centro da crítica do Leminski e do Moisés foi o livro ser uma coleção de clichês. Só que a minha proposta desde o início fora justamente explorar clichês dos *comics* – os bons e velhos gibis da minha infância – e dos filmes série B. Dá para ler *Silicone XXI* de uma tacada só, em um dia, no ônibus ou no avião. É engraçado, e minha intenção primeira era divertir o leitor. Certamente não tive pretensão de escrever o grande romance brasileiro, algo que na época animava literariamente nosso complexo de vira-lata.

Fiquei puto da vida com ambos e, alguns meses mais tarde, me recusei a cumprimentar o Paulo Leminski quando nos encontramos por acaso no Crepúsculo de Cubatão, um famoso *night club* carioca dos anos oitenta. Mais tarde me arrependi muito porque, pouco tempo depois, ele morreu, assim, de repente. Às vezes encontro leitores que dizem ter lido *Silicone XXI* e conto-lhes aquela velha piada do Juca Chaves sobre a escritora Fulana de Tal, muito famosa, que é abordada na rua por uma fã: "A senhora é a escritora Fulana de Tal? Pois eu comprei seu livro!" Ela responde, à queima-roupa: "Ah? Então foste tu?"

Começa assim:

Galinha queimada, fareja o inspetor Balduíno ao escancarar com o pé a porta da suíte 303. Há um forte odor de cabelo misturado com outro, ainda mais desagradável, de borracha queimada. Balduíno fica uns instantes na soleira da porta, imóvel, alerta. Atrás dele se acotovelam seu auxiliar, Tatau Padilha, Pepe Moscoso, dono do estabelecimento, Juvenal, o recepcionista humano, e o dr. Chuchu, robotologista de plantão, todos espichando o pescoço, tentando ver o que aconteceu ali dentro: lençóis pelo chão, uma calcinha, cacos de espelho, um buraco fumegante na cortina, dois cadáveres. Dois estranhos cadáveres. Ali de bruços sobre o colchão d'água, um ser de sexo equívoco. Balduino muito cuidadosamente vira-o de frente expondo as evidências: a(o) desconhecida(o) apresenta um pênis de bom tamanho não circuncidado, especificará o inspetor no seu relatório, e um par de seios esculturais. Sua cabeleira é farta e cresça, cor magenta com mechas prateadas, e na região occipital exibe um orifício fumegante, enegrecido, cheirando a galinha queimada.

– Temos aqui uma vítima de homicídio, por uma arma L, provavelmente calibre .16, longo alcance. Mal regulada. O feixe forte demais atravessou o crânio, o espelho, a cortina e se perdeu pela janela. Foi quase à queima-roupa, de baixo para cima. Depois, o criminoso, sem motivo aparente, atirou na robô de serviço...

– Sacanagem – protesta Tatau, interrompendo o monólogo de Balduíno com seu radiogravador de pulso.

– O travesti ainda dá pra entender. Humano sempre aparece um motivo, bom ou ruim. Mas barbarizar a robete é demais!

Dr. Chuchu concorda e suspira tristemente. Pepe permanece calado, faz as contas do escândalo e do prejuízo, imitado no silêncio mas não no pensamento por Juvenal. Balduíno agora examina a outra vítima, achando meio idiota a observação filosófica do seu detetive. O segundo cadáver da suíte 303 é a mucama automática, um robô sobre rodinhas, obeso e assexuado, bem diferente daqueles com finalidades eróticas, que custam até cem vezes mais. A pobre brega sintética levou pelos peitos a descarga, foi transfixada no centro logocardíaco e está cheirando a curto-circuito. Como não tem forma humanoide, com rodinhas no lugar de membros inferiores, morreu de pé.

– Chefe, o andrógino não tem documentos, limparam os bolsos. Assalto esquisito mesmo.

– Tatau... Assalto num aerotel de luxo com uma pistola L, privativa das Forças Armadas? Não faz nenhum sentido.

– É, chefe, deve ser pra disfarçar...

– Tatau, em 28 anos de Metropolitana nunca vi um cara tão intuitivo como você.

E Tatau não sabe se leva a sério aquele quentinho no peito, ou se o chefe está novamente zombando dele com aquele seu estranho humor impregnado de sarcasmo. Opta como sempre pela primeira hipótese, mais gratificante, e acompanha Balduíno com o olhar cheio de deferência enquanto este recolhe as impressões digitais da vítima com o dedal fotomagnético. Chegando ao distrito, ele remeterá os impulsos para a MCC (Memória Central Criminal), e se, como se dizia antigamente, o travesti for fichado, será possível a identificação.

Pepe pensa que não vale a pena mandar consertar a robete. Até daria, mas é mais barato comprar uma nova. *El maricón*, aquele é que não tem mais reparo.

– *Desolado de não podelo ayudar mejor, inspector Balduíno. Es que nadie vió nada mismo. Coño, como iba saber que iba dar todo esse lío de la gran puta en mi negócio. Mala publicidad, muy mala, un despelote!*

Balduíno fulminou Pepe com um olhar de suspeição.

O herói é um policial negro de meia-idade, o inspetor Balduíno. A heroína, uma repórter de TV audaciosa e sensual, a Lili Braga. Temos um juiz de instrução, Paulo Wolf. O crime acontece no Olympus Aerotel, um motel entre as duas corcovas do Morro Dois Irmãos cujo dono é um argentino, Pepe Moscoso. O estabelecimento é administrado por um computador, Carlos Gardel – hoje diríamos inteligência artificial – e oferece, entre outras atrações, érobos. São robôs eróticos. Dois deles, Valentino e Isadora, são particularmente apreciados. Ao Olympus se chega por aeromóvel. O crime ocorre ali: um andrógino com a cabeleira nas cores do arco-íris é assassinado com um disparo de pistola laser. Há um *serial killer* dedicado a matar os travestis, em moda naquele futuro, com uma arma L privativa das Forças Armadas.

O vilão, Estrôncio Luz, é um ex-militar que comanda a segurança do Museu Nuclear de Angra dos Reis, que funciona nas velhas usinas nucleares descomissionadas. O museu é dirigido pelo dr. Próton Nogueira, comandante de uma sociedade secreta que promove o tráfico de lixo radioativo processado para plutônio: Os Filhos de Plúton. Estrôncio não se conforma com a corrupção e o fisiologismo dos Filhos de Plúton e inicia uma dissidência: os Filhos da Luz. Seu programa é a eutanásia demográfica. Quer limpar a sociedade de toda a podridão: gays, andróginos, políticos corruptos, comunas, verdes e militares que considera traidores. Seus seguidores são quatro jovens, entre os quais Ramon Balduíno, filho desafeto do inspetor. Estrôncio é um matador superadestrado e eficiente, mas é doido de pedra e não consegue conter sua obsessão por andróginos que se prostituem. Em prejuízo da causa atomista, decide matá-los em série em motéis de luxo.

347

Estrôncio possui um pênis de silicone. Nos anos oitenta, muito antes do Viagra ou mesmo do tratamento vascular cirúrgico da impotência, havia uma solução radical, que era a implantação no dito cujo de um enxerto de silicone. O modelo, no caso, era um Scott, colocado em "posição de combate" ao se bombear os testículos. Estrôncio explica que, a bem da verdade, nunca tivera problemas de impotência, mas fizera a operação como uma medida preventiva e de reforço de sua masculinidade. A câmera oculta que Pepe Moscoso colocava nos quartos do aerotel – o argentino era um voyeur incorrigível – registrou o crime, bem como suas preliminares, durante as quais ocorre uma desconcertante inversão de papéis que não vou contar aqui para o leitor dar asas à imaginação.

O contexto da época em que escrevi o romance era 1985, o ano final da ditadura, das Diretas Já. Havia uma forte divisão no meio militar entre os que queriam promover a volta à democracia e apoiaram Tancredo Neves, e a "tigrada", a linha-dura, em plena indisciplina contra o governo Figueiredo e que protagonizara o frustrado atentado a bomba contra o Riocentro e uma ruidosa queima de arquivo: o assassinato do jornalista Alexandre von Baumgarten, três anos antes. O chefe do Serviço Nacional de Informações, o SNI, general Newton Cruz, parecia comandar a linha-dura, e foi envolvido no assassinato de Baumgarten por um travesti mitômano, Cláudio Werner Polila, o Jiló.

Cruz aparecia como grande obstáculo à redemocratização do país. Nunca ficou provado nada contra ele no caso.[112] É certo que a origem do crime eram os porões do sistema repressivo. Vários de seus expoentes deram depoimentos depois, acusando uns aos outros. O general foi absolvido pela justiça. Anos depois vim a conhecê-lo, e fiquei com uma visão bem mais nuançada dele, que chegaria a ensaiar uma carreira política, sem sucesso, candidatando-se a governador do Rio. Na época que em escrevia o livro, era o vilão-mor da imprensa e a sonoridade do seu nome inspirou a do meu vilão, para além da alusão à partícula radioativa.

Por que estou contando a história sobre esse despretensioso romance futurista que escrevi, há mais de trinta anos, sem grande sucesso? É que minha "clicheteria", nas palavras de um daqueles críticos literários,

---

112. Por coincidência uma das causas do assassinato de Baumgarten, que deixou um dossiê "preventivo" acusando o SNI, foi sua suposta tentativa de denunciar um esquema de contrabando de urânio do Brasil para o Oriente Médio, no manuscrito de um livro com o título de *Yellow Cake*, que desapareceu.

teve, afinal, um quê de profecia. Escrito no primeiro computador que tive, um MicroEngenho 2 de fabricação nacional (eram tempos da reserva de mercado de informática), não previu nem telefones celulares nem internet. Imaginou videofones, calçadas rolantes e aeromóveis. Vislumbrou, porém, no então longínquo ano de 2019, uma avassaladora progressão de ideias de uma ultradireita delirante, a consagração de um personagem bizarro de discurso totalmente extremado. Estrôncio é projetado para a glória a partir de uma entrevista sua com a repórter Lili Braga, que ele sequestra e depois estupra. Ela consegue uma exclusiva com ele em seu quartel-general: uma ilha artificial, secreta, no litoral de Angra dos Reis.

Estrôncio Luz ataca as minorias que odeia, defende a eutanásia demográfica. Quando a entrevista vai ao ar, torna-se instantaneamente popular. Nesse trecho, vemos a perplexidade dos diretores da TV-3, reunidos com seu grande chefe, o dr. Lubem Pentkov – inspirado em Adolpho Bloch com algumas pitadas de Roberto Marinho. Os marqueteiros trazem as últimas pesquisas da emissora. A popularidade de Estrôncio sobe em flecha. Seu discurso cai no gosto de uma grande parte dos telespectadores:

Caravanas de gente chegavam de toda parte [ao Museu Nuclear de Angra], até que a polícia começou a bloquear as entradas. Foi interditado todo o espaço aéreo num raio de cem quilômetros em volta da usina. A polícia suspeitava de que o assassino continuasse na região e temia um massacre. A televisão repetia de cinco em cinco minutos apelos para que ninguém mais se dirigisse à zona do museu. Inútil; a multidão engrossava sem parar estimulada pelos boatos de que o inimigo público número um já havia sido preso. Todos queriam vê-lo.

– *El tipo ese todavia se vá transformar en un héroe* – comentou Pepe, se levantando do sofá.

Pepe (colado na TV) não estava muito distante da realidade. Naquele mesmo momento, do outro lado da cidade, no último andar do espigão envidraçado da TV-3, a cúpula da emissora se reunia sob a presidência do próprio dr. Luben Pentkov, algo que só acontecia em situações particularmente graves.

– Sou da opinião que devemos suspender imediatamente todo o trabalho de reportagem sobre o caso e nos limitarmos a breves informações nos noticiários normais, num tom sóbrio, sem imagens que excitem mais ainda o público. É a única maneira de deter essa loucura.

– Dr. Grudeson Viana, com todo o respeito, o que o senhor está propondo vai contra os postulados do nosso telejornalismo. Desde o início desse caso estivemos à frente de todos, um furo atrás do outro. (...)
– Mas, meu caro Edmilson Martins, trata-se de uma situação de emergência. Recebemos um apelo do governador e outro do chefe do Estado-Maior do Exército, general Carlos Prates. A cada minuto o fenômeno se agrava. Nossas linhas de tele e videofone estão sobrecarregadas. Segundo o seu terminal, até agora recebemos cerca de trinta e cinco mil chamadas de pessoas aprovando o maníaco da pistola L. Quase o dobro das pessoas que nos ligaram reprovando-o. (...)
– Mas como, senhores, como? O homem só disse besteiras, barbaridades. Atacou as instituições, pregou a destruição, o suicídio da humanidade (...) Defendeu o genocídio!
– Não importa o que disse, mas como disse – interveio o professor Ismael Katz. – Creio que não devo explicar aos senhores o bê-a-bá da nossa profissão. O homem foi afirmativo, incisivo, inegavelmente carismático, deu a ideia de ser portador de uma verdade, nesse tempo em que todas as verdades são questionadas. Veio trazendo o absoluto numa era do relativo. Conseguiu criar uma mística de coragem, de um só contra todos, se colocar como um super-homem numa época em que somos todos normais, demasiado normais. Tenho aqui o estudo realizado por nossos psicólogos com auxílio de computadores das gravações das primeiras vinte mil chamadas que recebemos.
"Podem ser subdivididas da seguinte maneira, grosso modo, e sem prejuízo de um estudo mais profundo que faremos a seguir: 40% aproximadamente são homens de faixas etárias variadas, quase sempre da categoria assalariada, colarinhos-brancos e azuis, em geral afeitos a atividades subalternas e com uma rotina de vida e trabalho pouco diversificada. Identificam-se com o Siliconpênis porque 'é macho', 'é valente' e porque 'está ganhando as paradas'. Na maioria dos casos também há uma referência ao fato de estar 'limpando a cidade' dos andróginos. Trinta por cento são mulheres, na maioria de meia-idade, mas também mais jovens, que poderíamos catalogar entre as "mal-amadas" e que se veem seduzidas pela masculinidade do assassino e também por seus atos de violência iniciais cometidos contra três andróginos, nos quais elas imaginam uma espécie de concorrência desleal, revoltadas com o destaque que os meios de comunicação e o mundo das artes têm dado a essa categoria relativamente nova, mas sempre crescente, de cidadãos (ou cidadãs, se preferirem).
Outros 25% são mais dificilmente catalogáveis. Uma grande parte te-

lefonou por espírito de galhofa. Ouvimos coisas do gênero: "Todo apoio ao Siliconpênis, que vai enrabar vocês todos." E muitas vezes o caso das pessoas mais jovens que ligam, até crianças. E há, finalmente, pouco menos de 5% que o apoiam com um discurso lógico e coerente, solidário com suas ideias e concepções políticas. Trata-se, senhores, de um estudo feito às pressas, e as percentagens estão arredondadas apenas para nos dar melhores subsídios.

– Muito obrigado, professor Katz. A sua pesquisa vem reforçar exatamente o que tenho proposto. Se amortecermos o noticiário, vamos fazer refluir essa febre, esse modismo!

– De maneira nenhuma, dr. Grudeson. No meu entender os dados apresentados pelo professor Katz vêm consubstanciar perfeitamente a minha posição. Devemos manter o noticiário e a reportagem de forma audaciosa e ofensiva. Com o passar das horas, as diferentes categorias que compõem os noventa e cinco por cento do universo estudado pela pesquisa refluirão, na sua maioria, graças ao aprofundamento do nosso trabalho jornalístico. A tendência é ficarem os 5% irredutíveis, mas esses não têm jeito, já têm a cabeça feita.

– Acho completamente equivocada a sua análise, dr. Edmilson.

– Bem, senhores, gostaria de saber a opinião do professor Katz a esse respeito, ninguém melhor do que ele para concluir...

– Senhores, é difícil para mim concluir. É uma responsabilidade demasiado grande. Minha função é pesquisar e analisar as pesquisas; concluir é outro departamento. Na verdade, ambas as coisas podem acontecer. O Siliconpênis pode continuar conquistando uma audiência cada vez maior até se tornar quase um herói nacional, como teme o dr. Grudeson, ou pode se dar o refluxo dessa onda graças a uma melhor informação do telespectador, como sustenta o dr. Edmilson. É a velha discussão... há décadas se discute e não se chega a conclusão nenhuma. Até que ponto realmente fazemos a cabeça das pessoas?

– Bem, estamos num impasse. Agora só o dr. Luben pessoalmente pode concluir o que é melhor para a rede.

– Ehen, Er, Argh... Já que vocês não conseguem chegar a uma conclusão, meus filhos, acho que o noticiário deve ficar como está. Mesmo porque há muito tempo não me divirto tanto. Quero saber como vai acabar, e saber em primeira mão, pelo noticiário do meu canal. Fico com a opinião do Edmilson. Está mais dentro do nosso espírito. Levei trinta anos construindo a nova televisão e não será porque os telespectadores estão excitados com um caralho de silicone que vou tirar do ar meus repórteres! O show deve continuar!

351

– Mas… Dr. Luben…

A lembrança dos personagens caricaturais com os quais trabalhava naquela obra de ficção policial futurista dos anos oitenta do século passado passou a me assaltar durante a campanha de Donald Trump. Ele era grotescamente arrogante e prepotente. Dizia coisas inacreditáveis: insultava os mexicanos; desrespeitava e fazia troça do senador republicano John McCain, renomado herói americano; aparecia em um vídeo contando como gostava de agarrar mulheres pela xoxota e ficava tudo por isso mesmo; era suspeito de algum tipo de vínculo com a inteligência militar russa, a GRU, cuja ação de pirataria dos e-mails da campanha do democratas, repassada ao *Wikileaks*, havia favorecido sua eleição; se jactava de que podia matar a tiros alguém na Quinta Avenida e continuar a ser apoiado pelos seus seguidores.

Volto-me à memória perdida do meu romance futurista, quando Estrôncio Luz, o assassino da pistola L, sapecou seu discurso delirante de ódio na entrevista com Lili Braga e disparou no Ibope. *Silicone XXI* não passava de uma ficção delirante, uma inflexão na minha até então ascendente carreira de escritor "realista". Mas, inesperadamente, encontraria campo fértil no bravo mundo futuro, real. O mundo atual. Seria altamente cômico – como diversas partes do livro –, não fosse tão potencialmente trágico.

Outsiders

"A volta dos que não foram". Era o título jocoso de um suposto filme-piada da minha infância e que, penso, jamais foi filmado. Assim foi a busca por um outsider "diferente de tudo que está aí" no início da campanha presidencial de 2018. O que tiveram em comum as decisões do ex-ministro do STF Joaquim Barbosa, do apresentador de TV Luciano Huck e do técnico campeão de vôlei Bernardinho, que desistiram de suas cogitadas candidaturas a presidência e ao governo do estado do Rio? Todos, em um primeiro momento, imaginaram poder jogar o papel dos outsiders que vêm de fora da política convencional. Pensaram em fazer valer esse atrativo na campanha e, em caso de sucesso, à frente do governo para fazer diferente e melhor. No entanto, os três chegaram à conclusão de que iriam entrar em uma tremenda roubada e desistiram do desejo que acalentaram meses a fio, talvez anos.

A razão pela qual eles desistiram, e também outras pessoas, algumas com muito mais experiência política eleitoral, é muito simples: o contexto político, social, institucional e midiático do Brasil era singularmente adverso para quem quer simplesmente realizar, resolver. Na verdade, há pouco lugar para pessoas novas ou decentes na política que não estejam dispostas a correr riscos desmedidos e ter nas mãos um carteado ruim com fortíssima probabilidade de fracasso na sequência de um eventual sucesso eleitoral, no exercício de cargos executivos. Os outsiders que surgiriam e venceriam seriam outros; sairiam do caldeirão em ebulição do fenômeno Bolsonaro.

O ódio, a divisão, a tribalização, a pulverização da sociedade brasileira eram tamanhas no início de 2018 que quem não tivesse uma imensa capacidade de não se deixar afetar pelas difamações mais vis, injustas e irresponsáveis, vinculadas tanto pelas redes sociais como pela grande mídia estabelecida, e, sobretudo, pela frustração de ficar completamente bloqueado, não serviria nem para o início dessa partida, que lembra aquele filme *Jogos vorazes*: todos contra todos.

A indispensável e paquidérmica resiliência para esses jogos não constitui necessariamente uma bela qualidade de caráter. Pode vir da total ignorância do que está por vir ou da total indiferença em relação à opinião (e sentimentos) dos outros. Apenas pessoas com esse atributo – não sei mais se qualidade ou defeito – conseguem conviver bem com a política como ficou. Devem aguentar as situações desgastantes, deprimentes, os vexames, as pressões e as chantagens que abalariam as pessoas "normais", cujas famílias não suportam passar por isso. Ter essa capacidade é necessariamente bom? Ela é mesmo resiliência ou revela um quê de psicopatia?

É verdade que, na política, se apanha e sofre incompreensão todo o tempo. Isso vem lá dos primórdios da democracia, em Atenas. Mas vivemos em um tempo em que a baixaria tornou-se exponencial. Atualmente, quanto mais exposição (mesmo positiva), maior atração de hostilidade. A tribalização singularmente agravada pelas redes sociais, pelos *trolls,* potencializa sobretudo as energias negativas. As redes sociais, longe de empoderar o cidadão a participar do processo político, como ingenuamente muitos acreditavam, deram voz a milhões de energúmenos que não tinham onde se expressar por não passarem pelos filtros convencionais dos meios de comunicação social. Isso deixou de ser problema nos tempos atuais.

Há uma pompa ilusória, mequetrefe, em torno dos cargos de governo, mas a sua autoridade real, ao fim e ao cabo, acaba sendo pequena.

Eleito, o governante será fustigado por uma mídia hipercrítica a qualquer um, hostilizado de imediato por uma sociedade pulverizada nessas pequenas tribos histéricas onde ser do contra já é um reflexo condicionado pavloviano. Logo será paralisado pelos órgãos de controle, fustigado pelo Ministério Público e pelo Judiciário, que talharam sua parte do leão no exercício de um poder meramente púnico. Sem o voto nem a responsabilidade de gerir os problemas no mundo real, podem impedir de governar, mas não podem governar.

Ostentam esse enorme poder de deter e destruir o mal ou o suposto mal – por vezes com total arbítrio – sem a responsabilidade de resolver as complexas questões de gestão. Podem prender maus governantes, corruptos, mas não podem produzir uma governança melhor ou as condições de governabilidade para torná-la possível. Dão para quebrar o vaso ruim, mas não para moldar o bom.

Quaisquer daqueles outsiders, tipo Joaquim, Huck ou Bernardinho, que botasse a cabeça de fora iria, imediatamente, virar alvo daquela devassa, apta a degolar o mais santo dos bem-intencionados, que também lá terá sua zona cinzenta, seus pecadilhos. Logo seria envolvido em acusações, denúncias e escândalos que não precisariam ser provados para virarem uma verdade inamovível nas redes, fato real para milhões de pessoas. "Viu? Bem que eu desconfiava." Provar o contrário é nadar contra as correntes e marés do tempo atual. Tempos assim são feitos sob medida para os cínicos, os grandes hipócritas, os tribunos simplistas – sempre que consigam evitar o efeito bumerangue – e os demagogos, desta feita da direita. O baixo clero espreitava e aderiu à extrema-direita, sabendo que a coisa iria acabar no seu colo por gravidade.

Afinal, acabou sendo, sim, uma eleição de outsiders, só que daqueles mais extremados. Sensibilizou, além de uma direita que sempre existiu e parecia em catalepsia, um amplo contingente de gente previamente desinteressada da política e que costumava aparecer enquanto tal, em forte percentual, em todas as pesquisas que estudei por décadas. Essa galera se politizou pelo indignismo, induzida pelo tom da mídia e das redes sociais e passou, pela primeira vez, a participar. Descobriu seu mito. O resultado imediato do fenômeno foi assustador, mas, a médio e longo prazo, essas mesmas pessoas que agora passaram a se interessar e acompanhar a política brasileira poderão evoluir. Não são corações e mentes que a extrema-direita tenha adquirido para todo o sempre. Foi simplesmente o formato da "nuvem" da política em um momento dado da nossa história. Porque, como na canção do Cazuza, "o tempo não para".

Tudo isso foi para lá de periférico e de "café pequeno" comparado a dezenas de outros casos nos quais pessoas decentes foram e continuam sendo injustamente jogadas na lama, submetidas a todo tipo de difamação como consequência de jogos de poder obscuros, intrincadas triangulações entre policiais, promotores, advogados e jornalistas em busca do escândalo do dia. Pessoas contra as quais havia suspeitas, restrições políticas, delações premiadas suspeitas e total ausência de provas passaram meses ou até mais de um ano em prisão preventiva, sem nenhuma das razões que, juridicamente, a justificassem. Acredito que sejam inocentes, embora já tenham cumprido pena antecipada, o prefeito de Niterói, Rodrigo Neves, e o deputado estadual André Corrêa, para citar dois casos que conheço pessoalmente.

Desopilar o fígado sem colocar o cérebro para funcionar passou a ser o nome do jogo para milhões de pessoas. O ódio e a raiva tornaram-se os sentimentos dominantes na sociedade brasileira. Como nas guerras, a verdade objetiva foi a primeira vítima, e passamos a viver alimentados por uma enorme confusão de *fake news*, meias-verdades, verdades, meias-mentiras, mentiras completas, distorções e lendas urbanas, tudo misturado, aos quais as redes sociais e o WhatsApp forneceram possibilidades inéditas de difusão massiva. O discernimento tornou-se um feito quase impossível. Um fascismo difuso que espreitava desde 2013 aflorou à luz do dia.

Estou indo para o Aeroporto Santos Dumont e ouço do taxista: "A solução para o Brasil é fuzilar todos os políticos, como na Indonésia", explica. "Todos", insiste. Explico-lhe que na Indonésia não estão fuzilando os políticos, mas os traficantes de drogas estrangeiros, inclusive dois surfistas brasileiros. "Filipinas, então" retrucou, persistente. Lá também não. Estão matando os pequenos traficantes e os usuários, e estão dando um jeito de prender alguns políticos que não gostam do presidente Duterte, insisti. "Mas ele melhorou a segurança por lá fuzilando os bandidos", insistiu o taxista. De onde, diabos, vinham as informações dele sobre as Filipinas? Do Facebook? Do WhatsApp? O fato é que o nosso taxista queria um Rodrigo Duterte para chamar de seu.

A hora e a vez do Jair

Ao atiçar emocionalmente toda noite a revolta, inviabilizando o frágil governo de transição fruto do impeachment, a grande mídia vestiu a carapuça que a velha paranoia de esquerda lhe estendia e – penso que inadvertidamente – criou o caldo de cultura para uma revolta raivosa que encontrou seu mito no ex-capitão indisciplinado, sindicalista militar, que veio a tornar-se uma espécie de Lula pelo avesso.

Durante longos anos, a direita brasileira esteve bastante ausente, salvo no campo da economia, do debate de ideias. Uma voz de direita culta e ponderada foi perdida com a morte de José Guilherme Merquior, no início dos anos noventa. A direita política no Brasil, com seus líderes tradicionais como Paulo Maluf, Antônio Carlos Magalhães e Jânio Quadros, não professava doutrinas ou discursos ideológicos; era pragmática ao extremo e soube se associar tanto ao PSDB quanto ao PT quando isso lhe interessou. Em sua passagem meteórica pelo poder e pela glória, Fernando Collor de Mello também não reivindicou, fora da economia, um sistema de pensamento conservador claro. Mais: promoveu uma forte aproximação com o ambientalismo, à sua maneira. Na Europa, a questão de mudanças climáticas permaneceu fora dessa dicotomia esquerda versus direita apesar, obviamente, da maior ligação da última com os grandes grupos econômicos. Preocupações com o clima penetraram, não sem contradições, na visão das multinacionais e em partes do sistema financeiro internacional.

A vitória da extrema-direita nas eleições de 2018 não me surpreendeu nem um pouco. Vi-a chegando claramente desde a desastrosa reeleição de Pirro de Dilma Rousseff, em 2014. Antes mesmo daquela eleição, eu já tinha a sensação de que o PT permanecera demasiado tempo no governo e não havia aproveitado os anos de vacas gordas para enfrentar problemas estruturais do país. Promovera, à guisa de maior justiça social, um aumento real do poder de compra de amplos segmentos pobres, incorporando-os ao mercado de consumo, aumentando o salário mínimo mas, sobretudo, com base no crédito. O problema é que, além de não ser propriamente desenvolvimento social, isso era reversível. Também criara uma forte animosidade na classe média tradicional, à qual infligira a percepção de perda de status e uma convicção de que os governos do PT serviam aos muito pobres e aos muito ricos ferrando quem estava no meio.

Essa animosidade de fato prejudicou o PT historicamente, pois anulou da memória das pessoas o muito que houve de positivo nos governos de Lula, sobretudo no primeiro. Negá-lo simplesmente não é realista. Lula deixou seu segundo governo com 86% de aprovação, elegeu seu "poste" e, com todo o enredamento na Lava Jato, liderava as pesquisas para as eleições de 2018 até sua prisão. É verdade que um imenso contingente da suposta nova classe média que ascendeu ao maior consumo nos seus governos passou a odiá-lo, mas isso apenas demostra como são volúveis os caminhos da vida e da política.

Porém, quem seria essa nova força que poderia, no jargão político, ocupar esse espaço? A figura óbvia teria sido Marina Silva. Só que ela – eu já sabia perfeitamente – não era talhada para isso. Eduardo Campos poderia ter sido, mas, tragicamente, o destino o levou. Por outro lado, era plausível supor, até pelo pêndulo natural da alternância, que a propensão maior é que viesse pela direita. A direta política no Brasil parecia ausente, encontrava-se em estado de catalepsia e em grande parte cooptada fisiologicamente pelo PT.

A direita brasileira, pós-ditadura, nunca fora lá muito ideológica. Gostava também de mamar nas tetas do Estado e se acomodara às mil maravilhas aos dois governos do Lula, que sabia manejá-la bem com muita vaselina e jeito. Ver o Maluf e o Delfim Netto apoiando o governo do PT foi um espetáculo inenarrável. Mas, um dia, o brinquedo quebrou. A partir de 2013, passou a se oferecer um terreno fértil para o ressurgimento da direita. No caminho para o impeachment, o país reviveu o espírito das Marchas da Família com Deus pela Liberdade – com maior participação de uma classe média baixa e de pobres – que, desta feita, não resultaria em golpe militar, mas em uma robusta e inquestionável goleada eleitoral. O Ronaldo Caiado era quem mais se aproximava de uma direta assumida. Quando deputados, nos respeitávamos. Eu admirava seu talento e competência, ainda que discordássemos em quase tudo. Era o melhor quadro da direita, mas não foi ele quem liderou sua volta ao grande jogo. Isso se deu pelas mãos do mais improvável dos personagens: o deputado Jair Bolsonaro.

Convivi com o Jair dois anos como vereador nos anos oitenta. Fomos ambos eleitos em novembro de 1988. Fui o mais votado, com 43 mil votos, e ele, tido como um "sindicalista" dos militares e envolvido em um rocambolesco episódio de bombas em quartéis – condenado em primeira instância, tinha sido absolvido pelo Superior Tribunal Militar por falta de provas –, teve, se bem me recordo, uns três mil, apenas. Vejam como sopram loucamente os ventos da política.

Tínhamos uma relação em geral tranquila e um cumprimento de praxe entre nós. Ele dizia: "E aí, verde?" E eu respondia: "E aí, verde-oliva?" No que pesem os respectivos históricos e seu discurso frequente em feroz defesa do regime militar, não havia entre nós o tipo de animosidade pessoal que ele entretinha com outros vereadores mais à esquerda, que guerreavam incessantemente com ele na tribuna por obrigação ideológica.

357

Ocasionalmente, polemizávamos, mas, de forma geral, mantendo certa amabilidade, apesar de eu ter sido guerrilheiro nos anos setenta e ele, mais tarde, um admirador dos que, à época, nos derrotaram recorrendo a torturas e execuções. Eu não entrava naquele jogo de hostilidade histérica, oportunista, mutuamente vantajosa para chamar atenção na mídia, que adora cobrir bate-bocas grosseiros entre políticos e agrada as respectivas bases de gregos e troianos que cobram "combatividade". Jair, conquanto pouco eloquente, propenso a gafes homéricas e equívocos factuais abissais, conseguiu jogar esse jogo com maestria. Soube se dar bem em cima de seus habituais antagonistas. Por mais que perdesse na argumentação de plenário e tribuna, sempre faturava alguma coisa naqueles arranca-rabos caça-mídia. Todos apareciam e ficavam felizes mas ele faturava muito mais sem que percebessem.

A mim, enchiam do mais profundo enfado polêmicas sobre os tempos da ditadura e da luta armada, razão pela qual, em geral, me recusava a dar palestras sobre o tema anos de chumbo quando era convidado por escolas e universidades. Leiam *Os carbonários*, aconselhava. Querem palestra? Posso falar de ecologia, mudanças climáticas, questões urbanas, gestão local, política internacional. Luta armada e 68 não são mais o meu assunto. Para mim, aquela guerra acabara com a anistia, de cuja revisão, como já expliquei aqui, discordava abertamente. Evitava ficar gastando saliva com aquilo, velho de meio século. O Jair estava mal informado, mesmo do ponto de vista de suas posições, sobre inúmeros episódios em relação aos quais ouvira o galo cantar sem saber aonde. Eu havia vivido aquilo. Ele, cinco anos mais jovem, conhecia de orelhada.

Logo depois daquela minha visita turística a Havana, no réveillon de 2014, alguns colegas da Comissão de Relações Exteriores e Defesa Nacional me sugeriram dar um informe da viagem, embora tivesse sido a passeio e, fique claro, com todas as despesas custeadas por mim. Contei o que vi e fiz algumas análises prospectivas. Defendi que o Brasil deveria, sim, manter laços econômicos e se preposicionar para ser um dos grandes *players* em uma futura Cuba com economia de mercado. Que, por essa razão, fazia sentido o empréstimo do BNDES para a construção do Porto de Mariel, tão criticado por setores da oposição junto com outros financiamentos, esses, de fato, temerários, senão criminosos, que os governos do PT andaram fazendo. Aquele fazia sentido estratégico e comercial. E Cuba, à diferença da Venezuela ou da Guiné Equatorial, vinha sendo adimplente.

Manifestei minha impressão de que dentro de mais ou menos uma década Cuba seria uma economia de mercado. Tinha uma mão de obra bem formada e barata, e um enorme potencial de investimento por parte da segunda geração de cubanos-americanos. Iríamos disputar negócios ali com europeus, asiáticos e norte-americanos. À medida que prosperassem a economia e a população melhorasse seu padrão de vida, haveria maior chance de uma democratização.

O Jair, naquela manhã, chegou à sala da Comissão bem no final da minha exposição e sentou-se na minha frente. Ouviu apenas o finalzinho. Pediu a palavra e logo irrompeu em uma diatribe furiosa:

– O deputado Sirkis, que andou envolvido no regime militar, agora quer que os cubanos esperem mais dez anos para serem livres!

– Peraí, deputado. Me envolvi foi contra o regime militar, não é?

– Isso mesmo. Vossa Excelência sequestrou o embaixador americano e o manteve por 41 dias em cárcere privado – atacou, tomado por uma fúria súbita que, na hora, continuei sem entender.

– Não foi o americano. Esse foi o Gabeira. Foi o suíço – retruquei, rindo e provocando risadas também na sala.

– Ele confessou! Ele confessou! – berrava o Jair.

Continuei sem entender. Não havia ali, de fato, discussão sobre Cuba. Eu torcia para que o país virasse uma economia de mercado e uma democracia. Já a minha participação em 1970 no sequestro do embaixador Giovanni Enrico Bucher e sua troca por setenta presos políticos era um episódio amplamente conhecido da história do Brasil e objeto de um longo capítulo do meu livro *Os carbonários*. Aquela discussão em 2014, 44 anos mais tarde, soava francamente surrealista.

Só alguns dias depois entendi o porquê de toda aquela esquisitice. A assessoria do Jair divulgou no YouTube: "Bolsonaro desmascara Sirkis", editando as imagens da TV Câmara de maneira a formar uma historinha em que ele parecia conduzir um interrogatório, me levando a "confessar" um "crime do passado" em primeira mão. O filmete teve umas três mil visitas. Depois, percebi que ele dedicava boa parte do seu tempo a criar incidentes desse tipo para montar esquetes editados e divulgá-los na internet. Naquele dia, por acaso, sobrou para mim. Fui o seu *sparring* involuntário.

Já debatera muito ao longo dos anos, civilizadamente, os anos de chumbo com gente do outro lado. Lembro de longas discussões com o senador Jarbas Passarinho, nosso nêmesis dos tempos do movimento estudantil. Eram ricas, estimulantes. Confesso que passei a gostar dele. Embora o Jair fizesse frequentes alusões aos anos de chumbo para de-

359

fender o aparato de repressão, as torturas e seu ídolo, o falecido coronel Carlos Brilhante Ustra, chefe do DOI-CODI de São Paulo, parecia ter escasso conhecimento factual dos episódios daquela época. Também não sabia defender o regime militar com dados ou argumentos consistentes, como vários outros políticos de direita que encontrei.

Na época, achei aquilo tudo um grande *nonsense* e me diverti assistindo ao vídeo que ele tinha armado para cima de mim. Optei por não denunciá-lo ao YouTube. Preferi deixá-lo ali, como uma didática do *fake*. Na vida real – se é que se pode chamá-la assim atualmente – minha relação com o Jair continuou razoavelmente cordata. Via seus arroubos na Comissão e, algumas vezes, no plenário como maneiras de chamar a atenção, fixar sua grife, sua imagem de marca.

Havia um punhado de outros deputados, em geral defensores de grileiros e desmatadores, da bancada ruralista, com os quais eu tinha, de fato, uma relação pessoal hostil. O Jair não fazia parte desse rol. Eu o observava, em modo quase jornalístico, quando disparava aquelas suas diatribes direitonas. Soltava aquilo e depois ficava olhando, travesso, para ver o efeito da sua provocação nos colegas da esquerda combativa. Aquilo tinha um quê de provocação, de pirraça, depois virava *meme* no meio digital. Eu não percebia que assistia ali aos primórdios de uma futura vitória acachapante do virtual sobre quaisquer vestígios do real.

Ocasionalmente, eu discutia suas fobias comportamentais, tentando puxar para o factual, sem aquele furor dos colegas de esquerda e extrema-esquerda com os quais ele ardilosamente contracenava. Eu preferia o humor, como em outra ocasião, na Comissão, em que ele criticou:

– O Sirkis se diz ecologista, mas ignora o maior problema ecológico da humanidade.

– Jair, qual é, então, o maior problema ecológico da humanidade? – perguntei.

Ele sentenciou:

– A superpopulação.

– Mas, Jair, você acaba de me dar um grande argumento em prol do casamento gay!

Gargalhada geral na Comissão. Ele também riu.

Bala perdida

No entanto, ao se instalar a crise, rapidamente percebi que o Jair Bolsonaro ia fazer história. Desde o surgimento de sua candidatura, em

2017, eu acreditava piamente no risco real de ele ganhar as eleições. Sua estratégia, na prática, passava por reconstituir sociologicamente o eleitorado de Collor no ano de 1989. Do Collor viril, tribuno do "aquilo roxo", posudão, caçador de marajás, mas com experiência de governo, ainda que em Alagoas, e relativamente bem informado sobre seus temas. Bolsonaro não tinha aquele seu jeitão de galã de filme B, não era bom de bico como tribuno e só conhecia bem questões corporativas/salariais dos militares, policiais e bombeiros, sua maior base eleitoral. Era o sindicalista deles.

Convencionalmente, o avesso do carismático encontrara um bizarro tipo de carisma de "gente como a gente", sem papas na língua, nas telinhas das novas mídias digitais. Embora totalmente desprovido de qualquer proposta para o tema da segurança para além de defender os policiais sob qualquer circunstância e estimular o armamento da sociedade, ele, de alguma forma, sinalizava para um grande contingente de eleitores ser solução para o pior problema que aflige nossa sociedade: a insegurança diante do assalto, do latrocínio, da bala perdida.

Às crises econômica, ética e política do Brasil acoplou-se naquele momento a percepção de um agravamento brutal da criminalidade. Um dos paradoxos do período petista foi que, apesar dos anos de relativa bonança econômica da expansão do poder aquisitivo – sobretudo por crédito – de setores pobres e emergentes, a criminalidade violenta aumentou fortemente em escala nacional, espalhando-se por todas as regiões e invadindo cidades médias e pequenas, antes pacatas, com tipos de violência mais comuns às grandes metrópoles e suas periferias. Houve uma redução significativa de homicídios em São Paulo por conta da melhoria no policiamento e da responsabilidade estadual, mas também em boa parte (há quem pretenda que principalmente) em função da unificação do tráfico em uma única e poderosa facção, o Primeiro Comando da Capital (PCC).

No Rio, estado emblemático da insegurança, houve progresso temporário com as UPPs, que logo se mostraram efêmeras, insustentáveis a partir do agravamento da crise econômica e do colapso do governo do estado. A criminalidade violenta voltou a subir, e a percepção de seu agravamento atingiu níveis de pânico. O tráfico armado, dividido, passou a desafiar ainda mais abertamente o estado de direito; ampliou-se o controle territorial de seus bandos armados e sua presença ostensiva, já não apenas nas favelas e comunidades pobres, mas em bairros residenciais de classe média, vias expressas e rodovias. Também se multiplicaram

361

as mal chamadas milícias – na verdade, máfias parapoliciais –, cujo domínio territorial e econômico é mais vasto, sutil e diversificado do que aquele do narcovarejo.

A insegurança tornou-se um dado político primordial da campanha eleitoral, turbinando a ânsia por soluções expeditas, violentas, propostas por uma demagogia de direita cada vez mais bem recebida por uma população possuída pelo pânico. Tudo exponencialmente multiplicado pelas redes sociais e outras ferramentas digitais, como o WhatsApp, usando os celulares.

Há décadas a hoje denominada bancada da bala possui a suposta "solução", o bom e velho slogan do deputado Sivuca: "Bandido bom é bandido morto". Basta soltar as amarras da polícia, liberar seus gatilhos das aporrinhações burocráticas e dos "direitos humanos" que contêm e humilham esses heróis, obrigados a justificar autos de resistência e, eventualmente, responder inquéritos. Por que não fazer de cada cidadão (e cidadã), apto a empunhar uma arma, também um matador de bandidos? O Brasil, nesses sonhos, ficaria igualzinho aos Estados Unidos, onde o acesso às armas – inclusive de guerra – é simples e diligente. E a bandidagem se retrairia com o rabinho entre as pernas... Esse passou a ser o mito do mito.

A esquerda ajudou-os um bocado com o seu discurso de avestruz angelical, por vezes de enaltecimento à figura há muito extinta do "bandido social" como vítima da sociedade e que coloca a polícia sempre como vilã. Esses dois discursos são as faces surradas da mesma moeda da incompetência e covardia brasileira frente ao maior problema que aflige o país. Soluções existem – vamos discuti-las um pouco mais adiante –, mas exigem muita coragem, inteligência e vontade política de mudar culturas e hábitos profundamente arraigados. É bem mais fácil refugiar-se em um desses dois discursos escapistas, o da direita ("bandido bom é bandido morto") ou o da esquerda ("são vítimas da sociedade; resolvendo o problema social se soluciona a violência") e ir tocando a vida.

É comum ouvirmos que o grande problema é a "ausência do poder público". É claro que ele é fortemente deficiente, sobretudo no que tange ao saneamento, mas responsabilizar a deficiência desse e outros serviços pelo fortalecimento do tráfico é uma balela. No Rio de Janeiro, a partir do final dos anos oitenta, na grande maioria das favelas, surgiram intervenções, projetos, equipamentos de variados tipos. Passou a haver subsídio público para diversas ações, como o reflorestamento, o saneamento e a coleta de lixo associados à prática de esportes, à inclusão digital etc... Isso coincidiu com um inequívoco aumento de renda de boa parte da população dessas comunidades em função do dinamismo da sua economia informal e do fim da inflação, antes mesmo dos projetos de compensação social nos governos Fernando Henrique e Lula e o aumento do salário mínimo. Essa economia informal, das favelas, é bem diversificada, sofisticada. Deixou de ser verdade a associação simplista de favela com miséria. Em diversas delas, parte dos moradores passou a ostentar dentro de casa um padrão de consumo de classe média. Isso em nada melhorou a situação no que tange o controle territorial opressivo do narcovarejo militarizado, o fascínio que exerce sobre jovens e sua capacidade de recrutamento. Pelo contrário, à maior renda dessas favelas passou a corresponder maior poderio dos traficantes. Está mais do que comprovado que a miséria não é, em si, geradora de violência. Ela frequentemente aumenta quando a renda começa a subir e as oportunidades e ânsias de consumo se ampliam, mas as relações sociais são entrópicas; o tecido social, esgarçado.

Bolsonaro surgiu com uma novidade que nem a extrema-esquerda no Brasil propugna: armar o povo. Na campanha, enquanto carecia de uma plataforma minimamente elaborada sobre segurança, Bolsonaro insistiu muito nesse *deus ex machina* com ênfase na classe média e nos estandes de tiro. Na verdade, uma disseminação massiva de armamento nas mãos da sociedade só poderá agravar a violência e o morticínio. O próprio Jair é o melhor exemplo da demagogia de sua proposta. Ao ser assaltado em uma motocicleta, embora ex-oficial do Exército e, portanto, bem treinado para usar a arma da qual tanto se vangloria, não o fez. Não tentou puxar sua pistola Glock; entregou-a aos bandidos. Por um motivo óbvio: reagir a um assaltante com a iniciativa, o fator surpresa e a arma já apontada é, estatisticamente, quase um suicídio. Mesmo assim vamos agora convencer uma população inteira, a começar pelas mulheres, que a arma no porta-luvas ou na bolsa é uma boa solução para lidar com os assaltos?

Mesmo protegido pela Polícia Federal e por seus seguranças privados todos armados ele foi vítima de um atentado a faca de um psicopata com uma tosca ideologia de esquerda, ex-filiado ao PSOL, além de uma obsessão contra a maçonaria. Embora Bolsonaro eventualmente vencesse de qualquer maneira, é difícil encontrar algo que taticamente o tenha favorecido mais que o atentado daquele louco. Naquele momento, ele parecia estagnar nas pesquisas, ia mal nos debates.

O crime idiota que quase custou sua vida lhe aportou uma onda de

363

solidariedade, simpatia e um espaço gigantesco de mídia em comparação aos outros candidatos. Pouco importa que tenha ilustrado eloquentemente que a proteção armada pode não ser suficiente diante de corações e mentes distorcidos, propensos à violência, em uma situação psicossocial como a criada no Brasil, naquele momento derivando em grande parte da própria virulência de sua campanha. Dias antes, ele, do alto da tribuna em Rio Branco, tinha brincado de metralhadora com um tripé de fotógrafo simulando estar fuzilando a "petezada". Isso no estado em que fora assassinado Chico Mendes e várias outras lideranças sindicais de seringueiros e indígenas, onde o ex-deputado Hildebrando Pascoal retalhava suas vítimas com uma motosserra e havia sido libertado depois de vinte anos de cadeia. Também em um estado onde os governos do PT haviam jogado um papel social, ambiental e civilizatório francamente positivo. Se o PT como um todo fosse igual ao do Acre, teria sido diferente.

Não sou adepto da proibição de as pessoas normais e equilibradas possuírem arma. Já tive meu tempo de fetiche por elas – fui campeão de tiro ao alvo –, mas hoje não possuo nenhuma. Entendo, porém, quem se sinta mais seguro tendo uma na fazenda ou em casa. Isso é diferente do discurso de querer armar a população para combater bandidos. Ou será para formar grupos armados de apoio? Seu outro *leitmotiv* eleitoreiro era simplesmente soltar as amarras das polícias para matar os bandidos a rodo – como, aliás, já o fazem, sobretudo com os inadimplentes no arreglo. Mas deixava no ar aquela pergunta óbvia e muito incômoda: e os bandidos que estão dentro das polícias? É para matar também?

Desde o início dos anos 2000, surgira esse novo ator no drama da nossa insegurança, as milícias. O nome subentende um tipo de autodefesa das comunidades ameaçadas pelo tráfico, liderada por policiais civis e militares e bombeiros, em dias de folga, paga pelos moradores e comerciantes locais para fazer "polícia mineira". Confesso que, logo no início, embora me alarmasse o fenômeno, vi nele uma resposta ao controle territorial do tráfico. Isso, obviamente, envolvia uma regressão civilizatória da era do Estado organizado para aquela da autodefesa: o xerife escolhe entre os moradores da aldeia ameaçada do Velho Oeste os mais aptos a virarem seus *deputies*. Há, de fato, mundo afora, milícias que protegem a população local de invasores externos e mantêm com ela uma relação simbiótica.

No entanto, o fenômeno evoluiu depressa para uma direção escancaradamente criminosa, muito mais máfia do que autodefesa local. A princípio, afastavam o tráfico de drogas da comunidade e logo assumiam o controle de uma pletora de atividades lucrativas: TV a cabo, gás, vans, motoboys, construção civil pirata, para além da extorsão generalizada dos comerciantes e dos moradores "protegidos". Ao contrário do tráfico, cuja capacidade de infiltração na política era bastante limitada, as milícias passaram a dominar eleitoralmente seus redutos e eleger seus vereadores e deputados em número crescente. Como se não bastasse, em alguns lugares se associaram ao tráfico de drogas também. Em sua maioria, seus *capi mafiosi* são policiais ou ex-policiais que mantêm forte vínculo com suas corporações. Matam a rodo, e não apenas delinquentes, mas rivais e inadimplentes.

Junto com a expansão em escala nacional e até internacional das facções do tráfico paulista e carioca, e o surgimento de outras, independentes, no Nordeste, no Norte e em outras regiões, somados ao aumento constante da violência interpessoal na sociedade, com destaque para o feminicídio, levaram a letalidade no Brasil a um patamar comparável a países em guerra civil. Como chegamos a tamanha anomalia? Como sair dela?

Vou, aqui, por umas tantas páginas – me perdoe o(a) leitor(a) –, desviar-me do fio da meada climático para tratar dessa questão que, na minha opinião, é a principal preocupação da nossa população. Farei isso olhando para a minha cidade, Rio de Janeiro, que infelizmente virou referência e fonte de reflexão para um fenômeno cada vez mais nacionalmente disseminado. Quem quiser pular este final de capítulo, onde exponho minhas convicções sobre criminalidade e violência – que tendem a desagradar tanto a direita quanto a esquerda – pode fazê-lo sem prejuízo à descarbonização, mas por sua conta e risco...

Perpétuo de Freitas

Já que entramos no terreno da insegurança no Rio, vou me permitir um momento de digressão nostálgica e admitir, quase resignado, que ouço dizer que a segurança aqui está pior que nunca desde que me entendo por gente. Lembro-me já na minha infância dessa percepção de uma criminalidade crescente, a cada dia mais ameaçadora. O tema me fascinava na voz rouca e emotiva dos locutores de rádio. Era o diário duelo polícia x bandido que, depois, nós, garotos, com os nossos revólveres de espoleta, teatralizávamos, brincando de mocinho e bandido no pátio dos fundos do edifício Val de Palmas, na rua Marquês de Abrantes, 126, na fronteira com a favela do Morro Azul.

365

Quero revisitar meu herói daqueles tempos de criança, o detetive Perpétuo de Freitas, o "Índio", que subia os morros sozinho e prendia, vivos, "na moral", os mais perigosos facínoras dos anos cinquenta. Era especialmente querido na Mangueira, onde virou lenda. Em sua longa carreira, prendeu quase mil marginais, entre os quais Mineirinho, Mauro Guerra, Sombra, Gazinho e Zé Navalhada, grandes personagens da crônica policial da época. Só matou duas vezes, e em legítima defesa: os bandidos Bidá e Fogueirinha. Eu colecionava artigos da revista *O Cruzeiro* sobre suas façanhas. Tenho um exemplar até hoje. As fotos são do Luiz Carlos Barreto. Nosso Barretão, à época, era fotógrafo de revista e dos melhores!

O Índio era gaúcho: Perpétuo de Freitas nasceu no dia 8 de junho de 1914, em Santiago do Boqueirão, Rio Grande do Sul. Seu pai, Antônio de Freitas, entrou na malograda Revolução Federalista e, perseguido, teve que fugir para o Mato Grosso, onde se estabeleceu em uma pequena fazenda perto de Ponta Porã, fronteira com o Paraguai. A mãe de Perpétuo era descendente dos índios Coronados, o que explica sua cara de índio.

Com oito anos, viu o perigo pela primeira vez: um grupo de salteadores atacou a fazenda de seu velho, que resistiu e botou em fuga os atacantes. O garoto fica ao seu lado durante toda a balaceira. Começava a se espalhar o boato de que o menino Perpétuo tinha o "corpo fechado". Com quatorze anos, ele enfrentou à bala três rapazes que tentaram raptar uma menina de doze anos chamada Rosa Matos. Feriu um deles, botou os outros para correr e virou um ídolo em Ponta Porã. Durante o serviço militar, Perpétuo vai pela primeira vez ao Rio de Janeiro. Em 1935, esteve na tropa que atacou a Escola de Aviação Militar do Campo dos Afonsos, ocupada pelos oficiais sublevados da chamada Intentona Comunista. Destacou-se pelo arrojo e sua fama de ter o corpo fechado começa a circular também entre os seus companheiros de farda.

De volta ao estado natal, participou de lutas contra as forças de Flores da Cunha e, em certa ocasião, sozinho, prendeu vinte cabos e soldados que tentavam sublevar sua unidade e passar para o lado de Flores. Saindo do Exército, voltou ao Rio, onde se casou com Merenice e prestou concurso para a Polícia Civil, em 1936. Merenice morreu alguns anos depois, e Perpétuo se casou novamente em 1946.

O detetive Perpétuo começou a ser notado pela imprensa quando trabalhava na delegacia do Encantado. Um policial seu amigo, chamado Timolhão, foi ferido pela quadrilha do Sombra no morro da Mangueira.

Perpétuo pediu ao delegado que lhe permitisse operar lá: em três dias capturou Sombra e trinta dos integrantes de sua quadrilha. Passou a visitar Sombra na prisão e ficaram amigos. O ex-chefe de quadrilha da Mangueira se regenerou e, ao sair da cadeia, Perpétuo lhe deu de presente um carro de bois para que vendesse bananas na feira. Virou um dos melhores amigos de Perpétuo, seu grande exemplo de que era possível recuperar marginais.

Em 1950, Perpétuo prendeu na Mangueira outro bandido que há anos escapava da polícia: Mauro Guerra. Nessa prisão, Perpétuo utilizou alguns dos seus ardis mais famosos. Subiu o morro disfarçado de malandro, com um baralho no bolso e um cigarro de maconha na orelha, como lápis de dono de armazém. Foi às biroscas, alugou um barraco e ficou dias campanando Mauro Guerra. Quando o encontrou sozinho em uma viela, passou-lhe as algemas. Seus alvos seguintes foram os marginais Gazinho e Bigorneiro, que deteve usando os mesmos recursos e sem disparar um tiro.

Logo, Perpétuo foi indicado para assumir a jurisdição da Mangueira, onde conquistou simpatia, a começar pela das crianças, que ganhavam balas de hortelã e brinquedos. Conversador, grande contador de casos, ficava horas nas biroscas e nas portas de barracos batendo papo, fazendo amizade e se informando do que acontecia.

Foi nessa época que o bandido Silvino Celestino, muito temido na área, resolveu acabar com o impertinente detetive. Acercou-se de Perpétuo em um bar, sacou a sua .45 e avisou: "Agora tu vai morrê, seu índio." Silvino atira três vezes enquanto Perpétuo o imobiliza. Na luta, Silvino leva um tiro na perna; é algemado. Dali em diante, ninguém mais duvidou de que Perpétuo tinha mesmo o corpo fechado: o temível Silvino errou a três metros de distância, e o Índio sorria...

Mas nem sempre Perpétuo conseguiu prender os bandidos vivos. Em seus trinta anos de polícia e mil prisões, matou duas vezes. Em 1951, Bidá, um perigoso facínora que aterrorizava o Morro do Querosene, reagiu à bala à sua voz de prisão. Bidá já tinha vários precedentes de tiroteios com a polícia e não se intimidou com a fama de Perpétuo. Caiu morto na porta de um barraco. Perpétuo, com uma Colt .45 fumegante, matou seu primeiro bandido.

O outro foi Fogueirinha. Era o terror do Morro dos Macacos. Contrariando o costume dos marginais da época, não só não ajudava os moradores da favela como os maltratava. Sua alcunha se originou da mania estranha que tinha de tocar fogo nos barracos e acender seu cigarro na

367

fogueira. Perpétuo empregou contra o psicopata sua tática costumeira. Foi morar uns dias no morro disfarçado de caixeiro-viajante até topar com o famigerado Fogueirinha. Muito rápido, o incendiário atirou primeiro: acertou Perpétuo no polegar da mão esquerda, mas ganhou chumbo certeiro no coração.

Aquele polegar ainda levou um outro raspão de bala do único marginal que Perpétuo não conseguiu prender, o famoso Tião Medonho, assaltante do trem pagador, que acabou abatido por outros policiais. Em suas conversas, Perpétuo dizia que, dos quase mil bandidos que enfrentou, apenas dois tinham seu "tope": Tião Medonho e Bidá.

O caso mais famoso de Perpétuo na crônica policial foi a prisão de Mineirinho. Esquelético, tuberculoso, formado na autêntica escola do crime que era o Serviço de Assistência a Menores (SAM), antecessor da Fundação Nacional de Bem-Estar do Menor (FUNABEM). Mineirinho ganhou notoriedade pelo número de pessoas que matou – mais de quarenta – e pela audácia de seus assaltos. Operava praticamente em toda a cidade, com duas .45 cromadas e seus hábitos religiosos: deixava sempre uns trocados do seu "ganho" em uma capelinha de Nossa Senhora, na Mangueira, onde ia pedir perdão pelos crimes.

Foi preso uma vez, em 1954, e condenado a 137 anos de cadeia. Sete anos depois, fugiu da penitenciária Lemos Brito e passou a aterrorizar a cidade em uma autêntica guerrilha louca. Assaltou uma casa de armas, transformando sua quadrilha em um pequeno exército, e tomou conta da Mangueira, desbancando o Arrubinha, então dono do morro.

A polícia realizou enormes *blitzen* para caçá-lo: milhares de homens da polícia civil e da PM em gigantescas operações inúteis que aterrorizavam os favelados e os moradores de diversos bairros do subúrbio carioca. Perpétuo detestava esses métodos e protestava contra eles. Finalmente, convenceu seus superiores a deixarem o caso nas suas mãos. Solitário como sempre e baseado em sua rede de informantes, conseguiu atrair Mineirinho para uma cilada e prendeu, "no papo", o bandido, escondido em um poço. Ao saber que era Perpétuo quem dava a voz de prisão, Mineirinho jogou suas duas pistolas para fora do poço e se rendeu. Sabia que sua vida seria poupada.

Nesse episódio, Perpétuo teve uma discussão feia com Milton Le Cocq. Chefe do Esquadrão Motorizado, Le Cocq tinha outros métodos. Ele era matador de bandidos, um Antônio das Mortes do asfalto. Chegando ao local pouco depois, ficou furioso de ver Mineirinho capturado vivo e algemado. Chegou perto e desferiu-lhe uma coronhada.

368

No Natal de 1961, Mineirinho liderou uma revolta no Presídio da Frei Caneca, durante o qual eliminou seu rival, Arrubinha. A rebelião de presos foi sufocada em uma operação comandada pessoalmente pelo então governador do estado da Guanabara, Carlos Lacerda, que entrou no pátio da penitenciária – hoje algo inconcebível – e fez um discurso para os detentos, prometendo melhorar algumas condições carcerárias. Meses depois, Mineirinho conseguiu fugir. Novamente, Perpétuo saiu em seu encalço, mas, dessa vez, os homens do Esquadrão Motorizado (também chamado Esquadrão da Morte) chegaram antes: o meliante foi encontrado morto na estrada Grajaú-Jacarepaguá crivado por dezenas de balas. Perpétuo sentia os tempos mudarem. Cada vez mais os policiais aderiam à filosofia de "bandido bom é bandido morto", o que trazia como consequência torná-los mais perigosos e desesperados. Ele, no entanto, mantinha sua filosofia: não matar pelas costas, buscar a captura, operar sozinho ou em pequeno grupo, nunca humilhar ou torturar um preso, usar de psicologia e autoridade no interrogatório e, sobretudo, ser amigo da comunidade cultivando redes de informantes fiéis.

A figura de Perpétuo já era folclórica e pictórica: quando não estava disfarçado, envergava terno de linho branco, gravata listrada, bigode bem aparado e cabelos penteados para trás com brilhantina. Chegou a ensaiar umas incursões no jornalismo: participou frequentemente do programa da Rádio Globo *A cidade contra o crime* e escreveu regularmente para uma coluna na *Gazeta de Notícias*. Gostava de ler livros de religião e frequentava terreiros de macumba. Foi em um desses terreiros que um pai de santo lhe jogou uns búzios e fez a advertência: "Índio, teu corpo é fechado pra bala de bandido, mas muito cuidado com bala de polícia." Perpétuo achou aquilo meio absurdo, não deu muita bola. Recusou ser benzido, dizendo que bastava-lhe o batismo. Era mais católico que do Santo.

Não convém julgá-lo pelos critérios de hoje. O jornalismo contemporâneo o classificaria como um policial corrupto, pois recebia regularmente dinheiro do jogo do bicho. Homem de hábitos austeros, usava o recurso principalmente para pagar sua vasta rede de informantes. Desenvolveu amizades entre os contraventores da época, e consta que, depois de sua morte, seu filho ligou-se a essa atividade.

Em agosto de 1964, o detetive Milton Le Cocq, durante uma batida perto do Maracanã, levou um tiro fatal tentando prender o marginal Cara de Cavalo, que dava proteção a uns pontos de bicho das proximidades. Era um bandido considerado pé de chinelo, e alguns cronistas policiais da época garantiam que, se de fato atirou em Le Cocq, foi de puro susto. Outros insinuam que o disparo teria vindo de dentro do fusca onde se apertavam vários policiais e que, provavelmente, foi acidental. Cara de Cavalo, um bandido tido como bundão, virou o inimigo público número um. Novamente o Rio de Janeiro foi conturbado por gigantescas operações, os morros passados a pente-fino por milhares de homens armados até os dentes, sem resultado.

Perpétuo resolveu prender Cara de Cavalo à sua maneira. Começou a diligenciar, procurando seus informantes na companhia de um detetive amigo e seu filho mais velho, Aramis. Obteve a promessa de rendição de Cara de Cavalo através da amante – à época dizia-se "amásia" – dele.

Na noite de 1º de setembro de 1965, na favela do Esqueleto, Perpétuo cruzou inopinadamente com um grupo de policiais da Invernada de Olaria, ligados ao falecido Le Cocq. Surgiu um desentendimento. Perpétuo deu um tapa na cara de um deles, o detetive Jorge Galante, que sacou a arma e atirou. O "homem do corpo fechado" leva uma bala no peito e morreu ao ser levado ao hospital do Pronto-Socorro. O detetive Galante, baleado na perna pelo filho de Perpétuo, conseguiu fugir. Foi preso depois e condenado a doze anos de cadeia. Ao enterro de Perpétuo, acorreram milhares de pessoas, em sua maioria gente humilde das favelas, que perdia um amigo e protetor. Na polícia do Rio de Janeiro, a morte de Perpétuo representou o fim do tira da velha escola, solitário, matreiro e dotado de um código de honra que o fazia respeitado até mesmo pelos marginais.

Prevaleceu a escola de Le Cocq, que se transformou em ídolo e símbolo do Esquadrão da Morte, cuja fachada passou a ser a Escuderia Le Cocq, com caveira e tíbias e as iniciais E.M, "Esquadrão Motorizado", esclareciam, com um sorriso irônico. A polícia ficou cada vez mais violenta e militarizada, e os marginais mais desesperados, perigosos e maus. Perpétuo perdeu sua última batalha. Visto do futuro, foi o fim de uma era quase romântica da crônica policial carioca. Chegavam os anos de chumbo para todos efeitos.

Guerra contemporânea

Se segurança cidadá já era o maior problema do Rio de Janeiro até onde alcança minha memória, na última década tornou-se o pior problema do Brasil, inclusive em cidades de médio e pequeno porte, que eram plácidas e pacatas de dar tédio. Desde que voltei do exílio, no fim de 1979, com a anistia, vi o problema no Rio de Janeiro piorar cada vez mais até chegar a um ponto de inflexão, em 2010, com o advento das UPPs nas favelas, que melhoraram por um certo tempo um aspecto importante mas parcial da crise de segurança: o do controle territorial armado pelo narcovarejo.

Lidamos com três problemas combinados mas distintos: 1) a insegurança nas ruas e em casa (assaltos, latrocínios e balas perdidas); 2) o controle territorial do crime organizado e pesadamente armado e o resultante colapso da autoridade; 3) a má qualidade do serviço policial e a expansão das milícias. Cada um desses fenômenos, embora profundamente interligados, tem sua própria dinâmica.

O pior para a população, no imediato, provém do crime desorganizado, periférico, caótico, cujo controle depende de um policiamento ostensivo, preventivo, com ocupação dos bairros a pé e, a curto prazo – segredo de polichinelo –, de uma mãozinha do crime organizado, tráfico ou milícia: "Aqui na minha área, não, porra!" O maior risco para o cidadão(ã), individualmente, é o do assalto, o latrocínio, o estupro, a violência interpessoal fortuita ou familiar, incluindo o feminicídio. A ação preventiva de uma boa polícia que ocupe o território e mantenha uma teia de relacionamentos e informações com a população é o instrumento mais importante para reduzir esses crimes. Outros países e suas cidades conseguiram isso no passado. A espetacular evolução de Nova York é um bom exemplo.[113]

Já o problema mais grave para o estado de direito é a perda do controle territorial e do monopólio sobre o armamento de guerra das Forças Armadas. No Rio, houve um momento, no auge das UPPs, em que parecíamos estar perto de acabar com esse controle territorial armado, pelo menos aquele mais ostensivo, do Comando Vermelho, Terceiro Comando e Amigos dos Amigos, as facções cariocas rivais, sobre boa parte das favelas. Não é mais o caso. A curto prazo, pelo menos enquanto a área de segurança não for totalmente reorganizada, ele voltou para ficar. Novamente escutamos tiros e rajadas em comunidades previamente pacificadas.

O momento será, novamente, de políticas de confronto, incursões cruentas sem ocupação do território. Temo que venham embaladas mui-

---

113. O apogeu em totalidade de crimes violentos na cidade de Nova York foi de 212 mil ocorrências em 1990. Em 2018, esse número foi de 68 mil. O de assaltos, 112 mil e 18 mil; o de homicídios, 2.600 e 562, respectivamente. Fonte: Disaster Center.

to mais pela raiva social do que pela racionalidade operacional com a população das favelas e dos edifícios afetada, em decorrência de balas perdidas, em uma cidade com as peculiaridades do Rio. A outra face dessa moeda são as tréguas secretas, fruto das negociações, subreptícias, com os bandidos que, por razões óbvias, nunca foram nem serão assumidas pelas autoridades. Elas passam pelos presídios, os QGs das facções.

Essa política é mais fácil onde não há facções rivais, como em São Paulo, onde o PCC domina o mercado das drogas e as comunidades. No Rio já aconteceu efemeramente em mais de um governo, quando cessaram ações expansionistas, guerras por territórios e quando traficantes recolheram seus armamentos de guerra, deixando de ostentá-los de forma exibicionista. Não dura muito tempo e tem o lado mais negativo de permitir a capitalização dos bandos e a regularidade do arreglo, sem o qual não existe esse tipo de trégua. Os do batalhão raciocinam: "Acertaram com os de cima. Eu não vou deixar vagabundo operar pianinho aqui sem pagar o meu." Mesmo quando se consegue coibir o controle territorial ostensivo, o tráfico não desaparece. Com ele, persiste o arreglo.

O tráfico de drogas no morro, o narcovarejo, é o último e menos qualificado elo da cadeia da economia das drogas. Seu poderio financeiro é pouco significativo no contexto mais geral de apropriação de riqueza desse imenso negócio que se origina em países vizinhos, onde passa pelo refino e contrabando, e segue, em boa parte, para a Europa e os Estados Unidos, e também para o mercado interno qualificado, abastecido pelo tráfico do asfalto, mais discreto e sofisticado. Para o varejo, a "boca" da favela, ficam as sobras, a cocaína "malhada". Seus lucros são decrescentes, mas persistem à medida que os pobres se incorporam ao mercado. Já em meados dos anos noventa, era clara a opressão exercida pelas facções criminosas do narcovarejo sobre "suas" favelas, uma autêntica ditadura militar local, onde raramente o "movimento" era comandado por bandidos autóctones, nascidos e criados por ali e, cada vez mais, pelos bandos armados vindos de outras comunidades ao sabor da guerra triangular entre o Comando Vermelho (CV), o Terceiro Comando (TC) e os Amigos dos Amigos (ADA).

Mais recentemente, o PCC de São Paulo, uma facção muito mais centralizada e sofisticada, estendeu seus tentáculos para o Rio de Janeiro a fim de fazer alianças. Essa ebulição de grupos sempre contou com a interveniência do "comando azul", grupos de policiais de diversos batalhões que cobram o arreglo, a taxa de proteção paga pelas quadrilhas. O arreglo, com sua relação extorsão/extermínio, tornou-se ente regulador entre facções, mas, ao mesmo tempo, acabou com qualquer inibição dos bandidos em relação a matar policiais, algo que, no passado, era tabu.

O *modus operandi* da repressão ao narcovarejo durante muito tempo foi a incursão esporádica e cruenta que produzia bandidos mortos, armas apreendidas – e, frequentemente, vítimas inocentes –, seguida de uma retirada do território efemeramente ocupado, algo que muitos observadores passaram a chamar de "enxuga gelo". Os critérios para as incursões nem sempre eram claros. Por vezes obedeciam à necessidade de dar uma resposta à pressão da mídia e da sociedade em função de algum crime rumoroso ou do ativismo de uma facção expansionista. Noutros casos, se relacionavam mais com a dinâmica do arreglo, com os de azul liquidando um bando para instalar outro que pagava melhor.

Dotados de armamento cada vez mais poderoso, frequentemente vendido por policiais, os traficantes passaram a estender sua presença militar aos bairros vizinhos, às "suas" favelas e às vias expressas. O movimento noturno na zona Norte e Oeste caiu drasticamente, e também na zona Sul, embora de forma menos intensa. A população carioca passou a sentir-se cada vez mais ameaçada, não pela venda de drogas em si – a não ser pelos viciados em crack –, mas pelo ativismo militar dos "soldados" do narcovarejo e sua periferia de recrutamento, cada vez mais ousados e abusados em assaltos, sequestros-relâmpagos e outros crimes violentos contra o cidadão. No final de 2018, assaltos a bares e postos de gasolina passaram a ser feitos com fuzis.

A porosidade e a corrupção do sistema penitenciário permitiram às facções criminosas comandar as atividades de dentro das prisões, bem como, em larga medida, controlá-las, tornando-as QGs de ações criminosas, desde o planejamento de ataques contra a população (queima de ônibus, bombas, saques, incêndio de carros) até a onda generalizada de falsos sequestros telefônicos visando extorsão. A inacreditável leniência do sistema de execuções penais brasileiro com criminosos violentos, expressa na progressão de pena e no regime semiaberto, concedidos sem o menor critério, é fruto de uma cultura de justificação social da marginalidade e exacerba a sensação de impunidade já ressaltada pelo ínfimo nível de resolução dos crimes. No caso dos homicídios, por exemplo, mais de 90% permaneceram de autoria desconhecida.

O controle territorial sobre os morros, com armamento pesado e estabelecendo duplo poder militar em uma grande cidade, é uma aberração em qualquer país democrático normal. Nós nos acostumamos com ele desde os anos oitenta. Chegou a ser de bom-tom, em círculos bem pensantes, cultivar a ideia do bandido social, do traficante protetor de sua comunidade, compensando a ausência do poder público. Uma referência dos anos oitenta foi o traficante Escadinha, da segunda geração da Falange Vermelha, depois Comando Vermelho. A imprensa relacionava o surgimento da Falange Vermelha ao convívio com guerrilheiros presos na Ilha Grande nos anos setenta. Na verdade, segundo conversas que tive com Alex Polari e outros amigos, ex-presos políticos na Ilha Grande, nunca houve contato direto entre eles e os criminosos comuns, também enquadrados na Lei de Segurança Nacional por assalto a banco, muito menos qualquer relação de doutrinamento. Quando muito existiu, por parte dos que depois deram origem à Falange Vermelha, uma assimilação de certas noções de organização carcerária dos presos políticos, a quem observavam a distância de uma outra ala do presídio. A versão de uma influência política de esquerda na gênesis do que se tornou o CV acabou colando na mídia. Trata-se de uma lenda urbana.

A peculiar geografia do Rio, com a presença do tráfico de drogas nas favelas, junto aos bairros de classe média, produz uma situação de proximidade diferente de outras grandes cidades, como São Paulo, onde se situam mais na periferia, o que afasta a classe média das rajadas de tiros e balas perdidas. No Rio, a cidade informal, as mil e poucas favelas da cidade, mantêm ligações intrincadas com a formal através de uma capilaridade que traz vantagens socioeconômicas para os moradores das favelas e para as atividades comerciais, de serviço e domésticas dos bairros vizinhos com a eliminação dos custos de transporte e maior disponibilidade de mão de obra.

Por outro lado, a situação nas favelas afeta de forma direta e imediata a classe média. O que acontece nas favelas vizinhas – episódios de violência e barbárie, descontrole urbanístico ou ambiental, expansão da economia informal e produção cultural intensa e específica – repercute no asfalto. As favelas ficam próximas, mas constituem um mundo à parte, com uma "lei" draconiana instituída pelas facções do tráfico. Possuem uma dinâmica imobiliária fora das regras urbanísticas como parte de uma economia informal extremamente dinâmica. Desregulada, multifacetada, ultraliberal.

Os tons, os sons, a pulsação febril, a densidade e a intensidade do contato humano contrastam com o humor do asfalto. É um território de cultura diversa, ela própria composta de subculturas conflitantes. Uma delas é aquela bandida, associada à atividade do tráfico, de exaltação belicista, supremacista e bairrista que execra o "alemão" – o membro de uma facção rival ou mesmo o simples morador de uma comunidade controlada por uma facção rival – que pode expressar-se no baile funk, na pichação e em jargões e gírias que constantemente se renovam. Ela convive com outras mais benignas, religiosas e laicas em uma mistureba complexa. Não haverá sucesso na pacificação se a cultura bandida não for desconstruída nas comunidades.

As quadrilhas do tráfico são efêmeras. Em geral, terminam liquidadas em meses. Seus integrantes são mortos pela polícia ou por rivais. Ou, então, presos, passando a comandar seus soldados de dentro do sistema prisional. A sua eliminação constante não permite antever esgotamento de efetivo, porque há uma alta taxa de reposição em uma faixa etária cada vez mais jovem. A simples equação econômica na qual o jovem "fogueteiro", "avião" e depois "soldado" do tráfico ganha substancialmente mais que o jovem pedreiro, vendedor ou contínuo, não explica, por si só, o fenômeno. Os ganhos são maiores, mas não a ponto de compensar a probabilidade de morte.

É um modo de viver e morrer celebrado em bailes funk, gírias, e grafites – embora essas expressões sejam muito mais ricas que suas eventuais interfaces com o tráfico – alimentado pelo consumo da cocaína e pelo frenesi que suscita. Na opção pelo tráfico, a busca de benefício material se mistura com o glamour da cultura bandida: possuir aquele tênis e aquele iPhone que normalmente não seriam acessíveis ao salário mínimo, mas também sentir-se importante por portar um fuzilmetralhadora, impor o pânico aos "bacanas" e aos "otários" da própria comunidade, forçar a submissão, frequentemente voluntária e fascinada, das menininhas de lá (e, em alguns casos, da classe média vizinha), sentir-se parte de uma galera que é um "terror" em luta contra os "alemão", aterrorizar o outro, ter o poder de "barbarizá-lo", "esculachá-lo", bem como o pessoal das comunidades dominadas pelos inimigos. Inclui "zoar" os odiados policiais pelo rádio. Botá-los para correr e crivar de balas suas viaturas.

Tudo isso chega às crianças muito cedo. Uma subcultura do não futuro, da total indiferença ou ódio pelo outro, que aceita de bom grado uma vida breve e violenta. Não estamos diante de nada inédito: vem da ancestral arrogância da lei do mais forte, do supremacismo, da identidade masculina dominadora. Essa narrativa permeia a favela e sua periferia em ondas expansivas, atraindo adolescentes cada vez mais jovens, drogados e descartáveis, assegurando a reposição das cabeças cortadas da Hidra de Lerna.

O sistema carcerário brasileiro é perverso e converteu-se em quartel-general das facções do tráfico. Lá, os criminosos mais inteligentes, violentos e cruéis mantêm seus postos de comando mais bem protegidos dos rivais nas comunidades ou dos policiais do arreglo e/ou extermínio. Contam com a colaboração de numerosos funcionários subornados ou ameaçados. Abaixo deles está a massa carcerária, inesgotável fonte de recrutamento. Ocasionalmente, ocorrem massacres entre facções rivais que também constituem formas de chantagear o poder público para acordos obscuros. A solução que o governo anuncia para o futuro são novos presídios.

O Brasil se recusa a olhar para o elefante na cela: uma política de drogas responsável pela sua superlotação com meliantes pés de chinelo encarcerados por vender drogas, sem prática de violência ou posse de armamento. Estes não possuem os recursos nem as conexões que permitem aos violentos e organizados surfar o sistema. Ficam à mercê da fome, da brutalidade e do estupro se não estiverem protegidos por uma facção à qual juram fidelidade sob pena de morte. São os calouros da universidade do crime. Sairão "formados": mais conectados, mais preparados e dispostos a matar.

Legalize

A maior parte das 63 mil mortes violentas registradas no Brasil em 2017 se relaciona às drogas. Não aquele número nunca contabilizado, por ser desprezível, de overdoses de cocaína ou de crack, mas das mortes causadas pela economia das drogas. São as vítimas da regulação pela violência de um imenso mercado que sempre existiu, existe e existirá. Ao longo de toda a história da humanidade, as drogas estiveram presentes. Em todas as sociedades, sempre houve o cultivo de algum tipo de droga e seu consumo por parte de um segmento da população em rituais religiosos, busca por prazer ocasional ou vício.

As pesquisas de opinião consistentemente refletem uma significativa maioria hostil às propostas de descriminalização[114] ou de legalização de

---

114. A pesquisa do Datafolha feita no final de 2017 em todo o Brasil encontrou 66% contrários e 32% favoráveis à descriminalização da maconha. Na mesma época uma pesquisa no Paraná consultou a população sobre a legalização. Encontrou 25% favoráveis à legalização da maconha e 12% favoráveis à da cocaína. Ambas apontam para uma ligeira inflexão que não chega a ser significativa sobre um assunto onde o discurso proibicionista domina amplamente.

drogas leves ou pesadas. Entre os especialistas, há um equilíbrio maior e, nos últimos anos, foram dados passos no sentido de uma tácita descriminalização do usuário.

Nas sociedades contemporâneas, o uso de drogas é muito disseminado, e os critérios para seu enquadramento legal, muito subjetivos, com fundo fortemente cultural e político. Dividem-nas entre as lícitas e ilícitas do ponto de vista jurídico, em uma relação duvidosa com seus reais ou supostos malefícios do ponto de vista rigorosamente médico. No mundo muçulmano, o álcool é droga ilícita, embora o haxixe e o *kiff* sejam legais em diversos países. Nos Estados Unidos, tivemos a Lei Seca, adotada em 1920 pela 8ª Emenda à Constituição e depois cancelada em 1933 pela 21ª Emenda, ambas, em seus tempos, determinadas por fortes maiorias parlamentares no Congresso e nos estados, no bojo de enormes mobilizações sociais. Ao final, ficou claro que a proibição do álcool fora um erro desastroso.

No início do século XX, a cocaína ainda era legal e glamourizada. Sigmund Freud era um de seus usuários. Os danos atuais do alcoolismo e do tabagismo são brutais, mas não se concebe, pelo menos no Ocidente, sua proibição. Por outro lado, as campanhas educativas, as medidas restritivas e a pressão cultural vêm tendo inegável sucesso na forte redução do tabagismo, apesar de envolver uma das drogas que causa maior dependência física.

Houve no período recente uma renovada discussão sobre a legalização da maconha. Nos idos dos anos oitenta, nós, verdes, defendíamos a sua descriminalização: um cidadão deveria ter livre-arbítrio, não cabendo ao estado puni-lo por algo que faz com – ou até contra – si próprio. Essa abordagem focava na proteção dos diretos civis dos usuários. A lei dos anos setenta, a famosa 6.368, punia não o consumo em si, mas qualquer posse de entorpecentes. O discurso da descriminalização de "drogas leves" naquele tempo era coerente com uma sociedade que saía de um longo período autoritário. Hoje, é algo muito limitado como resposta ao problema das drogas, de sua economia, suas guerras e das terríveis consequências destas.

A legalização da cannabis, já adotada por onze estados norte-americanos,[115] por Canadá, Uruguai, Holanda, Portugal e outros países, representaria um progresso, mas não enfrenta o problema por mais que

---

115. Califórnia, Colorado, Illinois, Maine, Massachusetts, Michigan, Nevada, Oregon, Vermont, Washington, Washington, D.C. Aguarda-se em breve Nova York e Nova Jersey.

afete o conjunto da sociedade e não apenas usuários ou dependentes: o morticínio em massa provocado pela guerra relacionada ao mercado das drogas ilegais, a corrosão da sociedade, o solapamento das instituições resultantes dessa pujante economia regulada pela violência. Quantas pessoas morrem por overdose e quantas se vão nas matanças da guerra econômica? A desproporção é abissal. Por isso o aspecto atinente aos direitos individuais dos consumidores da cannabis é francamente secundário frente ao indescritível horror das mortes devidas ao comércio ilegal dessa e de outras drogas ilícitas. E por isso não participo dessas "marchas da maconha" em tom de oba-oba. O buraco é mais embaixo.

Tornou-se moda um discurso de culpabilização do usuário pela existência do tráfico armado e violento. Os culpados pelo tráfico seriam os maconheiros e os usuários de pó. O tráfico é, de fato, alimentado pelos seus consumidores, dependentes ou eventuais. O discurso reacionário alardeia aos quatro ventos esse truísmo, o que constitui uma forma de escapulir do problema identificando um bode expiatório inócuo para um problema insolúvel. Ok, o usuário sustenta o tráfico. E daí? Jamais desaparecerá esse mercado, nem mesmo na Indonésia ou nas Filipinas, com a pena de morte ou as execuções extrajudiciais. Nem o conseguiu a repressão brutal praticada pelos Talibã, no Afeganistão, que posteriormente passaram, eles próprios, a explorar o tráfico de ópio.

A conclusão óbvia para quem tem um mínimo de bom senso e raciocínio lógico é que o usuário só sustenta o traficante, bandido, porque a substância é ilegal, acessível somente através de circuitos criminosos. Fosse legal e disponível nas drogarias, o usuário sustentaria não o traficante, mas o farmacêutico, e pagaria impostos que financiariam campanhas educativas e de assistência médica aos dependentes no lugar da compra das AR-15 e AK-47 dos traficantes. A polícia nunca conseguirá "acabar com as drogas", muito embora a recíproca possa ser verdadeira: de as drogas destruírem a polícia, como sucedeu no México, com o desmantelamento das polícias locais, totalmente dominadas pelos cartéis. E que dizer daqueles batalhões da PM nos quais boa parte das operações do cotidiano gira em torno da recolha do arreglo da droga e seus conflitos subjacentes?

Ao passar a encarar a questão não mais pelo viés do direito ao próprio corpo, mas dos grandes efeitos da droga sobre a sociedade e as instituições, me interessei por um pensamento muito mais radical, paradoxalmente expresso por gente mais à direita e conservadora que os defensores da descriminalização ou legalização da maconha: os falecidos Milton Friedman, Prêmio Nobel de Economia, o direitista William F. Buckley Jr. e o promotor Vincent Bugliosi, a revista britânica *The Economist* e o escritor liberal Mario Vargas Llosa, que procuram entender a questão em seu contexto macro. Eles concluíram que a eventual legalização das drogas, regulamentada e controlada, reduziria as mazelas a um grave problema de saúde pública, mal menor frente ao morticínio e à desestabilização decorrente da excepcional oportunidade de lucro oferecida pelo mercado ilegal. Aqui me permitirei ser politicamente malvado: se a droga tem que matar alguém, que seja apenas o drogado irremediável, não a criança atingida pela bala perdida de uma guerra de traficantes, ou deles com policiais, ou por um assaltante "cracudo" em crise de abstinência.

A *war on drugs*, desencadeada pelo presidente Ronald Reagan no início dos anos oitenta, com seus aviões com desfolhantes cancerígenos, fuzis, algemas, camburões e tropas de elite, fracassou. Plantações, laboratórios, quadrilhas e cartéis eliminados foram substituídos por outros. Presídios superlotados em nada diminuíram o consumo de drogas de nenhum tipo, nem mesmo dentro dos ditos cujos. A luta antidrogas pertence ao campo da saúde pública e das campanhas – as inteligentes – de prevenção. É por onde se pode avançar.

Conquanto essa discussão avance fora do Brasil, aqui, a curto prazo, ela terá imensa dificuldade em prosperar. No Congresso Nacional a tendência seria mesmo agravar a penalização do usuário. Sua maioria, se puder, superlotaria ainda mais as nossas abarrotadas prisões, pensando, assim, atender a um eleitorado temeroso e desinformado. As famílias temem que as drogas, caso legais, tornem-se mais acessíveis aos filhos. Como pai, compreendo e respeito esse temor. No entanto, tenho que dizer-lhes que estão totalmente fora da realidade, pois, infelizmente, não existe em nossa sociedade a menor dificuldade para qualquer jovem ter acesso às drogas em qualquer cidade, grande, média ou pequena. Em uma situação de legalização controlada seria mais fácil os pais saberem e darem melhor assistência aos filhos com esse problema. As situações clandestinas viriam à tona e o próprio controle mais apurado das substâncias reduziria o risco de overdose, no caso da cocaína.

Sobretudo seria eliminada a promiscuidade forçada com o submundo do tráfico, que tende a ser um perigo muito maior para esses jovens que os efeitos das drogas em si. Suponhamos que você tenha a infelicidade de ter em sua família um jovem dependente. O que lhe parece pior? Ele poder obter a substância em uma drogaria onde o farmacêutico pode lhe dar um sermão sobre seus malefícios, oferecer alternativas de tratamento e, ao final, fornecer uma substância controlada? Ou que esse jovem fique exposto ao risco de subir à boca de fumo do morro para comprar nas mãos do bandido – que pode também ser um assaltante, um assassino – uma droga "malhada", assim contribuindo para financiar e armar a criminalidade violenta?

A maior barreira que existe para acabar com essa *prohibition* é inconfessável conquanto óbvia ululante, como diria Nelson Rodrigues: ela contraria os interesses econômicos demasiado poderosos. Não apenas aqueles da gigantesca economia ilegal internacional que gira perto da casa do meio trilhão de dólares, mas também aquela menor, simbiótica: a do establishment antidrogas. Não me refiro aqui apenas ao arreglo, ao efeito corruptor das drogas sobre policiais, políticos, militares, magistrados – a Colômbia nos anos noventa e o México de hoje podem ser considerados enciclopédias dessas promiscuidades –, mas também aos polpudos orçamentos da pletora de instituições repressivas, que deles ficarão privados no dia em que a droga passar da responsabilidade do aparelho policial, judicial e penitenciário para a esfera da saúde pública e das grandes campanhas educativas.

Os recentes avanços ocorridos no Uruguai, na Itália, no Canadá, em Portugal e em alguns estados norte-americanos que legalizaram a cannabis são promissores, porém insuficientes. O ponto não é legalizar a droga menos nociva – todas o são em alguma medida maior ou menor –, mas impedir que qualquer droga seja capaz de exercer seu papel mais deletério de logística da criminalidade violenta e semeadora de morticínios, corruptora e desagregadora de instituições. Por essa razão, para horror de muitos, defendo não apenas a legalização da maconha, mas de todas as drogas.

"Até mesmo o crack?", perguntam-me, horrorizados. Sim, até mesmo do crack, embora com duas especificidades: 1) sua distribuição seria totalmente gratuita, mas exclusivamente por clínicas especiais de atendimento a viciados, onde eles seriam cadastrados, monitorados e receberiam a substância para consumo imediato, no local apenas; 2) pode haver internação compulsória de "cracudos" que apresentarem qualquer manifestação de violência. Aos justificadamente céticos, pergunto o seguinte: esse cenário seria pior do que o atual, onde o "cracudo" desesperado em crise de abstinência pode facilmente matar alguém da sua família por míseros trinta reais para conseguir saciar-se?

Mas o que acontece com a legião de traficantes desempregados? Não nos iludamos; a legalização não dispensará uma decidida ofensiva policial para neutralizar toda uma geração de bandidos que hoje depende substancialmente do tráfico e que tentará, a curto prazo, compensar-se com assaltos e outros crimes violentos. Não tenho pena alguma de bandido morto em confronto legítimo com a polícia. Possivelmente fará parte da equação de pacificação definitiva. Outras atividades criminosas sobreviverão – as desenvolvidas pelas mal chamadas milícias estão aí para provar –, mas sem todo esse imenso poder deletério, destruidor do tecido social, do bilionário comércio ilegal regulado pela violência. Perderão sua base logística, a mais rentável, regular e segura, e será destruída uma economia perversa que movimenta não apenas os soldados do tráfico, mas uma legião de fogueteiros, aviões, crianças, mulheres mães de família embaladoras e funkeiros que disseminam a cultura bandida. A legalização solapa esse poderio de controlar comunidades, adquirir armamento de guerra, manter grandes efetivos armados e "arregar" autoridades.

Em geral sou favorável à legalização dos interditos comportamentais de atos ilícitos de livre-arbítrio, sem dano direto a terceiros. Sua repressão costuma produzir malefícios piores do que os delitos em questão, que também são fontes de corrupção do Estado. É o caso do bicho, dos jogos de azar e outras modalidades cujos promotores, aliás, nem querem ser legalizados. Os limitados efetivos das polícias precisam ser concentrados como um raio laser no combate àqueles crimes que ameaçam a vida e a integridade física do cidadão – os assaltos, sequestros-relâmpagos, latrocínios, estupros, feminicídios –, e não dispersos em enxuga-gelo comportamental.

Eis que o reacionarismo parlamentar religioso também namora com a ideia de tornar ainda mais atrasada e repressiva a nossa absurda legislação de aborto. Quanto sofrimento futuro existe escondido atrás do discurso do endurecimento maior em relação a uma prática ilegal, em tese, mas tolerada e acessível às mulheres de classe média?

Eu me recordo de um outro personagem da polícia carioca dos anos cinquenta, o famoso delegado Deraldo Padilha. Ele parava os jovens na rua e mandava enfiar um limão por dentro da bainha da calça. Se não passasse até o sapato, significava que a calça era apertada demais e quem a vestia, sem sombra de dúvida, "veado". Pois o delegado Padilha promoveu uma blitz contra as clínicas de aborto do Rio, fechando-as, prendendo os médicos "aborteiros" e as mulheres "flagradas".

O resultado disso e de outras ofensivas análogas em outros estados foi um brutal incremento da mortalidade feminina por tentativas de au-

381

toaborto com as mais variadas técnicas imagináveis, hoje ainda utilizadas pelas maiores vítimas da hipocrisia atual: as mulheres pobres. Depois daquilo, nem na época da ditadura algo do gênero foi tentado novamente. Todo mundo sabe onde essas clínicas funcionam – com seus nomes de santo – e nada acontece. Por alguma razão. Pagam pedágio à polícia e fica por isso mesmo. Ninguém ousa agir contra elas, salvo em situações excepcionais. Nem a Igreja tenta seriamente obter essa repressão, pois todos sabem a tragédia que resultaria disso. Que fique claro, almejo zero abortos. Diminuir seu número drasticamente será conseguido assumindo sua legalização no bojo de campanhas educativas abrangentes que evitem a gravidez indesejada.

As "polícias de bico"

A época do auge das UPPs no Rio foi um momento de oportunidade. Deveria ter sido acompanhado de uma melhoria da qualidade do policiamento que, por sua vez, depende, é óbvio, de um aumento do efetivo disponível, tipo de patrulhamento e qualidade do trabalho policial. Venho há anos expressando a opinião de que a melhoria da prestação desse serviço à sociedade depende de um salário digno, aliado a uma efetiva dedicação exclusiva dos policiais civis e militares à segurança pública e patrulhamento preventivo feito essencialmente a pé. O nó górdio da ineficiência policial está nessa "polícia de bico", com escala de serviço de 24 horas de serviço por 48 horas de folga na PM e 24 por 72 na Polícia Civil, que engendra, inevitavelmente, uma segunda atividade – quase sempre mais bem remunerada – e um enorme contingente policial desviado de função, longe das ruas.

A dificuldade do policiamento ostensivo no Rio é, para início de conversa, quantitativa: uma tropa insuficiente, mal entrosada com a população, quase toda a bordo de viaturas e crescentemente intimidada. Se contássemos com os 44 mil PMs que compõem o efetivo teoricamente existente no estado – metade na capital –, teríamos um número ainda insuficiente, mas razoável. Consideradas as escalas de serviço, os "requisitados" por outros órgãos, pelo Legislativo e Judiciário, aqueles exercendo funções burocráticas, os de férias e os de licença, qual é o contingente real disponível todos os dias?

Policiais amigos me garantem que é de menos de um quarto do total, quando muito. O problema não é apenas quantitativo. Os efeitos da descontinuidade sobre a capacidade de investigação, a motivação, o brio profissional e o sentido de carreira em um serviço público especializado são muito negativos. Uma "polícia de bico" nunca será de qualidade. O fato de os nossos policiais militares trabalharem duas vezes por semana, e os civis, uma, é antigo. Faz parte daquela famosa cultura barnabé: "O estado finge que paga, eu finjo que trabalho". Apesar de ser claramente prevista em lei, a dedicação exclusiva simplesmente não é cumprida, não existe. Isso demandaria mudanças drásticas no padrão de remuneração, uma compatível com a de profissionais especializados que exercem uma atividade de altíssimo risco. O fato de, ainda assim, termos alguns excelentes policiais é quase miraculoso.

O bico acaba sendo a atividade policial propriamente dita. Muito frequentemente, a outra atividade paga melhor ao policial que a segurança pública. Um soldado que trabalha vinte dias como segurança em um supermercado ganhará mais do que o salário que recebe na PM. Obedece a uma cultura já muito arraigada e corresponde a um tipo de gasto público insuficiente e ineficaz. O resultado são policiais de má qualidade, altamente vulneráveis não apenas à corrupção, como à criminalização, com uma banda podre praticamente incontrolável. O ambiente fica propício ao envolvimento de policiais em atividades criminosas das mais diversas, ao mesmo tempo que os torna mais expostos e vulneráveis.

Mais de 70% das mortes de policiais acontecem fora de suas escalas de serviço. É claro que há policiais que morrem durante a folga em assaltos ou que exercem atividades privadas de segurança, honestas, mas uma proporção sem dúvida significativa é abatida em ajustes de contas do mundo do crime. Na era de Perpétuo e Le Cocq, a morte de policiais pelas mãos de bandidos era um fato excepcional, seus desdobramentos investigativos e de retaliação ocupavam as manchetes da crônica policial semanas a fio. Hoje, policiais morrem e passam despercebidos.

Outro grande problema: o policiamento quase exclusivamente em viatura é deficiente. Não permite um controle efetivo do território nem uma relação de proximidade com a população e, em determinadas circunstâncias, deixa muito vulneráveis os policiais que vivem desconcentrados em relação ao que ocorre em seu entorno.

Observo uma viatura da PM. Ela passa com seu guardinha de olho grudado no smartphone, combinando o serviço que vai fazer nos dois dias seguintes no supermercado ou na proteção do rapaz que vai ao banco pegar o pagamento da turma de uma obra. Acaba de chegar uma mensagem no WhatsApp de um taxista que quer lhe vender a autonomia. Esse guardinha é do bem, mas não está atento ao que ocorre em volta, a não ser no caso de um alerta por rádio. Em alguma outra viatura, outro PM está esperando a mensagem dos "manos", marcando para o dia seguinte de folga o encontro no morro pra levar aquela Uzi. Estão preparando um bote na outra facção, prometem aumentar o arreglo. Ou, quem sabe, trabalhar com aquele outro colega da milícia que está controlando o gás e os motoboys. "Aí, ele vai ter que passar o cerol nesses mesmos manos." Dilemas, mas novas oportunidades...

Estamos diante de uma contradição objetiva insolúvel que independe da integridade ou não dos envolvidos. É preciso enfrentar a questão das escalas de serviço atuais. Embora profundamente enraizadas na cultura funcional vigente, se pensarmos bem são uma aberração. O trabalho policial fica descontínuo, sem uma rotina que favoreça melhor enquadramento, adestramento e disciplina. A longa folga intercalada propicia não o descanso, mas a segunda atividade remunerada, que se torna a predominante em ganho econômico e investimento de energias. A segurança privada se nutre da insegurança pública. Se esta melhora, aquela definha. Portanto, há um imenso conflito de interesses permeando o aparelho policial. Na segunda-feira temos o coronel, comandante do batalhão, e o soldado. Na terça, os dois homens são os mesmos, mas são outros os personagens: um é o empresário da segurança privada, e o outro, seu empregado, informal. Um dia a relação é comandante/soldado, no outro, patrão/empregado, sem carteira assinada. Já no caso da chamada "banda podre", a folga é dedicada às atividades criminosas. É a hora de se dedicar à milícia.

O fato de permanecerem relativamente pouco tempo sob o enquadramento físico e administrativo das respectivas corporações prejudica enormemente o desenvolvimento de rotinas profissionais, torna precária a disciplina e o controle do comando, cria um ambiente desfavorável ao aperfeiçoamento profissional. A instituição da dedicação exclusiva tem dois enormes óbices: o orçamentário (os nossos policiais terão que receber salários realmente bons) e o cultural-corporativista: a escala de serviço é, hoje, modo de vida.

O trabalho na polícia é risco, desgaste e frustração. Se a sociedade exige uma polícia de qualidade, vai precisar entender que ela custa caro. O Governo Federal terá que enfrentar a questão de como financiá-la decente e eficientemente. Quanto à mudança cultural/corporativa nas polícias, poder-se-ia instituir uma fase de transição com a coexistência dos dois regimes de serviço, mas com um nítido favorecimento, em termos salariais e de prestígio, para os que optarem pela dedicação exclusiva: promoções, cursos, financiamento de casa própria etc. Seria também uma ocasião para separar o joio do trigo e expurgar o primeiro das corporações via corregedorias ativas e autônomas. Haverá uma resistência enorme daqueles oficiais que em suas 48 horas de "descanso" são donos de empresas de segurança. A transição lhes dará tempo para optarem entre a corporação ou o business.

Evidentemente o estado do Rio não teria – muito menos agora – como financiar sozinho algo assim. Nenhum estado da federação é hoje capaz, sem ajuda, de implementar esse tipo de reforma. Já examinei essa questão anos atrás com o falecido André Urani e o Leandro Piquet. Nossa ideia, na época, era uma loteria para bancar um fundo federal de complementação salarial para os policiais, como a FUNDEB para os professores. Mexer com isso é extremamente difícil, mas aí está o nó górdio a ser cortado para que possam existir polícias de qualidade, com disciplina, enquadramento e eficiência, nas quais a hierarquia tem controle real sobre o efetivo. Isso para além do forte apoio técnico para o uso mais eficiente dos novos recursos tecnológicos, bancos de DNA, melhor monitoramento de imagens, drones, controle efetivo de armas e munições pelo registro de sua numeração etc... Precisamos de tudo isso para termos polícias respeitadoras do cidadão e que sejam respeitadas.

Conheci os efeitos da dedicação exclusiva e do patrulhamento a pé em Bogotá, em minha primeira visita, em 2005. Foi quando conheci o Ricardo Montezuma, meu anfitrião. Fui apresentar nossa experiência de implantação da malha cicloviária do Rio, a primeira e a maior do Brasil. Fiz diversos contatos com pessoas interessantes, entre e elas o ex-prefeito Antanas Mockus, com quem jantei. Depois, recebi a visita de seu sucessor, Enrique Peñalosa, no Rio, lá no IPP. Aprendi um monte de coisas interessantes daquela virada que a capital colombiana estava operando depois dos seus anos mais terríveis. O que mais me impressionou foi o seu progresso em matéria de segurança: do completo pesadelo da década anterior, quando era considerada uma das cidades mais violentas e inseguras do mundo, para uma situação da qual nós, cariocas, poderíamos invejar.

A Polícia Nacional, resultado de uma grande reforma, destinada a aproximá-la mais da população, não dedica, como aqui, dois terços do tempo a uma segunda ocupação remunerada. Fica aquartelada. Consegue garantir forte presença ostensiva nas ruas com menos da metade do efetivo da nossa PM fluminense. A Polícia Nacional dispunha, à época, de dezesseis mil homens com dedicação exclusiva. Ocupavam efetivamente o território: estavam em toda parte, patrulhando a pé, em grupos de três, um deles com fuzil-metralhadora e um bom sistema de comunicação. Em uma zona comercial, cheguei a ver cinco trincas em dois quarteirões. A viatura era apoio e não principal meio de patrulhamento. Insisti muito nessa questão em minha campanha para o Senado, em 2006. Uma cidade-símbolo mundial de violência conseguira reduzir pela metade os crimes violentos e prover a sensação de segurança nas ruas. Bogotá trazia ainda as marcas da violência delirante dos anos oitenta e noventa. A criminalidade comum subsistia, mas a sensação nas ruas não era uma de insegurança ou agressividade, apesar da grande quantidade de jovens desocupados e pedintes. Circulei em vários horários do dia e da noite, por todas as partes. Em nenhum momento soaram meus alarmes, racionais ou instintivos, de perigo à vista. Mas certo medo ainda estava ali, em segundo plano, quase subconsciente, sob a forma de detectores de metais e cães na entrada de certos edifícios, grades, câmeras, trancas eletrônicas, revistas minuciosas em prédios públicos e uma segurança privada onipresente. Bogotá conseguiu também reduzir muito as mortes no trânsito. Outras medidas preventivas contribuíram: proibição da venda de bebidas alcoólicas em horários noturnos, com restrições ao funcionamento dos bares e ao porte de armas, antes generalizado, e campanhas educativas antidrogas inteligentes.

Durante aquele meu mandato de deputado federal, tentei incessantemente vender esse peixe ao Governo e ao Congresso. As pessoas ouviam, interessadas, mas os obstáculos pareciam intransponíveis. De onde viria o dinheiro? Como vencer a resistência dos próprios policiais acostumados ao duplo emprego como uma segunda natureza? E o lobby dos coronéis da PM, donos de empresas de segurança, que empregam seus soldados? Os deputados que diziam representar os policiais civis e militares, integrantes da bancada da bala, eram os primeiros a se opor, com raras exceções. Uma discussão tão essencial caía na piscina de geleca. E lá continua, atolada.

Meu posicionamento na Câmara dos Deputados era singular, pois defendia propostas e estratégias linha-dura em relação à progressão de pena, manutenção fora de circulação dos menores violentos, posse de armamento de guerra e enfrentamento do controle territorial do tráfico. Recusava-me, por outro lado, a prestar qualquer solidariedade às greves de policiais militares, que naqueles meses se multiplicavam com atos de indisciplina e prejuízos para a população. Ao mesmo tempo, escandalizava defendendo a legalização das drogas "não para aliviar a barra de maconheiro, mas para destruir a logística da bandidagem". Esquerda e direita me olhavam perplexas. "Qualé" a desse cara?

Já em 1992, presidira uma CPI municipal que investigara as atividades ilegais de segurança a partir de um bárbaro crime cometido no Baixo Gávea por um policial militar durante seu "bico" como segurança do restaurante Sagres. Durante minha gestão como secretário de Meio Ambiente, ajudei a formar o GDA (Grupo de Defesa Ambiental) da Guarda Municipal e tive constante contato com a situação nas favelas pelo fato de desenvolver, em 47 delas, os mutirões de reflorestamento. Em minha gestão como secretário de Urbanismo e presidente do IPP, continuei acompanhando intensamente a situação nas favelas através dos Postos de Orientação Urbanística e Social (POUSOs) e mantive estreito contato com o BOPE e o CORE, aos quais, na época, o IPP fornecia ortofotos de satélite e fotos aéreas. Desenvolvi uma boa relação com três comandantes do BOPE, os coronéis Fernando Príncipe, Pinheiro Neto e Mário Sérgio Duarte.

A Comissão que presidi na Câmara Municipal nos dois anos de meu último mandato como vereador simplesmente não identificou nenhum estudo minimamente detalhado, nem na PM nem na Polícia Civil, sobre o que, exatamente, seria necessário orçamentária, administrativa e em termos de regulação para viabilizar um regime de dedicação exclusiva, entendido, é claro, que a atividade policial pode comportar horários diferentes das tradicionais jornadas de outros tipos de servidores públicos.

Em seu depoimento, o então chefe da Polícia Civil, do Rio, o delegado Gilberto Ribeiro, chegou a estimar em 150% o aumento de salário necessário para que fosse viável impor aos policiais civis no Rio a dedicação exclusiva. Um fundo nacional para a segurança, conforme sugestão do falecido André Urani em uma das últimas conversas que tivemos, poderia ser lastreado pelo Fundo de Amparo ao Trabalhador (FAT). Quanto à Polícia Militar, também não detectei sequer indícios de qualquer estudo dessa natureza. O puro e simples aumento de efetivo, sempre evocado pelos candidatos ao governo do estado, nunca solucionará o problema da má qualidade do policiamento preventivo e das investigações de crimes cujo grau de resolução é baixíssimo.

Seria um bom começo; sem ainda entrar no tema pertinente, mas ainda mais espinhoso, da unificação das polícias. Idealmente, precisaríamos ter uma polícia de ciclo completo, que realizasse a prevenção e a investigação, desmilitarizando as funções e integrando as atividades. A mera discussão disso naquele Congresso encontrava sistematicamente a oposição dos deputados ligados a ambas corporações. Sem abrir mão disso como uma proposta de longo prazo, era preciso ajustar e definir melhor as funções e aprimorar a comunicação e coordenação de ações entre as duas polícias e as Guardas Municipais através do compartilhamento dos sistemas de rádio e de dados, e da criação de salas de operações integradas, instaladas em regiões estratégicas da cidade e do estado. Teríamos que identificar a modalidade de apoio federal a essa meta; se ela poderia se dar por um aporte orçamentário (duvidoso) ou um fundo especial.

Insisti muito que o Governo Federal desse apoio ao Rio de Janeiro para dispor de uma polícia com salários compatíveis à dedicação exclusiva e fizesse um patrulhamento principalmente a pé, ocupando bem o território. Era, no entanto, algo que não entrava no radar da esquerda em geral. Para ela, a segurança não é um problema central, e a solução passa simplesmente por uma melhoria do nível de vida e da capacidade de consumo dos mais pobres. O resto viria a reboque. Naqueles anos do PT, no entanto, viu-se o contrário: um aumento da criminalidade violenta em quase todo o Brasil – exceto em São Paulo –, acompanhando o crescimento da economia e do consumo. Um paradoxo que não conseguiam explicar e buscavam escamotear, deixando o campo totalmente livre ao discurso da direita.

Quem mandou matar Marielle?

Cinco anos mais tarde, a coisa piorou mais ainda: a maioria das UPPs foi desmantelada, e as comunidades, dominadas novamente pelo tráfico. Expandiu-se muito o controle das milícias e seu leque de atividades criminosas. Como secretário de Urbanismo do Rio em 2005, enfrentei esse tipo de ação na construção pirata de alto nível. Estava ainda em seus primórdios. Um ex-policial civil chamado Ricardo Pazeli construía, na cara de pau, prédios de oito andares no Recreio dos Bandeirantes, sem licença da Prefeitura, e vendia mais barato os seus apartamentos, em sua maioria para policiais civis e militares. O Departamento de Licenciamento da SMU estava intimidado. Havia embargado as obras, mas Pazeli não tomava conhecimento algum do edital de embargo. Certa tarde fui à sua "imobiliária", que funcionava, escancaradamente, em uma rua movimentada do Recreio. Tirei fotos. Avisei-o de que deveria respeitar a interdição e me identifiquei como secretário de Urbanismo da cidade. Ele riu. "O senhor não é secretário; está secretário", sentenciou, debochado.

Naquela ocasião, tive o total apoio do prefeito César Maia quando montei três operações gigantescas que resultaram na demolição dos prédios que já estavam erguidos. Como o quartel da PM e a delegacia da região estavam acumpliciadas – ali havia vários compradores –, tive que recorrer ao BOPE e ao CORE para proteger os homens das secretarias de Urbanismo, de Obras e da Subprefeitura da Barra. O prefeito me proibiu de comandar a operação no terreno, que ficou a cargo do subprefeito da Barra-Recreio, Alex Costa. À época, um major, que depois veio a chefiar o BOPE, Pinheiro Neto, comandou a parte policial da operação e o construtor pirata foi levado à corregedoria de Polícia Civil. Até onde sei, aquilo não deu em nada, mas os prédios foram para o chão, e ele acabou sumindo dali, temeroso de represálias dos seus compradores, que queriam o dinheiro de volta.

Recebi recados, via conhecidos da Barra, comentando que eu tinha bulido com esquemas da pesada e que podiam mandar me apagar. Não me preocupei muito, pois me via como um "presunto caro". Recusei a proposta de guarda-costas. Continuei apenas com o Saulo, meu motorista Sancho Panza. O Alex Costa, subprefeito da Barra, que comandou as operações *in loco*, recebeu ameaças mais explícitas, mas um oficial do gabinete do prefeito, policial militar, teve uma "conversinha" sobre o assunto com o construtor pirata, espremido ao pé do muro, e foi bem convincente. As ameaças cessaram.

Fizemos uma operação similar na Rocinha. Ali, era o subchefe do tráfico um tal Soldado, erguera um verdadeiro bunker. Era uma construção impressionante, com lugar para cárcere privado e tudo. Foi abaixo. Uma operação dessas foi programada para o Itanhangá, onde estavam sendo construídas casas padrão classe média na encosta, com desmatamento. Acabou suspensa por injunções políticas. O subprefeito de Jacarepaguá, Fernando Modolo, que ia comandar a operação, avisou que recebera ordens de não demolir.

No caso, os empreendedores eram da milícia que dominava Rio das Pedras; ali havia vereadores, cabos eleitorais e outros quetais. Um deles, o vereador Josinaldo da Cruz, o Nadinho, foi assassinado pouco tempo depois. Seus sucessores depois expandiram suas atividades exponencialmente: passaram a construir prédios na Muzema. Dois desses desabaram em 2019, matando 24 pessoas. Uma das milícias da região tinha como integrantes os assassinos da vereadora Marielle Franco, dois ex-PMs cujos mandantes permanecem, ao escrever este livro, não identificados.

O assassino de Marielle morava no mesmo condomínio do então candidato Jair Bolsonaro. Parentes do ex-capitão Adriano da Nóbrega, morto pela polícia na Bahia, chefe da milícia Escritório do Crime, já foram lotados no gabinete do então deputado estadual Flávio Bolsonaro –

dos três filhos políticos, o mais cordato. Por enquanto não há elementos que possam estabelecer algum tipo de ligação dos Bolsonaros ao crime. Não obstante, são coincidências curiosas. Os assassinos Ronnie Lessa e Élcio de Queiroz têm claramente o perfil de matadores de aluguel. Alguém os pagou. Quem? Diversas pistas falsas foram disseminadas sobre o caso tentando envolver políticos, como o vereador Marcello Siciliano ou o ex-deputado Domingos Brazão, que, não creio, tivessem motivação alguma para mandar matá-la.

A pista "ideológica", um crime de ódio contra uma mulher de esquerda radical, negra e bissexual, me pareceu menos provável. Tenderia a ser reivindicado pública e orgulhosamente por algum grupo fascista, embora possa ter havido, nesse caso, exceção à regra. Os que almejam encerrar essa investigação acusam o sargento Lessa de ter agido sozinho com Élcio de Queiroz, por motivação ideológica mas sem um mandante. Não condiz com seus perfis cometer um crime não pago.

A minha hipótese mais provável, à época e ainda hoje, foi de um crime "instrumental" de chefes milicianos para melar a intervenção federal das Forças Armadas, então em curso na segurança do Rio, que os incomodava, pois começava a investigá-los também. Uma provocação que a desgastasse na grande mídia. Se foi isso, conseguiram seu objetivo na medida em que o noticiário de TV veiculou insistentemente as críticas que Marielle fizera à intervenção federal antes de ser assassinada que antes não eram difundidas.

Diferente dela, penso que a intervenção foi necessária, porque a situação de segurança do Rio, naquele momento, estava se desmilinguindo, totalmente fora de controle. A intervenção federal pôs um freio na ofensiva das quadrilhas e deixou alguns progressos técnicos e organizacionais. Quebrou o ímpeto da bandidagem naquele momento.

Mas a outra hipótese no caso Marielle não pode ser descartada. A do crime de ódio fascista. Nesse caso tenho cá, naturalmente, outro suspeito: meu personagem do *Silicone XXI*, Estrôncio Luz...

PAU BRASIL

Minha terra tem palmeiras

Nosso país carrega em seu próprio nome o estigma da devastação ambiental. Desde a carta de Pero Vaz de Caminha ao rei de Portugal se cantam louvores à natureza pujante da Ilha de Vera Cruz, logo terra de Santa Cruz, enquanto se preparam para devastar e saquear, impiedosamente, a do pau-brasil. As raízes remotas do ambientalismo brasileiro remontam ao Brasil Colônia, quando o interminável ciclo das devastações era pontuado por lamentos conservacionistas, como os do frei Vicente do Salvador. Essa dicotomia entre o amor e a devastação do paraíso é bem da tradição colonial lusitana: a famosa diferença entre intenção e gesto – do coração sentimental que se desabotoa, da mão cega que executa, como no famoso verso de Chico Buarque.

O Brasil independente manteve a tradição, do Império às Repúblicas: a Mata Atlântica foi desmatada em 87%[116] ao longo de cinco séculos pelos ciclos do açúcar, do café e pela industrialização e urbanização. Mas ao fio das décadas sempre existiram, em maior ou menor grau, reflexões e iniciativas a favor da preservação da natureza e nostalgias poéticas em torno do paraíso perdido. De lá para cá, a terra do pau-brasil – uma espécie vegetal extinta fora dos jardins botânicos – continuou a testemunhar a devastação ambiental: a destruição do verde, a poluição das águas e do ar a forma destruidora de crescimento urbano desordenado com o seu séquito de taras sociais e ecológicas se realimentando em um moto-contínuo.

Minha terra tem palmeiras
Onde canta o sabiá.
As aves que aqui gorjeiam,
Não gorjeiam como lá.

---

116. Ver no Atlas da Mata Atlântica, em dados mais recentes, a tabela que indica os deflorestamentos das florestas nativas, observados no período 2017-2018. SOS Mata Atlântica.

As saudades de Gonçalves Dias expressavam imagens verdes, nostálgicas desse país "deitado em berço esplêndido", onde "nossos bosques têm mais vida", e a independência da pátria teve como primeira plateia "do Ipiranga, às margens plácidas", nos versos de Osório Duque-Estrada. Para além da nostalgia ou do ufanismo poético e de leis conservacionistas da burocracia pombalina, como as adotadas sob a influência de José Bonifácio e André Rebouças, nossa maior epopeia conservacionista foi, sem dúvida, o reflorestamento da Floresta da Tijuca, determinada pelo imperador dom Pedro II, no final do século XIX, em um momento em que já aparecia com nitidez o desastre ecológico provocado pelos desmatamentos das fazendas de café sobre os mananciais de água que abasteciam a capital do Império. A área foi reflorestada pelo major Manuel Gomes Archer e por seus seis (talvez mais) escravos entre 1861 e 1872, plantando a maior floresta urbana do mundo. Durante os onze anos em que permaneceu à frente da administração da Floresta da Tijuca, Archer plantou cerca de 62 mil mudas, com uma média superior a 5.600 mudas por ano.

A saga de Archer, essa aventura brasileira, nos inspira a enfrentar o desafio das mudanças climáticas, da devastação ambiental, da preservação da biodiversidade em um novo ciclo de desenvolvimento econômico, a justiça social e a proteção dos mais pobres e vulneráveis. No Brasil atual, na sua pior crise econômica e social desde os anos trinta, a busca por desenvolvimento sustentável, longe de ser um entrave à recuperação da economia, é seu caminho mais plausível e seguro. Um novo ciclo de desenvolvimento, quando se der, não poderá mais seguir o padrão daquele dos anos setenta. Deverá assumir a sustentabilidade econômica, social, climática e ambiental tirando partido das potenciais vantagens competitivas ímpares que o país possui.

As mudanças climáticas ameaçam o Brasil de forma a agravar o largo espectro de problemas já existentes e apresentar novos, desconhecidos. O aumento de temperaturas em vastas regiões tende a ser 20% maior que a média do planeta e seus efeitos são francamente assustadores.[117] Não é

---

117. Ver "World of Change: Global Temperatures", no canal de publicação on-line NASA Earth Observatory, principal fonte de imagens de satélite e outras informações científicas relacionadas ao clima e ao ambiente que estão sendo fornecidas pela NASA. Disponível em earthobservatory.nasa.gov/world-of-change/global-temperatures.
Ver também OPPENHEIMER, M.; CAMPOS, M.; WARREN, R.; BIRKMANN, J.; LUBER, G.; O'NEILL, B.; TAKAHASHI, K. "Emergent risks and key vulnerabilities". In: *Climate Change 2014: Impacts, Adaptation, and Vulnerability. Part A: Global and Sectoral Aspects. Contribution of Working Group II to the Fifth Assessment Report of the Intergovernmental Panel on Climate Change.* Cambridge University Press, Cambridge, Reino Unido, e Nova York, pp. 1.039-1.099. Disponível em ipcc.ch/site/assets/uploads/2018/02/WGIIAR5-Chap19_FINAL.pdf.

nenhum exagero em ver nas as mudanças climáticas, o maior problema de segurança nacional do Brasil, no século XXI. No imediato, eu as colocaria entre os mais preocupantes: a quebra do monopólio das Forças Armadas sobre o armamento de guerra com controle de territórios por facções do tráfico e milícias e o risco de uma guerra civil na Venezuela que nos venha afetar, o colapso da economia e a insanidade na cúspide do poder.

Os efeitos da mudança climática. Já são visíveis e tendem a se agravar: a savanização da floresta Amazônica – vide as estiagens dos anos 2005 e 2010 –, que compromete os chamados "rios voadores", cujas chuvas irrigam o resto do Brasil e boa parte do continente; a ampliação das áreas de seca e maior desertificação de regiões no Nordeste e enchentes e estiagens, mais graves e frequentes, nas regiões do Centro-Sul. São inevitáveis perdas na agricultura, impactos e custos crescentes das infraestruturas em geral, danos às populações atingidas, pressão suplementar sobre o erário e crises no abastecimento de água e de energia elétrica. Um capítulo à parte advirá do aumento do nível do mar sobre cidades litorâneas. Ainda há controvérsias científicas em relação ao quanto exatamente ele irá subir, não quanto à inevitabilidade do fenômeno em si. Os estudos mais recentes não são nada tranquilizadores.[118]

Weiji é o ideograma chinês que expressa simultaneamente crise e oportunidade. As mudanças climáticas, paradoxalmente, também ensejam, pelo menos no caso do Brasil, determinadas oportunidades que nos colocam em situação mais favorável que as outras nações de grande extensão territorial para fazer frente a uma transição rumo a uma economia de baixo carbono e, adiante, carbono-neutra.

Já vimos que, para que o planeta não sofra as consequências mais extremas, será preciso adotar um conjunto de transformações energéticas, agrícolas, de mobilidade, de preservação de florestas e reflorestamento e de economia circular com todas as inovações tecnológica que isso envolverá. Que para pagá-lo, será necessária uma verdadeira revolução no sistema financeiro. Na maioria dos casos, o Brasil encontra-se razoavelmente bem posicionado se souber tirar partido de seu próprio potencial:

---

118. Ver WONG, P.P.; LOSADA, I.J.; GATTUSO, J. P.; HINKEL, J.; KHATTABI, A.; McINNES, K.L.; SAITO, Y.; SALLENGER, A. "Coastal systems and low-lying areas". In: *Climate Change 2014: Impacts, Adaptation, and Vulnerability. Part A: Global and Sectoral Aspects. Contribution of Working Group II to the Fifth Assessment Report of the Intergovernmental Panel on Climate Change.* Cambridge University Press, Cambridge, Reino Unido e Nova York, pp. 361-409. Disponível em ipcc.ch/site/assets/uploads/2018/02/WGIIAR5-Chap5_FINAL.pdf.

tem as maiores reservas de água e de biodiversidade do planeta, recursos naturais abundantes para uma exploração florestal não predatória, extensões gigantescas para o reflorestamento, florestas plantadas e recuperação de pastagens degradas para a retenção do carbono nas espécies vegetais e no solo. Apresenta condições privilegiadas para uma economia agrícola de baixo carbono. Possui uma população multiétnica e multicultural, uma sociedade urbana apta a gerar conhecimento e inovação, uma base industrial capaz de se reinventar no caminho da sustentabilidade e bom posicionamento nos confrontos geopolíticos da atualidade e do futuro previsível. Vinha cultivando, até agora, uma malha de relações pacíficas e colaborativas com praticamente todos os outros países do planeta.

No outro prato da balança, temos um sistema educacional atrasado, sobretudo no ensino secundário, além de estagnado e desvinculado da economia real. Um cartorialismo sufocante, um estado disfuncional e patrimonialista e um estamento político clientelista, assistencialista e fisiológico, eleito mas execrado por uma sociedade acomodada, corporativa e antimeritocrática que cultua o paternalismo e reproduz uma forte cultura de "levar vantagem". A isso se soma esse novo vento nauseabundo de intolerância e ódio que afasta a imagem reconfortante do brasileiro cordial. Mito?

Estamos mergulhados em uma crise intensa que não conseguimos, até agora, transformar em oportunidade. Pelo contrário, agrava-se seu esgarçamento e desalento e, logo, o autoritarismo e a violência. Promove-se o retrocesso. Pontifica-se uma boçalidade inacreditável. Paira sobre a sociedade brasileira a ameaça "síndrome dos estados falidos". Mas a oportunidade também está aí ainda que escamoteada, abafada. Qual prevalecerá? A lei de Murphy? A lei de Gerson? A lei do mais forte? A da oportunidade?

A saída de uma crise econômica de terríveis consequências sociais e perigosos desdobramentos políticos seria também um momento de oportunidade para transformação. Ela depende de visão, de vontade política e de capacidade de superar as circunstâncias adversas para apostar no pulo do gato. Tanto a esquerda quando a direita – uso essas categorias cada vez menos apropriadas para simplificar, e nem me refiro aos respectivos extremos tresloucados – são como aqueles dois cegos no exame tátil de um elefante. Uns apalpam apenas a tromba, outros se enrolam com o rabo do bicho.

Ambas estão certas e erradas. Sim, não se pode pensar em melhorar o Brasil sem mexer na desigualdade, na miséria, na exclusão, na arrogância da elite. Sim, o Estado precisa garantir a renda mínima de sobrevivência, sobretudo nessa fase. Sim, também, o Estado assistencialista/patrimonialista vampiriza a economia produtiva e serve primordialmente para sua própria manutenção e a de seus gastos corporativos e privilégios enquanto presta maus serviços. Sim, nosso investimento em infraestruturas, baixíssimo e todo equivocado. Agora, de lambuja, entra em cena o fator da boçalidade, insegurança e imprevisibilidade extrema na cúspide do poder convertida numa central de sabotagem à saúde e à sanidade do país.

Nem os adeptos da economia clássica (os neoliberais, para usar o jargão) nem os neokeynesianos estão conseguindo formular soluções para os problemas atuais, e muito menos aos futuros. Precisam trabalhar juntos. Obviamente, excluo desse rol os "mãos de tesoura", por um lado, e os perdulários políticos compulsivos, por outro. Para reinventar uma economia não há, a priori, aqueles escolasticamente "certos" e os "errados". Não existe, como se dizia na esquerda, "a linha justa".

Momentos macroeconômicos diferentes demandam soluções provenientes de ambos arsenais sem que se possa escolhê-los fora do tempo histórico ou daquela dada conjuntura internacional. Demanda uma alquimia fina, atenta não apenas aos números, mas também a movimentos decorrentes da tecnologia, da política, da ecologia e da cultura no plano local e global. A economia não é uma ciência com fórmulas "corretas" para tudo. É, quando muito, uma bússola antiga e um mapa de navegação pouco legível em escala imprecisa.

O diagnóstico, em si, não é tão misterioso assim: há um processo de financeirização do capitalismo, onde a produção cede terreno à finança, que se torna uma alavanca de acumulação infinitamente mais poderosa. Há uma acumulação de capital crescente (e indecente) nas mãos dos circuitos especulativos aos quais os Estados nacionais e as instâncias reguladoras internacionais dificilmente conseguem fazer frente. Instalou-se, a partir dos anos oitenta, uma cultura dominante que multiplica essa acumulação: a parte do leão da riqueza vai para o negócio financeiro, uma pequena parte apenas retorna para os circuitos produtivos de qualquer espécie.

Isso é favorecido pelo mundo digital com seus algoritmos, pela robotização e, logo, a inteligência artificial, a qual financeirização é mais bem posicionada para controlar do que a maior parte da economia produtiva. Servirá ambas, em geral com efeitos sociais perversos que os Estados nacionais terão – mas até agora não conseguem – voltar a controlar ou influenciar de novas maneiras. Terão mais chance se o fizerem juntos.

O discurso de denúncia dessa realidade está coberto de razão. Mas de uma razão impotente. Sim, o endividamento é injusto, os ricos são pouco taxados, todo o sistema de financiamento e comércio padece de um viés de iniquidade. A avaliação do endividamento em relação ao PIB pelas economias dos países é submetida a critérios diferenciados nas agências de *rating* do sistema que orientam o financiamento de suas dívidas. O nosso déficit de 80% do PIB (em 2019) é considerado uma catástrofe. Em outros países, déficits muito maiores são considerados toleráveis.[119] Não se trata apenas do ritmo de progressão – de fato, o nosso vinha disparando –, mas de um conjunto de outros fatores de economia, histórico de (in)adimplência, ambiente de negócios etc., que fazem com que as agências de classificação de risco coloquem o Brasil abaixo de muitos outros países com percentual de endividamento/PIB bem maior. Há nesses *ratings* também um fator subjetivo, político, óbvio. Essas agências não são juízes imparciais, mas instrumentos do sistema financeiro. É bom recordar o quão miseravelmente falharam antes da crise de 2008, ao atribuir o *rating* AAA aos famigerados *subprimes*. Mas são seus critérios que ditam as condições de financiamento e têm efeito cascata sobre a capacidade de atrair investimentos e financiamentos. São hoje *facts of life*, dados da vida, da mesma forma que os paraísos fiscais e a apropriação de nossos dados pessoais os mais comezinhos pelas quatro grandes do mundo digital (GAFA): Google, Amazon, Facebook, Apple e muitas outras.

A esquerda, francamente em recuo global no momento, limita-se a sucessos ainda sem garantia de longa continuidade na Península Ibérica. Em Portugal, a "engenhoca", um governo socialista presidido por António Costa, com apoio externo dos comunistas e da esquerda radical – num marco de maturidade inédito –, obteve sucesso até agora. Na Espanha, é cedo demais para fazer avaliações. Um episódio eloquente foi a experiência do SYRIZA na Grécia. Com um ideário e características similares, no que pese os contextos nacionais, ao PSOL, elegeu-se no apogeu da crise, depois da debacle do PASOK (o partido socialista tra-

---

119. Números de dezembro de 2018: o déficit do Brasil era de %77 do PIB; Reino Unido, %80; Espanha, %97; França, %98; Bélgica, %102; Estados Unidos, %106; Portugal, %122; Itália, %134; e Japão, %238. Já a classificação desses países pela Standard & Poor's: Brasil BB-, Reino Unido AA, Espanha A-, França AA, Bélgica AA, Estados Unidos AAA, Portugal BBB, Italia BBB, Japão A.

dicional), para fazer uma política de ruptura com a austeridade imposta pela chamada troika: União Europeia, FMI e Alemanha, com um retrocesso social em dose cavalar.[120] As políticas de austeridade do "cavalo de pau" da Dilma e as do período Temer, com a recessão enorme que ocorreu, foram pinto perto do que foi imposto à Grécia governada pela esquerda radical.

São questões que os Estados nacionais não conseguem enfrentar sozinhos; será preciso uma ação coletiva e uma governança internacional para fazê-los. A União Europeia vem dando passos nesse sentido, mas priorizando seus próprios interesses. Os Estados Unidos e a China, às suas maneiras, têm o poderio para fazê-lo, mas seguem focados exclusivamente nos próprios objetivos econômicos e geopolíticos. Com Trump isso prevalece de forma absoluta. A China tornou-se pioneira no uso da inteligência artificial e da identificação facial em massa para a repressão política. Ainda assim o poder de uns e outros é relativo, instável.

Não é possível, hoje, enfrentar esse estado de coisas com os remédios do passado, quando se podia impor o primado da política nacional e vencer. Não falo aqui do "socialismo real" que fracassou lamentavelmente em um pantanal sangrento de atraso, opressão, violência, fome e morticínio. A própria social-democracia ocidental do século XX – para-

---

120. O primeiro-ministro Aléxis Tsípras e seu ministro da Economia, Yanis Varoufakis, buscaram inicialmente um enfrentamento político com apoio de grande parte da opinião pública internacional. Varoufakis foi muito convincente em demostrar que a dose de austeridade que impunham (corte drástico de salários, aposentadorias e gastos públicos), além de provocar danos sociais incalculáveis, prorrogaria a recessão, comprometendo durante muito tempo a capacidade da Grécia de pagar sua dívida. Pese algumas divergências na troika, prevaleceu a linha-dura do então ministro da Fazenda da Alemanha, Wolfgang Schäuble. O SYRIZA, no governo, acabou se curvando e executou o ideário neoliberal feroz que lhe foi imposto, pagando o preço de um enorme desgaste político. Recentemente, com a economia iniciando uma lenta recuperação – não por causa, mas apesar da cavalar austeridade –, Tsípras perdeu as eleições, em 2019, para a direita da Nova Democracia, a maior responsável (junto com o PASOK) pela cilada econômica que levara à crise. Havia uma alternativa radical para o *diktat* da *troika*? A única era sair da zona do euro, mas Tsípras e a maioria do seu partido perceberam o colapso econômico e a tragédia social que isso provocaria, botando azeitona na empada da Aurora Dourada, grupo neonazista que teve grande crescimento na mesma época que o SYRIZA (mas, agora, em declínio). Tsípras também foi vítima de sua corretíssima decisão de encerrar a ridícula disputa com a Macedônia, aceitando que ela se chamasse Macedônia do Norte. Os gregos não admitiam o nome do país vizinho, que fora parte da ex-Iugoslávia. Os macedônios não abriam mão. O acordo foi impopular. Qual o balanço final de Aléxis Tsípras? Penso que positivo. Acabou tendo que executar as imposições de austeridade brutais mas procurou fazê-lo protegendo minimamente os segmentos mais atingidos. E não consta que, ao contrário da Nova Democracia e do PASOK, tenha roubado.

fraseando Churchill, o pior sistema, com exceção de todos outros –, imitada inclusive por governos de direita no pós-guerra com a instituição do Estado de bem-estar (o *welfare state*), não conseguiu resistir à volta de um tipo de capitalismo com características sociais regressivas de um tempo anterior ao New Deal nos Estados Unidos. Essa reação é agora sustentada pela revolução digital e inserida em um sistema que transcende as políticas nacionais, limitando-as ao extremo, condicionando-as.

A social-democracia (que inclui os democratas norte-americanos) tem enorme dificuldade em defender o *welfare state*. Nos países ricos, uma grande massa popular, no passado ascendente, hoje está convicta que seus filhos e netos viverão de pior. Nas partes dinâmicas do mundo em desenvolvimento, no entanto, a globalização trouxe ascensão social espetacular às multidões de rurais chineses, indianos e até africanos que se urbanizaram e melhoraram de vida, ainda que em um quadro de direitos sociais, sindicais e democráticos bastante restrito. Um capitalismo selvagem gerido por um estado forte. Surgiu na China uma classe média de quase duzentas milhões de pessoas.

Para complicar tudo um pouco mais, os passos seguintes da revolução digital e a inteligência artificial tendem a tornar os empregos mais escassos, e multidões passam a ser não mais exploradas, como a classe operária que Marx analisou no século XIX, mas simplesmente excluídas da imensa produção de riqueza. A crise climática, o rebrotar das disputas étnicas e religiosas, o advento do fundamentalismo islâmico, mas também do hindu, cristão, judaico e outros, elevam o teor de hostilidade. Somadas às suas consequências migratórias e à proliferação nuclear, pintam um quadro de grande conflito potencial.

A revolta dos excluídos, dos subalternizados, dos frustrados, produz novas revoluções não mais alimentadas pela ideia (no mais das vezes, ilusória) da fraternidade entre trabalhadores, mas do renascimento do nacionalismo e do tribalismo identitário no qual a direita, muito mais que a esquerda, tem a ganhar. Pior, a extrema-direita e a extrema-esquerda convergem em diversos pontos, mesmo que continuem a se detestar.

As duas forças que garantiram no Ocidente o meio século de democracia e liberdades que tivemos no pós-guerra – os social-democratas e os conservadores – passaram, juntos e misturados, a ser o alvo dos extremos convergentes. Avança a extrema-direita, ou populista, consagrando a chamada democracia dita iliberal. Mas suas políticas econômicas podem ser tanto estatistas quanto neoliberais; nisso eles tendem a ser bem pragmáticos. Em geral um capitalismo de compadrio. Nada garante que o regime democrático liberal que vem lá da Magna Carta inglesa, pela revolução norte-americana e francesa, reconstrução do pós-guerra, democratização pós-queda do muro de Berlim e redemocratização da América Latina nos anos oitenta represente o regime político que prevalecerá futuramente nesse mundo novo.

Saiu de moda falar do Brasil "país do futuro". Na verdade, de certa maneira, ainda o somos: distantes dos focos das guerras, com fronteiras consolidadas e boas relações com nossos vizinhos, um território imenso onde se concentra a maior parte da biodiversidade do planeta, a maior floresta tropical úmida que interfere no clima global, as maiores reservas de água e uma diplomacia que tradicionalmente soube manter boas relações com todos os países. Somos um *melting pot* bem-sucedido de raças, etnias, religiões e culturas. Nós, brasileiros, ocupamos um lugar singular no planeta. Singular também poderia ser nosso papel civilizador.

Mas eis que temos essa economia pouco produtiva, de escasso investimento, essa sociedade sumamente injusta e desigual, esse sistema educacional deficiente. Ainda que tenha evoluído algo no ensino básico, há um terrível problema no secundário e inadequações e ineficiências abissais no superior. Nosso desenvolvimento do conhecimento, pesquisa e inovação são pífios. Temos um Estado extorsivo e disfuncional que nos mantém naquela nossa velha maldição do gigante com pés de barro. E não há bala de prata, à direita ou à esquerda, capaz de nos redimir dessa triste mediocridade que não passe pelo patriotismo de entender, sobriamente, o que precisa ser feito e nos unirmos para fazê-lo. União nacional? Utopia, direis... Sem dúvida. Sobretudo nos tempos que correm.

Um novo ciclo de desenvolvimento, esse sustentável, não está nos planos atuais, mas não é impossível. Para que isso aconteça é necessário, além de profundas mudanças de natureza institucional, política e cultural, um alinhamento de sinais na economia que apontem para a mudança de direção. A estabilidade macroeconômica algo a ser buscado, a curto prazo, como um "freio de arrumação", depois desfeito radicalmente pela pandemia, não pode ser o objetivo, em si, porque, enquanto tal, beneficiará muito poucos. O neokeynesianismo que funcionou no momento anticíclico da crise internacional de 2008/2009 tornou-se um tormento quando foi espichado aos extremos e passou a servir como a torneira mágica da gastança para o PT tentar permanecer no poder mais do que seria historicamente razoável.

O Estado, sim, teria um papel fundamental a desempenhar, só que diferente do estímulo ao puro e simples consumismo, dos privilégios dados a grupos econômicos escolhidos a dedo (os "campeões nacionais"), do desperdício, da corrupção em megaescala e da completa insustentabilidade nas grandes opções estratégica – todas as fichas no petróleo, indústria automobilística fóssil, carne, apoio aos segmentos atrasados do agronegócio, erros na gestão energética e outras trapalhadas generalizadas. Enquanto bilhões foram malversados de forma irresponsável e temerária – custando muito mais que a roubalheira algemada pela Lava Jato –, bons projetos de diversos tipos (agricultura de baixo carbono, energias limpas, biomassa etc.) ficaram a seco ou circunscritos a uma escala piloto. Pouco ou nenhum esforço foi feito para tornar mais seguras, honestas e sustentáveis atividades que são ambientalmente problemáticas como exploração madeireira, mineral e agrícola em grande escala.

Atualmente é difícil imaginar as saídas positivas, mas elas são possíveis e dependem, em grande medida, de vontade política, de políticas públicas adequadas, da mobilização social, de determinadas mudanças culturais e de valores no âmbito da sociedade civil e das instituições. E preciso atacar ferozmente a burocracia federal, estadual e municipal e sobretudo o sistema cartorial, esse polvo que inferniza qualquer tipo de empreendedorismo compondo o custo Brasil. É todo ele estruturado para criar dificuldades e vender facilidades, além de manter empregos e rotinas perfeitamente inúteis. Se existe um setor que merece ser devastado e reduzido a pó pelos avanços do mundo digital é precisamente esse. Sua morte liberaria enormes energias criadoras e empreendedoras atoladas em seu pântano de papéis. Não vou entrar aqui nas discussões de modalidades, prazos e meios de transição e outras questões. Ao promover reformas minimamente consistentes, o Brasil eliminará uma importante barreira em relação à sua capacidade de atrair investimentos e, possivelmente, elevará seu *rating*. Isso naturalmente não se confunde com o tipo de "desregulamentação" cujo objetivo é suprimir o controle ambiental e sanitário. Há muitos exemplos de países que conseguiram melhorá-los ao mesmo tempo que liquidaram o cartorialismo e os seus entrepostos de achacamento.

A economia brasileira já estava numa situação muito difícil antes do cataclismo da depressão do COVID 19. Em profunda recessão desde 2015, andava estagnada no esforço de implementar políticas de austeridade destinadas a reduzir o gasto público. A reforma da previdência – de fato necessária, mas bastante limitada e destorcida – fora aprovada apesar da postura errática do governo Bolsonaro. Ele pareceu delegar a um time de tecnicamente competentes neoliberais o caminho para reativar o PIB estagnado, sempre visto como o termômetro-mor do sucesso ou do fracasso não apenas da economia mas da vida de uma sociedade.

Os resultados eram modestos, investimento interno muito limitado, praticamente nenhum externo e, naturalmente, zero investimento público. Mas o Brasil não consegue se desenvolver sem esse tripé convenientemente equilibrado! O problema agravou-se ao extremo com o advento da COVID 19, em 2020. Ao escrever este capítulo ainda estamos no começo da catástrofe. A postura negacionista da pandemia pelo presidente é simplesmente assassina. Suas consequências econômicas imprevisíveis. Correm atrás do sol com a peneira para ocultar o óbvio/ululante: o estrito controle sobre o déficit público simplesmente foi para o espaço em todos países! Ingressamos numa nova era de economia de guerra onde o fantasma de Lord John Maynard Keynes se perfila no horizonte. Serão necessários mecanismos globais para confrontar a financialização global que não será derrotada pelo nacionalismo da esquerda ou da direita.

No imediato, a reação às injustiças globais tende a tomar a direção oposta e reavivar o protecionismo e as guerras comerciais. O capital é volátil e resiste aos mecanismos clássicos que a esquerda gosta de propor e que agora a extrema-direita também descobriu. Os capitais fogem. Ao mesmo tempo que se afastam cada vez mais do investimento produtivo, criam bolhas de alto retorno que flutuam no mundo virtual até que um dia... bum, explodem. Ainda virá o tempo para a ação internacional baseada num consenso mínimo no G20 onde os Estados Unidos, a China, a União Europeia, outras economias asiáticas emergentes e uma América Latina liderada pelo Brasil colocarão fim aos paraísos fiscais, controlarão minimamente as práticas mais especulativas mais deletérias foçando a drenagem de pelo menos uma parte desses trilhões em giro rumo à investimentos de descarbonização produtiva, impondo um preço sobre o carbono e o menos-carbono, porrete e a cenoura.

Por que importa?

Enfrentar a crise climática é um desafio que a vida impõe às gerações presentes neste momento da história da humanidade. Nos tocou vivê-lo. Embora a descoberta de Fourier tenha ocorrido em 1824, o mundo só realmente despertou para a gravidade das consequências do efeito estufa nos anos oitenta do século XX. Só em 1992 começou a conceber um esforço de descarbonização coletivo, ainda que modesto. Como seres humanos conscientes, temos a obrigação de enfrentar o problema da melhor maneira que pudermos baseados na melhor ciência disponível, pelo resto de nossas vidas. Em 2015, no Acordo de Paris, pela primeira vez o conjunto dos governos assumiu algum tipo de meta de redução voluntária, A soma, como já vimos, é claramente insuficiente.

Algumas pessoas perguntam: "Se tudo isso é tão complicado, e só vai ficar punk mesmo lá mais para o futuro, por que vamos nos preocupar com isso agora? As consequências mais catastróficas não virão lá para a segunda parte do século? E daí? Não vou estar mais aqui!" Basta assistir ao noticiário de todos os dias para perceber que parte desse futuro já chegou e que todos já estamos expostos aos efeitos da mudança climática – aliás, mais cedo e com mais intensidade que previam inicialmente os cientistas do IPCC. Eles atingirão em cheio a geração de nossos filhos, netos e bisnetos.

Os cientistas do IPCC, ao considerarem a trajetória de 2ºC,[121] apontam para essa janela de oportunidade de uns dez anos para que a humanidade atinja o pico de suas emissões de GEE. Isso significa parar de acumular as emissões na atmosfera em números absolutos. Depois, será necessário vigorosamente reduzi-las, no agregado, e promover "emissões negativas" até chegar em um planeta carbono-neutro, em meados do século. No relatório mais recente, de 1,5ºC, o IPCC coloca uma necessidade mais drástica: reduzir as emissões no agregado em 45% até 2030. Algo que praticamente ninguém acredita ser factível. A meta ainda pode ser atingida mais tarde, mas seguida de reduções muito mais drásticas[122] e de emissões negativas maiores.

Precisa ficar claro o que vai determinar o futuro do planeta: as emissões no agregado, a quantidade absoluta em toneladas de CO_2-equivalente doravante emitida e que precisará ser drasticamente reduzida com enorme urgência. Nessa altura do campeonato, nin-

---

121. Ver VICTOR, D. G.; KENNEL, C. F. "Climate policy: Ditch the 2ºC warming goal: Average global temperature is not a good indicator of planetary health". *Nature*, v. 514, p. 30-31, 2 out. 2014. Disponível em nature.com/news/climate-policy-ditch-the-2-c-warming-goal-1.16018.
122. Ver IPCC, 2018: Summary for Policymakers. In: *Global Warming of 1.5ºC. An IPCC Special Report on the impacts of global warming of 1.5ºC above pre-industrial levels and related global greenhouse gas emission pathways, in the context of strengthening the global response to the threat of climate change, sustainable development, and efforts to eradicate poverty*. Disponível em ipcc.ch/sr15/chapter/spm.

guém mais pode se esquivar de fazê-lo. É incontornável que grandes emergentes como a China, a Índia, a Indonésia, o Brasil e o México tenham que reduzir substancialmente suas emissões para que haja alguma chance de sucesso. Mas esse caminho ainda é difícil, sobretudo para os países que precisam de investimentos, financiamento e transferências de tecnologia, além de condições de governabilidade e boa governança em um mundo onde os retrocessos nesse campo têm sido mais frequentes que os avanços, pelo menos nos últimos anos. Viramos um bom exemplo...

Por outro lado, devemos levar em conta os países realmente pobres, totalmente desprovidos de recursos e cujas emissões são tão baixas que não fazem tanta diferença assim. Esses, de fato, precisam de um tratamento especial. Porém, se olhamos o horizonte, décadas adiante, perceberemos que novos países, sobretudo asiáticos e africanos, passarão a ter maior peso nas emissões de GEE.

É cada vez mais discutida em meios jornalísticos, climatológicos e científicos o possível fracasso das tentativas de impedir um aumento de temperatura acima de 4ºC ou mais. É para onde atualmente estamos direcionados. Nesse contexto de desespero, surge toda uma leva de novos livros na linha da "colapsologia" dos quais cito aqui apenas dois: *The Uninhabitable Earth,* do jornalista do *The New York Times* David Wallace-Wells, e *Devant l'effondrement: Essai de collapsologie,* do meu amigo e ex-ministro da Ecologia da França, Yves Cochet. Os dois praticamente dão como perdidas as batalhas por 1,5ºC ou 2ºC e trabalham com trajetórias em que os *feedbacks* nos levam a cenários verdadeiramente apocalípticos. Diante desse tipo de projeções, aumenta o número de defensores de uma variável radical da adaptação, que é a geoengenharia. Ela engloba diferentes tipos de propostas. A mais recorrente é o lançamento na estratosfera – em particular sobre os polos – de aerossóis formados por partículas de sulfatos.

Aviões-tanque subiriam a mais de 65 mil pés para efetuar esses lançamentos.[123] Também poderiam ser utilizados foguetes. A técnica se inspira em um fenômeno natural que ocorreu em 1991: a erupção do vulcão Pinatubo, nas Filipinas, que causou uma redução global de 0,6ºC nos dois anos seguintes. As partículas de sulfato teriam como função

---

123. Fred Pearce: "Geoengeneeing the Planet? More Scientists Now Say It must be an Option". *Yale Environment 360.* 29 mai. 2019. Disponível em e360.yale.edu/features/geoengineer-the-planet-more-scientists-now-say-it-must-be-an-option.

405

refletir da estratosfera, ou do alto de nuvens sobre geleiras, uma parte dos raios de sol. Os defensores calculam que um programa de quinze anos poderia, nesse período, subtrair os 0,3ºC anuais ao aquecimento já "contratado" pelo efeito estufa. O custo aproximado seria uma bagatela: dois bilhões de dólares por ano. A maioria dos cientistas com os quais tenho falado tem grandes reservas em relação a isso. Alertam para efeitos colaterais. Ao bloquear a radiação solar, pode-se interferir em regimes pluviométricos, como as monções na Ásia. O rebatimento dessa radiação não interfere no contínuo acúmulo de gases de efeito estufa na atmosfera. Alguns veem os proponentes da geoengenharia como clássicos aprendizes de feiticeiros. Outros, no entanto, mesmo com muitas reservas, pensam que é válido estudar todas as hipóteses cada vez mais a fundo, sem exclui-las a priori.

Uma outra técnica propalada de geoengenharia consiste em borrifar pó de ferro nos oceanos para estimular o crescimento de algas que absorvam CO_2. Já houve algumas experiências sem muito sucesso, e teme-se pelos efeitos colaterais sobre a fauna e a flora marinhas.

Se o atual bloqueio mais drástico à descarbonização continuar, será praticamente inevitável que soluções de geoengenharia venham a ser implementadas por certos governos, em grupo ou isoladamente, ou até por grandes magnatas voluntaristas do estilo de Elon Musk, que se convençam de que essas são possíveis soluções para bloquear o calor crescente sobre os polos, cordilheiras ou regiões críticas. Seguramente há estudos de contingência, secretos, nos estados-maiores e agências de inteligência de alguns países. Haverá perdedores. O grau de conflito diplomático e militar que tais iniciativas podem trazer deve ser levado em conta. Esse tipo de solução deve ser estudado e acompanhado com a maior transparência possível. Não pode nunca ser brandido como álibi para empurrar com a barriga a descarbonização.

A indústria fóssil acena virar o jogo com a CCS, a captura e o armazenamento do carbono de usinas a carvão, siderúrgicas e plataformas de extração e refinarias de petróleo. São tecnologias variadas, algumas possivelmente úteis, mas bastante incertas. As emissões capturadas e injetadas profundamente debaixo da terra existem em projetos-piloto, mas ainda não foram testadas em escala comercial e em variadas condições geográficas e geológicas.

Francamente, não sei bem o que dizer aos "colapsólogos". Não contesto seus argumentos e suas projeções, que dão margem a leques variados de possibilidades do terrível ao tétrico. Mas não me deixo envolver por um pessimismo paralisante. A colapsologia é útil como brado de alerta, mas não pode jamais abater nossas esperanças. De minha parte, continuo acreditando que a descarbonização drástica é tecnologicamente possível, que seus elementos estão na mesa, mas faltam a vontade política e as soluções de financiamento que passam por uma revolução cultural internacional. Muitas das ações necessárias para reduzir as emissões de GEE e adaptar-se aos riscos climáticos têm efeito colateral positivo sobre as condições e qualidade de vida atuais: menos poluição do ar, mais áreas verdes, menos risco de doenças respiratórias, melhor mobilidade, agricultura mais eficiente, alimentação mais saudável etc. Vou lutar até o fim pelas gerações futuras, pelos meus filhos e netos.

O objetivo de 1,5ºC, considerado utópico à luz do funcionamento das economias contemporâneas, suas fontes de energia, seus hábitos de consumo e suas referências econômicas de valor, implicaria não apenas em reduções de emissão de uma intensidade até agora nunca considerada, como também em uma explosão de emissões negativas para as quais ainda faltam meios tecnológicos e financeiros na escala necessária. Mudanças desse calibre dependerão de mutações tecnológicas e culturais disruptivas. Dependerá nada menos que de um choque civilizatório e de uma revolução cultural, econômica e tecnológica, algo difícil, embora não impossível, pois já aconteceu algumas vezes, inclusive em anos recentes.

Algumas já estão em marcha. Vimos a decisão da indústria automobilística de abandonar os combustíveis fósseis. Urge simplesmente acelerar os prazos. Pouco antes de renunciar, no início de 2020, o presidente da Agência Nacional de Petróleo (ANP), Décio Oddone, admitiu que nosso petróleo chegaria ao auge nos anos de 2030 e entraria em obsolescência na década de 2040. Penso que será antes disso. A velocidade da eletrificação automobilística surpreenderá.

Outra mudança disruptiva é a da carne sintética. Pouca gente está prestando atenção, mas ela já está acontecendo. Não se trata daquela carne vegetal, que também vem expandindo seu mercado. É de carne mesmo, só que desenvolvida em laboratórios a partir de células--tronco. Ela já está no mercado norte-americano. Quem comeu diz que não dá para sentir nenhuma diferença em relação à carne de boi de qualidade. Sua queda de preço nos últimos anos foi vertiginosa;

407

projeta-se que o hambúrguer de carne sintética poderá custar apenas cinco dólares já em 2021.[124]

Segundo o estudo – *"Rethinking Food and Agriculture"* – (Repensando a comida e a agricultura),[125] de Toni Seba, apresentado na Universidade Stanford, graças à chamada biologia de precisão será possível produzir, em massa, carnes de tipos e gostos variados e de maior poder nutritivo. Ele projeta que, até 2030, o rebanho de corte norte-americano se reduzirá em 50% e a demanda por suas carnes cairá 70%. Em 2035, 60% das terras hoje alocadas à pecuária estarão liberadas para outras atividades. Boa parte dos outros produtos animais e agrícolas também serão afetados pela mesma revolução. Holanda, Israel, Reino Unido e vários outros países também enveredam por esse caminho. Bill Gates e Richard Branson, da Cargill, estão investindo nisso. É coisa séria.

O mencionado estudo calcula que as emissões do setor cairão 45% até 2030. Não se trata apenas do metano da fermentação entérica dos bovinos, mas também das áreas disponibilizadas para reflorestamento e outras atividades, inclusive agrícolas, que levam à absorção de carbono na vegetação e no solo. Haverá, naturalmente, complicações econômicas e sociais do arco da velha. Perdedores precisarão se preparar.

Não sei até que ponto essas previsões de Toni Seba são "batata", como se dizia antigamente (a dita cuja também será produzida sinteticamente), mas decerto esboçam uma tendência que, em algum momento, vai afetar nossa eufórica pecuária, que agora se deslumbra com o mercado chinês. Os chineses serão os primeiros a correr atrás da tecnologia e, possivelmente, tornar-se-ão os maiores produtores do mundo. Na Universidade Agrícola de Nanjing, uma equipe dirigida pelo professor Zhou Guanghong produziu, em 2019, suas primeiras amostras de carne suína.

Se nossos luminares da economia e das finanças fizessem o mínimo de análise prospectiva de médio e longo prazo, incorporando variáveis climáticas e tecnológicas, teriam que se preocupar com as perspectivas das duas grandes vacas sagradas da economia brasileira: o petróleo e o boi, propriamente dito. E de tabela a soja. Estão ameaçados a médio

---

124. Daniel Nelson: "$5 lab-grown burger could be ready by 2021". Genetic Literacy Project, 28 set. 2018. Disponível em geneticliteracyproject.org/2018/09/28/5-lab-grown-burger-could-be-ready-by-2021/?utm_source=TrendMD&utm_medium=cpc&utm_campaign=Ancestry_%2526_Evolution_TrendMD_0.

125. *Seba Technology Disruption Framework*. Toni Seba é instrutor na Universidade Stanford em cursos sobre tecnologias disruptivas.

prazo e condenados a longo. Como observou o príncipe Hamlet, de Shakespeare: "Há mais coisas entre o céu e a terra do que sonha nossa (deles) vã filosofia." Não vou aqui inventariar todas as mudanças tecnológicas, financeiras e culturais disruptivas que ocorrerão antes da metade do século. Simplesmente direi que acredito na luta política e na revolução cultural e de padrão de consumo impulsionadas pela juventude. Aposto nelas para, quem sabe, evitar os cenários funestos agourados pelos colapsólogos. Lembram como era o mundo nos anos setenta, antes da revolução informática/digital? Os computadores eram quase do tamanho de uma geladeira. Só existiam em algumas poucas empresas e instituições, e eram inimaginavelmente lentos, com suas bobinas de fita. Recapitulemos a revolução tecnológica que ocorreu movida pela curiosidade e pela criatividade de algumas pessoas extraordinárias, como Steve Jobs. Não havia sequer uma premência tão grande assim, uma ameaça terrível pairando como essa que enfrentamos com o clima.

Atualmente, a humanidade está diante do maior desafio com o qual já se defrontou em termos globais e, potencialmente, possuímos as ferramentas da revolução. Reflitamos por um instante no que já vimos em nossas vidas: além da revolução informática/digital, outra não menos avassaladora, a da telefonia celular. Seu crescimento foi incrível. No início do processo, nos anos noventa, as mais delirantes previsões de mercado não anteviram um milésimo do que viria a acontecer em um período tão curto. Vivemos em uma era de inovação em que a capacidade de armazenamento dos chips e de produção elétrica de células fotovoltaicas vêm aumentando de maneira vertiginosa, enquanto seus preços se reduzem. Seguem a famosa lei de Moore, do pioneiro em circuitos integrados Gordon Moore que, no final dos anos cinquenta, previu que os chips de silício dobrariam sua capacidade de armazenamento a cada ano a um custo constante, o que representa uma fantástica redução do custo por byte. A informação é coletada e tratada em volume exponencial, e avanços tecnológicos impressionantes ocorrem em todos os campos do conhecimento. Estamos no limiar da inteligência artificial com todo o seu potencial para o mal, como para o bem, possivelmente com ambos imbricados.

Não se pode dizer, hoje, que seja impossível um mundo carbono-neutro daqui a trinta anos. O que se pode dizer, com segurança, é que se trata – ainda – de uma questão essencialmente baseada na vontade

409

política, no paradigma cultural e de viabilização econômico-financeira. Fenômenos disruptivos podem voltar a ocorrer, desde que haja massa crítica: um contexto adequado de mobilização civilizatória, avanço científico-tecnológico, mutação cultural e um arcabouço econômico. Dependendo da intensidade dessa transformação exponencial, aquilo que abrir caminho para 2ºC poderá também nos aproximar de 1,5ºC. Faz todo o sentido perseguir esse horizonte, porque 2ºC é demasiado aquecimento global. Com 1,1ºC já tivemos aqueles tornados na costa de Moçambique e nas Filipinas, 46ºC em Nantes, na França, ondas de calor com sensação térmica de 70ºC no Irã e grande parte da Austrália em chamas. Por isso 1,5ºC, ainda que hoje soe utópico, é uma baliza que precisava ser cravada, um horizonte a ser perseguido.

Não acredito, porém, que o mero avanço tecnológico resolverá o problema. Novas tecnologias certamente são parte fundamental da solução. Mas que ninguém se iluda, a questão é política e demanda uma revolução cultural. Já existem técnicas que retiram diretamente o carbono do ar e o transformam em uma espécie de cascalho.[126] Estudam-se outras que produzem tijolos, plásticos e até combustíveis. Por enquanto, sua escala é ínfima, a remoção de CO_2 é pequena e seus custos são proibitivos. No entanto, essas "fábricas de menos-carbono" ajudam muito na compreensão do conceito que venho propugnando com insistência: fabricam um produto principal que possui um valor econômico intrínseco. Não é o cascalho, visível, mas o menos-carbono. O invisível novo ouro.

O pulo do gato

Em seu dia a dia, mês a mês, ano a ano, século a século, a economia adquire regras e estabelece suas verdades. Elas variam bastante no tempo pelos ciclos políticos e históricos. A economia é tida por muitos como ciência exata. Embora ela comporte cálculos e modelos matemáticos e comportamentais altamente elaborados e científicos, nunca deixou de ser expressão de um momento histórico da humanidade sujeito às suas injunções, inovações e abstrações; subordinada, sobretudo, às grandes necessidades humanas de cada época, permeadas pelos seus conflitos e

---

126. Ver a seção "Carbon capture, utilisation and storage", na plataforma on-line da International Energy Agency (IEA). Disponível em iea.org/fuels-and-technologies/carbon-capture-utilisation-and-storage.

comércios. As várias adoções (e subsequentes "desadoções") do padrão-
-ouro, por exemplo, foram politicamente convencionadas respondendo
à demanda de um momento "x" da história, suas correlações de força e
suas circunstâncias econômicas e financeiras.

É assim desde as cavernas. No início, comércio era escambo. Aí,
a humanidade inventou a moeda. O ouro era um metal sem valor ou
utilidade aparente além de enfeite. Mole demais para ponta de flecha,
lança ou ferramenta. Um dia, passou a simbolizar quantidades variáveis
de produtos díspares até então diretamente trocados. A superação do
escambo pelo ouro-moeda foi um fantástico exercício de abstração e
confiança, uma revolução na economia baseada em uma nova convenção
humana; fica, então, combinado entre nós: "x" pedacinhos daquele metal amarelo que não serve para porra nenhuma passam a valer uma pele
de búfalo; "y", um tacape; "z", um cabrito.

Imaginem só a dificuldade que teve nosso primeiro ancestral para
convencer seus parceiros de trocas, os caçadores, catadores ou criadores? À primeira vista, aquilo deve ter soado como uma atrevida vigarice
pré-histórica: mas como vou trocar minhas cinco peles de urso por esses
seus três pedacinhos dessa titica amarela que não serve para nada? Quem
garante que, de fato, poderei negociá-los pelo arco e flecha de que preciso? Tão me achando com cara de Barney, dos Flintstones?

De alguma forma, no entanto, essa representação das mercadorias
pelos pedacinhos de metal amarelo, baseados em abstração e confiança,
acabou se impondo. Aconteceu. Muitos séculos mais tarde, esses mesmos pedacinhos de metal amarelo, cunhados como moedas, passaram
a ser representados por papel pintado. Novamente, uma convenção humana, fruto de uma necessidade e acordada politicamente: "x" células de
papel pintado com desenhos e números passaram a valer "y" moedinhas
de ouro. Hoje, são bits eletrônicos, invisíveis.

A partir do momento em que se torna humanamente convencionado – e politicamente acordado – que o menos-carbono possui, para a
humanidade, valor social e econômico importante ele precisa ser mo-
netizado. Atualmente é possível estimar o prejuízo infligido à economia
global[127] em um determinado período dado pelo carbono emitido na
atmosfera. Então é possível – e até relativamente fácil – convencionar o
valor de cada tonelada de carbono evitada ou retirada da atmosfera cujas

---

127. A primeira estimativa foi feita no Relatório Stern, em 2006. Coordenado por Sir
Nicolas Stern.

variações, na sequência, passarão a ser dadas pelo mercado. Como já mencionei, podemos imaginar o menos-carbono como novo ouro, uma moeda ou uma criptomoeda assim lastreada.

O padrão-ouro teve várias "vidas" diferentes: na economia fortemente liberal do final do século XIX, nos anos pós-Primeira Guerra e depois, no período do Acordo de Bretton Woods (1944 a 1971). A adoção dos vários padrões-ouro refletiu uma prática monetária antiga, mas foram convenções resultantes de decisões políticas e diplomáticas em um determinado momento histórico, uma correlação de forças militares, políticas e econômicas. Em Bretton Woods, uma nova ordem econômica internacional foi acordada em uma mesa de negociação sob a hegemonia dos Estados Unidos, a grande potência emergente, na reta final da Segunda Guerra. Poderia ter sido consagrado também outro metal ou commodity – a prata chegou a ser fortemente cogitada em certo momento –, mas o dólar ficou atrelado ao ouro e depois, nos anos setenta, no governo de Richard Nixon, desatrelado. Passou a reinar sozinho. Costumo dizer, exagerando só um pouquinho, que a rigor poderia até ter sido, em vez do ouro, a titica de galinha seca – hermeticamente empacotada para resistir ao tempo – se assim tivesse sido política e diplomaticamente convencionado.

Em Bretton Woods, Lord John Maynard Keynes propôs uma moeda internacional denominada *bancor*. A proposta não foi aceita pelos Estados Unidos, que impuseram o novo padrão-ouro/dólar, além de diversas provisões sobre câmbio e comércio internacional que tiveram vida efêmera, ao contrário das instituições ali criadas, como o Banco Mundial e o FMI. Bretton Woods estruturou as relações na economia mundial para o pós-guerra. Foi complementado, poucos anos mais tarde, pelo Plano Marshall, que representou um investimento público norte-americano a fundo perdido – em troca da abertura de mercados – na reconstrução de uma Europa devastada pela guerra. Há controvérsias sobre o total, mas teriam sido aproximadamente quinze bilhões de dólares (mais de cem bilhões de dólares de hoje). Seu sucesso foi notável, abrindo caminho para os "trinta anos gloriosos" do capitalismo. O êxito se deveu menos pelo investimento em si, que não foi nenhuma fábula, do que pela confiança que gerou na recuperação da economia europeia do pós-guerra e pelo anteparo que propiciou contra o avanço soviético a partir do Leste Europeu, que optou por ficar de fora do plano.

Desde as nossas discussões nos eventos Rio/Clima de 2012 e 2013, me convenci de que era preciso reconhecer o menos-carbono como um valor econômico intrínseco e promover um novo acerto financeiro, uma "Bretton Woods da descarbonização". Não seria mais uma construção exclusivamente dos governos. Precisaria envolver empresas, agências multilaterais, bancos centrais, o sistema financeiro internacional e, certamente, a sociedade civil global para estabelecer uma nova ordem financeira com o menos-carbono como se fosse um novo padrão-ouro. Esse seria o pulo do gato para financiar massivamente a descarbonização, para começar a trazer para dentro os trilhões. Há uma certa resistência de quem mexe com os já consagrados, mas totalmente insuficientes, mercados de carbono. São receios sem sentido, uma questão de varejo versus atacado...[128]

Um modelo exemplar disso é o tipo de pagamento que o governo da Noruega vinha fazendo ao Fundo Amazônia, pelo menos-carbono, formalmente em troca da redução do desmatamento. Um clube climático de governos, bancos centrais, bancos de desenvolvimento, fundos soberanos, agências multilaterais e empresas participantes de mercados voluntários poderia estendê-lo a outras áreas de redução/ remoção de carbono. Daria ensejo à emissão de certificados de redução de emissões, garantidos por esse clube climático, e que poderiam amortizar parcialmente financiamentos e/ou antecipá-los, recorrendo ao mercado secundário por *green bonds* para empreendimentos descarbonizantes, específicos. Os *green bonds* vêm tendo sucesso crescente. Tudo isso ajudaria a financiar políticas públicas apontando resultados pra além das NDCs.

Como já mencionei, poder-se-ia também criar uma moeda específica para remuneração das ações de mitigação "antecipadas" (*early action*), concluídas antes do prazo e/ou "adicionais" (*additional action*), para além da NDC de determinado país. Essa moeda do clima, lastreada pelo menos-carbono, serviria exclusivamente para adquirir produtos, serviços

---

128. Ele se diferencia dos mercados de carbono porque neles o seu valor é ditado pela demanda de mercado de quem adquire *allowances* (permissões de emissão) para compensar a impossibilidade de cumprir metas de emissão acordadas. Muitos envolvidos em "mercados" veem a precificação positiva como ameaça a isso. Não é o caso. O poder multiplicador da precificação positiva pode ser aplicado na remuneração de um menos-carbono adicional. Assim, para usar a terminologia do onuês, os mercados internacionais – uma vez resolvido o imbróglio do Artigo 6 do Acordo de Paris – agiriam *under the cap*, ou seja, para o cumprimento das metas estabelecidas nacional, provincial e setorialmente, ou por empresa. A precificação positiva, a remuneração do menos-carbono poderia vir, pelo menos inicialmente, em mecanismos *over the cap*, ou seja: adicionais e antecipados a metas previamente estabelecidas.

e tecnologia que levassem a uma subsequente nova redução de emissões. Gerar-se-ia, assim, um ciclo virtuoso descarbonizante. Cabe alertar: teremos aí um ponto de estrangulamento grave. Mesmo que existisse a almejada disponibilidade de investimento, os três a cinco trilhões de dólares disponíveis, há, na atualidade (e não apenas no Brasil, internacionalmente) um enorme déficit de projetos em condições de ser rapidamente aprovados e executados. O financiamento desses projetos em megaescala é algo para ontem. Novamente: o tempo urge!

A precificação positiva do menos-carbono dependeria do sistema da UNFCCC em apenas um aspecto: o da certificação de reduções de emissões, utilizando-se todo o acervo anteriormente desenvolvido pelo CDM para medir emissões evitadas ou absorvidas visando certificar projetos. Poderiam ser desenvolvidos também sistemas de certificação privados, autônomos, mas que não teriam a mesma legitimidade política em escala global.

Há diversos outros instrumentos pensados para mover esses trilhões, dos quais os governos não dispõem mas podem alavancar, mediante o que se denomina *blended finance*. No caso, um Fundo Garantidor, no qual o menos-carbono é remunerado pela supressão da diferença na taxa de juros e carência que onera nações em desenvolvimento, beneficiando projetos de descarbonização em países com *rating* menor. Eles poderiam atrair investimentos em condições concedidas pelos mercados financeiros privados a países de classificação AAA, como a Suécia ou a Noruega. Meus parceiros, o professor Jean-Charles Hourcade, o economista Dipak Dasgupta e Seyni Nafo lançaram uma proposta inicial[129] de como isso poderia funcionar. Não desejo aqui ser exaustivo em relação a todas essas possibilidades. Quis apenas esboçá-las. São muito vastas, e implicam em uma revolução cultural e política na bolha da finança internacional. A aceitação do novo ouro.

Em tese, já existe um fluxo que, adequadamente direcionado, poderia começar a viabilizar massivamente a precificação positiva do menos-carbono. Refiro-me ao *quantitative easing*, pelo qual bancos centrais (inicialmente o Fed norte-americano e, depois, por mais tempo, o Banco Central Europeu, BCE) injetaram liquidez na economia ao comprarem ampla gama de títulos de governos, empresas e mercados financeiros. O

---

129. *A Climate Finance Initiative to achieve the Paris Agreement and strengthen sustainable development*, coordenado por Dipak Dasgupta, Jean-Charles Hourcade e Seyni Nafo. Disponível em http://www2.centre-cired.fr/IMG/pdf/rapport_gicf.pdf

do BCE iniciou-se em 2015 como reação à recessão e aos riscos de deflação. Por essa torneira, já escorreram 2,6 trilhões de euros (três trilhões de dólares). Em 2018, ela começou a secar. Aparece agora como uma das maiores oportunidades perdidas pela humanidade para financiar massivamente a descarbonização.[130]

Essa compra indiscriminada, inclusive de títulos duvidosos, os chamados *junk bonds*, disponibilizava recursos que frequentemente acabavam recolocados pelos bancos de volta à ciranda especulativa. Isso não teria acontecido com a injeção de liquidez voltada para o financiamento produtivo da descarbonização baseada na precificação positiva do menos-carbono. A grande saída teria sido direcionar uma parte substantiva do *quantitative easing* explicitamente para projetos de descarbonização. Isso não ocorreu. Um dos motivos foi a falta de comunicação entre o Banco Central Europeu e as instâncias da União Europeia que se ocupam das mudanças climáticas. O clima está fora do radar dos banqueiros centrais – com a notável exceção de Mark Carney, do Banco Central da Inglaterra –, que preferiram comprar um *junk bond* do que investir em uma ação descarbonizante. Uma oportunidade foi perdida, mas poderá, eventualmente, se repetir no futuro. O BCE continua o *quantitative easing* com o fluxo bastante reduzido mas nada desprezível de vinte bilhões de euros por mês. A nova presidente do BCE, Christine Lagarde, muito mais sensível à questão climática, talvez consiga redirecionar parte disso para a descarbonização, ainda mais no contexto de uma nova fase do *quantitative easing* reativada para fazer frente à recessão resultante da pandemia. Ao se concluir este livro, ainda não era possível saber como, quando e nem quanto.

Aspecto interessante: a precificação positiva pode ser promovida em níveis também regionais e locais. Já existem numerosas moedas-bônus desse tipo. Ela poderia estar associada não só ao menos-carbono como à remuneração por outros serviços ambientais.

A precificação positiva é um caminho, até agora, difícil pelos corredores do establishment. Já levamos mais de cinco anos dedicados a ela, falando com gente do mundo político, governamental, financeiro, acadêmico. Isso me deixou em um estado de frustração e irritação. A partir de certo momento, comecei a me perguntar se não estava batendo nas portas erradas, se não haveria um caminho alternativo, totalmente heterodoxo: o de uma criptomoeda.

---

130. O BCE gastou 3 trilhões de dólares em quatro anos. (*Reuters*, dez. 2018).

Ao concluir este livro, me pergunto se uma criptomoeda lastreada no menos-carbono não seria um caminho a ser tentado. Teria vantagens sobre o *bitcoin*, que dispende enorme volume de computação e, portanto, de gasto de energia em sua "mineração". Dessa forma, contribui para aumentar as emissões em países que utilizam primordialmente o carvão para gerá-la, como a China, onde a maioria dessas operações é realizada. Além disso, virou moeda predileta de determinadas atividades criminosas.

Não seria possível uma criptomoeda lastreada no menos-carbono, o "novo ouro", certificada pelos critérios já criados na UNFCCC à época do MDL e registrada no *blockchain*? Seria necessário o aporte inicial de alguns bilhões de dólares para iniciar uma remuneração criteriosa da produção do menos-carbono e um sistema para geri-la. Para esse lastro inicial, na falta de governos, bancos centrais e outros, não seria o caso de alguns pop stars, de magnatas verdes preocupados com mudanças climáticas e outras personalidades, junto ao movimento de jovens liderado por Greta Thunberg, desencadearem uma onda mundial que mobilizaria centenas de milhões de pequenas doações?

No momento em que escrevo, não sei direito se a precificação positiva do menos-carbono, para decolar, depende do trabalho de persuasão que nossa rede internacional informal a *Initiative 108* tenta fazer em altos níveis de governos, agências multilaterais, bancos centrais ou bancos de investimento, ou de galeras de hackers do bem, pop stars e estudantes, capazes de levantar uma onda pela internet. O fato é que acredito piamente que o menos-carbono converter-se-á um dia em moeda ou valor financeiramente conversível, e que isso será decisivo para alinhar a economia mundial com a descarbonização para salvar o clima do inferno sobre a terra previsto pelos colapsólogos.

Dizem as más línguas que esse negócio de precificação positiva está para o Alfredo Sirkis como o programa de renda mínima para o bom e velho ex-senador Eduardo Suplicy. Sinto-me lisonjeado pela comparação. Vou ser o descarbonário chato da precificação positiva do menos--carbono. Me aguardem!

A virada da ampulheta

No dia 26 de dezembro de 2018, fui ao Palácio do Planalto junto com a pesquisadora Carolina Dubeux, do Centro Clima da COPPE/UFRJ, para entregar ao presidente Temer um relatório preliminar, o "Brasil Carbono-Neutro em 2060", que ele solicitara em setembro daquele ano, quando da cerimônia de entrega da "Proposta Inicial para a Implementação da NDC Brasileira". O objetivo desse relatório preliminar, com vistas para o longo prazo, era avaliar a viabilidade de chegarmos ao chamado *net zero* nesse período, já que um mundo carbono-neutro no início da segunda parte do século é indispensável para evitar um planeta infernal já no final do século, e para que as futuras gerações possam conviver com a mudança climática enquanto um problema grave, mas aquém do apocalíptico.

A União Europeia e países como Portugal e Espanha estudam chegar ao *net zero* (emissões de GEE plenamente compensadas por remoções) até 2050. Mas sugeri uma década mais tarde por um motivo técnico e outro mais prosaico. O técnico é que a mesma equipe da COPPE/UFRJ já havia realizado um estudo não exatamente sob a ótica do *net zero* brasileiro propriamente dito, mas de como o Brasil poderia chegar numa emissão per capita alinhada a uma perspectiva carbono-neutra em escala mundial, o que não é a mesma coisa. Nesse estudo, o resultado foi que, por volta de 2050, cumpridos nossos deveres de casa, ainda teríamos emissões líquidas da ordem de umas 0,4 Gt.

A outra razão é do folclore político. Uma parte do governo, especialmente o Itamaraty, era totalmente contra o Brasil entrar na discussão de metas de longo prazo sobre o *net zero*. O argumento era aquele clássico: "Vai enfraquecer nossa posição negociadora, porque você já chega acenando com uma concessão." Pela enésima vez, tive que dizer: "Puta que pariu [o palavrão era reservado aos diplomatas amigos], isso não é uma toma lá dá cá, uma barganha tipo negociação comercial na OIT, isso é o futuro da humanidade, nossos netos, caceta!"

O *attention span* que os ministros Zequinha Sarney e Edson Duarte conseguiam do presidente Temer quando eu os acompanhava nas audiências era curtíssimo. Elas eram sempre entremeadas de telefonemas e entradas intempestivas de gente esquisita no gabinete. Em uma delas, ele atendeu o telefone para receber a notícia da prisão do ex-presidente Lula. Empalideceu. Meu argumento, na frestinha de tempo que me coube no papo com o presidente, foi: "Caralho, se os portugueses definiram que vão ser carbono-neutros em 2050, não podemos ficar assim, tão na rabeira. Pega mal. Tem que ser, no máximo, 2060." Ele me olhou pensativo. Colou. Viva Portugal!

Então lá estou, depois daquelas regulamentares duas horas de chá de cadeira, com o presidente Temer, pela última vez, junto com a Carolina e o ministro Edson Duarte, que sucedera Zequinha Sarney que se desen-

417

compatibilizara para as eleições. O presidente está surpreendentemente calmo e de bom humor – não parece, naquele momento, se angustiar com o futuro sombrio que lhe prognosticam os colunistas e que logo seria confirmado com duas prisões preventivas. Aperto sua mão pequena e explico que estou entregando-lhe a avaliação preliminar que ele solicitou, que conclui pela viabilidade da meta "Brasil Carbono Neutro 2060" mesmo sem recorrer – tomamos essa decisão conservadora no estudo – às inovações tecnológicas e mudanças culturais disruptivas que certamente acontecerão até lá. O estudo se baseou apenas em tecnologias e práticas já existentes e comercialmente exploradas.

Entrego-lhe outro documento, esse de uma lauda e meia: "Mudança do clima: riscos e oportunidades para o Brasil", um texto basicão (tipo *Climate for Dummies*) que lhe peço seja entregue em mãos ao sucessor, Jair Bolsonaro. Ele primeiro explica os efeitos que já estão acontecendo e acontecerão no Brasil relativos à mudança do clima, a necessidade de nos adaptarmos a eles e também o outro lado da moeda: as oportunidades econômicas que se abrem para o país em um mundo descarbonizado, nossas diversas vantagens competitivas e, finalmente, uma explicação sumária do que vem a ser o Acordo de Paris e por que ele em nada compromete – pelo contrário – nossa soberania nacional. Reproduzo-o nos Anexos.

O Temer lamenta a decisão do sucessor de não querer realizar a COP 25 no Brasil. Revela que esteve no final de novembro em Santiago assinando um acordo comercial com o presidente chileno, Sebastián Piñera, que lhe perguntou se o Brasil havia, de fato, desistido de sediar a conferência. O presidente confirmou que essa fora a vontade de Bolsonaro. Os olhos do chileno brilharam: "*Entonces vamos a entrar en esto.*" Mal sabia ele que ali tinha a tal caveira de burro...

Nos despedimos com Temer dizendo que sentia muito orgulho de ter ratificado na ONU o Acordo de Paris. O ministro Edson Duarte lembrou as novas onze unidades de conservação florestais e oceânicas criadas naquele tão execrado governo de transição.[131] O presidente garantiu que passaria o texto sobre "riscos e oportunidades" e também aquele do *net zero* em 2060 para seu sucessor. Eu me diverti um pouco

---

131. Ver a matéria "Governo cria três Unidades de Conservação", no site do MMA. 5 jun. 2018. Entre as novas áreas estão a APA e o Refúgio de Vida Silvestre da Ararinha-Azul, na Bahia, que servirão para reintroduzir a ave na natureza. Disponível em mma.gov.br/informma/item/14802-noticia-acom-2018-06-3031.html.

imaginando a cara do Jair recebendo aquilo. Duvido se de fato Temer o entregou.

Já estávamos de pé nos despedindo quando ele pontificou: "Vocês sabem... campanha é campanha, mas, quando se senta ali, a coisa é diferente", e apontou para a cadeira de couro vermelha próxima da mesa sob o quadro de Di Cavalcanti. Recordei-me de que fora recebido ali pelo Collor quando fomos pedir a realização da ECO-92 no Rio de Janeiro; pelo Itamar Franco quando, no início do governo, convocara os presidentes dos partidos políticos; e pelo Fernando Henrique em uma reunião com ambientalistas. Houve encontro com Sarney e Lula em outros locais do palácio. Com Dilma, foram sempre *corridor meetings*. Tinha lido em algum lugar que o Jair pretendia trocar aquelas cadeiras vermelhas onde estávamos sentados por azuis. De qualquer forma, ele sentar naquela escrivaninha não teria absolutamente o efeito imaginado pelo seu antecessor...

Finalmente saímos para recuperarmos os celulares. Naquele final de ano e governo, o Planalto parecia deserto, entregue às baratas. A reunião rendera uma foto, mas nenhum jornalista fazia a habitual vigília nervosa no saguão abaixo. O "Fora Temer" afinal se consumava, constitucional e preguiçosamente. Não com a decapitação e o escorraçamento que seus obsessivos desafetos do PT e a grande mídia haviam passado dois anos tentando.

O suspense de 2018 já fora, afinal, desfeito: Jair Bolsonaro vencera inapelavelmente para abrir um novo tempo. Ao atravessar a avenida em frente ao Palácio para pegar o táxi que me levaria ao meu lugar favorito da capital, o aeroporto, mentalmente ruminava a música do Cazuza, "O tempo não para", e pensava na ampulheta que, seis dias depois seria virada, com os seus grãos de areia passando a escorrer contando a duração desse velho novo tempo. Ciclo longo? Ciclo curto?

O taxista puxava conversa: "E aí doutor, como fica isso aí?" Pensei em espanhol: *"La puta madre, que sé yo?"*. Respondi: "Será o que Deus quiser, meu chapa." Gostaria de encerrar este livro como *Os carbonários*, na hora do rush, mas o fato é que estávamos no meio da tarde, e o trânsito pela Esplanada e pelo Eixão Monumental fluía bem. O sol, à nossa direita, para o lado da torre de TV, ainda não insinuava disposição alguma de querer se pôr. Entardecia imperceptivelmente.

CADERNO DE FOTOS

Fundação do Partido Verde (PV), em janeiro de 1986, Teatro Clara Nunes, Rio de Janeiro. Da esquerda para a direita: Fernando Gabeira, Lucélia Santos, Alfredo Sirkis, John Neschling, Luiz Alberto Py, Carlos Minc, Herbert Daniel e Guido Gelli.

Final da manifestação Salve a Amazônia, com Chico Mendes.
Ele seria assassinado algumas semanas depois.

Minha primeira Conferência do Clima: a COP 11, em Montreal.

Sheila Watt-Cloutier, a líder esquimó que nos relatou que fizera mais de 30°C dentro do Círculo Polar Ártico naquele verão. Ao lado e embaixo, o mural com desenhos de crianças de todo o mundo.

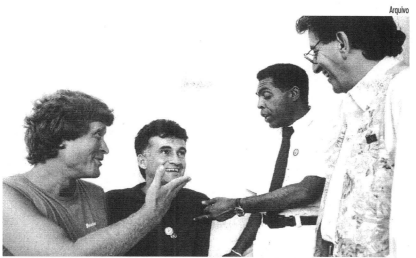

Com Gabeira, Gilberto Gil e Juca Ferreira, nos primórdios do Partido Verde.

Por terra, mar e ar, uma campanha presidencial quixotesca, em 1998. Rendeu causos divertidos.

Arquivo

Arquivo

O Mutirão de Reflorestamento foi, junto com as ciclovias, meu projeto favorito quando secretário de Meio Ambiente do Rio. Na foto, de 1994, estou plantando a primeira muda do reflorestamento do Morro Dois Irmãos.

Um resultado muito visível. O projeto plantou quatro milhões de árvores, cerca de 2.500 hectares, em 117 comunidades, em seus trinta anos.

Implantamos, entre 1993 e 1996, o programa Ciclovias Cariocas. No governo anterior, de Marcello Alencar, eu era vereador e consegui convencê-lo a incluir no projeto Rio Orla as primeiras ciclovias. A oposição foi grande; apanhamos muito do Millôr Fernandes no *Jornal do Brasil*.

O derramamento de petróleo de 2000 atingiu fortemente o degradadíssimo manguezal da praia de Mauá, em Magé.

Ela estava infestada de lixo trazido pelas correntes do fundo da baía de Guanabara. Embaixo: protesto dos ambientalistas. Mas, além de protestar, resolvemos agir.

Visita à praia de Mauá com o reflorestamento em curso. Da esquerda para a direita: Rogério Rocco, eu, Adeimantos, Antonia Erian e Gilberto Gil.

São dezoito anos de reflorestamento, sessenta hectares recompostos.

Preparando uma nova área. Embaixo: o mangue alto que absorve carbono.

À esquerda, André Esteves coordenou a etapa mais recente do projeto. À direita, Adeimantos Silva (primeiro à esquerda) e Antonia Erian (de camiseta clara).

Nas preparações para a COP 15, de Copenhagen, ocorreu a manifestação Brasil no Clima II, com umas cinco mil pessoas. Na foto, Marina Silva, Fernando Gabeira e eu. Atrás da Marina, meu filho, Guilherme.

A mídia não queria saber de clima; a cobertura foi toda sobre a pré-campanha. Marina seria candidata?

A novidade foi a participação da juventude; a causa transcendeu a nós, coroas.

A Conferência de Copenhagen começou com infundado otimismo por causa da vitória de Barack Obama. Ele queria, mas não podia. O Congresso americano fez tapete dele. A China, por sua vez, não deu a menor colher de chá…

À esquerda, Marina com a sua "burca" e eu. Ao centro, Guilherme Leal. À direita, Dilma Rousseff no café da COP.

Manifestação no centro de Copenhagen: depois da expectativa, a grande decepção. No final, a polícia dinamarquesa baixou o pau.

Os fósseis resistem: o carvão é o maior emissor de CO_2, barato e acessível. Suas emissões subiram depois da COP 15.

Seu império começaria a ruir nos Estados Unidos, porque, para além da pressão política, começou a tornar-se antieconômico.

Momento alto da campanha presidencial de Marina Silva, em 2010. Na mesa, em Nova Iguaçu, na Baixada Fluminense, da esquerda para a direita: Ricardo Young, Aspásia Camargo, José Penna, Fernando Gabeira, Gilberto Gil, Marina, Guilherme Leal, Thiago de Mello, Adriana Calcanhoto e Sérgio Xavier.

Um resultado fantástico, 20%, 20 milhões de votos, logo desperdiçado.

Nosso palanque móvel.

Um visitante animado: meu amigo Daniel Cohn-Bendit.

Com Dany Cohn-Bendit, então deputado europeu, em Frankfurt, retribuindo a visita.

Discursando no Parlamento Europeu na preparação para a COP 17.

Cenas no Congresso Nacional. Um dos 25 melhores, do jus sperneandi...

Pudong: o novo centro de negócios de Xangai. Há quinze anos, só existia a torre.

Dalian, antiga Porto Arthur. Palco da Cúpula Mundial do Clima em 2011.

A Yingli Solar, à época a segunda maior indústria solar chinesa. Disciplina militar e ciclo completo: do quartzo, recém-minerado, à placa fotovoltaica.

437

No Bund, centro tradicional de Xangai.

Maurice Strong, força-motriz da Rio-92. Passou seus últimos anos na China, onde era muito respeitado. Faz muita falta. À direita, minha amiga Wu Changhua, à época dirigente do Climate Group, e o ex-secretário da UNFCCC, o holandês Yvo de Boer, em nosso evento Rio Clima, de 2012.

Na reunião do BASIC, em Pequim, 2011. Meu blog provocou um incidente diplomático com a Índia. Em primeiro plano: Xie Zhenhua, Madame Jayanthi Natarajan, da Índia, Maite Nkoana-Mashabane, da África do Sul, e Francisco Gaetani, do Brasil. Rola um clima...

Com os dois artífices do Protocolo de Genebra, que poderia ter trazido uma paz justa entre Israel e Palestina: Yasser Abed Rabbo, à época secretário-geral da OLP, e Yossi Beilin, ex-ministro da Justiça de Israel, no governo de Yitzhak Rabin.

Com Fabio Feldmann e Marina Silva.

Da esquerda para a direita: o governador Eduardo Campos, o autor, Sérgio Xavier e Gilberto Gil.

Povos indígenas invadem plenário da Câmara lutando pela demarcação de suas terras.

Manifestação pelo clima na Praça Mauá, parte de um dia de mobilização internacional do Climate Reality.

Arquivo

Com Christiana Figueres, secretária executiva da UNFCCC. Abaixo, seu pai, "Don Pepe" Figueres, duas vezes presidente da Costa Rica, que liderou a revolução de 1948.

Uma foto incomum de "Pepe" Figueres, quando líder da única revolução com happy end que conheço: a de 1948, na Costa Rica. Durante décadas foi a única democracia da região, com bom padrão de vida. Hoje é referência ecológica e climática. Sua revolução, sem paredón nem nova ditadura, não figura no panteão jornalístico/histórico. Talvez por déficit de sangue derramado…

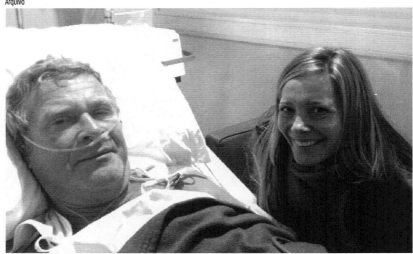

Novembro de 2012. Começou em Pequim, mas se explicitou em Bogotá: meu infarto na artéria circunflexa. Dois stents, duas noites na UTI e uma no quarto do hospital, a Clínica de Marly. Ótimo atendimento. Rendeu a visita luminosa da minha filha, Anninha.

Sem dar o braço a torcer. Em poucos meses, a condição física voltou aos trinques. Mas decidi, no ano seguinte, me livrar do estresse da política partidária e eleitoral, sem prejuízo da ação ambientalista e descarbonária. Uma libertação.

Pinsk, cidadezinha natal de minha mãe.

Lila, a joia da família. À direita, meu avô, Alfred Binensztok, em 1917.

Lila voltando a Pinsk depois de 75 anos. Eu ia para a COP 19, em Varsóvia, e aproveitei para dar-lhe a viagem como presente de aniversário de noventa anos. Está registrado no documentário *Lila*.

Minha avó, Rosa Posnanska, chegando ao Brasil, em 1940. Meu pai, Herman Eugênio Syrkis, em 1947. Teve um primeiro dia inesquecível, preso no DPPS como "espião" polonês, denunciado pelo marido ciumento de uma passageira. Logo ele, a mais anticomunista das criaturas...

Meus pais conheceram-se na Casa Colette, onde vovó Rosa fazia os seus chapéus. Casaram-se em 1949. À direita: Lila autografando seu livro em 2011.

Em Katowice, capital do carvão da Polônia. Um frio do cão.

Polin: o extraordinário Museu Judaico de Varsóvia.

O Monumento ao Holocausto de Berlim, uma experiência muito forte...

No dia da abertura da COP 21, em Paris, fizemos uma manifestação grande na orla.

Na Conferência de Paris. Ao meu lado, o diplomata Everton Lucero, providencial para emplacar nossa proposta sobre a precificação positiva do carbono. O Parágrafo 108 da Decisão de Paris reconheceu o valor econômico das ações voluntárias de mitigação. O menos-carbono poderá tornar-se o novo ouro.

Arquivo

A Conferência de Paris deu ao mundo um road map, um itinerário. Atualmente, estamos andando para trás.

Foto Alfredo Sirkis

Presidi, em Bonn, uma reunião técnica sobre precificação positiva, com apoio a Laurence Tubiana.

Junto com Mario Mantovani, do SOS Mata Atlântica, o CBC lançou no Congresso a campanha do Ratifica Já. O Brasil foi o primeiro país a ratificar o Acordo de Paris. A aprovação parlamentar foi obtida em tempo recorde. Na foto: o deputado Ricardo Tripoli, o ministro Zequinha Sarney, Carlos Rittl, do Observatório do Clima, e Suely Araújo, presidente do Ibama, e eu.

Meu discurso no Palácio do Planalto, quando da assinatura da ratificação do Acordo de Paris pelo presidente Michel Temer. Ao seu lado os ministros José Serra e Zequinha Sarney, e o presidente da Câmara dos Deputados, Rodrigo Maia.

Bancada do Brasil na Assembleia Geral da ONU, na cerimônia de entrega do ato de Ratificação pelo presidente. Da esquerda para a direita: Everton Lucero, o ex-chanceler, Antônio Patriota, Zequinha Sarney e eu.

Com Al Gore, ex-vice-presidente dos Estados Unidos e presidente do Climate Reality Project, que o CBC representa no Brasil.

Audiência no Senado com a secretária executiva da UNFCCC, Patricia Iglesias. Ao lado, o senador Jorge Viana e o nosso negociador-chefe, José Antônio Marcondes, o "Gaúcho".

O Rio Clima de 2017 foi especialmente concorrido.

Luiz Barroso, presidente da EPE, Ana Toni, diretora do Instituto Clima e Sociedade, e Carlos Nobre, cientista.

O economista Jean-Charles Hourcade, do CIRED, Vikram Widge, do IFC, e Dipak Dasgupta, do Fundo Verde do Clima (GCF).

Suzana Kahn, da COPPE, Marina Grossi, do CEBDS, Eduardo Viola, da Universidade de Brasília, e Luiz Pinguelli, da COPPE.

Manifestação "cacófona" em Paris, dezembro de 2018, da Place de La Nation à Place de la République.

Pouca unidade, nenhuma estratégia, um subtexto em comum: "Fora Macron".

Lá pelas tantas, já perto da Place de la République, me dei um presente de aniversário: uma massagem tailandesa.

Foto Alfredo Sirkis

Reunião da Câmara Temática de Florestas e Agricultura do Fórum Brasileiro de Mudança do Clima. Foi realizada no Ministério da Agricultura e deu ensejo a um diálogo entre ambientalistas e produtores rurais.

No Vaticano, na Pontifícia Academia de Ciências, com os governadores da Amazônia.

Com Karenna Gore, filha de Al Gore, e o prefeito de Recife, Geraldo Julio, presidente regional do ICLEI (International Council for Local Environmental Initiatives).

Na saída do ato inter-religioso em defesa do clima na sinagoga Kahal Zur Israel, em Recife, a mais antiga das Américas. Da esquerda para a direita: Jaqueline Xukuru, pastor Paulo Cesar Pereira, arcebispo dom Fernando Saburido, mãe Beth de Oxum, padre Fábio dos Santos, Karenna Gore, eu, rabino Nilton Bonder e Sérgio Xavier.

Anexos

Para não sobrecarregar a os leitores, passei para estes anexos alguns textos mais detalhados referentes aos desafios climáticos no Brasil. São para quem quer se aprofundar mais na discussão sobre o nosso dever de casa, no momento em suspenso, mas que um dia ainda será retomado. Assim espero...

Começo com o texto que encaminhamos ao presidente Jair Bolsonaro através de seu antecessor, para ser entregue quando da posse.

Ignoro se, de fato, o foi.

Mudança do clima – Riscos e oportunidades para o Brasil

Mudança do clima e o futuro do Brasil

Os cientistas e os governos reconhecem que a mudança do clima é um dos maiores desafios do século XXI. A forma pela qual um país enfrenta esse desafio pode determinar o seu futuro. A mudança climática, ao contrário do que muitos pensam, não é apenas um tema ambiental. É um tema estratégico que envolve decisões que impactam economia, tecnologia, comércio internacional, recursos naturais, modelo energético, segurança alimentar, segurança hídrica, segurança nacional, entre outros. Para o Brasil, ela traz riscos, mas também oportunidades econômicas. O país precisa conhecê-los para tomar as melhores decisões que garantam um futuro de prosperidade e independência. Dispomos de recursos naturais abundantes e muito conhecimento acumulado no governo, na academia e no setor produtivo, além de uma longa experiência de cooperação entre os diversos atores envolvidos nesse tema.

Riscos

A ciência mostra, inequivocamente, que o aquecimento do planeta é inexorável e provocado por emissões de gases de efeito estufa provenientes principalmente da queima de combustíveis fósseis e do desmatamento. A temperatura média do planeta já se elevou em 1ºC desde o início da era industrial. As consequências ou impactos já são muito devastadores, e incluem eventos extremos, como furacões, inundações, ondas de calor, incêndios florestais e a elevação do nível do mar com frequência e intensidade crescentes, que provocam perdas de vidas humanas e graves prejuízos à economia.

Além dos eventos extremos, o aquecimento vai modificar o padrão climático que conhecemos (a distribuição e quantidade das chuvas, períodos secos, temperaturas etc.) e no qual desenvolvemos a nossa agricultura, as nossas cidades, a infraestrutura de estradas e costeira, a nossa matriz energética. Precisaremos nos preparar e nos adaptar para essas mudanças. O Brasil será impactado em muitas áreas, sofrerá enchentes e estiagens mais frequentes, intensas e prolongadas; sua geração de energia elétrica será afetada pela redução da vazão média dos rios, haverá modificações nas áreas agricultáveis para nossos principais cultivos, ampliação e desertificação do semiárido, elevação do mar com inundação de áreas costeiras. Para tudo isso serão necessárias medidas de adaptação.

Além de se adaptar, será necessário combater as causas do aquecimento global, contribuindo com os demais países para manter o aumento da temperatura abaixo de 2ºC até o final do século. Atualmente, a tendência aponta para um aumento de mais de 2ºC, podendo chegar a mais de 4ºC, o que trará consequências catastróficas para futuras gerações, ainda no tempo de vida de nossos filhos e netos. Será necessário fazer uma transição para uma economia de baixo carbono, ou seja: plantar mais do que desmatar, usar energia renovável – inclusive nos transportes –, promover a agricultura de baixo carbono (ABC) e substituir certos processos industriais e construtivos.

Oportunidades

Em um contexto de mobilização mundial para enfrentar as mudanças climáticas, o Brasil apresenta algumas grandes vantagens competitivas: enormes extensões de áreas (mais de 60 milhões de hectares de pasto degradado) capazes de absorver carbono via reflorestamento – tanto da mata nativa quanto econômico – e recuperação de pastagens, liderança nas técnicas de agricultura de baixo carbono (ABC), matriz energética mais limpa que a da grande maioria dos países, o que contribui para uma produção industrial menos-carbono intensiva. Esses atributos se traduzem em oportunidades para atrair vários tipos de investimentos de países e empresas com mais dificuldade para obter resultados rápidos em suas próprias economias. Milhões de novos empregos podem ser gerados em reflorestamento, práticas agrícolas e florestais sustentáveis, instalação descentralizada de painéis solares, promoção de eficiência energética em variados níveis.

O caminho inexorável de descarbonização do planeta pode colocar países em disputa, pautar a corrida tecnológica, alterar a competitividade. As grandes corporações, tecnologias e países estão traçando suas estratégias e o Brasil não pode ficar a reboque. Precisaremos escolher aquelas que mais nos beneficiam, maximizando as nossas vantagens competitivas. O pior cenário é aquele no qual o Brasil padece das consequências de mudanças climáticas sem estar devidamente preparado e sem tomar partido de suas vantagens competitivas e oportunidades.

A nossa soberania e o Acordo de Paris

Por ser um tema global, que atinge a todos e só tem efetividade com o envolvimento de todos os países, ele é tratado no âmbito das Nações Unidas. O seu principal marco legal é a Convenção do Clima, assinada na Rio-92 e ratificada por mais de 195 países, sendo que o Brasil tem a honra de ter sido o primeiro país a assiná-la.

O Acordo de Paris, que é um instrumento da Convenção do Clima, foi elaborado com a participação ativa da diplomacia brasileira, que sempre esteve atenta aos aspectos referentes à soberania e aos interesses nacionais. O Acordo é baseado em compromissos voluntários elaborados pelos próprios países. O Brasil foi o primeiro a ratificá-lo, com aprovação do Congresso. Elaborou sua própria contribuição (NDC) de forma soberana e embasada em estudos científicos.

A contribuição brasileira apresentada à ONU é de reduzir suas emissões em 37%, no ano de 2025 e 43% no ano 2030, comparado às suas emissões de 2005, e tem como base estudos que avaliaram os impactos na economia, no emprego e no consumo das famílias. Graças aos nossos recursos renováveis, tecnologias e nossos diferenciais competitivos, podemos atingi-lo de diversas maneiras. O Fórum Brasileiro de Mudança do Clima (FBMC) elaborou, com a participação de mais de 340 entidades de governo, iniciativa privada, terceiro setor e academia uma Proposta Inicial de Implementação da Contribuição Nacionalmente Determinada do Brasil (NDC), que sugere as medidas práticas para fazê-lo de forma mais eficiente e vantajosa.

Combater a mudança do clima é um imperativo do século XXI. Todos os países terão que se engajar. Não fazê-lo significa ficar à margem do desenvolvimento tecnológico futuro que ditará nossa competitividade internacional, expor nossas exportações e prestígio. Fortalecer o desenvolvimento de baixo carbono abrirá grandes oportunidades na economia, gerando empregos e consolidando a imagem do Brasil como potência internacional.

Fórum Brasileiro de Mudança do Clima (FBMC)

Abaixo procuro resumir e comentar, agregando alguns dados e raciocínios meus, as principais conclusões do processo de quase dois anos que coordenei via Fórum, com a participação de 412 organizações governamentais, empresariais, do terceiro setor e da academia, com a presença de 537 pessoas na discussão de nossas nove Câmaras Temáticas, workshops, seminários e contatos bilaterais VIPs.

Tirando do papel a nossa NDC

Qual é o dever de casa do Brasil em sua NDC? Ao assumir a coordenação do Fórum Brasileiro de Mudança do Clima (FDMC), no final de 2016, adotei três premissas básicas: 1) devia ser claramente assumido como um espaço de discussão, diálogo e concerto entre governo, terceiro setor, iniciativa privada e academia, vinculado ao Estado brasileiro, não a esse ou aquele governo – daí a minha recusa em quaisquer cargos comissionados ou encargos remunerados pelo governo –, pois trabalhamos com o longo prazo; nosso horizonte de trabalho vai para além de nossas próprias vidas e, portanto, a ação propugnada precisará passar pelos mais diversos governos; 2) ele deveria, para além do seu pleno com representantes do governo e da sociedade civil, estar subdividido em Câmaras Temáticas, algumas com grupos de trabalho específicos e que eram: CT1 (Agropecuária, Florestas e Biodiversidade), CT2 (Energia), CT3 (Transportes), CT4 (Indústria), CT5 (Cidades e Resíduos), CT6 (Finanças), CT7 (Defesa e Segurança), CT8 (Visão de Longo Prazo), CT9 (Ciência, Tecnologia e Inovação) e CT10 (Adaptação); 3) A prioridade em 2017 e 2018 era construir uma Proposta Inicial de Implementação da Contribuição Nacionalmente Determinada do Brasil, a NDC.

Foi um processo que durou quase dois anos e foi complementado por um estudo sumário sobre como o Brasil poderia chegar ao chamado *net zero* (carbono-neutro) até 2060.

Tecnicamente nos baseamos em mais de cinquenta estudos, mas principalmente em três deles: o "Projeto Opções de Mitigação de Emissões de Gases de Efeito Estufa (GEE) em Setores-Chave do Brasil", do MCTIC; o "Implicações Econômicas e Sociais de Cenários de Mitigação de GEE até 2030 do Projeto IES Brasil", do Centro Clima Coppe/UFRJ e, na parte de Adaptação, o Brasil 2040, da antiga secretaria de Assuntos Estratégicos da Presidência (SAE) e cruzamos seus dados com os dados disponíveis do Sistema de Estimativas de Emissões e Remoções de Gases Efeito Estufa – SEEG, um sistema vinculado ao Observatório do Clima.

Teve variadas fases: seleção das medidas dos estudos, sugestões adicionais dos membros; reuniões nas Câmaras Temáticas e uma avaliação qualitativa e priorização das ações em oficinas multicritérios utilizando o método o Macbet (Measuring Attractiveness by a Categorical Based Evaluation Technique) para avaliá-las à luz de cinco diferentes critérios – potencial de mitigação, relação com estratégia de longo prazo de *net zero*, impacto social, impacto ambiental local, factibilidade econômica e plausibilidade política –, atribuindo-se um peso a cada um deles. Foram feitos dois processos de consulta pública para o recebimento de contribuições e críticas pela internet.

O documento final entregue ao presidente e aos ministros é de consenso entre forças e interesses bastante díspares. Apresenta propostas tanto de mitigação quando da adaptação e em relação às metas de emissão, ao largo da economia (–38%, em 2025 e –43%, em 2030, usando como ano-base 2005). Criamos um cenário concentrado em redução do desmatamento, uso da terra e outro mais equilibrado onde entra a redução das emissões por queima de combustível fóssil, sobretudo nos transportes, que também é compatível com a estratégia a longo prazo de um Brasil carbono-neutro. É o que propugno fortemente. Analisamos em profundidade diversas questões econômicas, oportunidades e vantagens comparativas que o processo de descarbonização da economia oferece ao Brasil. Evitamos entrar excessivamente em questões técnicas que eludem a proposta deste livro; vou passar o mais ligeiro possível – não vai ser fácil – sobre as grandes linhas para um Brasil descarbonário.

Na discussão, sugeri a incorporação de critérios descarbonizantes em qualquer futura reforma tributária. Foi uma discussão rica, em um seminário na sede do Banco Mundial, em Brasília, onde discutimos algumas ideias do Instituto Escolhas apresentadas pelo Bernard Appy. O Ministério da Fazenda, à época representado pelo Aloísio Melo, desenvolvia há mais de dois anos um programa com o Banco denominado Partnership for Market Readiness (PMR), que trata de variados aspectos da descarbonização pelo viés econômico e financeiro.

Mais que uma "taxa de carbono", é todo um critério da descarbonização que deve ser incorporado a qualquer discussão estrutural para uma reforma tributária mais abrangente. Isso é vital para uma estratégia de longo prazo de *net zero* na segunda metade do século e certamente contribuirá para facilitar a implementação da NDC. Isso não significa criar uma taxa de carbono isoladamente – já a temos incidindo sobre combustíveis em geral, de maneira troncha: a CIDE.

A curto prazo, recomendou-se adaptar a CIDE com melhor conceituação e direcionamento, a fim de que passasse a ser denominar CIDE-Carbono e tributar por um critério de intensidade de carbono mediado por uma compensação de impacto social e neutralidade fiscal.

Em termos de destinação da sua arrecadação, pensou-se em priorizar o transporte público de baixo carbono. Quaisquer eventuais aumentos de carga tributária devem ser compensados por reduções correspondentes no PIS/COFINS e com medidas de compensação social, no caso de combustíveis fósseis que pudessem vir a afetar o consumo popular.

Recomendam-se estudos técnicos para uma revisão geral de alíquotas de todos os tributos (federais, estaduais e municipais) à luz de um critério de descarbonização. Descobrimos, porém, que não existiam ainda estudos aptos a propor essas alterações de alíquotas. Também não havia estudos em relação à desativação de subsídios de carbono intensivos. Havia apenas estudos sobre o peso mais geral dos subsídios na economia brasileira que, dependendo de certas considerações, oscilavam entre 300 e 400 bilhões de reais.

A revisão de alíquotas e um cronograma para a gradual desativação de subsídios carbono intensivos, seguindo uma tendência internacional, fortemente recomendada pelo FMI, inclusive, demandam estudos técnicos bem direcionados ainda não disponíveis. Isso sem falar do processo de concerto político, que eu, eufemisticamente, chamaria de nitroglicerina pura. Poucas semanas depois, tivemos a greve/lockout dos caminhoneiros que colocou o país de joelhos, provocada não por alguma taxação, mas pelo simples aumento do preço do petróleo e os mecanismos lógicos, mas politicamente imprevidentes, adotados para seu repasse ao preço diário do diesel na bomba.

Discutimos também a reativação do Mercado Brasileiro de Carbono, que depende do estabelecimento de metas setoriais de corte de emissões, em intensidade de carbono. Para que haja um *trade*, tem de haver um *cap* e, pelo menos inicialmente, esse mercado se daria dentro de cada setor. Houve, nesse sentido, um fato auspicioso, que foi a aprovação em tempo recorde no Congresso do RenovaBIO, instituindo mecanismos que ajudam a financiar os biocombustíveis pelos fósseis.

Na parte de adaptação, tratou-se das vulnerabilidades da infraestrutura e das medidas de adaptação setoriais – migração de culturas, novas sementes, planos de alerta de desastres naturais, requalificação das infraestruturas urbanas, litorâneas e ribeirinhas, saúde, segurança alimentar, proteção da biodiversidade e sistemas de monitoramento de impactos em escala nacional e internacional.

Concluímos que era possível atender a NDC brasileira por combinações diferentes de ação. Adotamos como linha de base as emissões do Brasil em um cenário inercial que desse pouca importância ao tema, mais pessimista que o adotado nos estudos mencionados acima.[132] Consideramos emissões de 1,8 Gt

---

132. Ver o documento "Proposta Inicial de Implementação da Contribuição Nacionalmente Determinada do Brasil (NDC)". Fórum Brasileiro de Mudança do Clima, maio de 2018. Disponível em fbmc.com.br/documentos.

em 2030. Com a execução das medidas do cenário equilibrado –642 Gt de CO_2eq, que levam em conta um sucesso de apenas 60% do esforço em busca do desmatamento zero, seria possível chegar abaixo da meta fixada pelo Brasil em 2030 de 1,2 Gt.

Em uma visão de longo prazo, o Brasil deve perseguir um caminho carbono--neutro, ou mesmo de emissões negativas. Em nossa proposta inicial, aconteceria por volta de 2060. Em um paradigma de um aumento de 1,5°C, isso se torna crítico. Já vimos que, na ausência de técnicas artificiais de retirada de carbono da atmosfera em grande escala, as florestas e oceanos permanecem como grandes sumidouros naturais. O planeta vem perdendo de forma preocupante parte dessa capacidade de absorção de carbono em função da acidificação dos oceanos e das secas nas florestas, como aquelas ocorridas na Amazônia, em 2005, 2010 e 2015.

Já tratei no corpo do livro de questões vinculadas a mobilidade e transportes que são vitais para uma estratégia de longo prazo de um Brasil carbono-neutro e importantes para a NDC. Portanto, vou abordar, na sequência, cinco setores que gostaria de aprofundar mais um pouco para os interessados: florestas, agropecuária, mobilidade e transportes, indústria e cidades e resíduos.

Mesmo no "cenário equilibrado" que propugno para a implementação de nossa NDC, a questão das florestas, a supressão do desmatamento ilegal, a redução substantiva do desmatamento legal e o reflorestamento ainda têm papel central, o que me fará começar por eles.

Florestas, a cartada decisiva

"Venha nos poluir" foi o título de um anúncio brasileiro vinculado nos principais jornais dos Estados Unidos e da Europa pela ditadura nos anos setenta. Na época, o desmatamento era subsidiado por crédito barato do Banco do Brasil e generosos incentivos fiscais. As primeiras campanhas contra a poluição do ar no então chamado primeiro mundo deram ensejo a essa tentativa de atrair investimentos por parte de um país de grandes oportunidades que se jactava de não dar a menor bola para a então nascente questão ambiental.

Na década seguinte, já na redemocratização, a ênfase desse pensamento passou a ser um discurso paranoico sobre a eventual perda de soberania sobre a Amazônia, supostamente cobiçada pelo mundo. Passaram a se utilizar os escritos do futurólogo Herman Kahn e histórias fantásticas de conspirações internacionais para tirar a Amazônia do Brasil, baseados em alguma declaração vaga de que ela era patrimônio da humanidade.

Na verdade, nunca houve nenhuma evidência de os Estados Unidos ou qualquer outro país ambicionarem, muito menos conspirarem ativamente, para algo tão infactível quanto ocupar a nossa Amazônia. Parte da esquerda também adotou essa fantasia para reforçar seu discurso anti-imperialista. Missionários, ONGs, cientistas, multinacionais de biotecnologia passaram a ser acusados dessa intenção, que teria que ser contraposta pela "colonização" da selva. Cortada por estradas, ocupada por garimpeiros e pecuaristas, o "inferno verde" precisaria ser retalhado e povoado por Serras Peladas para ser salvo da cobiça estrangeira.

O assassinato de Chico Mendes, um escândalo nacional e internacional, terminou sendo um divisor de águas. Demorariam dezessete anos para que o desmatamento da Amazônia, cujos piores anos foram 1995 e 2004,[133] começasse a cair consistentemente. Nos últimos anos, voltou a subir, mas longe daquele patamar.

Estudos advertem que a perda adicional de 5% de floresta tropical somados aos 20% já consolidados[134] levará a Amazônia a gradualmente se tornar uma savana, afetando fortemente os chamados rios voadores[135] e influenciando gravemente o regime de chuvas no resto do país.[136] Por isso é necessário acabar com o desmatamento ilegal – uma questão tanto criminal quanto ambiental – e encontrar estímulos econômicos que reduzam o desmatamento legal, além de recompor a mata nativa em áreas degradas: plantar, plantar, plantar. O reflorestamento e a recuperação de pastagens em megaescala são extremamente necessários. O Brasil pode atrair grandes investimentos para o reflorestamento, a recuperação de pastagens e a manutenção de florestas não legalmente protegidas, ameaçadas, como a maior parte das do Cerrado,[137] sobretudo se conseguirmos fazer valer a precificação positiva do menos-carbono e o pagamento por serviços ecossistêmicos.

A curto prazo, a melhor contribuição que o Brasil poderá aportar é reto-

---

133. Ver série histórica de desmatamento na Amazônia brasileira na plataforma TerraBrasilis, do INPE. "Dashboard de Desmatamento – PRODES". Disponível em terrabrasilis.dpi. inpe.br/app/dashboard/deforestation/biomes/legal_amazon/rates.

134. *The future climate of Amazonia: scientific assessment report* / Antônio Donato Nobre; translation American Journal Experts, Margi Moss – São José dos Campos, SP: ARA: CCST-INPE: INPA, 2014.

135. Os rios voadores são "cursos de água atmosféricos" formados por massas de ar carregadas de vapor d'água, muitas vezes acompanhados por nuvens, e são propelidos pelos ventos. Essas correntes de ar invisíveis carregam umidade da Bacia Amazônica para o Centro-Oeste, o Sudeste e o Sul do Brasil. Essa umidade, nas condições meteorológicas propícias, como uma frente fria vinda do sul, por exemplo, se transforma em chuva. Ou seja, é a ação de transporte de enormes quantidades de vapor d'água pelas correntes aéreas. Para saber sobre o projeto Rios Voadores, acesse o site riosvoadores.com.br.

136. Idem.

137. Ver relatório Restauração Ecológica no Brasil: Desafios e Oportunidades. WWF, 2017. Disponível em wwf.org.br/?60742/Restaurao-ecolgica-no-Brasil-desafios-e-oportunidades.

mar com toda a energia sua trajetória de redução do desmatamento, revertendo rapidamente o seu repique dos últimos anos e abaixando resolutamente para um índice abaixo dos 3 mil km² na Amazônia, conforme expressa nossa normatização interna das NAMAs.[138] Essa nova fase é mais complexa, pois envolve um número maior de situações menores. Por outro lado, a nova onda de desmatamento na Amazônia aparece, em grande parte, como uma ação oportunista de bandos criminosos que aproveitaram o colapso de governança da crise política e institucional nacional de 2015/2016, a crise aguda dos governos estaduais e a sinalização dada pela campanha e pelo resultado das eleições de 2018. Agora eles se sentem estimulados por um discurso despudorado de estímulo ao desmatamento, grilagem, garimpo ilegal e invasão de terras indígenas, e pelo objetivo desmantelamento das estruturas de comando e controle e do próprio monitoramento.

Quando houver, de novo, vontade política para reduzir o desmatamento será preciso estabelecer um fluxo ágil de informação que possibilite utilizar outra arma de grande valia contra o desmatamento, que foi a negação de crédito por parte dos bancos oficiais e privados a propriedades onde ocorre o desmatamento ilegal. É imprescindível também ampliar a proteção das florestas públicas, criando novas unidades de conservação e demarcando e dotando de proteção efetiva as instituídas no papel.

Associada a uma agressiva retomada do esforço contra o desmatamento, será preciso construir um esforço multifacetado de reflorestamento de uma escala nunca antes vista, visando um futuro de emissões negativas. Uma sociedade sustentável protege e é protegida pelo verde desde sua escala mais elementar, como a arborização de rua de uma cidade de qualquer porte, àquela mais majestosa: a floresta tropical.

O componente repressivo, no entanto, não poderá permanecer isolado sob pena de fracasso. O porrete não pode existir sem a cenoura. O aporte internacional mais significativo era o da Noruega, via Fundo Amazônia. Novos mecanismos precisam ser engendrados para remunerar a redução do desmatamento financiando as operações dos órgãos federais e estaduais envolvidos, gerando renda para populações locais de forma a envolvê-las na preservação e pagando por serviços ambientais ecossistêmicos.

É mister remunerar serviços ecossistêmicos e o menos-carbono e, para preservar áreas privadas passíveis de desmatamento legal, sobretudo no Cerrado, pagar pelos seus serviços ambientais. Há uma ampla e complicada

---

138. Decreto nº 9.578, de 22 de novembro de 2018.

discussão sobre como fazê-lo, diferentes projetos no Congresso, uso do CRA[139] e vários mecanismos de mercado propostos que evitarei detalhar aqui deixando apenas o seguinte alerta: o Brasil ainda não tem um sistema de registro internacionalmente reconhecido e tecnologicamente em estado da arte para inventariar com precisão seu carbono vegetal, as reduções de emissões oriundas do desmatamento evitado e da absorção de carbono resultante da implantação de projetos de reflorestamento, sejam de recomposição da mata nativa ou econômicos.[140] Tal sistema possibilitaria avaliar oportunidades nacionais e internacionais, presentes e futuras, relacionadas à preservação das florestas nativas, bem como as emissões negativas resultantes da absorção de carbono pelas florestas plantadas.

A situação do desmatamento legal no Cerrado é complexa, particularmente na região Norte, hoje o epicentro, onde a reserva legal é de apenas 35% (diferente dos 80% na Amazônia) e a pressão, intensa. Como a conjuntura política, em um futuro previsível, não permitirá ampliar restrições legais, serão fundamentais mecanismos econômicos e tributários de estímulo à preservação e ao reflorestamento a partir da mobilização de créditos de carbono – que poderiam ser adiantados por bancos públicos, que, na sequência, seriam ressarcidos no mercado internacional – e, futuramente, certificados de redução de emissões.

Em todas as suas dimensões, as áreas verdes prestam serviços ambientais inestimáveis tanto à população local quanto ao planeta. A arborização pública protege a população do calor e da poluição atmosférica e sonora nas cidades. Ela é extremamente vulnerável e de difícil reposição. Os jardins e parques urbanos são fundamentais para a qualidade de vida das comunidades residentes em seu entorno. Áreas de proteção permanentes em beiras de cursos d'água, nascentes e cumes de morros prestam serviços ambientais inestimáveis, garantindo o ciclo hidrológico. Florestas e outros grandes ecossistemas vegetais são bancos de biodiversidade, absorvem carbono e regulam o clima regional até exercer uma influência em escala planetária, como no caso da Amazônia.

---

139. Títulos que equivalem a áreas com cobertura natural que excedem a Reserva Legal (RL) de uma propriedade e que podem ser usadas para compensar o déficit de RL de outra. Cada cota representa um hectare, e as CRA estarão disponíveis para aquisição na bolsa de mercadorias. Ver Decreto nº 9.640, de 27 de dezembro de 2018, que regulamenta os procedimentos de emissão, registro, transferência, utilização e cancelamento da Cota de Reserva Ambiental – CRA, instituída pelo art. 44 da Lei nº 12.651, de 25 de maio de 2012 (novo Código Florestal).
140. Ver o artigo "A incoerente estratégia brasileira para a Amazônia". Observatório do Clima, 14 dez. 2017. Disponível em observatoriodoclima.eco.br/incoerente-estrategia-brasileira-para-amazonia.

Estrategicamente, será preciso ir além do chamado "desmatamento líquido zero" para uma situação em que a superfície plantada de floresta supere amplamente a desmatada. É necessário assegurar que a recomposição florestal com biodiversidade vá além das áreas perdidas, no presente e no passado próximo. O CAR, com a recomposição obrigatória de APP e de reserva legal, compõe a parte do leão desse esforço para o qual devem ser mobilizados diversos mecanismos de financiamento baseados em créditos de carbono – *offsets* do transporte aéreo são uma possibilidade –, precificação positiva e pagamento por serviços ecossistêmicos.

O reflorestamento econômico que remove carbono de forma célere, eficaz e bem mesurável tem seu lugar, sobretudo em imensas áreas degradadas há muito tempo. Pode ensejar uma indústria madeireira com valor agregado. Por isso é preciso superar um tipo de hostilidade radicaloide e infantil ao reflorestamento econômico com as chamadas florestas plantadas.[141] Evidentemente, desmatar hoje uma floresta nativa rica em biodiversidade e plantar em seu lugar uma cultura de eucaliptos seria simplesmente criminoso. Mas há regiões há muito tempo degradadas com os solos depauperados, em enorme extensão, onde não apenas cabe a recuperação de pasto e culturas agrícolas, como também o reflorestamento econômico pode ajudar a financiar a recomposição florestal em uma área contígua. Do ponto de vista de absorção de carbono, ambos o fazem. O reflorestamento econômico, nesse particular, produz até resultados mais rápidos, embora, obviamente, o saldo ecológico de biodiversidade da recomposição da floresta nativa seja superior.

A expansão do reflorestamento econômico também se defronta com um outro obstáculo curioso. Há uma demanda de mercado limitada por madeira certificada. A solução passa pelo seu uso energético – páletes que alimentam termoelétricas – e a multiplicação do seu uso em infraestrutura e construção civil, indiretamente contribuindo para reduzir emissões de termoenergia e de cimento e concreto.

Um dos fatores-chave para que o Brasil possa ter metas de mitigação de fato ambiciosas será a capacidade para reflorestar em escala inédita no mundo, comparável em termos de esforço ao da China, mas certamente em condições geográficas melhores, já que a maior parte do território chinês é desértico. A

---

141. Ver a matéria "Prós e contras do plantio do eucalipto na preservação de florestas: Madeira da eucaliptocultura é amplamente empregada na indústria". Globo Ecologia, 10 fev. 2012. Disponível em redeglobo.globo.com/globoecologia/noticia/2011/10/pros-e-contras-do-plantio-do-eucalipto-na-preservacao-de-florestas.html.

China já foi capaz de plantar e reflorestar 338 mil quilômetros quadrados.[142] Se o Brasil deseja realisticamente oferecer a sua contribuição ao esforço global para colocar o planeta em uma trajetória de aumento de temperatura abaixo de 2°C, deverá multiplicar seu verde em todas as regiões e variados ecossistemas de uma forma massiva. Temos que aprender com eles a ambição das grandes escalas e da capacidade de realização. O maior passo que o Brasil pode dar em matéria de contribuição ao esforço planetário de mitigação, depois de parar de desmatar, é reflorestar, reflorestar e reflorestar. Para ter uma chance de se chegar ao aumento de 1,5°C, o planeta terá que ganhar uma área reflorestada do tamanho do território dos Estados Unidos![143]

Isso representa uma oportunidade para o Brasil se colocar melhor do que qualquer outro país para tirar benefícios disso, se souber fazê-lo. Com 60 milhões de hectares de pastagens degradadas, dos quais apenas pouco mais de metade com previsão de recuperação (32 milhões) em nossa NDC, o país possui o espaço e os conhecimento técnicos necessários, embora careça dos meios econômicos e dos instrumentos adequados de governança.

Será preciso uma mudança cultural bastante radical em um país marcado pelo desmatamento em seu próprio nome – o pau-brasil é uma espécie extinta. As vantagens econômicas e sociais desse esforço, nada triviais, são muito significativas. Diversos elementos para tanto já foram testados localmente; o grande desafio é a escala. Os estudos atualmente disponíveis não são muito animadores: projetam custos elevados e preferências por técnicas "passivas" de rebrotamento espontâneo que, no entanto, vêm obtendo sucesso até pouco tempo bastante subestimado.[144] Há um grande déficit de viveiros de mudas, e os recentes avanços em pesquisas de sementes agrícolas não têm tido correspondência na área de florestas. Ambas as questões parecem cruciais para o Brasil, não apenas por tirar do papel a sua atual NDC, como também para desempenhar um papel significativo em um futuro de emissões negativas em escala global.

---

142. Ver SHENG, Y. "Extensive reforestation in China makes Earth greener". *Global Times*, 16 fev. 2019. Disponível em globaltimes.cn/content/1139006.shtml.
Ver também HARRABIN, R. "China and India help make planet leafier". BBC News, 12 fev. 2019. Disponível em bbc.com/news/science-environment-47210849.
143. Ver ROSANE, O. "Planting Billions of Trees Is the 'Best Climate Change Solution Available Today". EcoWatch, 5 jul. 2019. Disponível em https://www.ecowatch.com/climate-change-planting-trees-2639092782.html.
144. Ver a matéria "Regeneração natural é estratégia para a restauração florestal de baixo custo". Envolverde, 08 jun. 2017. Disponível em envolverde.cartacapital.com.br/regeneracao-natural-e-estrategia-para-restauracao-florestal-de-baixo-custo-2.

Agropop

Vi o Blairo Maggi, megaplantador de soja, ex-governador do Mato Grosso e ex-ministro da Agricultura, pela primeira vez em Bali, sentado na primeira fila, anotando coisas. Em diversas oportunidades, testemunhei duelos dele com ambientalistas e pingue-pongues com a mídia, nos quais, em geral, não se saía muito bem. Não obstante, notei ali uma possibilidade de diálogo. Em meu juízo, ele simbolizava o *agrobusiness* brasileiro, o setor moderno da nossa agricultura com a qual eu não identificava – ao contrário de boa parte da esquerda – contradições antagônicas, ou seja, divergências que fizessem de nós inimigos irreconciliáveis. Como não compartilhava da visão anticapitalista que parte da esquerda cultivava – a questão ambiental ser meramente mais uma bandeira de luta conveniente –, não tinha dificuldade em dialogar com Maggi enquanto ministro, nem com outros empresários do setor.

Inicialmente mediado pelo seu então assessor, João Campari, mapeamos nossas convergências e divergências. Houve grande aproximação objetiva em relação ao risco da mudança climática para a agricultura brasileira e a necessidade de contribuir para sua descarbonização, que se constitui em um investimento, não uma despesa.

Isso demanda um grande esforço de adaptação: certas culturas deverão migrar, novos tipos de sementes mais resistentes devem ser desenvolvidos, toda uma infraestrutura de operação em condições climáticas diferentes precisará ser construída. A contribuição da agricultura na descarbonização é facilitada por um fator básico: as ações de mitigação que reduzem emissões são constituídas por técnicas agrícolas *no regret*: reduzem ou sequestram emissões sendo, ao mesmo tempo, "boas para os negócios". São as técnicas da ABC, Agricultura de Baixo Carbono, desenvolvidas pela Embrapa, dando ao Brasil grande protagonismo, além de pioneirismo. O problema é que o atual Plano ABC de financiamento foi pouco mais que um "piloto" de escala reduzida. Para fazer a grande diferença de fato, seria necessário levá-lo para o grande instrumento de financiamento da agricultura, o Plano Safra. O Plano ABC tem 11 bilhões de reais disponíveis, enquanto o Plano Safra, mais de 700 bilhões.[145]

---

145. Para o Plano ABC, ver a notícia "Financiamentos do Plano ABC somam R$ 1,03 bilhão desde julho", publicada em 7 dez. 2018 no site do Ministério da Agricultura, Pecuária e Abastecimento. Disponível em antigo.agricultura.gov.br/noticias/financiamentos-do-plano-abc-somam-r-1-03-bilhao-desde-julho.
Para o Plano Safra, ver a notícia "Com R$ 225,59 bilhões, Plano Safra 2019/2020 é lançado", publicada em 16 jun. 2019, no mesmo site. Disponível em antigo.agricultura.gov.br/noticias/com-r-225-59-bilhoes-plano-safra-2019-2020-e-lancado.

No Plano Safra[146] poderiam ser incorporados – com menos burocracia – critérios, métodos e boas práticas da ABC, como recuperação de pastagens, fixação biológica de nitrogênio, integração lavoura-pecuária e lavoura-pecuária-floresta, plantio direto, tratamento de dejetos animais para compostagem, sistemas agroflorestais (SAFs) e plantio de florestas comerciais.

Quando presidente da CMMC, presidi no Senado duas audiências públicas sobre agricultura de baixo carbono. Era interessante ver ambientalistas e ruralistas ali em rara comunhão. Foi em 2014, mas não penso que os pontos de estrangulamento tenham mudado tanto, a não ser pela redução dos recursos disponíveis.[147] Mesmo em escala comparativamente modesta e diante do inquestionável sucesso que vinha obtendo, notávamos os gargalos: juros ainda altos comparados aos dos chamados fundos constitucionais no Norte e Nordeste, que financiavam métodos convencionais; déficit de técnicos capazes de instruir e apoiar o agricultor; e, em alguns casos, o caos e a inconfiabilidade do sistema cartorial do registro de imóveis rurais, como o do Pará, fazia com que os bancos não quisessem liberar financiamentos, porque não havia títulos de propriedade confiáveis para dispor de garantias. Propusemos soluções para todos esses gargalos. O terceiro, o mais complicado, poderia ser resolvido mediante a criação de um fundo garantidor com recursos do BNDES, em parte provenientes do Fundo Clima e do Fundo Amazônia. Também se colocava a possibilidade de usar criativamente a amortização da dívida agrária para promover a adoção das técnicas ABC.

Das ações de mitigação da agricultura de baixo carbono, a mais efetiva é a recuperação de pastagens.[148] Ela envolve um potencial de absorção de carbono no solo que ainda é objeto de controvérsias não resolvidas. Há dúvidas em relação a como calcular o potencial de mitigação dessa ação em diferentes tipos de solos e quanto tempo de permanência do carbono em cada um deles

---

146. Ver a publicação "Plano Safra 2019-2020. Ministério da Agricultura, Pecuária e Abastecimento". Secretaria de Política Agrícola. 2019. Disponível em antigo.agricultura. gov.br/plano-safra.

147. Ver relatório "Análise dos Recursos do Programa ABC – Safra 2016/17". Observatório do Plano ABC, setembro de 2017. Disponível em observatorioabc.com.br/wp-content/uploads/2017/09/Sumario_ABC_Relatorio4_GRAFICA.pdf.

148. Ver Plano setorial de mitigação e de adaptação às mudanças climáticas para a consolidação de uma economia de baixa emissão de carbono na agricultura: plano ABC (Agricultura de Baixa Emissão de Carbono) / Ministério da Agricultura, Pecuária e Abastecimento, Ministério do Desenvolvimento Agrário, coordenação da Casa Civil da Presidência da República. – Brasília: MAPA/ACS, 2012. 173 p. ISBN 978-85-7991-062-0.

e em diferentes condições climáticas. As estimativas atuais variam muito.[149] É um tipo de mitigação não incluído ainda no Inventário Brasileiro de Gases de Efeito Estufa por ausência de uma definição científica clara do IPCC. Potencialmente, poderá ter influência espetacular sobre o volume de emissões negativas a ser contabilizado para o Brasil.

Duas outras técnicas que apresentam forte convergência entre mitigação de emissões de GEE e ganhos de produtividade e lucratividade são o plantio direto e a fertilização biológica de nitrogênio – descartando aquele químico, emissor – junto à integração lavoura-pecuária-floresta e ao tratamento de dejetos animais. São todas medidas que fazem sentido produtivo para o agricultor, independente de suas virtudes na mitigação de GEE.

Resumo da ópera: o processo de mudanças climáticas está começando a reverter globalmente os ganhos da chamada revolução verde. Aumentos de preço e escassez de alimentos provavelmente irão ocorrer de forma crescente mundo afora. É verdade que o potencial agrícola do Brasil é único no planeta. É bastante vulnerável aos impactos de efeitos climáticos, mas conta com condições geográficas e capacidade tecnológica superiores a qualquer outro país para enfrentá-las. Possui pesquisa de sementes agrícolas altamente desenvolvida e a capacidade de adaptar as culturas às mudanças climáticas, eventualmente migrando-as. Não há contradições insolúveis entre produção agrícola e preservação ambiental; pelo contrário, a primeira depende da segunda, sobretudo a médio e longo prazo.

Guerra equivocada

Recordo-me bem da guerra do Código Florestal, na qual tive participação. Ela teve uma característica pavloviana. Os ruralistas, claramente majoritários, passaram o trator, com a ajuda nefasta de um político então de esquerda, o deputado Aldo Rebelo, do PC do B, que, em vez de se fazer mediador, assumiu posições mais agressivas e extremadas que a maioria dos próprios ruralistas. Gostava de acusar os ambientalistas de agentes de países estrangeiros. Dele recebi a mais chique acusação que já me fizeram até hoje: "Você trabalha para a agricultura francesa!" Ulalá...

Os ambientalistas também erraram muito naquele processo. As possibilidades de identificação de pontos de conciliação e interesses comuns foram total-

---

149. Ver OLIVEIRA, D. C. de. *Potencial de sequestro de carbono no solo e dinâmica da matéria orgânica em pastagens degradadas no Brasil*. 2018. Tese (Doutorado em Solos e Nutrição de Plantas) – Escola Superior de Agricultura Luiz de Queiroz, Universidade de São Paulo, Piracicaba, 2018. Disponível em teses.usp.br/teses/disponiveis/11/11140/tde-17072018-184226/publico/Daniele_Costa_de_Oliveira_versao_revisada.pdf.

mente eludidas, e vislumbrávamos de forma sombria mesmo alguns elementos essencialmente positivos, como foi o caso do Cadastro Ambiental Rural (CAR), que hoje aparece como um instrumento valioso para o reflorestamento em escala nunca vista, defendido com unhas e dentes pelos que desejam o desenvolvimento sustentável e sabotado pelos ruralistas mais recalcitrantes, em uma irônica inversão de atitudes.

Naquela polarização, realmente a grande maioria do mundo rural formou um bloco compacto. Havia ali um elemento unificador dos interesses rurais que pertencia mais à seara da valorização fundiária das terras que à produção agrícola propriamente dita. Tinha efeito direto sobre o preço de mercado das propriedades, e isso unificou uma grande disparidade de interesses rurais. Resultou na redução do tamanho das Áreas de Preservação Permanentes (APPs) e da reserva legal a serem recompostas, o que, automaticamente, fazia subir o preço das propriedades. Por outro lado, cultivava-se a ilusão de que as multas correspondentes a tudo que fora autuado por desmatamento, desde o início do Código Florestal de 1965, poderiam, algum dia, ser pagas, com correção, algo ilusório em um país onde a média anual de pagamento das multas por desmatamento é de menos de 5%.[150]

Muito embora em alguns casos – particularmente os de nascentes – as APPs tenham sido demasiado reduzidas e tenha havido concessões consideráveis em relação à reserva legal, o volume a ser reflorestado, se o CAR viesse a ser implementado, tornar-se-á um dos principais vetores do cumprimento dessa parte da NDC.[151] Estimulará mecanismos financeiros novos para promover um reflorestamento que anteriormente era encarado apenas como o cumprimento de uma mera obrigação punitiva. A escala é tamanha que demanda um esforço em comum para identificar formas de financiamento.

Minha passagem pelo Congresso Nacional me ensinou o papel deletério que jogam políticos ditos ruralistas que se fazem de porta-vozes desse setor, mas que, na realidade, representam apenas segmentos mais atrasados com agendas localizadas, limitadas e minoritárias. Nem o setor rural nem o *agrobusiness*, em geral, têm real interesse, por exemplo, em fazer encolher terras indígenas e unidades de conservação, ou em avançar mais a fronteira agrícola sobre a floresta. Aqueles são objetivos específicos, de pessoas super-representadas politicamente.

---

150. Ver BORGES, A. "Ibama recebe fração mínima das multas aplicadas anualmente". *Estadão*, São Paulo, 5 dez. 2018. Disponível em politica.estadao.com.br/noticias/geral,ibama-recebe-fracao-minima-das-multas-aplicadas-anualmente,70002633610.
151. Ver o texto "Recuperação da vegetação nativa", no site do MMA. Disponível em mma.gov.br/biomas/mata-atl%C3%A2ntica_emdesenvolvimento/recupera%C3%A7%C3%A3o-da-vegeta%C3%A7%C3%A3o-nativa. Um dos compromissos assumidos pelo Brasil em sua NDC é a restauração e o reflorestamento de 12 milhões de hectares de florestas até 2030.

Não defendem os interesses da agricultura brasileira ou do chamado agronegócio para mercado interno ou exportador, mas aqueles de seus cabos eleitorais, grileiros, desmatadores, pecuaristas atrasados e garimpeiros que enchem os rios de mercúrio. Articulam uma teia desses atores, em geral envolvidos em atividades francamente criminosas, para compor sua base eleitoral. Conseguem para eles quinhentos votinhos aqui, trezentos acolá em estados onde a população é menor, e a distorção na proporcionalidade torna fácil eleger tais figuras com poucos votos. Intimidam e inibem os que, de fato, representam uma agricultura mais moderna e vinculada ao mercado internacional.

Em um prazo de tempo mais curto do que imaginam, tudo isso voltar-se-á contra a própria agricultura/pecuária brasileira moderna, a galinha dos ovos de ouro. Já parte da esquerda mais radical acredita e denuncia internacionalmente que o desmatamento ilegal é obra do grande *agrobusiness* capitalista.

Um setor que resiste é o da agricultura familiar, que adota cada vez mais técnicas que prescindam dos agrotóxicos. A demanda por alimentos *bio* vem crescendo cada vez mais. Essa é uma questão em que o diálogo com os setores mais modernos do *agrobusiness* ainda não avança. A União Europeia, em uma decisão criticada pela sua moderação, deu cinco anos de prazo[152] para a eliminação do glifosato; na França, o presidente Macron está sob intensa pressão para fazê-lo em um prazo mais curto. Nos Estados Unidos, já saíram sentenças judiciais condenando a Monsanto em pesadíssimas indenizações por casos de câncer provocados pelos seus defensivos.

No Brasil, praticamente não há reflexão do setor em relação a como essa questão irá evoluir. Acusam-nos de fazer exigências que soam simplistas, unilaterais, e que não levam em conta a realidade do campo. Admito que seja assim em alguns casos, mas não é possível submeter indefinidamente, com base na simples não aceitação de conclusões científicas inquestionáveis, que os trabalhadores rurais (e os jardineiros), bem como a população em geral, seja exposta a produtos que contenham elementos cancerígenos. Continua-se favorecendo a importação incentivada de substâncias banidas em outros países, com a raiva de ambientalistas, como era o meu caso, que buscavam regras e medidas minimamente sensatas. Essa é uma grande divergência que se mantém com o agronegócio e

---

152. O glifosato está atualmente aprovado na União Europeia. A aprovação expira em 15 de dezembro de 2022. Portanto, o glifosato pode ser usado como substância ativa em produtos fitofarmacêuticos (PPPs) até 15 de dezembro de 2022, desde que cada PPP seja autorizado pelas autoridades nacionais após uma avaliação de sua segurança. Ver o artigo "Glyphosate" no site da European Comission. Disponível em ec.europa.eu/food/plant/pesticides/glyphosate_en.

que terá que ser resolvida no futuro, com planejamento adequado, enquanto colaboramos no que diz respeito ao clima.

A agropecuária é o segmento da economia brasileira que resistiu melhor à crise da grande recessão. Diferente de boa parte da indústria, que terá que ser repensada e reestruturada para voltar a ser competitiva, ela depende basicamente de melhorias de infraestrutura e investimentos para gerar maior valor agregado a fim de ampliar seus mercados em âmbito global. Objetivamente, os conflitos do setor rural e do agronegócio com a preservação das florestas e da biodiversidade e a necessidade de mitigação de emissões de GEE são perfeitamente administráveis, havendo numerosos pontos de convergência de interesses.

O incerto porvir da boiada

O que significa desenvolvimento sustentável e de baixo carbono na pecuária? Em primeiro lugar, assumir que não cabe mais a ampliação da chamada fronteira agrícola em detrimento das florestas. Há terras em abundância que podem ser utilizadas, a começar pelas próprias pastagens degradadas. A produtividade da pecuária brasileira – um boi por hectare – é muito baixa;[153] ao melhorá-la, os pecuaristas poderão, além de aperfeiçoar seus negócios, contribuir para a absorção de CO_2 recuperando pastagens e introduzindo projetos combinados de lavoura/pecuária e reflorestamento.

Só a recuperação de pastagens poderia absorver, até 2020, 104 milhões de toneladas de GEE. O Brasil tem 200 milhões de hectares de pastagens, dos quais 60 milhões estão degradados. A principais emissões de metano do setor da pecuária vem da fermentação entérica, os arrotos e flatulências dos rebanhos. Elas têm um peso significativo: 56% das emissões do setor agropecuário. Em 2012, correspondia a mais de 0,2 Gt de um total de 1,2 Gt. Cerca de 28% do gás metano emitido no planeta vem dessa prosaica origem. A participação do Brasil em emissões de metano é de 90%.

A melhoria da produtividade da pecuária e a recuperação das pastagens reduzem emissões de várias formas ao mesmo tempo: diminuem a fermentação entérica ao encurtar o ciclo de vida dos bovinos, absorvem carbono pela sua recuperação e revegetação e liberam mais área para reflorestamento e culturas agrícolas. Seu volume e potencial de mitigação na pecuária ainda apresenta diversos componentes bastante controversos.

Há uma forte dúvida científica que diz respeito à correlação entre o CH_4 e o

---

153. Ver a matéria "Pela primeira vez, número de bovinos por hectare no Brasil cresceu, diz IBGE", no site BeefPoint. Disponível em beefpoint.com.br/ pela-primeira-vez-numero-de-bovinos-por-hectare-no-brasil-cresceu-diz-ibge.

CO_2.[154] Cresce a contestação à consagrada fórmula de que uma tonelada de CH_4 corresponde a 28 toneladas de CO_2. Uma outra forma de cálculo indica uma proporção mais próxima de um para cinco. No entanto, o IPCC adota a primeira metodologia de cálculo, e não parece pretender alterá-la em um futuro previsível.[155]

Há certamente um consenso de que o confinamento por cercamento e a melhor qualidade do pasto, que propiciam o abate precoce, reduzem as emissões[156] dos bovinos do rebanho de corte. A simples expansão do cercamento e do confinamento do gado poderá afetar 10,5 milhões de cabeças até 2030, com um potencial de mitigação de 47,6 $MtCO_2$eq.[157] Nesse sentido, a modernização para uma produtividade maior pode reduzir emissões, garantindo menor intensidade de carbono por boi.[158]

Obviamente, um aumento do rebanho pode anular esse ganho ou mesmo produzir aumento de emissões no agregado. É o grande receio dos ambientalistas, que contestam a possibilidade de uma pecuária sustentável. Seus prognósticos sombrios são, de certa forma, corroborados por uma estimativa meio "Mandrake", feita há algum tempo pelo Ministério da Agricultura, sobre o tamanho

---

154. Ver BRILL, B. "Methane warming exaggerated by 400%". WUWT, 30 mar. 2019. Disponível em wattsupwiththat.com/2019/03/30/methane-warming-exaggerated-by-400. Ver SAROFIM, MARCUS & GIORDANO, M. "A quantitative approach to evaluating the GWP timescale through implicit discount rates". Earth System Dynamics, 9, pp. 1.013-1.024, 2018. Disponível em earth-syst-dynam.net/9/1013/2018. Ver também ETMINAN, M. et al. "Radiative forcing of carbon dioxide, methane, and nitrous oxide: A significant revision of the methane radiative forcing". Geophysical Research Letters, Advancing Earth and Space Science. 2016. Disponível em agupubs.onlinelibrary. wiley.com/doi/full/10.1002/2016GL071930.
155. Ver MYHRE, G.; D. SHINDELL, F.; BRÉON, M.; COLLINS, W.; FUGLESTVEDT, J.; HUANG, J.; KOCH, D.; LAMARQUE, J. F.; LEE, D.; MENDOZA, B.; NAKAJIMA, T.; ROBOCK, A.; STEPHENS, G.; TAKEMURA, T.; ZHANG, H. "Anthropogenic and Natural Radiative Forcing". In: *Climate Change 2013: The Physical Science Basis. Contribution of Working Group I to the Fifth Assessment Report of the Intergovernmental Panel on Climate Change.* Cambridge University Press, Cambridge, Reino Unido e Nova York, 2013. Disponível em ipcc.ch/site/assets/uploads/2018/02/WG1AR5_Chapter08_FINAL.pdf.
156. Ver a notícia "Manejo correto da pastagem e bem-estar animal aumentam produção de carne e de grãos em solo com estrutura em boas condições", no site da Embrapa. 20 jan. 2017. Disponível em embrapa.br/busca-de-noticias/-/noticia/19747561/manejo-correto-da-pastagem-e-bem-estar-animal-aumentam-producao-de-carne-e-de-graos-em-solo--com-estrutura-em-boas-condicoes.
157. Ver Fórum Brasileiro de Mudança do Clima, "Proposta Inicial de Implementação da Contribuição Nacionalmente Determinada do Brasil (NDC)". Disponível em fbmc.com. br/documentos. Ver também LA ROVERE et al. *ICAT Brazil Project*, 2019, disponível em www.centroclima.coppe.ufrj.br.
158. Idem.

do nosso rebanho no futuro.[159] Segundo essa previsão, o Brasil venderia cada vez maiores quantidades de carne, particularmente para os asiáticos, emergentes, onde centenas de milhões estão se incorporando à classe média, e algo análogo aconteceria também na África, ainda que em dimensões mais modestas. Os ambientalistas, imaginando o desmatamento e a emissão de metano que pode ser provocada, reagem com a visão do advento de uma revolução cultural gastronômica que faça as futuras gerações deixarem de comer carne. Nossos netos serão veganos, acreditam.

Cabem reparos de parte a parte. Primeiro, a pecuária atualmente relacionada ao desmatamento na Amazônia é a mais atrasada, pouco produtiva e quantitativamente pouco significativa. Trata-se de um tipo de desmatamento, em boa parte, de terras públicas devolutas, onde o boi é introduzido com baixíssimos know-how técnico e produtividade, mais como um elemento de ocupação do território para a sua valorização especulativa. Segundo, há fortes indícios de que as estimativas de crescimento do rebanho brasileiro estejam fora da realidade e tenham sido infladas com o propósito de valorizar as ações de empresas como a JBS, aquela dos irmãos Batista.

Em 2012, o rebanho de corte era estimado em 212 milhões de cabeças. Os números do Ministério da Agricultura (MAPA) preveem um rebanho de 348 milhões em 2050 e 313 milhões de cabeças em 2035, uma projeção fortemente contestada que, nos últimos anos, não vem apresentando indício de confirmação.[160] A literatura internacional disponível e os dados dos últimos anos não corroboram com essa tendência. O tamanho do rebanho vem se mantendo estável.

A redução do consumo de carne, com a mudança de dieta das novas gerações,

---

159. BRASIL. Ministério da Agricultura, Pecuária e Abastecimento. *Projeções do Agronegócio: Brasil 2017/18 a 2027/28 projeções de longo prazo.* Ministério da Agricultura, Pecuária e Abastecimento. Secretaria de Política Agrícola. – Brasília: MAPA/ACE, 2018. 112 p. ISBN 978-85-7991-116-3. Disponível em gov.br/agricultura/pt-br/assuntos/politica-agricola/todas-publicacoes-de-politica-agricola/projecoes-do-agronegocio/PROJECOES2018_FINALIZADA_web_05092018.pdf.

160. A última Pesquisa Pecuária Municipal (PPM) revelou que o rebanho bovino brasileiro diminuiu 1,5% em 2017, em relação ao ano anterior. O país saiu de um efetivo de 218,2 milhões de cabeças em 2016 para 214,9 milhões em 2017. Ver a matéria "Rebanho bovino brasileiro encolhe" no canal digital Pasto Extraordinário. Disponível em pastoextraordinario.com.br/rebanho-bovino-encolhe.

Ver também a publicação "Modelagem Setorial de Opções de Baixo Carbono para Agricultura, Floresta e Outros Usos do Solo (AFOLU)", do Projeto Opções de Mitigação de Emissões de Gases de Efeito Estufa (GEE) em Setores-Chave do Brasil. Ministério da Ciência, Tecnologia, Inovações e Comunicações (MCTIC), 2017. Disponível em mctic.gov.br/mctic/export/sites/institucional/ciencia/SEPED/clima/arquivos/projeto_opcoes_mitigacao/publicacoes/AFOLU.pdf.

é uma hipótese virtuosa, é certo. Ela tem vantagens do ponto de vista da saúde: reduz a incidência de doenças cardíacas e do câncer de intestino. Por outro lado, o amor pela carne é uma paixão humana antiga e culturalmente associada a ideia de status social. Lembro-me daquela minha visita, em 1978, à Polônia, em pleno comunismo. Fiquei impressionado com em que medida o sonho de bem-estar e liberdade das pessoas estava intimamente associado à ideia do consumo de carne, privilégio da *nomenklatura* e valendo uma grana preta no mercado negro. Oferecer um bom steak era atalho para o coração de muitas mulheres. Não é prudente fazer projeções de hábitos alimentares, embora deva-se defender os saudáveis.

Minha hipótese, como me referi anteriormente, é que, assim como os veículos elétricos, a carne sintética vai se desenvolver e invadir a sua praia muito mais cedo do que se imagina. Será uma mudança realmente disruptiva, muito mais contundente do que uma juventude vegana, porque, economicamente – a queda de custos é uma questão de (pouco) tempo –, é mais interessante para países de classe média crescente, como a China, produzir carne em massa nas cidades, perto do consumidor, sem ter que importar.

Não estamos falando de um futuro longínquo, a perder de vista. Carnes e produtos de carne a partir de células-tronco cultivadas em laboratório já são uma realidade. Alguns dos seus produtos estão no mercado, e quem provou garante que o paladar é idêntico. No futuro, a proteína animal, ressalvadas as carnes tipo *premium*, destinadas a um mercado mais elitizado, por um preço mais caro, não virão mais dos pastos, currais, abatedouros ou açougues, mas de laboratórios em unidades de produção situadas nas cidades, perto dos mercados. A pecuária tal qual a conhecemos será reduzida drasticamente e, com isso, suas emissões entéreas. Enormes extensões de pasto serão liberadas para atividades que produzam emissões negativas. O Brasil precisa se preparar para fazer frente a esse tipo de mutação. Promete-se para 2021 o hambúrguer com carne sintética custando entre 5 e 10 dólares. Sua queda de preço nos últimos anos foi vertiginosa.[161]

Mobile

A queima de combustíveis fósseis no transporte de passageiros e de carga é um componente crescente das nossas emissões de GEE, tendendo a se ampliar quando a economia voltar a crescer. É, depois do uso da terra, o setor onde se precisa e se pode reduzir mais rapidamente as emissões de CO_2. Também emite

---

161. Ver PETERS, A. "Lab-Grown Meat Is Getting Cheap Enough For Anyone To Buy". Fast Company, 5 fev. 2018. Disponível em fastcompany.com/40565582/lab-grown-meat-is-getting-cheap-enough-for-anyone-to-buy.

poluentes de efeito local que ameaçam diretamente a saúde da população, particularmente dos mais vulneráveis, como idosos e crianças.

Os subsídios ao combustível fóssil no Brasil se estendem à indústria automobilística, que os governos do PT beneficiaram sem critério ou contrapartida alguma. O caos na (i)mobilidade urbana resultou dos limites físicos para o uso do automóvel nos deslocamentos corriqueiros do dia a dia, particularmente nos horários de pico. Evidentemente, ele não deixará de ser amplamente utilizado, mas será, no futuro, abordado de maneira diferente, como um meio de transporte para deslocamentos de maior distância e fora dos horários de pico.

São inevitáveis os limites para o uso dos carros em horários e trajetos de intenso congestionamento, como a taxação via pedágio eletrônico e a supressão de espaços de estacionamento. Também serão inevitáveis novos limites de velocidade. Os veículos a biocombustível, elétricos e a célula de combustível são o futuro, que também nos trará, em um prazo mais longo, os autônomos, sem motoristas. Em um futuro mais próximo, estamos no limiar do *utility car*: o automóvel de pequeno porte, elétrico, com numerosos pontos de locação com cartão espalhados pelas cidades, parecidos com as bicicletas laranjinhas. Esse certamente irá integrar a nossa futura paisagem urbana em breve.

O cenário sustentável é o de cidades com transporte de massas moderno (trens, metrôs, BRTs e hidrovias nas litorâneas e ribeirinhas), uma densa e abrangente malha cicloviária, bicicletas e patinetes elétricos, facilidades e conforto maior para o deslocamento a pé, certos limites para o automóvel em horários de pico, oferta de veículos elétricos e híbridos e aplicativos de facilitação da mobilidade intermodal.

A ficha das nossas montadoras da indústria automobilística ainda não caiu. Seu poderoso lobby milita ativamente pela sobrevida dos veículos por combustível fóssil, menos eficientes, mais emissores e poluidores. Parecem acalentar uma estratégia para fazer do mercado brasileiro receptáculo dos veículos movidos por combustível fóssil e de suas fábricas a serem deslocalizadas dos países que eletrificarão rapidamente suas frotas, conforme indica uma tendência internacional das matrizes dessas mesmas montadoras. O domínio dos biocombustíveis e da eletrificação está chegando, mas em certos países poderá ser atrasada por duas ou três décadas por obra e graça dos guardiões da sucata automotiva. O RenovaBIO foi um passo no bom sentido; o Rota 2030, um engodo para manter o atraso; e a situação atual não inspira otimismo a curto prazo.

O transporte de passageiros, coletivo e individual, pode reduzir emissões pelo maior uso de biocombustíveis e eletrificação, a começar pelo aproveitamento do pleno potencial dos motores flex, com a ampliação de sua mistura – que depende da legislação – e da redução do preço relativo do etanol. Cabe incluir os

478

GEE no rol de poluentes atmosféricos além da regulamentação mais severa das emissões de poluentes de efeito local e de particulados de efeito climático não estufa, como a fuligem (*black carbon*).

No transporte de carga, a enorme dependência do país em relação ao modal rodoviário e ao óleo diesel (66% da carga), além de poluente e emissor de GEE, tornou-se simplesmente um problema de segurança nacional. A ampliação significativa do transporte de carga ferroviário e aquático, a ampliação do uso de biocombustíveis e a eletrificação são ações que ajudam na mitigação de emissões de GEE e de poluentes locais, como resposta a essa gravíssima vulnerabilidade nacional.

O futuro é o dos ônibus e carros elétricos, ou movidos a biocombustíveis, do desenvolvimento de uma tecnologia brasileira para veículos híbridos (etanol+bateria). Assumirão a liderança desse processo os países que hoje impõem padrões mais exigentes de controle de emissões, que possuam mecanismos eficazes de financiamento para renovação de frotas e invistam na infraestrutura de recarga elétrica de veículos de todo tipo. Não temos nada disso, e somos pegos de surpresa por crises perfeitamente previsíveis sem nenhum plano de contingência ou estratégia para lidar com elas. O Brasil está na boleia de um caminhão velho, de freio à lona e soltando fumaça, bloqueando a rodovia.

No transporte aéreo, emissor significativo de GEE,[162] também há margem considerável para mitigação de emissões pelo uso de biocombustíveis. Isso inclusive oferece uma grande oportunidade para o Brasil, em um futuro mercado internacional de biocombustíveis de aviação, dentro de um contexto de compensação das emissões nos transportes aéreos.

As perspectivas brasileiras para liderar o mercado internacional de bioquerosene de aviação são reais, mas há numerosos obstáculos demandando investimento de retorno mais longo e simplificação do custo Brasil. Depois de longas negociações, fora do guarda-chuva da UNFCCC, a Organização Internacional da Aviação Civil (ICAO, na sigla em inglês) adotou um acordo mediante o qual seu aumento de emissões, a partir de 2020, passaria a ser objeto de *offsetting*, ou seja, de uma compensação com redução de emissões em outros setores. As objeções que se aplicam ao *offsetting*[163] em outros setores não fazem muito sentido, pelo menos a

---

162. Estima-se que o setor de transporte aéreo seja responsável por aproximadamente 2% das emissões globais de GEE. Ver o documento "Fact Sheet - Climate Change & CORSIA". IATA (Associação Internacional de Transportes Aéreos), mai. 2018. Disponível em iata. org/contentassets/c4f9f0450212472b96dac114a06cc4fa/fact-sheet-climate-change.pdf.
163. Ver TIMPERLEY, J. "CORSIA: The UN's plan to 'offset' growth in aviation emissions after 2020: Airlines around the world have recently begun to monitor their CO2 emissions as part of a UN climate deal". CabonBrief, 4 fev. 2019. Disponível em carbonbrief.org/corsia-un-plan-to-offset-growth-in-aviation-emissions-after-2020

curto prazo. Na área energética ou industrial, onde as tecnologias para redução de emissões estão disponíveis, o *offsetting* permite procrastinar e assegurar sobrevida a tecnologias carbono intensivas. Na aviação, conquanto haja protótipos solares e híbridos sendo desenvolvidos, todos concordamos que vai demorar bem mais o desenvolvimento de aeronaves grandes que não emitam ou reduzam drasticamente o CO_2. O bioquerosene, motores mais econômicos e uma série de outras medidas serão insuficientes para conter o aumento de emissões, que poderá quadruplicar até 2040. Atualmente as emissões da aviação já correspondem a 2% das globais e não fazem parte do processo negociador da UNFCCC.

O acordo internacional produzido pela ICAO, o CORSIA (Carbon and Offsetting Scheme for International Aviation), é muito criticado, com razão, pelos países em desenvolvimento porque, ao estabelecer que só serão contabilizadas para efeito de *offsetting* as emissões excedentes ao limite de 2020, favorece as companhias de países que já desenvolveram seu potencial de transporte aéreo internacional. Incidirá mais sobre as de países onde ainda há muita demanda não atendida. Um caso típico é o da China, que se retirou do CORSIA em 2018. A posição do Brasil é mais ambígua. O país assina o CORSIA, mas não participa de sua primeira fase, a voluntária, até 2027; uma posição intermediária esquisita, pois com isso abrimos mão de nos beneficiarmos de *offsets* até esse ano.

Temos um grande potencial em bioquerosene de aviação, sobretudo aquele originário da macaúba, a *Acrocomia aculeata*, uma palmeira que alcança até 25 metros de altura e possui espinhos longos e pontiagudos, além de produzir um fruto de mil e uma utilidades, entre as quais a utilização na produção de aditivo ao bioquerosene de aviação. Há, no entanto, certas dificuldades de natureza geográfica, regulatória e tecnológica a serem vencidas e grandes desafios de financiamento.

Existe uma especificação técnica de processos de refino sustentado por um lobby que dificulta a entrada da Petrobras, com sua capacidade de refino de bioquerosene em grande escala. Há também desafios operacionais e logísticos. A macaúba hoje viceja no terreno acidentado de algumas regiões, como Juiz de Fora. Não existe ainda uma compactação de culturas e uma logística ágil para sua disponibilização em grandes quantidades ao refino e, dali, aos aeroportos.

Há certos projetos-pilotos viáveis a curto prazo. Desenvolvi, em 2012, para meu amigo Sérgio Xavier, secretário de Meio Ambiente de Pernambuco no governo de Eduardo Campos, um que faria da ilha de Fernando de Noronha o primeiro território carbono-neutro do Brasil. No inventário de emissões, aparecia como maior fonte o transporte aéreo. A Gol se dispôs a colocar em seus voos para Noronha um componente de bioquerose, mas isso demandava um duto entre a refinaria Abreu e Lima e o aeroporto de

Guararapes. Várias outras medidas já foram implementadas nesse projeto, como a instalação de uma usina solar, mas essa ainda não. Em geral, a viabilização do Brasil como grande produtor de bioquerosene de aviação exige um tipo de financiamento hoje pouco disponível, salvo se colocarmos na equação os próprios *offsettings* do CORSIA como fonte potencial e *greenbonds* que antecipem esse aporte.

A dança dos elétrons

O Brasil tem a matriz energética mais limpa dentre todas as grandes economias. No entanto, ela enfrenta dois grandes desafios: a dificuldade de aumentar sua oferta de energia para satisfazer necessidades futuras (para além da atual estagnação, conjuntural) e a tentação recorrente de "sujá-la" com um uso maior do gás e do carvão.

O potencial hidrelétrico brasileiro tende a se esgotar nas próximas décadas, e atualmente se enreda em dificuldades bastante complexas. Seu aproveitamento na Bacia Amazônica enfrenta a seguinte contradição: se feito da forma tradicional, com grandes barragens, provoca um forte impacto ambiental e social com a destruição da biodiversidade. Já as hidrelétricas a fio d'água têm um impacto um pouco menor, mas ainda assim bastante grande e potencial de geração decrescente à medida que a própria mudança climática reduz a vazão desses rios. Isso sem falar no desperdício e na corrupção que marcaram projetos recentes, como Belo Monte, que apresentou gastos muito acima dos previstos e, afinal, acena com um potencial real de geração de energia bem aquém do inicialmente estimado.

Isso não significa que o potencial hidrelétrico brasileiro não possua mais espaço de exploração;[164] há usinas que ainda podem ser mais bem aproveitadas, outras que ainda podem ser construídas, novas tecnologias podem ser adotadas e *trade-offs* feitos em regiões fora da Amazônia. É provável que ainda tentem fazê-lo nessa região ao reverem o veto do Ibama sobre a de Tapajós. Certamente estará na ordem do dia. De qualquer forma, caminhamos rumo a um futuro onde o aproveitamento desse potencial será mais limitado e problemático.

Existe no Brasil um imenso potencial de economias de energia elétrica via eficiência energética que progride com exasperante lentidão. Parte disso se deve à falta de priorização, negligência e incompetência do poder público, mas também ao fato de que há uma distância entre o reconhecimento da importância da eficiência energética e sua aplicação prática, no dia a dia, a milhares

---

164. Ver texto sobre a expansão das fontes de geração de energia no site da EPE, na seção Áreas de Atuação - Energia Elétrica. epe.gov.br/pt/areas-de-atuacao/energia-eletrica.

de equipamentos e serviços em situações específicas. De qualquer forma, a margem para a economia de energia é imensa[165] e deve ser o marco zero em qualquer estratégia sustentável nesse campo. A modernização das hidrelétricas e das linhas e estações de transmissão de energia (onde há perdas consideráveis) são pontos primordiais.

As térmicas a gás natural representam uma fonte de transição cujos custos precisam ser reduzidos pelo investimento em infraestrutura de distribuição, melhor aproveitamento e priorização da sua prospecção, extração, transporte e liquidificação, vistos os problemas que o Brasil teve que enfrentar em sua importação. Já vimos que há um bom potencial inexplorado para térmicas movidas a biomassa, como etanol de segunda geração, bagaço e outros resíduos vegetais que abordaremos mais adiante.

Ao contrário do que ocorria há alguns anos, nem cabe mais discussão do papel das energias eólica e solar. A eólica já corresponde a 8% da produção brasileira;[166] a solar já estaria próximo de 1,4%, mas subindo em grande velocidade.[167] A manutenção e ampliação de uma matriz de energia elétrica limpa e sustentável não é uma bala de prata, mas parte de uma combinação de soluções. O aproveitamento das energias eólicas e solares, tanto em unidades centralizadas, conectadas à rede de alta-tensão, quanto na forma de energia distribuída em residências, comércio e indústria, está muito aquém das potencialidades brasileiras. Liberar esse potencial estimulando-o por um período de tempo determinado, mesmo sem a adoção dos mecanismos de subsídios implementados em outros países, como a *feed in tariff* (obrigar as concessionárias a adquirir a energia distribuída ao um preço maior), é um imperativo de sustentabilidade. A tendência atual parece ser a de suprimir algumas das vantagens obtidas,[168] mas a solar já ultrapassou aquele patamar crítico fundamental e torna-se naturalmente competitiva.

O maior problema da solar distribuída no Brasil é o do financiamento ao consumidor-produtor doméstico, condominial ou comercial. Ao contrário do que acontece nos Estados Unidos e outros países, uma família que decide colocar

---

165. Ver ASSUNÇÃO, J.; SCHUTZE, A. "Panorama e desafios da eficiência energética no Brasil". Climate Policy Initiative. Núcleo de Avaliação de Políticas Climáticas – PUC/Rio. Agosto de 2018. Disponível em climatepolicyinitiative.org/publication/panorama-e-desafios-da-eficiencia-energetica-no-brasil.
166. Ver Balanço Energético Brasileiro (EPE, 2019). Disponível em epe.gov.br/pt/publicacoes-dados-abertos/publicacoes/balanco-energetico-nacional-ben.
167. Idem.
168. Ver LOSEKANN, L.; HALLACK, M. *Novas energias renováveis no Brasil: desafios e oportunidades*. Cap 34, p. 631-655. Disponível em repositorio.ipea.gov.br/bitstream/11058/8446/1/Novas%20energias%20renov%c3%a1veis%20no%20Brasil_desafios%20e%20oportunidades.pdf.

um painel solar em sua casa, ligado à rede, para abater da conta de luz, é obrigada a fazer um investimento que só será amortizado tornando-se rentável em aproximadamente cinco ou seis anos. Uma família de classe média desembolsará cerca de 35 mil ou 40 mil reais. Poucas o farão. Nos Estados Unidos, empresas solares associadas a bancos podem oferecer diversas fórmulas de leasing ou de pagamento parcelado, fazendo com que a economia na conta de luz apareça de imediato. A engenharia financeira disso é banal e poderia ser concebida entre governo, instaladoras, distribuidoras – se tivessem juízo, deveriam se aliar à solar distribuída, e não boicotá-la, como algumas fazem – e bancos oficiais, regionais e privados.

O Brasil também precisa investir em pesquisa e parcerias internacionais na questão do armazenamento de energia, pois o potencial máximo futuro das energias limpas intermitentes está associado a essa revolução tecnológica, no barateamento das baterias de alta capacidade. Esse armazenamento não se dá apenas na forma de baterias; as sobras de energia em determinados horários podem propiciar seu uso na produção de hidrogênio via eletrólise, que poderá ser usado em veículos e geradores a células de energia.

O potencial de geração elétrica de florestas plantadas é imenso. O carbono é absorvido no crescimento florestal e, em sua combustão, o CO_2 produzido é sequestrado por técnicas de CCS, criando-se assim uma forma de produção de energia carbono-negativa. Há ainda algumas barreiras técnicas, mas, sobretudo, de financiamento e de modelo de negócios para que isso seja viabilizado em condições de mercado. Dentro de uma priorização de investimento público ou direcionamento de financiamento internacional na óptica da precificação positiva, trata-se de uma das três ou quatro áreas de maior peso estratégico para o Brasil. O domínio pleno dessa tecnologia nos traria enorme vantagem competitiva.

O risco de estiagens mais repetidas e prolongadas, que provocam crise tanto de abastecimento quanto na geração das hidrelétricas, demanda novas políticas. Uma das mais óbvias é um ataque radical às perdas e desperdícios de água. Mais de 50% da água proveniente do rio Paraíba do Sul e do sistema Guandu, que abastece o Rio, é perdida no caminho até as torneiras. Há imenso desperdício em condomínios, unidades comerciais e industriais. Isso se combina ao consumo excessivo de energia elétrica nos mesmos, o que abre uma oportunidade de enfrentamento conjunto de ambos os tipos de perdas.

Podemos imaginar o financiamento para condomínios, comércio e indústria. Trata-se, necessariamente, de uma parceria a três, envolvendo o poder público e uma instituição de crédito como o Banco do Nordeste, a CEF e/ou o BNDES, ou outra. Nos condomínios, lojas e escritórios, abrangeria a hidrometragem por unidade familiar ou comercial, a troca de torneiras, descargas e outros elementos mais eficientes. Na eficiência energética, compreenderia a revisão dos circuitos

483

elétricos, a substituição de lâmpadas incandescentes por LED e a implantação de sistemas fotovoltaicos de geração distribuída, conectados à rede ou armazenados em baterias, e a energia solar térmica, em que o chuveiro elétrico, fonte de enorme desperdício, é amplamente utilizado.

A questão da viabilidade econômica é central. Deve haver ganho econômico claro (redução das contas de luz e água) e palpável em curto prazo para os interessados. Com pouca capacidade/disponibilidade de investimento, a solução seria um modelo em que o poder público faz um investimento inicial (que pode ser o suporte técnico para os projetos) e as instituições bancárias financiam os custos em condições que permitam o pagar o financiamento a prazo e ainda trazer algum ganho para os usuários.

A curto prazo, as usinas a gás continuarão a ser utilizadas para manter de pé o sistema, mas precisam ser vistas como um processo de transição. O gás emite bem menos CO_2 que o óleo ou o carvão,[169] mas, na perspectiva da descarbonização drástica que leve a um mundo carbono-neutro, será preciso, no futuro, entrar em uma trajetória de uso descendente também do gás, a não ser que se consigam significativos avanços em CCS.

O carvão apresenta outro problema. Maior responsável pela emissão de CO_2 no planeta, no Brasil representa menos de 5% da produção. As usinas são todas tecnologicamente atrasadas, e seu tempo de vida é de aproximadamente dez anos. O lobby do carvão – muito competentemente estruturado – sustenta que o parque de usinas poderia ser renovado por outras com emissões muito menores. Isso é verdade, se não for considerado um aspecto fundamental: as emissões ao longo de toda a vida útil futura por causa do *lock-in* que um novo parque de usinas assim acarretaria. O processo já começou em Candiota, no Rio Grande do Sul, onde uma velha usina foi fechada e uma nova, muito menos poluente e emissora por kW produzido, está sendo financiada pelos chineses. Trata-se de um engodo, porque a nova funcionará por pelo menos quarenta anos, aumentando, assim, a quantidade absoluta do CO_2 lançado e acumulado na atmosfera.

A indústria vem acenando com diversas técnicas de CCS, mas a verdade é que nenhuma delas ainda mostrou sua viabilidade em funcionamento comercial em condições regulares. Particularmente nefasta seria a sua importação por razões meramente comerciais, oportunistas, como o lastro de cargueiros que regressam da exportação de minério de ferro, engendrando a construção de usinas para lhe dar uso, como chegou a fazer o empresário Eike Batista. Essa prática é inaceitável. O carvão nacional, extraído no Sul do país, apresenta, em tese, uma qualidade compatível

---

169. 2006 IPCC Guidelines for National GHG Inventories. Disponível em ipcc-nggip. iges.or.jp/public/2006gl.

com uma cogeração misturando o, da CSA, carvão vegetal de florestas plantadas. No entanto, isso deve ser feito em termoelétricas tecnologicamente aperfeiçoadas para reduzir drasticamente emissões de CO_2 e poluentes de efeito local. A participação das térmicas a carvão na matriz energética brasileira deve decrescer e sua única perspectiva de sobrevivência está vinculada a uma estratégia inovadora baseada na redução de suas emissões líquidas tendendo a emissões negativas no longo prazo. Para isso teria que associar-se a projetos de florestas plantadas em grande escala e da recomposição de paisagens, ou encontrar uma forma realmente viável, técnica e economicamente, de promover CCS. Nada disso parece muito próximo, e há uma pressão dos chineses para nos vender unidades comparativamente menos emissoras que as nossas atuais, mas cujo *lock-in* aumentara as emissões agregadas ao longo do tempo.[170]

Por outro lado, há estudos que indicam a possibilidade de se reciclarem usinas a carvão para a cogeração com carvão vegetal, lenha ou biomassa. Nesse caso, pode haver redução de emissões líquidas não só por maior eficiência e menor uso de carvão mineral por kW, como pela remoção de carbono das florestas plantadas. Outros estudos apontam para a possibilidade de promoção de emissões negativas com plantio de florestas cuja lenha seja periodicamente mineralizada, retendo o carbono absorvido para ser usado na recuperação da paisagem degradada pela mineração. Tudo isso depende de acertos tecnológicos e de perspectivas de financiamento muito incertas. Como em outros países que dependem muito mais dele, o carvão faz cada vez menos sentido climática e economicamente, salvo na perspectiva dos *stranded assets*, mas dispõe de considerável resiliência política.

Eu me recordo de um embate na Câmara em que senti seu poderio. Apresentei um singelo projeto de lei que acabava com o subsídio ao carvão. Como no episódio do glifosato, não estava proibindo ou onerando, apenas deixando de subsidiá-lo com a grana dos nossos impostos. A primeira comissão a discutir o PL era a de Meio Ambiente, da qual eu era suplente. Cheguei à sala da Comissão e logo percebi que tinha alguma coisa no ar. Estava abarrotada, *au grand complet*; praticamente todos os deputados estavam presentes, inclusive aqueles que nunca apareciam. Entendi de imediato o que me aguardava. Começaram os discursos. Como tenor, tínhamos o deputado Giovani Cherini, do PDT-RS, um radialista. Choveram as invectivas contra o carioca que queria "destruir a economia do Rio Grande do Sul".

Um dos expedientes mais utilizados para mascarar uma discussão de subs-

---

170. Ver a matéria "China reduz consumo de carvão, mas constrói térmicas no Brasil". Sul21, 10 jul. 2017. Disponível em sul21.com.br/ultimas-noticias/geral/2017/07/china-reduz-consumo-de-carvao-mas-constroi-termicas-no-brasil.

tância é fazer dela uma rinha de galo regionalista. Contei mentalmente as cabeças. Vou perder feio. Nenhuma chance. Olhei para meus aliados: uma desolada minoria. Vou ter que negociar. Chamei de lado o Cherini e conchavamos. "E se for só o do carvão importado?" "Topo", ele respondeu. Vamos tomar um mate para celebrar. Como relator, refez o PL, que passava a atingir só o carvão que os navios da Vale e do Eike traziam de volta como lastro, o que levaria à construção de novas usinas para ter o que fazer com ele. Foi facilmente aprovado, mas logo seria fulminado na Comissão de Indústria e Comércio. Lá, a turma do carvão importado tinha o seu próprio lobby.

Outro lobby possante era o nuclear, com ampla participação do PT. Seu grande líder era o senador Delcídio do Amaral, depois enrolado na Lava Jato. Eu tinha fama de ser um grande inimigo, porque, junto com Gabeira, Minc e Liszt Vieira, havíamos organizado, nos idos de 1982, o movimento Hiroshima Nunca Mais em Angra dos Reis e, em outra ocasião, uma manifestação na porta das usinas. Minha visão evoluiu desde aquela época, conforme já explicitei anteriormente neste livro. A energia nuclear não deve ser rejeitada sob quaisquer circunstâncias por razões meramente ideológicas. Comparadas às demais usinas termoelétricas, elas apresentam emissões diretas de GEE zero, embora se deem ao longo do seu ciclo mais geral (construção, mineração, transporte etc.). Concebo usinas nucleares em países fortemente dependentes do carvão, que já possuam armamento nuclear ou capacidade para desenvolvê-lo e possam instalá-las em áreas sismicamente seguras.

No Brasil, no entanto, suas vantagens continuam sendo muito questionáveis. Mesmo ao final da obra de Angra 3, que se arrasta indefinidamente há décadas e que ainda depende da mobilização de 18 bilhões de reais[171] que não se sabe de onde virão, produzirá energia muito mais cara do que os mesmos recursos investidos de diversas outras maneiras. Subsistem todos aqueles riscos decorrentes da ausência de uma solução final para resíduos radioativos, hoje depositados em piscinões na praia de Itaorna ("pedra podre" em tupi-guarani), mas é sobretudo sua equação econômica e tarifária – quando calculadas de forma honesta realista, inclusive precificando o descomissionamento, sem as manipulações e subestimações que sua indústria sistematicamente pratica – que as torna tão problemáticas, por mais estridente e nostálgico seja o seu lobby.

---

171. Ver a matéria "Angra 3 entra em programa de privatizações". ISTOÉ Dinheiro, 18 jul. 2019. Disponível em istoedinheiro.com.br/angra-3-entra-em-programa-de-privatizacoes-2. As informações são do jornal *O Estado de S. Paulo*. Ver também a matéria "Modelo para retomar obra de Angra 3 servirá para próximas usinas". Agência Brasil, 5 jul. 2019. Disponível em agenciabrasil.ebc.com.br/economia/noticia/2019-07/modelo-para-retomar-obra-de-angra-3-servira-para-proximas-usinas.

O Estado brasileiro não tem como pagá-la e, se repassar a obra para o consumidor, teremos uma tarifa elétrica absurda.[172] A privatização não soluciona esse problema – sobretudo quando é fajuta e programada para ser financiada por recursos públicos, como do BNDES. Nunca houve usina nuclear que correspondesse a seus custos originalmente orçados (mesmo se excluídos os finais, de descomissionamento das mesmas), e, no Brasil, a "chutometria" bateu todos os recordes. O mesmo problema acontece em outros países, mesmo na França, que dominou a energia nuclear como nenhum outro.[173]

A encrua da indústria

A indústria brasileira passa por um momento muito difícil. Ela pena para sair de uma recessão prolongada. O Brasil claramente se desindustrializa; há quem acredite ser esse nosso destino. Iremos nos transformar definitivamente em um exportador de commodities com um nível elementar de processamento, pouco valor agregado, ou iremos agregar valor – inclusive a commodities agropecuárias e florestais – o que dependerá da atividade industrial? Aquelas indústrias que sobreviveram à crise, particularmente as mais modernas, lutam para se inserir da melhor forma possível no mercado internacional e, para tanto, assumiram seriamente a questão climática de olho em vantagens competitivas. Se fosse instituída uma taxação de carbono internacional, por exemplo, o Brasil teria consideráveis vantagens competitivas por conta de sua matriz energética limpa. Não é, no entanto, um dos setores com os quais contamos em nosso cenário equilibrado da NDC. Suas emissões são comparativamente inferiores aos outros grandes setores.[174] No entanto, são significativas, e o serão mais ainda no futuro, a não ser que o Brasil se desindustrialize de vez, o que, na minha opinião, seria um grave equívoco.

Há uma grande variedade de processos industriais que geram emissões e três setores que se destacam: a siderurgia, o cimento e a indústria química. Nos anos seguintes àquele conflito da CSA no Rio, a indústria brasileira entrou em

---

172. Ver a matéria "Associações do setor elétrico criticam aumento da tarifa de Angra 3: Elevação no preço pode elevar tarifa para o consumidor em quase 2%, avaliam especialistas do setor". Terra, 11 out. 2018. Disponível em https://www.terra.com.br/economia/associacoes-do-setor-eletrico-criticam-aumento-da-tarifa-de-angra-3,7cebac97e09c88036073be68a-29b40fdlp1p0yq6.html.
173. Ver CLOETE, S. Nuclear power at the mercy of government subsidies while costs remain high. Energypost.eu, 18 jan. 2019. Disponível em energypost.eu/how-profitable-is-an-investment-in-nuclear-power.
174. Ver emissões do setor de energia no SEEG. Disponível em plataforma.seeg.eco.br/sectors/energia.

uma recessão brutal da qual até hoje não se recuperou. Suas emissões agregadas caíram bastante[175] por razões perversas, mas não a sua intensidade de carbono, com exceção notável da indústria química.[176] Em todos os ramos da indústria, mais eficiência equivale a menos emissões de GEE.

As siderúrgicas menores, embora resistam a isto, poderiam substituir uma fração do seu carvão mineral por carvão vegetal de florestas plantadas. As maiores, como a CSA, esperneiam fortemente, alegando que seus altos-fornos não aceitam tal mistura. Há controvérsias técnicas em relação a isso; já ouvi de especialistas visões distintas. Em algum tempo, pelo menos na Alemanha, o carvão siderúrgico será tecnologicamente ultrapassado. Em um seminário em Wuppertal, em 2006, assisti a uma fascinante apresentação alemã sobre a siderurgia do futuro, em que ele é substituído pelo hidrogênio.

Enquanto o hidrogênio não vem, as siderúrgicas deveriam seguir o caminho que também sugerimos para às usinas elétricas de carvão no Sul do Brasil: investir em *offsets* de reflorestamento, que podem incluir o econômico, e se associar à indústria de cimento e concreto, também fortemente emissora, com sua escória substituindo o clínquer, um componente muito carbono-intensivo do concreto. Por outro lado, o desperdício de concreto e cimento no Brasil é bastante elevado; sua redução, além de maior uso na construção civil de madeira de florestas plantadas, também diminuirá as emissões.

A eficiência energética é a linha de ação central para a descarbonização da indústria e demanda uma estratégia bem focada. Os setores carbono-intensivos – a siderurgia, o cimento, o concreto e a química – vivem situações diferenciadas. Sua intensidade de carbono é inferior à média internacional. No setor químico, em particular, são muitas as oportunidades de substituição de matérias-primas provenientes de fontes fósseis (petroquímica) por derivadas de fontes renováveis processadas em biorrefinarias, utilizando biocombustíveis líquidos para aplicação na química verde (alcoolquímica, sucroquímica, oleoquímica vegetal), e indústrias de bioprodutos e biomateriais diversos. Demanda também a manutenção de padrões de qualidade do gás natural utilizado pela indústria química.

Comum a toda indústria é o fato de a descarbonização ser potencialmente aliada da competitividade internacional em médio prazo, podendo, no entanto, gerar desafios e dificuldades que devem ser levados em conta. A implementação da NDC na indústria deverá considerar essa diferenciação. No período da NDC,

---

175. Ver "Indicators for Progress Monitoring in the Achievement of NDC Targets in Brazil". ICAT Project Brazil Report 3. Centro Clima/COPPE/UFRJ e CBC (2019). Disponível em centroclima.coppe.ufrj.br/images/Centro_Clima_CBC_ICAT_Brazil_Report_3_final.pdf.
176. Idem.

suas metas setoriais serão mais bem expressas em intensidade de carbono. A redução no agregado é enganosa, no caso. Ela é alcançável pela redução de atividades decorrente da recessão. Com metas de intensidade, as empresas poderão se beneficiar de um mercado de carbono. É difícil, no entanto, adotá-las em contexto recessivo e de pouco investimento. Abrange medidas de aproveitamento de calor e vapor em diferentes segmentos, como a indústria siderúrgica, química e de petróleo, assim como de valorização energética de resíduos e efluentes industriais (transformação de passivos ambientais em insumos de produção), particularmente em sistemas eficientes de cogeração de calor e eletricidade.

Uma fonte potencial espetacular de mitigação é a redução do sistema de *flare*,[177] utilizado para minimizar o risco de explosões, que queima o excesso de gás natural dos processos industriais. O *flare* também representa um tremendo desperdício de energia. Outra ação importante é a instalação de unidades de recuperação de vapor para evitar o desperdício, recuperar economicamente o produto e eliminar as emissões resultantes da queima,[178] além da recuperação e recondicionamento de CSR (Combustível Sólido Recuperado) e trocas de combustíveis e alguns insumos nas indústrias de cimento e siderurgia, como a já mencionada substituição do clínquer por escória siderúrgica. As novas tecnologias de redução de emissões de GEE nos setores industriais citados ainda são incipientes.

Linhas de crédito específicas devem ser disponibilizadas para projetos com eficiência energética na indústria, sobretudo para pequenas e médias empresas, que reduzam emissões de GEE.

A indústria é um setor que avança na estruturação de seu mercado de carbono. Cerca de 30 empresas participam de um mercado simulado em que comercializam créditos de carbono. A Fundação Getúlio Vargas, de São Paulo, faz o papel do governo na simulação. Quando o mercado, de fato, for estruturado pela regulamentação governamental necessária, essa experiência servirá como norte.

---

177. Se for no setor de óleo e gás, ver o texto "Zero Routine Flaring by 2030 Initiative", no site do The World Bank. Disponível em worldbank.org/en/programs/zero-routine-flaring-by-2030. Se for no setor de efluentes industriais, ver a publicação "Modelagem Setorial de Opções de Baixo Carbono para o Setor de Gestão de Resíduos", do Projeto Opções de Mitigação de Emissões de Gases de Efeito Estufa (GEE) em Setores-Chave do Brasil. Ministério da Ciência, Tecnologia, Inovações e Comunicações (MCTIC), 2017. Disponível em mctic.gov.br/mctic/export/sites/institucional/ciencia/SEPED/clima/arquivos/projeto_opcoes_mitigacao/publicacoes/Gestao-de-Residuos.pdf.
178. Ver Setor Industrial em "Potenciais e Custos de Abatimento de Emissões de GEE para Setores-Chave da Economia Brasileira". Ministério da Ciência, Tecnologia, Inovações e Comunicações (MCTIC). Disponível em mctic.gov.br/mctic/opencms/ciencia/SEPED/clima/opcoes_mitigacao/paginas/potenciais_custos_abatimento_setoriais.html.

Economia do lixo

A imensa aranha de aço, pendendo da corrente de uma grua, vai cavucando o monte de lixo, depois agarra um bolo com suas patas. O operador faz a aranha subir quase até o teto e solta o material que chove sobre o resto do lixo, levantando nuvens de poeira. A operação se repete diversas vezes antes de a aranha depositar o material em um ponto mais ao fundo na correia que leva ao fogo. "Eu seco o lixo para podermos, depois, queimar", explica, em alemão, o operador daquele gigantesco incinerador em Colônia, que processa por dia o correspondente a um terço do lixo produzido no Rio. A cabine de comando da grua era apertada, e meu amigo Tadeu Caldas, um consultor ambiental, que mora na cidade, traduzia as observações.

Havíamos começado um papo com o diretor, no pátio de entrada dos caminhões, sobre as esteiras que levavam o lixo para aquele gigantesco depósito. Visitamos a sala de comando, que lembrava um cenário de *Star Wars*: centenas de painéis com luzinhas. Um deles me chamou a atenção. Era o que media os gases e partículas fora e dentro daquela indústria. "O ar na exaustão está mais limpo de qualquer poluente que o de dentro. Supera todos os padrões, europeus ou outros", dizia o diretor, com orgulho.

As primeiras gerações de incineradores apresentavam um problema sério de emissões de dioxinas e outros cancerígenos. Eu me lembro de que, nos anos noventa, quando era secretário de Meio Ambiente do Rio, recusei várias propostas do tipo – algumas bem esquisitas –, e há certo consenso no Brasil de que essas usinas são caras demais para as nossas condições. Uma área impressionante daquele incinerador de Colônia era a do complexo de filtragem do ar. Ocupava uma superfície quase do tamanho de um hangar de avião, com muitos dutos e um display de tecnologias que eu não conseguia entender direito, apesar das explicações detalhadas dos nossos guias.

O imenso incinerador é apenas uma pequena parte da economia do lixo de Colônia. Pois é disso que se trata: uma economia. Inicialmente, há uma separação domiciliar para todos os tipos de reciclagem: materiais de construção, vidros, papelão, latas de alumínio, garrafas PET, lixo eletrônico, baterias e todo o lixo orgânico da região. (Este último virava composto em um outro galpão gigantesco que percorri com o Tadeu. Nele, em nenhum momento senti o menor fedor. Só aquele cheiro padrão do composto, que futuramente fixaria CO_2 no solo em algum lugar.) Toda aquela indústria era superavitária. O incinerador produzia eletricidade e vapor para diversas indústrias locais, inclusive uma fábrica da Ford.

Quanto a nós, vivemos em uma sociedade em que o lixo é problema. Estamos pouco a pouco, com muita dificuldade, eliminando os lixões no Brasil, substituindo-os por aterros sanitários. É uma solução aceitável em um país de vasto território como o nosso, mas a verdade é que torna-se cada vez mais difícil criar novos aterros, pois quase sempre, mesmo tecnicamente bem concebidos e em local apropriado, suscitam resistência de comunidades próximas e enfrentam um conjunto de obstáculos políticos e legais. Por outro lado, se ficam muito distantes de áreas habitadas, seus custos de transporte sobem. Se suas emissões de metano não forem devidamente captadas por queima ou reaproveitamento, passam a emitir mais CH_4 que os vazadouros a céu aberto que propunham eliminar. Foi uma das razões do recente aumento de emissões brasileiras provenientes do lixo.[179]

E se em vez de discutir onde é melhor ou pior colocar um aterro sanitário a discussão fosse: como simplesmente abolir o aterro sanitário em larga escala? "Fora da realidade", dirão. Mas visitei justamente a solução "fora da realidade" na Alemanha, que praticamente já eliminou todos os aterros sanitários, a não ser os usados para deposição de cinzas.

Há uma diretiva europeia que a Alemanha e alguns de seus *landers* (províncias) seguem de forma ainda mais estrita que acaba com os aterros sanitários e determina a reciclagem e o reaproveitamento energético do lixo. Colônia produz 2,5 mil toneladas de lixo por dia, mais ou menos um quarto daquilo que geramos no Rio. Há uma rotina de separação do lixo em recipientes de cores diferentes: azul, papel e papelão; marrom, lixo orgânico (comida e jardinagem); amarelo, metais diversos; cinza, lixo misturado para combustão. Há ainda uma coleta específica que precisa ser acionada individualmente para recolher resíduos perigosos, material eletrônico e grandes volumes (móveis e eletrodomésticos), que funciona combinada a uma logística reversa onde o varejo é obrigado a receber de volta eletrônicos, baterias, pilhas etc. Há um sistema de coleta de vidros e, em particular, um de recompra obrigatória de garrafas PET pelo preço de oito centavos de euro a garrafa ou 300 euros a tonelada. Grosso modo, 40% dos resíduos são reciclados, o que é inferior à média alemã.

Os 60% restantes de lixo que sobram misturados nos contêineres cinzentos vão para o incinerador da AVG na periferia da cidade. A AVG é uma empresa de economia mista com 49,9% de capital privado (da empresa Remondis) e 50,1% do governo de Colônia. O incinerador é uma instalação industrial gigantesca, boa parte ocupada por um sistema de filtragem de ar que, como vimos, sai mais puro que o ar ambiente. Pertencem ao passado aqueles incineradores dos anos setenta, que despejavam dioxinas cancerígenas, para a revolta dos ambientalistas.

A atual geração de incineradores é segura, mas tem um custo econômico. A unidade em questão processa cerca de 700 mil toneladas/ano para gerar 350 mil mW de eletricidade e vapor para o parque industrial vizinho, onde há grandes fábricas como a Ford e a Bayer, e atende a um quarto da demanda elétrica da cidade

---

179. Ver emissões do setor de resíduos no SEEG. Disponível em plataforma.seeg.eco.br/sectors/residuos.

de Colônia. Ela custou cerca de 500 milhões de euros. O incinerador recebe lixo de fora da região e, inclusive, de fora da Alemanha. Outros incineradores, situados mais ao sul, acabaram sendo uma providencial solução para o caos de cidades italianas, como Nápoles, que passaram a exportar seu lixo. Agora, enfrentam um problema curioso: o avanço da reciclagem nas cidades alemãs cria escassez de lixo combustível para produção elétrica, que precisa ser suprido com importação, o que evidentemente dá margem a mais uma polêmica em torno do lixo...

A unidade da AVG tem aproximadamente 150 funcionários, todos altamente qualificados, grande parte de meia-idade. A construção tem um pátio de manobra de caminhões e uma estação ferroviária. O lixo chega, passa por esteiras e tubulações para prévia separação de metais, poeira e outros elementos, e dali segue para um silo de secagem antes de ir para a incineração a uma temperatura de 1.200ºC a partir do qual é produzido vapor e energia elétrica. Finalmente, temos esse gigantesco sistema de filtragem do ar.

Ao lado do prédio do incinerador, fica a impressionante central de compostagem, que processa lixo orgânico e os resíduos de jardinagem. O composto vai para a agricultura e volta para a jardinagem. A alguns quilômetros dali, há outras centrais de reciclagem tratando embalagens de papelão, móveis e galhos, de maior dimensão, e material de demolição. Claramente a reciclagem na Alemanha é uma indústria que opera em uma escala gigantesca. Os números do lixo são eloquentes: 66% já são reciclados, 34%, incinerados. Lixo – tirando as cinzas – que vai para o aterro sanitário: 0%!

Esse tipo de solução, em tese, aplica-se ao Brasil. Na parte de reciclagem, é uma simples questão de vontade política e criação de uma cultura. Um incinerador daquele tipo, hoje, ficaria no patamar de um bilhão de reais. Poderia, no entanto, assegurar um quarto do abastecimento elétrico da cidade e alimentar um parque industrial. Se projetarmos o retorno econômico disso em um horizonte de trinta anos e no contexto das alternativas caras de geração termoelétrica a gás que usamos para suprir a escassez dos reservatórios das hidrelétricas, a equação econômica torna-se factível na perspectiva de um financiamento de longo prazo.

É algo que faz muito mais sentido que uma usina nuclear, por exemplo. Mais cara, ela nos deixa lixo radioativo, enquanto aquela alternativa elimina grande parte do lixo produzido por uma grande cidade. Quanto tempo tardará o Brasil a ingressar em uma era pós-aterros sanitários? Qual destino daremos àqueles descomissionados?

O enorme vazadouro a céu aberto de Nanjido era, desde 1978, o destino final de todo o lixo de Seul. Ficava situado perto da cidade e da margem do rio Han, que separa Seul de Inchon. Era uma planície de baixada, inundável, com 2,7 milhões de metros quadrados, onde o lixo foi-se acumulando, recebendo 93 milhões de metros cúbicos de lixo, até formar uma montanha de quase cem metros de altura!

As consequências ambientais eram tremendas: rios de chorume, fedor que empesteava toda a região. Em 1993, o governo metropolitano de Seul iniciou um gigantesco projeto de recuperação ambiental da área. A montanha de lixo foi coberta de terra, totalmente reflorestada e transformada em um grande parque com vistas para o Han. O chorume e o gás metano foram canalizados e passaram a ser tratados e reaproveitados, e a área, toda recuperada, converteu-se em um grande espaço verde entre a margem do rio e um dos estádios que sediaram a Copa em 2002.

O importante é reduzir, cada vez mais, a quantidade de lixo que tem como destino final o aterro sanitário através do estabelecimento de uma economia circular onde haja a obrigatoriedade da logística reversa, práticas de reciclagem, reaproveitamento e intenso trabalho educativo e cultural envolvendo a relação da própria população com o lixo que produz. Constitui parte da noção de uma economia circular.

Um elemento importante, de viés cultural, são os padrões mais sustentáveis de consumo. Eles envolvem, por um lado, políticas industriais mais inteligentes que mudam nossa relação com um determinado bem fazendo-o menos propenso a virar lixo ou sucata e mais reciclável. O descarte dos objetos de consumo se transforma cada vez mais em "serviços" que utilizamos e depois entregamos para reposição e reciclagem. Mas essa nova cultura também implica em hábitos mais frugais, mais saudáveis. Todas essas ações reduzem emissões de GEE de forma direta ou indireta e, simultaneamente, têm consequências positivas de saúde, ambientais e outras ainda mais visíveis.

Implementando a NDC no "cenário equilibrado"

Dito tudo isso, resumo aqui, neste quadro que retirei do sumário executivo, as mais importantes medidas recomendadas para a implementação da NDC brasileira no horizonte de 2030:

SETOR	MEDIDA	SUB MEDIDA	POTENCIAL DE MITIGAÇÃO
Floresta	1.1. Redução do desmatamento	1.1.1. Criação de novas unidades de conservação em terras devolutas já estudadas	Cenário Equilibrado: 358 MtCO$_2$eq (60% do potencial pleno)
-	-	1.1.2. Ampliação das ações de comando e controle no combate ao desmatamento e de manutenção e preservação de áreas protegidas	-

		1.1.3. Programa de ações para minimizar emissões decorrentes de queimadas e incêndios florestais	-
-	-	1.1.4. Ampliação e difusão de mecanismos de Pagamento por Serviços Ambientais (PSA)	-
-	1.2. Expansão da restauração/plantio de floresta nativas	-	
-	1.3. Expansão do cultivo de florestas comerciais	-	
-	1.4. Criação de um sistema de registro único de Reduções de Emissões para o carbono florestal	-	
-	1.5. Premiação fiscal de estados e municípios que reduzam desmatamento ou ampliem cobertura florestal	-	
Agricultura e Pecuária	2.1. Introdução de técnicas de ABC no Plano Safra e ampliação do atual Programa ABC	2.1.1. Recuperação de pastagens	7,4 MtCO$_2$eq
-	-	2.1.2. Plantio direto e fertilização biológica de nitrogênio	16,2 MtCO$_2$eq
		2.2. Modernização da pecuária	22,8 MtCO$_2$eq
Transporte e Mobilidade		3.1. Ampliação do transporte público, da mobilidade ativa e a racionalização do transporte individual motorizado	12 MtCO$_2$eq
-		3.2. Otimização e diversificação dos modos de transporte de carga	3,8 MtCO$_2$eq
-		3.3. Aumento da eficiência energética da frota a combustível fóssil e flex, incluindo o transporte de carga a diesel	5,0 MtCO$_2$eq
-		3.4. Expansão da frota de veículos a biocombustíveis, elétricos e híbridos	12 MtCO$_2$eq

-	3.5. Fomento ao bioquerosene de aviação e maior eficiência no transporte aéreo		-
Cidades e Resíduos	4.1. Ampliação da captação/uso do metano de lixões, aterros e de efluentes		8 MtCO$_2$eq
-	4.2. Aumento do volume de compostagem dos resíduos sólidos orgânicos segregados na *fonte*		-
-	4.3. Degradação de metano de aterro sanitário com *flare*		20,8 MtCO$_2$eq
-	4.4. Programa para logística reversa, redução na fonte e coleta seletiva dos resíduos		-
Energia elétrica	5.1. Aumento do nível de eficiência energética na ponta do consumo		-
-	5.2. Ampliação da geração elétrica de fontes renováveis, tanto centralizada como distribuída, no sistema interligado e em sistemas isolados, bem como, da capacidade de armazenamento de energia		47,1 MtCO$_2$eq
-	5.3. Repotenciação de hidrelétricas		2,9 MtCO$_2$eq
-	5.4. Expansão de energias renováveis em localidades isoladas		2 MtCO$_2$eq
Indústria	6.1. Medidas de eficiência energética e de processos	6.1.1. Eficientização do aproveitamento de vapor, calor, resíduos e efluentes	42,9 MtCO$_2$eq
-	-	6.1.2. Troca de combustíveis sólidos e insumos	7,3 MtCO$_2$eq
-	-	6.1.3. Redução do *flare* e instalação de unidades de recuperação de vapor	22,3 MtCO$_2$eq
-	6.2. Disponibilização de linhas de crédito de acesso a projetos de eficiência energética		-
TOTAL DO POTENCIAL DE MITIGAÇÃO		642,9 MtCO$_2$eq	

Índice remissivo

Abbas, Mahmoud - pg. 148
Abreu, Kátia - pg. 307
Adário, Paulo - pg. 304
Adenauer, Konrad - pg. 278
Aglietta, Michel - pg. 258
Ainbinder, Roberto - pg. 222
al-Assad, Bashar - pg. 264
Alckmin, Geraldo - pg. 216
Alegretti, Mari - pg. 68
Aleixo, Pedro - pg. 203
Alencar, Chico - pg. 184
Alencar, Marcello - pg. 40, 221, 426
Alfonsín, Raúl - pg. 205
Al-Rumayyan, Yasir Othman - pg. 286, 287
Alves, Darcy - pg. 81
Alves, Darly - pg. 80, 81
Amaral, Delcídio do - pg. 265, 486
Amêndola, Paulo - pg. 199
Andrade, Carlos Drummond de - pg. 328
Andrade, Santiago - pg. 216
Andropov, Iúri - pg. 320
Aranha, Osvaldo - pg. 167
Araújo, Carlos - pg. 66, 67
Araújo, Ernesto - pg. 22, 281
Araújo, Suely - pg. 448
Archer, Francisco - pg. 21
Archer, Manuel Gomes - pg. 394

Ardern, Jacinda - pg. 286
Armas, Castillo - pg. 128
Armstrong, Neil - pg. 51
Arnt, Ricardo - pg. 71
Arrhenius, Svante - pg. 31, 64
Arrubinha - pg. 368
Azeredo, Eduardo - pg. 151
Azevedo, Tasso - pg. 55, 148, 151
Balbo, Leontino - pg. 286
Barak, Ehud - pg. 149
Barbosa, Joaquim - pg. 352, 354
Barreto, Luiz Carlos - pg. 366
Barros, Adhemar de - pg. 202, 248
Barroso, Luiz - pg. 451
Batista, Eike - pg. 484, 486
Batista, Joesley - pg. 231, 301, 344
Baumfeld, Luiz - pg. 211, 212
Baumgarten, Alexandre von - pg. 348
Beilin, Yossi - pg. 147, 148, 149, 150, 151, 439
Bell, Alexander Graham - pg. 31
Bello, Sergio - pg. 184
Bergman, Ingmar - pg. 237
Beria, Lavrenti - pg. 191
Berlin, Ken - pg. 53
Berling, Zygmunt - pg. 210
Bernardinho, Bernardo Rocha de Rezende - pg. 352, 354
Besserman, Sérgio - pg. 148

Betânia - pg. 69
Betinho, Herbert José de Sousa - pg. 81, 305
Bezerra, Fernando - pg. 307
Bial, Pedro - pg. 70, 71
Bidá - pg. 366, 367
Bigorneiro - pg. 367
Binensztok, Alfred - pg. 190, 191, 443
Binensztok, Vera - pg. 218
Bittar, Fernando - pg. 299
Bloch, Adolpho - pg. 349
Bloomberg, Michael - pg. 284, 287
Blower, Lia - pg. 331
Boer, Yvo de - pg. 58, 151, 438
Bolsonaro, Flávio - pg. 389
Bolsonaro, Jair - pg. 18, 19, 21, 27, 55, 79, 119, 135, 137, 200, 247, 281, 309, 319, 343, 344, 353, 355, 357, 358, 359, 360, 361, 363, 389, 402, 418, 419, 457
Bonaparte, Napoléon - pg. 128
Bonder, Esther - pg. 119
Bonder, Nilton - pg. 119, 454
Bonifácio, José - pg. 394
Borelli, Ana - pg. 34, 69, 87, 119, 184, 185, 293
Borer, Cecil - pg. 209, 210
Bórgia, Lucrécia - pg. 162
Botto, Lauro - pg. 230
Boutros-Ghali, Boutros - pg. 164
Branco, Castelo - pg. 202, 203
Branson, Richard - pg. 408
Brazão, Domingos - pg. 390
Brejnev, Leonid - pg. 320
Brizola, Leonel - pg. 66, 67, 72, 146, 202, 232
Brown, Jerry - pg. 40, 280, 284, 312
Buaiz, Vitor - pg. 74
Buarque, Chico - pg. 393

Buarque, Cristovam - pg. 153
Bucher, Giovanni Enrico - pg. 359
Buckley Jr, William F. - pg. 379
Bugliosi, Vincent - pg. 379
Bush, George H. W. - pg. 41, 42, 165
Bush, George W. - pg. 36, 54, 134
Bussunda, Cláudio Besserman Viana - pg. 139
Byington, Olivia - pg. 101
Cabral, Marco Túlio - pg. 166, 182
Cabral, Sérgio - pg. 154, 232, 300
Caiado, Ronaldo - pg. 108, 119, 357
Calcanhoto, Adriana - pg. 433
Caldas, Tadeu - pg. 490
Caldera, Rafael - pg. 114
Calderón, Felipe - pg. 255
Calife, Jorge Luiz - pg. 345
Camargo, Aspásia - pg. 78, 182, 183, 230, 306, 433
Cameron, David - pg. 254
Caminha, Pero Vaz de - pg. 393
Campari, João - pg. 453
Campos, Eduardo - pg. 148, 151, 160, 230, 231, 232, 233, 241, 357, 440, 480
Campos, Roberto - pg. 203
Canetti, Elias - pg. 243
Cara de Cavalo - pg. 369, 370
Cardoso, Fernando Henrique - pg. 21, 70, 84, 207, 237, 297, 299, 303, 304, 305, 306, 363, 419
Cardoso, Louise - pg. 81
Carneiro, Enéas - pg. 70, 71
Carney, Mark - pg. 286, 415
Caro, Robert A. - pg. 250
Carrero, Tônia - pg. 101
Carter, Jimmy - pg. 84
Carvalho, Apolônio de - pg. 41

Carvalho, Lilibeth Monteiro de - pg. 43, 44, 119

Carville, James - pg. 282

Cassel, Sir Ernest - pg. 249

Castro, Fidel - pg. 41, 42, 120, 129

Castro, Raúl - pg. 120

Cavalcanti, Di - pg. 419

Cazuza, Agenor de Miranda Araújo Neto - pg. 20, 354, 419

Celestino, Silvino - pg. 367

Cerqueira, Nilton - pg. 199

Cervantes, Miguel de - pg. 16

Cerveró, Nestor - pg. 265

Changhua, Wu - pg. 151, 164, 438

Chaves, Juca - pg. 345

Chávez, Hugo - pg. 67, 114, 115, 117, 126

Cherini, Giovani - pg. 485, 486

Chernenko, Konstantin - pg. 320

Chirac, Jacques - pg. 48

Chow, Jason - pg. 160

Churchill, Winston - pg. 53, 248, 249, 400

Clinton, Bill - pg. 53, 151, 282

Clinton, Hillary - pg. 34, 35, 36, 54, 83, 289

Cochet, Yves - pg. 405

Cohn-Bendit, Daniel - pg. 62, 226, 283, 289, 293, 434, 435

Collins, Susan - pg. 151

Collor, Rosane - pg. 44

Conde, Luís Paulo - pg. 224

Conti, Mario Sergio - pg. 241

Corrêa, André - pg. 355

Costa, Alex - pg. 389

Costa, Carlos Bana e - pg. 151

Costa, Eusebio - pg. 114

Craig, Daniel - pg. 194

Crivella, Marcelo - pg. 232

Cruz, Josinaldo da - pg. 389

Cruz, Newton - pg. 348

Cunha, Eduardo - pg. 111, 153, 265, 300, 301

Cunha, Flores da - pg. 366

Daniel, Herbert - pg. 65, 71, 423

Da-Rin, Silvio - pg. 191

Dasgupta, Dipak - pg. 414, 451

Deb, Kaushik - pg. 151

Dehua, Liu - pg. 164

Dias, Gonçalves - pg. 394

Dick, Philip K. - pg. 344

Dirceu, José - pg. 67

Ditfurth, Jutta - pg. 277

Dobriansky, Paula - pg. 58

Dogxiao, Chen - pg. 164

Domoslawski, Artur - pg. 320

Duarte, Edson - pg. 417, 418

Duarte, Mário Sérgio - pg. 387

Dubeux, Carolina - pg. 416

Duque-Estrada, Osório - pg. 394

Duterte, Rodrigo - pg. 19, 34, 343, 355

Dutra, Eurico Gaspar - pg. 211

Dutra, Olívio - pg. 67

Einstein, Albert - pg. 13

Eisenman, Peter - pg. 323

el-Assad, Hafez - pg. 30

En-Lai, Chu - pg. 165

Erasmo, Carlos - pg. 101

Erdogan, Recep Tayyip - pg. 41, 266

Erian, Antonia - pg. 336, 428, 429

Escadinha - pg. 374

Espinosa, Patricia - pg. 287

Esteves, André - pg. 429

Exner, Judith - pg. 250

Fabius, Laurent - pg. 264, 265

Farias, Lindbergh - pg. 231, 232, 233

Feldmann, Fabio - pg. 53, 72, 148, 151, 228, 299, 303, 304, 305, 439

Feliciano, Marcos - pg. 137, 138
Ferguson, Niall - pg. 132
Fernandes, Emanuel - pg. 234
Fernandes, Millôr - pg. 221, 222, 426
Fernandes, Raul - pg. 210
Fernandes, Rubem César - pg. 41
Ferreira, Juca - pg. 425
Ferro, Paulo - pg. 153
Figueiredo, João Baptista - pg. 201, 204, 348
Figueiredo, Luiz Alberto - pg. 79, 150, 166, 241
Figueres, Christiana - pg. 127, 151, 169, 170, 196, 441
Figueres, Don Pepe - pg. 124, 127, 128, 129, 441
Filho, Olympio Mourão - pg. 202
Filho, Paulo Nogueira Batista - pg. 72
Fink, Larry - pg. 286
Fischer, Joschka - pg. 277
Fogueirinha - pg. 366, 367, 368
Fortes, João Augusto - pg. 80
Foster, Norman - pg. 161, 324
Fourier, Joseph - pg. 30, 31, 64, 403
Franck, Travis - pg. 148
Franco, Itamar - pg. 21, 419
Franco, Marielle - pg. 388, 389
Freitas, Antônio de - pg. 366
Freitas, Merenice de - pg. 366
Freitas, Perpétuo de - pg. 365, 366, 367, 368, 369, 370, 383
Freud, Sigmund - pg. 377
Friedman, Milton - pg. 379
Frossard, Denise - pg. 154
Fujimori, Alberto - pg. 206
Furtado, Marcelo - pg. 303, 304
Gabeira, Fernando - pg. 15, 41, 71, 73, 74, 78, 81, 154, 174, 198, 221,

228, 229, 283, 299, 303, 304, 306, 307, 359, 423, 425, 430, 433, 486
Gaetani, Francisco - pg. 438
Galante, Jorge - pg. 370
Gantois, Mãe Menininha do - pg. 254
Gao, Jifan - pg. 160
Gaoli, Zhang - pg. 254
Garotinho, Anthony - pg. 232
Garotinho, Clarissa - pg. 184
Garrido, Márcia - pg. 96
Garzón, Baltasar - pg. 205
Gates, Bill - pg. 284, 287, 408
Gaulle, Charles de - pg. 225, 226
Gayet, Julie - pg. 254
Gazinho - pg. 366, 367
Geisel, Ernesto - pg. 43, 84, 201
Gelli, Guido - pg. 71, 423
Geun-hye, Park - pg. 253, 254
Giancana, Sam - pg. 250
Gil, Flora - pg. 184
Gil, Gilberto - pg. 74, 86, 148, 304, 305, 306, 307, 331, 335, 425, 428, 433, 440
Gilles, Azevedo - pg. 150
Goldemberg, José - pg. 44, 151
Gomes, Ciro - pg. 18, 67, 71, 233
Gonçalves, Mena - pg. 184
Gonzáles, Felipe - pg. 237
Gorbachev, Mikhail - pg. 191
Gore, Al - pg. 36, 52, 53, 54, 56, 58, 259, 312, 450, 545
Gore, Karenna - pg. 454
Goulart, João (Jango) - pg. 201, 202, 203
Graham, Bob - pg. 174
Gramsci, Antonio - pg. 280
Green, Fergus - pg. 262
Grossi, Marina - pg. 451
Gross, Tony - pg. 40

Guanghong, Zhou - pg. 408
Guerra, Mauro - pg. 366, 367
Guevara, Che - pg. 114, 128, 204, 207, 313
Guimarães, Samuel Pinto - pg. 84
Guimarães, Ulysses - pg. 73
Gusmão, Ibsen de - pg. 21, 72
Guterres, António - pg. 284
Haddad, Fernando - pg. 18, 215, 216, 344
Hedegaard, Connie - pg. 86, 127, 170
Heller, Tom - pg. 151
Hendricks, Barbara - pg. 284
Hersh, Seymour - pg. 250
Heywood, Neil - pg. 162
Hidalgo, Anne - pg. 290
Hitler, Adolph - pg. 190, 249, 321, 323
Hollande, François - pg. 254, 255, 265, 283, 288, 289, 324
Horn, Eli - pg. 335
Hourcade, Jean-Charles - pg. 258, 262, 285, 414, 451
Huck, Luciano - pg. 352, 354
Huffington, Arianna - pg. 287
Hugueney, Clodoaldo - pg. 164, 165, 166
Hulot, Nicolas - pg. 288
Iéltsin, Boris - pg. 266
Iglesias, Patricia - pg. 450
Inhofe, James - pg. 27
Ipanema, Marcelo de - pg. 72
Jakobskind, Mieczyslaw - pg. 210
Janeta, Tia Janete - pg. 191
Janot, Rodrigo - pg. 230, 231, 301
Jaruzelski, Wojciech - pg. 189
Jhirad, David - pg. 151
Jimenez, Alex - pg. 182, 18

Jinping, Xi - pg. 162, 164, 265
Jintao, Hu - pg. 159, 162, 163, 164
Johnson, Lyndon Baines - pg. 250
Jordan, Shelby - pg. 141, 142, 144
Jorge, Eduardo - pg. 228
Jukov, Gueorgui Konstantinovitch - pg. 210
Julio, Geraldo - pg. 454
Jun, Feng - pg. 164
Jun, Zhang - pg. 286
Junius, Celso - pg. 96
Kaczynski, Jaroslaw - pg. 19, 189, 195
Kaczynski, Lech - pg. 189, 197, 317, 319, 320
Kahn, Herman - pg. 312, 463
Kahn, Suzana - pg. 148, 451
Kailai, Gu - pg. 162
Kalinowna, Dora - pg. 209
Karpe, Leif - pg. 194
Ke, Wang - pg. 169
Kejun, Jiang - pg. 169
Kennedy, John - pg. 250
Kerry, John - pg. 134, 151, 284
Keynes, Lord John Maynard - pg. 20, 86, 403, 412
Khomeini, aiatolá - pg. 128
Kim, Jim Yong - pg. 255, 284, 286
Ki-moon, Ban - pg. 58, 253, 254
King, Martin Luther - pg. 130, 135, 147
Klabin, Israel - pg. 72, 193
Koch, irmãos Charles e David - pg. 49, 253
Koenig, Carlos Eugenio Moori - pg. 116
Kohl, Helmut - pg. 41, 48, 248
Korda, Alberto - pg. 114
Korolec, Marcin - pg. 196
Kranz, Patricia - pg. 184

501

Krause, Gustavo - pg. 304, 306
Kruel, Amaury - pg. 202
Kruschev, Nikita - pg. 115
Kubitschek, Juscelino - pg. 203, 218, 221
La Rovere, Emilio - pg. 148, 151, 258, 262
Lacerda, Carlos - pg. 202, 203, 369
Laden, Osama Bin - pg. 57
Lagarde, Christine - pg. 286, 287, 415
Lago, André Corrêa do - pg. 167, 170, 260
Lahdelma, Ilmari - pg. 320
Lama, Dalai - pg. 40, 41
Lamarca, Carlos - pg. 199
Landim, Rodolfo - pg. 331
Le Cocq, Milton - pg. 368, 369, 370, 383
Le Pen, Marine - pg. 283, 291, 292
Leal, Guilherme - pg. 82, 431, 433
Leite, Otávio - pg. 119
Leminski, Paulo - pg. 345
Lemle, Henrique - pg. 218
Lênin, Vladimir Ilyich Ulianov - pg. 115, 116, 128, 192, 324
Lessa, Ronnie - pg. 390
Libeskind, Daniel - pg. 322, 323
Lilla, Mark - pg. 130, 131, 146
Lima, Maurílio Ferreira - pg. 69
Lima, Negrão de - pg. 217
Llosa, Mario Vargas - pg. 379
Lobo, Maurício - pg. 99
Lobo, Zé - pg. 222
Lopes, Júlio - pg. 327
Lopes, Tim - pg. 245
Lough, David - pg. 248, 249
Lucas, Robertinho de - pg. 101
Lucero, Everton - pg. 259, 261, 284, 446, 449

Lúcia, Cármen - pg. 240
Lugo, Gabriel - pg. 114
Lukashenko, Alexander - pg. 191
Lutzenberger, José - pg. 42, 43, 44, 72, 84, 305
Luxemburgo, Rosa - pg. 128
Machado, Leandro - pg. 82
Macron, Emmanuel - pg. 262, 283, 284, 286, 287, 288, 289, 290, 292, 452, 473
Maduro, Nicolás - pg. 19, 115, 116, 120, 281
Magalhães, Antônio Carlos - pg. 354
Maggi, Blairo - pg. 55, 469
Mahlamäki, Rainer - pg. 320
Maia, César - pg. 100, 222, 388
Maia, Rodrigo - pg. 308, 449
Major, John - pg. 41, 42, 48
Maluf, Paulo - pg. 356, 357
Mandela, Nelson - pg. 147, 175, 205
Mané Garrincha, Manuel Francisco dos Santos - pg. 222
Mantovani, Mario - pg. 303, 304, 307, 448
Marcondes, José Antônio - pg. 117, 259, 261, 284, 450
Marinho, Roberto - pg. 349
Martí, José - pg. 120
Martínez, José - pg. 114
Martínez, Tomás Eloy - pg. 116
Marx, Groucho - pg. 126
Marx, Karl - pg. 34, 126, 400
Massu, Jacques - pg. 226
Materna, Magda - pg. 320
Matogrosso, Ney - pg. 81
Matos, Rosa - pg. 366
Matthews, Herbert - pg. 129
Mayer, Jürgen - pg. 277
McCain, John - pg. 352

Médici, Emílio Garrastazu - pg. 203
Medonho, Tião - pg. 368
Meine, Erich Walter - pg. 61
Mélenchon, Jean-Luc - pg. 291, 292
Mello, Fernando Collor - pg. 21, 41, 42, 43, 44, 79, 164, 207, 305, 356, 361, 419
Mello, Joaquim Pedro Monteiro de Carvalho Collor de - pg. 43
Mello, Thiago de - pg. 433
Melo, Aloísio - pg. 461
Mendes, Chico - pg. 43, 75, 80, 81, 82, 305, 364, 423, 464
Mendes, Ilzamar Gadelha - pg. 81
Mendes, Moreira - pg. 105, 106
Menem, Carlos - pg. 205
Merkel, Angela - pg. 20, 48, 248, 254, 284, 289, 319
Merquior, José Guilherme - pg. 356
Mesquita, Fernando César - pg. 41, 305
Miao, Liansheng - pg. 159
Michnik, Adam - pg. 195
Minc, Carlos - pg. 66, 71, 72, 73, 78, 79, 81, 84, 85, 154, 155, 184, 212, 221, 241, 307, 423, 486
Mineirinho - pg. 366, 368, 369
Mirsky, Ratner - pg. 209, 210
Mitchel, Leonard - pg. 140, 141, 142, 143, 144
Mitterrand, François - pg. 41
Mockus, Antanas - pg. 385
Modi, Narendra - pg. 167, 168, 169, 266
Modolo, Fernando - pg. 389
Mohammed VI - pg. 284
Moisés, Carlos Felipe - pg. 345
Molina, Roger Pinto - pg. 150
Molon, Alessandro - pg. 184

Molotov, Viatcheslav - pg. 190
Montanha - pg. 202
Montezuma, Ricardo - pg. 182, 385
Moore, Gordon - pg. 409
Morales, Evo - pg. 150
Moro, Sergio - pg. 243, 247, 298, 299
Morris, Scott - pg. 22
Mortes, Antônio das - pg. 368
Moscatelli, Mario - pg. 42
Motta, Paulinho - pg. 100
Muniz, Carlos Alberto - pg. 61
Murdoch, Rupert - pg. 263
Musk, Elon - pg. 406
Myung-bak, Lee - pg. 95
Nabuco, Carolina - pg. 210
Nader, Ralph - pg. 36
Nafo, Seyni - pg. 261, 414
Naidoo, Kumi - pg. 127
Natarajan, Jayanthi - pg. 167, 168, 170, 438
Navalhada, Zé - pg. 366
Neschling, John - pg. 71, 81, 423
Netanyahu, Benjamin - pg. 149
Netanyahu, Bibi - pg. 322
Neto, Pinheiro - pg. 387, 389
Netto, Delfim - pg. 357
Neves, Aécio - pg. 296
Neves, Ricardo - pg. 221
Neves, Rodrigo - pg. 355
Neves, Tancredo - pg. 265, 348
Newsom, Gavin - pg. 312
Nieto, Peña - pg. 254, 255, 284
Niinistö, Sauli - pg. 286
Nixon, Richard - pg. 412
Nkoana-Mashabane, Maite - pg. 169, 170, 171, 438
Nobre, Carlos - pg. 151, 451
Nóbrega, Adriano da - pg. 389
Nouvel, Jean - pg. 324

503

Obama, Barack - pg. 34, 35, 49, 53, 83, 106, 120, 123, 130, 135, 169, 237, 254, 261, 265, 282, 284, 287, 312, 431

Orbán, Viktor - pg. 19, 319

Oxum, mãe Beth de - pg. 454

Pachauri, Rajendra - pg. 127

Padilha, Deraldo - pg. 381

Pádua, José Augusto - pg. 71

Paes, Eduardo - pg. 60, 61, 151, 154, 298

Palmeira, Vladimir - pg. 73

Palocci, Antônio - pg. 297, 299

Papa Francisco, Jorge Mario Bergoglio - pg. 21

Parente, Pedro - pg. 326, 329, 330

Parissin-Fabert, Baptiste - pg. 285

Pascoal, Hildebrando - pg. 364

Passarinho, Jarbas - pg. 359

Patriota, Antônio - pg. 150, 166, 449

Pazeli, Ricardo - pg. 388

Pedro II, Dom - pg. 394

Pei, Ming - pg. 324

Peñalosa, Enrique - pg. 385

Penna, José Luiz - pg. 74, 228, 229, 433

Peppard, George - pg. 245

Pereira, Jorge - pg. 76

Pereira, Paulo Cesar - pg. 454

Perkal, Irena - pg. 189, 211

Perlman, Janice - pg. 96

Perón, Eva - pg. 116

Perón, Juan Domingo - pg. 116

Perrault, Dominique - pg. 324

Pessoa, Fernando - pg. 185

Pezão, Luiz Fernando - pg. 232

Piano, Renzo - pg. 324

Picasso, Pablo - pg. 193, 194

Picorelli, José - pg. 209

Pilsudski, Józef - pg. 194, 321

Piñera, Sebastián - pg. 281, 418

Pinguelli, Luiz - pg. 148, 151, 155, 303, 304, 451

Pinheiro, Léo - pg. 299

Pinochet, Augusto - pg. 119, 205

Pinto, Magalhães - pg. 202

Piquet, Leandro - pg. 385

Pirro - pg. 296, 356

Pisani-Ferry, Jean - pg. 262

Platz, Potsdamer - pg. 324

Polari, Alex - pg. 374

Polila, Cláudio Werner - pg. 348

Polman, Paul - pg. 287

Porat, Ruth - pg. 286

Portanova, Rogério - pg. 74

Portella, Petrônio - pg. 204

Posnanska, Rosa - pg. 189, 208, 209, 210, 218, 444

Possuelo, Sidney - pg. 41

Pot, Pol - pg. 128

Príncipe, Fernando - pg. 387

Pruitt, Scott - pg. 35, 282

Putin, Vladimir - pg. 19, 192, 196, 197, 254, 266

Py, Luiz Alberto - pg. 71, 81, 423

Qu, Shawn - pg. 160

Quadros, Jânio - pg. 248, 356

Queiroz, Élcio de - pg. 390

Queiroz, Márcio - pg. 223

Rabbo, Yasser Abed - pg. 147, 148, 149, 150, 151, 439

Rábula, Vivaldino - pg. 139

Reagan, Ronald - pg. 379

Rebelo, Aldo - pg. 49, 471

Rebouças, André - pg. 394

Reichstul, Philippe - pg. 330, 331

Renner, Magda - pg. 72

Ribbentrop, Joachim Von - pg. 190

Ribeiro, Darcy - pg. 201
Ribeiro, Gilberto - pg. 387
Ricupero, Rubens - pg. 44, 305
Rittl, Carlos - pg. 281, 309, 448
Robespierre, Maximilien de - pg. 128
Rocco, Rogério - pg. 334, 428
Rockefeller, Família - pg. 255
Rockström, Johan - pg. 287
Rodrigues, Nelson - pg. 143, 380
Rollemberg, Rodrigo - pg. 151
Romney, Mitt - pg. 34
Ronaldinho, Ronaldo Luís Nazário de Lima - pg. 70
Rondon, Cândido - pg. 21
Rosa, Noel - pg. 167
Rosa, Walter - pg. 44
Rosito, Tatiana - pg. 166
Rousseff, Dilma - pg. 21, 65, 66, 67, 78, 79, 84, 85, 117, 130, 136, 150, 153, 154, 155, 166, 198, 215, 216, 231, 233, 241, 242, 254, 261, 265, 295, 296, 297, 298, 300, 301, 303, 307, 356, 399, 419, 431
Rove, Karl - pg. 134
Ruffin, François - pg. 292
Russell, Richard - pg. 144
Saboia, Eduardo - pg. 150
Saburido, dom Fernando - pg. 454
Saint-Exupéry, Antoine de - pg. 309
Saldanha, João - pg. 222
Salvador, Vicente do - pg. 393
Salvini, Matteo - pg. 319
Sánchez, Pedro - pg. 286
Sánchez, Yoani - pg. 117, 118, 119, 123
Santos, Lucélia - pg. 41, 71, 81, 423
Santos, padre Fábio dos - pg. 454
Sarah - pg. 194
Sarkozy, Nicolas - pg. 48, 289

Sarney, José - pg. 21, 74, 305, 419
Sarney, Zequinha - pg. 74, 151, 153, 184, 281, 284, 302, 304, 305, 307, 309, 417, 448, 449
Saulo - pg. 16, 389
Schaefer, George - pg. 245
Scharping, Rudolf - pg. 162
Schindler, Ana Maria - pg. 82
Schröder, Gerhard - pg. 277
Schwarzenegger, Arnold - pg. 280, 284
Scott, Ridley - pg. 344
Seba, Toni - pg. 408
Seixas, Raul - pg. 180
Serra, José - pg. 84, 85, 299, 308, 309, 449
Serrano, Paula - pg. 184
Seu Zé - pg. 336
Shakespeare, William - pg. 13
Sharon, Ariel - pg. 149
Shellenberger, Michael - pg. 148
Siciliano, Marcello - pg. 390
Silva, Adeimantos - pg. 336, 428
Silva, Artur da Costa e - pg. 203, 292
Silva, Golbery do Couto e - pg. 202
Silva, Luiz Inácio Lula da - pg. 21, 65, 67, 71, 78, 79, 84, 85, 155, 241, 297, 298, 299, 300, 303, 307, 343, 344, 349, 356, 357, 363, 417
Silva, Marina - pg. 55, 65, 66, 67, 77, 78, 79, 80, 82, 83, 84, 85, 112, 132, 138, 153, 185, 228, 229, 230, 232, 233, 235, 240, 241, 296, 299, 303, 307, 357, 430, 431, 433, 439
Silveira, Azeredo da - pg. 84
Simons, Marlise - pg. 81
Sininho, Elisa Sanzi - pg. 217
Sirkis, Alfredo Hélio - pg. 19, 43, 53, 68, 69, 70, 99, 100, 119, 154,

505

155, 160, 197, 208, 223, 230, 232, 295, 302, 308, 359, 360, 416, 423

Sivuca, Deputado - pg. 362

Smeraldi, Roberto - pg. 40

Solberg, Erna - pg. 286

Sombra - pg. 366

Somoza, Tachito - pg. 128

Soon-Shiong, Patrick - pg. 287

Sorondo, Marcelo - pg. 21

Stalin, Josef - pg. 115, 128, 190, 191, 197, 212

Stasinski, Maciej - pg. 195, 318, 320

Steer, Andrew - pg. 151

Stefanini, Grace - pg. 183

Stein, Jill - pg. 36

Stephanes, Reinhold - pg. 79

Stern, Sir Nicholas - pg. 262, 264

Stiglitz, Joseph - pg. 262

Strakosch, Sir Henry - pg. 249

Strong, Maurice - pg. 164, 165, 166, 438

Strozenberg, Armando - pg. 184

Stubbins, Hugh - pg. 324

Suplicy, Eduardo - pg. 119, 416

Syrkis, Anninha - pg. 5, 35, 99, 183, 185, 293, 442

Syrkis, Guilherme - pg. 5, 78, 184, 430

Syrkis, Herman Eugênio - pg. 189, 208, 209, 210, 211, 212, 444

Syrkis, Liliana - pg. 43, 44, 184, 189, 191, 194, 207, 208, 443, 444

Syrkis, Noah - pg. 5, 86

Teixeira, Izabella - pg. 154, 155, 231, 258, 259, 261, 307

Teixeira, Miro - pg. 109, 233

Teixeira, Paulo - pg. 106

Temer, Michel - pg. 17, 21, 89, 90, 231, 242, 254, 281, 300, 301, 302,

304, 307, 308, 309, 325, 399, 416, 417, 418, 419, 449

Talley, Trigg - pg. 312

Teodósio, Gontijo - pg. 207

Thatcher, Margaret - pg. 48

Thunberg, Greta - pg. 416

Tia Elisabeth - pg. 43, 44

Timolhão - pg. 366

Tiradentes, Joaquim José da Silva Xavier - pg. 128

Toledo, Márcio - pg. 204

Toni, Ana - pg. 304, 451

Tripoli, Ricardo - pg. 448

Trótski, Leon - pg. 128, 192, 193

Trump, Donald - pg. 21, 22, 34, 35, 36, 40, 48, 49, 50, 54, 120, 133, 144, 255, 271, 281, 282, 284, 291, 292, 312, 319, 343, 344, 352, 399

Tubiana, Laurence - pg. 151, 448

Tukhachevsky, Mikhail - pg. 190

Tusk, Donald - pg. 197

Tutu, Desmond - pg. 205

Tyndall, John - pg. 31

Unger, Mangabeira - pg. 84

Urani, André - pg. 385, 387

Ustra, Carlos Brilhante - pg. 200, 360

Valente, Ivan - pg. 116

Valls, Manuel - pg. 283

Vasconcelos, Jarbas - pg. 68

Ventura, Zuenir - pg. 81

Viana, Jorge - pg. 307, 450

Viana, Virgílio - pg. 304

Vicente, Carlos - pg. 82

Vickinki - pg. 210

Vidal, Pulgar - pg. 258

Videla, Jorge Rafael - pg. 205

Vieira, Geddel - pg. 308

Vieira, Liszt - pg. 71, 72, 154, 486

Villaraigosa, Antonio - pg. 142
Villiers, Pierre de - pg. 292
Viola, Eduardo - pg. 148, 151, 451
Vuille, madame - pg. 212
Vuille, Pierre E. - pg. 209, 212
Waissmann, Emanoel - pg. 211
Wajda, Andrzej - pg. 190
Walesa, Lech - pg. 189
Waltz, Hanna - pg. 196
Wansem, Mick e Van der - pg. 148
Watt-Cloutier, Sheila - pg. 25, 26, 33, 40, 424
Weber, Max - pg. 202
Wehb, Tatiana - pg. 333
Wei, Yuan - pg. 169
Weiguang, Wang - pg. 182
Weizman, Ezer - pg. 249
Welles, Orson - pg. 237
Werner, Suzana - pg. 70, 71
Widge, Vikram - pg. 261, 451
Worksman, Jake - pg. 261
Xavier, Sérgio - pg. 148, 184, 230, 433, 440, 454, 480

Xexéo, Artur - pg. 101
Xiaoping, Deng - pg. 161, 162, 163, 165, 178, 181
Xilai, Bo - pg. 162
Xukuru, Jaqueline - pg. 454
Yandong, Liu - pg. 284
Yaqub, Ibrahim ibn - pg. 321
Yi, Wang - pg. 164
Yitzhak, Rabin - pg. 439
Yoshida, Aya - pg. 261
Young, Ricardo - pg. 433
Zedong, Mao - pg. 115, 116, 128, 162, 163
Zemin, Jiang - pg. 162
Zenghelis, Dimitri - pg. 262
Zhenhua, Xie - pg. 163, 169, 284, 438
Zidane, Zinédine - pg. 70
Zilberstein, Rogério - pg. 184
Zimerman, Nicolau - pg. 210
Zuma, Jacob - pg. 170
Zwick, Edward - pg. 194
Zylbersztajn, Rogério - pg. 335

Ouça este e milhares de outros livros na Ubook.
Conheça o app com o **voucher promocional de 30 dias.**

Para resgatar:
1. Acesse **ubook.com** e clique em **Planos** no menu superior.
2. Insira o código #UBK no campo **Voucher Promocional**.
3. Conclua o processo de assinatura.

Dúvidas? Envie um e-mail para contato@ubook.com

*

Acompanhe a Ubook nas redes sociais!
ubookapp   ubookapp   ubookapp